U0916944

博雅经典阅读文丛

# The Modern History of China

# 中国近代史

刘春福◎著

煤炭工业出版社
·北　　京·

**图书在版编目（CIP）数据**

中国近代史／刘春福著．--北京：煤炭工业出版社，2016

ISBN 978-7-5020-5283-6

Ⅰ.①中… Ⅱ.①刘… Ⅲ.①中国历史—近代史 Ⅳ.①K25

中国版本图书馆 CIP 数据核字（2016）第 095692 号

**中国近代史**

**著　　者**　刘春福
**责任编辑**　刘少辉
**封面设计**　文贤阁

**出版发行**　煤炭工业出版社（北京市朝阳区芍药居 35 号　100029）
**电　　话**　010-84657898（总编室）
010-64018321（发行部）　010-84657880（读者服务部）
**电子信箱**　cciph612@126.com
**网　　址**　www.cciph.com.cn
**印　　刷**　北京市松源印刷有限公司
**经　　销**　全国新华书店

**开　　本**　710mm×1000mm $^{1}/_{16}$　**印张**　34$^{1}/_{2}$　**字数**　580 千字
**版　　次**　2016 年 10 月第 1 版　2021 年 1 月第 2 次印刷
**社内编号**　8134　**定价**　58.00 元

# 目录 CONTENTS

*The Modern History of China*

# 第一编

# 中国近代史的开端

中国近代史，是社会剧烈动荡、国内外矛盾复杂尖锐的中国近代之实录，起始于1840年鸦片战争。在这段历史时期中，演绎着侵略与反侵略、压迫与反压迫、变革与反变革、革命与反革命的斗争。中国近代史，既是中华民族的一部苦难史、屈辱史，又是一部斗争史、光荣史，内容很丰富，领域很广阔。

## 第一章　鸦片战争前的清王朝和西方世界

我国从古至今都是一个多民族国家，中华民族历史久远，源远流长，给人类留下了几千年的文明。这几千年里，中华民族创造的奇迹犹如夏夜繁星，数不胜数，向世界展示了东方智慧的无穷魅力。这些丰厚的文化遗产不仅是炎黄子孙的骄傲，也是我们中华民族得以凝聚而繁衍不息的源泉。虽然其中战火频纷，阻挠发展的因素很多，但是最终都渐趋统一。每当我们回想历史，都会从中挖掘出许多可贵的知识点和智慧点。历史已经成为过去，但这些宝贵财富会一直印在我们的脑海中，使我们深深地思考，让我们有所领悟。而在漫长的历史发展过程中，各民族间的政治、经济、文化等方面的交往不断加强，逐渐凝聚成了中华民族的共同体，共同创造了中华民族光辉灿烂的历史和文化。

## 第一节　清王朝统治的衰败

中国是世界上文明发展最早的国家之一，有近4000年有文字记载可考的历史。鸦片战争之前的中国是清王朝统治下的一个独立、统一的中央集权制的封建性农业国家。当时的清王朝施行“闭关锁国”的政策。“闭关政策”是指严格限制对外交流的政策。清朝“闭关锁国”政策以乾隆二十二年（1757）为分界点，大体可分为前后两个时期。前期禁海的主要目的是隔绝大陆人民与台湾郑氏抗清力量的交通，防止人民集聚海上；之后则着重防禁“民夷交错”，针对外国商人，以立法规章等形式，严加控制对外贸易。清朝对外实施闭关政策，是封建经济社会的产物。自给自足的小农经济，使人们相互隔绝，在政治上必然产生闭关自守。乾隆在其《敕谕英吉利国王书》中说：“天朝物产丰富，无所不有，原不用外夷货物以通有无。”闭塞的封建自然经济，必然没有交往贸易的必要，清朝统治者反而以此骄人，夜郎自大。英国人也察觉到这一点，他们说：“在必需品上虽不是奢侈品上——可以自给，因此中国政府绝对不愿意对外贸易，它觉得可以随意限制对外贸易。”此外，满族统治者对汉族人民防范很严，他们惧怕外国人支持汉人抵抗清朝的活动。乾隆曾说：“民俗易嚣，洋商杂处，必致滋事。”所以清政府多次严申“华夷之别甚严”，“从不允许外籍人等稍有越境掺杂”。清政府颁布各种《防范夷人章程》，为的是要隔绝中国人与外国人的交往。同时，清政府对出洋贸易的中国人也有很多严格限制，无论船只的大小、来往时间、贸易货物及其数量种类，均规定很严。

顺治初年，清廷对来华贸易的国外商船沿袭明朝规定，不许驶入广州，只准在澳门交易。随后，因为东南海上郑成功抗清力量的存在，清廷更加严控出海。顺治十二年（1655）六月，闽浙总督屯泰奏请于沿海省份立严禁，

“无许片帆入海”，违反者立置重典。于是清政府下令禁止官民擅自出海贸易，若有“将违禁货物出洋贩往番国，并潜通海贼（指郑成功）”，“或造大船，图利卖与番国，或将大船赁于出洋之人，分取番人货物者，皆交刑部治罪”。但仍然有人暗通线路，贪图厚利，继续与郑氏贸易交往。顺治认为此乃立法不严所致，于顺治十三年（1656），颁布“禁海令”，严禁商民船舶私自出海，违者不论官民，皆行正法，货物入官，本犯财产尽给告发之人；文武各官失查或不追缉，从重处罚；保甲不行首告，行死。沿海可泊船舟处，处处查防，不许片帆入港，如有登岸者，防守官以军法从处，督抚议罪。顺治十八年（1661），清廷加强下达了“迁海令”，以保证“禁海令”的实施。强迫海岛和沿海居民向内陆迁30—50里，设置边界不得逾越。又在法律上规定：凡将牛马、军需、铁货、铜钱、缎匹、绸绢、丝绵出境进行贸易及下海者，行杖一百；若将人口军器出境及下海者行绞刑；走泄事情者斩；官吏庇护者同罪。“禁海令”和“迁海令”使沿海人民流离失所，生活无着，并严重扰乱了沿海地区经济的发展，以致沿海30—50里内，满目疮痍。

三藩战乱期间，郑氏力量巩入厦门，在福建沿海登陆。康熙十七年（1678）闰三月，康熙下令：“应如顺治十八年立界为例，将界外百姓迁移内地，仍复申严海禁，断其交通。”康熙二十二年（1683），清政府收复台湾。次年，开海禁。康熙称：“先因海寇，故海禁不开为妥。今海氛廓清，更何所待！”命令沿海各省将先行所定海禁处分之例尽行停止。允许满汉人民出洋交流，唯不准将硝磺、军器等武器出洋。定广州、漳州、宁波、云台山四个口岸对外国人员通商。

自开海禁以后，每年造船出海贸易者，多达千余，回来者不足十之五六，不少人滞留南洋。清政府因担心“数千人聚集海上，不得不加以防范”，并认为南洋各国一直是“海贼之渊薮”，于康熙五十六年又行南洋海禁，严禁与南洋交流贸易，严令沿海炮台拦截来往船只，水师各营巡检。南洋海禁以后，原本一度繁荣的对外贸易，又复停顿。沿海经济日渐萧条，给当地居民造成严重影响，导致有用四五千金建造的大船，朽烂于断港荒岸之间。而生活无着落的贫民，被迫逃离海上，或铤而走险，“或为犯乱”。为此不少人奏请开禁令。雍正五年（1727），即南洋海禁十年之后，清政府再度开南洋之海禁。限令出洋贸易之人三年内必须回国，否则不许回籍。

到乾隆朝，清政府再度厉行限制对外贸易。当时，英国人为了向北方销售其纺织品和抵达产茶、丝地区，力图在广州以北扩大海口贸易。为了整治浙省海防，乾隆二十二年（1757），清廷颁布政策：“（夷船）将来只有在广英国通事洪任辉偕同英国武装商船多次驶至浙江定海、宁波。英国武装商船的到来，州停泊贸易，不得再赴宁波，如果再来，必令原船返回至广，不准许入浙江海口。”这是清廷对外贸易政策的一个大转折，即针对外国资本主义势力而施行闭关政策，只准许在广州一地贸易。

此外，由于广州贸易是在外国私商与中国臣民之间展开，所以不需要任何官方的外交关系，只要有非官方的贸易往来即可。在对外贸易中，清政府又施行商行制度，即广州十三行，从而进行垄断。清政府只准许少数殷实富商设立“公行”，与外商从事进出口贸易，并代表清政府与洋商交往。这样，洋商与中国官府之间不得有任何的直接接触；洋商只能通过指定与他们做生意的清廷特许商人，向总督、巡抚和“户部”转上禀帖。广州贸易的主要特点，是朝廷授权“十三家”称为行（是洋行的变音）的商号，作为单一的对外贸易代理人。开办这些行的主人，即所谓的“行商”，向朝廷捐交大笔钱财，以保障他们的垄断特权。据说捐资的数额大约是20万两，或5.5万英镑。

乾隆二十四年（1759），两广总督李侍尧上奏制定《防范夷商规条》，规定“防夷五事”，即：永行严禁外国商人在广州过冬，必须冬住者只允许在澳门居住；外商到粤，“宜令寓居行商管束检查”；禁止中国商人借领外商资产及外商雇请汉人差使；严禁外商雇人传递信息；于外国商船停泊处拨营员弹压检查。“防夷五事”将对外贸易严加管控，有了明确的规定，使闭关政策形成一套制度。嘉庆十四年（1809），清政府又颁布《民夷交易章程》；道光十一年（1831），先后颁布了《防范夷人章程》和《八条章程》。这些章程，除重新申明“防夷五事”的规定外，又规定外国兵船只能外洋停泊，禁外国商人携带女人以及在省城乘坐肩舆，等等。其中有关严查贩卖鸦片人船等项，则是针对外国侵略者鸦片贸易的正确策略。

满族统治者这样做的主要目的是防止汉人的抵抗，其根本原因是受自给自足的自然经济形式的限制。“朕临御多年，当以汉人为难治，以其不能一心之故。”（康熙）其主要理由有如下四个：防止郑成功等的反清势力；害怕西方殖民者与汉人勾结威胁清朝的统治；对付西方殖民者的干扰；思想上保守、夜郎自大，觉得中国地大物博，根本不需要其他国家的东西，对外贸易不重要，可有可无；经济上的自然性给闭关政策的实施提供了可能性。

中国的对外贸易态度是衍生于封贡心态，中国人认为，富足的中华大国无需外来货物，仁慈的皇帝允许通商也是一种对洋人赐恩的标志及让其感恩戴德的手段。因此，通商是一种特权，中国可以因洋人的任何过失而取消这种特权。但是当时的世界已经进入自由资本主义时代，在中国国内资本主义萌芽已经有一定发展，外国资本主义势力已经蔓延到中国的情况下，清政府顽固地施行闭关锁国政策，构筑了一道隔绝中外的堤墙，对中国社会的发展起了阻碍作用。由于对出海贸易横加限制，严重影响了社会经济的发展。其结果正如魏源所说："以通事二百年之国，竟不知其方位，莫悉其离合。"所以，闭关锁国不是顺应时代潮流，而是逆时代潮流而行，对于中国经济的发展危害极大。它保护了没落的封建自然经济，使中国失去了对外贸易的主动权，不利于国内资本主义萌芽的成长，妨碍了中国人学习西方世界先进的思想文化和科学技术，更加助长了清朝统治者的顽固保守，不思进取，力图维持现状的落后思想。

其实在清朝乾隆后期的中国已经出现了如前朝的"周期律"，开始由盛转衰，其主要表现有五个方面，其中三个方面是前所未有的。政治上，中央集权制度进一步强化，官僚职权扩大，官僚机构膨胀，官吏贪污腐败盛行，巧取豪夺，无所不用其极。经济上，史无前例的人口快速增长、各级官吏和地主大肆并购土地，造成人均土地占有量年年下降，无地或少地的农民日渐增多，流民不断壮大。地租剥削、赋税征收、苛捐杂税、徭役摊派逐年加深，广大农民苦不堪言，自 18 世纪末到 19 世纪初，农民的反抗斗争接连不断。1796 年出现的白莲教大起义，遍及鄂、川、豫、陕、甘五省，参加的民众达数十万，绵延达十年。1813 年出现的天理会起义，波及豫、鲁、冀等省。思想文化上，厉行专制制度，大兴"文字狱"，读书人动辄以只言片语获刑，整个社会万马齐喑，一片静寂。军事上，军备衰败，军纪废弛，八旗军百无聊赖，不劳而获，绿营军纪不严，不堪一击。鸦片战争前，清王朝拥有八旗军 22 万和绿营兵 66 万。但无论是八旗还是绿营，都已腐败之极，军官不理军务，克粮冒饷，吃喝玩乐。士兵不勤训练。至于沿海的水师，大都老弱病残，战船多半都是用薄板旧钉制成，遇击即溃。这样腐败的军队根本没有什么战斗力。对外关系上，施行“闭关锁国”政策，严格控制对外贸易，使中国处于与世隔绝的状态。虽然，随着商品经济的发展，在封建社会内部孕育着的资本主义萌芽渐渐成长，丝织、纺织、棉纺织、陶瓷、冶炼、造纸等部门，出现了具有资本主义生产因素的手工作坊，但是，在封建生产关系的禁锢下，资本主义生产方式成长缓慢。地主阶级占据大量土地，农民占有很少或完全没有土地。乾隆时，湖南巡抚杨锡岐说：“近日田皆归于富户者，大约十之五六；旧时有田之人，今俱为佃耕之户。”农民与地主的矛盾日趋尖锐，社会更加动荡不稳，农民日益贫困，过着牛马式的奴隶般的生活，引起了清廷的警觉。

清朝的危机其实与以前各个封建王朝一样，出现了改朝换代的迹象，但历史没有给中国建立另一个封建王朝的机遇。大的世界参照系已经变了，西方资本主义的到来，将彻底改变中国的命运。

## 第二节　西方世界的扩张

清朝国运日趋衰微，欧美资本主义的发展却极其迅速。1640 年，英国爆发资产阶级革命。继英国资产阶级革命后，欧美大陆各国相继爆发资产阶级革命，为资本主义的发展开辟了广阔的前景。到 18 世纪，西方资本主义获得充足的发展。“掠夺是一切资产阶级的存在原则”，伴随着资本主义的迅速扩张，资产阶级开始找寻新的销售市场和原料供应市场，开拓更为广泛的殖民地。以英国为首的欧美资本主义国家很早就对中国及东方各国怀有野心。16 世纪末，英国殖民势力开始入侵印度，并于 1600 年成立东印度公司，以垄断东方贸易。1793 年，英国派遣马嘎尔尼率代表团来华，提出开放宁波、舟山、天津等地为商口，割让舟山附近的岛屿与广州附近的地方，减轻税率等侵略行径，遭到清政府的回绝。尔后，英国兵船多次侵入我国东南沿海。

英国工业的惊人发展也有助于英国在海外竞争中的成功。英国在 1550—1650 年这 100 年中的工业发展速度，只是在 1760 年以后的工业革命期间曾被超过。事实上，后来的重工业发展的基础正是在这一时期中打下的。英国工业最初的快速发展之所以会出现，主要是由于欧洲大陆的三十年战争（1618—1648），这场战争导致了欧洲人对军需物资的需求。英国人顺应这一形势，在由法国、德国及佛兰德的难民和移民引进的许多新技术的助力下，极大地发展了他们的采矿、冶金和化学工业。18 世纪，英国出现“工业革命”，工业生产的发展疾速猛进，英国成了当时世界上最先进、最强大的资本主义工业国家。

在整个 17 世纪，从中世纪就已出现的呢绒制造业仍是英国的主要工业和最重要的输出品。新的发明，有 1769 年理查德·阿克赖特的水力纺纱机、1770 年詹姆斯哈·格里夫斯的多轴纺纱机、1779 年缪尔·克朗普顿的走锭纺纱机。水力纺纱机能实现在皮辊之间纺出又细又结实的纱；用多轴纺纱机，一个人能够同时纺 8 根纱线，后来是 16 根纱线，最终为 100 多根纱线；走锭纺纱机也被称为“缪尔”（骡子）纺纱机，因为它综合了水力纺纱机和多轴纺纱机的优点。所有这些新纺纱机很快就能生产出比织布工所能处理的多得多的纱线。有位名叫埃德蒙卡·特赖特的牧师企图矫正这种不平衡状态，他在 1785 年取得了一种最初由马驱动、1789 年以后由蒸汽驱动的动力织机的发明权。这种新发明制作粗陋，在商业上无利可图。但是，经过 20 年的改进之后，其最致命的缺点得到了纠正。到了 19 世纪 20 年代，这种动力织机在棉纺织工业中基本上已代替了手织织布工。

正如纺纱方面的发明导致织布方面相应的发展一样，某一工业中的发明促进了其他工业中相应地发展。新的棉纺机引起对动力的需求，这种动力较传统的水车和马所能提供的动力更实用、更可靠。在 1702 年前后，一台原始的蒸汽机已由托马斯·纽科门发明，并被广泛地应用于从煤矿里抽水。但是，比起它所提供的动力来，它消耗燃料太多，所以经济上仅适用于煤田行业。1763 年，格拉斯哥大学的技师詹姆斯·瓦特开始改造纽科门的蒸汽机。他同制造商马修·博尔顿结成事业上的合作关系，博尔顿为相当昂贵的实验和初始的模型提供资金。这一事业被证明是极其成功的：到 1800 年即瓦特的发明专利权期满终止时，已有 500 台左右的博尔顿—瓦特蒸汽机在生产使用中。其中，38% 的蒸汽机用于抽水，剩下的用于为纺织厂、炼铁炉、面粉厂和其他工业提供旋转式动力装置。同样，英国的铁产量从 1770 年的 5 万吨增加到 1800 年的 13 万吨，进而猛增到 1861 年的 380 万吨。铁原料已丰富和便宜到能够用于一般的建设，因此，人类不但进入了蒸汽时代，也步入了钢铁时代。

新的棉纺机和蒸汽机的需要，使铁、钢和煤的供应量增加——这就需要通过采矿和冶金术方面的一系列改进得到满足。原先，铁矿石是放在装满木炭的小熔炉里熔炼，而森林的耗损迫使制造人寻求煤的帮助，正是这一时期即 1709 年，亚伯拉罕·达比发现，煤能够变为焦炭，就像木头可以变成木炭一样。焦炭证明是和木炭一样有效的，而且廉价得多。达比的儿子发明一个由水车驱动的巨大风箱，从而制造出第一台由机械操纵的鼓风炉，大大降低了治铁的成本。1760 年，约翰·斯米顿做了进一步的改动，他丢掉达比所使用的、由皮革和木头制成的风箱，用一个泵来代替，这泵由四个装有活塞和阀门的金属气缸构成，并由水车驱动。更重要的是亨利·科特做的改进，他于 1784 年发明了能除去熔融生铁中的杂质的“搅炼”法。利特把熔融生铁放入一个反射炉里，加以搅动或“搅炼”。这样，通过在熔融体中环流的空气中的氧，除掉熔融体中的碳。除去碳和其他杂质后，就能生产出比以前易碎的熔融生铁或生铁更有韧性的热铁。当时，为了跟上制铁工业的不断改进的需要，采煤技术也有了极大改善。最为重要的是蒸汽机用于矿井排水，还有，就是 1815 年汉弗莱·戴维爵士发明了安全灯，而安全灯大大减少了开矿过程中的危险。

蒸汽机的历史作用，无论怎样夸大也不为过。它提供了利用热能为机械提供动力的手段。因此，它结束了人类对畜力、风力和水力的严重依赖。这时，一个巨大的新能源已为人类所得到，而且不久，人类还能开发尚埋在地球中的其他矿物燃料，即石油和燃气。如此，开始了一种趋势，它导致世界形成这样的局面：西欧和北美洲人均可得到的能量分别是亚洲人均的 11.5 倍和 29 倍。这些数字代表的意义在一个经济力量和军事力量直接依赖于所能获得的能源的世界中是很明显的。实际上，19 世纪欧洲对世界的控制与其说是以其他任何一种手段或力量为基础，不如说是以蒸汽机发明为基础。

在新工业中，采煤业的发展非常惊人。煤在这时已被广泛地用作燃料并应用于需要高温的工业，如制糖业。煤的产量从 1550 年的 20 万吨左右增加到 1700 年的 300 万吨。这一发展包括了采矿设备和排水机械的改进，这些改进促进了蒸汽机的发明。由于种种技术发展的结果，英国到 1800 年时生产的煤和铁比世界其余地区加在一起都要多。更确切地说，英国的煤产量从 1770 年的 600 万吨上升到 1800 年的 1200 万吨，后又上升到 1861 年的 5700 万吨。

水力也比之前得到更广泛的利用，水击锤已应用于锻工厂。当时快速发展的其他工业还有制造火炮、黑色火药、硝石、玻璃、纸、明矾和盐等。

纺织工业、采矿工业和冶金工业的发展引起对改进过的运输工具的需求，这种运输工具能够运送大宗的煤和矿石。朝这个方向发展的最重要的一步是在1761年迈出的。那年，布里奇沃特公爵在曼彻斯特和沃斯利的煤矿之间开凿了一条长7里的运河，曼彻斯特的煤的价格迅速下降了一半。后来，这位公爵又使他的运河延伸到默西河，为此耗去的费用仅为陆上搬运者所得到的价格的1/6。这些惊人的成果引起运河开凿热，使英国到1830年时已经拥有2500里的运河。与运河时代相平行的是伟大的筑路时代。道路起初比较原始，人们只能步行或骑马，逢上雨季，装载货物的运货车在这种道路上几乎不能用马拉动。1750年以后，一批筑路工程师——约翰·梅特卡夫、托马斯特·尔福德和约翰·麦克亚当——发明了修筑铺有硬质路面、能全年承担交通的道路的技术。乘四轮大马车行进的速度从每小时4里增加到6里、8里甚至10里，夜间行走也成为可能。因此，从爱丁堡到伦敦的旅行，以往要花费14天时间，现在仅需44小时。

蒸汽机还被利用于水上运输。从1770年起，苏格兰、法国和美国的发明者就在船上试验蒸汽机。第一艘成功的商用汽船是由美国人罗伯特富尔顿制造的，他曾到英国学习绘画，但是，与詹姆斯瓦·特认识后，转而研究工程技术学。1807年，他让自己发明的“克莱蒙脱号”汽船在哈得孙河试水。这艘船装备着一台驱动明轮的瓦特式蒸汽机，沿哈得孙河上行，行驶150里，到达奥尔巴尼。其他发明者也以富尔顿为榜样，其中最为著名的是格拉斯哥的亨利·贝尔，他在克莱德河两岸为苏格兰的造船业奠定了基础。早期的汽船只能用于江河和沿海的航行，但是1833年，“皇家威廉号”汽船从新斯科舍行驶至英国。5年后，“天狼星号”和“大西方号”汽船分别以16天半和13天半的时间从相反方向越过大西洋，行驶时间是最快的帆船航程时间的一半左右。1840年，塞缪尔·肯纳德建立了一条横穿大西洋的既定航运线，提前宣布轮船出发和到达的日期。肯纳德宣扬他的航线是替代“与帆船时代不可分离的、令人恼火的不规则”航线的一条“海洋式铁路”。到1850年，汽船已在运送旅客和邮件方面超过帆船，并开始成功地争夺货运市场。

1830年以后，公路和水路运输受到铁路的挑战。这种新的运输方式分两个阶段发展。第一阶段是到18世纪中叶已被普遍使用的钢轨或铁轨，它们只能将煤从矿井口运到某条水路或烧煤的地方。据说，在轨道上，一个妇女或一个孩子就能拉动一辆载重 3/4 吨的货车，1 匹马能提供 22 匹马在普通的道路上的全部运力。第二个阶段是将蒸汽机装备在货车上。这方面的主要代表人物是采矿工程师乔治·斯蒂芬森，他先利用一辆机车把数辆煤车从矿井牵到泰恩河。1830 年，他的机车头“火箭号”以平均 14 里/小时的速度前进了 31 里，将一列火车从利物浦牵引到曼彻斯特。到 1838 年，英国已建成 500 里铁路；到 1850 年，铁路达 6600 里；到 1870 年，已经拥有 15500 里铁路。短短数年里，铁路占据了长途运输龙头地位，成为一种比在公路或运河上以更快的速度和更低廉的成本运送旅客和货物的运输方式。

工业革命不仅体现在交通运输方面，在通信联络方面也引起了一场革命。以前，人们一直通过运货马车、驿使或船实现将一个音信送到另一个遥远的地方。然而，到 18 世纪中叶，人们发明了电报，实现这一发明的是一个英国人查尔斯惠·斯通与两个美国人塞缪尔·莫尔斯和艾尔弗雷德?维耳。1866 年，人们铺设了一条横越大西洋的电缆，建立了东半球与美洲之间最直接的通信联络。

除英国以外，法国、美国等欧美资本主义国家也将殖民扩张的触手伸向东方，加紧对包括中国在内的远东地区进行资本侵略扩张。法国于 1789 年爆发资产阶级革命，建立了资产阶级政权，为资本主义的发展开拓了广阔的前景。1830 年，法国工业生产利用蒸汽机 650 台，1839 年增加至 2450 台，1815—1840 年棉织品产量增加了 3 倍，1814—1840 年，生铁产量由 10 万吨增长至 35 万吨。法国工业在产品数量上和英国不相上下。法国人口为英国的三倍以上，而且，法国人与生产布匹和金属器具的英国人大不相同，致力于制造奢侈品。此外，法国的技术发展受到行会系统的阻碍，行会系统在这国家被控制得有条有理，非常强大。总体上来说，工业界、商业界与其说是在法国得到发展，不如说是在英国，因为法国工业界、商业界缺乏英吉利海峡对岸的工业界、商业界的政治需求。法国在亚洲的入侵目标主要是越南和中国。1640 年，法国开始发展对华贸易活动。法国在打开商品市场的同时，特别利用宗教作为侵略工具。1660 年，法国建立了中国公司。随后，不断派遣传教士来到中国。1689 年，第一只法国商船到达中国，其中就有许多传教士随船而来。法国的天主教传教士私自进入中国内地者日渐增多。19 世纪 30

年代，法国工业逐步发展起来，成为仅次于英国的资本主义工业化国家，因而也加紧向外扩张。美国在1776年7月4日发表“独立宣言”，在反抗英国殖民战争中取得胜利的基础上，在美洲建立起第一个独立的资产阶级共和国——美利坚合众国。19世纪初期，美国比英、法相对落后，资本主义经济还十分弱小，奴隶制度在南部地区还占据统治地位。1820年，美国的农业人口是全国人口的5/6，只有1/6的人口从事工商业和其他职业。美国资本主义起步虽然较晚，但发展速度却很快。它的农业机器生产数量迅速超越欧洲国家。至1850年，铁路总长达1.5万公里，是当时世界上拥有铁路最长的国家。美国在独立以后就积极地向海外拓展势力。1784年，开始与中国通商。其对华贸易相对其他国家虽晚，但是发展很快，商船数量由1789年的15艘增加到1832年的62艘。1835年，美国组织东印度舰队，实行其对远东的“炮舰政策”。

## 第三节　近代中国第一次抗击西方侵略斗争

俄国则侧重于对中国领土的扩张。在整个俄国历史上，一个处于支配地位的主线就是疆界，它是关于控制一个奔放不羁的国家的自然资源的斗争主线；这个国家，由于俄国人的不断迁移，由于他们对其他民族的征服以及与其他民族的融合，已扩张到一个大洲里。（B. H. 萨姆纳，《俄国简史》）从17世纪中叶起，沙俄殖民者先后侵入中国黑龙江流域时间长达数十年，入侵范围遍及黑龙江的上、中、下游。侵略者在黑龙江两岸构筑城寨村屯，抢劫村庄，勒索毛皮，抓捕人质，奸淫妇女，虐杀居民，策划当地头人归顺俄国。清政府多次向俄国提出抗议，要求其停止对中国东北边疆的入侵及引渡逃人，沙俄置之不理。为了保境安民，康熙于平定“三藩之乱”后，采取了一系列加强中国东北边防的政策。

雅克萨之战是指17世纪80年代中国抵抗沙俄侵略的战争。17世纪40年代，沙俄侵略者开始入侵中国黑龙江流域，攻占雅克萨（在今漠河东，黑龙江北岸）、尼布楚等地，杀掠骚扰。中国军民对沙俄的入侵进行了自卫反击。至顺治十七年（1660），雅克萨一带和黑龙江中、下游的沙俄侵略者全部被清剿。不久，沙俄侵略者又卷土重来，在雅克萨旧址筑堡盘踞，四面劫掠。清政府多次要求俄军撤离雅克萨，但沙俄仍置之不理。于是，清政府决定用武力驱逐沙俄侵略者，收复被占土地。康熙二十三年，沙俄侵略军又屡次进犯黑龙江中下游，进行强扰。鉴于雅克萨已经成为沙俄侵略黑龙江流域的前哨基地，康熙帝遂于二十四年正月谕令都统公彭春、副都统郎谈、班达尔沙、黑龙江将军萨布素，带兵由水陆两路进攻雅克萨（见雅克萨之战）。经两次战斗，有力打击了沙俄的侵略气焰，迫使沙皇政府“乞撤雅克萨之围”，并派戈洛文为受降大使，前来中国举行疆界谈判。十一月，清政府为表达谈判诚意，宣布无条件停火，停止攻城。二十八年七月初八，中国使臣索额图和俄国使臣戈洛文在尼布楚进行谈判。

康熙二十四年（1685），都统公彭春等奉旨率领一支由满、汉、蒙古、达斡尔等族官兵组成的、大约三千人的军队从瑷珲出发，至雅克萨城下，清军先向俄军发出通牒，劝俄军投降，遭沙俄督军托尔布津回绝，随后清军水陆列阵，开始攻城。清军用炮猛轰城池，鏖战彻夜，俄军死伤惨重。托尔布津无可奈何，向清军乞降，彭春等准其所请，并允许其退回尼布楚。清军将城焚毁，旋即班师。同年，托尔布津违背承诺，再次率领侵略军乘隙占领雅克萨。次年，康熙令黑龙江将军萨布素等统领乌喇（今吉林市）、宁古塔官兵及八旗汉军内福建藤牌兵等两千余人再次攻打雅克萨。清军兵临城下，利用火炮向城内轰击，并击退出城迎战之敌，又在城下东、南、北三面掘壕筑垒，在西面断俄军水道。托尔布津被清军炮弹击中，伤重毙命。俄军被围困五个多月，弹尽粮绝，死伤无数。正当孤城指日可破之际，清政府同意俄方举行谈判，乃下令撤雅克萨之围。历时两年多的雅克萨之战到此结束。但1858 年沙俄又依《瑷珲条约》将雅克萨割占。

《尼布楚条约》是中俄两国缔交的第一个条约，正式名称是《中俄尼布楚议界条约》。康熙二十八年七月十四（1689 年 9 月 7 日），清政府全权使臣索额图和沙俄全权使臣戈洛文签订于尼布楚（今苏联涅尔琴斯克）。在谈判期间，俄方先后提出两国“以黑龙江至海为界”、“以牛满河或精奇里江为界”和“以雅克萨为界”等三个侵略性议案，均遭到中方严词拒绝。经过半个多月的谈判，双方达成协议，于康熙二十八年七月二十四日正式签订中俄《尼布楚条约》。条约用满文、俄文、拉丁文三种文本，签字后随即互换。中俄《尼布楚条约》共分六款，其中关于中俄两国东段边界的规定是：两国以流入黑龙江之额尔古纳河、格尔必齐河为界，再由格尔必齐河发源处沿外兴安岭“直达于海，亦为两国之界”。唯乌第河与外兴安岭之间的地方暂行搁置待议（第一款）。条约还规定：“俄人在亚（雅）克萨所建城垒，应即尽行除毁。俄民之居住者，应悉带其物用，尽数迁入俄境”（第二款）。条约还就两国互不接纳逋逃、居民不得擅自越界、贸易互市等事宜作出了具体规定。中俄《尼布楚条约》明确规定了中俄两国的东段边界，从法律上肯定了黑龙江、乌苏里江流域的广大地区是中国的领土。俄国事实上承认侵略中国黑龙江地区为非法行为，并将其侵占的一部分领土归还中国。与此同时，俄国通过条约将中国让给的贝加尔湖以东及尼布楚一并纳入它的版图，将乌第河与外兴安岭之间的地方划成待议地区，并获得重大的通商利益。中俄《尼布楚条约》是一个平等条约，是双方经过平等谈判、中国政府作了巨大让步的结果。条约的订立为中俄两国关系的正常化发展奠定了基础，使中国东北边疆获得了比较长久的安定。

中俄两国于清雍正五年（1712）订立的《布连斯奇条约》主要是划分中俄在蒙古地区北部边界（中俄中段边界）的条约。关于划分这部分边界的问题，中国方面从康熙二十八年（1689）《尼布楚条约》签订、中俄划定东段边界起，曾多次提议与俄国举行谈判，但俄国利用边界未划定的现状，蚕食蒙古的大片土地，一直拒绝中国的谈判建议。后来因担心边界问题长期拖延不决，将严重影响对华贸易，叶卡捷琳娜一世才于雍正三年差遣萨瓦·务拉的思拉维赤为特命全权大使来华谈判，雍正五年五月十五日，萨瓦与中国代表在边境进行谈判。为了侵占中国更多的领土，萨瓦在谈判期间使用种种侵略手段向中方施压。由于中国方面的让步，七月十五日（8 月 31 日），中俄代表签订界约，因订约地点在布尔河畔，故称《布连斯奇条约》。该条约规定的中俄中段边界，以恰克图和鄂尔怀图之间的第一个鄂博为起点，自此向东至额尔古纳河，向西至沙毕纳依岭（沙宾达巴哈），北部划归俄国，南部划归中国。《布连斯奇条约》签订后，中俄双方随即派出界务官，分组前往恰克图以东和以西划定地段，勘分国界。在勘界过程中，俄方仍将一些原属中国的土地划入沙俄版图。勘界结果，双方分别订立了《阿巴哈依图界约》和《色楞格界约》，在东面设置了 63 标，在西面设置了 24 标。中俄中段划界工作到此全部结束。

# 第二章　第一次鸦片战争

第一次鸦片战争（First Opium War；1840 年 6 月 – 1842 年 8 月，清朝道光二十年至二十二年）是满清和英国因英国向中国走私鸦片引发的一场战争，战争的导火线是英国商人在中国广东海域走私鸦片二十多年不止而盛，林则徐于 1839 年在广东虎门强行销烟，中英矛盾逐步升级，而战争以中国的失败并赔款割地而告终。由此签署的《南京条约》是近代中国的第一个不平等条约，除赔款外，将香港岛让给英国，使英国得到领事裁判权。英国方面经常把第一次鸦片战争称为第一次英中战争或“通商战争”。虽然这场战争只是鸦片战争的一部分，但有时也经常把它称之为鸦片战争。这场战争一直是断断续续地进行的，期间的一系列战斗和军事行动相互之间并无关联。导致中、英两国交战的直接原因是鸦片贸易。中国正义的禁烟运动遭到了英国资产阶级的抵抗和破坏，并最终爆发了鸦片战争。随着西方资本主义的迅速发展以及随之而来的疯狂的殖民扩张，古老的中国面临的挑战和危机比清朝以前的任何时代都要强烈。

## 第一节　禁烟运动

中外贸易逆差，以英国为例，从 18 世纪中期起，在中国的对外贸易国里，英国居于首位。中英贸易中，中国始终处于出超地位。在 18 世纪的 100 年里，英国输送到中国的银两达两亿多两。直到 19 世纪二三十年代，中国在正常的贸易方面，每年仍出超二三百万两白银以上。长期以来，英商就是利用大量白银弥补对中国的贸易逆差的。

为改变这种现状，他们一直想扩展英国工业品在中国的销售市场。但问题是英国本土输入中国的商品中没有一种能让中国人欢迎。英国最早输入的主要货物是毛织品，但东印度公司在 1800 年以来向中国贩卖毛织品一直是赔钱的。这一点外国资产阶级也坦诚地说：“我们用一个词来形容这一毛织品贸易，这个词就是‘失败’。”东印度公司运来中国的第二大宗货物是金属品，以铅料、锡料、铜料为主，还包括少量的金属制品，刀子、钟表等，但销路不广，有时还赔钱。唯一可以获利的是从印度运来的棉花，但数量不多，因为这与英国本土新兴棉纺织业的需求相冲突，不能全部改变中英贸易上的逆差现实。这种贸易状况，与英国资本主义经济扩张的需求是尖锐对立的。于是，英国商人便开始运用鸦片这种特殊商品，作为打开中国大门的重要手段。

鸦片就是罂粟果实浆汁制品，名称有“阿片”、“阿芙蓉”、“合浦融”等，这些都是阿拉伯文的音译，中国也称其为“烟土”。17 世纪，欧洲水手将吸鸦片的恶习传到中国，这一恶习便从各港口迅速蔓延到内地。后来，鸦片作为嗜好品大批输入中国。当时西班牙人和荷兰人将烟草和鸦片以及吸食方法一并传入福建和台湾省。18 世纪葡萄牙人又从印度将鸦片运到中国，但输入数量和运销范围有限，每年不过 200 箱（约合中国一担）。雍正七年（1729），清廷下令禁烟，但只是惩办贩运，并不处罚吸食者，而且禁止输入的只是作为嗜好品的烟土，作为药物所用则不在其内。因此鸦片进口并未停止，乾隆三十二年（1767），进口量增加到 1000 箱。

鸦片贸易是指 18 世纪之后西方殖民主义者向中国非法输入鸦片的走私贸易和强迫中国承认的鸦片进口贸易。这种贸易以鸦片战争为分界，分为前后两个时期。1773 年英国东印度公司直接参与经营鸦片，拉开了真正鸦片贸易的序幕。从印度输送中国的鸦片贸易，不仅形成一个多世纪英中贸易或英中经济关系的基础，而且也成为中国沦于半殖民地半封建社会的引子。鸦片战争之前，清政府多次颁布禁烟禁令，但东印度公司或将鸦片在印度分售给英印散商，由港脚船只运进广州销售，或经过设在港口外的趸船中转后再运到中国内地。同时，鸦片商人还向中国巡检官吏行贿。通过这些方式，鸦片的走私贸易在鸦片战争前发展很快。乾隆六十年至嘉庆四年间（1795—1799），鸦片进口量为 4124 箱，到道光十五至十九年间（1835—1839），已急增至 35445 箱。在 1816 年之后的 19 年中，中国人消耗在鸦片毒物上的总值多达一亿八千八百余万元。鸦片贸易对于西方殖民主义者获得的利益是很大的。英国对华贸易主要是鸦片贸易，中国人对鸦片的需要解决了英国支付中国产品的货款问题。在此之前，英国人一直不得不主要支付黄金和白银，因为中国人对西方的商品几乎不感兴趣。但现在，鸦片市场完全改变了贸易差额，而对英国人十分有利。清朝政府曾于1729年和1799年颁布法令，严禁鸦片进口。但这一贸易极其有利可图，导致中国官员接受贿赂，默许走私。到1833年时，这一罪恶的贸易已达年值1500万美元。

19世纪开始，鸦片大量涌进中国。鸦片在英国对华出口总额中的相对地位也在迅速上升。1820年，占10%—20%；19世纪20年代中期增加到30%以上；1829年，迅速上升达到50%。在英国东印度公司垄断权被取消以后，鸦片输送中国更多。英美商人最初到广州交易，以货易货范围有限，从中国输出的丝绸和茶叶，主要是用运入的现金白银采购，后来销售鸦片所获得的大量现金便可直接用于支付丝绸、茶叶等货价款。进口鸦片数量急剧增长后，西方殖民主义者销售鸦片所得现金超过置办回程货物如茶叶、丝绸之类的支付款项，而中国则从现金入超转化为现金出超。自1826年之后，出超多的年份多达一千余万两，少的年份也有二三百万两。由于白银外流数量激增，银钱比价出现银价不断上涨和钱价不断下跌的态势。到鸦片战争前夕，银价已上涨一半以上。

鸦片的泛滥，给中国社会带来了非常严重的灾难。鸦片大量输入，不仅使几百万中国民众感染恶劣的嗜好，在身体和精神上受到严重的损害，而且也使中国的社会经济和国家财政遭受极大的破坏和损失，特别是作为小生产者的农民和手工业者在销售产品和购买物料或缴纳赋税上受到银贵钱贱的双重打击。吸食鸦片之风，由达官贵族延伸至绅商百姓以及军队官兵，烟民人数与日俱增。据1835年的估计，全国吸食鸦片的人数多达200万以上。战前在浙江、福建、广东、云南等省，已开始有人种植土烟。吸食鸦片对人的生理和心理都有很大的危害，对此魏源曾说：“今则蔓延中国，横及海内，槁人形骸，蛊人心志，丧人身家，实生民以来未有之大患，其祸烈于洪水猛兽。”英国人蒙哥马利·马丁也说：“同鸦片贸易相比，奴隶贸易是仁慈的；我们没有摧残非洲人的肉体，没有败坏他们的品格，没有腐蚀他们的思想，没有扼杀他们的灵魂。可是鸦片贩子在腐蚀、败坏和毁灭了不幸的吸烟者的精神世界以后，还折磨着他的肉体。”

鸦片泛滥也严重破坏了中国的社会经济。鸦片贸易改变了中国对外贸易的长期优势局面，使大量白银外流。1821—1840年，中国白银外流在一亿两以上，相当于那个时期银货流通总额的1/5，平均每年流出500万两白银，相当于清政府每年总收入的1/10。白银外流直接导致银贵钱贱，从而加重了劳动人民的负担。18 世纪末，1 两白银换铜钱 1000 文左右，到 19 世纪 30 年代后期，上涨到 1 两白银换铜钱 1600 多文。按清政府规定，交粮纳税须用白银，因而劳动人民实际上要多交 60% 的赋税。鸦片泛滥严重威胁着清政府的统治。大量的白银外流，银价上涨，各地税收陷入困境，拖欠的赋税也就与日俱增，国库储备也越来越少，清政府的财政陷入困局。官吏、兵丁吸食鸦片和从鸦片走私中收受贿赂，使清政府的官吏更加腐败，军队进一步丧失战斗力。

面对烟毒泛滥带来的各种危害，19 世纪 30 年代后期，中国除少数在鸦片走私贩运过程中获利者外，包括统治阶级在内的国内各阶层都反对鸦片进口。30 年代后期，在清政府内部就鸦片问题进行了激烈的争论，形成驰禁派和严禁派之争。（驰禁派：驰禁派代表清王朝中腐朽的大地主、大官僚阶级，他们与鸦片贸易存在密不可分的利害关系，他们不愿意放弃在鸦片贸易中所获得的不菲的经济利益，他们为了自身利益进行明禁暗运。首先以许乃济提出禁烟效果不好为由，变通其他方法：A. 将鸦片变成一般商品；B. 禁止官兵吸食；C. 准许内地种植。他的论调目的在于堵塞白银外流解决国家的财政困难，其意符合外国鸦片贩子和本国各种既得利益阶层的要求，这种论调是与中国民众为敌的。严禁派：严禁派的代表是具有爱国思想的知识分子和官员，他们察觉到烟毒给中华民族带来的危害和给国家造成的危机，从维护民族利益和国家利益为目标主张严禁鸦片。）1831 年刑部奏称，“现今直省地方，都有食鸦片烟之人，而各衙门为尤甚，约计督抚以下，文武衙门上下人等，绝无食鸦片烟者，甚属无几”，甚至清朝宫廷内部也有吸食鸦片者。清政府虽三令五申严禁鸦片，但英国置中国法令于不顾，贿赂清朝官员，进行武装走私。1826 年，两广总督设巡船缉查，结果是“巡船每月受规银三万六千两，私放入口”。以水师积习不可挽，后裁巡船。1837 年，两广总督邓廷桢另设巡船，“而水师副将韩肇庆，专以护私渔利，与洋船约，每万箱许送数百箱，与水师报功，甚或以师船代运进口。于是韩肇庆反以获烟功升为总兵，赏戴孔雀翎。水师兵人人充橐”。正如马克思所指出的：“中国人在道德上抵制的直接后果是英国人腐蚀中国当局、海关职员和一般的官员。浸透到天朝的整个官僚体系和破坏了宗法制度支柱的营私舞弊行为，同鸦片烟箱一起从停泊在黄埔的英国趸船上悄悄运进了天朝。”

道光十六年（1836）六月，太常寺卿许乃济上奏折，提出摈弃禁烟政策。他认为“鸦片烟例禁越严，流弊越大”，“应变通办理”。他提议取消鸦片输入的禁令，“仍用旧制，准予夷商将鸦片按照药材纳税”；允许公开买卖，但要以货易货，不得用白银购买；民间贩卖、吸食，一律勿论，严禁文武官员吸食；同时准许在国内自由种植鸦片，“内地之种日多，则夷人之利日减，迨至无利可牟，外洋之来者自不禁而绝”。这种主张得到一部分广东地方官员和士绅的支持，但也遭到一些官吏的批判和反对。内阁学士兼礼部侍郎朱嶟、兵科给事中许球、江南道御史袁玉麟先后上奏批判弛禁论，指出鸦片“削弱中原”、“危害中华”，必须严禁。驰禁派的主张受到一部分明智官员的反对。道光十八年（1838）六月，鸿胪寺卿黄爵滋上书道光皇帝，痛斥鸦片的种种危害，提出严禁的主张。提出以“重治吸食”的方式，抵制鸦片的输入。他提出：广传戒烟药方，限期一年戒掉；过期仍吸食者，平民处以死刑，官吏加重等治罪，其后代不准参加科举考试。严刑峻法，务必根绝烟患。道光皇帝命令盛京、吉林、黑龙江将军及各省督抚大员进行复议。湖广总督林则徐、四川总督苏廷玉等在复奏中表示十分赞同。七月，林则徐遵旨筹议《严禁鸦片章程》六条，赞成黄爵滋的主张，他同时在两湖地区严格执行禁烟措施，成绩显著。九月，他又上《钱票无甚关碍宜重禁吃烟以杜弊源片》一折，深入指出鸦片的危害。面对鸦片导致的“兵弱银涸”的严重形势，道光皇帝比较赞成严禁派的主张，决定派林则徐为钦差大臣到广东禁控鸦片。

林则徐（178518—50），字元抚，又字少穆、石麟，晚号竢村老人。乾隆五十年七月二十六（1785 年 8 月 30 日）出生于福建侯官（今福建福州）。是鸦片战争时期极力主张严禁鸦片、抵御西方资本主义侵略的爱国政治家，史学界称其为近代中国“开眼看世界的第一人”。

嘉庆九年（1804）中举。十一年赴厦门出任海防同知书记，次年由福建巡抚张师诚招入幕府。十六年中进士，选庶吉士。曾与龚自珍、魏源、黄爵滋等研学经世致用之学。后历任编修、协修等京官，两度外任江西、云南乡试考官。二十五年起，先后任浙江杭嘉湖道、盐运使，江苏按察使、江宁布政使。任职期间整顿盐务、兴办河工、筹划海运，采用劝平粜、禁囤积、放赈济贫等措施赈灾抚民。道光十年（1830）任湖北、河南布政使，次年升任河东河道总督，期间，不辞辛苦，不避怨嫌，积极铲除弊陋，亲自实地勘查山东运河、河南黄河沿岸工程，提出改黄河由山东利津入海从而根治水患的治河方案。十二年授江苏巡抚，曾奉命驱离在吴淞口外刺探情报的英国胡夏米商船，又协助两江总督陶澍，实行许多利国便民的经济改革措施。江苏旱涝灾情严重，他不顾朝廷训斥，上奏历陈民众困苦，坚请缓征受灾州县赋税。致力于兴修水利工程，疏浚白茆、刘河、徒阳运河等河道。为克服银荒和利于货币流通，他反对一律禁用洋钱，提出自铸银币的主张，成为中国近代币制改革的先声。十五年和十六年，两署两江总督兼两淮盐政，积极推进淮北“票盐”制度。

十七年，升任湖广总督。当时鸦片已成为危及中国国计民生的严重弊害。十八年，鸿胪寺卿黄爵滋上疏主张以死罪惩治吸食者，道光帝令各地督抚各抒己见。林则徐坚定支持黄爵滋的严禁主张，提出六条具体禁烟方案，并率先在湖广实行，成绩显著。八月，他上奏指出，历年禁烟失败在于不能严禁，警告：“若犹泄泄视之，是使数十年后中原没有可以御敌之兵，且没有充饷之银。”九月应召进京，在连续八次诏见中，力陈禁烟的重要性和禁烟策略。道光皇帝感到鸦片输入将会造成军队瓦解、财源枯竭的严重危机，十月，下令各省严禁鸦片，“务期净尽根株”，“毋以虚怖图功，毋以苟且贻患”；并将许乃济降级，令其休致，以示禁烟决心。十一月林受命为钦差大臣，即往广东禁烟，并节制广东水师，严查海口。

林则徐于十九年三月抵达广州。当时，广州群众反对鸦片走私的情绪和支持禁烟的正义声音十分高昂。鸦片泛滥的最大受害者是人民大众，他们对清政府的明禁暗弛行为表示不满，受害最大的地区就是广东，人民很早就开展了轰轰烈烈的禁烟运动，其中比较有影响力的是1838年12月12日发生的广州万人大示威，清政府采取了保护侵略者镇压人民的策略，这次大示威是人民群众反抗侵略者的重要表现。广大人民群众，尤其是广东人民深受鸦片之害，痛恨贩卖鸦片的外国侵略者，赞成地方官员的严禁措施。林则徐“体察内地民情，皆动公愤，倘该夷不知改悔，唯利是图，非但水陆官兵军威日盛，即号召民间丁壮已足制其命而有余”。他与两广总督邓廷桢、广东水师提督关天培等人协作，积极整顿海防，抵御外国入侵；严拿烟贩，惩办不法官吏；严禁国人贩卖、吸食鸦片，凡吸食者要立即上缴烟土烟具，限期戒除；并于3月16日晓谕外国烟贩，限期上缴所有鸦片，并出具甘结，保证“嗣后来船永不敢贩运鸦片，如有带来，一经查出，货尽没收，人即正法，情甘服罪”。他断然表示：“若鸦片一日未绝，本大臣一日不归，誓与此事相始终，断无中止之理。”林则徐的这些举动，得到了广州各界群众的极力支持和拥护，城乡各地纷纷上缴烟膏烟具，揭发检举鸦片贩子。特别是在鸦片走私的重要航口虎门，群众自发地组织起来，一发现有走私鸦片的商船，立即遍吹螺号，集合渔船，前后堵截，顺风纵火，将其烧毁。由此，禁烟运动在广州达到高潮。

林则徐反对侵略的策略有四条。(1) 动员人民群众起来与侵略者进行顽强斗争。林则徐在沿海发现当地人民对侵略者十分仇恨，民心可用，于是他在组织团练上，由开明绅士来实施。在组织水兵、壮兵时要“驾驭必须得当”。(2) 对侵略者劝之以理，诫之以威。从维护国家权益出发，认为禁烟是正义的，他也意识到禁烟不能局限在说理范围内，“英人欺弱畏强”随增集兵炮，加强海防。(3) 区分对待，以夷制夷。西方资本主义国家的侵略都以各自的利益出发，林则徐采取“奉法者来之，抗法者去之”的政策。目的是分化瓦解侵略者以减缓压力，还提出“苟以悔改，尽许回头”的口号。(4) 以守为战，以逸待劳。根据双方力量对比制定的，因为英国有各种武器，相对来讲清军武力较弱，而不能与英军打突击战。总之，这些思想大都是当时中国的最高策略思想，但大多没有实行。

在鸦片走私最为嚣张的广州，人民大众曾多次掀起反对鸦片贸易的斗争。1838年12月12日，广州地方衙门决定在外国商人居住的商馆附近广场处决一名中国贩烟罪犯。英、美鸦片贩子依然干涉中国内政，捣乱刑场，气焰十分嚣张。广州市民近万人闻讯赶到，举行示威，包围了商馆，显示了中国人民对外国侵略者的极大愤慨，也反映了中国人民禁烟的强烈愿望。但是，中国正义的禁烟运动遭到了英国资产阶级的抵抗和破坏。3月24日，英国商务监督义律指使大鸦片贩子逃脱，并劝阻英商呈缴鸦片、具结保证书。为此，林则徐下令暂停中英贸易，并派兵包围洋馆，撤出仆役，断绝了广州与澳门地区的交通联系。义律看到这些情况后，觉得无法用直接对抗办法来保护鸦片贸易，便想利用缴烟一事引起中英两国的外交冲突，以此来破坏林则徐的禁烟。英国方面还采用威胁手段，命珠江口外英船开到香港，悬挂英国国旗，归英军舰调度，摆出战斗架势；又抗议中国在广州设防，准备下令让英国侨民撤离广州。

24 日，义律经澳门潜到广州洋馆，指使烟贩颠地乘夜逃亡。义律即变换手法，命令英商缴烟，同时规劝美国商人缴烟，声称烟价通通由英国政府付给。义律以此为英国发动侵华战争制造借口。于是他命令英商上交鸦片，并保证其所受经济损失由英政府赔偿，同时为达到联合美国共同侵华的目的，也让美商上交鸦片，损失也将由英国政府负责赔偿。英美烟贩在得到义律的保证后，陆续交出鸦片两万多箱，合计 2376000 余斤。义律交出烟后，林则徐即刻下令恢复中英贸易。林则徐除了驱逐外国烟贩头目出境、勒令在粤外商缴出所贩卖鸦片并将它们全部销毁外，还规定今后外商到中国贸易必须出具永不夹带鸦片输入内地甘结。在中国禁烟斗争的作用下，4 月下旬至 5 月中旬，英、美烟贩被迫上缴鸦片 19187 箱（其中美国烟贩 1540 箱），又 2119 麻袋，共计重 237 万余斤。在林则徐主持下，自 1839 年 6 月 3 日起，在虎门“就海滩高处，周围树栅，开池漫卤，投以石灰，顷刻汤沸，不爨自燃，夕启涵洞，随潮出海”，将所缴获的鸦片当众销毁。直到 6 月 25 日，全部销毁。各地群众闻讯赶来观看，民众欢腾，无不称快。它显示了中国人民反抗外国侵略、维护民族尊严的坚定决心，打击了外国侵略者的嚣张气焰，鼓舞了中国人民的斗志。虎门销烟是中国禁烟运动的一次重大胜利。虎门销烟在当时产生了极其深刻的影响，是中国抵御外来侵略的一次重大胜利。

## 第二节　英国发动的侵华战争

鸦片战争前 1837—1838 年期间，英国正处在第二次经济危机之中。这一期间，英国工商业萧条，许多企业倒闭，大量商品积压，失业现象极其严重，英国国内的工人运动不断高涨。英国资产阶级为了摆脱困局，转嫁危机，进一步疯狂地进行对外扩张。以武力打开中国这个广阔的市场，从而掠夺中国的财富，成为其扩张政策的重要手段。1839 年 9 月底，英国外交大臣巴麦尊会见逃回英国的鸦片贩子查顿等人，商讨拟订对中国发动战争的详细计划，包括侵华舰艇的数量、陆军人数及所需的运输船只，等等。

1839年8月初，林则徐在广东收缴和销毁鸦片的事情传到了英国，英国工商业资产阶级及鸦片贸易集团立刻发出一片战争叫嚣声。他们纷纷致信英国政府，狂妄地说："中国方面的无理举动，给了我们发动战争的机会。这种机会有可能不会再来，是不能轻易放过的，""大不列颠现在极其应该以武力向中国要求'恢复名誉'了。"有的甚至宣称："我们向中国政府提出的要求，只有表现强有力的武力，才能有可能得到。"9月30日，英国曼彻斯特与对华贸易有关的39家公司和厂商一起致函外交大臣巴麦尊，声称："希望政府能充分利用这个机会，将对华贸易建立在安全的、稳固的、永久的基础之上。"实际上，是要用侵略战争使中国变成英国资产阶级掠夺原料的基地和倾销商品的市场。接着，伦敦、利物浦、里兹、利斯特等大城市的有关厂商也相继响应，主张立刻发动侵华战争。

面对英国的武装挑衅，林则徐则主张坚决抵抗。他在销禁鸦片的同时，积极进行备战，会同邓廷桢、关天培整顿水陆两军，督促官兵积极操练。他下令加强虎门一带海面所设立的木排铁链，添加炮台炮位，并购买西洋大炮布置在珠江口附近。在备战中，林则徐看到了广大人民群众对外国侵略者的切齿仇恨，认为"民心可用"，积极提倡"由民间自行团练，以保村庄"，也从渔民、疍户、盐工中招募壮丁几千人，编成水勇。林则徐还在公共场合号召："如英夷兵般一入内河，许以人人持刀痛杀。"在此期间，林则徐还注重了解和研究西方资本主义国家的情况和动态。他组织幕僚翻译英人慕瑞《地理大全》，经他改动后，编成《四洲志》。根据所了解的情况，林则徐制定了一整套对付外国侵略者的对策。他主张严厉惩处外国鸦片贩子的非法活动，但不干涉外国商人进行正当的贸易，提出"奉法者来之，抗法者去之"的正确方针。他洞察资本主义国家之间的矛盾，并建议充分利用这种矛盾，孤立英国。针对中英双方军事力量的特点，认为中国必须采取"以守为战"、"以逸待劳"的作战方针。这些都说明林则徐具有远大目光和务实精神，他不愧是伟大的爱国者和近代中国开眼看世界的先进人物。一九三八年七月，因义律拒绝交出杀害中国村民的英国水手，又不想具结保证不再贩卖鸦片，他下令隔绝澳门英商接济。义律利用武力解决，发动九龙炮战和穿鼻洋海战。林则徐亲赴虎门布防，督师数次击败英军。十一月遵旨停止中英贸易。十九年十二月授任两广总督。此时他已觉察英国正准备发动侵华战争，以所得西方消息五次奏请严令沿海各省积极备战。

发生对中国的侵略战争，既是英国资本主义扩张发展的客观需求，也是英国政府蓄谋已久的策略。1839 年 10 月 1 日，英国召开内阁会议，研究武装侵略中国的问题。外交大臣巴麦尊表示：应对中国的唯一办法，“就是先打它一顿，然后再作说明”，主张立即调遣军舰封闭中国沿海。陆军大臣麦考莱也建议对华采取军事行动。于是，英内阁会议作出了“派遣一支舰队到中国海去”的决议。11 月初，伦敦的“印度与中国协会”向巴麦尊提出了更加系统、详细的作战方案，同时还提出了一系列侵华条件：开放茶丝产地附近并盛销英国呢绒、布匹、羽纱的广州、厦门、福州、宁波、扬子江：协定两国关税；强占中国沿海岛屿等。1840 年 2 月，英国政府任命乔治·懿律和查理·义律作为和清政府交涉的正、副全权代表，并任命懿律为侵华英军总司令。英国政府对于战争的决定和部署，始终严守秘密。直到 1840 年 4 月，出兵中国的决议才在议会辩论，以微弱多数票数通过支付军费案，派兵侵略中国。

鸦片战争爆发前期，中、英两国在虎门南面穿鼻洋海面上战斗。清道光十九年五月林维喜事件发生之后，英国驻华商务监督查理·义律既拒绝交出林案正凶，又阻扰英船自愿具结。清钦差大臣林则徐于九月十七日下令，严查林案正凶，限令英国商船三日内，或具结入港口，或返回本国，不得停留伶仃洋面。此前，九月初九英国商船“担麻士葛”号，不听命义律，前来具结，保证“永不贩卖鸦片”，立即被引入黄埔，进行贸易。林则徐本着“奉法者来之，抗法者去之”的原则，保障其安全，并传见船主弯喇，面授奖励。这为正当贸易的英国商人开辟了先例。9 月 28 日，又一英国商船“撒克逊”号（船主当啷）也遵令前来进行具结。义律恼羞成怒，即派“士密”号（又称“窝拉疑”号）和“华伦”号两兵船于中午赶到穿鼻洋，阻扰正报关入口的“撒克逊”号。广东水师提督关天培正欲向前查问，“士密”号率先开炮，进行攻击，衅端遂开。关天培遂令本船士兵开炮还击，并挥令后船协助进攻。英国侵略者挑起的穿鼻洋海战爆发。关天培亲自挺立于水师船桅杆前，拔腰刀督战，大声喝称：“敢后退者斩。”适有英船炮弹飞到桅边，剥落桅木一片，从关天培手和面部擦过，皮破流血。关天培奋不顾身，仍恢复持刀屹立，又取银锭置于案上，有击中敌船一炮者，立即赏银两锭。其本船所载三个铜炮最是给力，关天培督令弁兵对准“士密”号连开数炮，将其船头（粤人呼为头鼻）打断，船头数十人纷纷跌入海中。水师提标左营游击麦廷章，督率兵弁，连开两炮，击破“士密”号后楼，英兵也纷纷跌落海中，左右舱口，都被打穿。“华伦”号畏缩不前，未致其受伤。激战约一个时辰之久（中午 12 时至下午 2 时），“士密”号帆斜旗落，一边防御一边向后逃窜，“华伦”号亦随其逃窜。清军水师三只兵船受损进水，兵丁死 15 名，伤数十。这次战斗，清军因为遭到突然袭击，英军武器又很占优势，所以损失比较大。尽管如此，清军仍奋勇抗敌。林则徐在 10 月 16 日向道光帝的奏折中赞扬，关天培奋勇督战，士兵英勇抗击。“收军之后，经附近渔艇打捞获得夷帽二十一顶，内两顶据通事认系夷官所戴，并获夷履等物，其随潮漂淌者尚不可以数计。”道光帝阅后朱批：“可嘉之至。”

英国政府以遏制贸易、危害英国臣民为借口悍然发动了侵略中国的鸦片战争。1840 年 6 月，乔治·懿律率领由兵船 16 艘、武装汽船 4 艘、运输般 28 艘、士兵 4000 余人（后增至 15000 人）、大炮 540 门组成的“东方远征军”，从印度、开普敦等地抵达中国广东海面，第一次鸦片战争正式爆发。

## 第三节　战争的始末

第一次鸦片战争前后持续了两年多的时间，经历了三个阶段。战争的第一个阶段，自 1840 年 6 月下旬英军封锁珠江口到 1841 年 1 月下旬清政府对英宣战之前，期间约 7 个月。在这个阶段，英军实行封锁珠江口、占领定海、北上天津以武力威胁清政府就范为主要内容的侵略方案；中国方面除广东积极备战外，整体上持消极抗战的态度。

英国侵略军到达广东海面后，立即对广州实行封锁。由于广东军民早有防备，侵略者无隙可乘。6 月 30 日，懿律和义律率英军按其原定计划北上。7 月，英军进攻福建厦门，未能得逞。接着，又北犯浙江，攻陷防范薄弱的定海。8 月，英军继续北犯，抵达天津白河口，巴麦尊给清政府投递照会，提出赔款、割地、通商等无理要求。定海失陷，清政府极为震动。道光皇帝对当初的禁烟和抵抗政策有些动摇，他命令直隶总督琦善：“若该夷船驶至海口，果无桀傲情形，不必遽行开枪开炮。”这种消极行为，在沿海各督抚身上表现尤为突出。事实上，当时沿海各省的督抚除了林则徐（已任两广总督）、邓廷桢（已调任闽浙总督）等少数人外，在军事上都没有做任何防御部署。在京师重要门户——天津，只有守军八百。山海关一带，就连一尊能用的大炮都没有。琦善竟称“水师不必设，炮台不必添”，甚至说：“夷船不来则已，夷船若来，则天津海口定不能守。”当英军抵达天津海口时，清朝文武官员更是忙乱，不知所措。投降派趁机散布流言蜚语，攻击林则徐、邓廷桢。他们把英军发动侵略战争的责任都归责于林则徐在广东缴烟，“先许价买，而后负约，以至激变”。道光皇帝本无抗敌决心，加上投降派在耳旁的鼓噪，便任命琦善赴天津海口与英军谈判。琦善渲染失败情绪，说英人“船坚炮利”，是不可战胜的，即便是今年打胜了，明年还有可能再来，“边衅一开，兵结莫释。而频年防守，亦不免费饷劳师”。在谈判中，他对英国侵略者表示，林则徐等人在广东查禁鸦片“行动过急”，实属“办事不善”，保证要“重治其罪”，要求英军撤到广东，等候清政府派遣钦差大臣“秉公查办，定能代伸冤抑”。懿律得到这种答复后，认为达到了以武力要挟清政府谈判的目标，又因北方天气变冷，海港即将封冻，遂于9月中旬率军南下。

道光皇帝于9月17日任命“退敌”有“功”的琦善为钦差大臣，赴广东继续进行中英交涉；同时，以“办理不善”的罪名将林则徐、邓廷桢就地革职查办。由于道光皇帝采取“羁縻”政策，林则徐、邓廷桢等抵抗派遭到打压和排挤，妥协派琦善、伊里布等逐渐获得了对英交涉的大权。在道光皇帝的“羁縻”政策影响下，11月6日，两江总督伊里布与懿律签订浙江停战协定。道光皇帝旋又颁布开放烟禁命令，以此向侵略者表现其谋求妥协的诚意。

1840年11月29日，琦善抵达广州。他一反林则徐的做法，下令撤除珠江口附近的防御设备，裁减水师，遣散乡勇，排挤主张抵抗的地方官员，以便讨好英国侵略者。12月，琦善与英军开始谈判，懿律因病回国，义律继任全权代表。谈判主要集中在三个方面上：赔偿烟价，割让岛屿或增开口岸，交还定海。琦善同意赔烟价600万元，但增开口岸只能在广州之外再增设一处，不得寄居，应先交还定海，然后签约。义律决定继续施加压力，迫使琦善完全屈服。1841年1月初，英军突然发动袭击，攻占大角、沙角炮台，副将陈述升、陈举鹏父子（土家族）及土家、苗等族守台官兵600余人全部壮烈殉国。在近代中国抗击外国侵略者的战争中，陈连升是第一个为国捐躯的少数民族将领。

英军攻占大角、沙角炮台后，1 月 20 日，义律在澳门发表了一份公告，内容包括割让香港、赔偿烟价 600 万银圆、恢复广州通商等内容。25 日，英国侵略军强行占领中国领土香港。同时，义律与琦善又进行了包括割让香港在内的所谓“穿鼻草约”谈判。但琦善此时已自身难保，不敢再谈签约之事，谈判就此停止。事后，中英政府都不承认这份草约。道光皇帝以琦善擅自割让香港，令锁拿解京问罪，英国政府觉得草约索取的权益太少，将义律撤职。战争的第二阶段，自 1841 年 1 月 27 日清政府对英宣战开始，至 5 月 27 日《广州和约》订立为止，历时 4 个月。在这个阶段，清政府虽然对英宣战，但并没有真正抗战的决心。道光皇帝派往广州主持军事的奕山、杨芳等官僚昏聩无能，在对英作战中一败涂地，最终签订了屈辱的《广州和约》。琦善、伊里布等人的妥协行为，激起了广大人民群众的强烈不满。在浙江，镇海、定海居民纷纷谴责伊里布撤退镇海守军的行径，并要求收复定海；在广东，广州的爱国士绅一起请愿，特别是“香港绅民，以不愿为夷，联合控诸抚院”。在清政府内部，倾向抵抗的官员也纷纷上奏罢免琦善，重新重用林则徐、邓廷桢，坚持抗英斗争。英国要求割地、赔款的条件，也大大超出了道光皇帝可以接受的程度。

1841 年 1 月 27 日，大角、沙角炮台失守的消息传到北京，道光皇帝看到定海还未交回，英军又在广东发动进攻，十分愤怒，立即下诏对英宣战。接着，道光皇帝将琦善革职拿问，以祁埙为两广总督；任命裕谦为钦差大臣赴浙江接替伊里布；同时任命御前大臣、宗室奕山为靖逆将军，户部尚书隆文、湖南提督杨芳为参赞大臣，调动各省军队 17000 人开赴广东。于是，中英双方重新进入了战争阶段。英军获得清政府调兵遣将的消息后，立即先发制人。2 月下旬，英军进攻虎门炮台，六旬老将广东水师提督关天培率兵英勇抵抗，仍在广东主事的琦善竟然拒绝派兵增援。关天培与将士 400 余人壮烈殉国，虎门炮台失守。英舰驶进省河，广州告急。3 月，参赞大臣杨芳率军先期抵达广州。义律从商业利益出发，向杨芳提出停战谈判，双方达成停战协定，广州恢复贸易。4 月，奕山及各省援军先后赶到广州。奕山一到广州，便诬告“粤民皆汉奸，粤兵皆贼党”。他不用粤勇，而征募水勇于福建；

不信粤兵，而依靠外省“客军”；更提出“患不在外而在内”、“防民甚于防寇”的错误方针。在作战上，他寄希望于侥幸取胜，邀功请赏。

1841 年 5 月 21 日，在没有做好充分准备的情况下，奕山依然发动一次夜袭，清军大败，英军凶猛反扑，占领了城郊重要据点，包围并炮轰广州城。5 月 25 日（道光二十一年四月初五），英军攻陷广州城北各炮台，在地势最高的永康台设立司令部。永康台土名四方台，距城仅仅一里，大炮可以直接轰击城内。清军统帅奕山等畏惧求和，于 5 月 27 日与英约定《广州和约》，以支付英军赎城费、外省军队撤离广州等条件，换取英军归还炮台、退出虎门。但和约墨迹未干，英军就不断扰乱西北郊三元里及泥城、西村、萧冈等村庄，抢掠烧杀，奸淫妇女。广大民众义愤填膺，各地团练皆谋抵抗。广州地区的很多人民群众，对奕山等向英军的求和行径极其愤怒，奋起抗击英军。29 日，三元里村民击退来犯英军。次日，南海、番禺百余村团练手持戈矛、犁锄，群起围攻永康台。相持近半日，英军司令卧乌古（郭富）亲自带兵抵抗。团练边战边退，诱敌到牛栏冈丘陵地带。这时大雨骤至，英军火枪受潮不能够发射，团练民众冒雨反击，将英军分割包围，肉搏鏖战。英军一个连队几乎被全歼，其余逃回炮台。31 日清晨，广州手工业工人以及附近州县如花县、增城、从化等地团练也相继赶来，围台民众增至数万，相约饿死英军。卧乌古不敢再战，转而威逼官府，扬言毁约攻城。奕山等人闻讯恐慌，急忙派遣广州知府余保纯出城，先行安抚英军，随后率番禺、南海两县令向团练中的士绅施加压力。士绅逃避，团练随后散去，台围遂解。三元里抗英斗争，彰显了中国人民不甘屈服和敢于斗争的英雄气概。第二阶段的战争，至此结束。

战争的第三个阶段，是从 1841 年 8 月英军再次进攻厦门开始，至 1842 年 8 月 29 日签订《南京条约》结束，历时一年。在这个阶段，英军以进攻江浙地区为重要目标，以武力威逼清政府彻底就范。清政府虽调动重兵赶赴浙江，但在前线溃败后便一心求和，最后被迫在南京订立了城下之约。

1841 年 4 月，英国政府获得义律提出“穿鼻草约”的消息后，大为不满，认为从这个“条约”中所获的侵略利益太少，决定撤换义律，改派璞鼎查为全权公使，进一步扩大侵华战争规模。1841 年 8 月，璞鼎查抵达香港，随后率英军再次北犯。8 月 27 日，英军进攻厦门，总兵江继芸力战阵亡，厦门失陷。9 月，英军继续北上定海。主持浙江军务的钦差大臣、两江总督裕谦（蒙古族）下令严加防御，坚决抵抗。他当众宣誓："城存俱存，以尽臣职，断不能以退守为词，离却镇海县城一步，尤不能以保全民命为词，接受逆夷片纸。"

9 月 26 日，英军进攻定海，总兵葛云飞、郑国鸿（回族）、王锡朋率五千官兵浴血奋战六昼夜，所有将士壮烈殉国，定海于 10 月 1 日再次失陷。10 日，英军攻打镇海，浙江提督余步云临阵逃到宁波，裕谦亲自登城指挥抗击。总兵谢朝恩战死，镇海失守，裕谦悲愤投水自杀，履行了自己的誓言。13 日，英军攻打宁波，余步云先一日弃城逃到上虞，宁波不战而失。与此同时，英军还多次侵袭台湾省，台湾道姚莹和总兵达洪阿在台湾各族民众的支持和配合下，击退了英军的多次进攻。浙东三城在短短的半个月里轻易失手，引起清政府的慌恐。为了扭转败局，道光皇帝下令重新备战，以显"天朝兵威"。10 月 18 日，道光皇帝任命协办大学士、宗室奕经为扬威将军，侍郎文蔚和副都统特依顺为参赞大臣，赴浙江办理军务；同时从各省调动军队近两万人，赶赴浙江前线。奕经离京后，路上游山玩水，寻欢作乐，勒索地方，铺张浪费。到苏州后更是花天酒地，竟驻足不前，导致民怨沸腾，言官弹劾。奕经不得已被迫离开苏州，于 1842 年 2 月抵达绍兴。从北京出发至今，已过了四个月。奕经的言行，与奕山在广州的行为如出一辙。他诬告"水勇、乡勇，或系无业游民，或系乡村笨汉，所持兵械，不过稻杈木棒，无事或可壮声威，遇敌则必先溃败"，觉得"浙省兵丁、浙省乡勇均不可用"。他到达浙江前线后，依然不认真筹划抗敌措施，却寄望于侥幸取胜，邀功请赏。3 月上旬，在不了解敌情和没有充足准备的情况下，奕经命令清军从绍兴兵分三路出发，冒雨夜袭宁波、镇海、定海，妄想一举收复三城。因消息泄露，英军早有准备，清军三路都失败，全军溃散。英军乘机反扑，慈溪失守。奕经等人仓皇逃到杭州，此后不敢再战，却慌报军情，掩败为胜，力建对英求和。清政府在广东和浙江的两次反击，都惨遭失败，朝臣中投降派官员又活跃起来。浙江巡抚刘韵珂给道光皇帝上奏折，谎称英人炮火"猛烈异常，无能抵御"，沿海各省"一月之防费，为数甚大，防无已时，即费难计数，縻饷劳师，伊于胡底?"他认为如果继续抗击，国内将会出现各地民众揭竿而起的危局。

军事上的连续失利和投降派的叫嚣，促使道光皇帝从忽战忽和转而一心求和。他哀叹清军“既不能冲锋击贼，又不能婴城固守，一见逆夷，旋即纷纷溃散”，“可见将濡兵疲，皆无斗志，非逆夷凶焰竟不可挡，实我兵吏临阵脱逃，已成习惯”。于是，他命令停止进攻，任命盛京将军耆英为钦差大臣，并重新任用已被革职的伊里布，令他们驰赴浙江寻求谈判途径。英国侵略者认为它的军事打击尚不能胁迫清政府接受其全部要求，拒绝和谈，决定仍照原计划，大举侵占长江流域下游地区。1842 年 5 月，英军退出宁波和镇海，集中兵力进攻江浙两省的海防重镇乍浦，遭到守军的奋勇抵抗。17 日，乍浦失陷。6 月，英军进攻长江，攻打吴淞炮台。两江总督牛鉴闻风逃窜，年近七旬的江南提督陈化成率领 5000 余名官兵坚守吴淞西炮台，先后三次回绝牛鉴的退兵命令，身负重伤，英勇殉国。宝山、上海相继陷落。英军继续逆长江西上。7 月 21 日，进攻镇江，副都统海龄（满族）率 4000 余名满、蒙、汉族将士奋勇杀敌，终因力量悬殊，全部战死，镇江失守。恩格斯在赞扬镇江守军的英勇精神时指出：“如果这些侵略者处处都遭到同样的抵抗，他们不可能到得了南京。”英军于 8 月初侵入南京下关江面。耆英、伊里布等赶赴南京议和，接受了璞鼎查所提的全部要求。

鸦片战争以清政府的失败而宣告结束。英国军队在武器装备和训练方面虽然比清军先进，具有优越性，但也有不利的因素，其兵力严重不足。当时英国部署在本国及其广大殖民地上的军队总共 10 万人，能够投入对华作战的兵力，起初只有 4000 余人，最多时也只有 15000 人。英军远离本土作战，补给线过长。当时苏伊士运河还未开凿，从英国航行到中国，至少需要四个月；从印度航行到中国，至少也要一个月。中国所进行的反抗英国侵略的战争，是正义的自卫战争，获到广大人民和爱国官兵的支持。中国战败的根本原因是中国封建社会制度的腐朽和经济、科学技术的落后，以及清政府的昏庸愚昧。战争的失败，使令国人民开始陷入苦难的历程，也促使中国人民觉醒和奋进。

鸦片战争期间，在广州，城外著名的十三行被英军洗劫一空；在乍浦，平民大众惨遭杀害；在镇江，房屋被毁，盐艘巨舶遭焚烧一空。6 月 7 日，义律贴出告示进行恐吓。广州人民针锋相对进行批驳，并宣布“不用官用，不用国力，自己出力，杀尽尔等猪狗，方报我各乡惨毒之害也“。三元里人民的抗英斗争，是近代中国人民反侵略斗争的第一面旗帜。广东、福建、台湾、浙江、江苏等地人民，都对侵略者进行了顽强的斗争。

道光二十一年（1841）九、十月间，英国军舰曾两次进攻台湾省。在兵备道姚莹、总兵达洪阿的“自己乡邦”号召下，成立自卫团体，民众达万多人。他们守本庄并听从官府调遣，配合清军两次击退英军的进犯。

在浙江、定海三十六岙群众齐聚神庙，立下盟誓，约定同心杀敌。发布《告白》，表示与守军“逢人即杀，见船无备遂烧。一次不成，二次再举。明不得手，暗可施谋。水战不胜，陆战再图。或放虫下毒，或挟刀行刺，使彼防有所不能，备有不能行”，直到把侵略者连船带人一块儿消灭。他们协助守军作战，捉拿汉奸，破坏英军食物、淡水供给，不断袭击零星外出滋扰的英军。镇海乡民伏击英军侦察队，俘获英军官兵。宁波人民的自卫武装力量——黑水党，积极采用游击战术，在城内外设伏，截杀小股英军。鄞县（今浙江奉北附近）、慈溪（今浙江宁波市慈溪镇）等县也组成团练乡勇数万，抵抗侵略军的进犯。

在福建，英军攻占厦门后，到附近各地抢劫，遭到乡民抵抗。击毙英军数百名，打伤上千名。迫使英军不敢常驻厦门，退守鼓浪屿。晋江（今泉州附近）、惠安今福建惠安县）、南安（今福建南安）、厦门（今厦门）各厅县群众纷纷“参与团练，各保乡村”。

在广东，林则徐主持战斗期间，人民纷纷参加他组织招募的水勇和士绅组织的团练，支援配合清军作战。东南沿海人民的抗英斗争，有力地打击了英国侵略者，打响了近代史上中国人民反抗外来侵略者的第一枪。

在江苏，英军闯入长江之后，沿江农民、渔民、盐民和船夫等，奋力还击。崇明（今江东崇明）武装民众预先设下埋伏，派人诱敌上岛进入埋伏圈，然后进攻。太仓（今江苏太仓）、江阴农民以竿干、锄头袭扰英军。妇女儿童皆加入战斗行列，用石块奋击。靖江（今江苏靖江）人民阻扰英军抢劫，一童子从城上丢砖石，击毙英军一人。英舰三艘再次来犯，靖江知县杨凤，率军千余人防御江堤，击伤敌舰一艘。

从军事上讲，对这场战争可作如下分析：

1. 英军胜利的必然和偶然。英国国力雄厚，船坚炮利，坚强的经济实力和军事装备巩固了英军的战斗力。但是远离本土，动员较多力量来华作战，十分困难，后勤补给不利。在中国作战，对于中国的地形、地貌英军不熟悉。越深入内地，英军的军舰的优势越小。最后，英国发动的是侵略战争，是非正义的，它不仅遭到世界正义人士的反对，也受到英国人民的反对。

2. 战争决策目标的差异。英国在决战前对于战争目标十分明确，而中国缺乏明确的决策目标。英国从商品贸易的战略目标出发，英国人已经在做以武力侵略打开中国大门的准备工作——以英国军舰为基本联合印度军队，作战路线由南向北历时 4 个月。而中国从战争开始到最后战败一直没有明确的战争目标，而处于被动状态。中国长期闭关锁国政策，使中华民族民众对外界一无所知。道光皇帝认为战争的爆发归罪于林则徐的禁烟运动，他没有认识到鸦片战争是英国打开中国大门，扭转中英贸易逆差的手段。虽然清政府对于英军也有顽强抵抗的表现，但战争目标还是不明确，打到哪里算哪里。林则徐虽做了抵抗的准备，但也只局限于广东沿海一带，初期没有人认识到英国发动战争的真正目的。道光只是一心想赶走敌人，先想速胜，后转为速败。

3. 双方兵力的对比。就武器装备来讲中国军队处于劣势，就人数来说中国超过英军。中国在道光年间的正规军有 80 余万人，另外还有乡勇、团练。英军全国总兵力只有 10 万，最初派往中国的总兵力仅有 4000 人，后来派来了援军最多也就 15000 人左右。但从各个战役来看，中英双方各有优劣，但从实际上关键性战役英军占有优势。清朝军务废弛，例如，浙江沿海各炮台仅有林亮光会用炮位发射，打仗时多为文臣或皇帝的亲戚领兵。在战争中劣势能转化成优势，优势也能转换成劣势，但起决定作用的是一线作战部队，如果中国军队同仇敌忾，取得战争的胜利并非不可能。

中国是大国，人口众多，具有丰富的战争资源。清军在人数上大大超过了英军，而且兵源充足可以随时进行补充。中国在本土作战，不论是物资补给、军队调动，都很便易，特别是战争由沿海深入到内地后，中国的有利因素可以得到充分地发挥。中国所进行的是正义战争，中国人民的抵抗热情高昂，清朝只要号召人民起来抗战，必将给英军带来覆灭之灾。

## 第四节　战争的结果

道光二十二年（1842）四月，道光决定妥协，派钦差大臣耆英、伊里布会谈。但英国为迫使清政府接受所有条款，决定不在南京进行谈判。于是六月继续进犯长江。八月，英军入侵南京下关江面，牛鉴出面求降，璞鼎查以其“无权做主”回绝议和。随后英舰佯装进攻，伊里布、牛鉴等深夜派人到英舰，表示钦差大臣耆英即日到省，并展示道光“永定和”谕旨。次日，耆英、伊里布赶到南京。耆英给道光皇帝的奏报中说：“该夷船坚炮猛，前尚得以传闻，今既亲临上船，目睹其炮，益知非兵力所制伏。”就这样，在炮口的逼诱下，接受了璞鼎查提出议和的所有条款。

1842 年 8 月 29 日，耆英、伊里布与璞鼎查在南京下关江面的英国军舰“皋华丽”号上签署了中英《江宁条约》，即《南京条约》。《南京条约》是中国近代历史上的第一个不平等条约，主要内容有：

（一）中国割让香港给英国。香港之后沦于英国的殖民统治之下，英国在那里设官治理，把它进一步变成了侵略中国的重要基地。

（二）中国开放广州、福州、厦门、宁波、上海等五处为通商口岸，允许英国人及所属家眷在上述五地寄居，同时允许英国派驻领事等官。这些通商口岸的开放，不是平等互利的，而是西方资本主义侵略者进行殖民掠夺和不等价交换的据点。

（三）中国赔偿英国的款项总数为 2100 万元，其中军费 1200 万元，鸦片费 600 万元，商欠 300 万元，分年限付清。广州赎城费 600 万元不在其中。

（四）废除“公行”制度，英国商人在通商口岸无论与何商交易，“均自行处理”。

（五）英国商人“应交纳进口出口货税、饷费，均宜秉公议定则例”。这就是说，中国海关不能确定进出口货物的税率，必须与英国共同协商决定。这项规定，开启了协定关税的恶例，使中国丧失了海关的自主权，为外国资本主义对中国进行经济掠夺提供了便捷的条件。

《南京条约》是中国近代史上第一个丧权辱国的不平等条约。中国从此一步步地走入半殖民地半封建社会的深渊。《南京条约》签订后，由于需要议定关税税率及其他有关事项，中英在广东进一步谈判。1843 年 7 月 22 日，英国强迫清政府补签了《五口通商章程》，并在香港地区公布。10 月 8 日，双方又在虎门签订了《五口通商附粘善后条款》，即《虎门条约》，《五口通商章程》是这个条约的一部分。通过《虎门条约》，英国又获得了一些重要特权：

（一）片面最惠国待遇。条约规定中国在将来给予其他国家任何权利时，“亦准英人一起均沾”。此项条款是英国和其他国家在侵略中国的过程中，互相引用，为攫取各种侵略利益开创了恶例。

（二）领事裁判权。条约规定英国人在通商口岸犯罪时，“由英国议定的章程和法律，发给管事官办理”，中国政府无权过问。这项规定严重破坏了中国的司法权，开启了外国人在中国不受中国法律管束的先例，使外国人可以在中国随心所欲，而不受中国法律的惩罚。

（三）居住及租地权。条约规定英国人能够在通商口岸租赁土地，建房居留。后来，外国侵略者运用这项特权在通商口岸建立租界，并逐渐扩展为完全脱离中国政府管辖的特别区域。另外，《虎门条约》中还附有《海关税则》。其中规定的进出口货物税率，都比鸦片战争之前降低了 50% 左右，有的甚至降低到 10% 。《海关税则》还规定：凡未列入本规定的进出口货物，一律“值百抽五”。进出口税率的降低，有利于英国向中国销售商品和掠夺原料，把中国融入资本主义世界市场。

《海关税则》的签署，使中国海关丢掉了保护本国经济发展的作用。《南京条约》和《虎门条约》虽然都未提到鸦片问题，但实际上它是中英两国谈判的重要事项之一。《南京条约》谈判期间，璞鼎查正式提出将鸦片贸易合法化事项，耆英在书面回复中说：“各国商船是否载运鸦片，中国不能过问”，实质上是准许继续鸦片走私。《虎门条约》签署前，英国政府仍提出将鸦片贸易合法化。1843 年 6 月，璞鼎查提议将广东南澳和福建泉州两地作为鸦片贸易集散地。随后，他又派马礼逊出面沟通。马礼逊诱说清朝官员，中国对鸦片“名禁实不禁”，“名为禁烟，实为免税”，“为今之计，与其禁之，不如税之”。对于收缴鸦片税问题，耆英虽心存疑惑，但仍表示如果英国保证每年缴纳 500 万两鸦片税银，他便奏请道光皇帝批准。璞鼎查不同意这项条款，因而谈判未能达成协议。事实上，《南京条约》签订后，鸦片走私比战前更加猖獗。

《南京条约》及《虎门条约》签订后，西方资本主义各国对英国所获取的侵略红利十分眼红，纷纷接踵而至，趁火打劫，强迫清政府签订各种不平等条约。1843 年，美国首先派专使顾盛访华。顾盛抵达澳门后，利用清政府的恐慌心理，采取种种恐吓手段，甚至以战争加以威胁。他告知两广总督程甭采称："不几日进京，""约一月时间，兵船满载粮食，即驶向天津白河口而去。"程甭采奏报清廷说："其意在效仿英夷，并欲驾出其上，已可概见。"

《望厦条约》是美国与中国签署的第一个不平等条约，即《中美五口贸易章程》。由美国专使顾盛与清钦差大臣耆英于1844年7月3日（道光二十四年五月十八）在澳门附近望厦村签署。共三十四款，附有《海关税则》。内容除无割地赔款外，几乎包含了中英《南京条约》中的所有内容，并且某些条款比《南京条约》规定得更加具体。例如，关于领事裁判权，条约规定，美国人在中国与中国人或任何外籍侨民之间发生的任何诉讼，都由美国领事审判。关于协定关税，条约规定，"若中国日后欲将税例更改，须与合众国领事等官议准"。关于片面最惠国待遇，条约规定，美国以后对华贸易所纳进出口税不得高于其他国；并规定"如另有利益给予各国，合众国民人应一体均等"。条约还规定美国兵船可肆意到中国各港口"巡查贸易"。条约准许美国人可以在五口自己开展租地建屋，设立医院、教堂等。

中美《望厦条约》是比中英《南京条约》更详细更全面的不平等条约，美国由此获得了比英国更多的利益。后来该条约成为中法《黄埔条约》及其他国家与中国所签订条约的范本。

《望厦条约》签署后不久，法国也采取一样的伎俩，派专使拉萼尼来中国进行威逼。1844年10月24日，清政府派耆英在广州附近的黄埔与拉萼尼签署了《黄埔条约》。通过这个条约，法国也取得了和中英、中美条约中规定一样的所有特权。在《黄埔条约》中，法国还逼迫清政府增加了一条："如果中国人将法兰西礼拜堂、坟地触犯毁坏，地方官职应严拘重惩。"这实际上是它迫使清政府放弃对天主教禁令的开端。至1846年，法国天主教得到了在各通商口岸自由传教的权利。基督教随后也取得了相同的权利。从此，传教活动成为西方侵略势力对中国进行政治、经济、文化渗透的一个重要方式。《黄埔条约》是法国与中国签署的第一个不平等条约，即《中法五口贸易章程》。

鸦片战争之后，沙俄加紧向我国东北和西北边疆肆意进行以掠夺领土为目的的侵略扩张活动。1847年9月，沙皇尼古拉一世授命穆拉维约夫为东西伯利亚总督，加紧推行武装吞并我国黑龙江流域的计划。1849年，涅维尔斯科伊等沙俄海军军官乘炮舰从海上入侵我国黑龙江口和库页岛地区，并自己命名黑龙江河口湾附近北岸的两处港湾叫“幸福湾”、“圣尼古拉湾”。1850年8月，沙俄侵略我国黑龙江口的重镇庙街，并用沙皇的名字把街庙更改为尼古拉耶夫斯克。至1853年年底，沙俄侵略势力已经扩展到了兴衮河和黑龙江下游两岸以及口外围整个中国领海，并侵吞了库页岛。在我国西北地区，沙俄于1846年武装侵略我国巴尔喀什湖东南的库克乌苏河（今卡拉塔尔河）。19世纪50年代，沙俄穿过伊犁河继续向南扩张，侵吞了巴尔喀什湖以东、以南的大量中国领土。1851年8月6日，在沙俄的逼迫下，伊犁将军奕山代表清政府和沙俄代表签署了中俄《伊犁塔尔巴哈台通商章程》，沙俄掠取了在新疆设立领事、领事裁判权、通商免税、建立贸易圈等等政治的和经济的侵略权利。沙俄代表在订约后承认，这个不平等条约对于沙俄“不但在商业关系上，而且在政治关系上也都有着重要的意义，它成了深入中亚细亚继续进行侵占活动的强有力的动力”。

比利时、瑞典、挪威等西方国家，要求“援例”签订和约。清政府依据所谓“一视同仁”的原则，一律准签。与此同时，葡萄牙还趁机窃夺了中国对澳门的管辖权。

《南京条约》、《虎门条约》、《望厦条约》等一系列不平等条约的签署，是欧美资产阶级强加在在中国人民身上的锁链。从此，中国在西方资主本义的武力驱使下，被迫卷入了世界资本主义的旋涡。当时，双方可能都没有充分认识到，这些条约最终将导致一种错综复杂的局面：外国居住区和租界遍布中国各地，它们实质上都成为外国政府管制下的外国城市。

咸丰三年（1853），金能亨出任美国驻上海代理领事，英国正式允许美国人在英租界内租地可不经过英国领事，并最终放弃了土地章程中所赋予英领事的专管特权，悬旗问题也就随之解决。至于法领事所获得的对法租界的专管权问题，因英美两国的共同抗议最终未严格实行（同治二年），上海道台又被逼划定苏州河北岸，面积约7856亩的地方为美国租界。同时，美国租界和英国租界合并，成为“公共租界”，至20世纪30年代，其领域扩大到8万亩。自从英国在上海成立第一个租界以来，其他西方国家引用片面的“最惠国待遇”条款，都积极在中国商埠划地立界。到光绪三十年，英、美、法、俄、德、日、意、比、奥等国在上海、广州、厦门、福州、天津、镇江、汉口、九江、烟台、芜湖、重庆、杭州、苏州、沙市、鼓浪屿、长沙等16座城市，强建租界30多处。

上海租界建立之初，中国政府对租界内的行政、司法等还有干预权。《上海租地章程》规定，租界内土地是永租而不是绝对卖绝，即保留领土主权。但随着西方列强加强对中国侵略的扩大和加深，不管单一国家管理的租界，还是几个国家一起管理的“公共租界”，它们所建立起来的殖民地制度都在进一步加强，而中国在租界中所留下的权利逐步被侵犯直到完全被排斥。咸丰四年（1854）七月，英、美、法三国公使在上海小刀会起义之时，独自制定“管理章程”，在租界获取了一系列特权，主要有：单独修改租地章程，规定外国可以在租界内建立警察和收税；成立工部局，实际属于一个市政机关，分别由金能亨等七人任董事，下设若干委员会。其中“防卫委会”由英、法、美在上海的海军为主要支柱建立，并设立警察、税务、财务、学务等行政机构；获取警察权，调香港巡捕房高级职员担任上海第一捕房总巡；巡捕能够拘捕罪犯，搜查军火，解除中国人武装以及帮助收税等；争夺征税权，工部局以巡捕捐的名目，按房租的8%向中国人收税，后来又以其他名目添加许多新税；工部局成立后，其董事担任法官，轮流审讯，独自审理租界内中国人的民刑案件，中国政府不得在租界内直接行使司法权。此外，以“领事代征制”夺取上海海关行政权，成立英、美、法三国组成的关税管理委员会。拒绝缴还欠税，其中以借口清政府不能尽到保护上海英商的责任，就一笔取消了英国欠税四十多万两。在建立租界之初，是不允许中国人到租界居住的。在修改上海租地章程时，外国的领事改变了这一章程。西方列强在华开辟的租界实际上成了“国中之国”。

# 第三章 战争后的社会变化

鸦片战争是中国抵抗西方资本主义列强侵略的第一次战争。英军以少量的兵力、较小的代价战胜了中国。究其原因，除了在客观上英军兵器占有优势，战略战术运用恰当，能集中大部兵力转战沿海城市，攻占经济命脉之地，战斗中常常以正面攻击与侧翼包抄的战术相结合之外，在主观上主要因为清政府腐败无能。中国封建社会制度发展到19世纪30年代，已达到没落腐朽的程度，不仅经济停滞，十分落后，并且整个统治集团内部充斥着享乐苟安、贪污腐化的污气。“历代备边，多在西北。其强弱之势、主客之形，皆适相埒，且犹存中外界限。今于东南海疆万余里，各国通商传教，来往如常，麇集京师及各省腹地，阳托和好之名，阴怀鲸吞之计，一国生事，数国构煽，实为数千年未有之大变局!”这是李鸿章在光绪元年因台湾事变筹备海防而上的折子，社会民众对于“数千年未有之变局”又有何反应呢?

## 第一节　士大夫阶层对战争的表现

鸦片战争之前，清政府长期奉行闭关政策，极大地阻碍了中国经济和科学文化的发展。西方殖民主义者的坚船利炮，打开了中国闭锁的大门，惊醒人们重新认识这个世界。鸦片战争之后，随着社会经济的发展，思想文化领域也发生了根本性的转变。在封建士大夫阶层中，一些有识之士继承并发扬了明清时期讲求“经世致用”的传统，反对脱离现实，反对崇尚空谈，注重研究现实问题，主张向西方借鉴，倡言改革，以达到强国御侮的目标。他们的思想和主张，代表了鸦片战争之后中国社会的新思潮。著名代表人物有林则徐、魏源、姚莹、徐继畲、梁廷枏等。

### （一）开眼看世界——地主阶层经世派维新先驱思想的萌芽

林则徐鸦片战争之前曾就任按察使、布政使、巡抚、河道总督等职。任职期间，他主持革除弊政，治河兴利，参加整顿改革盐政与漕政，表现出卓越的经世才能和廉洁的工作作风，受到民众的关注。闭关政策使士大夫阶层孤陋寡闻、盲目自大，在林则徐身上也不可避免地有所表现。在他被授命为钦差大臣赴广东禁烟的时候，他还觉得，西方殖民主义者仅仅是“犬羊夷狄”，英国官兵“浑身裹缠”（指穿制服军服，腰扎武装带，打绑腿等），造成腰腿僵硬，打起仗来一倒而不能再起。这不是林则徐自身的过错，而是时代差距。可贵的是，林则徐经世致用的思维一旦同西方势力相碰撞，便产生了以抵抗侵略为出发点而向西方学习的思想。

为了抵御西方殖民主义者的侵略，林则徐到达广州后，很快改变了盲目自大、鄙弃西方的想法。他组织人员翻译英文《广州周报》，用于了解敌情；将1836年伦敦编写的《世界地理大全》译成了汉文，定名《四洲志》。同时，还选择编译了《各国律例》、《对华贸易罪过论》和《华事夷言》等书籍。和英军交流后，林则徐很快改变了最初的想法，看到英国“船坚”、“炮利”，非学习其先进技术不可。为此，他组织收集并编译了外国战船图式、大炮瞄准法等相关资料。这和当时清政府部分官僚所持的外国先进科学技术及机械、武器都是“奇技淫巧”，研究了解外国情况叫作“矜奇眩异”等那种闭关自守、狂妄自大的思想、看法形成了鲜明对比。

在反侵略战争中，林则徐非常注重武器装备，积极购买大炮，仿造快船，也很重视军队素质的提高。鸦片战争之后，他曾总结出克敌致胜的八字要诀，即“器良、技熟、胆壮、心齐”。（林则徐《致姚春、王柏心》）他意识到“民心可用”，指出如果英国侵略军侵入中国内河，应准许人民“持刀痛杀”。林则徐到达广州后，感觉到了闭关政策造成的损害，从而果断否定了其他人提出的“封关禁海”、隔断与一切国家通商贸易的荒谬举措，觉得那样做的结果不仅扩大了打击面，同时也损害我国商民利益。他坚决“奉法者来之，抗法者去之”的正确贸易政策和策略，保护和鼓励正当的通商贸易。林则徐以上种种主张，虽然还都是站在维护清王朝的立场上的，但客观上也顺应了历史的发展潮流，对以后的维新运动产生了积极的影响。

魏源（1794—1857），字默深，湖南邵阳人。1844 年考中进士，先后担任知县、知州。1814 年到达北京，跟随刘逢禄研究《公羊春秋》，后与龚自珍齐名。他讲究经世致用，对当时思想界中占统治地位的宋学（理学）和汉学（考据学）进行了积极的批判。魏源曾接受江苏布政使贺长龄的聘用，编写《皇朝经世文编》，又帮助两江总督陶澍、江苏巡抚林则徐筹措漕运、水利、盐政等事。他在鸦片战争之前，就认为鸦片贸易是让中国民穷财尽的重要原因，主张严厉禁止鸦片输入。鸦片战争期间，他曾在两江总督裕谦幕府中，参与筹备浙东的抗英斗争。《南京条约》签订后，他撰写《圣武记》，历陈清王朝在过去武功上的胜利，从而达到与当时军事上的颓势相对照的目的。又依据《四洲志》及其他中外文献资料，综合介绍各国历史、地理及中国应该实施的对外政策，编辑成《海国图志》一书，初版 50 卷，后增至 100 卷。魏源和龚自珍一样，坚持变法革新，指出“天下无数百年不弊之则，无穷极不变之法”，“变古愈尽，便民愈甚”。在对外国入侵的问题上，魏源批判当权派的闭塞无知和盲目自大，批驳他们拒不吸取西方国家的“长技”和把机器看作“奇技淫巧”的顽固落后思想。从抵抗外国侵略、维护民族独立的目标出发，魏源提出了著名的“师夷长技以制夷”的观点，即向西方学习新理论、新技术来御侮自强。

魏源认为，西方资本主义国家之所以能够富强，除了拥有装备精良的军队外，更为重要的是因为其国家建立了近代化的工业。中国如果想强盛起来，不但要学习西方的养兵练兵的方法，而且还应当着手建立自己独立的近代工业。因此，他建议建立造船厂和火器局，制造出各种轮船和机器，并准许民间自由建厂。他指出在发展近代工业时，应该“尽得西洋之长技，为中国之长技”，并充分认为中国人完全有能力把祖国建设成为一个富强兴盛的现代国家。

在《海国图志》中，魏源还介绍和评价西方的民主政治制度。他觉得西方政治制度的优势在于：废弃了世袭制和终身制，打破了封建家天下的格局，议员和总统都是自下而上地由民众自己选举，议会对于来自民间的建议，“众可可之，众否否之，三占从二，舍独循同”。这在当时提出这样的观点是颇有胆识的。魏源在书中认为，中国在鸦片战争中惨败，不仅仅是因为船炮不如外国，更主要的是指挥体系的错误与军队内部的腐败。许多清政府的将帅“非苟且即虚骄”，军队缺少训练，纪律不严，“以此无律无谋之兵，即尽得夷炮夷艘，遽可大洋角逐乎?”在战略战术上，魏源发表了颇有见地的主张。他觉得，英军孤军远来，其长处在海上，其短处在陆地，从而在与英军作战时，“守外洋不如守海口，守海口不如守内河”。又根据清军的腐败、当地人民的英勇反抗，他指出“调客兵不如练土兵，调水师不如练水勇”。魏源还指出“纵其（指英军）深入，截其出口”，“坚壁清野……出奇设伏，多方误敌，使不可测”。他指出，敌为客，我为主，“客兵利速战，主兵利持重，不与相战而惟与之相持，行与同行，止与同止，（使敌人）无淡水可饮，无牛羊可夺，无硝药可配，无铁物可买，无篷缆可补，烟土货物无处可售，舵桅无处可修，同时又有水勇潜攻暗袭，不能安泊，放一弹即少一弹，杀一夷即少一夷，破一船即少一船。而我则逸待劳，饱待饥，众待寡”，最后必将取得胜利。

《海国图志》一书的核心内容，是“师夷之长技以制夷”。魏源批评了清政府的闭关锁国政策，指出，清政府长期不去了解世界，不允许翻译西书，不效仿西方船坚炮利的长技，更不知道运用西方各国及其殖民地的复杂矛盾，从而导致战不能战、守不能守的战争败局。他进一步指出："欲制外夷者，必先悉夷情始"。只有充分了解熟悉"夷情"，才能达到以夷攻夷、以夷款夷、师夷之长技以制夷。魏源觉得，西方的长处有三个：一战舰，二火器，三养兵练兵之法。对此，中国应该认真向西方国家学习，为我所利用。他坚持在广东建立造船厂、火器局，邀请法国、美国的技师传授技术，选送中国的工匠学习制造。另组建精锐水师三万人，聘请西洋人教练驾驶、演炮、作战之法。"人习其技巧，一二年后，皆不必仰赖于外夷"。

鸦片战争之后，魏源对封建君主专制制度已经流露出强烈的不满，对西方资本主义的一些制度深表羡慕。当然，他对西方资本主义制度的了解极其有限，处在一知半解状态。魏源觉得西方国家"政治纷繁，各从其度"。英国设有"巴厘满"（英文议会 parliament 的音译，后又译巴力门），有五爵会议（上议院）和乡绅会议（下议院）。他说西方的议会和中国的军机处类似。对于美国总统四年一选举，他深表赞赏，觉得其"一变古今官家之局，而人心翕然，不可不谓之公乎"！对于议会中实行的选举表决少数服从多数，他感叹道，"可不谓周乎"！魏源同时称赞美国联邦制度章程"可垂奕世而无弊"。对于瑞士"不设君位"，"不立王侯"，"国无苛政，风俗俭仆，数百年不见兵举"，深为赞赏，曰："诚西土桃花源也！"（《海国图志后叙》）

尽管魏源的这些论断，其出发点仍在于不熟悉夷情就不能筹远，但他这些介绍产生的效果却非同小可。魏源编辑的《海国图志》，是前人从没有做过的事情，正如他自己所说，是"创榛辟莽，前驱先路"，对之后的中国思想界产生了深刻影响。《海国图志》传到日本后，对日本的学术和政治也产生了不小影响。

### （二）传统学术文化的变迁

1840 年的鸦片战争，导致剧烈的社会震荡。与此相关，思想领域也从"经世致用"发展至"师夷长技以制夷"，忧患意识也让中国传统的学术文化开始发生质的变化。

鸦片战争前后，中国的文学领域发生了极大的变化。反映中国人民反抗侵略斗争的爱国主义文学作品不断涌现，是这一时期文坛上特别值得关注的现象。这类作品热情奔放、讴歌了中国人民的反抗侵略的斗争活动，对英国侵略者的侵略行径及清政府的妥协懦弱给以强烈的鞭笞。在反侵略斗争中，广东民间出现了许多揭帖和檄文，如《全粤义士义民公檄》、《三元里居民示谕英夷》等。这些文章语言朴实、短小精悍、生动鲜明，当时即起到了鼓舞人民、抗击敌人的作用，也为我们研究这段历史留下了生动的文献资料。一些爱国主义诗歌，得到广泛流传。诗歌作者中，著名的有魏源、张维屏、张际亮等。

张际亮（1797—1843），字亨甫，福建建宁人。以诗闻名于时。他的《东阳县》诗，强烈谴责了英国侵略军在宁波奸淫掳掠的残酷暴行，揭露了人民大众所遭受的灾难和痛苦。民间流传的揭帖和歌谣，以通俗朴实的语言和尖锐鲜明的思想，狠狠痛斥了外国侵略者和清朝统治者，鼓舞人民起来反抗的热情，极富有战斗性和鼓动性。

鸦片战争的失败，更加激发了许多学者参与记述这次战争的经过及探索研究清政府在战争中失败的经验教训，以唤醒人们抵抗外国侵略的斗志的热情。魏源的《道光洋艘征抚记》是系统叙述鸦片战争史实最早的一部著作。梁廷枏的《夷氛闻记》五卷，也是主要记载这次战争经历的，尤其详细记载了三元里人民抗英斗争和《南京条约》签订后广东各地人民继续坚决反英侵略斗争的事迹。此后，夏燮编撰了《中西纪事》一书，也记录了人民抗击侵略者的事迹。

张维屏（1780—1859），字南山，广东番禺（今广州市）人。道光年间中进士，历任知县、知府等职务。以擅长作诗闻名。他的《三元里》诗，描述了三元里群众抗英斗争的雄浑场面，描绘了英国侵略者在英勇的中国人民顽强斗争中丧魂落魄的丑态，《三将军歌》则高度歌颂了葛云飞、陈连升、陈化成“捐躯报国”的英雄人物事迹。“三元里杀声若雷，千众万众同时来。因义生愤愤生勇，乡民合力强徒催”。这些诗句让读者很容易感受到群众高昂的爱国热情和雄伟的气魄。

魏源的《寰海》诗，歌颂了三元里人民“同仇敌忾”反抗英国侵略军的英勇事迹，怒斥清政府官员的妥协投降。清政府在鸦片战争中遭受失败，西方殖民主义者的猖狂掠夺，极大地刺激了魏源。他在1842年便以纪事体形式撰写了《圣武记》一书。该书详细讲述了清朝前期军事上的成就，目的在于激励国人树立击败西方侵略者的勇气与信心。而魏源编写的另一部史书《道光洋艘征抚记》，则是第一次英国侵华战争结束后编写出来的一部关于鸦片战争的史书。该书在对这一重大历史事件的陈述过程中，深刻揭露了英国从走私鸦片到发动侵华战争过程中的种种罪行。对林则徐、邓廷桢、关天培及三元里等地人民的抗英斗争给予高度赞扬，对清廷昏庸、官军腐败特别是琦善、奕山等人的卑微求和，秉言直书。书中还对鸦片战争中中国暴露出来的一些问题进行深入地探讨，并提出了解决的办法。

夏燮（1800—1875），字谦甫，安徽当涂人。鸦片战争结束后，为了表达对国家命运的关心，遂编写史书。这些著作都充分表现了反抗外国殖民主义侵略、深刻揭露清政府的腐败和对外妥协投降、歌颂中国军民的反侵略斗争的爱国主义思想。

在科学技术方面，吴其浚、邹伯奇和郑复光都做出过巨大的成就。

吴其浚（1789—1847），字瀹斋，河南固始人。他收集古代有关植物的文献，编辑成《植物名实图考长编》22 卷，共收入植物 838 种。又依据自己的考察和访问，编辑成《植物名实图考》38 卷，共收入植物 1714 种。这是我国近代植物学上的一部重要著作。

郑复光（1780—约 1853），字元甫，安徽歙县人。他编写的《镜镜詅痴》一书，把我国和西方的光学知识系统地连接起来，分析了望远镜、放大镜和各种透镜的制造和应用原理。他又著作文章对蒸汽轮船的结构原理进行说明，并附有详细的图样，这是中国人研究近代轮船的开端。魏源在《海国图志》中也分别介绍了蒸汽机、火轮船等西方新兴器物的原理和制造方法。

邹伯奇（1819—1869），字特夫，广东南海人。精通天文、历算及地理、测量之学。他在整理总结中国几何光学成就的基础上，编写成《格术补》一书，更进一步用数学方法，阐述了关于反射镜、透镜、透镜组等的成像规律，以及有关眼镜、望远镜、显微镜等光学仪器的基本原理。

传统的经学也到了一个新的发展阶段。宋学（程朱理学）与清代的汉学（考据学，属古文经学）虽同时被清朝统治者规定为官学、正学，但两者又互争正统，最终因大大脱离社会实际而衰落，没有了生命力。乾嘉时期已重新兴盛的今文经学，鸦片战争前后已渐渐形成气候。相对而言，今文经学的形式很容易容纳一些新的思想。预感到清王朝已经进入没落阶段的龚自珍，倾心研究今文经学，通过这种形式，抒发自己对社会批判的思想。但他同时采取汉宋兼采，今古文兼容的形式。龚自珍个人才华横溢、大胆创新的新文风，不仅对当时思想界，以至于对以后的文坛也产生了重要影响。到魏源的著作，已发展到壁垒森严的地步，他的《诗古微》、《书古微》等著作，准备全面推翻古文经学。史学领域发生的重大变化之一，就是一改乾嘉年代以来埋头考证古史之风，当代史引起学者们的高度重视，并涌现出许多颇有影响的作品。

面对西方殖民者侵华这一严酷社会现实，有识之士开始加强对西方地理、历史的探索研究。除以上已经提到的《四洲志》、《海国图志》之外，关于这方面的著作还有《瀛环志略》、《海国四说》等。

姚莹（1785—1853），字石甫，安徽桐城人。嘉庆年间中进士。道光初年，他认识了林则徐、魏源等人，私交甚厚。鸦片战争期间，他就任台湾道员，严控鸦片入口，积极组织抗击英国侵略者斗争。《南京条约》签订后，他的抗英举动被诬陷为“冒功欺罔”，被贬官至四川。早在鸦片战争前夕，姚莹就已经注意到时事与世界大势。战争的失败，让姚莹在思想上产生了极大的震动。他说：“失人心，伤国体，竟达不可收拾，是不能无恨耳。”怀着无比悲愤的心情，他努力寻求抵抗外国侵略的策略。

1845 年，姚莹编写的《康輶纪行》一书问世。该书不但对西藏的政治、地理、历史、宗教、风俗习惯等进行了详细的考察，而且对英、俄等国的各种情况做了深入的研究。书中揭示了英、俄侵略中国的野心，建议清政府加强沿海与边疆防务力量，以抵抗外国侵略。他觉得要抵抗外国侵略者，就必须充分了解敌情，知己知彼，达到立于不败之地。因此，他一直致力于研究世界各国情况，“欲吾中国童叟皆习见习闻，知彼虚实，然后渐图制夷，是诚喋血饮恨而为此书，冀雪中国之耻，固边海之防，免胥沦于鬼域”。他十分赞成学习西方的自然科学，还介绍了英国的资产阶级的议会政治制度。虽然他对西方资产阶级民主政治的了解很浅显，但他所谓向西方学习的思想和主张，在当时是比较先进的。他觉得，英、法、美等国远离中国数万里，它们多年来研究中国现状，对中国的地理政治很熟悉，而中国对它们无甚了解，这是中国失败的一个原因。有感于此，姚莹在书中记录了很多有关英国、法国、俄罗斯、印度等国的历史地理知识。

徐继畬（1795—1873），号松龛，山西五台人。道光年间中进士，先后授任按察使、巡抚等职。由于在广东、福建为官多年，徐继畬有机会和一些外国人接触，广泛收集许多西方书籍，“于域外诸国地形时势，稍稍得其涯略”。1848 年，他编辑成《瀛环志略》10 卷。与《海国图志》一样，《瀛环志略》都是近代中国人系统介绍世界各国史地知识的名著。其中对亚洲、欧洲和北美洲的介绍十分详细，对中国人极少了解的南美洲、大洋洲和非洲也都有所记载。徐继畬在书中还对欧美民主政治制度做了比较系统、详细的介绍，并给予高度赞扬，他说：“米利坚合众国以为国，幅员万里，不设王侯之号，不循世及之规，公器付之公论，创古今未有之局，一何奇也。泰西古今人物，能不以华盛顿为称首哉！”这在当时来说是很难得的进步思想。徐继畬编写的《瀛环志略》一书，对世界上其他近 80 个国家的风土人情、地理沿革及社会变迁，都做了比较系统的介绍。其中在各卷篇的开头，都附有粗略的地图。该书传入日本后，影响巨大。

张穆编写的《蒙古游牧记》（由何秋涛辑补校印），深入研究了蒙古各部落的地理位置及前代在这一地区建立的设施。

何秋涛（1824—1862），字愿船，福建光泽人。道光时期中进士，被授于刑部主事。何秋涛非常注重边疆地理的研究，认识到中国北部跟俄国接壤，但一直很缺乏对这一广大地区介绍的专著，应该有专门的著作对其加以考究。于是他博采中外有关资料，并经过鉴别考证，深入研究了中国蒙古、新疆、东北地区的历史发展和地理状况，并进一步关注了中俄关系问题，编写成《北徼汇编》。该书记录了上自汉晋，下迄清道光年间的蒙古、新疆和东北地区的历史、地理、文化，并深入研究了中俄两国之间的关系问题。咸丰皇帝阅读后为该书赐名《朔方备乘》。

梁廷枏（1796—1861），字章冉，广东顺德人。曾就任澄海县训导等职。鸦片战争期间，他积极支持林则徐领导的禁烟运动和抗英斗争。梁廷枏在鸦片战争前就注意“采集海外旧闻”，探索研究西方国家“岛屿强弱，古今分合之由”。1844 年以后，他先后编写《耶稣教难入中国说》、《合省国说》、《兰敦偶说》、《粤道贡国说》，1846 年将这些著作合刊为《海国四说》。合省国即美利坚《外大西洋墨利加洲总叙》，《海国图志》（百卷本）卷 59。兰敦，即英国首都伦敦，此处泛指英国。《合省国说》和《兰敦偶说》两者都是对美国和英国的政治、经济、历史、地理、文化等方面情况的简要介绍，而对于美国的资产阶级民主政治制度介绍甚多。这样更有助于当时中国人对西方资本主义国家社会面貌的全面了解，开阔了人们的视野。他编写的《夷氛闻记》，从道光初年禁烟开始，到1849年人民反抗入城斗争结束，详细记述了鸦片战争的全过程。书中高度赞扬林则徐等人的抗英事迹，揭示了琦善、奕山、奕经等官员的丑恶行径，较详细地记录了广州人民几次大的反侵略斗争。因该书叙事质直，多有触犯时讳的地方，刻本未署作者姓名。

林则徐、魏源等人的卓越贡献，开创了新的研究风气，开拓了新的研究领域，是时代变革在文化领域方面的反映。

## 第二节 清朝社会生活的改变

第一次鸦片战争，被称为中国近代史的开端。从此，中国进入半殖民地半封建社会。所谓半殖民地，一是从经济角度来说，西方资本主义列强借助逼迫清政府签署的一系列不平等条约，企图将中国变成它们的商品市场、原料市场和劳动力市场，将中国经济并入资本主义发展的链条之中，冲击着中国封建社会自给自足的自然经济；二是从国家地位角度来看，中国国家的领土主权、司法主权、海关自主权等各个方面都遭到了破坏，已经不能称为一个独立完整的主权国家了。但中国又没有全部沦为殖民地，清政府依然存在，仍然行使着它的权力。鸦片战争之后，中国社会的主要矛盾，除了已有的人民大众同封建社会之间的矛盾外，又加上了中华民族同殖民主义之间的矛盾。而后者，又渐渐成为各种社会矛盾中最主要的矛盾。这些重大的社会变化，相互影响着中国的政治、经济、思想、文化，使中国出现了鸦片战争之前未曾有过的复杂局面。

### （一）资本主义冲击下的自然经济

第一次鸦片战争结束之后，西方资本主义列强立刻开始向中国倾销其商品，并从中国大量掠夺商品原材料，中国社会以前自给自足的自然经济受到了前所未有的冲击。英国输入中国的商品，主要以棉纺织品为主，约占商品总值的70%。美国输入中国的工业品，棉布占据80%以上。江苏松江、太仓一带，棉纺织业一直比较发达。但随着上海兴起的西方机器棉纺织品的大量涌入，松、太布市减少大半。大量洋纱充斥市场，许多以棉纺织为主业的村庄，已经达到无纱可纺的地步。鸦片战争之后，外国资本家为更加便利地进行经济掠夺，在中国的通商口岸兴办了许多企业。这类企业当时主要涉及印刷、船坞、船泊修理等行业。在这些企业当中，或多或少地雇用了当地中国人。这样，中国最初的近代产业工人出现了，虽然当时产业工人的人数还很少。

随着中国进出口贸易的发展，通商的五口地区陆续出现了一些买办商人，这些商人为外国商人推销商品（甚至推销鸦片），收购丝、茶，搜集情报，代办其他事务。外国的洋纱洋布成本一直就低，加上不少英国商人不惜用低于成本价百分之二三十的价格进行大量倾销，严重冲击着国内的棉布市场。福建漳州府及同安县的土布，以前布贩子可以运销到宁波、上海、天津、辽东及台湾。厦门开市后，洋纺洋布充满厦门市场。布贩弃土布而营销洋布，导致土布难以出口。广州附近的情况，也基本类似。这些商人的命运渐渐与西方殖民者的命运联系得越来越紧密。著名的买办商人吴健彰，原为广州的行商，后到上海担任美国旗昌洋行的买办。他还花了不少银子捐官，受命署理苏松太道并兼任江海关监督。这批买办商人后来在镇压农民起义的斗争中，充当了中国封建势力与西方殖民主义者的罪魁帮凶。

英国输入到中国的商品总值（不含鸦片），1837 年是 90 多万英镑，1843 年便增加到 1456000 多英镑，1845 年已经达到 2394000 多英镑。并且，西方殖民者从中国内地掠夺走的生丝与茶叶等商品数量，也有大幅度的上升。1838—1842 年，中国向国外输出的茶叶年平均在 4000 多万担，到 1846 年已经增加了近一倍，达到 8000 多万担。同期出口的生丝，由 3000 余包增长至 18000 余包，是原来的 6 倍。

丝茶等大量产品的急增出口，刺激了这些产品的生产。生产者将这些产品出卖给临时商贩，临时商贩再将其卖给大商人或买办商人，从而转销到外国。丝茶的出口贸易基本上完全受外商控制，因此中国的丝茶生产与交易必须依赖于世界资本主义市场的运作。

西方大量棉纺织品的倾销，对中国传统手工业中最重要的棉纺织业部门是一个巨大的冲击，东南沿海地区以前存在的自给自足的自然经济，开始出现了行业解体的先兆。

## (二)“国中之国”——租界的出现

16 世纪葡萄牙人留驻在澳门后，中国仍然可以对澳门拥有领土与行政司法主权。中国在第一次鸦片战争中失败之后，葡萄牙殖民者顺势赶走中国在澳门的官员，逼迫居民向葡澳当局纳税，使澳门地区成为葡萄牙的带有殖民地色彩的居留地。从此以后，澳门地区不但继续充当了香港地区之外又一个鸦片贸易的大仓库，同时也成了西方掠夺贩卖华工的基地。与此同时，在中国沿海地区的上海，出现了一个主权国家中少见的奇特的政治“景观”，即后来演化成“国中之国”的租界。

第一次鸦片战争之后，中国东南沿海的一些城市发生了根本性的变化。香港被割让给英国后，不久人口就由 2000 人发展至 2 万人，到 19 世纪 50 年代增长到七八万人。香港变成了英国对中国进行经济掠夺与武装侵略的前沿基地。

中英《南京条约》签署后，上海即开放港埠，英国殖民者立即密谋在上海建立外国人的居住区，并初步选定居留区的地方。上海原是江苏省松江府辖属的一个县。因其位于商品经济比较发达的江浙地区，并且有优越的地理环境，交通便利，战前就已经是中国第一港。江苏省苏松太道，就在上海。鸦片战争之后，上海地区发展迅速，到同治元年，上海替代广州，变成中国最重要的通商口岸。因而，西方殖民者千方百计在上海夺取更大权益。1843 年，上海正式施行开放，英国驻上海首任领事巴富尔（G. Bal · four）在上海县城东西大街租用一大院落作为领事馆。巴富尔曲意解读《虎门条约》的有关条款对清廷欺诈，要求划出一块纯粹供外国人使用的居留地。1845 年 11 月 29 日，苏松太道道员官慕久用其个人名义颁发了一个与英领事“依约商妥”的《上海租地章程》。该文件表面看来没有什么直接损害中国主权的内容，但实际上许多条款都体现英国殖民者的侵略意图。根据这个租地章程，在上海划出的“外人居住区”地区，还属于居留地性质，还不能称之为“租界”，况且当时也还没有“租界”一词。

1845 年 11 月，英国驻上海领事巴富尔逼迫清政府地方官员重新议定土地章程，在上海重新划定一定区域作为英国人居留地。这是外国侵略者在中国建立租界的开始。

1848 年和 1849 年，美、法两国也陆续在上海强制划定了租界。1848 年，以主教文惠廉（W. J. Boone）为首的美国传教士，擅自在虹口地区购置土地，建造房屋，其他美国人也纷纷效仿。当时道台吴健彰虽然答应了，但并没有具体划定界址。等到 1863 年正式划定界址时，7856 亩土地已经成为美国占领的地域，比英国居留地要大得多。1848 年 3 月，接任巴富尔的英国驻沪领事以“青浦事件”为借口强迫新任道台麟柱准许其扩充居留地的要求，使居留地面积增加了两倍多（原面积大约 830 亩）。法国驻上海第一任领事敏体尼，1848 年上任后，在次年逼迫吴健彰援英国事例建立居留地，后胁迫新任道台麟柱于 1849 年 4 月 6 日发布告示，将 986 亩土地划为法国人的居留地。必须说明的是，当初，在居留地内，中国政府在行政、司法等方面都存在干预权，且保留领土主权，这是有文件规定的。但随着资本主义列强对中国侵略的加深，到了太平天国时期，中国尚存和保有的权力逐步丧失。1854 年，英、美、法三国领事与苏松太道签订《上海英美法租界租地章程》，明确规定外国侵略者在上海租界内享有税收、财政、行政、警政等权力和行使司法权。为行使上述各种职权，上海租界出现了一个被称为“工部局”的机关，下面分设警务、税务、财务、学务等办事机构，且设立法院，显然就是一个市政府，居留地也就完全变成了租界，成为“国中之国”。1863 年 9 月，美、英两国租界合并形成公共租界。

后来，租界制度逐渐蔓延到其他通商口岸。最初，中国政府对租界内行政、司法还能保留干预权，后来外国侵略者逐渐削弱中国的主权，实施独立于中国的行政系统和法律制度，使租界逐步成为“国中之国”，成为外国进行政治和经济侵略的前沿基地。在通商口岸，外国侵略者可以开设洋行，强权划定租界，享有治外法权，各种鸦片贩子、投机商、流氓、骗子等都蜂拥而至，租界成为冒险家的乐园。一个曾经在中国海关任职的英国人说，上海“已经彻底变成了一个无法无天的外国人真正的黄金国”。万恶的租界制度在上海建立之后，逐渐推广到其他一些口岸城市。1859 年起到 1904 年，外国侵略者先后在中国的广州、厦门、芜湖、重庆、杭州、苏州、福州、天津、镇江、汉口、九江、烟台、沙市、鼓浪屿与长沙等地建立租界。租界已经成为资本主义列强侵略中国、干涉中国内政的桥头堡和前沿阵地。当然，租界客观上也成为一个介绍西方文明的窗口，但更多的是作为西方冒险家的乐园。其中许多人都属于这样一种类型的："只要有利可图，那么走私犯禁，都毫无顾忌，就是行凶杀人，也在所不惜"。(《中国沿海贸易和外交》第一卷)

### (三)"天朝"社会内部矛盾的加剧

1840年发生的鸦片战争，是中国由封建社会逐步沦为半殖民地半封建社会的一个历史性转折点。它使中国社会性质逐步发生根本性变化。鸦片战争以前，中国在政治上是一个独立自主、全面统一的国家。战争结束后，中国的领土开始被分割，主权的完整性遭到巨大破坏，中国已经完全丧失独立自主的地位。战前，中国在经济上是自给自足的自然经济占统治地位的国家，战后，西方资本主义国家逐步向中国倾销商品，掠夺商品原料，渐渐破坏了中国自给自足的自然经济基础，中国逐渐被纳入世界殖民主义体系，日益成为世界资本主义的附庸国。

鸦片战争过后，伴随着外国资本主义势力的侵入，在广大人民群众中间，反抗外来侵略的爱国热情逐渐高涨。广东人民在战后十年间，对英国侵略者进行了顽强不懈的斗争。其中规模比较大的有反对英国在广州强占租地的斗争，以及反抗英人进入广州城的斗争。他们提出了"不共戴天，誓灭英夷"的斗争口号。他们非常痛恨官僚卖国，指出"赃官误国，甘丧廉耻，从夷所欲，天实厌之"。他们领悟到："惜身家亦惜土地"，"保土地即保身家"，决心依靠民众的力量保家卫国。在侵略者面前，人民群众高涨的爱国热情同清朝统治者妥协媚外的投降行径形成了鲜明的对照。战争之前，对抗地主阶级的封建统治是农民战争的主要矛盾和任务。战后，由于帝国主义的侵略，中国人民同时受到帝国主义和封建主义的双重压迫。帝国主义和中华民族之间的矛盾，封建主义和人民大众之间的矛盾，逐步成为中国社会的主要矛盾。而帝国主义和中华民族之间的矛盾，也变成了各种矛盾中最主要的矛盾。从此，中国人民担负起反帝反封建的双重任务。中国历史开始进入民族民主革命时期。

清政府征收田赋和漕粮时，一直都有各种各样的勒索，比如有所谓的浮收，即定额外多收，有专为衙门吏胥分肥的所谓规费等，外加"折色"、"加耗"等各种名目的巧取豪夺。鸦片战争以后，官府变本加厉地盘剥民众，吏胥如狼似虎。江浙一带，漕赋一石，必须纳米两石五六斗，还实行折价纳钱，米价应每石两千文，竟折至七八千文以上。安徽同时征收赋税，浮收勒索超出正常额数倍。江西浮收基本上在二三石以上。湖北漕米每石浮收也在三倍以上。湖南征地丁正银一两，民间须交纳数两，漕赋一石，民间要缴纳数石。缴纳时大户或想法逃匿，或设法将赋税向小户转嫁，农民生活更加苦不堪言、民不聊生，少数农民因交不起赋税弃田而逃。更多的人即便遇到丰收年景也难免挨饿受冻，一遇水旱灾荒，则相继进行流亡。

地主对农民的剥削也日渐加重。地租率也越来越高，一般在50%以上，使得许多农民破产，变卖自己赖以生存的土地，从而土地集中的问题也越来越严重。据数据统计，直隶、山东、河南、江西、江苏、浙江、山西、湖北、陕西、福建、广东、广西及东北地区，40% ~80%的土地主要集中在10%—30%的人手中，而60%—90%的人则已经没有土地。(《太平天国革命前夕的土地问题》)

《南京条约》签署后，西方资产阶级高兴得“好像全部发了疯似的”。他们把大量棉纺织品和其他商品输送到中国来销售，甚至把中国人根本不经常用的餐具刀叉和钢琴之类的商品也大量运了进来。据统计，英国输华商品总量值，1837年为90多万英镑，1843年增加到145.6万多英镑，1845年激增达到239.4万多英镑。在英国输华商品中，棉纺织品占有比较大的比重，从1842年的70多万英镑增长到1845年的173万英镑。与此同时，美国输华商品也显著增长。璞鼎查回国后，转告英国资本家说，他“已为本国商人的生意打开了一个崭新的销售世界，这个世界是无比的广阔，倾入开厦全部工厂的出产的商品也不够供给她一省的衣料的”。美国总统泰雷在给国会的咨文中指出：“今如果能将数个连接该帝国各部分的口岸，为以前欧美人士所未曾进入者，给予开放，对于美国产品需求的扩大，必无疑问。”

但是，英、美等西方资本主义国家对中国倾销商品的实际情况，并非像他们所幻想的那样美好。因为中国自给自足的自然经济对外国商品仍然具备顽强的抵御能力，像潮水一般涌进来的西方工业商品在中国市场上没能得到广泛的应用。英国下院一个调查中英贸易状况的委员会在提出的报告中承认：“近期同这个国家的贸易处在十分令人不能满意的状态。”1846年以后，英国对中国的商品输出开始大幅度下降，每年都停滞在150万英镑左右。西方资产阶级又错误地把商品滞销的原因都归咎于中国的门户开放不多，于是他们便叫嚣着要再次发动侵略战争，进一步打开中国商品市场。

由于西方资本主义国家向中国输入的商品主要是棉纺织品，而中国手工业的最重要的行业部门也正是纺织业。因此，最早受到外国商品冲击的行业，就是五口通商地区的手工纺织业。在上海及其附近的松江、太仓一带，手工纺织业一直以来都很发达，但随着上海港口的开埠，外国棉纱棉布源源不断地输入进来，这里的手工纺织业受到严重的打击。据记载："松、太利在梭布，较稻田倍蓰。近日洋布大行，价才值梭布三分之一。吾村专以纺织为业，近闻已无纱可纺。松、太布市，锐减大半。"在福建厦门一带，以前这里的商人将漳州、同安的土产棉布运送到宁波、上海、天津、辽宁及台湾一带销售，同时在宁波等地购置江浙的棉布及其他货物运回厦门销售，生意也很兴隆。但自英国在厦门进行开市通商后，"该国除贩运洋货外，也运洋布洋棉，其物堆积于厦口，内地的商贩，皆在厦门运到各府销售，其质既美，其价复廉，民间中买洋布洋棉者，十室而九。由于江浙之棉布不再畅销，商人就不再贩运，而闽产之土布土棉，遂亦因之滞销不能出口"。在广州附近，"（顺德县）自西方国家以风火水牛运机织成布，舶到贱售，女工几乎停其半"，"（佛山）1854 年后，纺业停顿"。鸦片战争之后，西方资本主义国家从中国输入的茶、丝等农产品的数量同时增加很快。从 19 世纪 40 年代开始，中国丝、茶的出口额急剧增长。

茶的出口由 1843 年的 1300 多万斤增长到 1855 年的 8400 万斤，丝的出口从 1843 年的 1000 多包增长到 1855 年的 56000 多包，因为丝、茶等农产品的大量输出，一些地区的农民不再进行粮食生产转而种桑植茶，与商品经济的联系日渐密切。如浙江的南浔镇辑里丝已经开始大量出口。湖南、福建的农民也开始大量种植茶叶。他们将茶叶"卖给收购商贩，收购商贩或将茶运到通商口岸去出口，或在当地卖给茶商，洋商又从茶商手中购买"。

中国丝、茶等商品的生产和出口贸易，使中国经济开始走上了依附外国资本经济的道路。与自然经济开始解体的缓慢速度相对比，东南沿海的一些城市（主要是 5 个通商口岸）却在战后迅速地发展繁荣起来，其中以上海发展速度最快。上海位于长江出海口，交通便利，又距生产丝、茶的地区很近。因此，外国资本主义列强在战后就已经开始将经济侵略的重心转移到上海。

到19世纪50年代中期，上海的出口贸易达到全国出口的一半以上，替代广州而成为全国对外贸易的中心城市。

英国殖民者的侵略战争，给中国广大民众带来无尽的痛苦。各种各样的赔款，加上清政府巨大的军费开支，已经达一亿多两白银，这些毫无疑问都要从广大劳动人民身上剥削。同时，鸦片战争结束后，鸦片的输入量仍然有增无减。1841年中英谈判开始进行时，英方即向耆英逼迫开放烟禁的备忘录。耆英不敢应准，但也不敢得罪侵略者，只能换个方式说禁内不禁外，外国商船是否夹带鸦片，“中国无须过问”。（马士：《中华帝国对外关系史》）这种默许，使鸦片走私更加猖獗。1842年英国输入到中国的鸦片是33000多箱，1850年激增到近53000箱。香港成为鸦片走私输入中心，澳门是香港之外的另一个鸦片仓库。而上海与广州，则成了两个鸦片输入的最大港口岸。大量鸦片输入，导致“银贵钱贱”的老问题在这一时期非但没能得到缓解，反而日渐加剧。曾国藩在1852年的一个奏折中也谈到：东南产米之区，大概石米卖钱三千。昔日一两银子换钱一千文，一石米可获得三两银子。如今一两银子换钱两千文，卖一石米只能得到一两五钱银子。过去卖米三斗可交纳一亩地的税赋，如今卖米六斗还不够上交一亩地的税赋。（《备陈民间疾苦疏》）实际上，一些地方每两白银兑换成制钱已高达两千三四百文了。

外国侵略者在中国通商口岸毫无顾忌地进行掠夺华工的罪恶行径，英国人称它为“苦力贸易”。实际上，它和资本主义原始积累时期殖民主义者施行的奴隶贸易具有同样的性质。外国侵略者用拐骗和武装绑架等卑鄙手段，抢夺华工，并在其胸部烙上标记。他们在被运往美洲各国的途中，被禁锢在狭小而又拥挤的船舱里，死亡率很高，幸存下来的人不多，到达国外后被逼迫从事各种繁重的奴隶劳动，过着牛马不如的凄惨生活。从1845年在中国出现第一批契约华工开始，10年间，输出的华工达15万人以上。从1850年以后的25年间，激增到228万人。这种灭绝人性的罪恶贸易，激起了中国人民的极大愤恨。1852年11月，在人口贩子比较集中的厦门，爆发了一次规模较大的反抗掠夺贩卖华工的斗争。另外，华工在船上暴动的事件也经常发生。

尖锐的社会矛盾，最终导致了社会动荡迭起。鸦片战争后，农民的反抗运动、抗粮抗租斗争，不断涌现，并且规模越来越大。1842年，湖北崇阳钟人杰聚众抗粮运动，人数最多时达万人。起义军曾攻克崇阳、通城两县，拥立“钟勤王”名号，设立帅台，竖起都督大元帅的反抗旗帜。斗争持续了一多月后被镇压。随后，浙江、江苏、江西、河南、安徽、湖南、福建、湖北、陕西、山东、广东等省份，大案层出不穷。同时少数民族地区的反清斗争此起彼伏，连绵不断。民众有的要求减少田赋，有的要求拒不完粮。他们有的聚众请愿，有的拆毁征粮局，有的公开造反与前来镇压的官兵开展武力对抗。据官方记载，仅1842—1850年10年间，全国大小武装起义及农民暴动事件，就达到90余起。这些都是社会动荡的产物，反过来又进一步加剧了社会动荡。

鸦片战争之后，在通商口岸出现了许多为外国商行推销商品和收购本地商品的买办商人，其中有许多是以前在广州的行商和鸦片贩子。19世纪40年代，买办商人的数量还不是很多，但他们已经在社会活动中崭露头角。由于他们与外国侵略者有着密切的联系和共同的利益关系，同时他们在经济上又具有相当的实力，因此开始受到清朝地方官吏的器重。如上海美商旗昌洋行的买办商人吴健彰，原来是广州同顺行的行商，略通英语，与外国人交往很密切，五口通商后到达上海，出资捐到候补道官职，1848年3月奉清政府的命令帮助上海道咸龄镇压青浦人民的抗击英军斗争。1851年，他署理上海道，变成了中外反动势力相互勾结的牵线搭桥人物之一。另一个广州同孚行出身的买办商人潘仕成，以白银八万两捐到候补道官职，后来由两广总督耆英委委派帮同广东巡抚黄恩彤共同办理“夷务”，很快受到重用。这个时期，鸦片走私仍然是西方侵略者对华进行经济掠夺的重要手段。战后，清政府不仅不敢再谈“禁烟”，又不能宣布“弛禁”，鸦片走私在实际运行过程上已经变成为一种公开的、畅行无阻的贸易。据英国发布的《1849年中国各口贸易报告》中说：“目前中国每年鸦片消耗量约为五万箱，其中以上海为中心的北方（按：当时英国人称广州以北地方为北方）地区消费量占五分之二，以广州为主要市场的南方消费量占五分之三。”鸦片进入量的激增，进一步激化了中国社会因白银外流所导致的一系列矛盾，加快了农业和手工业的破产速度，劳动人民生活愈加苦不堪言。

鸦片战争结束后不久，英、法、美等资本主义国家在五口通商地区开始投资兴建为其商品输出和宗教文化侵略服务的企业。1843年，英国传教士在上海创办墨海书馆；1845年，英国人在广州黄埔创立柯拜船坞，美国传教士在宁波创立美华书馆；1850 年，英人在上海出版《字林西报》；此后，英、美又在上海、厦门接连建立了几个船舶修理厂、印刷厂、药房、打包厂等。这些企业雇用了一些中国工人，中国最早的一批近代产业工人开始出现了。这个时期，中国产业工人虽然刚刚出现，数量不多，但却成为中国新的生产力的代表者，标志着中国社会阶级关系的新变化。19 世纪 40 年代，外国商品尽管在中国未能获得广泛的销售，但在受到外国商品冲击严重的五口通商地区，小农业与家庭手工业密切联系的传统自然经济开始发生进一步的解体。

*The Modern History of China*

# 第二编

## 太平天国运动及其他地区的叛乱

清政府的腐败统治最终导致太平天国运动（1851～1864）的爆发。太平天国运动是指中国近代一场反对清朝封建统治和外国资本主义侵略的伟大农民战争。1850年年末至1851年年初，主要由洪秀全、杨秀清、萧朝贵、冯云山、韦昌辉、石达开组成的起义领导集团在广西金田村发起对满清朝廷的武力反抗运动，后建国，号“太平天国”，并于1853年攻克金陵，称天京（今南京），并定都于此。1864年，太平天国首都天京沦陷，洪秀全之子兼继承人幼天王洪天贵福被清军俘虏。1872年，最后一支打着太平天国旗号英勇作战的太平军部队——翼王石达开余部李文彩，在贵州被击败。因清朝实行薙发易服，太平天国民众均不剃发、不结辫，披头散发，故均被称为“长毛”。

# 第一章　太平天国运动的爆发

传统的中国人都相信这么一套理论：内乱和外患两者同时出现在中央政权衰败的时机，意味着国家内部形势危急和趋于倾覆。如统治力量足够强大的话，这些麻烦或问题可以得到化解，而不会造成不可收拾的局面。19世纪中叶满清政府的社会形势正好证明了这个理论，这个时期的清政府由于积聚了以前很多根深蒂固的社会和经济弊端，因此不可避免地导致了社会内部的动荡。

## 第一节　叛乱的根源

鸦片战争之后，西方资本主义国家向中国大量输入商品，逐步冲击着和破坏着沿海通商口岸及其附近地区的传统手工业。鸦片输入与日俱增，由鸦片输入所引起的白银外流、银贵钱贱等问题，比战争发生前更为严重。清政府为了支付战争费用和向外国赔款，加紧对人民进行搜刮。这些因素，都使人民大众承受的负担更加沉重。地主、官僚、贵族也加快了土地的兼并，地租剥削率增至很高。加上灾荒连年，1846—1850年，黄河流域和长江流域各省都连续遭受严重的水旱和灾害，两广地区接连发生水、旱、蝗灾。人祸加上天灾，使人民陷入失业、破产、饥饿、死亡的困境。清政府的黑暗统治和沉重的封建剥削，以及外国侵略势力不断入侵，造成人民承受重大灾难，激发人民群众起来进行反抗斗争。

鸦片战争结束后的十年间，汉、壮、苗、瑶、彝、回、藏等族人民的起义和抗租抗粮等斗争不断出现，数量不少于100次，几乎遍及全国。当时白莲教、天理教斗争在北方各省出现，捻党活动在河南、安徽、山东一带，斋教分散于湖南、江西、福建、浙江等地，天地会势力更是遍及长江和珠江流域。在各地掀起的反抗斗争中，以广西、广东、湖南三省的运动声势最盛。而广西则成为三省反抗力量聚集的基地。1843年，湖南武冈州曾如炷举行起义。1844年，湖南耒阳县杨大鹏等2000余人举行起义，对抗粮税。1845年，广西藤县邓立奇、钟敏和举行起义。1846年，湖南新田县王宗献举行起义。

1847年，天地会首领雷再浩、李世德带领汉、瑶等民族人民转战在湖南、广西边境。1848年，广东钦州与广西横州等地方的天地会联合起义，广东、广西边境的船艇水手们也溯流沿西江进入广西，活动在浔州、梧州一带。1849年，天地会首领李元发又在湖南、广西边境带领劳苦大众攻克县城，杀死县官，战斗波及十几个州县。到太平天国革命爆发前期，广西的天地会起事多达数十次，每次“少则数百人，多则三、四千人不等”，“几乎无地无之，无时无之”。这些人民斗争有力地打击了清朝的统治势力，致使官僚、地主、豪绅惶惶不可终日。一个地主阶层的文人惊呼：“粤西近日情势，像人满身疮毒，浓血所至，随即溃烂，最终必有溃败而不可收拾之一日。”

分析这些民众斗争的根源，主要有下列几个方面。

一是鸦片战争的影响。《南京条约》没有涉及禁止鸦片进口的条款，外国商人利用这一点要点，加紧开展有利可图的非法买卖鸦片活动。中国政府打输了这场战争，不敢下令禁止这种买卖。结果，鸦片交易实际上变得毫无限制，鸦片进口急剧增长，从1842年的33000箱上升到1848年的46000箱和1850年的52929箱。仅1848年一年清朝就有1000多万两白银外流，从而加剧了已经恶化的经济混乱和铜银兑换价格。一两银子在18世纪时可以兑换1000文铜钱，而在1845年，其市价已经超过了2000文。兑换率增长一倍，实际上造成人们的收入减少了一半，因为，虽然银两和铜钱都是中国市场上的通用货币，但充当市场上基本交换的货币是铜钱：买米用铜钱，付薪水也用铜钱。1石米以前值3000文，按1000：1的老兑换率价值3两，但到1851年，根据兑换率的上扬，2000：1之兑换率，1石米只能换到1.5两。实际上，这意味着农民的地租负担增加了一倍。鸦片输入所造成的这种破坏性经济后果，又因条约口岸地区洋货的大量涌入而进一步加大。广州受害最为严重，因为它具有最长的对外贸易历史和最广阔的对外接触，当地的家庭手工业被彻底摧毁，自给自足的农业经济遭到了肢解，那些受这些负面影响的人民成了社会潜在的动荡根源。

二是政治腐败。清朝政府官吏的特点是个人素质知识浅薄、得过且过，对社会民众不负责任，对人民福祉漠不关心甚至忽视。在那些相对比较“清廉”、不搞歪门邪道的官员中间，部分官员在舞文弄墨中消磨时光；另一部分人则念经行善，不理政务，他们自命清高，把那些埋头政务的官员当作俗人。官场中的不负责任行为也反映为任意卖官鬻爵和强征钱财，出银3000两可捐到一知县之职务。这样一个捐到官职的人，不可能不在其任内设法捞回这笔买官的钱财。

三是社会经济因素。在19世纪中期之前的两千年里，中国的社会结构和生产方式根本没有发生过多大的变化，基本上是一个封闭的农业社会，社会的秩序和混乱大体上取决于土地分配的合理与否。在每一次动乱之后，都会有许多人被杀，从而有足够的土地供幸存下来的人耕种，但经历一段和平时期，人口的增长又不可避免地造成人均耕地面积下降，分配不均，从而引起了民生之艰辛，而生活艰辛又引发盗匪和起义活动，这些混乱的状况常常伴随着治理不得力、政治腐败和道德沦丧的因素。随后便会出现一段时期的混乱，在混乱中人口再一次大量减少，从理论上说，土地和人民之间又达成一种新的平衡。此后便又会出现一段安定和平的时期，标志着新一轮社会循环的开端。总的来说，由乱到治和由治到乱仍是保持社会平衡的自然方式，中国人从远古时起就一直遵循这一程序进行支配。哲人孟子（前373—前288）曾深刻地评论，大治之后必有大乱，而中国人也经常相信，每隔30年可能就会发生一次小乱，每隔100年便会有一场社会大乱。西方学者通常把这一现象称叫做“王朝轮回”，但它应更确切地被称为“历史之自然演变”理论。

四是武备松弛。为清王朝的建国出过力的满旗人早已经颓废不堪，在康熙年间，他们就已衰落到没有能力镇压三藩之乱（1673—1681）的地步，朝廷不得不依靠汉军绿营兵的力量。到1796—1804年间的白莲教起义的时候，绿营兵也丧失了起初的斗志，朝廷被迫利用地方团练，旗人和绿营兵已经失去了民众的敬畏。此外，鸦片战争的败绩更加暴露出王朝的军事没落。秘密会社和有雄心壮志的汉人从中得到启迪和鼓舞，加紧筹备反清革命。

五是自然灾害。19世纪40—50年代中国发生了许多自然灾害，比较重大的有1847年发生在河南的严重干旱，1849年发生在湖北、安徽、江苏和浙江等长江沿岸四省的严重水灾，1849年发生在广西省的民众饥荒，1852年发生在山东省境内黄河自行改道淹没大片土地，致使几百万人受自然灾害的围困，生活困苦不堪，官府赈济不力，敷衍了事，其中的大笔资金在发放过程中被贪污掉。受灾民众愤恨绝望，民不聊生，很容易被鼓动进行叛乱或起义。

六是客家人和基督教。清王朝最后征服的南方地区，特别容易爆发民众起义，因为其所在地域距离政府中枢（北京）最远，同时受外国侵略者影响和与外国接触的时间也最长。鸦片战争之后，许多广州地区的人因为对外贸易转移到了上海而受到损害，一些从前和茶丝转运业相关的运输工人丢掉了生存的饭碗。南方的经济萧条也因“本地人”与所谓的“客家人”或“来人”之间的社会冲突而更加复杂化、尖锐化。客家人起初是居住在中原地区，他们在南宋时期（1127—1278）迁徙到广东和广西等地区，那时朝廷在蛮族威胁之下向南迁移。客家人成为社会“外来集团”，他们具有不同的方言、习惯和生活方式，使得他们很难和当地人融合或同化，最终导致两个集团之间发生冲突，而在客家人占有优势的地区，冲突发展到了残酷械斗的地步。到19世纪中期，又多了一个新的不安全因素：许多客家人信仰了基督教，而本地人则仍然保持着对偶像和神灵的崇拜。客家人指责当地人迷信，当地人则斥责客家人接受了一种异端的外来信仰，双方之间的紧张局势更加严峻了。由于客家人没有较深的社会根基，他们整体上比本地人更具有独立性、更大胆和更勇于行动。他们主要从事的职业是耕种小块土地、烧碳和挖矿。许多潜在的革命领袖就是从这些地方招募信徒的。

通过以上的介绍，描绘了当时这样的一幅画面：这个国家深受社会经济弊病、政治腐败、军事衰弱、自然灾害、人口过剩和广东局势紧张的困扰。这个国家出现大动荡的条件都已经具备和成熟了，因此在南方发生太平天国运动这样一场规模最大和影响最深远的动乱并不是历史的偶然。

## 第二节　太平天国运动的爆发

太平天国运动领袖，洪秀全（1814～1864），广东花县人，农民家庭出身。7岁时入私塾读书，五六年后，就能熟诵四书、五经等典籍。由于他的学业成绩优秀，业师和家庭都对他抱有很高的期望，相信他以后能够取得功名，以“显父母，耀宗族”。“学而优则仕”，是中国封建社会许多读书人所走的道路，洪秀全早年也是沿着这条路走的。1828年，洪秀全第一次到广州应考秀才，没有考中。此后，他一边当村塾教师，一边努力读书，后又几次去广州应试，然而都名落孙山。在他一生中，4次去广州应秀才府试，但都落榜了。在1836年第二次赶考的时候，发生了两桩对他日后生活产生极大影响的事件：一是他对表现在“礼运”和“大同”中的儒家理想有了更加深刻的印象，当时名儒朱次琦正在广州积极讲授这套思想；二是他在大街上碰到了两位新教传教士。其中一位叫史蒂文斯（Edwin Stevens），身披一件长袍，蓄着长胡子，另一位传教士递给了洪秀全一本名叫《劝世良言》的九章本小册子，这本小册子是由最初的皈依者梁阿发（1789—1855）编写的，梁阿发是定居在广州负责翻译《圣经》并传播福音的伦敦传教会教士马礼逊（Robert Morrison）博士的助手。因科举落第而心事沉闷的洪秀全当时仅仅粗略浏览了这本小册子。

1837年在第三次落榜之后，洪秀全沮丧万分，以致染上重病。据传在神志昏迷之时，他在幻觉中遇到有一位老妪，即“天母”，替他清洗身体，并对他说：“我的儿，你在凡界身体被弄脏了。让我给你到河中洗一洗，然后再领你去见教父。”随后他被带进天庭，在那里，一个身着乌龙袍、留着金色胡须的可敬长者送给了他一柄斩妖宝剑和一方斩妖玺。从那以后数次拜访天庭期间，他看到了一个他称之为长兄的中年男子，此人教他怎么斩灭妖魔。洪秀全还看到孔夫子向那个可敬的长者进行忏悔，因为他没有能够在经书中清楚地解释世界真理。洪秀全的这种神志昏迷和幻觉状态，断断续续地持续了40天，无论是郎中还是巫师都未能把他治愈。最后，当洪秀全从昏迷中醒来后，他的性格和外貌都变了很多，看上去身材高大了许多，走起路来更稳健，而性情也变得非常温和、友善和宽容——他实际上已经变成了另一个人。一位研究过洪秀全幻觉的现代心理学家指出，梦中的那位金须人一定是他以前在广州大街上碰到的那个传教士，而40天的昏迷则和耶稣在旷野中备受考验的期限相应，洪秀全肯定是从那本基督教小册子中了解到了这些事情。

随后的6年，洪秀全继续当乡村塾师。1843年，他第四次去赶考，又一次落榜了。这时期正是围绕“广州入城问题”群情激愤的时候。洪秀全很同情这一“民族主义”精神的表达形式，憎恶现在的制度（因为该制度没有给他提供任何发展的前景），他在内心产生了一种以前从未有过的冲动，要掀起一场反抗满清王朝的民族或种族革命。但是，正如中国历史上的许多次运动一样，一种宗教氛围将更加有助于支撑这样一场运动的发生。

一天，表弟李敬芳来看望洪秀全，出于好奇心，他借走了书桌上的那本基督教小册子。李敬芳对小册子上不同寻常的内容感到震惊，劝洪秀全认真读一读里面的文章。洪秀全照他说的做了，他渐渐相信，这些内容中蕴含着能够解开他六年前之梦境的秘密：那位长者就是天父皇上帝，那位中年人就是天兄耶稣，而洪秀全自己就是上帝的次子、耶稣的弟弟。一种崭新的三位一体渐渐诞生了，至少在洪秀全自己的内心里是这样认为的。洪秀全断定梦境中的妖魔就是庙宇中供奉的偶像。洪秀全和李敬芳因得到这一新的启迪而欣喜若狂，他们照着小册子中描写的方法自己做了洗礼，并向上帝发誓从此不拜邪神，只信奉上帝，恪守天条。洪秀全的第一批皈依者中就有堂弟洪仁玕（1822—1864）、邻居和同学冯云山（1822—1852），他们都是失意书生。没过多久，洪秀全的家人也跟着皈依了。

1844 年，洪秀全、冯云山走出花县，辗转抵达广西贵县赐谷村一带开展传教活动，农民受到洗礼入教者达 100 多人。9 月，冯云山到达桂平山区进行活动。11 月，洪秀全返程回到广东花县，一边教书，一边传教，并编写诗文来进一步研究发扬宗教教义。在乡居的这段时间，洪秀全先后编写了《原道救世歌》、《原道醒世训》等作品，把基督教教义和儒家思想相互结合起来。《原道救世歌》宣称天父上帝是中外古今共同的独一的真神，主宰着万事万物，人间的一丝一缕、一饮一食都是上帝赐予的，因此，人人应该敬仰崇拜上帝，不应拜菩萨等邪神。这篇长歌，还重点劝人要做“正人”，行善积福，反对淫乱、行杀害、做盗贼等不正当行为。《原道醒世训》批判了相凌、相夺、相斗、相杀的世道人心，提倡天下男女皆是上帝生养、保佑的兄弟姐妹，不应存在此疆彼界之私，起尔吞我并之念，而当施行像唐虞三代那样，“天下有无相恤，患难相救，门不闭户，道不拾遗，男女别途，举选尚德”的“大同”社会。至于该怎么实现这样的社会，洪秀全在这篇作品中指出的办法仍归结于个人的身心修养，只要每个人都能“循上帝之真道”，“相与淑身淑世，相与正已正人”就能够达到“天下一家，共享太平”。

1847 年春，洪秀全又一次离开花县赶赴广州，跟随美国传教士罗孝全研学基督教义，精读《圣经》。罗孝全觉得洪秀全的思想不纯洁，不像个“合格”的教徒，拒绝给他进行洗礼。洪秀全和冯云山废寝忘食地研读基督教小册子，还是不能完全领会其中的很多概念。他们觉得“天国”就是中国，“上帝的选民”就是指洪秀全本人和他的同胞。他们然后捣毁寺庙中的塑像，将孔子的牌位请出私塾，导致1844年他失去了塾师的职位。他们受《圣经》中“从未有先知受人尊敬于本乡及家中”的言论所影响，随后前往邻省广西开展传教。他们并没有理会别人的告诫，他们所宣扬的基督教义只不过是《圣经》中的一小部分章节和一些小册子里的有限的和个人诠释。几个月后，洪秀全返回老家，在之后的两年中继续执教，并编写一些有关宗教的短论和诗歌，漫无边际地从《圣经》和儒家“礼运”“大同”篇中吸收各种思想。他批评吸食鸦片、赌博和酗酒，提倡所有人都是兄弟姐妹的平等观念。洪秀全目的是用新宗教召唤革命事业的追随者。与此同时，在广西桂平县以北大约50里外的紫荆山，冯云山已经组织起了“拜上帝会”。紫荆山是个大山区，地势险峻。居民大多数从事耕地、烧炭，生活困苦、受难很深。冯云山在1844年到达那里，以做工、当塾师为职业，在贫苦群众中积极开展宗教的宣传、组织活动。经过两年多的努力，在紫荆山区成立起第一个被称为“拜上帝会”的组织，积聚了会众2000多人，其中就有种山烧炭的杨秀清和贫农萧朝贵（壮族）。洪秀全在广州只待了几个月，就到广西桂平县紫荆山来找冯云山了。

1847年8月，洪秀全抵达紫荆山后，看到冯云山已经开辟了这样一块宗教基地，拜上帝会的教义在当地群众中得到广泛传播，信心倍增。为巩固和发展拜上帝会，洪秀全和冯云山一起策划，制定了“十款天条”、各种宗教条规和宗教仪式，加强对会众进行思想疏导和纪律教育。洪秀全依据“摩西十戒”编写的十款天条是：

（1）崇拜皇上帝；

（2）不好拜邪神；

（3）不好妄题皇上帝之名；

（4）每周礼拜赞颂皇上帝恩德；

（5）孝顺父母；

（6）不好杀人害人；

（7）不好奸邪淫乱；

（8）不好偷窃劫抢；

（9）不好讲谎话；

（10）不好起贪心。

他们还派人到汉、壮、瑶等各族人民居住的山村开展宗教宣传，扩大宗教组织，并带领群众捣坏甘王庙等庙宇，激发了群众的斗争勇气。《觉世训》除增强宣传上帝创造一切、主宰一切的主旨，要求人们朝夕敬拜之外，还要求把“皇上帝”相对立的“阎罗妖”看作一切妖神的代表，召唤天下兄弟姐妹一起共同消灭之。并且，文章批评历代帝王篡改皇上帝尊号，认为只有上帝才可称帝，人间君主不得逾越，表达了对封建君主的蔑视。《太平天日》记录了洪秀全1837年病中异梦以及后来两次到广西开展宗教活动的事迹，文章宣称洪秀全就是上帝的次子，耶稣的弟弟，被册封为“太平天王大道君王全”，自己是“真命天子”，受命下凡“斩妖留正”，表现出洪秀全的反清思想。

1847年，洪秀全和堂弟洪仁玕赶往广州，向美国南方浸礼会（American Southern Baptist）传教士罗孝全（Issachar J. Roberts，1802—1871）牧师学习和研究《圣经》，以及基督教礼仪和教会组织等内容。洪秀全学习进步，发展迅速，令罗孝全的两名华人助手嫉妒不已，担心会被洪秀全取而代之。他们利用洪秀全的天真无知，劝告他向罗孝全请求为他的洗礼保障一份津贴。罗孝全牧师被洪秀全的贪财行为激怒，拒绝为其授洗，而洪秀全意识到自己上当后，未得到洗礼就回到了广西。此时，拜上帝会组织已在矿工、烧碳工和大多是客家人的贫苦农民中间集募了三千多信徒。

洪秀全的基督教派属大致可划分到新教而非天主教，因为新教教义更加符合开展运动的特征，其本质上是对现存社会秩序的一种“革新”。

在1849—1850年的大饥荒期间，广西的天地会会众在“劫富济贫”的口号下举行起义行动。拜上帝会启迪于这一次动乱，许多的客家人加入进来寻求免受本地人欺压的庇护所，更多的穷人也来寻求保护，避免遭到土匪和酷吏的荼毒。很多人天真地觉得，拜上帝会可以因为信奉洋教就能不受官府的干预。随着这场运动的发展，一些受过良好教育和较富裕的人也纷纷加入进来。最早加入的人中有：杨秀清（烧碳工）；萧朝贵（农民），日后成为洪秀全的妹婿；韦昌辉，是一个受过一些教育的农民，并且曾和当地官吏打过交道；石达开，是个有钱人，很有才学和斗志。这四人加上洪秀全和冯云山，组成了一场新的宗教及革命运动的核心组织。到1850年春，拜上帝会已拥有一万信徒。洪秀全他们选择广西省战略位置比较重要的村庄——金田村作为大本营，并将自己的家人接来。1850年6月，分散在各地的所有拜上帝会会众都被要求变卖财产，并将变卖所得财产送到设在金田的圣库，而所有的会众将会从圣库领取给养。这种共享财物的行为对穷人具有很强的吸引力。

在社会环境十分有利的情况下，拜上帝会的力量迅速地发展起来，以紫荆山为中心，东到平南、藤县，西至贵县，北起武宣、象州，南达陆川、博白，以及广东的信宜、高州、清远等地，都有拜上帝会的组织。拜上帝会的基本信众都是汉、壮、瑶等族的农民，还有手工业者、挑夫、矿工、小贩以及无业游民等等。并且，还有一些农村先进的知识分子和家境富裕但社会地位较低的人也纷纷参加到组织里面。拜上帝会在其自身的发展和斗争中，逐步形成了以洪秀全为首的领导核心，成员有冯云山、杨秀清、萧朗贵、韦昌辉（壮族）和石达开。洪秀全自己作为上帝的次子，被拥立为领袖，而冯云山则被订立为上帝的第三子，杨秀清为第四子，萧朝贵为第五子。拜上帝会通过积极酝酿和准备，起义的条件已经基本成熟。

拜上帝会在社会上的影响力越来越大，同当地封建势力的矛盾也渐渐尖锐起来，并由起初的反对神权发展到以政治性斗争为中心的阶段。地主豪绅借助团练武装的力量，打压拜上帝会的活动，斗争愈演愈烈。1848年1月，恶霸地主带领团练抓捕了冯云山等人，向桂平县衙指控他们"结盟聚会"，"不服从清朝法律"。县官将冯云山等人关进监狱。此时，洪秀全正在贵县，得到消息后立即赶到紫荆山，随后又到广州设法营救。冯云山被捕入狱，洪秀全又返回广东，拜上帝会一时没有了主持人，会众之间产生混乱。在这紧要关头，杨秀清假意托举"天父上帝"下凡附体，传言群众，稳定人心。随后，萧朝贵也以同样的方法取得代"天兄耶稣"传言的资格。"天父"是拜上帝会信仰中的最高主宰，它的体现者就是洪秀全。杨秀清替代"天父"传言，虽然对维系拜上帝会组织起了一定的稳定作用，但他却从此在宗教地位上获得了凌驾于洪秀全之上的最高权威，给日后太平天国核心领导集团的分裂埋下了重大的危机。

冯云山在拜上帝会会众大力营救下，获得出狱，于1848年冬赴广东寻找洪秀全。1849年7月，两人重新回到紫荆山。这时，广西到处都发生着天地会领导的群众反抗运动。而清廷在这一地区的统治力量又很薄弱。巡抚郑祖琛"专事慈柔，工于粉饰"。州县逢迎其好，一味地敷衍了事。提督闵正凤也是“专讲应酬之语，于纪律运筹一概不知”。此时，洪秀全和其他会员已秘密完成了发动起义的一切准备工作。1850 年 11 月，当官军企图向一些身为拜上帝会会众的烧碳工人强征非法捐税时，冲突终于爆发了。在 1851 年 1 月 11 日洪秀全 37 岁（虚岁 38 岁）生日这一天，拜上帝会会员在金田村正式宣布起义，用来庆寿辰。洪秀全被拥立为新的“太平天国”的“天王”，五个高级幕僚也都被封为王，但是尚未封定具体的王号。“太平”一词曾经出现在中国的典籍中，并且曾经是以前几个皇帝的年号，而“天国”一词则来源于《圣经》，“太平天国”加在一起，寓意在地上的太平之天国。

太平军曾与秘密会社保持着一种微妙的相互关系，洪秀全感觉秘密会社的偶像崇拜应当给以斥责，并且觉得这些人想恢复大明的宗旨与他自己创建一个新王国的计划目标不相符，但是，这些人的反清立场与他的革命目标是一致的。洪秀全希望利用这些人来推进自己的事业而并不是被这些人所利用。随后他决定，秘密会社徒众只要丢掉偶像崇拜、敬拜上帝和服从太平天条和纪律，就能够加入太平军。许多参加了太平军的秘密会社成员无法遵从这些要求，就又退了出去，但还是有一些人留了下来，其中包括骁将罗大纲和林凤祥。

遍布广西、湖南等省的天地会起义斗争，因为缺乏统一的组织领导，山堂相互对峙，不能统属，纪律性也比较差，“饥则蜂起，饱则远扬”，忽起忽散，最后被清政府各个击破，或者分化瓦解。而洪秀全、冯云山等创立的拜上帝会则显示出与天地会不同的特征，它有十分明确的行动纲领和严密的组织纪律。太平天国的最高首领是天王。天王之下设王、侯两等爵位（后来在诸王之下陆续增设义、安、福、燕、豫、侯六等）；从上到下设立丞相、检点、指挥、将军、总制、监军、军帅、师帅、旅帅、卒长、两司马等各种职官。随着战斗形势的发展，后来官制多有所增改。爵位和职官不区分文武，军政兼管，既处理政务，又带兵打仗。太平天国的政权机构，分为中央、省、郡、县四级。定都天京之后，杨秀清的东王府实际上变成了中央政权的国务管理机构。东王府的吏、户、礼、兵、刑、工六部尚书，变成了分管各部的主管官员。省、郡、县则分别是地方政权，县以下为基层政权。省级官员基本上都由王、侯兼任，郡设总制，县设监军。

在《天朝田亩制度》中，对乡官的组织机构、任务和职权，都进行了明确规定。乡官制度是遵照太平军的编制制定的，把广大民众组织起来，每五家设立一伍长，五伍长设立一两司马，四两司马设立一卒长，五卒长设立一旅帅，五旅帅设立一师帅，五师帅设立一军帅，一军共计12500家（其中由五“伍”二十五家组成的“两”为最基层单位）。军帅以下的各级官吏，一般由当地民众推举，或由上级组织委派，他们都被称为“乡官”。此外，还制定“寓兵于农”的乡兵制度，即在军帅的管辖区内每个家庭出一人为伍卒，组成一军，“有警则首领统之为兵，杀敌捕贼，无事则首领督之为农，耕田奉尚（上）”。乡官在维持地方秩序、征收赋税、办理军需方面都做出了突出贡献。但是，乡官的成分很复杂。充任乡官的，除了农民和其他劳动人民外，还有流氓无产者，以及地主士绅。据记载，在安徽、江西、湖北等省一些府县，都出现过由地主士绅充当各级乡官的现象，如“胁田亩多者充伪官”，流氓无产者以及地主士绅。

在思想文化领域方面，太平天国对孔子和儒家经书的正统权威进行了一次猛烈的冲击。金田起义之前，洪秀全就在他的私塾中撤掉了孔子牌位。在1848年编写的《太平天日》中，洪秀全进一步拓展了他的反孔思想，指出“推勘妖魔作怪之由，总追究孔丘教人之书多错”，并在意念中把孔丘捆绑在“皇上帝”面前，并受到审判、斥责和鞭挞，使“孔圣人”的威信扫地。金田起义之后，太平军所到之处毫无忌惮地扫荡孔庙和孔子等人的牌位，把儒家经书贬斥之为“妖书”，宣告：“凡是一切孔孟诸子百家妖书邪说者都得焚除，皆不能买卖藏读也，否则一律问罪也。”猛烈地抨击孔孟之道及儒家经书，这些行为无疑具有一定的革命意义。但是太平天国并没有对儒家思想进行任何本质性批判，对四书、五经也只是删掉鬼神祭祀之类的字句，或做一些枝节的文字变动，而把儒家思想中一些基本核心内容，比如等级制、三纲五常、天命论等理论，都保留了下来。太平天国在考试制度上也进行了一系列的改革，“无论何种人，上至丞相，下至听使，均能准与考”；考试的题目“不包括考四书、五经”。此外，还颁布了“天历”，改革了陈旧的历法，对旧历书中阴阳祸福、吉凶生克等都进行了删除。在城市管理方面，太平天国曾一度在天京彻底废除私有财产，生活必需品由圣库按一定配额进行供给。居民按性别分别编到男馆女馆，夫妻不得同居。男子除了参加军队的活动以外，都要参加生产或在政府机关中服役，女子大事和男子相商议也被废止。

对于手工业者，则由诸匠营和百工衙统一经营和管理。诸匠营分为土营、木营、织营等，百工衙工种有弓箭衙、油漆衙、豆腐衙等，行业种类很多。诸匠营和百工衙仅仅是为供应太平天国的需要而生产的，产品直接分配到各单位，不到市场进行交换，生产者除吃穿住之外没有其他报酬。洪秀全等太平天国的核心领导们都来自农村，他们依据农民绝对平均主义思想制订出了改造城市的方案，让基层民众过着平均主义式的生活，有城无市，原来的城市变成了现在的城堡，这些活动不符合当时中国社会的发展趋向，最终遭到失败。1855 年年初，他们开始准许天京居民恢复家庭生活，默许私营工商业，天京的社会秩序逐渐恢复到原来的状态。

在妇女问题上，《天朝田亩制度》中规定，妇女同男子一样都能分到土地，“凡天下婚姻不论财”，禁止买卖婚姻。太平天国曾提倡“一夫一妇”，禁止娼妓、缠足、买卖奴婢等行为。他们还成立了女军，并设立了女官。这些措施对封建宗法制度起了强烈的冲击作用。但是，洪秀全、杨秀清等上层领导仍沿袭历代封建帝王的妃嫔制。洪秀全还宣扬“妻道在三从，勿违尔夫主”之类的一些封建伦理道德观念。这些事实证明，他们并没有摆脱封建社会的传统影响。

太平天国建都天京之后，从 1853 年 4 月到 1954 年 6 月，这一年多的时间里，英国驻中国的全权代表文翰及其后任包令、法国公使布尔布隆、美国公使麦莲等，相继打着“中立”的幌子到天京进行访问。他们到天京的目的，是为了窥视太平天国的真实情况，试探太平军及其领导对外国人的态度，从而确定其侵华政策的具体行动措施。

这些公使到达天京后，企图逼迫太平天国承认各国在华的侵略利益。文翰也把《南京条约》抄送给太平天国政府，其目的是要太平天国政府也承认这项不平等条约。他还宣称，如果太平天国运动触动了英国的利益，他们就会像发动鸦片战争那样来对付太平天国。太平天国的领袖们并没有屈从于外国侵略者的恐吓，也没有承认《南京条约》，而是主张平等往来，并明确宣布不许再贩卖鸦片。他们在严令鸦片输入的同时，鼓励发展正当的贸易。例如，当时中国大宗出口的丝、茶商品，一部分是产自太平天国控制的区域之内，另一部分则必须经过太平天国的占领区才能进行外运。太平天国建都天京后，丝、茶出口不但没有减少，反而逐年增加。太平天国对外国资本主义的侵略本质并没有认识清楚，他们因为宗教形式相同而错误地把侵略者当作“洋兄弟”，表示准许外国侵略者“自由出入”及“货税不征”等。

太平天国定都天京之后，建立了一套独立的从中央到地方的政权机关，颁布和实行了一系列的统治制度和政策，彰显了反封建的革命精神。但是，太平天国运动其本质是农民战争，这一时期，农民阶级不是新的社会生产力的代表者，它不能创造新的生产方式，不能建立一个符合历史和社会发展的新的社会。在太平天国控制的地区内，从经济基础到上层建筑，清朝封建统治势力虽然受到极大地打击，但远远没有被彻底摧毁，它在一定社会环境和条件下会重新复活。农民阶级的一些共同弱点，在起义队伍尤其是领导集团中依然存在，也越来越明显地显露出来。太平天国农民战争在高潮中已潜藏着走向衰败的危机。

## 第三节　太平天国的社会政策和制度

1850 年春夏之间，洪秀全号召各地会众到金田村“团营”，重新整编队伍。在获得消息后，分散各地的会众扶老携幼，一万多人陆续到金田会合，途中不断和前来阻拦的清军、团练发生冲突和战斗。金田团营前后，会众根据“同食同穿”的指示精神，“将田产屋宇变卖，换成现金，而将一切所有财产缴纳于公库，全体衣食皆由公款开支，一律平均”。这种制度是为适合战争的需要而采取的一项重要举措，在起义初期，这一制度对保持起义队伍的团结和纪律，发扬艰苦战斗的精神，起了重要的作用。清政府调用原提督向荣为广西提督，重新起用前云贵总督林则徐为钦差大臣兼任广西巡抚，赴广西主持军务。1850 年 11 月，林则徐赴任途中于广东普宁县病故，清廷改派任前两江总督李星沅为钦差大臣。拜上帝会会众到达金田团营后，按军事编制建立起一支战斗队伍，与清军展开斗争。12 月底，起义军在平南县思旺击败清军。1851 年 1 月在村江大败清军，杀副将伊克坦布。这两次取得的胜利，进一步稳定了金田的形势。1 月 11 日（道光三十年十二月初十）即洪秀全 38 岁生日。洪秀全率众在金田宣布起义，建国号为太平天国。气势磅礴的太平天国农民运动从此开始了。

为了壮大起义军队伍的力量，洪秀全主动争取桂平一带的天地会成员加入太平军。天地会山堂分立，成分非常复杂，各自保持对太平军不同的态度。罗大纲、苏三娘分别率所部加入太平军，建立战功，成为太平军中著名的将领。张钊、田芳等一度加入，但因不愿遵守太平军的纪律，随即率众离开，叛变投敌。张嘉祥则于道光二十九年（1849）就已经投降清军，改名为张国樑，成为农民起义军的叛徒，一直与太平军为敌。在这之前，清政府对拜上帝会的情况了解并不多，认为都是一些“乌合之众”，把主要力量都用来镇压天地会起义。

钦差大臣李星沅奉命到达广西时，此时金田起义已经爆发，这时他才发现太平军“实为群贼之尤”，不得不如实上报，并建议“聚集精兵，全力攻剿”。他把从广西、广东、云南、贵州、湖北、福建调集的一万多人的军队派往桂平，广西提督向荣亲临前线指挥。在清军的围攻下，太平军英勇奋战，在大湟江口大败清军。

3月间，太平军转战到武宣县东乡安营扎寨。洪秀全在东乡登基。也就在此时，以杨秀清为中军主将，萧朝贵为前军主将，冯云山为后军主将，韦昌辉为右军主将，石达开为左军主将，共同主持军务。5月，李星沅在武宣病死。清政府派大学士、钦差大臣赛尚阿赴广西督办军务，命广州副都统乌兰泰兼任帮办，并调蒙古都统巴清德等共同指挥军队，对太平军展开围攻。太平军随即撤离东乡，辗转进攻到平南。8月，在平南官村击败向荣部队，取得了较大胜利。于是乘胜追击，一举攻占永安州（今蒙山县）。这是太平天国金田起义以来所占领的第一座城市。

在永安，太平军进行休整补充，并颁布了天历，制定各种军事制度。1851年12月17日，洪秀全宣布封王诏令：杨秀清为东王，萧朝贵为西王，冯云山为南王，韦昌辉为北王，石达开为翼王。诏令还规定，西王以下各王都受东王管制。杨秀清实际上掌控了太平天国的军政大权。太平天国的中央政权组织基本形成，这对于加强领导、发展队伍具有非常重要的意义。清军先后实施“计诱贼首，（使之）自相携贰”的阴谋手法，企图从内部瓦解太平军。对此，洪秀全教育太平将士要提高警惕“妖魔多端诱惑”，必须树立“立志顶天，真忠报国到底”。对于一些投降变节分子则予以严厉打击，清除了暗中投敌的周锡能等人。太平军在永安驻留了半年多的时间。清军3万多人陆续进军到永安，包围了州城。因为城中粮、盐、弹药都很缺乏，1852 年 4 月 5 日深夜，太平军突围北上。清军虽然“火器精，粮饷足，兵勇众”，但存在“兵不用命，将不知兵，兵与将不相习，将与将又各不相下”等不利作战的因素。在突围战斗中，清军遭受重创，四个总兵全部丧命，乌兰泰滚下崖涧，才免一死。这一胜利成功打乱了清军的围剿部署。太平军北上途中，所向披靡，直接攻到桂林城下。桂林是广西省会，清军负隅顽抗。太平军久攻一个月，未能攻克，于是转战全州。6 月 3 日，太平军攻陷全州。在攻打全州时，冯云山不幸中炮，身负重伤，没多久在蓑衣渡去世，让太平天国失去了一位优秀的领导人和组织者。太平军撤离全州后，随即跨出广西进军湖南，于6 月 12 日攻陷道州。在道州休整两月，扩充队伍，铸造大炮、枪炮支等兵器。

这期间，以杨秀清、萧朝贵的名义颁布了《奉天讨胡檄布四方谕》、《奉天讨胡救世安民谕》、《救一切上帝子女中国人民谕》三篇讨伐檄文，深刻揭露了清政府黑暗统治，“官以贿得，刑以钱免，富儿当权，豪杰绝望”，号召人民起来推翻清朝统治，“务期肃清胡氛，同享太平之乐”。8 月 17 日，太平军攻克湖南重镇郴州。在道州与郴州，天地会及劳动群众踊跃参加起义军队伍，人数众多。太平军男女人数，包括非作战人员，已经达到约 10 万人。新参加的人中有很多是挖煤工人，他们组成了土营，在遇到攻坚的战斗中，负责挖地道，放置地雷，轰塌城墙，在战斗中起了非常重要的作用。在郴州，洪秀全、杨秀清派萧朝贵率军从间道疾行北上，于 9 月 11 日逼近湖南省城长沙。次日，萧朝贵在攻城时不幸中炮负伤，不久去世。这是继冯云山之后，太平天国又失去了一位重要的领导人。洪秀全、杨秀清闻讯，率领全军赶到长沙增援。经过多次激烈战斗，仍未攻下城池。11 月 30 日，洪秀全、杨秀清决定取消攻打长沙的行动，移营转移。12 月，攻占益阳，轻松攻取岳州，缴获大量军火、船只，数千船民纤夫也纷纷踊跃加入起义队伍，并组成水营。从此，太平军军有了一支庞大的水师，这对后来进军长江中下游起到重要作用。1852 年年底，太平军由岳州攻入湖北。水陆两路，沿江而下，连续攻克湖北重镇汉阳、汉口，进而围攻武昌。1853 年 1 月 12 日，太平军攻克武昌城，清湖北巡抚常大淳等战死。武昌是长江中游的政治、军事重镇，湖北省会。这是太平军第一次攻占一座省城，影响极其深远。

清朝统治者对太平军的发展大为震惊，加紧筹划战争部署，将钦差大臣、署湖广总督徐广缙革职查办，命署湖北提督向荣为钦差大臣督办两湖军务，以两江总督陆建瀛为钦差大臣防守安徽、江苏，以署河南巡抚琦善为钦差大臣驻防河南，企图堵截太平军，扭转节节败退的局面。此时，太平军水陆并进，浩浩荡荡，沿江东下，以摧枯拉朽之势，接连攻克江西九江、安徽安庆、芜湖、和州等地。3 月 8 日，太平军兵临南京城下，水陆两路连营，“直望无际”，“既众且整”，使南京城里的敌人“望而止步”。3 月 19 日，太平军攻克南京外城，斩杀两江总督陆建流等人。20 日，攻克内城，杀死江宁将军祥厚等人，太平军完全占领了南京。随后，洪秀全定都南京，立即颁布军纪五条：一、遵条守命；二、别男行女行；三、秋毫莫犯；四、公心和傩（睦），各遵头目约束；五、同心合力，不得临阵退缩。这五条军纪，增强了太平军之间的团结和战斗力，对赢得广大群众的拥护和争取战斗的不断胜利，起了非常重要的作用。

太平天国把南京改为天京，正式建立了与清王朝相互对峙的政权。3 月 31 日，罗大纲等率军攻占江苏重镇镇江；4 月 1 日，林凤祥、李芳（均壮族）率军攻占江北重镇扬州，彻底肃清了天京外围的残敌。太平天国从金田起义后，仅仅经过两年多的转战，就席卷了广西、湖南、湖北、江西、安徽、江苏六省，定都南京，取得了农民战争伟大的胜利。这主要是因为太平天国起义是一次反对清朝腐败统治的正义战争。太平军在胜利进军的征程中，坚决镇压和打击了官僚、豪绅、地主势力，焚烧衙门、粮册、田契、借券，捣毁神佛偶像和孔丘牌位，对封建统治秩序进行了全面的扫荡。太平军对人民群众则爱护有加，“所到之处，以获得衣物献给贫民，谓将来一概免租赋三年”。这使太平军所到之处都受到当地群众的热烈欢迎和拥护，就连反对者也不得不承认：太平军至，“争迎之，官军至，皆罢市”，“乡民处处助贼打仗”。因此，太平天国起义得以迅猛发展。

太平天国起义取得的胜利和日益发展壮大，沉重打击了清朝政府的反动统治，京师震惊，“官眷出城者约有四百家，崇文、宣武两门外官宅十空有六七。钱铺自二月十五日后相继停歇者，共有三百家。典铺当者，以十千为率。银价跌落至大一千二三百文一两，西客收帐，商贾歇业”。太平军占领南京后，清政府命令钦差大臣向荣率领清军 17000 余人抵达南京城东孝陵卫，建立“江南大营”。另一钦差大臣琦善率直隶、陕西、黑龙江马步各军约万人抵达扬州，成立“江北大营”。江南、江北大营直接威胁着天京。两个大营的兵力后来陆续有所增加。由于八旗、绿营的溃败，咸丰皇帝于1853年年初命令大江南北各省在籍官绅组建团练，建立地主反动武装。曾国藩所办湘军，就是其中之一。

太平天国是以神权为统治基础的，其中宗教、军政管理、文化和社会都相互交织起来。首都称作“天京”，领袖称作“天王”，宫殿称作“天朝宫殿”，重要文献称作“天条书”，国库称作“圣库”。吸食鸦片、抽烟喝酒、嫖娼、裹足、买卖奴仆、赌博和一夫多妻等行为均被列入禁令之中。太平天国运动早期有一种明确的清教主义精神，而太平军领袖们想出了许多具有很大价值的制度和创举。国家的基本文件称作“天朝田亩制度”，它不但规定了土地制度，也规定了军事、内政、财政、司法和教育等各项制度，类似太平天国的宪法。

太平天国定都天京后，颁布了《天朝田亩制度》。《天朝田亩制度》的基本内容，是依据“凡天下田，天下人同耕”的原则，把土地按每年产量的多少进行区分，划分为上、中、下三级九等，然后好田坏田相互搭配，按人口平均分配。凡16岁以上的男女每人都能得到一份同等数量的土地，15岁以下的人员减半。同时，还提倡“丰荒相通”、以丰赈荒的调剂方法。除了解决土地问题以外，《天朝田亩制度》还对农副业生产和分配等诸多方面，做了一系列具体的规定。实行生产和分配都由农村政权的基层组织——“两”，来实施管理，每25户组成一“两”。分到土地的农民，都要参与农副业生产劳动。在分配问题上，规定每“两”生产出来的农副业产品，“凡天下，树墙下以桑。凡妇，蚕绩缝衣裳。凡天下，每户五母鸡、二母彘，无失其时”。“凡二十五家中，陶冶木石等匠，俱用伍长及伍卒为之，农隙治事”。《天朝田亩制度》在分配方面，规定每个“两”生产的农副业产品，“除满足其二十五家每人所食可接新谷外，即到第二年外，其余则均归国库。凡麦、豆、苎麻、布帛、鸡犬各物及银钱都一样”。25家中如果遇到婚丧等事所需要的银钱粮食消耗，都从每“两”所设的国库内开支。鳏寡孤独、疾病残废等丧失劳动能力的人，均由国库统一供养。

太平天国的领导阶层希望通过这样的分配方案，实现“有田同耕，有饭同吃，有衣同穿，有钱同用，处处均匀，人人饱暖”的理想大同社会。但《天朝田亩制度》所提倡的平分土地方案，是农民阶级自发地对地主土地所有制的否定。它集中反映了当时广大贫苦农民比较强烈地反对地主阶级残酷剥削的诉求，以及对取得土地、追求平等、平均的理想社会的期望。正如列宁所说的：“‘地权’和‘平均土地’的思想，一定是为了达到完全推翻地主权力和完全消灭地主土地占有制而进行斗争的农民渴望得到平等的革命愿望的表现形式。”但是，《天朝田亩制度》所施行的分配土地和“通天下皆一式”的社会经济生活方式，是要在小生产的基础上彻底废除私有制和均分一切社会财富，达到人人平等，是农民希望的绝对平均主义思想。这种方案不可能促进社会生产力向前发展，相反，它会造成社会生产力停留在分散的小农经济的发展水平上，把农业和家庭手工业组成的自给自足的自然经济理想化、固定化。因此，它同时具有违反社会发展规律的落后性。这个文件还规定天王具有高度集权的权力，官员的世袭制等内容，都表现了封建社会的等级关系。

《天朝田亩制度》既具革命性特点，又具有封建落后性质，这个矛盾的产生是由农民小生产者的经济地位所决定的。太平天国领袖们所描述的均分土地和社会经济生活的美丽画卷，实际上是违反社会发展规律的，不可能实现的。他们为了适应现实斗争的迫切需要，就必须采取这些较为切实可行的口号和措施。大约在《天朝田亩制度》颁发后不久，杨秀清、韦昌辉、石达开等领导成员就曾根据天京粮食供应紧张的现实情况，向洪秀全建议在安徽、江西等地实行“照旧交粮纳税”。这个建议得到了洪秀全的批准施行。实施“照旧交粮纳税”的政策，实际上是效仿清朝税收的办法，即地主成为田赋的主要交纳者，施行征收地丁银和漕粮。这表示太平天国实际上承认地主占有土地，并允许地主进行土地收租。封建的生产关系和阶级关系虽然受到比较大的冲击，但其根本性质并没有改变。

不仅如此，太平天国在所占领的地域内，曾收缴了一部分地主豪绅和庙宇寺观的田产，对富户施以重税和减轻当地农民的负担。如天京周围的农民，“交长毛钱粮，则不复交田主粮”。在太平天国起义的影响推动下，广大农民群众纷纷踊跃地自发起来对抗地主的压迫和剥削，有的自发地占有逃亡地主豪绅的土地，有的拒绝向地主交纳地租，有的则少交纳地租。据当时一些文献的记载：江苏扬州周围，“凡佃人田者，皆思抗租不纳”；在安徽芜湖，前江南河道总督潘锡恩所拥有的2000多亩土地，“自从咸丰三年之后，籽粒无收”。这些事实都说明，太平天国提倡的平分土地的方案虽然并没有实行，但是广大农民实际上却夺回了相当数量的土地，而且由于少交或不再向地主交租，大大减轻了农民的负担。这不仅沉重地打击了农村中的封建势力，而且对太平天国控制地区农业生产的发展和相互支援农民战争，起了极其重要的作用。

**军政合一**

太平天国的军制来源于《周礼》及明朝将领戚继光发明的军事制度，其主要特点是军事和民政管理的合二为一。士卒皆是农民，而官佐则同时担当军职和政职。每13156户家庭建立一个军帅，军帅分别管辖五个师，每师分别管辖五个旅。每个旅帅下分五个卒长，每个卒长掌管四个两司马，每个两司马各管辖五伍长，伍长又分别管辖四名士卒。这样，一个独立军含1万名士卒和3156名官佐，总共人数为13156人。当更多的家庭加入或建立时，就会成立新的军事单位。

军官皆是民政长官，每25个家庭成立一个基本的社会活动单位，每个单位分别设置一个国库和一座教堂，统一由两司马掌管。他管理下属25个家庭的教育、宗教、民事、财务和司法事务，并担负官司诉讼和婚丧事务活动。所有这些事务的开支皆从国库中支出，但在每件事情的花费都各有一定的额度。在平常，由士卒和伍长开展公共事务。25个家庭的所有孩童每天都去教堂听两司马讲解《圣经》及洪秀全编写的拜上帝会教义。在星期天，伍长皆率部属到教堂，男女分开坐定，听两司马进行布道。太平天国的赞美诗和新教赞美诗有所不同，而且，随人其礼拜仪式基本上遵循新教的传统，却也有一些不同，如同佛教和道教一样，也使用锣鼓鞭炮及供奉糕点瓜果等形式。太平军严格禁止祭奠祖宗，如果发现偶像和庙宇时，立即捣毁，官佐们经常在太平军所到之处向新地方的居民布道传教。

**土地制度**

太平天国最重要的一项发明，应该算是废除土地和财产的私有权。这项发明背后造成的意义是，所有上帝的子民都应该享受他的恩惠，免除贫困，有田耕，有粮吃，有衣服穿，有钱花。要想达到这样的一种理想的状态，就必须对现在的土地制度开展一场根本性的变革。因此，太平军根据耕地产量多少将田地分成九等。所有 16 岁以上的子民都能分得一份田，所有 16 岁以下的子民都能分得半份田。按照这样计算，如果一个人获得 1 亩上上田，他的 15 岁以下的孩子就能够得半亩产量一样的田。一户六口的人家就能分得良劣数量相同的地，就是 3 人得良田，3 人得劣田。而所分到的田地不能成为得地人的财产，他只是获得了使用土地进行生产的权利罢了。超过个人所需要的剩余产品都必须上缴到国库，私自藏蓄和私人财产都是被禁止的。

这种共同使用土地的构想，可以从中国古代典籍《周礼》之中找到根据，汉朝时期，那位篡位者王莽曾在其短命的新朝（公元 8—23）将这种构想付诸实施。太平军又一次恢复了这种有些脱离现实的理想主义理念。但最终因为连绵的战事和农村中的许多不安定状况，这种制度没有大面积实现，只是在少数地方进行了试验。

**新历法**

太平军所采纳的历法别具一格，它采用的既非阴历也非阳历，而是介于两者之间的算法。一年被划分为 366 天，单月各 31 天，双月各 30 天。这份年历存在的缺陷是每 4 年多出了 3 天，或者说每 40 年就多了 30 天。为弥补存在的这一缺憾，太平军每 40 年设了一年“闰年”，太平天国称之“斡旋”，就是为每 40 年一个“斡旋”。在闰年，每个月都是 28 天，1 年共 336 天，正好空出了正常年份多出的 30 天。太平元年的 1 月 1 日即是 1852 年的 2 月 4 日。

**社会政策**

在太平天国内部，男女平等，妇女能够在军政机构中担任要职，据称：洪秀全的妹妹指挥着 10 万名女兵和女官。太平天国初年在南京曾为未婚的年轻女子以及一些丈夫阵亡或外出的妇女成立“女馆”，她们统一由洪秀全的妹妹统辖，独立于其他部门。访问南京的传教士，对太平军中的女性成员在大街上自由自在地散步或骑马等现象，印象十分深刻。

太平天国还实施了一些社会福利举措来帮助病残孤寡等子民。这场运动所提倡的平等主义和禁欲主义精神，也充分反映在前面所提到的禁止吸食鸦片、裹足、蓄奴和嫖娼等政策当中。总体来说，太平天国的社会氛围与清朝社会迥然相异。

**文化和宗教合一**

太平天国的首要任务，就是对民众灌输基督教思想。依据洪秀全对《圣经》的解释，为儿童编写了一本内容有478句1434个字的新版《三字经》，开篇是“皇上帝，造天地，造山海，万物备，六刚间，尽造成……”。另外还有一些如《幼学诗》及其他颂扬上帝和耶稣是人类真正救世主的歌颂赞美诗。所有这些诗文都是用白话写作，并加有标点，从而达到容易诵读并广为流传的目的。当今一些思想进步的作家认为，这种通俗明了的写作风格，成为20世纪初新文化运动的先导。

太平天国也开展了科举考试，在太平科试中，白话文代替了清廷科试所必须遵循的古文写作。太平科试的题目不同于清朝科试那样必须取自儒家经典，内容大多是选自《圣经》、基督教论著和太平天国诏书，比如“神独一皇上帝”“天父下凡事因谁？耶稣舍命待何为？”等等。太平科试对男女平等开放，最初定在洪秀全及幼天王的寿辰日开始考试，后来，分别将太平天历的3月5日和13日设定为每年开考文秀才和武秀才的日子；5月5日和15日定为考文武举人的日子；9月9日和19日则分别定为考文武进士的日子。考生来自三教九流各色人等，也包括算命先生和巫师。由此可见，这些考试的标准是不甚严格的。听说，在湖北省的一次科试中，1000名考生中竟然有800人中榜。由于这个原因，这些考试得到了许多人的拥护，但它们违背了举才选能的目的。

**外国的中立立场**

太平天国初期，因为基督教信仰得到了洋人尤其是新教传教士的同情，虽然他们很担心太平天国那种颇含亵渎“味道”的新“三位一体”。外国商人对在太平天国地区扩充商务的前景很感兴趣，但太平军严令禁止鸦片的律令也让他们犯愁，因为鸦片已成为对华贸易中最有利可图的货物。总的来说，外国政府对太平天国抱着很复杂的情感，在这种情景下，最为明智的政策就是采取观望态度。

英国在华全权代表文翰宣告，英国将在中国的内部冲突中采取中立原则，不会超越保护在上海的英国臣民之生命财产的界限，最终打消了清政府所认为的英国将要援助清军的念头。为得到太平军的第一手情报，文翰和译员密迪乐（Thomas T. Meadows）于1853年4月搭乘英国船只“神使号”（H.

M. S. Hermes）驶向南京。北王和翼王接待了密迪乐并安排文翰觐见东王。文翰没有去拜望东王杨秀清，仅仅送呈了一封信函，他在信中说明了英国的中立立场，并提议太平军承认英国的条约权利。让人奇怪的是，太平天国的答复中摆出一副居高临下的姿态，宣称天王对“藩邦”人民的远道前来颇为嘉许，故准许他们经商或到天京效命勤王。太平军还同信函一起送来了一些太平天国的宣传小册子，希望这些英国人加以研读以领悟真谛。

文翰的访问除收集了一些内部情报外，其他没有什么收获。他的目的是要求太平军遵循英国的条约权利，但天王却把英国当作一个属国来看待。文翰离开南京返国，临行前警告，如果英国人的生命财产受到损害，英国政府将采用与十多年前鸦片战争中同样的手段来获得利益。文翰向伦敦陈述，他怀疑太平军能否取代清王朝，并建议仍然采取中立的政策。密迪乐在对太平天国的小册子和这场运动的分析中表明，外国人此时的复杂情感：这些小册子中表现出的拟人化色彩非常浓厚，上帝被带离了高高在上的常态，非常熟悉凡间之事，其拟人化程度很高，令外国人有些反感。我们面前的这些作品中有许多很好的东西，它们能够指引我们猜测其作者受过怎样的神学教诲，并怀抱着许多人可以通过这些真谛得到通往天国之路的期望。但是，那里面也有许多我们绝然不能认同的东西，尤其是那些宣称直接从上帝那里获得神授之类的主张，另有一些文字对上帝进行的描述与我们平常的《圣经》内容相去甚远，且被用来服务于个人膨胀和个人野心，如果基督教国家要参与镇压这场运动，结果将是很悲哀的，因为起义者们都抱着一种争取进步的思想和作全面改革的目的（他们的历法便是见证），而清廷一方则根本没有显示出这种清新的意识，也决不能希望清廷能够显示这种意向。起义者创立的基督教之形式虽然大有不同，但却比从古至今中国人一直在做的愚蠢的偶像崇拜行为要好得多，欧洲国家如果能够加入到敌对一方，将可能出现与一些在某些方面比他们自己更好的人开战……目前比较可取的政策，是保持我们自己不在中国内战中作任何形式的卷入，避免与交战双方发生任何政府层面的纠葛。

美国人在太平天国初期也保持着一种中立政策，尽管他们明显不同情清政府。法国作为天主教在海外的保护者和传播者，对太平天国的新教理念很不以为然。但是，就在法国驻华公使布尔布隆（M. dc Bourboulon）1853 年

12 月访问南京时，他对太平军秩序和纪律的印象十分深刻，于是他也建议法国政府采取中立政策。俄国与中国的贸易主要集中在新疆、蒙古和满洲等边疆地区，故受太平天国运动的影响比较小。从政治上说，太平天国如果能够取胜，将意味着政治重心从俄国在其地建立的半外交半宗教使团的北京，转向南京及英国势力很强的南方。因此，俄国的利益就是维持清廷的运作。但是，圣彼得堡开始也选择了保持中立。

太平天国领导集团开始分裂后，形势日益顿挫。洪秀全提拔了一些与清军血战多年的青年将领，如陈玉成、李秀成、李世贤等，为各军主将。他们领导太平军奋勇战斗，极力挽救危局。1858 年 8 月，陈玉成、李秀成聚集各路将领，在安徽扒阳镇（桐城县东南）组织召开军事会议，决定采取各路联合作战方针，同心协力解除清军对天京的包围。9 月，陈、李两军在滁州境内会师向东进发，攻破浦口，接着击溃江北大营，歼敌万余人，并攻占江浦。浦口一带战斗的胜利，打通了天京与江北的交通要塞，解除了江北清军对天京的封锁。洪秀全随即将江浦一带改称天浦省，派重兵驻守。

就当太平军主力进攻江北大营之时，湘军主力李续宾军队在攻陷九江后，乘势攻进安徽，进逼庐州咽喉三河镇。11 月初，陈玉成闻讯从江浦挥师西进，直插三河镇东南的白石山和金牛岭，从后路包抄湘军。李秀成也奉洪秀全之命，率部赶来支援。太平军乘大雾天气发起猛攻，李续宾部乱作一团，拼死突围，最终没能成功。经过一系列激战，太平军全部摧毁湘军营垒，击毙曾国藩之弟曾国华等文武官员 400 余人和湘军数千人，李续宾自杀。这给曾国藩的湘军造成了沉重打击，曾国藩不得不承认："三河之败，歼我湘人几近六千，大局顿坏，而吾邑士气亦为不扬。"在三河大捷后，太平军的士气重新旺盛起来，陈玉成、李秀成率部乘胜攻击，围困安庆的清军最终不战而逃，皖北重新为太平军所有。1859 年 3 月，陈玉成联合捻军在庐州城外击败清军，擒斩署安徽巡抚李孟群。在皖南，1858 年 12 月，李世贤在宁国湾沚镇大破清军，杀提督邓绍良，扭转了太平军不利的局面。在江西，杨辅清于 1858 年 12 月攻克景德镇，并多次击败湘军张运兰部，从而牵制了曾国藩的兵力。天京上游的大局，到此暂时得到稳定。关于太平军为何不执行一项寻求外国承认的积极政策，始终没有很好的解释。更令人疑虑的是，他们一方面表示所有人作为上帝的子民都应该是平等的；另一方面他们又坚定地把外国的代表当作来自低贱属邦的使节来应对。或许太平天国的首领们不太信任洋人，害怕与他们走在一起。如果太平军执行一项对外联盟，达到共同反对满清政府（该政府正与外国列强发生争执）的积极政策，那么，这场运动的未来进程就可能大不一样了。

1859 年 4 月，洪仁玕从香港来到天京。金田起义后，洪仁玕迫于清军缉捕，于 1852 年避往香港。他在香港亲身体验到一些西方资本主义的文化思想，又因与外国传教士往来甚密，所受基督教的影响也较深。他到天京后不久，就被封为干王，总理太平天国朝政。因为将领的反对和不满，不久洪秀全先后封陈玉成为英王、李秀成为忠王，其余的也陆续封王。洪仁玕向洪秀全提出了一个通盘全局的方案——《资政新篇》。

在政治方面，他主张立政的关键在于，“惟在乎设法用人之得其当”。所谓“设法”，就是应该制定法律、制度。他同时指出立法的重要性，这就是英国之所以成为当时“最强之邦，由法善也”的原因。他反对“结党联盟”，针对当时太平军存在分散、离心的倾向，重点强调要“自大至小，由上而下，权归于一”。

在外交方面，洪仁玕坚决主张同资本主义国家开展自由通商，进行广泛文化交流，但不准许外国人干涉太平天国的内政和“国法”。

在思想文化、风俗习惯方面，他主张设学馆、医院，建立破盲聋哑院、鳏寡孤独院、礼拜堂、育婴堂，禁庙宇寺观，变革阴阳八煞，消除九流堕民，禁溺婴及买卖人口和使用奴婢，严禁鸦片输入。他还批判了那些“不务实学，专事浮文”的学风，在《戒浮文巧言谕》中，主张“文以纪实”、“言贵从心”，提倡“切实明透，使人一目了然”的通俗文体。

洪仁玕的这些建议，都具有鲜明的资本主义色彩，比较符合当时中国社会发展的客观要求，和农民中原有的平均主义理想相比，这是一个很大的进步。他不仅非常重视中外文化交流和吸收外国先进的科学技术，而且还主张采用西方资本主义国家的许多有关政策。他在“向西方学习”这一方面上，大大超过了同时代的一些地主阶级知识分子。但《资政新篇》除洪秀全表示比较赞同外，在太平军内部没有得到积极响应，也没有予以实行。洪仁玕的这些思想和主张，与太平天国农民战争没有任何渊源和根源，它不是农民战争实践的产物，也反映不了农民当时最迫切的利益和斗争要求。

# 第二章 太平天国的内讧和最后的失败

太平天国宏伟的规模、深远的影响，是历史上任何一次农民战争都无法比拟的；而且它不同于历史上的单纯的农民战争，在起义的后来发展上也出现了新的期望。太平天国宣布它的宗旨是要建设成立一个“天下大家处处平均、人人饱暖”的理想社会。它的政权被劳动人民所掌握，它对农村的政策反映了所有贫苦农民的基本愿望，也在一定程度上使农民在土地方面的要求得到满足。后期发布的《资政新篇》，描绘出了他们所设想的资本主义蓝图。虽然最终失败了，但依然沉重地打击了清王朝的封建专政统治，给后人革命精神的传递提供了动力。

## 第一节 曾国藩和湘军

在太平天国运动爆发之后，清政府调用了所有的绿营主力对太平军进行围追堵截，然而一次都没能成功。太平军攻占南京后，绿营所组成的江南大营、江北大营只能据守在南京左右，几年内对太平军毫无办法，任其自由地来往出入。此时，清政府开始意识到不能仅仅依靠绿营来战胜太平军，便开始动员所有编练地主的武装。为适应这种形势，曾国藩积极运作，在地主团练的基础上慢慢地组建了湘军。

曾国藩（1811—1872），字伯涵，来自湖南湘乡，道光年间中考进士，做了十年多的京官，后迁升到礼部侍郎兼兵部侍郎之职。咸丰二年（1852）因为曾母病故回到老家湖南湘乡守制。第二年，奉朝廷之命帮助地主团练。曾国藩绞尽脑汁，最后运用了完全不同于其他团练大臣的做法。他把团和练分开，团的招募方式是将所有居民编成保甲，委任当地豪绅作为主持；练，就是在城乡集中乡兵进行训练。曾国藩让各地都成立团，但不许地方绅士自行办练，而是在省城亲自主持招募勇士办练。不久之后，他借着罗泽南、王鑫等湘乡勇士一千多人调往省城防守的机会，进行改组、扩编，开始编排训练湘军。

为了加强对他们的控制，曾国藩任用大量亲朋密友、门生故旧担任每级将领。士兵都来自于湖南，最多的是湘乡人。湘军任用知识分子为官员，主要有罗泽南、彭玉麟、李续宾等。他们与曾国藩一样，都是既遵奉程朱理学，又热爱经世致用之学。曾国藩把同乡和亲戚的封建情谊来维系湘军的关系，选将募勇坚持的地域标准是同省同县，鼓励兄弟亲朋师生一起加入湘军，甚至安排他们为一营。实行士兵由营官自主招募的制度，每个营的士兵只服从于自己的营官，各军各营相互独立，彼此不统属，所有营皆归曾国藩统帅，形成了一种严格的封建的隶属关系。要求对士兵进行关于以三纲五常为核心的思想上的禁止扰民、嫖、赌、鸦片的军事纪律教育，还进行技击、枪法和阵式的军事训练。这就纠正了原绿营军军纪败坏、散漫不团结的毛病。经过一段精心周密的经营，湘军俨然成为曾国藩的私人专属军队。

咸丰三年（1853）年初，湘军改编为水陆两军，共17000人左右。第二年二月，曾国藩亲自带领湘军，从衡州（现湖南衡阳）起程，进军于湘潭（现湖南湘潭）。随后他又用自己的名义发表《讨粤檄文》，开始与太平军打仗。靖巷一战，湘军水师被全歼，曾国藩痛苦欲绝，寻死于水，被下人救起。四月，岳州一战，湘军又失败了。曾国藩率部同太平军再次会战湘潭，双方交战数日，伤亡惨重。朝廷却不断地催促曾国藩派湘军前往湖北省救急，但被拒绝，因为曾国藩想肃清当地土匪和完成对陆队及水师的训练再离开湖南。皇帝斥责他只知保卫家乡湖南却无视全局。1854年年初，太平军再度直逼武汉，焦燥不安的朝廷“恳请”曾国藩援助湖北，授权他可以无视北京而便宜行事。第二年二月，曾国藩派遣一支17000人的部队赶往湖北。湘军陆队和水师在离开本省后就失去大部分的湘乡乡勇色彩，进而成为一支全国性的新型的战斗军队。曾国藩还发布了一份讨文，斥责太平军扰乱乡村生活、废除土地私有制、毁坏庙宇、打破儒家礼纲和中国人的生活。显然，这些条例中的前两条是针对普通农民讲的，后两条则是针对地主士绅讲的。他完全绕开了太平军宣扬的民族主义精神和种族革命的宗旨，而强调自己是以文化传统卫道士的身份反对太平军。文人学士之所以云集在他的麾下，他们并非因为不赞赏太平军的反清立场，而是因为更倾向于保护中华的遗产。除此之外，满清王朝已经建立了二百多年，在此期间，汉人士子一直服务于这个王朝，要他们立刻拥护种族革命是不可能的。事实上，文人想要的利益与清王朝的利益是非常地水乳交融，以至于文人实际上在支持帝国的事业同时，也就在保卫他们的利益。农民服从曾国藩的号召，是因为太平军扰乱了平静的乡村生活，蛮横地捣毁庙宇，令他们心惊。十月，湘军和湖北清军彼此配合，攻陷了武昌、汉阳。经过一年多的激战，湘军乘天京变乱的机会对太平军发动反攻。咸丰四年（1854）十二月又占领了曾被太平军夺走的武汉。两年之后，湘军又攻入江西，与太平军攻夺九江，激战一年多，终于在咸丰八年（1858）拿下九江。

湘军虽在湖南、湖北战场屡遭挫折，但毕竟也取得了几场像样的胜利，扼制住了太平军的西征计划。清政府得到消息后，不得不承认湘军的战斗力已超过原来的绿营。然而，随着与太平军的战争不断进行，湘军的势力也越来越大，湘军将领的声望也逐渐升高，这就引起了清廷的关注。在湘军组建之时，军机大臣祁寯藻就向皇帝报告："曾国藩一在籍侍郎，犹匹夫也。匹夫居闾里，一呼蹶起，从者万人，恐非国家之福。"因此，清廷对湘军总是有所顾忌，湘军将领很少得到提拔重用。开始几年里，湘军中仅仅胡林翼当上了湖北巡抚，而曾国藩自己长期也只是以侍郎的空身份统领湘军，没有任何的实权。因此，各省总督、巡抚在兵饷和后勤方面一直与曾国藩的湘军为难，导致曾国藩心情一直不好，多次向皇帝上书大发牢骚，甚至有不想继续下去的念头。咸丰七年（1857），曾国藩曾明确提出想要权位的要求，但清廷依旧没有给他权位。咸丰十年（1860）四月，太平军彻底击溃了清军的江南大营，绿营军差不多全部崩溃。这时，英、法军队北上的危机又急需解决，清政府为了拉拢曾国藩和湘军，便使曾国藩为署理两江总督。这年六月，正式使曾国藩为两江总督，并授钦差大臣督办江南军事要务，制约管理大江南北水陆各军。

第二年四月，湘军与太平军在安庆发生激战，经过了5个月的战斗，湘军以地雷轰塌城墙的办法攻入城内。紧接着曾国藩又命兵分两路攻击太平军。湘军主力由曾国荃率领，由皖北沿长江东下攻打天京；左宗棠带领另一支湘军，由江西进攻浙江。李鸿章率淮军攻打上海附近一带。曾国藩自己则坐阵安庆统帅全局。同治三年（1864）七月，湘军占领天京，太平军战败。八月，曾国藩削减兵勇25000人。留下10000人驻守南京，又派15000人为皖南、皖北游击之师。后一直在皖、鄂、豫、鲁等地攻打捻军，又分兵攻打陕甘回民军和贵州苗民军。

在与太平军作战末期，伴随曾国藩实权的骤增，其湘军系统的将领多有升官。其弟曾国荃被赐予头品顶戴，担任浙江按察使。由曾国藩推荐的李续宜、沈葆桢、李鸿章、左宗棠分任安徽、江西、江苏、浙江巡抚。除此之外广西巡抚刘长佑、河南巡抚严树森、贵州巡抚江忠义，也都算是湘军系统的人。湘军变成清政府中一支重要武装，也是一个占据关键位置的政治集团。

湘军的建立，使清代兵制出现了根本的变化。湘军设立前，清朝常备军为绿营。绿营兵作为土著世业，将由铨选调补，军饷由户部供给，兵权隶属兵部，归于中央。湘军既兴，兵必自招，将必自己挑选，饷由帅筹，其制刚好和绿营相反，所以兵随将转，兵为将有。曾国藩对湘军享有极大的指挥调度权力，自成一派。当湘军在事实上取代绿营时，将帅自招的募兵制度便替代了国家经制的世兵制度，近代北洋军阀的源头，实开始于湘军的“兵为将有”。

湘军分陆军、水师两种。它的营制主要使用明代著名军事家戚继光《纪效新书》和《练兵实纪》中的“束伍”成法。陆军每营五百人（营官一员、哨官四员在外），十人为队，队有什长，八队作为哨，哨有哨长，统作为哨官，四哨作为营，辖以营官，余作为亲兵，直辖于营官。各队用抬枪、刀矛、小枪等长短兵器配合战斗。水师每营五百人（营官一员、哨官三十员在外），拥有长龙八艘，每艘二十四人，舢板二十二只，各十四人。每船作为一哨，设哨官，哨官之上，辖以营官。船只都有火炮，但是依然配小枪刀矛，以准备近战。湘军营以上设统领，统领管理数营至数十营不等。之后又在统领下加设分统，以便于指挥。在武器装备上，湘军不单单向外国采购洋枪洋炮，还自己设立船厂，仿造新式武器。

始于湘军的“兵为将有”对晚清政局也有很大影响。湘军关键将领江忠源、胡林翼、左宗棠、杨载福（岳斌）、彭玉麟、刘长佑、李续宜、曾国荃、刘蓉、刘坤一、蒋益沣、刘嶽昭、刘锦棠，还有后来成为淮军统领的李鸿章等，从官至总督、巡抚等大员。依据清代定制，总督、巡抚委以行省大权，它的下面设承宣布政使司和提刑按察使司，分别管理一省的民政、财政和按劾、司法。但两司隶属于六部，例可专折奏事，其事权自立，唯部臣始有管辖的权力，督、抚对两司只是位于监督地位。故六部可以掌控督、抚，全国权力汇集于中央。但清代这样格局到湘军将帅担任督、抚后，就产生了改变。手中有兵有将的督抚把两司变成属官，不听部臣命令，朝廷也不得不予迁就，所以在晚清出现督、抚事权过重的局面。

湘军弹压太平天国后，声势浩大。曾国藩为消除清廷的疑虑，又因湘军暮气变深，大量撤销直系部队，其支系依然在安徽、湖北、河南、山东、江苏等地弹压捻军。湘军水师则守湘军旧制，和绿营规模一样，改编为长江水师。从那以后，左宗棠平定新疆虽也使用湘军，但湘军已不是国家的主要军队。

## 第二节　太平天国的崩溃

在太平天国内部，成分非常复杂，有很多地主、士绅、胥吏、商人以及游民、溃勇等加入。其中一些是暗藏的敌对分子，一些是见风使舵的投机分子，还有很多人是被迫参与的。这群人在太平军中挑拨离间，煽动逃亡、叛变，还有的与清军暗通消息，妄图从内部进行捣乱，因此给太平天国带来很大危害。1854 年在天京破获的由张继庚计划的叛乱事件，就是一项明显的事例。张继庚原来是清朝禀生，太平军攻打南京时，他在城内参加组织反动武装抵抗太平军。太平军占领南京后，他化名叶芝发，混入太平军北典和衙，偷偷潜伏下来，传播谣言，挑拨两广籍和两湖籍战士之间的关系，想要使太平军内部自相残杀。他联系潜藏的反动分子吴蔚堂等人，拉拢收买了织营、土营、木营中的一部人，还有水西等门的部分守军，并暗中与江南大营向荣联系，多次偷偷地传递情报，约期在清军攻城时担当内应。1854 年 3 月，太平天国及时侦破了这起叛乱案件，张继庚和其同伙被捕杀死。

太平天国定都天京后，发布、实行了一系列制度和方针，进行了北伐、西征和天京城外的破围战。到 1856 年上半年，除北伐战争战败外，太平军在湖北、江西、安徽等战场都获得了很大胜利，又在扬州击败了江北大营，在镇江和天京打败了江南大营，从而达到了军事上的全盛时期。但是，军事上的胜利，并不意味着政权的巩固，相反，起义队伍中的种种矛盾和弱点越来越显著地暴露出来了。

1856年，在南京出现了一场严重的内讧，强烈地震惊了太平天国。这场灾难的源头，是东王杨秀清难以遏止的欲望，这种欲望从一开始就昭然若揭。定都天京后，太平天国领袖的思想观念发生了变化。起义初期那种“敝衣草履，徒步相从”的质朴的想法作风多被丢弃，代之而起的则是向权利名位和奢侈生活的靠拢。太平军占领南京后，马上大兴土木，把两江总督衙门扩建为天王府，拆毁了大批民房，动用了不计其数的男女劳力，“半载方成，穷极壮丽”，旋因大火烧毁。1854年又在原址重建，周围十余里，宫殿林苑，“金碧辉煌”，“侈丽无匹”。东王府的建造也是“穷极工巧，聘心悦目”。还有冠履服饰、仪卫和马等，均是极尽奢华。此外，天王还一直选取民间秀女入宫。这些情况表明现太平天国领袖们在占领天京后，生活上的奢侈腐化已经十分严重。

太平天国领袖们之间的关系逐步疏远，以前的“寝食必俱，情同骨肉”，变为“彼此睽隔，猜忌日生”，宗派色彩越来越明显。洪秀全僻处深宫，把很多精力用于宗教神学的著述，脱离了斗争现实，脱离了广大群众。杨秀清、韦昌辉、石达开等人各自使用家族、亲戚、部属等关系，组建自己的集团，并各自掌控一部分军队。杨秀清因掌控了大部分军政实权，所以“东府集团”势力最大。这些集团之间争夺权力的斗争逐渐尖锐。杨秀清在看透了洪秀全的神圣使命以及新三位一体的谎言之后，开始装作神魂附体，并号称上帝赐恩召见了他。洪秀全由于害怕报复，不敢揭露他的诡计。杨秀清有相当出色的政治和军事能力，太平天国起义前期能够获得那样巨大的发展，是和他的领导分不开的。可是，伴随起义的发展和个人权势的上涨，杨秀清骄傲专横的本来面目日益显露出来，“威风张扬，不知自忌”。他对太平军将士随便加以杖责或杀死，北王韦昌辉、燕王秦日纲等地位很高的领导人都遭到他的杖责。另外，因洪秀全粗暴地对待妃嫔和女官，杨秀清居然借“天父下凡”，要予以杖责。杨秀清这样专横的行为，激化了他与洪、韦、石、秦等人的矛盾。1856年8—9月间，江南大营被打败，天京被包围的困境暂时解除，杨秀清乘机进一步发展个人权势，“逼天王到东王府封其万岁”。洪秀全尽管答应了杨秀清的要求，但马上密令在江西督师的韦昌辉、在湖北督师的石达开迅速回到天京。韦昌辉对杨秀清一直不满，但明面上却对杨讨好不已，唯命是从。他的兄弟和杨秀清的妾兄争宅，他居然要处其兄以五马分尸酷刑。

韦昌辉讨好杨秀清的目的，是“阳下之而阴欲夺其权”。在接到洪秀全的密令后，韦昌辉马上率领心腹多人于 9 月 1 日深夜来到天京，围困了东王府，次晨将杨秀清及其眷属处死。紧接着天京城内出现混战，太平天国的优秀战士两万多人死亡。通过这场屠杀，韦昌辉掌控了天京，独揽军政大权，在天京形成恐怖局面。

9 月中旬，石达开从湖北到了天京。他回到天京后，责怪韦昌辉不该滥杀。韦昌辉又想要杀死石达开。石达开闻讯后连夜逃跑到安庆，他在天京的一家老小全部被韦昌辉杀死。于是石达开集结在安徽的部队，进驻宁国附近，请求洪秀全惩办韦昌辉。韦昌辉的屠杀和专擅横暴，导致了天京广大将士的愤怒。洪秀全接受将士们的请求，于 11 月初处死了韦昌辉及其心腹 200 多人，结束了韦昌辉对天京长达约两个月的恐怖统治。11 月底，石达开来到天京。洪秀全命他处理政务，“合朝欢悦”。可是，洪秀全经杨韦事件之后，对石达开也产生疑忌，所以任命自己的长兄洪仁发为安王、次兄洪仁达为福王，以抑制石达开。石达开被迫于 1857 年 6 月撤离天京，率部独立作战。他的这一行为，使太平军的兵力大大分散和削弱，方便了敌人的进攻。石达开率兵从安庆出发，最开始在江西、浙江、福建等省活动，屡战不利。从 1859 年起，到了湖南、广西、湖北、四川、云南、贵州等省，数次击败清军，对这些地区的群众起义有相对的推动作用。但是，他离开天京后，毕竟是孤军作战，没有设立根据地，粮食、武器等补给艰难，部队的战斗力逐渐削弱，军心慢慢涣散，分离、叛降的情况不断产生。

1863 年 5 月，石达开在四川大渡河紫打地（安顺场）落入清军包围，每战失利，伤亡严重，部下只剩下 2000 余人，粮食断绝。石达开自带 5 岁的儿子石定忠、宰辅曾仕和等入清营，期望以停止最后的抗争来换取保全残部的机会。这明显是不切实际的幻想。他的余部被清军于一晚上屠杀净尽，其余已经遣散的也陆续被杀死。石达开本人被押送成都凌迟杀死，“临刑之际，神色怡然”，“辞气不卑不亢，不作摇尾乞怜之语”。

太平天国领导集团的分裂，导致了非常严重的后果。它毁坏了内部的团结，削弱了军队的战斗力，损伤了元气，失去了乘胜歼灭敌人的有利时机。而清政府方面则乘机纠集一切反动力量进行反攻。咸丰五年（1855）三月，北伐军林凤祥部营地被清军打败，全军将士宁死不屈。林凤祥被俘后被杀死。

五月，李开芳部也失败。与北伐同一时间，太平军又在夏官副丞相赖汉英带领下沿长江西进，进行西征，先后占领安庆、九江、武昌等重镇。到咸丰五年（1855）九月，江西八府五十多个州县纳入太平军势力统治的范围。

咸丰六年（1856）四月和六月，秦日纲带领冬官正丞相陈玉成和地官副丞相李秀成分别攻占江北和江南大营，解除了天京的肘腋之患，太平天国在军事上到达了全盛时期。八月，太平天国内部出现了杨、韦事件；第二年，石达开又分军出走，太平天国的力量遭到了削弱。之后，武汉、镇江、九江又依次失守，天京被围。洪秀全于是在咸丰八年（1858）恢复五军主将制度，委任蒙德恩为中军主将，陈玉成为前军主将，李秀成为后军主将，韦俊为右军主将，李世贤为左军主将。洪秀全自己掌控军权，获得浦口和三河镇大捷。第二年四月，洪仁玕抵达天京，洪秀全封其为军师，管理朝政。几个月后，洪仁玕向洪秀全提出了《资政新篇》，内容共四大块：一、用人察失，禁止朋党；二、消除腐朽生活方式，移风易俗；三、实施新的社会和经济政策，仿照西方资本主义；四、使用新的刑法制度。第三部分是全篇的核心。咸丰十年（1860），太平军打败了江南大营，天京解围。太平军连胜，占领常州、无锡、苏州等地，太平天国的力量又一次崛起。

太平军在浦口、三河镇的胜利，尽管使形势出现好转，但天京依然被江南大营包围。洪仁玕、李秀成等人商讨解天京之围的方法。1860 年 3 月，李秀成出奇兵攻打杭州，逼迫江南大营分兵前去援救，之后主动撤兵回师天京。4 月底，李秀成、陈玉成等五路大军猛烈攻打江南大营。5 月，又一次摧毁江南大营，钦差大臣和春、帮办大臣张国樑带领残部逃奔丹阳。太平军乘胜追击，连克丹阳、常州、无锡。清军节节败退，张国樑在丹阳落水死亡，和春在浒墅关自杀。6 月，太平军又依次攻克苏州、嘉兴、松江等很多州县，占领了苏南地区，设立了以苏州为首府的苏福省。

这个时候，外国对中国内战的观点也在发生飞速的变化。外国人初期因为太平军信奉基督教和扩展商务的情况，而对太平军表示同情。但当他们知道太平军没有能力建立成功的统治，但却不自知地充当天下共主、坚定地不同意鸦片输入，以及不断骚扰在上海的外国商务和洋人的生命安全，所以，他们对太平天国没有了兴趣。除此以外，在 1860 年，他们与清廷签订了一系列新的条约，随后，西方列强知道了，要享受条约给予的特权，就一定要使清王朝一直存在。对照清廷同西方关系的改良，太平军便相形见绌了。他们不但没有做任何努力将洋人与清王朝分离开来，而且军队还一直骚扰外国商务及洋人居住的核心城市上海。与此同时，南京的状况步入了一个新的低潮。一名在1861年3月拜访天京的英国人宓吉（Alexander Michie）写道：

“我不指望叛乱一方会有任何的转变，没有任何正派的中国人会与叛乱运动出现瓜葛。他们只是烧杀掳掠，除此以外，他们基本上没有任何别的事情可做。他们被所有乡村民众憎恶，导致天京城里那些不是‘太平军兄弟’的人也厌恶他们。他们占领了南京八年之久，而这里却丝毫没有重建的迹象。商业和工业遭到禁止。他们收取的田赋比清廷多出三倍，他们不采用任何安抚民众的手段，他们的所作所为显不出对土地有长久的兴趣。他们不关心如何保证细水长流的财政收入，他们希望依靠抢劫、且只靠抢劫来维护生存，我一定要说，我在他们那里找不到任何稳定的因素，也看不到任何值得我们同情的事物。”

罗孝全提供了另一段记录，他曾应天王之邀，于1861—1862年间在南京生活过15个月。他在1861年12月31日写出的报道中称：“对于天王（洪秀全）以巨大热情发扬的宗教观点，我觉得它们在上帝眼里大体是讨厌的。实际上，我觉得他疯了，尤其是在宗教事务上，而且我也怀疑他对事情能否有健全的理智，我觉得他们没有拥有任何有条理的政府，他们也不知道怎样让政府正常运作。

“他（洪秀全）要我来，可是不是要我来传播耶稣基督的福音并让人们归顺上帝，而是让我来做官，让我发扬他的那套教条，让我说服外国人归顺他本人。我宁愿让人们信奉摩门教或其他什么我认为与《圣经》原则有所不符的异端教派，只要这些教派远离邪恶就可以。我相信，他们在心里其实是不赞同福音的，只是为了政策因素而容忍它而已，所以我打定了离开他们的主意。”

“总而言之，外国人先前对太平军的同情，已经变成对它的失望及准备支援清廷的决心，清廷的存在被认可是外国在华利益所必不可缺的。

外国最开始干预中国内战，是在1860年忠王攻打上海之时。当太平军席卷江南、迫近上海的时候，上海的官僚、地主、买办非常恐慌，江苏巡抚薛焕派遣上海道吴煦向英、法领事请求出兵防守县城。外国侵略者这时完全撕下了“中立”的假面具，英、法公使公布将帮助清军“弥平一切不法叛乱，保卫上海”。该城的富裕商人和实业家捐资组建了一支“外籍军团”，来自麻萨诸塞州撒勒姆（Salem，Massachusetts）的美国冒险家华尔（Frederick T. Ward）受聘于富裕钱商杨坊（他的银号名字“泰记”更是被人知晓），招聘外国亡命徒和失业水手组建了一支“洋枪队”。这个计划获得了薛焕、吴煦的赞成，并由他们提供军械和军费。这支外籍雇佣军旗开得胜，占领了松江城，将太平军从上海赶走了。1861 年 9 月，华尔对军队进行改变，招聘了四五千名华人士兵，这些士兵按欧洲方法训练装备，由 100 名欧洲军官带领，此外，洋枪队中还有大约 200 名菲律宾人。这支军队在苏松太地区转战、劫掠，打赢了很多场战斗。1862 年 3 月，当他们又一次击退太平军对上海的进攻时，皇帝赐予他们具有奉承意味的“常胜军”称号，并授予华尔“总兵”衔。当华尔在 1862 年 9 月 21 日受致命伤，并在一天后去世，常胜军的统领权交给了另一个美国冒险家白齐文，这个人既没有原则也没有骨气。他为军饷的事情与泰记争吵，强行掠夺了 4 万银圆，因而被解职，著名英国军官戈登（Charles G. Gordon）被提拔为新头目。

李秀成军迫近上海时，从天津撤离到上海的英法联军帮助清政府对抗太平军，停靠在黄浦江的英国军舰也向太平军炮击。李秀成还想与“洋兄弟”和解，竟不予还击，致使太平军遭到重大伤亡，只得从上海地区撤离。太平军对上海的第一次攻击，就这样被外国侵略者的武装干涉阻扰了。

1860 年春夏间，当江南大营被消灭、太平军东征苏常时，曾国藩的湘军正加速围攻安庆。安庆是太平天国和皖北捻军进行联系的纽带，也是保卫天京、保证粮食供应的关键地点。保卫安庆，对太平天国拥有重要的意义。9 月底，陈玉成、李秀成在苏州谈论，决定依照原定军事计划行动，分南北两路大军西征，期于第二年 3—4 月间在武汉会师。1861 年春，陈玉成带领军队从安徽入湖北，3 月占领黄州（今黄冈），迫近武汉。武昌城内一片混乱，湖广总督官文担心害怕，官员都逃了。在安徽军中的湖北巡抚胡林翼着急得吐血，连忙调遣湘军李续宾部从桐城救援。当时，在汉口租界的英国参赞巴夏礼为阻挡太平军攻打武汉，赶到黄州会见陈玉成，号称要保护武汉的商务，太平军“必须远离该埠”。因为外国侵略者的干扰，加上李秀成大军一直不来会师，安庆情况又日益吃紧，陈玉成放弃攻打武汉，回师救援安庆。李秀成想要经营江浙，对救援安庆抱着消极态度。直到 1860 年 11 月，由于江西、湖北这一地区的大批起义群众要求参加太平军，他才把招兵视为西进的主要目的，留下主力部队防守苏、常，自己带领一部分军队从皖南经浙江进入江西。

1861 年 6 月进兵湖北，前锋占领武昌县。李秀成在兴国和英国驻汉口领事金执尔见面，金执尔对其予以阻碍和恐吓。当时陈玉成已从湖北返回安庆，李秀成最终放弃了进攻武汉的计划，带领军队从湖北撤入江西。太平军攻打武汉、保护安庆的战略决策没有实现，曾国藩认为已无后顾之忧，于是汇集兵力围攻安庆。陈玉成多次组织援军，在安庆外围与湘军展开惨烈的争夺战，还是未能与城内守军会合。1861 年 9 月 5 日，安庆被占。之后太平天国在上游的重镇尽失，天京已没有屏蔽。安庆被占，陈玉成挪到庐州。1862 年年初，他派部将陈得才、赖文光等带领 3 万人与捻军联合进军河南。这时湘军伺机扑向庐州，围攻与反围攻的激烈对战在庐州历时长达三个月。4 月，陈玉成因为外援无望，弃城突围，到寿州时，被反复无常的团练首领苗沛霖诱捕，押送至胜保军营。胜保要他下脆，他怒骂胜保说：你原来就是我手下的败将，“你怎配我跪，好不自重的物件”。胜保妄图诱降，陈玉成大义凛然地说道：“大丈夫死则死耳，何饶舌也！”6 月 4 日，他在河南延津被杀死，年仅 26 岁。当陈玉成等部太平军与湘军对战于安庆时，李秀成、李世贤的军队由江西进入浙江，到 1861 年 10 月间，依次攻克金华、处州（今丽水县）等城，掌控了浙江中部。李秀成进兵攻打临安、余杭，围攻杭州。12 月，太平军攻破杭州，巡抚王有龄自杀。李世贤部黄呈忠、范汝增也在同月占领重要港口宁波。浙江和苏南变成太平天国最后两三年中的关键根据地。

太平天国后期尽管开辟了苏浙根据地，但并不能补偿它在皖北战场和天京上游的损失，无法改变军事上的不利情况。在这些地区内有着复杂的矛盾的田主或乡官。苏浙地区的乡官，成分极度不纯。担任乡官的除劳动人民外，有流氓无产者，甚至有大批地主、绅士和依附地主阶级的人。在这样的地区，县及县以下单位的政权依然主要控制在地主阶级手中，农民的环境没有大体改变。显然，封建土地关系也没有多少变动，太平天国依然执行与前期相同的土地政策，依照亩征收田赋，认可了“粮从租出”，允许地主收租，认可地主土地所有制。依照有关史料记载，苏南和浙江 24 个州县均是实行维持原先的土地占有关系，同意地主收租的办法。在这些地区，还建立了官方或半官方的收租局，给予地主收租帮助，并规定“如有顽佃抗还吞租，即许送局追比”。这些维护地主的措施，遭到一部分太平军将士和广大农民群众的强烈反对。太平军中有很多将士对佃农深表同情，他们帮助农民进行抗租斗争，或“任佃农滋事”，或“倡免捐之议”。有些地区，农民破坏收租局，殴打强行收租的田主或乡官。

太平天国的绝对平均主义思想，不管在农村和城市中均没有而且也不可能得以实现，封建的生产关系尽管受到某种力度的冲击和破坏，但依然被保留下来或重新恢复。在这样的社会基石上建立起来的政权，就不可避免地同时拥有封建的属性，而且这种封建性伴随形势的发展而越来越浓厚。太平天国宣布了一套“贵贱宜分上下，制度必判尊卑”的制度，从天王到普通士兵之间，等级十分森严。诸王出行，官兵一定要回避道旁，高呼万岁或千岁，不然就会受到严厉惩处。天王及诸王、侯均是世袭的。这些情况表明，太平天国的领袖们妄图借助于封建的等级制，来确保他们的权威和巩固天国的制度。在洪秀全那里，宗教迷信思想占据主导地位，几次将“太平天国”的国号改为“上帝天国”，之后又改为“天父天兄天王太平天国”。他不能有效地处理军政事务，而是“拿天话责人”，还有的说“认实天情，自然升平”。李秀成、李世贤等将领对此都觉得不服，和洪秀全的矛盾逐步加深。

1856 年的内讧严重地削减了太平天国运动的士气和力量，导致它再也没能恢复元气。洪秀全本身纵情享乐以忘却烦恼，他的人完全群龙无首。如果不是清廷有将所有太平军降人处死的长期命令，很多太平天国的官兵都可能就此离开了。1859 年，天王的堂弟和最早的信徒洪仁玕在蛰居香港很多年后来到南京，这个时候太平军的士气才有一点儿振作。洪仁玕被任命为干王总理政务，但天国政权衰败得太深，已无可救药了。不过，天国的最后垮台却推延了，主要是由于年轻的天才将领李秀成发起了一系列出色的战役。李秀成以忠王封号出名，正是他在 1860 年 5 月第二次打败重建的清军江南大营，解决了近在天京咫尺的眼中钉。他乘胜追击，于 1860 年 8 月进抵上海近郊，一路上攻克了苏州和常州。太平军在他的带领下收回了江苏全省，只剩下上海和镇江。忠王的勇猛顽强使太平天国运动免于溃败，但是没人能阻止住太平天国的分崩离析。忠王在被囚禁时受到了曾国藩的礼遇，他很赏识忠王的军事天才，曾国藩请他写一份自供状。从1864年7月30日到8月7日，忠王每天写几千字，回忆太平军的历史，评判太平天国还有清廷的错误，宣扬曾氏兄弟和湘军。曾国藩对这份自述做了删节，删除了其中对清廷的批评，将删节过的文本送呈北京，而将原来的文章收藏在他自家的书房里。8月7日午夜，忠王被杀死，享年40岁。一代军事奇才就此丧命了，他在1856年之后独力支撑一个摇摇欲坠的天国达8年之久。假如没有他，这个天国早就瓦解了。

1860年5月，曾国藩被任命为令人羡慕的钦差大臣兼两江总督头衔，全权负责镇压太平军。这些年来他不断地在征战，但却没有被任命任何有实权的具体官职。因为这个原因，各地方当局并不觉得有义务支持他或与他合作。事实上，有很多人还拆他的台。但现在，曾国藩有权力以新头衔和新权力，规划出一套统一的策略了。幸运的是，颇有权势的理藩院满人尚书肃顺支持他，并担当他在皇帝眼前的代言人。

曾国藩升任较高的岗位，意味着征剿战事的一个转折点。湘军发展为12万人的强大作战队伍，并由一些有能力的儒将统率。在他的大本营，有很多策划家、战略家、谋士和幕僚，全都注定要在未来飞黄腾达。曾国藩肯定是中国南方最有权势的人，管理着江苏、安徽、江西和浙江这四个关键省份。但忠王麾下的太平军，依旧积极有效地作战。1861年年中，他们在浙江和安徽再一次获得了短时期的胜利，在安徽祁门给予曾国藩一次将近是毁灭性的重创。持续到次年9月，曾国藩之弟曾国荃攻下重镇安庆之后，情况才再次得到扭转。嗣后，湘军陆队水师取得了优势，克复了长江沿岸诸城，一路迫近南京。为奖励他的胜利，朝廷于1861年授曾国藩太子少保衔，一年后又授予其协办大学士。曾国藩获赐封一等侯爵位，弟弟和李鸿章受封一等伯，这个时候曾国藩也许是全国最受尊敬及最有权势的人。他的湘军据说有12万—13万人，帐下汇集着80多个最卓越及最能干的谋士、策略家、策划家、战将和幕吏，他一声号令便有数千官吏遵从。作为一个严肃的儒士和忠臣，他知道一个汉人只要权名稍稍大了些，便会招来满洲主子的怀疑。故他在克复南京仅17天后，便提出遣散已完成其最开始的目标及显示出疲惫情况的湘军。曾国藩此时任命他的一位主要幕僚李鸿章负责江苏的战事，任命另一位能干的幕僚左宗棠处理浙江的军务。进攻南京地重任则给予了弟弟。他在湘军水师的帮助下于1862年6月进抵南京近郊，并率2万人对南京京发动了一场长期的围困。

经曾国藩推荐，朝廷授权李鸿章建立一支新军以帮助湘军。曾国藩让出他的3000多名湘勇作为这支新军的骨干，而李鸿章则另招聘了几千人，按湘军编制将他们组织起来。因为这些应募者多半来自安徽省的淮河地区，所以称为“淮军”。在1862年忠王第二次进攻上海期间，李鸿章带领淮军驰援该城，在城外获得了一场胜利。李鸿章授补江苏巡抚。1863年11月，常胜军从另一方向前来增援，联合淮军克复了太平军要塞苏州。江苏全省被克复，仅仅有南京和少数几个小据点除外。

左宗棠在浙江的胜利可和李鸿章在江苏的成功相比较，他们一起切断了天京的供应来源，该城现在被曾国荃围困得越来越紧，像个“铁桶”一样。忠王敦促洪秀全去江西和湖北建立一个新基地，但后者说道，他乃受上帝之遣降凡为王，故不想选择逃跑。到1864年年初，南京的食物已然告罄，天王激励人民靠吃“甘露”（野草）活命。洪秀全知道事业已经失败，便借口生病甩手不理政务，经常自言自语地说：“古来哪有皇帝做囚徒的?”1864年6月1日，洪秀全自尽，时年52岁。16岁的儿子洪天贵福登基号称幼天王，以干王为摄政。7月19日，曾国荃所部攻入南京，大肆杀戮。太平军官兵拼死反抗，没有一个人投降。忠王带着佐幼天王急速逃出南京，慌乱中这位幼主的坐骑受到惊吓，将他掀翻在地。忠王把自己的坐骑让给他，导致自己被俘。幼天王设法逃到了江西，在那里他还是被发现并被处死。太平天国革命到1864年年底失败了。

## 第三节　同时爆发的各地农民起义

### 太平天国时期各族人民起义

自1852年太平军北上后，广西各族人民持续进行斗争，其中规模较大的有：陈开、李文茂在浔州（今桂平县）设立的大成国，李文彩在永淳（今横县）带领的抗租起义，吴凌云在太平府（今崇左县）设立的延陵国，黄鼎凤在贵县发起的反清起义。

陈开、李文茂带领的广东天地会起义军于 1855 年 5 月入去广西。9 月，改浔州为秀京，建大成国。数年中，起义军出兵东征梧州，西取宾州（今宾阳县），南宁，南克北流，北柳州、融县、宜山。后又水陆一起，夹击桂林。因为大成国内部组织松散，军事指挥不协调，屯兵坚城之下，长时间下来，被清军各个击破。1861 年 8 月，清军攻入秀京，陈开牺牲，起义失败。

1850 年秋，壮族佃农李文彩带领永淳壮、汉农民起义，汇集万余人，包围县城，逼迫知县同意："官租民租，一概不收。"之后，李文彩在该县平朗圩设立据点，到处打击地主富豪。1856 年，李文彩和大成国定北王梁昌协同作战，被赐封定国公。1859 年，石达开回到广西，李文彩欣然追随，奉太平天国为正朔，跟随石达开进攻桂西北各地，接着又转战黔东南一带。1861 年后，李文彩和贵州张秀眉起义军协同作战。1872 年，他在抵抗清军的一次战斗中牺牲。

1852 年，广西新宁州壮族吴凌云发起起义，壮、汉人民陆续加入。起义军先后攻克太平府（今崇左县）和龙州等数县。1861 年，吴凌云设立延陵国，号称延陵王。1862 年，清军攻入太平府城，吴凌云撤退到新宁陇罗圩。1863 年 2 月，他在突围中死亡，余部由其子吴亚终和张三、刘永福等带领。1865 年 1 月，他们攻打镇安（今德保）府城，攻克天保县属各地，又出兵占有归顺州（今靖西）至云南边境各县村寨，攻克数百里。1868 年，吴亚终兵败德安，第二年在那宥中炮身亡。刘永福先于 1867 年带领军队进入越南六安，以黑旗为帜，这便是后来以抗法闻名的"黑旗军"。

1852 年，壮族黄鼎凤在贵县发起起义。1855 年，被大成国赐为将军，后晋封隆国公。1857 年，黄鼎凤和壮族谢秉彝起义军联合，占领宾州、迁江等处，又协同李锦贵起义军攻克上林，义军取得很大发展。大成国溃败后，黄鼎凤撤到贵县平天寨。1863 年称建章王。1864 年，清军攻打平天寨，黄鼎凤出降被杀。

当时北方有捻军起义。捻军是长时间活动在安徽、河南、山东西南部和江苏北部地区的民间结社，参加的多数成员是农民及其他劳苦百姓。1853 年，太平军北伐路过安徽、河南时，亳州捻军首领张洛行等带领群众纷起响应。1855 年 8 月，各路捻军首领大会在安徽蒙城雉河集，推举张洛行为盟主，下分黄、白、红、黑、蓝五旗。捻军有了联合的势力，力量飞速增长，多次打败清军，成为北方反清斗争的主力。

西南地区以贵州张秀眉所发起的苗族起义与云南杜文秀所发起的回族起义最为闻名。1855 年，张秀眉在贵州台拱起义。1856 年，杜文秀在云南蒙化起义。云、贵各族人民的起义，在太平天国末期及其失败后，依然坚持斗争。

南方和东南沿海各省，先后出现了天地会和其支派的起义。1852 年，广西南宁天地会领导人胡有禄、朱洪英率众起义，于 1854 年占领灌阳，建号“升平天国”。第二年，起义失败。1853 年 5 月，福建小刀会领导人黄威、黄德美率会众在海澄起义，攻下漳州、同安、厦门等地。年底，起义军被迫撤退到海上，不久溃败。同年 9 月，上海小刀会领袖刘丽川率众处死县官，占领上海县城，称“大明太平天国”。刘丽川曾上书洪秀全，与太平天国联系。起义军在十多天内攻下青浦、川沙、南汇、嘉定、宝山等州县，但遭到中外反动势力的联合攻击。1855 年 2 月，刘丽川在突围战斗中身亡。起义失败后，一些起义军加入了太平军继续战斗。1854 年，广东天地会领导人陈开、李文茂等率众在佛山镇发动起义。南海、顺德、东莞、新会地天地会一同响应。在短短的两三个月时间内，各路起义军攻破府州县城 40 余座。围困广州城半年，1855 年春撤退，部分转入广西坚持斗争。

广东洪兵起义是太平天国时期广东天地会发起的一次反清起义。起义军号称“洪兵”，即洪门造反军之意。由于以红旗为标志，也称“红兵”。洪兵起义是在太平天国起义的直接影响下产生的，以广州附近为其核心地区。

1854 年（咸丰四年）6 月，何禄（六）在东莞石龙圩发起第一个起义。7 月，陈开在佛山起义。全省各地会众遂纷起响应，数月之间攻下府州县城 40 余座。起义军的大体参加者为行店工人、农民、下层知识分子、无业游民和兵丁等。他们树起“反清复明”的口号，颁布讨清檄文、文告，一个个数出清政府的腐败无能，提出设立一个尧舜复出的“公平正直之世”，并推陈开为盟主，以“太平”为号，建号“嗣统”。主要首领还有广州郊区的李文茂、陈显良，三水的陈金缸（金刚），韶州府的葛耀明，惠州府的翟火姑等。但是起义军中事实上并无统一的指挥和领袖。在占领州县城池后，各地义军设官理民，大都对太平天国表示拥戴，或号称为太平天国一路诸侯，或用太平天国的正朔颁布告示，或仿照太平天国的官职和封爵。

1854 年 8 月，起义军开始攻打广州城。两广总督叶名琛等坐困孤城，岌岌可危。英、美、法三国悍然干涉，以武器粮米帮助清军。12 月 7 日，叶名琛照会英国驻华公使包令，希望英国出兵协同弹压起义军。包令在香港与英军舰队司令及美、法外交代表会商后，率兵船进入珠江。因为受到中外势力的联合打击和自身的弱点，起义军被击败，各股势力在年底前撤出广州之围，分头撤离。没有能够转移的各地小股势力于第二年先后被镇压。何六、陈金釭等联合粤北义军进入湘南，占领郴州等地。1856 年年初被湘军击败，何六牺牲。陈金釭又回到广东，于第二年秋克广西怀集，自称“南兴王”，建号“大洪”，占据粤桂交界数州县。陈显良等人跑到清远以北山区，1862 年先后失败。葛耀明、翟火姑等去了江西，和太平军会集，被称为“粤东花旗”。1863 年（同治二年）由于部将郑金叛变，被俘身亡。陕、甘、宁、青回民起义

西北回民起义出现四个中心：宁夏金积堡马化龙部、甘肃河州马占鳌部、青海西宁马文义部、甘肃肃州马文禄部。

起义军的主力在陈开和李文茂带领下，沿西江西上，于 1855 年夏开入广西。9 月 27 日克浔州府（今桂平），设立政权，国号“大成”，年号“洪德”，并把浔州改名为“秀京”，作为都城，封王建制，开炉铸钱。陈开自称“镇南王”，旋改称“平浔王”，驻守在秀京。李文茂称“平靖王”，待在柳州。还联系广西各地原已起义的队伍，赐予官爵。这个政权维护农民、佃户在战乱中得到的土地，减少农民的赋税负担，整肃地方秩序，实施了一些有利于广大群众的方针、经济措施。1858 年年初到达鼎盛时期，纵横广西、广东、贵州三省九府三十余州县，和粤桂交界的陈金釭大洪政权还有粤北山区的义军辖地相互接碰，跨岭南两广四五十个州县。咸丰后期，清政府追逐石达开所部太平军，依次派蒋益沣、刘长佑、刘坤一等率湘军入桂，同时弹压大成国及广西各处义军。1859 年，李文茂病死。1861 年 8 月 21 日，秀京失守。陈开出走被俘，旋在浔州身亡。大成国余部大都归顺贵县人黄鼎凤。1864 年 5 月，黄鼎凤溃败，被刘坤一杀死，大成国即不复存在。

关中地区的回民起义军，占领大荔县的羌白镇，并凭借此处为据点向四境拓展。这个时候，甘肃回民也起义于会宁、通渭、秦安等地。1863 年春，回民起义军先后占领庆阳、邠州、鄜县等地区，使陕、甘回军的活动地区接连成一片。当 1866 年捻军西路军进入陕西与回民会合时，威胁提高了。1866

年秋，西捻军张宗禹等带领6万人入陕，这时已经驻守在甘肃的回军与撒拉、保安等族起义队伍，知道消息后东下接应，“捻自南而北，千有余里，回自西而东，亦千有余里”，“捻回合势”，出现了西北各族人民反清战斗的高潮。充满担忧的朝廷任命左宗棠为陕甘总督，背负南清两省叛匪的特殊使命。当时左宗棠正在征剿捻军，无法马上到任。直到1868年8月弹压了捻军之后，他才得以把注意力挪向陕甘回民问题。1867年，西捻军从宜川渡河入山西，左宗棠带领湘军追剿。1868年西捻军溃败，左宗棠复回陕西，竭力向陕、甘回军进攻。

还有一场干扰清廷的叛乱。被叫作“东干人”的西北回民在陕西有600万人，在甘南有800万人。他们早已汉化，改为汉族人的风俗、语言和服饰，但依然受到社会和政治歧视。在他们中间，隶属“新教”的回民尤其好斗。他们在宁夏的金积堡和甘肃的张家川建立总寨堡，和老教的河州总寨对抗。对社会和政治之不公正的情绪，因两个教派相互间的矛盾而加重，这致使新教在1781年和1783年发起叛乱，但两次都被官府残酷地弹压了。1862年春，川、滇农民起义军蓝大顺部从四川进入汉中，太平军扶王陈得才也带领军队入陕，渭南回民数千人投靠到陈得才旗下，变成太平军的先锋队。华州回民把前来“劝谕”的清朝大臣张芾处死祭旗，宣告起义。之后，关中平原的回民举事，参加或协助陈得才部对清军作战。陕西汉族人民积极帮助回军，很多汉民参加回军，“皆冒险出死力”。1862年，当太平军进攻陕西之时，回民在一些参加过云南起义的领袖带领下，又一次起义。其中，一个狂热的领导人是马化龙，他是新教创始人的直系后裔。忙于弹压太平天国的清廷派不出有能力的将领或军队来解决东干人。到1864年，整个西北烽火连天，甘肃、陕西、宁夏和新疆被叛乱者占据。

左宗棠首先把关中的回军逼退到陕北，进行残酷地屠杀。之后便进攻宁夏金积堡。1870年，陕、甘回军一起反攻，击败湘军，南下到蒲城、富平、大荔等地，情况为之一振。但左宗棠尽全力围攻金积堡及其他回寨，不肯后退。马化龙献出金积堡投降。之后，清军向青海、甘肃进攻。1872年年初，河州回军奋起反抗，太子寺一战，击败湘军。这一年9月，湘军进攻西宁，时马文义已死，回族首领马永福投降。左宗棠于是集结兵力进围肃州。1873年11月，肃州被破城，马文禄被杀，辗转逃到肃州的白彦虎部西退新疆。之后经过了5年的艰苦征讨，到1873年，最后敉平了这两省的回民叛乱。至此，陕、甘、宁、青的回民起义均告失败。

**贵州苗、教、号军起义**

1855年春，台拱厅（今台江）张秀眉带领苗民抗税起义，队伍发展到数万人。两年之间，起义军连克黔东南、黔东诸府县。同一时刻，布依族杨元保于独山，水族潘新简于九阡（今三都），侗族姜映芳于天柱，也依次起义。诸路起义军与张秀眉相互协作，整个黔东与黔东南各族起义军结合成一片。1857年8月，汉族刘义顺、胡二黑在石阡荆竹园起义，称号军。他们与苗民起义军互相扶持，先后占领了思南府属的一些州县。斋教军是何得胜、潘民杰带领的一支汉、苗、布依各族混合组建的起义队伍，人数过万。数年中，斋教军攻下了省会贵阳周围的十几个城池。

贵州各支起义军在战斗中此呼彼应，互相扶持。当张秀眉向黔东进攻时，天柱、思州等地数百屯汉族农民，“蓄发相从，输金纳赋，千里应声”。号军进攻城池，苗民主动运粮帮助，或小挫，“则苗、教大出救援，钲声满山谷”。清方记录说：“攻苗匪则号匪梗其中，击号匪则教匪继其后。”1867年湘军入黔，仗着挟有洋枪洋炮的优势，摧毁义军堡砦。第二年2月，湘军攻下荆竹园，将号军“俘斩略净”。之后向南进犯，连下30余砦，张秀眉转战湘西。苗军在湘西一连打得胜仗，湘军只得东还。清政府增派湘军精锐万余人阻击苗军归路，使苗军西返时遇到重大损失。

在黔西，滇、川清军合攻陶新春兄弟起义军。通过半年战斗，猪拱箐、海马姑依次被攻破，陶新春兄弟被俘身亡。黔中的教军，也遭遇溃败。此后，张秀眉苗军处于孤立。湘军深入寻战，所过村寨，烧杀殆尽。苗军据险固守，并时不时主动出击。1869年5月，张秀眉、包大度集结苗军万余埋伏于黄平县的黄飘夹谷，一举消灭湘军七八千人，毙敌将领数十员。清军持续增援，于1870年11月攻破台拱。1871年5月，义军只能撤出凯里，退保雷公山。1872年3月，又一次退到乌鸦坡。最终，包大度受伤牺牲，张秀眉被俘遇难。

**云南回民起义**

云南的回民起义在西方文献中被称作班塞叛乱（Panthay Rebellion）。所谓“班塞”，是缅甸语中称呼回教徒的变音，这次起义从1855年持续到1873

年。通常认为，云南的回民是蒙元时期（1280—1368）从西域（新疆）迁徙而来，在云南人口中的仅占20%或30%，可是作为一个紧密团结的集团，显然是一个强大的少数民族。因为宗教和生活方式的不一样，他们受到汉人和满人的鄙视，变成社会排斥和政治歧视的对象。他们受官吏迫害及汉人侵犯权利的事件时有发生，而当回民打官司时，则通常会打输。

1855年冬，因为楚雄回民和临安汉民之间以争夺石羊广矿事件为导火线，产生了大规模的回民起义。1856年春，马金保于姚州、杜文秀于蒙化、马如龙于临安、马复初于新兴、徐元吉于澂江先后起义，迅速形成了两大力量：一支是以杜文秀为首的滇西起义军，另一支是以马复初、马如龙为首的滇东南起义军。

滇西回族起义是回、汉各族人民的反清大汇合。1856年9月，杜文秀攻下大理，设立政权，自己担任“总统兵马大元帅”，颁布“遥奉太平天国南京之号召，革命满清，改正朔，蓄全发，易衣冠。田赋征粮米，除丁银。诉讼速审判，禁羁押”。杜文秀说明起义的目标是“志在救劫救民，心存安回安汉”。“这一次出师，本为兴汉，可得汉、回一心，以雪国耻，是为至要”。扬威大都督蔡发春对诸将说：“汉人多而回人少，安可自树大敌。从今以后禁止虐待汉人，还必须重用汉人。”蔡发春死后，所部由大司衡杨荣带领，其中“汉兵十之七八，回民十之二三”。因为回、汉联合，起义军持续扩大，先后攻克滇西各府州县。

滇东南回民军为马复初、马如龙等人掌控。马复初是宗教上层分子，马如龙是官宦出身。他们起兵后，表达自己“只欲报仇，不敢为逆”。所以他们在1856—1861年虽三次围攻昆明，都是犹犹豫豫，并不坚决。1862年，二马降清，马复初被封赏为二品伯克滇南回回总掌教，马如龙被封赏为临沅镇总兵，成为清政府“以回攻回”的走狗。

1867年，滇西回民军围攻昆明。马如龙伙同清军拒守。义军久攻不下，反被打败。1870年，杨荣所部与清军来回搏战，形势逐渐不利。这时，与英、法侵略者有联系的刘道衡上书杜文秀，提出“交英、法乱华夏之一策”，建议“佯为英、法之党助，使之亡清朝乱华夏”，“为帝王之驱除”。他的提议没有被杜文秀使用。1871年，刘道衡出走缅甸后，又用杜文秀名义向英王献土俯首，后被英方怀疑而没有结果。1872年，清军围困大理，起义军坚持斗争，直到粮弹俱绝。杜文秀服毒后赴清军主将岑毓英营中，希望保全城中百姓，但岑毓英居然下令血洗大理城。历时 17 年的云南回民起义，至此失败。

**捻军叛乱**

虽然太平军在 1864 年被镇压，可是另外几场规模较小的叛乱依然肆虐于不同地区。爆发于 1853 年并维持到 1868 年的捻军叛乱大体活跃在华北南部地区。捻子是民间的一个秘密组织，有的说出现于清康熙年间，有的说出现于明朝末年，成员主体为农民和手工业者，最早活动于皖北淝水和涡河流域。嘉庆末年，捻子集团越来越多，小捻子数人、数十人，大捻子一二百人不等。常常在安徽、江苏、河南、山东间押送私盐，并与清政府产生武装冲突，后甚而起义攻城。1853 年（咸丰三年），捻子在太平天国左右下发动大规模起义。起义后的“捻”，史学界称捻军。

捻军起义从 1853—1868 年，有着 16 年的时间，其历史分为两个阶段。

自 1853 年春至 1863 年 3 月为前期捻军。1853 年 1—3 月，太平军攻下武汉、安庆、南京，安徽、河南捻军不断起义响应。一直到太平天国北伐军经过时，已开始从分散斗争变成协同作战。1855 年秋，各路捻军在安徽亳州雉河集（今安徽涡阳）会合，力量最大的当地捻军领导人张乐行（张洛行）被推为盟主。联合后的捻军设立五旗军制，用黄白红蓝黑五色旗划分军队。总黄旗主由张乐行自己担任，总白旗主是龚得（龚得树），总红旗主是侯士维，总蓝旗主是韩老万（万峰、狼子），总黑旗主是苏天福。总旗下有大旗、小旗。每一旗主大概都有一个以宗族、亲戚、乡里关系结合起来的领导阶级。由于各旗间互不统属，各种集团到处都有，不肯轻易离开本土，导致了它的分散性和落后性。

1857 年春，张乐行带领捻军渡淮河南征，和太平天国陈玉成、李秀成军汇合霍丘和正阳关。之后以听分封不听调用为前提，接受太平天国领导，协同太平军作战，可是不接受改编。年底，内部产生分歧，以蓝旗将领刘饿狼（刘永敬）为首的一部分捻军坚持要回淮北，被张乐行等处死。捻军于是分裂，大部分旗主返回淮北，仅仅有张乐行、龚得等少数留在淮南，与太平天国维持着较密切的关系。还有一部分如孙葵心、张宗禹等人，转战南北，曾进入河南、山东，发动了当地人民以种种形式起义反清。在皖北、苏北，捻军或联合太平军或独立作战，数次击败清军。1860 年，张乐行被太平天国赐封为沃王。1861 年 9 月和 1862 年（同治元年）5 月，清军攻入安徽太平天国重镇安庆和庐州（今安徽合肥）后，捻军因为没有了太平军为依托，处境艰难。张宗禹等部从淮北西入河南、陕西，与远征西北的太平天国陈得才等军会和。1862 年秋以僧格林沁为首的清军大举攻打皖北，第二年 3 月攻陷捻军根据地雉河集。捻军几乎是一种闯荡四方的帮匪之集合体，他们的力量大体依赖于骑兵的快速运动，并采用避免与清军作正面直接对抗的游击战术，而乘敌军没有防备时发动出其不意的进攻。他们依靠其来去如风的骑兵，逼迫清军陷入一种瞎忙一气的情况。在经过多年没有成效的征剿之后，朝廷派蒙古族悍将僧格林沁亲王去对付他们，在 1863 年成功地杀死了起义领袖张乐行。但捻军持续战斗，而且实际上在 1864 年以后还变得更为壮大，其时太平军余部去了其他地方。当僧格林沁在 1865 年死后，朝廷请出曾国藩来主持征剿行动。

自 1863 年 4 月至 1868 年 8 月为后期捻军。前期捻军溃败后，余部活跃于河南、湖北、陕西地区。1863 年 5 月，张宗禹等人在安徽桐城境和李秀成相会后，依然回到皖北。太平天国封张宗禹为梁王、任柱（任化邦）为鲁王，张琢（张禹爵，张乐行侄）袭封幼沃王，捻军其他将领也有所赏。1864 年 4 月，张宗禹、任柱等和陈得才、赖文光等部太平军在河南内乡会合，想要东下救援太平天国都城天京，被僧格林沁所率清军困阻在鄂皖边界。时天京已陷，陈得才于兵败后服毒身亡，所部均投降。张宗禹、任柱和赖文光突围，将余部太平军和捻军改编为联军。赖文光被推举为首领。

联军以太平军军制重新改编，易步为骑，使用流动战术，奔驰豫、鲁、苏之间，声势恢复。1865 年 5 月，联军在山东曹州（今山东菏泽）高楼寨击败清精锐蒙古骑兵，杀死僧格林沁。清政府派遣曾国藩督湘军、淮军镇压捻军。曾国藩更多使用洋枪洋炮，实行重点设防、坚壁清野，画黄、运、淮、颍四河圈围的策略，尾追、迎击联军。1866 年 9 月，联军冲破颍河上游贾鲁河防线。曾国藩由于围剿不力被清廷撤去钦差大臣，李鸿章继其任。1866 年 10 月起，联军划分为东西两军。赖文光、任柱持续在中原地区活动，为东捻军。张宗禹、张琢进入陕西联系回民起义，为西捻军。1867 年东捻军转战湖北，曾经击败淮军主力刘铭传部，但希望入川、陕与西捻军会合未遂。当年

6 月经河南进入山东，后被李鸿章淮军包围于黄河南岸、运河东岸、胶莱河西岸和六塘河北岸的一带内，突围失败，任柱被奸细杀害，余部于第二年 1 月在江苏扬州覆灭，赖文光被俘身亡。曾国藩征讨了一年未见成效，遭到御史们的尖锐批评。而西捻军也遭到了左宗棠的重创，这个时候左宗棠已被委命为负责陕甘军务的钦差大臣。西捻军撤离到陕西后，经山西洪洞向南穿王屋山进入河南济源，再向东北挺进直隶（约今河北），1867 年年初到了保定，逼近北京。旋退入河南，最终进入山东黄河以北、运河以东地区，被李鸿章、左宗棠军包围。1868 年 8 月在茌平失败，全军覆灭。至此，捻军起义失败。

观察全国的各族人民反抗斗争，是独立的，各自为战的，太平天国无法把这些斗争力量领导和汇集起来。伴随上述这些内部叛乱的荡平，清政府又一次树立了在帝国大部分地区的权威。清王朝好像扭转了厄运，经历一种中兴景象。问题是，这样一种中兴究竟预示着王朝的第二次兴盛之开端，还是仅为一个总体衰落中的短时间的缓解而已？

## 第四节　太平天国失败的原因及其影响

太平天国农民战斗，持续 14 年，纵横 18 省，在近代中国历史上书写光辉的篇章。它沉重打击了清朝的反动统治，很大程度上动摇了几千年封建制度的经济基础和上层建筑；它英勇地抵抗了外国侵略者，保卫了民族尊严，导致西方列强迅速殖民地化中国的想法受到严重挫折；它极大地鼓励了中国人民的革命斗争精神，为中国反封建的民主革命的全面爆发做了必要的酝酿和准备。

### （一）太平天国失败的原因

太平天国运动波及了中国 18 个省中的 16 个省，持续了 14 个年头。其兴起蓬勃激昂，而其衰亡也哀婉可悲。太平天国的失败，客观上是因为敌人力量的强大，主观上是由农民阶级的局限性所导致的。农民小生产者的地位导致他们没有先进的理论为指导，不能拟定正确的纲领、政策和斗争战略；不能组成强有力的领导集团。它表明，农民阶级在没有先进阶级领导时，仅仅靠它自身的力量不可能获得革命的最后胜利。历史的回顾揭示出这场运动最后失败的几个关键原因。

**意识形态冲突**

刚开始，洪秀全曾利用宗教来支持反清运动，并号称自己肩负神圣使命及建立了一套新型的三位一体学说，方便在自己四周树立一种每战必胜的超自然光环。他让士兵们相信若战死将会升天，这样他便得到了一支大无畏的军队。通过这些方法，他成功地将宗教当作发展其运动的手段。可是后来，当他逐步沉湎于宗教且由于秘密会社成员不是基督徒就拒绝与他们合作之时，尤其1853年小刀会占据上海时他拒绝帮助它之时，他迷失了原来的目标，将宗教考虑置于反清运动之上。确实，当他将革命归属于宗教之时，他已放弃使自己成为一个民族主义革命家，变成白莲教起义者那样的“教匪”。

太平天国的反满号召由于其基督教理念而受到危害。捣毁庙宇神像及干扰乡村生活的做法，得不到文人和农民的帮助，太平军那种人人皆为兄弟姐妹的想法与儒家的礼仪和社会等级思想互相矛盾，他们禁止夫妻同居的规定则违反了基本的人伦。还有，太平基督教的非正统性也引起了洋人的反感。确实，他们的宗教理念既遗弃了中国人，也遗弃了西洋人。

**领导集团的失误**

在洪秀全之下的最开始的五个首领中，南王和西王在1852年阵亡，东王和北王在1856年的内讧中身亡，只有翼王幸存下来，但他撤离南京另起炉灶。洪秀全失去他们的帮助，茫然无措。他曾依靠南王（冯云山）组织拜上帝会并发起起义，仰仗东王（杨秀清）处理军事政务。1856年以后，唯一一位智勇双全的人就是忠王，但就像中国人形容的那样，大厦将倾，独木难支。1859年之前来南京的干王大体上是一位思想家而非实干家，而且有着妒贤嫉能的缺点。

洪秀全没有领袖天才，使他处于一种左右为难的境地。他既不能拟定长期的建设性方针或全局性的军事策略，也不能有效地指导行政管理，于是他干脆推卸了所有的任务。相反，洪秀全的敌人，如曾国藩、李鸿章和左宗棠，均是一些博学、能干和才智之士。

**太平天国生活的自相矛盾**

洪秀全一方面不让人民阅读被斥责为“妖书”的孔孟著作；另一方面他自己却自由自在地阅读这样的书籍，从《周礼》中借鉴思想，并以儒家术语说明他的基督教教义。在其晚年，洪秀全变得有些神经质，相信全能之主将会解除他的所有麻烦，而自己不用做任何事情。当南京行将失守之际，洪秀全号称他的“天兵”多过“水”，会把天京守得“铁桶”一样。

太平天国号称废除私有制，但其领导人自己却聚敛了庞大的财富。他们提议夫妻分营而居、男女平等和一夫一妻制，可是洪秀全自己却有 88 个嫔妃，东王有 36 个，北王 14 个，翼王 7 个。当女馆解体时，女馆成员被送给太平军官佐，分配依照官佐的职位而定，官阶越高，得到的馆女就越多。

**战略错误**

占据南京后，太平军应乘胜追击，北上至北京，这样也许就可以将满清赶走了。可是林凤祥带领的北伐军并非太平军主力，而是一支孤军深入、自取灭亡的队伍。所以清廷幸免于难，能够继续成为政治权力的合法中心和反抗的力量。

即使没有攻克北京，太平军也最少应该集中力量，彻底捣毁长江两岸的清军大营，不给它们以任何重组的机会，以保证南京的安全。他们还应攻占江苏全省，包括重要的贸易中心上海，并与外国建立起稳定友好的关系。洪秀全对 1853—1854 年间占据上海老城达一年半之久的三合会分支小刀会的求援吁请置若罔闻，确实是一个重大错误，太平军因此失去了从清廷拿到一个与洋人接触的重要据点，还有一个作战基地的机会。

**蹩脚的外交**

太平军在开始时得到外国列强的同情，但他们没有使用这一点作为赢得外国认可和援助的起点，反而一直将列强当作属国来对待，这种想法打消了与外国建立良好关系的所有可能。当外国列强发觉太平军完全不比满洲人更好相处，且事实上在伤害上海的对外贸易之时，他们没有了同情之心，在 1860 年以后倾向清廷一方。由此出现了外国人在 1860 年和 1862 年守卫上海，阻碍了忠王占领这座富庶的城市的机会，剥夺了天京的一个关键的供应来源，并加快了天京的最后失陷。

### （二）太平天国运动的意义

太平天国农民运动尽管失败了，可是它先后攻克 600 余城，席卷了半个中国，设立了与清朝封建政权对抗十余年之久的政权，沉重地打击了中国封建统治阶层和外国资本主义侵略者，在中国历史上书写了光辉不朽的一页，它的发展也对中国产生了深远地影响。

政治上，它导致政府的权力从满洲人转移到了汉人。在太平天国之后，湘军和淮军的官佐因功而擢升至关键职位，以前由满人占据的重要督抚位置，现在变成汉人的了。几个例子可以体现这一点：曾国藩身为两江总督（1860—1865），也负责浙江的军务，这样他就掌控了四个最富庶而关键的省份（江苏、江西、安徽和浙江）；而李鸿章担任江苏巡抚，左宗棠担任浙江巡抚。此三人最终都升任大学士，特别是李鸿章，作为直隶总督和北洋大臣，在 1870—1895 年间乃是中国真正意义上的“首相”。左宗棠也担任总督，开始是闽浙总督（1863—1866），后来是陕甘总督（1867—1880），其任职生涯中最辉煌的成果，是在 19 世纪 70 年代中从回民叛匪手中收回了新疆。即使是在朝廷最中心的机构军机处中，也有越来越多的汉人任职，直至最终他们的人数超过了满人。总而言之，政府的权柄从满人转向了汉人。

此种改变的必然结果是，外省大员在国事中的作用日益扩大。在清代最初和中期，政府高度集权化，朝廷决定各省的法规，而在太平天国之后，中央政府觉得有必要与外省大员探讨国事，听取他们的意见。北京的衙门经常征求地方官宪的观点，以希望他们支持自己的立场，力量强大的巡抚和总督时时会摆脱中央政府而自行其是，比如，在 1898 年百日维新之后，两江总督刘坤一便强烈反对皇太后废除皇帝。在 1900 年的义和团事件期间，东南诸省当局不服从朝廷支持义和团的命令，而单独与外国列强协商协议，以求“自保”。各省独行办事的最明显例证，发生在 1911 年革命军占据武昌之时，各省当局宣布拥护革命，公然抵抗朝廷，这样，加快了清朝的崩溃。

军事上，湘军和淮军是私家军队的先行者，而私家军队乃是以后军阀的典型特征。曾国藩和李鸿章依据四个原则招募他们的官佐：（1）同一省籍；（2）同年同榜获得功名的人；（3）亲朋好友；（4）师生同谊。士兵由这些官佐招聘训练，并对官佐效忠。就像《湘军志》的作者描述的那样：“将死军散，将活军存。”袁世凯继承了曾国藩和李鸿章的私家军队风格。袁氏曾经是李鸿章的门生，后来变成民国初年（1912—1927）危害中国的北洋军阀之首领。

在弹压农民起义的过程中，清朝封建统治者联络外国侵略势力，杀害了无数的人民群众，毁坏了广大的城乡市镇，导致社会生产力和国民经济遭受一次空前的浩劫。在太平军与清军搏斗时间最长、斗争最为惨烈的苏、浙、皖三省，遭到的毁坏最为严重，大部分地区人口锐减，田地荒芜，满目荒凉。江苏以前是人口十分稠密、经济相对发达的地区，大都“半里一村，三里一镇，炊烟相盼，鸡犬相闻”。在这次战争后，居然“一望平芜，荆榛塞路，有数里鲜居民者，有二三十里鲜居民者”。在盛产蚕丝的太湖地区，“桑枯蚕死，寂寞荒凉”。浙江的状况，同江苏差不多，“户口凋零，田畴荒芜”，“哀鸿遍野，疮痍满目”。安徽的一些州县，“终日无行人，百里无炊烟”。长江中下游的大部分地区，基本都出现了“家家有饿殍，户户断炊烟”的悲惨情况。这种灾难的造成，是因为战争的破坏，同时也跟清朝官军的烧杀抢掠有联系。那时候有个地主阶级知识分子曾经说过：“官军败贼及收复贼所据城池后，其烧杀劫夺之多，实较贼为尤为过，此须知也。”

太平天国战争后，长江中下游各省的所说的“永佃制”的租佃制度更开始流行起来，即地主拥有土地的所有权，认可佃农有永久耕种的权利（有些地区称地主享有“田底”，佃农享有“田面”）。那时候人少地荒，劳动力严重缺乏，地主为了招募佃户，不得不承认佃户有永佃权。除此之外，有的地区的农民因受不了官府苛捐杂税的压迫，将田底低价卖给豪富之家，自己留下永久耕种之权，江西乐平就有这种事情。在实行永佃制的地区，一般是由地主向官府缴纳赋税，但也存在由佃户缴纳的情况。

太平天国失败后，因为人口锐减，土地荒芜，所以清政府使用了招抚流亡、开垦荒地的措施，以提高田赋收入，保证封建统治秩序。在招民开垦的过程中，各地使用的办法颇有分歧。在江苏，通常是在田归原主的政策下进行的。有主之地，“责成业主招佃垦种”，没有主人的田，则先招原业主“五服以内者”开垦，五服内没有人认领者再让州县招人认垦。三年后再令交纳钱粮，官方帮忙印照，认可该田归垦荒的农民所有。可是，有些荒田甫经开垦，便经常有人自称原主，勾结局董书差，具结领回。垦民没有钱来经营，开垦出来的土地被人抢走，所以很多农民观望不前，不愿认垦。之后，江苏地方当局出面严禁冒领土地，认为“原主弃田不耕已十余年，自身已与田义绝，不管是真是假，都不准领。且此外荒田尚多，何苦刻舟求剑？冒领之禁严管，则垦民得尺则尺，没有存观望游移之念矣”。在浙江，严州府的垦荒章程中写道：农民开垦的荒地，如“原业主”回到家乡后三个月内出面认领，仍可以从垦户手中“照数收回”，假如延至荒地垦熟后再行上报，则“将所种田亩罚半归垦户执业”。湖州府所采用的办法，是由垦户纳官租三年，垦熟后的土地八成归垦户拥有，二成归公。在安徽广德州，地方当局曾派人量算土地，将无主认领的荒地以每亩制钱600文的价格出售“客民”为业。这样的做法基本上恢复了以前的经济关系。它体现了清政府在镇压太平天国之后想要恢复原来的社会秩序的想法。

太平天国失败后，清政府对于社会经济被严重毁坏的地区，曾公布减收田赋，如在江浙等省施行减少漕额约三分之一。这是清政府应地方官吏的要求而采用的扶持地主阶级的一项措施，受关照者主要是地主豪绅。以江苏的状况为例，减赋诏颁布后，地主声言“减租”，但所减者仅系“虚额”，实租不仅未减，反而变相增加，因此当时有人说：“赋虽减而租未减，租之名虽减，而租之实逐增，正如《元史·成宗纪》江浙行省臣所说，“恩及富室，而不被及于平民者也”。虽减，而租之实逐增，就像《元史·成宗纪》江浙行省臣所言，‘恩及富室，而不被及于平民者也’。”浙江的状况也是相同的，当时《申报》曾说：“国家之赋额减，而民间之租额未减，有田者享受其惠，无田而佃人之田者依然不获其利。”此外，在征收田赋的时候，由于地方官吏的贪赃枉法，田赋的负担基本都落在农民身上。当时许多省份产生了大户和小户、绅户和民户的区别，纳赋的多少不是以所占土地的面积大小来决定，而是视业主的“贵贱强弱”来考虑。在江苏，“大户或至一文不收，还有包揽小户者，小户则每石十余千或七八千”。位于浙江，“绅衿大户，正赋之外，颗粒不加，甚至还有把持包揽等等，势不能不取盈于乡曲之小户，以为挹此注彼之谋。最重之户，正漕一石，竟有完米至一石七斗以上者”。在清政府的“减漕德政”当中，不单单自耕农的负担没有减轻，甚至一般中小地主也没有获得多少实际利益。

显然，江、浙、皖三省在太平天国失败后，都不同程度地出现了地主阶级土地所有制复兴的趋势，在很多地区，这种土地所有制已占据明显的优势。可是，封建土地关系的重建，也遭到了当时复杂历史环境的抑制，遇到了很多的阻力。首先，战乱之后人口锐减，地主不仅招佃艰难，而且佃农还经常托故威逼业主让租，使旧的土地关系不能顺利复原。其次，战乱之后官府册档和民间契据丢失严重，给明确田地的旧日产权增加了多种困难。某些豪强地主趁势豪夺巧取，也有垦民乘机将田据为己有，进一步削减了封建土地关系，产生业主返乡“田为人有，屋为人居，力不能争，讼不能胜”的情况。

最后，太平天国的经历还鼓励了后代的革命者，那些太平军余部转入暗中，加入了天地会，让种族及民族主义式的反满革命观念得以延续。太平天国也变成中华民国国父孙中山先生（1866—1925）的灵感之源头，孙中山恰好出生在太平天国灭亡之后的两年. 他在孩提时代就听闻了关于太平军的事情，12 岁时就想要做洪秀全第二。他后来的革命是从秘密会社那里得到支援，而开始的追随者中有许多人都是哥老会会徒，还有他的革命理论“三民主义”也是受到太平天国理念的影响。孙中山觉得洪秀全之所以失败，是因为他懂得民族独立但不懂民众主权、懂得君主制度但是不懂民主。为改善这些意识形态的缺陷，孙中山倡导了洪秀全的前两项“民主”和“民权”原则，然而第三项“民生”主义则含有了“平均地权”和“节制资本”的想法，这部分是受太平天国土地制度和财产公有制的引导，因此太平军没能实现的社会革命，在孙中山及其信徒身上得到了部分发展。不单单是在中国，就是在欧洲，太平天国革命也变成一个启迪的泉源。对 1848 年欧洲革命的失败觉得失望的卡尔・马克思（Karl・Marx），在太平天国运动中发现了希望，并知道了一种对农民革命之可能性的新见解。现在，中国的马克思主义史学家高度赞扬太平天国运动为中国近代史上的第一场农民革命。

*The Modern History of China*

# 第三编

# 第二次鸦片战争和洋务运动

1856—1860 年，就在太平军与清军在长江中下游惨烈厮杀的时候，英、法在俄、美支持下联合发起了新的侵华战争。洋务运动是清朝政府在 19 世纪 60 年代初到 90 年代中期，为了保证封建统治，引入和学习西方科学技术，兴建近代军事工业和民用工业，并相应地改变军事、外交、文化教育和一些政府机构等多方面的行为。洋务运动是清朝统治阶级内部中央和地方一部分当权的官僚在严重的“内忧外患”情况下所采用的“自强”措施。

## 第一章 第二次鸦片战争

第二次鸦片战争是 1856—1860 年（咸丰六年至十年）间英、法在俄、美支持下一起发动的侵华战争。因其是鸦片战争的持续和扩大而得名，也叫作英法联军之役。战争中沙俄派兵后以“调停有功”自居，并威胁清政府割让

150 多万平方公里的领土到现在，从而变成最大的赢家。

## 第一节　第二次鸦片战争的开端

鸦片战争后，西方资本主义列强不断侵入中国。可是，它们不满足已经得到的特权和利益，蓄意加快侵犯中国主权，加深经济掠夺。1854 年，《南京条约》届满 12 年。英国歪曲中美《望厦条约》对于 12 年后贸易及海面各款稍可改变的规定，援引最惠国条款，向清政府要求全面修改《南京条约》的命令。提出要中国全境开放通商，鸦片贸易合法化，进出口货物免交出口税，外国公使常驻北京等要求。法、美两国也依次要求修订条约。清政府表示不同意，交涉没有成果。1856 年，《望厦条约》届满 12 年。美国在英、法的赞成下，又一次提出全面修订条约的要求，英、法也表明了同样要求，依然被清政府拒绝。此时英、法与俄国进行的克里米亚战争已经完结，于是，西方列强决定对中国发起一场新的侵略战争。当年春，克里米亚战争完结，英、法获胜，可以调出较多的兵力转向中国。俄国则由于战败，想要用侵略中国来补偿损失。美国积极向外扩张，采用与英、法勾结侵略中国的策略。

1856 年 10 月，英国凭借“亚罗号事件”制造战争导火线。“亚罗号”是一艘走私的中国船，曾在香港注册，但是已经过期。10 月 8 日，广东水师在黄埔抓捕了船上的几名海盗和相关船员。这纯系中国内政，与英国没有一点儿关系。英国驻广州代理领事巴夏礼依照英国政府的命令，致函两广总督叶名琛，居然说“亚罗”号是英国船，并吹嘘捕人时扯落英国国旗，命令送还被捕者，赔礼道歉。当时该船并没有悬挂英国国旗，叶名琛据实复函驳斥，但是不久即妥协让步，将获犯送到英领事馆。巴夏礼胡乱挑剔，拒不接受。23 日，英舰突然进入珠江，攻打沿岸炮台，悍然点燃战火。之后，英军炮轰广州城，并于 29 日进入城内，进行焚掠。因为兵力不足，只好于当晚撤出广州，退据虎门，等待增援。

1857 年春，“亚罗号 ”的消息被伦敦知晓。英国首相巴麦尊提议对华开战，可是议员对此态度不一。议会展开了激烈讨论，通过对巴麦尊内阁的不信任案。巴麦尊把议会解散。议会改选，巴麦尊派得到下院的多数议席，通过了加大侵华战争的提案。为了加大侵略战争，英国政府于 1857 年 3 月任命前加拿大总督额尔金为全权负责人，带领一支海陆军来中国，同一时刻向法国政府提出一同出兵的要求。此前，法国正因为“马神父事件”（又称“西林教案”）向中国交涉。所说的“马神父事件”，是指法国天主教神甫马赖违法闯入中国内地活动，无法无天，于1856年2月在广西西林县被杀死一案，此案还没有议结。法国为了获得英国赞成它在越南“自由行动”，并获得天主教在中国传教不受阻碍的保证，便接受英国建议。1857年，法国政府将它当成侵略中国的借口，任命葛罗为全权负责人，率军来华协同英军行动。

1857年10月，额尔金和葛罗先后率舰抵达香港。1857年12月，英法联军一共5600余人（其中法军1000人）在珠江口集合，准备大举进犯。美国公使列卫廉和俄国公使普提雅廷也抵达香港，与英、法合谋侵华。那时候，清政府正竭力镇压太平天国和捻军起义，加上“饷糈艰难”，对外国侵略者使用“息兵为要”的政策。24日、27日，额尔金、葛罗向叶名琛等发出通牒，第二次通牒规定48小时内让出广州城。叶名琛严格执行清政府“息兵为要”的政策，不事战守。12月28日，英法联军炮击广州，并登陆攻打。都统来存、千总邓安邦等领兵顽强反抗，第二天失守。叶名琛被俘，被押送印度加尔各达，1859年病死在囚所。广州将军穆克德讷、广东巡抚柏贵投降，柏贵在以巴夏礼为首的“联军委员会”的监督下一直担任原职，让敌人驱使。侵略军占据广州期间，当地人民进行了不屈不挠的抵抗。广州附近义民在佛山镇组建团练局，集结数万人，御侮杀敌。香港、澳门爱国同胞也都罢工罢业，表示抗议。广州失守后，四国侵略者合谋继续北上，方便对清政府构成直接威胁。

1858年4月，英、法、俄、美四国公使率舰不断来到大沽口外，分别和清政府谈判，命令朝廷指派全权大臣进行谈判。6月初，谈判开始。英国代表骄傲蛮横要挟，俄、美公使则扮演“调停人”角色，从中得利。咸丰帝一面要求清军在天津、大沽设防，一面派直隶总督谭廷襄为钦差大臣，去大沽处理交涉，并把期望寄托在俄、美公使的“调停”上。英、法侵略者并没有谈判诚意，仅仅是以此拖延时间，加快军事准备。5月20日，英法军舰轰击大沽炮台。驻守各炮台的清军奋起抵抗，与敌鏖战。但谭廷襄等人没有斗志，望风披靡，况且炮台设施陈陋，大沽失守。英法联军溯白河而上，26日，攻占天津城郊，并宣称要进攻北京。清政府急忙另派大学士桂良、吏部尚书花沙纳为钦差大臣，前往天津议和。桂良等人在英法侵略者逼迫恫吓下，于6月26日、27日依次与英、法签署中英、中法《天津条约》。

中英《天津条约》共五十六款，附约为一款；中法《天津条约》总共四十二款，附约六款。大体内容是：公使常驻北京；增开牛庄（后改营口）、登州（后改烟台）、台湾（后定为台南）、淡水、潮州（后改汕头）、琼州、汉口、九江、南京、镇江为通商口岸；外籍传教士可以进入内地自由传教；外人可以内地游历、通商；外国商船允许在长江各口岸往来；修订税则，减轻商船吨税；对英赔钱银四百万两，对法赔钱银二百万两。

在此之前，俄、美公使凭借"调停人"身份，以欺诈的方法，分别于6月13日、18日与清政府签订中俄《天津条约》十二款、中美《天津条约》三十款，获得了除赔款外与英、法所得基本上一样的侵略特权。中俄《天津条约》第九款还特意规定，两国派员测量"以前未经定明边界"，"务将边界清理补入此次和约之内"，方便日后解决，进而为沙俄加大掠夺中国领土留下了伏笔。

《天津条约》签署后，英法联军离开天津，沿海路陆陆续续南下。咸丰帝此时对条约内容又感担忧恐慌，令桂良等在上海与英、法代表商讨通商章程时，交涉修订《天津条约》，删除公使驻京、内地游历、内江通商等条款，并设法不让英、法到北京换约。11月，桂良等与英、法、美代表依次签订了《通商章程善后条约》，规定：鸦片贸易合法化；海关对进出口货物依照时价值百抽五征税；洋货运销内地，只缴纳2.5%子口税，免征一切内地税；聘用英国人处理海关税务。但是，英法方面不同意变易《天津条约》的各项条款，并一定要在北京换约。英、法政府远不满足从《天津条约》攫取的种种权利，想要利用换约之机再次挑起战争。1859年6月，在不同意桂良提出的在沪换约的提议后，英国公使普鲁斯、法国公使布尔布隆和美国公使华若翰各带领一支舰队到了大沽口外，想要以武力威慑清政府交换《天津条约》批准书。清政府靠着大沽设防，命直隶总督恒福照会英、法公使，指派他们由北塘登陆，经天津去北京换约，随员不得多过20人，并不可以携带武器。英、法公使断然不同意清政府的要求，一定要以舰队经大沽口溯白河进京。大沽一带防务，自1858年英、法舰队撤离后，清政府即任命科尔沁亲王僧格林沁负责。6月25日，英法联军忽然向大沽炮台进攻。在僧格林沁的带领下，守军英勇抵抗，战斗异常惨烈。直隶提督史荣椿、大沽协副将龙汝元身先士卒，依次阵亡。战斗结果，英法联军遭到失败，损失舰艇多艘，损伤四百多人，英舰队司令何伯也被重伤。战斗中，美国舰队帮助英、法军战斗和撤退。8 月，美国公使华若翰假装友好，由北塘进京，返回北塘时和直隶总督恒福互换《天津条约》批准书。

英法联军攻打大沽惨败的消息传到欧洲，英、法统治阶级内部一片战争叫嚣，叫嚷着要对中国“进行大规模的报复”，“攻打京城”。1860 年 2 月，英、法两国政府分别又一次任命额尔金和葛罗为全权负责人，带领英军 15000 余人，法军约 7000 人，加大侵华战争。4 月，英法联军占据舟山。5—6 月，英军占大连湾，法军占烟台，占据渤海湾，以此作为进攻大沽口的前进补给点。俄国公使伊格纳季耶夫和美国公使华若翰也于 7 月前往渤海湾，又一次以“调停人”的名头，配合英、法行动。清政府在大沽战役取得胜利后，幻想就此与英、法两国罢兵言和。当英、法军舰逼近大沽海口时，咸丰帝还命令僧格林沁、恒福不可“仍存先战后和”之意，防止“兵连祸结，迄无了期”，“总须以抚局重要”，并派恒福与英、法使者谈和。前敌统帅僧格林沁则觉得敌军不善陆战，所以专守大沽，放弃北塘防务，给敌以可乘之机。伊格纳季耶夫为英、法提供了北塘未设防的情报。

8 月 1 日，英法联军在北塘登陆，没有遭遇任何抵抗。14 日，占领塘沽。再水陆一起，攻打大沽北岸炮台。守台清军在直隶提督乐善带领下，英勇抗击。但清政府本没有抗战决心，咸丰帝要求僧格林沁离营撤退。清军于是逃离大沽，经天津撤退到通州（今北京通县）。8 月 21 日，大沽失守。侵略军长驱直入，24 日占据天津。清政府马上派桂良等到天津议和。英、法要求，除须全部接受《天津条约》外，同时增开天津为通商口岸，提高赔款以及各带兵千人进京换约。清政府断然拒绝，谈判失败。侵略军从天津向北京进犯。

清政府又一次派怡亲王载垣、兵部尚书穆荫代替桂良，到通州和谈。由于双方争执不下，谈判又一次破裂。9 月 18 日，英法联军占领通州。21 日，清军和英法联军在八里桥展开战斗，统帅僧格林沁等提前逃走，致使全军动摇，而遭失败。第二天，咸丰帝带领后妃和一批官员仓皇逃跑到热河（今河北承德），令其弟恭亲王奕䜣待在北京，负责和议。在英法联军攻打北京时，俄使伊格纳季耶夫又向英、法提给了北京防卫的情报。10 月 13 日，英法联军攻入安定门，掌控北京城。侵略军一路烧杀抢掠，在清廷长时间经营的圆明园大肆抢掠珍贵文物和金银珠宝，还把园内建筑一把火烧了。10 月 24 日、25 日，奕䜣分别与额尔金、葛罗交换了《天津条约》批准书，并签署中英、中法《北京条约》。

中英、中法《北京条约》的大概内容有：开天津为商埠；准许英、法招聘华工出国；割让九龙司给英国；退还原先没收的天主教钱财。法方还自己在中文约本上增加："并任法国传教士在各省租买田地，建造方便"；赔偿英、法军费各上涨到 800 万两，恤金英国 50 万两，法国 20 万两。俄国自己觉得"调停"有功，威胁奕䜣于 11 月 14 日签署中俄《北京条约》，强占乌苏里江以东约 40 万平方公里的中国领土，并为加大掠夺中国西部领土制造条约根据。1864 年，俄国据此逼迫清政府签订《中俄勘分西北界约记》，又强占巴勒喀什池以东以南 44 万多平方公里的中国领土。

通过第二次鸦片战争，外国资本主义的侵略力量由东南沿海进入中国内地，并逐渐扩展，外国公使驻京加大了对清政府的影响和掌控，中国社会半殖民地化的程度加深。

## 第二节　《天津条约》和《北京条约》

《烟台条约》是 1876 年（光绪二年）英国逼迫清政府签订的不平等条约，又名《滇案条约》、《芝罘条约》。

1874 年（同治十三年），英国陆军上校柏郎带领一支近 200 人的部队——探路队，探测从缅甸到中国云南的陆路方法，英国驻华使馆派出翻译马嘉理到滇缅边境接应。第二年（光绪元年）2 月，马嘉理领着柏郎一行未先行知会地方官，从缅甸八莫进入云南。滇西边境居民对忽然到来的人马深感疑惧，2 月 21 日在腾越（今云南腾冲）曼允处死马嘉理和随从数人。柏郎一行只好折回八莫。时称"马嘉理事件"或"滇案"。之后，英国驻华公使威妥玛伺机要挟清政府，把事件的发生归属于中国边吏的命令，要求将云贵总督岑毓英等接受审讯，并称要撤使、绝交和出兵；同一时刻提出无理的讹诈要求，包含减免税厘、增开通商口岸和开放云南边界贸易，等等。清政府与英相处历时一年多，采取了一再退让的态度，先命令岑毓英从速稽查该案，继派湖广总督李瀚章赴滇究办，后又训斥岑毓英办事拖延，并杀害十多名边民以示“惩凶”。

1876 年 8 月 21 日，经赫德斡旋，北洋大臣李鸿章与威妥玛在烟台举办正式和谈。9 月 13 日，双方签署了中英《烟台条约》。《烟台条约》分十六款，和另议专条一款。大体内容为：英国可以派员到云南调查，准备商订滇缅边界和通商章程洋货在各口租界内免收厘金；洋货可以出售到内地，不管华商洋商一律只纳子口税，都不要内地税；增开宜昌、芜湖、温州、北海为通商口岸；开放大通、安庆、湖口、武穴、陆溪口、沙市为轮船停靠码头；英国可以派员驻寓查看川省英商事宜；只要遇到内地各省或通商口岸有关英人生命财产的事情，英国使馆可派员前去“观审”；各口出现的中外诉讼案件，应由被告所属国官员各依照本国法律处理；英国可派员经甘肃、青海、四川前去西藏及转赴印度；也可从印度进入西藏；中国对滇案和 1876 年之前中英间各案赔款 20 万两，并派员赴英表示“惋惜”。

《烟台条约》签署后，清政府马上批准。但英国一直到 1885 年 7 月与清签署《烟台条约续增专条》限定对鸦片税厘征收额后，才同意批准。《烟台条约》的签署，加深了中国西南边疆危机，并且加大了《天津条约》和《北京条约》所规定的外国权利。

《拉萨条约》是在 1890 年、1893 年《中英藏印条约》和续约之后，英国逼迫中国签署的不平等条约。

1903 年 11 月（光绪二十九年九月）英国发起第二次侵略西藏地方的战争，第二年 8 月占领拉萨。9 月 7 日，英军上校荣赫鹏逼迫西藏甘丹寺长罗桑坚赞签署《拉萨条约》共十款，大体内容为：除了亚东外，增开江孜、噶大克为商埠，允许英国分别派员管理商务；赔款 750 万卢比，分 75 年还清，赔款没有缴清前，英军占据春丕；自中国与哲孟雄（今锡金）边界至拉萨的防御工事通通拆除；除经英国事先允许外，西藏土地不可以让卖、租典与任何外国；西藏所有事务不准任何外国干涉；任何外国不可以派员入藏；西藏的铁路、道路、电线、矿产或其他权益不得给于任何外国或其臣民；西藏各项进款、或货物或现金不能抵押或转让给任何外国或其臣民。

1904 年 11 月，印度代理总督唵士尔受英国政府要求批准《拉萨条约》，在附款中又声明，将赔款下降 250 万卢比，赔款赔付三年后，英军即自春丕撤退。

《拉萨条约》严重危害中国的主权，清政府坚持不予同意的立场，电示驻藏大臣“切勿画押”，并命令其与荣赫鹏交涉，要求修改条约。1906 年在北京重开和谈，4 月 27 日，清外务部侍郎唐绍仪与英国驻华公使萨道义签署《中英续订藏印条约》正约六款，大体内容为：双方认可将《拉萨条约》附入本约，当成附约；英国允不占并藏境和不干扰西藏一切政治，中国应允不同意其他外国干扰藏境及其一切内治，等等。英国依照《中英续订藏印条约》获得了在西藏增开商埠等特权，又从清政府获得不准其他帝国主义国家在西藏发展势力的许诺。《中英续订藏印条约》将《拉萨条约》划为附约，一方面体现清政府被迫接受《拉萨条约》的各项条款；另一方面使英国在事实上确立了中国在西藏地方的领土主权。

通过第二次鸦片战争和《天津条约》、《北京条约》的签署，中国丧失了更多的主权，中国社会半殖民地地位更加加深，中国人民的苦难越来越深重了。

## 第三节　沙俄侵占我国领土

沙俄强行占领了庙街和库页岛等地后，进而入侵我国黑龙江流域。1854 年 1 月，沙皇尼古拉一世同意了俄国东西伯利亚总督穆拉维约夫提出的“武装航行黑龙江”方案。5 月，穆拉维约夫带领舰船 70 余艘，带着俄兵近千名，不理清政府的抗议，强行越过石勒喀河中俄边界，进入雅克萨、瑷珲等地，横穿中国领土 2000 多公里，还在黑龙江下游阔吞屯（沙俄改称马林斯克）等处驻兵筑垒，进行军事占领。1855 年 5 月，沙俄又一次武装入侵黑龙江，并带来大批“移民”，在左岸强行设立俄国居民点。1856 年年末，沙俄竟将侵占的我国吉林三姓（今黑龙江依兰县）副都统管辖的黑龙江下游地区和库页岛设为它的“滨海省”，设首府在庙街（沙俄改称尼古拉耶夫斯克）。1857 年，穆位维约夫出兵向黑龙江中、下游进攻，在瑷珲城对岸驻扎。

1858 年 5 月，乘英法联军攻打天津、威胁北京之际，俄将领穆拉维约夫带领兵船多艘驶至瑷珲。5 月 28 日，俄方要求签订不平等的中俄《瑷珲条约》。条约的大体内容为：黑龙江的北面、外兴安岭的南面 60 多万平方公里的中国领土割让给俄国，仅在瑷珲对岸精奇哩江（今俄国结雅河）的南面的一小块地区（后称江东六十四屯）依然保留中国方面的永久居住和管辖权；乌苏里江的东面的中国领土分给中俄“共管”；原来属于中国内河的黑龙江和乌苏里江，从此以后只准中、俄两国船只往来，别国不可以航行。清政府没有批准《瑷珲条约》。

1860 年 10 月底，俄国公使伊格纳季耶夫自居“调停有功”，并以帮助弹压太平军为诱饵，给了奕䜣一份新的中俄条约方案和俄国单方面描绘的东部边界地图，逼迫奕䜣“一字不能更易”地接受，不然“兵端不难屡兴”。11 月 14 日，奕䜣无奈只好签订了不平等的中俄《北京条约》。《北京条约》除强迫清政府认可《瑷珲条约》外，还规定：乌苏里江的东面地区 40 余万平方公里的中国领土割让给俄国；中俄西部没有定边界，未来还需重新勘定；俄国获得在库伦（今蒙古国乌兰巴托）、张家口、喀什噶尔等地免税贸易、建立领事并拥有领事裁判权。因为中俄《北京条约》，沙俄不只把《瑷珲条约》规定划为中俄“共管”的乌苏里江的东面的中国领土强行割占，还又为割占中国西部领土建立了“根据”。条约还为沙俄加大对华商品输出和再次侵略新疆、蒙古地区创造了有利条件。沙俄还把条约签订前一年由它单方面描绘的边界地图，当作条约附图强行给中国，清政府不同意签字。

1861 年 6 月，中俄双方代表签署了《勘分东界约记》。这次勘界，事实上勘分了兴凯湖的南面的陆界，并没有勘分乌苏里江和黑龙江的水界，仅仅是在这张比例尺小于一百万分之一的地图上描了一条红线，代表两国以这两条江为界，它既不表明也不可能说明边界线在江中的准确位置。在勘界和立界牌中，俄方企图多占中国领土。勘界立牌后，又一直在蚕食中国土地，挪动界牌，肆行侵占。

自 1862 年 8 月起，清朝勘界大臣明谊和沙俄政府全权负责人巴布科夫、扎哈罗夫等，在塔尔巴哈台（今新疆塔城）初步勘分西北边界的和谈。中国的西部疆界原来在巴勒喀什池（今俄国巴尔喀什湖）。从 18 世纪初叶起，沙俄一直进窥该地以东面和南面地区。通过中俄《北京条约》，沙俄强加规定中俄西段边界的走向，把清朝建立境内城镇附近的常驻卡伦指为分界标准，把中国的内湖斋桑泊和特穆尔图淖尔（今俄国伊塞克湖）划为界湖。之后，俄国出兵攻占中国境内山隘、要津，垒石立界，制造既成事实。在谈判当中，俄方代表态度蛮横，逼迫中方接受其划界草案，并多次派遣军队袭击博罗胡吉尔等卡伦，甚至扬言攻打喀什噶尔和伊犁。明谊坚决拒绝俄方方案，谈判破裂。

1864 年 10 月，在塔城再次谈判。俄国出兵威逼塔城卡外，巴布科夫坚持中国一定要按照俄国的分界议单划界，“如不照此办理，略有更改，我们马上起程回国，只好派兵强占”。负责总理衙门的奕䜣一直指令明谊妥协退让，唯恐如不接受俄方议单，“将兵连祸结，导致更难收拾”。10 月 7 日，明谊签署勘界议定书中俄《勘分西北界约记》。该约详细划定了从沙宾达巴哈山口（今俄境）开始到浩罕边界为止的中俄西段边界。凭借这个，沙俄占领了巴尔喀什湖以东以南，包括斋桑湖、特穆尔图淖尔在内的大约 44 万多平方公里的中国土地。

《中俄改订条约》是 1881 年（光绪七年）沙皇俄国强迫清政府签署的不平等条约。即《圣彼得堡条约》，也叫作中俄《伊犁条约》。1864 年（同治三年）新疆少数民族发起反清起义，浩罕汗国（今苏联乌兹别克境内）军事领导人阿古柏伺机侵入新疆，数年间设立“哲德沙尔国”（七城之国），掌控了南疆和北疆的部分地区。由于新疆局势的改变，俄、英两国在中亚地区的抢夺更加激烈。为加大侵占中国西部领土，并防止阿古柏在伊犁建立亲英统治，沙俄派遣军队于 1871 年 7 月攻占伊犁地区，并将该地区设立七河省管辖。

1876 年春到 1877 年冬，清政府派左宗棠带领军队西征，捣毁了阿古柏的统治，收复新疆大部分地区。1878 年 6 月 22 日，决定任命崇厚为钦差大臣，前去俄国谈判归还伊犁的事情。第二年 10 月 2 日，崇厚在沙俄的逼迫愚弄下，在克里米亚半岛的里瓦机亚擅与沙俄代理外交大臣吉尔斯及俄国驻华公使布策签署《里瓦机亚条约》和《陆路通商章程》。大体内容为：俄国将伊犁九城一带还给中国，中国把霍尔果斯河以西地区、特克斯河流域还有沟通天山南北的穆素尔山口一带割给俄国；把喀什噶尔（今新疆喀什）和塔尔巴哈台（今新疆塔城）两处边界做有利于俄国的修订；俄商允许在中国蒙古地方和新疆全境进行免税贸易；增辟两条至汉口和天津的陆路通商新线；中国赔付俄国“代收代守伊犁”兵费和“补恤”俄民费共计五百万银卢布（约合 280 万两白银）；俄国可以在嘉峪关、科布多（今蒙古境内）、乌里雅苏台

（今蒙古境内）、哈密、吐鲁番、乌鲁木齐、古城（今新疆奇台）设立领事。依据此约，伊犁名义上还给了中国，但其西境南境都被沙俄占领，从而落到北、西、南三面被围的境地。

在《里瓦机亚条约》签署后，国人哗然，纷纷责骂崇厚误国。清廷很多重臣也认为此约丧权太多，不能接受。在各方面的压力下，1880 年 1 月，清政府将崇厚撤职拿问，旋又定为“斩监候”。2 月 19 日，清政府正式会晤俄国，宣布崇厚所议条约“多有违训越权之处”，“窒碍难行”；同一时刻任命曾纪泽为出使俄国钦差大臣，期望在对俄酌量让步的基础上修订《里瓦机亚条约》，获得一部分主权。对于清政府不同意批准条约和惩处崇厚的做法，沙俄一方面通过外交提出抗议；另一方面在伊犁等地区集合大批兵力，并向远东海面派遣庞大舰队，进行军事威胁。7 月，曾纪泽到达圣彼得堡，与沙俄代表和谈。在谈判过程中，俄方恣意敲诈勒索，并多次以中断谈判和对华开战相威胁。

通过半年多的多次交涉，中俄双方在 1881 年 2 月 24 日签订《中俄改订条约》及《改定陆路通商章程》。新约章的大体内容为：依照条约规定的国界，俄国割占霍尔果斯河以西 1 万多平方公里的中国土地。中国赔款上升到 900 万银卢布（约合 509 万两白银）。俄商在蒙古地区贸易免税，在新疆“暂不纳税”；可到肃州（今甘肃酒泉）贸易。俄国在肃州、吐鲁番两处设立领事。伊犁居民希望到俄国居住入俄国籍者，均听其便。该约和《里瓦机亚条约》相比，在界务方面中国回收了特克斯河流域 2 万多平方公里的土地，可是需以加付俄国 400 万银卢布为代价；该约还留着原条约其他许多威胁于中国的规定，因此依旧是一个不平等的条约。

按照《中俄改订条约》的规定，1882—1884 年间，沙俄又与清政府签署了中俄《伊犁界约》、《喀什噶尔界约》、《科塔界约》、《塔尔巴哈台西南界约》和《续勘喀什噶尔界约》。通过《中俄改订条约》及这五个子约，沙俄共占领了 7 万多平方公里的中国领土。除此之外，1881—1884 年，沙俄还抓走中国边民 10 万多人。沙俄是第二次鸦片战争最大的获利者，它通过《瑷珲条约》、《北京条约》和一系列的勘界条约，占领了我国 144 万多平方公里的土地。

# 第二章 辛酉政变和清朝的自强运动

由于慈禧太后不同意八位“赞襄政务王大臣”专权，1861 年 11 月，她和恭亲王奕䜣等贵族官僚在北京发起宫廷政变，将载垣、端华、肃顺杀死，其他五人革职或流放，改元同治，实施两太后“垂帘听政”，自己掌控实权。史称“辛酉政变”或“祺祥政变”、“北京政变”。同一时刻洋务派要用西方近代的科学技术“卫吾尧舜禹汤文武周公孔子之道”，即用科学技术为方法，“中体西用”，在军事上大力组建海军、加强海防，训练区别于湘淮军的新式陆军的练军；在经济方面，除继续在各省设立兵工厂和加大原有的军用工业之外，关键着重于民用工业企业的创办和运营，以期与洋商竞争，来达到维护封建专制统治的目的。

## 第一节 辛酉政变及其政治格局

第二次鸦片战争结束后第二年，1861 年 11 月，清朝宫廷内部发生了政变。

咸丰皇帝逃跑到热河行宫后，于 1861 年 8 月病逝，遗诏让年方 6 岁的儿子载淳继位，同一时刻任命亲信怡亲王载垣、郑亲王端华、户部尚书肃顺等八人为“赞襄政务王大臣”，总摄朝政。载淳登基后，改年号为“祺祥”。他的母亲叶赫那拉氏（1835—1908），由贵妃而尊为皇太后，旋即加“慈禧”徽号。皇后钮祜禄氏（1837—1881），被尊为皇太后，加“慈安”徽号。慈禧太后是一个权力欲很强烈的人，期望取得实际最高统治权，她与慈安太后暗中谋划铲除肃顺等赞襄政务王大臣，并和外国侵略者所支助的恭亲王奕䜣相联系，拉拢掌控兵权的胜保等人。

9 月，奕䜣以吊丧的名义至热河，与慈禧、慈安谋划，决定返京除掉肃顺等人。议定之后，奕䜣先行回京布置谋划。这时候，御史董元醇上折，请求“皇太后权理朝政，并另简亲王辅政”。这就加大了这场权力斗争。慈禧、慈安特召载垣、端华、肃顺等赞襄政务王大臣商讨，议论董元醇的请求。双方争论十分激烈，载垣等人竭力反对“垂帘听政”，要求发下明诏训斥董元醇。争吵数日，慈禧没有办法，才将董元醇的原折和焦祐瀛代拟的严旨发下照抄。可是，她心中对肃顺等人非常记恨。10 月，载垣、端华、肃顺向慈禧、慈安提请，因公务比较繁忙，请将他们管理的处所酌量分给他人，以作为试探。慈禧、慈安抓住这个机会，顺水推舟，居然解除了他们所掌控的兵权。而兼程赶赴热河的钦差大臣、兵部侍郎胜保，继董元醇之后，又公然上奏折，再一次要求慈禧、慈安"垂帘听政"，并号称"皆中外臣工所欲言而未发者，奴才先为言之"。这绝对是对载垣等人的严重打击。

11 月 1 日，慈禧、慈安带着载淳从热河返回北京。第二天，大学士贾桢、周祖培、户部尚书沈兆霖、刑部尚书赵光等人又在奕䜣的示意下，上奏折"请皇太后亲操政权"。这天，慈禧、慈安即以贾桢等人的奏请作为理由，接连颁布四道上谕，内容是：解除赞襄政务王大臣任，派奕䜣等商议皇太后垂帘听政事宜，将载垣、端华、肃顺等革职处理。3 日，又马上发出上谕，赐恭王奕䜣为议政王、在军机处管理、宗人府宗令，大学士桂良、户部尚书沈兆霖、户部右侍郎宝鋆、户部左侍郎文祥等均在军机大臣上管理，鸿胪寺少卿曹毓英在军机大臣上学习管理。之后，慈禧太后等人马上捕杀了载垣、端华、肃顺，其余五大臣革职处理，将载垣等人设立的皇帝年号"祺祥"改为"同治"。慈禧太后获得了实际的最高统治权。这便是"辛酉政变"（1861 年农历是辛酉年），又叫作"祺祥政变"、"北京政变"。

辛酉政变后，中外反动势力公开联合起来。第二次鸦片战争结束后，英、法等国撕下了"中立"的脸皮，以政府的名义，公开赞成清朝统治者。英国首相巴麦尊要求清政府弹压太平天国，使"中国内部全局得入正规"。法国公使葛罗说道，要在"海口助中国剿贼，全部该国停泊各口之船只兵丁，悉听调遣"。俄国公使伊格那季耶夫也同样如此，面告奕䜣："请求中国官军于陆路统重兵进剿，该国出兵三、四百名在水路会击，必可得手。"俄国政府还决定送给清政府一批枪炮，方便用来镇压人民的反抗斗争。摇摇欲坠的清政府中有一部分人，早已有心借助外国侵略军弹压太平天国。由于英国不愿俄、法抢在前面，所以它一直出面干涉和要挟。清政府一些当权人物也害怕外国军队"占据地方，勾结逆匪，阻碍官兵进剿"，不敢贸然答应俄、法的要求，但他却密谕江苏巡抚薛焕命令买办商人与洋商"自为经理"。华尔组织洋枪队参加镇压活动，就是这种"自为经理"的产物。慈禧太后的统治地位还没有稳固，她需要奕䜣一直支持，于是给予很多破格的待遇加以拢络，比如说他的长女留养宫中，晋封为固伦公主，赐予他在紫禁城内乘用四人轿，等等。奕䜣已经总揽朝廷权，便势倾朝野。他罗致文祥、宝鋆、曹毓英、李棠阶、董恂等人做智囊和助手，培养自己的势力。在颁布八大臣罪状的那道上谕中，把“不能尽心和议，徒以诱获英国使”视为一个重要罪状。

肃顺等人和奕䜣虽然在弹压国内农民起义的问题上看法一致，但在对待外国侵略者的态度上却不一样。因为《北京条约》规定了各国有在北京派驻公使的权利，清政府同西方资本主义列强设立正式的外交关系已是必然。1861 年 1 月，咸丰皇帝同意恭亲王奕䜣等的建议，建立了总理各国事务衙门（简称总理衙门，别称总署或译署），管理外交及通商、关税等事务，之后连筑铁路、开矿、制造枪炮军火等事务也归它管辖，总揽了全部洋务事宜。奕䜣对外国侵略者是“待以优礼”，“以信义笼络”，而肃顺等人则要保持“天朝”的威风，对外国侵略者心存怀疑，不大驯顺。所以，外国侵略者害怕肃顺等人一旦返回北京，外交上也许会出现反复，不希望他们再掌控实权，而支助能“尽心和议”的奕䜣。慈禧太后和奕䜣的上位，外国侵略者感到非常满意，觉得这完全是他们“几个月来私人交际所造成的”，还是奕䜣等人“对外国人维持友好关系使然”。1862 年 3 月，英国驻华公使普鲁斯在给英外交大臣罗素的信中说：“在以前的十二个月中，制造了一个倾心于并相信（同外国）友好交往可能性的派别，有效地支持这一派人掌权，这是一个非同小可的成果。（我们）在北京设立了令人满意的关系，在某种程度上已变成这个政府的顾问。”恭亲王是道光皇帝（1820—1850）的第六子，就是咸丰皇帝（1851—1861）的弟弟，为人精明机敏，可是文化素质不足。1861 年政变之后，他被任命为政府首脑，得到两位皇太后的信任——可是转瞬即失——和外国外交使节的支持。他的权力和地位虽然不如王朝初年多尔衮那样居高临下，但在朝廷内也是罕有其匹，成为议政王、首席军机大臣、总理衙门大臣、内务府总管大臣，他是京城最有名望的人物。每天有数百名官员和拜访者在官邸外排队等待他的决定和恩宠，很多人要通过贿赂才能接近他。他对其成功扬扬自得，沉湎于权力的享受中，自傲有余而谨慎不足，就连慈禧太后在会见中都发觉他盛气凌人。朋友告诫他要谨慎、自控和节制，但他却不以为意。迫在眉睫的灾难围绕着他，1865 年，一位翰林编修上疏弹劾他，这个时候慈禧太后自认完全有能力管理国家政务，于是决定处罚他。她把大学士周祖培和吏部、户部、刑部的高官叫到宫中，要给恭亲王设定收受贿赂、任人唯亲、窃取权力、组党结派和专横跋扈等罪名。可是，这些官员害怕卷入在他们想来主要是皇叔嫂之间的家庭纷争之中，便请求两位皇太后自行判定。慈禧对他们的胆怯恼怒异常，亲自起草了一道懿旨——以错别字连篇而闻名——解除了恭亲王的全部职位。由于忽然失去强力领导，政府的正常运作遭受严重损害。惇亲王和醇亲王以及其他高官代恭亲王向两位皇太后求情，强调在公众面前维持"家和"的重要性。慈禧觉得惩罚的目的已经达到了，而且她还需要恭亲王与外国人打交道，于是，恢复了他总理衙门大臣的职务。这样，慈禧向恭亲王展示了宽容心怀，给了那些求情人"面子"，也显示了绝对的权力。当恭亲王忏悔地进入宫廷感谢她恢复其部分职位之恩典时，她故作宽大姿态，又一次任命他为军机大臣。可是，"议政王"的头衔还是没有赐予他。受到这个教训之后，这位垂头丧气的王爷对政务失去了热忱，在行动上现得缩手缩脚。

1869 年，恭亲王遭到了第二次打击。这件事关系到自 1861 年政变前起就一直是慈禧的亲信太监安德海。安德海曾经在第一次处罚恭亲王后插手不赐予其议政王的决定，这是众所周知的。更令恭亲王生气的是，越来越多见风转舵的官僚摩肩接踵地来到安家谄媚附和。1869 年，复仇的机会来临了。这位太监离开北京为慈禧处理采购任务，这是与朝廷的规矩相悖的。朝廷明确规定，太监不能离开京城，不然就要杀头。在途经山东时，被巡抚丁宝桢抓获，丁向朝廷请求指示。另一位皇太后慈安在和恭亲王掌管的军机处商量后，命令马上将其处死。慈禧被打了个措手不及。慈禧谴责恭亲王暗中操纵此事，这令他们之间的关系越来越紧张。遭遇这个挫折，恭亲王就过起深居简出的生活来了。在他的得力助手文祥于 1876 年去世时，清政府也就没有了重要的领导。

### 慈禧太后及其政治

1861—1908 年，慈禧太后管理了中国将近半个世纪，权倾一时。她争强好胜，行事决断，也不乏智慧，可是她没有接受过多少教育，见识有限，对近代世界的本质一点儿都不懂。从本质上讲，她是个狭隘、自私的女人，视个人利益超过一切，却不关心对王朝和国家的影响。她肯定要对未能振兴王朝、创新国家负很大责任。人们肯定会提出这样的问题：一个妇道人家怎么可能违反朝纲祖规，掌控这样至高无上的权力，而且在权力颠峰待那么久的时间？答案也许部分在于她炉火纯青的权术。

慈禧太后和恭亲王因为权宜之计，在辛酉政变还有它的后一时期内彼此合作。慈禧太后采用恭亲王在前台与列强打交道和获得国内的支持，同时她本人也可以伺机争取时间了解政务。恭亲王自然也需要她来维持强大、显赫的地位。他是个野心勃勃的人，事实上他希图成为年幼皇帝同治的唯一一个摄政者——如同在王朝初年顺治皇帝年幼时多尔衮那样——让两位皇太后做做垂帘听政的样子。但是慈禧太后太精明，不同意他成为唯一的摄政者。她十分聪明地赐予他尊荣高位，暗中非常戒备地把国家的最高权力掌控自己手里。恭亲王的美梦破灭了，因此自然而然地在其志得意满的背后有着一些不满。

慈安太后在1881年去世，传说她是被慈禧毒死的。恭亲王少了一位支持者，他在清廷中的地位更加岌岌可危。1884年中法战争期间，保守派官僚责怪他优柔寡断，另外的四位军机大臣被慈禧莫名其妙地撤职。因为这第三次打击，恭亲王对政务完全没有了兴趣，逐渐撤出政坛。礼亲王成为表面上的领班军机大臣，而慈禧太后的妹夫醇亲王则在1885年担任海军衙门的大臣，两人均庸碌无能。从此以后，因为缺乏有力的领导和有效的指挥，政府越来越差了。

辛酉政变后，清政府决定求助于外国军队来弹压太平天国。1862年2月，慈禧太后使用同治皇帝的名义颁布上谕，公然宣布“借师助剿”。上谕写到：“借师助剿一节，业经总理衙门与英、法住京使臣商讨。上海为通商要地，自宜中外同为守卫。军务至繁，若必俟总理衙门在京商酌，转至稽迟。所有借师助剿，即着薛焕与英法两国马上筹商，即日办理。但于剿贼大有裨益，朕必不为遥制。其事后如有定酬谢之说，亦可酌量定议，以资联络。”之后，曾国藩在他的奏折中也表示支持清廷的这一策略，觉得“目下情势，舍借助洋兵，亦实别无良策”。从此，中外反动势力公开联合起来，共同弹压太平天国。慈禧太后、奕䜣等清朝最高统治者，对外依赖帝国主义侵略者的帮助，对内则留心调整同曾国藩集团的关系，以获得他们的支持。

慈禧太后等人知道，清廷所依靠的武装力量八旗、绿营已基本上被太平军捣毁，要巩固自己的地位，弹压太平天国农民运动，必须依赖握有能和太平军对抗的唯一军事力量的曾国藩集团，给予他们更大的权力。1860 年 6 月江南大营被摧毁后，咸丰皇帝因湘军出力、江南江北大营收功的方案破产，以肃顺的提议，给曾国藩以地方实权，委任他为署两江总督，8 月实授，外加钦差大臣衔，督办江南军务，全部的大江南北水陆各军均归其节制。1861 年 11 月，慈太后上台的那个月份，又命曾国藩统帅江苏、安徽、江西、浙江四省军务，全部的四省巡抚、提督以下文武官员都归他管辖。两个月后，又加曾国藩太子少保衔，授为协办大学士。不只用兵方略听从曾国藩，任命大员也听他的建议。慈禧太后、奕䜣在对外关系上与肃顺等人意见不同，而在对内依赖什么力量镇压农民起义的事情上，并没有什么不同。所有人都觉得“朝用端华、肃顺等遗策，用曾氏节制诸军”。

慈禧太后执政后对曾国藩集团的放手重用，完全改变了以前既使用又限制的方针，调整了满族贵族同曾国藩湘军集团的关系；而曾国藩湘军集团也就可以发展成地主阶级当权派中最大的实力派。到 1864 年湘军占领天京为止，曾国藩集团依次被任命为总督、巡抚的有：两广总督毛鸿宾，直隶总督刘长佑，闽浙总督左宗棠，陕甘总督杨载福（岳斌），广东巡抚郭嵩焘，江苏巡抚李鸿章，安徽巡抚唐训方，陕西巡抚刘蓉，山东巡抚阎敬铭，浙江巡抚曾国荃（未到任），湖南巡抚恽世临。算上 1860 年、1861 年已任总督、巡抚的骆秉璋、曾国藩、胡林翼、罗遵殿、严树森、李续宾、沈葆桢、彭玉麟（未到任）、田兴恕、江忠义（未到任），4 年多的时间里，共计 21 个湘军集团头目依次出任督抚。以 1863 年为例，那时清廷共设 8 个总督（未含漕督、河督）、15 个巡抚实缺，湘军集团居然占了 5 个总督、9 个巡抚。曾国藩湘军集团不只拥有军事大权，而且掌控了地方政权和财权。

慈禧太后和奕䜣合作发动辛酉政变，排挤了载垣、端华、肃顺等八个赞襄政务大臣，获得了最高统治权，可是政变后，叔嫂之间在权力上的矛盾、斗争逐渐显露出来。在政变中，道光皇帝的第七子、慈禧太后的妹夫醇郡王奕譞也参加密谋。政变后，他凭借其功劳加亲王衔，授为都统、御前大臣、领侍卫内大臣。奕譞因为是慈禧太后的妹夫，“往往持大柄”，不满足其兄奕䜣掌控大权。1863 年他即奏称“亲贵不当专政”就是针对奕䜣而上奏的。在这场新的权力争夺中，慈禧太后和奕譞一起对付奕䜣，伺机待发。在太平天国农民运动被弹压之前，他们之间的矛盾暂时没有公开化。

伴随着太平天国的失败，清朝的政局逐步稳定下来，慈禧太后的统治地位也越来越巩固，于是就处心积虑地要削减奕䜣的权力。1865 年 4 月，她以奕䜣“目无君上”、“暗使离间”等罪名，下诏免去其一切官职。慈禧太后这一突然的重大政治行为，使许多王公大臣感到惊诧，都上折请求收回成命。她发现用权示威的目的已经完成，而且出于政治必要，也就采取先打后拉的方法，仍令奕䜣管理总理衙门，之后又恢复了他的领班军机大臣的官职，但取消了议政王的称号。之后，慈禧太后逐渐大权独揽。

清政府与外国侵略者的公开联合，对曾国藩集团的加强依靠，让太平天国和各地人民的起义所面临的情况比以前更为复杂和恶劣。

**控制王位继承**

1872 年同治皇帝成年，他挑选慈安太后推举的一位年轻女子做皇后，而没有挑选母亲慈禧替他选择的女子。慈禧竭尽各种手段，阻挠皇帝去见皇后，反之鼓励他常常到她选中那位妃嫔处去。皇帝对其干涉很生气，他报之以对皇后和妃嫔全部抵制，而且常常到宫外风月场去寻求慰藉。1873 年 2 月，他开始执政，因为讨厌母后干政，他突发奇想地要重建圆明园——以前的已经于 1860 年被额尔金勋爵烧毁——当成慈禧归政之后的居住地。可是，1874 年 9 月，因为涉及一位投机的广州商人和一位法国木材商的丑闻问题，建设工程只好停止。不久之后，年轻的皇帝就疾病缠身，于 1875 年 1 月 12 日死亡，时年 19 岁。在患病过程中，慈禧太后不但没有帮他康复，居然极尽其能地促其速亡。

同治皇帝无嗣而亡，虽然此时皇后已怀孕，王位继承情况变得十分微妙，到处是密谋。慈禧马上看到了重新摄政的机会，早在同治帝驾崩之前，她就开始策划了。她鼓励廷臣请求两位皇太后再次垂帘听政。她发现，挑选一位成年亲王继承王位就解除了摄政的必要性；而假如选择一位大行皇帝下一代的年幼亲王，就会使她变成“太皇太后”，即与权力的合法来源——皇帝——隔两代。这两种方案都要避免。为了保证她的摄政地位，新君一定要是大行皇帝同一辈中的年幼者，这样她与皇帝也就只隔一代了。因为这些想法，她放弃了大行皇帝的临终抉择，对恭亲王对于王位继承应拖延到皇后生下皇嗣的提议也置之不理。1875 年 1 月 12 日，在 27 位亲王参与的会议上，慈禧主动告知了她的选择：外甥载湉。此人是她妹妹和醇亲王（奕譞）的儿子，年龄才 4 岁，和大行皇帝同辈。皇位在同一代人之间传承，违反王朝的继承法，可是没有人敢挑战她。只有一位忠心的汉族吏部主事吴可读白缢以示反对——这种行为被称为“尸谏”。

嘲讽的是，新皇帝的年号设为“光绪”，即“光荣延续”之意。1875 年 1 月 15 日，两位皇太后“恩准”各位亲王和高官的“谏请”，赞成皇帝未成年时依然共同摄政。同一时刻还发布了一道懿旨，大体意思是皇太后将在皇帝成年时归还政权，而新皇帝未来生的儿子也应过继为大行皇帝的儿子。采用这种伎俩，慈禧保证自己又一次摄政，又一次垂帘听政，掌控权柄。可是，她掌控不了的一件事情是：孩童皇帝会长大。

1886 年，光绪皇帝 16 岁，提出了要于下一年亲政的想法。他的父亲醇亲王极度了解慈禧，了解她不愿放弃权力，于是他机智地提议推迟权力过渡。1887 年 2 月 7 日，皇帝到达了他期待已久的成年，可是亲政时间又被推延了两年，在这两年内，他要接受皇太后的训政。1889 年 3 月 4 日，皇太后宣布“退居”颐和园，但是没有人怀疑她仍掌控着国家的最高权力。她逼迫皇帝按照她的选择与他表妹成婚，以确保她自己能监督并且直接参加政务。她通过亲信太监李莲英牢牢掌控着宫廷及通过军机大臣孙毓汶牢牢掌控着政府，皇帝仅仅是个摆设而已。

为了使朝廷不受她的掌控，光绪帝和醇亲王重新启动建颐和园的工程，期望她在此颐养天年，放弃对国事的掌控。兴建资金总计 3000 万两，来自海军衙门的预算，这是由醇亲王点头赞成的。由于这笔资金被挪用，1888 年之后就没有再购买新船。因此，1894—1895 年的中日战争中，中国海军失败也就不得不令人感慨了。

有人可能会说，一个女人怎么能掌控如此大的权力，官员又为何不拒绝她的颐指气使。她的成功可以归结为三个方法。第一，尽管她本人违背朝规祖制，但她逼迫所有其他的满洲人严格遵守。她以帝室宗法严厉制约帝室成员，毫不留情地将违反者送到宗人府处罚。她对他们待之以残酷，施之以恐怖，使他们胆战心惊，俯首帖耳。第二，对汉族官员，她强调儒家君君臣臣和以孝为本的重要性。她的意思很明白：如果两个儿皇帝对我言听计从，敬我毫厘不爽，那么你们官员就应该尊敬我！第三，她充分了解满洲人的腐化和堕落，便依靠汉族的得力干将，如曾国藩、左宗棠和李鸿章，虽然她也担心他们势力上升、和洋人为伍，以及掌控新式陆海军与近代企业。为了保证她自己的地位，她以高官厚禄迁就他们，但暗中又纵容保守派声讨他们，以作牵制。慈禧太后用这些手段，成功地掌控了中国达半个世纪之久。可是，她个人的成功对王朝和国家来说，则是非常大的灾祸。在她的专横管理下，清王朝没有振兴，中国更深地陷入外国帝国主义的绝境。她于1908年去世，仅仅过了三年，清王朝就被推翻了。

**清政府的自强运动**

总理衙门设立后，即设南、北洋通商事务大臣。南洋通商大臣初为五口通商大臣，建立于1844年，以前是两广总督兼职。1858年改由两江总督兼任。1868年，由于通商口岸已扩展至长江各地，于是改五口通商大臣为南洋通商大臣。北洋通商大臣最初是三口（牛庄、天津、登州）通商大臣，1861年设立，当时是专职。1870年，因为通商事务加大，改三口通商大臣为北洋大臣，管理直隶、山东、奉天三省通商、接触事务，由直隶总督担任。总理衙门对于南、北洋大臣，只是拥有顾问和代传达权力，不能直接指挥，在制度上没有隶属问题。直隶、山东、奉天三省通商、接触事务，由直隶总督担任。总理衙门对于南、北洋大臣，只是拥有顾问和代传达权力，不能直接指挥，在制度上没有隶属问题立于1861年，设正、副总税务司各一人，由洋人担任，管辖全部海关税务。

同文馆于1862年在京师成立，是培育外国语言文字、科学技术人才的学校。在外国语言文字方面，依次分设了英、法、俄、德、日五馆。科学技术方面，从1866年起，陆续添设算学馆（包括天文）、化学馆、格致馆（力学、水学声学、气学、火学、光学、电学等）和医学馆。总税务司和同文馆尽管是独立机构，可是和总衙门关系密切，在组织上也有直接联系。奕䜣等人在奏请成立总理衙门的“通筹洋务全局”折中，觉得英国“并不利我土地人民，依然可以信义笼络”，不过是“肢体之患”，俄国是“肘腋之忧”，但是太平军和捻军则是“心腹之害”，所以主张“灭发捻为先，治俄次之，治英又次之”。事实上是要求与外国侵略者一起弹压中国人民的起义。自强运动当中，中国依旧得到外国提供的建议和鼓励，海关总税务司赫德和英国驻北京公使威妥玛一直督促中国“进步”。他们的敦促所造成的直接结果，是总理衙门在1866年决心派遣一个非正式的试探性外交使团前往欧洲，并让正在休假的赫德当向导。这个使团由时年63岁的斌椿带领，他曾担任知府，当时是赫德的中文秘书。朝廷赐予他临时三品官衔，以提高使团的身价，随行的还有几位同文馆的学生。恭亲王明确表示，这不是正式的外交使团，而仅仅是一支非正式的到西方收集资料的公费观光团队。这个使团拜访了伦敦、哥本哈根、斯德哥尔摩、圣彼得堡、柏林、布鲁塞尔和巴黎，使团所到之处都受到了体面的欢迎。回国后，成员把这次出使写满了三本日记，详细描述了他们在欧洲的所见所闻。可惜的是，他们的观察大体局限于西方的社会风俗、高楼、气灯、电梯和机器等新奇事物，英国的议会和其他政治体制只是一笔带过。

**蒲安臣使团和修约，1868—1870年**

当19世纪60年代西方政府实行“合作政策”（CooperationPolicy）时，在条约口岸尤其是上海的外国商人和中国通（Old China Hands），一直叫嚣实行一项更具侵略性的法案；而且煽动要将中国全国向西方商业开放，并使用铁路、电报、采矿和数量巨大的其他近代企业来造成“进步”。他们的声明，算上赫德和威妥玛的折子，使总理衙门担心，英国也许在即将到来的修约期间，对中国提出更多的新要求——与英国签署的《天津条约》第二十七款规定10年之后（即1868年）修约。为了应付这个倒霉的时刻，总理衙门着急地询问外省督抚——这些人在太平天国革命之后变得非常强大，寻求他们对如下这些可能出现争端的问题的观点：建设铁路和电报、开采矿产、传教士的行为、内陆航运和中国向外国遣使等。

曾国藩是当时最关键的政治人物，时任驻南京的两江总督。他提议，中国应委婉及坚定地拒绝外国在铁路、电报、内河航运、中国水域内运盐，及开设货栈的全部要求，因为这些活动将极大危及中国的民生。另一方面，矿业却是一项获得暴利的事业，在其运作初期，中国可以使用外国的器具。他确切认为，当拥有合适人选和资金时，中国应该向外遣使，但他对传教活动并不留心，而且相信传教仅仅是有时成功或有时失败——视资金而定，而当时处于低谷——这样教士的存在可谓是无关紧要的。曾国藩的想法代表了那些比较负责及进步的官员的观点。

事实上总理衙门的担心是没有根据的，因为英国政府并不赞同“中国通”在中国推动仓促而又不合时宜的“进步”的行为。1867 年 8 月 17 日，外交大臣斯丹立勋爵（Lord Stanley）告知在北京的英国公使阿礼国（Rutherford Alcock）：

“我们决不要希望中国的政府或是民众，立即会用我们同样的眼光去观察事物。我们一定要铭记我们经过很多年所获得的经验，而且我们一定要引导而不是逼迫中国使用一套优越的制度。我们一定要安心等待那套制度的逐步形成。我们一定要有耐心等待在 1868 年修约中得到新的成果。”

英国政府同意在中国执行“安全方针”（safe course），以巩固已经获得的地位，并且利用道德的影响、节制和耐心去取得进一步的发展。可是，由于总理衙门在伦敦没有外交代表，所以对英国的方针一无所知。但是，假如他们没有好的情报可供考虑的时候，他们可以按照常识，使用“以夷制夷”的老原则。恭亲王和文祥从离任的美国公使蒲安臣那里获得暗示，他将很乐意像一名中国使节那样调解中国与外国列强的争执，所以恭亲王和文祥邀请他加入一个到西方的巡回外交使团，以劝解欧美各国政府不要强行加快中国的西化步伐。

蒲安臣是从马萨诸塞州来的的一位天才演说家，他说道：“当占人类三分之一人口的世界最古老的国家，第一次寻找与西方建立关系时，它希望世界最年轻国家的代表，来成为这种转变的中介，这项使命是不容推卸的。”

蒲安臣和同行的一位满族副使及一位汉族副使，带领使团于 1868 年 5 月前往美国。加利福尼亚州长致以热烈欢迎，说蒲安臣是“我们的客人，最年轻政府的儿子，最古老政府的代表”。蒲安臣在答辞中回复：中国欢迎“西方文明之光辉旗帜”，“这一日，这一刻已经来临”。在纽约，蒲安臣一样夸大其词地宣告，中国希望传教士“到它广袤山河的每一处，竖起闪亮的十字架”。蒲安臣的话语和魅力征服了美国人，也许还有他本人。在与总统约翰逊（Andrew Johnson）进行了一次殷勤万状的会晤后，他在 1868 年 7 月 28 日与国务卿西华德（Seward）签署了一项条约——这是他个人的行为，事先没有获得中国政府的批准。美国在条约中承诺，将对中国的发展使用不干涉政策，条约还规定了中国派出领事和劳工到美国，两国人民享有在彼此国家内居住、宗教信仰、旅游和入学的权利。虽然没有事先磋商，北京还是非常感激地认可了这个条约。

使团又前往伦敦，受到维多利亚女王的欢迎。代替斯丹立的外交大臣克拉兰顿勋爵重新强调，英国将不逼迫中国“发展过快，而要使它的发展安全稳定、适应符合其臣民的情感”，并将反对任何欧洲国家逼迫中国使用新体制的政策。在柏林，蒲安臣促使俾斯麦公爵（Prince Bismarck）声明，“北德联邦”将以北京觉得最符合其利益的方法与中国交往。在圣彼得堡，蒲安臣在拜见沙皇后便患上了肺炎，于 1869 年 2 月 23 日死去。之后，使团由两位副使带领，拜访了布鲁塞尔和罗马，1870 年 10 月回到中国。

就其直接目标而言，蒲安臣使团获得了巨大的成功，由于它使西方列强承诺，在即将到来的修约中使用节制和温和的方针。可是从长远的观点来看，它帮助了中国的保守主义，因为它让在这个使团上花销了 16 万银两的满洲官员开始觉得，洋人毕竟是可以花钱来应付的。他们变得更加自傲，对外来刺激也愈加麻木。这个使团不期而然地对中国的现代化产生了阻碍作用。

现实的修约谈判是在没有炮舰逼迫条件下对等地进行的，这是鸦片战争之后的第一次平等谈判。谈判达成了 1869 年阿礼国协议，即同意中国在香港建立一个领事馆；提高鸦片进口税，从每担 30 两上涨到 50 两；提高生丝出口税，从每担 10 两上涨到 20 两；限制最惠国待遇：那就是说假如中国有条件地赋予另国某种利益，如果英国也希沾同样的利益，那么它一定要接受相同的条件。这些条款遭到英国商人的激烈反对，特别是中国驻香港领事，这名领事被认为是一个收税官和间谍。英国政府遭受强大压力，不同意批准阿礼国协议。总理衙门感觉到对外国善意的信任遭遇了背叛，而保守派和排外派立马地指出，夷人仅仅会掠夺而决不会给予，假如商谈的条约稍稍不利，他们就否认。这样当 19 世纪 70 年代开始时，排外主义的浪潮又卷土重来。

**天津教案，1870 年**

就在蒲安臣邀约传教士到中国广袤山河竖起闪亮十字架的时刻，中国国内出现了一场反洋教运动。被视为一种异端信仰的基督教与儒家是相对立的，它的男女混聚的惯例与中国男女授受不亲的习俗互相矛盾，这就引发了有关洋教淫乱和堕落的谣言。传教士保护中国皈依者不接受地方司法制裁，建造教堂时无视长时间以来备受尊重的风水观念，这些都一直刺激着中国人的感情。反洋教的小册子不断出现，广为流传的一本名为《辟邪纪实》，是一位自称“天下第一伤心人”的作者于19世纪60年代早期写成的。士绅抵抗的反传教士活动是经常出现的，这立马遭到外国驻华代表的报复。英国驻北京公使阿礼国自负地称：“假如提出要求，任何退却都也许会严重危害我们在东方行事所依赖的信誉和影响。”1868年8月，当扬州一群民众抢劫并放火烧毁由中国内陆会教士戴德生（j. Hudson）新设立的传教站时，阿礼国派领事麦华陀（W. H. Medhurst）带领四艘舰艇到南京，逼迫总督曾国藩撤掉扬州官员并给予补偿。炮舰政策和侮辱性惩罚马上得以完成，但是激怒了公众，导致了排外情绪。就连伦敦也觉得，阿礼国和麦华陀的行动与英国的政策不符。

1870年的天津教案是引发这场大规模反洋教动乱的导火索。天津成为爆发的地点不是偶然，在1858年，《天津条约》和1860年《北京条约》的谈判过程中，它曾两度被外国军队占据。即使在议和之后，英法依然在那里驻扎了五六千军队，以保证中国履行条约义务。虽然法国军队在1861年11月、英国在1862年5月撤出了天津，但英法的部分武装力量在1865年前一直驻守在大沽。外国军队的存在一直是一个刺激因素，而1860年法国占据了在天津的皇庄，并将其改成领事馆，令情况火上浇油。1869年，法国人在一座摧毁的佛教寺庙上，建立起全胜圣母教堂，在内办有一座育婴堂。由于几乎没有中国人愿意把孤儿送到外国机构里，修女们就为每个入堂孩童提供了一份酬金，因此鼓励了被称为“儿童贩子”的流氓绑架孩童。高死亡率及酬金的提供不可避免地引发了猜疑。谣言扩散开来：在深宅大院内，洋人对小孩使用魔法，伤害他们的身体，挖取他们的心脏和眼睛来炼制药品。一场排外暴乱在酝酿之中。北洋通商大臣崇厚彻查了育婴堂，并没有看到荒谬控诉的真凭实据，可是民众的情绪继续高涨。粗暴的法国领事丰大业（HenriFontanier）和一等秘书西蒙（M. Simon），携带着枪支前来为修女寻求公道。当发现当地知县正尽力驱赶群情激愤的民众时，丰大业十分恼怒，便开枪射击，枪没有打中知县，可是打死了知县的仆人。民众沸腾，无法掌控，于是处死了丰大业和他的助手，焚毁了教堂和育婴堂。10个修女、2个教士和2个法国官员死亡，3个俄国商人被误杀，4座英国和美国教堂遭破坏。外国炮艇马上开到天津，来自7个国家的公使向总理衙门发起了强烈抗议，要求赔偿和处理凶徒。朝廷委任最受尊重的大臣、时任直隶总督的曾国藩来处理这一事件。这位60岁的政治家正在保定养病，他担心自己是否有精力完成这一困难的任务。在天津，他知道局势比他预料的更为棘手。法国代办罗淑亚（Julien de Rochechouart）要求杀死陈国瑞将军及天津知府和知县，而保守的中国官僚和文人反对任何退让和安抚。曾国藩了解到要避免与法国决裂，就一定要在调查中不偏不倚，可是这样做将招致顽固保守派的攻击。所以，他得在正直和丧失声望之间做出选择。

曾国藩的品质和勇气又一次显现出来了，他没有一心求稳地去迎合公众的感情，也不忧心他的政治前途——他公正地提议，朝廷应该澄清事件的真实情况，并且先对英国、美国和俄国做出赔偿，使它们不与法国搅在一起。之后，他亲自观察了育婴堂，从150名孩童那里获得了第一手实情，了解到他们不是被拐诱来的，而是他们家庭自愿送来的。曾国藩请求朝廷发布一项声明，否认关于伤残孩童身体、挖取心脏的全部谣言，以恢复修女的名誉。为了结这一事件，曾国藩提议对涉及暴乱的人施以重罚：将道台、天津知府和知县撤职查办；杀死15名关键的挑动者，流放21人。如果这些安排还不能使法国满意，曾国藩上奏道，可以采用更加严厉的处罚。

保守派立即将曾国藩痛斥为叛徒，大学士倭仁嘲讽在惩凶问题上与法国讨价还价的想法，他尖锐地争辩道，自朝廷成立以来，还没有处罚无犯罪证据的人的案例。朝廷也觉得曾国藩的提议有些难以接受。在这个关头，湖广总督李鸿章上报了一份使用折中立场的奏折他提议，法国作为文明的基督教国家可能对过分处理中国官员没有兴趣，处死8人、流放20人就足够了。朝廷把李鸿章派遣到天津来接这一调查，曾国藩被派往南京担任总督。他遭到了挫折，十分痛苦，陷入了深深的忧伤与苦恼当中。当他给朋友写信时，他常常在信中题写“外惭清议，内疚神明”。

李鸿章很快和法国处理了这一案件，条件是为死者和财产损失赔偿40万两白银，派出道歉使团，发配天津知府和知县，判18人死刑、25人到边疆服苦役。道歉使团让崇厚率领，前往法国后得知法国专心与普鲁士作战，无法接待他们。在经纽约回国的路上，崇厚又被召回了法国。1871年11月23日，临时总统梯也尔（M. Thiers）在凡尔赛接见了他。梯也尔宣布，法国对处死中国的滋事者没有兴趣，但是关心长久的和平与秩序。梯也尔接受了中国皇帝的道歉信，这个事件就正式完结了。

**觐见问题，1873 年**

虽然外国外交官自 1861 年起就在北京居住，可是他们觐见皇帝的请求一直被拒绝。恭亲王凭借摄政王的身份接见他们，并且向他们说道，在皇帝幼年时期拜见他是不明智的，而因为不同的社会习俗，与两位皇太后相见也将引发极大的不便。中国推迟接见的真实原因，是这些外国外交人员声称，依照 1858 年《天津条约》，使节不得被要求来行使贬低其荣誉和尊严的礼节。外国公使自己也一直宣称，在以后的任何觐见中，他们都不会行拜头之礼。

总理衙门的方法推迟了觐见，但没有解决这个事情，由于年幼的皇帝将要长大。在 1867 年的修约和谈中，总理衙门就这个问题向关键的地方政要征求建议。湖广总督李鸿章宣称，外国使节应被同意行在其本国统治者面前同样的礼仪。两江总督曾国藩表明，应像康熙皇帝（1662—1722）以对等敌国而不是采用附属国的方式对待俄国一样，朝廷也应该把外国公使当成来自对等敌国的使节对待，同意免行中国之礼。另一方面，很多保守的官员争辩道，中国不应只为了附和外国人的便利而改变其体制和惯例。

1872 年，皇帝已届成年并成婚，但是没有邀请外国外交人员参与这个庆典，所以也就避免了礼制问题。第二年 2 月，皇帝开始执政。外国代表重提觐见要求，总理衙门看到无法再拖延这个问题了，遂就合适的礼仪问题和外交人员开始了长期的讨论，最终，他们同意外国代表在拜见时以鞠躬代替叩头。这个时候，日本外相副岛种臣到达中国来交换 1871 年条约的批准书（参见下一章），他坚持说，因为他的大使身份，所以有权早于身为公使级别的西方使节接受接见。这明显是想让别人明白，日本深谙西方的外交惯例，并借此表明日本和西方列强平起平坐。

1873 年 6 月 29 日是个星期天，外国外交官被命令于上午 5 时半会合，可是直到 9 点他们才在紫光阁受到同治帝的接见。日本外相第一个受到接见，之后按照资历深浅分别是俄国公使倭良嘎哩（Vlangaly）、美国公使镂斐迪（Low）、英国公使威妥玛、法国公使热福哩（de Geofroy）、荷兰公使费果逊（Ferguson）、德国翻译壁斯玛（Bismarck）。他们将国书放在皇帝面前的桌子上，皇帝通过恭亲王对各位公使代表的国家表现了友善之情。西方外交官盼望 12 年之久的拜见，只有半个小时便要收场。这次拜见不孚众望，外国代表后来知道，他们受接见的紫光阁就是用来召见贡使的地方，这让他们更加兴味索然。

**马嘉理案，1875 年**

19 世纪 70 年代初，关税之战导致欧洲大萧条，连带对中国的贸易也产生不利影响，在 1872 年之后持续衰退。汇丰银行在其历史上首次宣布亏损，并宣称 1874 年和 1875 年无红利可分。为了贸易方面有光明的未来，英国策划了一个策略，就是建立一条从缅甸到云南的铁路贸易路线，以方便打开中国的后门，进入中国内陆。

1874 年，迪斯累里（Disraeli）政府的印度部大臣索尔兹伯里勋爵（Lord Salisbury），要求印度政府负责考察建议路线的任务，并希望外交部指示驻北京公使征得中国政府同意，让一支从缅甸来的探险队从那里进入中国。

威妥玛猜测这样一条线路能否用于贸易，令他吃惊的是，他发现中国政府不仅欣然同意了他的请求，而且允许 28 岁的英国副领事马嘉理（Augustus Magary）沿长江上溯接待探险队。虽然马嘉理知道中国和缅甸的边境地区有匪盗出没，并且对外国人保持敌意，但他不接受中国地方官员的警告，冒险来到边境地区的八莫（Bhamo），等待由上校布朗（Horate A. Browne）带领的探险队从缅甸前来。1875 年 2 月 21 日，马嘉理在那里遭到伏击身亡。

国际法规定，当一位外国人因为自冒风险而身陷危险时，东道国没有确保其安全的责任。可是，英国政府坚持要中国政府对谋杀负责，并且命令威妥玛索取赔偿。野心勃勃的威妥玛利用这个时机，要求调查谋杀事件，抚恤死者家眷，另派探险队，审判事发地所在辖区的云贵总督；他还要求了许多额外的议题，如后来的觐见程序、过境税、对待外国外交人员的礼遇、派出道歉使团到英国。北京马上同意调查并做出赔偿，但是不同意其他不相关的问题。威妥玛急不可待地将使团撤离到上海，恐吓要断绝外交关系。为了避免关系破裂，1875 年 8 月 29 日，朝廷派郭嵩焘率领道歉使团前往英国，并且派朝廷信任的外国雇员赫德到上海去劝解威妥玛再次协商。赫德技巧地暗示：如果不在中国重启谈判，郭嵩焘也许会在伦敦开展外交行动，在那里解除争端将使威妥玛没有办法邀功请赏。威妥玛同意与李鸿章在避暑胜地烟台见面。1876 年 9 月 13 曰，双方签署了《烟台条约》，解决了马嘉理事情。《烟台条约》的第一部分规定，向英国派出道歉使团，补偿死者家庭白银 20

万两。第二部分规定应制定中国政府和外国使节之间的礼仪条文。第三部分规定新增四个新的港口，并划定条约口岸的免收厘金区域。可是由于如下方面的反对：（1）美国、德国、法国和俄国指责英国的单方面行动；（2）提出完全废除厘金的英国商人团体；（3）反对提高鸦片税的印度政府，这个条约直到1885年才得到英国的批准。

马嘉理事件最关键的后果是中国派出了道歉使团，该使团成为中国在国外的第一个常驻使团。使团的领导人郭嵩焘是李鸿章的朋友，当时60岁，思想进步。在前往英国之前，他被赐予兵部侍郎衔。1877年2月8日，他把清帝的道歉信呈送给维多利亚女王，后来，他在伦敦设立起第一个中国公使馆。在之后的两年，另外一些使馆也在巴黎、柏林、西班牙、华盛顿、东京和圣彼得堡设立起来。中国在回应西方外交代表惯例方面的缓慢，可以归结为如下几个因素：在体制上，它从来没有向国外派出过长驻性使馆，而只派出过一些特别使团，其使命不是在强盛和繁荣的时候展现天子的威望，把边陲国家划入贡赋体制，就是是在孱弱和混乱的时候向蛮夷祈求和平或与之结盟；在心理上，大多数满清官员把外交事务视为卑躬屈膝的事，把出洋任职当作流放，避而远之,；敏锐精明的官场人士尽力规避与洋人联系到一起。御史、翰林和保守的士绅官僚总是说：向来是以夏变夷，从来没听说以夷变夏。他们提倡保守主义来抵抗现代化，责骂对外交往有失体统。保守主义的势力很强大，导致反对创新的惰性也异常巨大，也使中国花费了15年的时间才得以解决这种障碍，同意并实行西方外交代表制度。到1880年，中国才缓慢地进入了国际大家庭。

## 第二节　列强在华势力的扩大

19世纪60年代，列强在侵略中国的行动中使用了“合作政策”。这项政策由英、美两国所倡导，而后为俄、法等国所赞成。西方资本主义国家妄图巩固和扩大不平等条约中所取得的权益，在有关侵华的关键问题上彼此进行“协商与合作”，以达到相同的侵略目的，这就是“合作政策”的本质。清政府虽然知道“彼族深险狡猾，遇事矫执，或条约中本系明晰，而彼必曲伸其说；或条约中无臻妥善，而彼定据以为词，极其坚韧性成，得步进步。不独于约内所已载者难稍更动，且思于约外未载者更为增添”，可是，却无力，抗拒列强的要求，对外采用妥协退让的政策。在这种状况下，列强逐步加深了对中国的侵略。

1861—1862 年间，英、法、俄、美等国依次在北京建立了公使馆。不断派使来华，不单单有欧洲的德国、丹麦、荷兰、西班牙、比利时、意大利、奥地利，甚至亚洲的日本、南美洲的秘鲁诸国。西方和日本凭借它们的驻华官员，侵略势力从东南沿海进入到中国的心脏，一方面直接对清政府采用外交讹诈，加大它们在华的侵略势力；另一方面粗暴地扰乱中国内政，提高它们对清政府的政治影响力。1866 年，英国驻华使馆参赞威妥玛向清政府提出了一篇《新议略论》，要求清政府切实保证外国侵略者在华的一切特权和利益，完全依照他们的旨意做事。他威胁说，假如触犯了外国侵略者的权益，他们肯定要进行干涉，“一国干预，诸国一起，试问将来中华天下，能否一统自主，抑或不免分属诸邦，此不待言而可知”。这篇《新议略论》充分显露了外国侵略者妄图凌驾于清政府之上操纵中国内政和外交的欲望。

从 19 世纪 60 年代到 80 年代，列强依靠着它们从不平等条约中所获得的种种特权，逐步加大了对中国的经济侵略。1869 年苏伊士运河正式使用，使中英之间的航程比以前绕道好望角减少了大约 1/4。1871 年，上海到英国伦敦和美国旧金山的电报线路连通，使西方资产阶级能够快速掌握市场行情。这些条件为外国侵略者扩大对华掠夺提供了方便。中国作为一个半殖民地国家被更深地卷入了资本主义世界市场。在这个时期，中国对外出口大体还是农产品。在出口货物中，茶叶依然占着首要地位。但因为日本茶和印度茶在国际市场上的竞争，它所占的比重逐步下降。生丝和丝织品的出口，虽然少于茶叶但是占第二位。草帽辫、皮革等货的出口，尽管有较大幅度的上升，但售价相对低。中国的出口货大体为各种原料，这是当时出口贸易的一个明显的特点，表明中国正逐步变成外国资本主义的原料供给地。另一个明显的特点，则是中国的出口贸易基本上全部被外国洋行所控制，原料生产者遭到外国商人的压价掠夺，他们已成为外国资本主义直接压榨的对象。

外国资本势力为了输出商品和输出原料的方便，还在中国运营轮船航运。1862 年，以经营鸦片走私闻名的美国旗昌洋行建立了第一家专业轮船公司——旗昌轮船公司，垄断我国长江中下游轮船航运长达 10 年之久。19 世纪七八十年代，英国太古、怡和两家轮船公司依次建立，因为它们实力雄厚，又有不平等条约的保护，所以逐步侵占了我国沿海和长江中下游的大部分航运权益。外国轮船公司运营中国沿海和内河航运，不仅沉重地打击了中国旧式帆船运输业，而且严重阻碍了中国新式航运企业的生存和发展。

在对华进行经济侵略期间，列强在中国陆陆续续设立了一些银行。早在1848 年，英国便在上海成立了东方银行（又名丽如银行或金宝银行）。之后，于 1854 年和 1857 年又先后建立了有利、麦加利两银行的上海分行。19 世纪 60 年代，外国在华设立的银行越来越多，其中 1865 年在香港、上海两地同一时刻开业的英国汇丰银行，实力一直在扩充，至 1890 年资本已上升到港洋 1000 万元，同时依次在汉口、天津和北京设立了分行，逐步发展为外国在华资本最雄厚的金融公司。到 90 年代初，德国的德华银行、日本横滨正金银行、法国东方汇理银行又依次在上海建立，但实力都比不过汇丰银行。这些外国银行在中国运营国际汇兑，发行纸币，对清政府进行贷款，开始掌控中国的金融市场，变成列强对中国进行经济掠夺的重要手段。外国资本主义在华政治、经济势力的扩大，逐渐加深了中国半殖民地化的程度。中国的农民和小手工业者慢慢破产，承受着旧生产方式逐渐解体时的种种苦难。

外国资本势力还不断在中国设厂，最开始是在广州、香港、上海等地开设适应对华贸易需要的船舶修造厂；19 世纪 70 年代后发展到为进出口服务的加工业和一些轻工业，大体有砖茶、缫丝、制糖、制革、轧花、打包厂等；80 年代之后，投资的关键点是公用事业；到 90 年代初一共有 192 家，资本额将近 2000 万元。当中如砖茶业，60 年代俄商就开始在汉口设厂经营，到 70 年代已在当地设立起顺丰、新泰、阜昌三家砖茶厂，并迅速在江西九江、福建福州等地开设分厂，垄断了中国出口砖茶的制造。外资的缫丝工厂则汇集在上海，七八十年代规模相对大的有美国的旗昌丝厂、英国的公平丝厂和怡和丝厂。到了 90 年代后，旗昌、怡和一直在扩大规模，英国的纶昌、美国的乾康、法国的信昌、德国的瑞纶等厂也依次在上海设立，资本额一共是 531 万元，成为那时外资企业中资金比较雄厚的一个行业。这些外资企业是外国资本主义经济侵略的构成部分，可是它们在客观上也刺激了中国近代工业的发展。

1860 年与英法媾和的惨痛经验，导致恭亲王对洋人的态度出现了彻底的转变。在此以前，他也是强烈反洋的，提议对外夷索求作坚决抵抗并处死巴夏礼（Hany Parkes）。而在媾和以后，他改变了对夷务的态度。他逐步尊重甚至崇拜英国的力量，觉得中国别无选择，只有去学会怎样与西方相处。

恭亲王在与额尔金勋爵和葛罗男爵的商讨中，确切地领悟到了西洋器械的精良。令他开心的是，他发现这些从前的敌人不但不想对中国隐瞒他们的军事秘密，而且还公开提出要依照西洋模式来帮助中国组建军队及铸造武器。英法占领军在缔和后马上撤离北京，进一步说明外国列强对中国并无领土欲望，而且不是蛮不讲理和不守信义，反倒是中国人习惯于欺诈他们。恭亲王得出结论，只要中国信守条约义务，以善意和开明的姿态对待洋人，不给他们以任何抱怨的理由，就能维护和平。按照这种乐观的观念，从前被认为是耻辱的条约，现在变为了一种用来确定最大让步底线的有用手段，超过这条底线，中国就不予同意，而洋人在法律上也不可以逾越这条底线。依据这种理解，这位 28 岁的亲王为中国拟定了一项新政策：中国应在外交上接受西方以得到一段时期的和平，并于这段时间在西方帮助下加强军事力量。所以，通过外交赢得和平便成为政府的直接目的，而自强更生则为终极目的。这种双向的方法在京城获得了满洲军机大臣文祥的衷心支持，在外省则得到几个实力派领袖如曾国藩、左宗棠和李鸿章等人的支持。

为中国拟定新的发展方向的并不只恭亲王一人，西方人也做了这方面的调查。他们认可了这样的事实，即享有条约权利的前提情况，是要让这些权利的政府继续保持下去。西方列强相信，一个安稳的中国有利于不断提高的对外贸易，所以决定维持清廷的存在并帮助它现代化。伴随这种政策的转向，英国以前的中立姿态转变为积极地（虽然也是有限度的）支持清廷弹压太平天国，如上一章中所述。

已经驻节北京的外国外交官也能够更好地理解中国人的想法，不知不觉地接受了某种程度的汉化。美国公使蒲安臣（Anson Burlingame）和英国公使布鲁斯（Fededck Bruce）现在提议一种对中国的“合作政策”，建议：(1)西方列强之间的合作；（2）与中国官员的合作；（3）认可中国的合法权益；（4）坚守条约权利。中国和西方所作出的政策变化，导致了 10 年时间的比较和平、和谐、善意和合作，并为中国的外交和军事现代化提供了一个优良的环境。

外交的改良出现在1861年1月11日恭亲王和文祥上奏的《统筹全局酌拟善后章程》，该章程提议设立一个新的衙门总理夷务；在原来有驻节上海负责管理以前的五个口岸的办理通商大臣之外，再在天津加设一办理通商大臣，以管辖三个北方口岸；饬令广东、上海各派两名了解外国语言之人来京担任；于八旗中选择天资聪颖、年在十三四岁以下者学习外国语言；各海口内外商情和各国新闻纸，按月上报总理衙门。这份章程标志了自强运动在外交方面的开始。

**总理衙门**

清廷原来一直没有建立外交官衙，因为中国从来就不在平等的、外交的级别上承认其他国家，仅仅只是在藩务（封贡事务）和商务的基础上对待它国。在鸦片战争之前，藩务由礼部掌管，因为它们实质上反映一种礼仪关系。俄羁斯和边疆事务由理藩院处理，而与西洋海国的贸易则让给驻节广州的总督处理。该总督凭借粤海关监督（“户部”）和行商“驾驭”那些外夷。在两次鸦片战争期间（1842—1856），出于纯粹实用的目标，两广总督和两江总督担任了中国的非正式外交大臣和副外交大臣。1860年的《北京条约》又一次强调了西方外交代表驻扎中国京城的权利，之后就出现了设立一个外交机构来统筹处理外交事务的实际需要。接纳外国使节、分配使团馆舍、交付赔款、开放新口岸和很多与新的条约义务有关的其他问题，要求立即给予关注。

因为恭亲王的奏请，1861年3月11日在北京建立了总理衙门。虽然外国人通常都称之为外交部，但实际上它的职能好似是军机处的一个下属机关，而不是一个正规的政府部门。它最开始被设想为一个临时性衙门，它用途五个股：俄国股、英国股、法国股、美国股和海防股。另有两个附属机关：海关总税务司署和同文馆，由一位帝胄亲王管理，另由一些大臣协同负责，这些大臣同一时刻兼任内阁部院官员——军机大臣、大学士、诸部尚书和侍郎。在他们之下是16名处理文案的章京，满汉各8人。作为一个办事机构，它不拥有编制，也没有定级别，仅仅是一个出于权宜之需设立的临时机构。理论上，它只留心外交政策的执行而无权干预政策的制定，因为最高决策权掌控在皇帝及其首席顾问军机大臣手中。可是在实践中，总理衙门的奏请通常都获奏准，因为恭亲王和文祥两人均担任军机大臣。恭亲王是总理衙门首任的、也是长时间负责的大臣，军机大臣兼户部侍郎文祥则是该衙门关键的大臣，他一直任职至1876年死亡。

总理衙门总理各国事务衙门，是中国晚清管理外交事务、派出驻外国使节，还负责管通商、海防、关税、路矿、邮电、军工、同文馆、派遣留学生等事务的中央机关。最开始叫总理各国通商事务衙门，简称总理衙门、总署或译署。总理衙门由王大臣或军机大臣担任，并模仿军机处体例，设大臣、章京两级职官。有总理大臣、总理大臣上行走、总理大臣上学习行走、办事大臣。初设时，奕䜣、桂良、文祥3人为大臣，之后人数略有上升，从七八人至十多人不等，当中奕䜣任职时间长达28年之久。大臣下设总办章京（满汉各2人）、帮办章京（满汉各1人）、章京（满汉各10人）、额外章京（满汉各8人）。其旧址处于北京市东堂子胡同49号，原来是清大学士赛尚阿的宅邸，于建立的同年改建。总理衙门的东半部是中国最早的外语教学机关京师同文馆（今北京大学外语学院前身），西半部是各部院大臣与各国使节进行外交行为的场所。1901年清政府实行宪政改革，把总理衙门改名为外交部，这也是东堂子胡同南侧“外交部街”得名的缘由。总理衙门最初负责外交与通商事务，之后扩大管理办工厂、修铁路、开矿山、办学校、派留学生等，权力愈来愈大，举凡外交及与外国有关的财政、军事、教育、矿务、交通等，全部都是该衙门管辖，变成清政府的关键决策机构。

尽管总理衙门未能有效地发挥外交机构的作用，但它作为现代化的倡导者却十分成功，它是中国在回应西方冲击时所设置的第一个重大的机关。它不仅办理外交事务，还开展一些现代化项目。它倡导新式学堂、西洋科学、工业和交通，这使它常常遭到一些死硬的守旧派打击，而外国人也经常批评它步伐不够快速。因此，总理衙门就处于一种两头受气的境地——外国人说它因循守旧、办事拖延，仇洋派则怒骂它将中国的利益出卖给外夷。它在19世纪60年代发挥了积极的作用，可是在1869—1870年以后影响日减，当时慈禧太后又一次训斥了恭亲王；而阿礼国协议也没有获得英国的批准（参见下一章）；也就是在这两年间，李鸿章担任了直隶总督和北洋三口通商大臣之职。享有着双重身份的李鸿章权力超过了总理衙门（参见下一节）。

**通商大臣**

鸦片战争后，清政府拟定五口通商大臣，非正式官衔，以两江总督耆英用“钦差大臣”名义管理。耆英担任两广总督，仍兼，五口通商大臣驻地亦转移到广州。第二次鸦片战争中，广州于咸丰七年（1857）被英法联军占据。八年年底，以两江总督何桂清为钦差大臣，处理各国商务。此时即南洋通商大臣。十年十二月（1861 年 1 月），总理各国事务衙门设立后，加设三口通商大臣，处理天津、牛庄（后改营口）、登州（后改烟台）通商事情。南洋通商大臣也列于总署之下，除五口外，又管理南方沿海新开口岸。同治九年（1870），天津教案后，三口通商大臣改为北洋通商大臣，赐予钦差名义，由直隶总督担任。南北两通商大臣所司不单单通商，只要涉洋务均在管辖范围之内，军事、交通、税务、教育等无不与闻，逐渐成为全国事权最大的两大疆吏。

除总理衙门之外，另在天津设立了处理北方的三口通商大臣，以满洲贵族崇厚为第一任大臣，直到 1870 年才由李鸿章接任。在 1870 年之后的 25 年里，李鸿章在天津的衙门事实上成了中国的外交部，但外国使节却没有离开北京。这个职署的设立并行于驻节上海的钦差大臣。上海钦差大臣办理最开始的五个口岸及依照新近条约开放的长江沿岸和南方沿海口岸之事务。1862 年，上海的钦差大臣被赐予“通商事务大臣”的官衔，由江苏巡抚担任；1866 年下半年，它变成两江总督的兼职。设在天津和上海的这两个通商大臣依次被称为“北洋大臣”和“南洋大臣”。

设立这些通商大臣官职的一个因素，是为了在北京之外的地方处理贸易，以便杜绝在京城产生太多的外交事宜。恭亲王明白朝廷对外国使节强行驻扎于北京心中害怕和愤慨，他解释了建立北洋大臣之职的私下原因：“如天津办理得宜，则虽有夷酋驻京，无事可做，久必废然思返。”这一计划相当成功，导致李鸿章在 1870 年接任天津北洋大臣之后便实际上夺取了总理衙门的职权。就像他在 1870 年解决了天津教案，1871 年奏请与日本成立了官方关系，1875 ~1876 年间处理了马嘉理案（Margary murder）（参见下一章）；也就像他在 1884 年与法国人进行了关于安南问题的和谈，并处理了 19 世纪 80 年代初期朝鲜的开放事情和甲午战争后与日本的和谈。

**同文馆**

1862 年（同治元年）7 月 29 日，恭亲王奕䜣、李鸿章、曾国藩奏准在北京成立同文馆，归属于总理衙门。设立管理大臣、专管大臣、提调、帮提调及总教习、副教习等职。总税务司英国人赫德担任监察官，实际管理馆务。依次在馆任职的外籍教习有包尔腾、傅兰雅、欧礼斐、马士等。中国教习有李善兰、徐寿等。美国传教士丁韪良自1869年起担任总教习，长达25年之久。该馆为培育翻译人员的“洋务学堂”，最开始只设英文、法文、俄文三班，后陆续增加了德文、日文及天文、算学等班。招生对象开始仅仅是十四岁以下的八旗子弟，1862年6月入学的只有10人，之后扩大招收年龄相对大的八旗子弟和汉族学生，还有30岁以下的秀才、举人、进士和科举正途出身的五品之下满汉京外各官，入学学生人数逐年上升。学习期限最开始为三年毕业，自光绪二年（1876）后变成两种：由外文而及天文、化学、测地诸学者，八年毕业；年岁比较大的，只借译本而求诸学者，五年毕业。

同文馆原初设计为一所联合教习西文和华文的学校，所以有了“同文馆”之名。因为没有一个中国人有能力教习外国语言，那些广东通事只好说“洋泾浜”英语，故一开始便聘用了一名英国传教士，一名法国传教士和俄国外交使团中的一名翻译，请他们到同文馆教习他们各自国家的语言，之后又添加了德语。该馆也教习汉语。1864年，美国传教士兼任教育家丁韪良（w. A. P. Martin）作为英文教习加入同文馆。到1866年，在解决了守旧派首席大学士倭仁的反对之后，天文和算学被加入了课程表；第二年，著名的学者型官员徐继畬被委任为专管大臣，这所学校逐步拥有了小型文学院的规模。馆内待遇很好，除膳食、书籍、纸笔由官家提供外，每月还有薪水银10两。京师同文馆有统一的课程安排和管理章程，完全不学“四书五经”之类的传统科目，被人认为是中国近代新式学校的开始。学生毕业后多半任政府译员、外交官员、洋务机构官员、学堂教习。该馆附设印书处、翻译处，曾依次编译、出版自然科学和国际法、经济学书籍20多种。此外还建立化学实验室、博物馆、天文台等。

1867年，丁韪良回到美国入读印第安纳（Indiana）大学，在国际法和政治经济学领域进行为期两年的进修，得到了博士学位。1869年他来到中国，被任命为同文馆总教习，他从海关总税务司赫德（Robert Hart）那里得到了财政支持。在丁韪良的带领下，同文馆八年的学制中增加了各类课程，前三年专门学习语言，后五年则学习赞各门科学和综合课程。1879年该馆在赞学生计163人，当中38人专学英语，25人学法语，15人学俄语，10人学德语，

33 人学算学，6 人学天文，7 人学格致，9 人学万国公法（国际法），12 人学化学，8 人学生理学。可是，学生的素质是相当低的，因为很少有满人和汉人的世家大族同意将自己的子弟送来就赞，最后导致学生中的相当一部分人是年龄偏大的平庸之人，他们是冲着津贴来就读的。虽然如此，同文馆标志着中国采用西式教育的开始。由于许多洋教习也在他们的华人学生帮忙下从事翻译，同文馆同一时刻也就担当了传播外来学识的原始研究机构。1873 年，同文馆设立了一个小型的印书处，是乃“大学出版社”的雏形，这里出版了十七部有关国际法、政治经济学、化学、物理和自然哲学等领域的关键著作。

同文馆光绪二十七年（1902）加入京师大学堂，清代在北京设立的采用班级授课制的第一所洋务学堂。

其他地方也创立了类似的外语和西学学堂，1863 年上海设立一所（广方言馆），1864 年广州设立了一所，1866 年在福州设立了一所。

同文馆最开始成立，学生不是年龄太小，就是太大。最开始的新学只有外语一科，调派八旗子弟，担任学员，年限 14 岁以下。几年后加开科学馆，满汉举人、生员、五品以下京外官员都可投考。两个月后，“投考者寥寥”，只能放宽要求，没有正途出身的也收。这样一来，最后有 98 人投考。可到了日子，真的来考试的只有 72 名，最终录取 30 名。这就是中国第一所新学堂中学习科学的第一批新学生。

总教习丁韪良把这批新学生叫作“老青年”，但究竟有多老，最开始他也不甚了了。有一天，他发现一个学生带着一个孩子，便问：“这是你儿子吗?”对方微笑着回答：“是我小孙子。”丁韪良这才知道，同文馆学生基本上已婚，当中还有两对是父子。又一天，丁韪良问一个学生：“什么事？你这么满面忧伤的?”学生答道：“老师，我的孩子夭折了。”这些学生多半仕途落魄，功名坎坷，这才来学新学——近代西方科学；另外一个因素是，你只要来上新学堂，政府就付给高薪。可是当时，他们被科举功名者所瞧不起，被斥之为名教罪人，士林败类。他们自己也这样觉得。“许多人连公开认同他们是同文馆学生的勇气都没有。”最开始设外语教学班，总署（外交部）四处寻找既懂外语又通汉文的教师。传教士中原来有这等人才，可是因为意识形态，为中国第一所新学堂所不用。

之后教英文的有了，但是其他语种，久不得人，导致总署大臣奕䜣到外国使馆公干时，也是一心两用，“留心访查”。后来法国和俄国公使依次推荐两人，一个叫司默灵，一个叫柏林。奕䜣亲自考察，发现二人双语并精。但是司默灵是法国传教士，奕䜣听后，很不高兴，当即拒绝。法国公使一再解释，说这人是传教士，很早就不传教了，还老实、忠诚、可靠，当外语老师没问题。最后奕䜣请旨定夺。奏折上说（译文），臣发现这个司默灵，明面上的确“看不出有传教士样子，再三言定，你到我同文馆是教书的，一定不可传教，一旦发现，立即开除”，并要法国公使担保。对于那个叫柏林的，“臣等接见，发现此人看上去不是那种十分狡诈的家伙，教咱们的学生学习俄语，好似问题不大。”诏准。同文馆之后有了法语和俄语班。

中国最开始的新学老师，很少科班出身，大多是半路出家。丁韪良在《同文馆记》中写道，有个叫方根拔的，德国人，同文馆天文学教授，非常喜欢标新立异，决心推倒牛顿的万有引力学说。一个夏日，他车上放满书籍，到八大处去，中途遭遇暴雨，车子倒了，书籍掉落地面，绵亘数里。丁韪良安慰他时，他说：“唉，那雨水啊！二十年的工作一日毁之，牛顿时代又能够苟延好几百年了。”丁韪良笑道：“说不定经过若干世纪，第二个方根拔还不能出生呢！”对这些老师，政府的确不大放心，于是自己派出的国语教师，均负有“暗为查察之责”，一旦发觉洋教习在政治或学术上出轨，小报告马上就打到了政府主管机关。

新学科目依据师资情况，逐年提高。每增加设一门新学，都需要新教学设备，这很困难，必须要总署批准才成。一天，丁韪良搞来一套电报机，想通过这“新奇的发明”，引诱中方同意他加设物理教学科目。他请总署派人到他家，观察他做电报试验。恭亲王奕䜣派来 4 个人。丁韪良非常开心地做实验，发觉对方只是看着，既不了解，也没兴趣。当中的一个翰林说：“中国 4000 年来没有过电报，固仍泱泱大国也。”引诱失败，丁韪良之后送给这 4 个人一些新鲜的东西，这下子他们开心了。那是带磁性的鱼和鹅。他们看着，玩着，拍掌欢笑，叹为神奇，玩弄了很久。丁韪良心中暗叹：“唉，在生活上他们是成人，在科学上他们还是孩提啊！”之后又有人来看过演示，电报机在总理衙门整整搁置一年，最终被当作无用之物藏在同文馆的陈列室内。经过很多事情，同文馆的科学教育最后定为八年学制，逐渐有了把学堂升为大学的条件，在1902年归入中国第一所大学京师大学堂。从被动的意义上说，近代中国的大门是1840年英国炮舰打开的，但持续到懂得了"学会数理化，走遍天下都不怕"这句话的真正意义，中国人才开始自觉步入近代史。

**海关**

外国侵略者通过他们掌控的中国海关，对清政府释放压力和影响。早在1854年，英、法、美三国便凭借上海小刀会起义的时机，抢走了上海海关管理权。第二次鸦片战争后，他们又把在上海海关所使用的办法推及其他各通商口岸，在全中国成立了一套半殖民地海关制度。1865年，总税务司署在北京设立，名义上归属于总理衙门，但海关的行政、用人等大权基本掌握在英籍总税务司手中，各口税务司和海关的高级职员也全部由外国人充任。就像1873年海关行政部门总计93名外国人，当中英国人58名，美国人8名，法国人12名，德国人11名，其他各国人4名。这就是外国侵略分子所说的中国海关机关"拥有着国际性"，它"阻止了任何排外情绪的出现"，"为外国使节所支持"。因为关税在清政府的岁入中比重逐步增长，所以海关总税务司的地位逐渐重要，他对清政府的影响也越来越强。

1853年9月，小刀会占据了上海老城，令清廷海关监督无法理事，洋商非常开心得以浑水摸鱼，他们不支付任何进口关税。但是，英国驻上海领事阿礼国（RutherfordAlcock）记得10年前璞鼎查爵士命令英国领事要求英国公民缴纳关税的训令，他与美国驻华公使马沙利（HumphreyMarshall）一起设计了一套临时制度，凭借这个，两国领事代替中国政府从他们各自国家的公民那里收集关税。英法美三国领事害怕其他地区的商务会遭遇损害，遂与两江总督开始谈判，并设立了一项协议，即在上海成立一个外国税务司，帮助清政府从全部洋商那里公平征收海关关税；中国方面则解除了内地关税，表示对这项协定的回报。

1854年7月12日，经中国海关总监督的同意，英国的威妥玛（Thomas Wade）、美国的贾流意（Lewis Cart）和法国的史亚实（Arthur Smith）担任上海海关税务司。繁多的日常事务落到了威妥玛的头上，因为这三个人中间仅仅威妥玛一人知道汉语及海关程序。威妥玛发现工作太多了，导致无法进行汉学研究，于是他在一年后辞了职。之后，在1855年6月1日，英国驻上海代理副领事、时年23岁的李泰国获得了这份差使。

1858年，李泰国暂时离职，方便在《天津条约》和谈中为额尔金勋爵效命，随后他重返海关税务司之任，为新的海关定下了基础。上海模式的洋人监督制度被推及到其他一些条约口岸，每处海关让一个洋人税务司担任，这些洋人税务司后来被称作“关长”，他们认可上海总局的总税务司即李泰国本人的命令。因为这一背景，1861年4月恭亲王给李泰国的命令，便相当于正式承认一种已经在操作中的制度。

李泰国对这项命令的反应非常奇怪，也极其失礼。他既不接受也不拒绝命令，而且以身体有恙为由回到了英国。他让上海海关税务司费士来（G. H. FitzRoy，一作费子洛）和广州海关副税务司赫德在他离职时候署理总税务司之职，持续至他返回。

英国人赫德长期掌控中国海关大权。在资本主义列强，尤其是英国侵略中国的历史上，他是一个关键角色。1854年，他应英国外交部的要求前来中国，依次在宁波和广州的英国领事馆工作，之后曾任广州副税务司和上海税务司。他在英国公使普鲁斯的帮助下，于1863年被清政府正式委任为海关总税务司。赫德被派遣到北京接受恭亲王的委命。就性格和风度来说，赫德圆通、耐心，与李泰国完全相反。中国人接待赫德比接待李泰国更热情，当李泰国在阿本思购船事件（参见下一节）中表现得太无原则也太过专横时，赫德于1863年被要求接替他担任总税务司。赫德善于思考，办事得体、明确，使他得宠于朝廷，朝廷将他引为忠信之臣和外事顾问。在他有生之年，清廷再也没有任命其他总税务司。清廷对这位洋员是这么看重，而他本人也在19世纪80年代辞去了英国驻华公使的职务，以便继续供职于中国海关。

他不单单掌控海关行政，而且代清政府对外借款，购买军火，进而逐渐插手清政府的内政和外交。1865年，他向清政府上报了一篇《局外旁观论》，告诫它忠实履行不平等条约，并逼迫说：如果“违背条约，在万国公法准至用兵，败者必认旧约，赔偿兵费，约外加保方止”。这篇《局外旁观论》的真正用心，也是要通过帮助清政府改变内政，使海关变成“改革这个帝国各个部门的行政和改进各工业部门的核心”。赫德的狂妄言论在清政府中引发了激烈反响，左宗棠在评论中愤然说道：“我之待赫德不为不优，而竟敢如此。彼固英人耳，其心惟利是视，于我何有?”1879年，赫德又向总理衙门上报一份《条陈海防章程》，提议购买兵船，“雇用西人，重其事权”，并建议成立一个筹建海防的专门机构，要求委任他担任总海防司的职务，妄图控制中国的海防大权。赫德的这项计划，遭到了当时很多朝野人士的反对，李鸿章致函总理衙门说：“赫总税司前议，期间文武幕吏多不以为然，谓其既有利权，又执兵柄，钧署及南北洋定为所牵制。若初说自强，仅倚一赫德，恐为东西洋人所轻视。”他提议将赫德所写的章程“斟酌改定，以免太阿倒持之患”。管理南洋海防的两江总督沈葆桢也“执论”，表示“极为窒碍”。因为各方面的不同意，赫德总揽中国海防大权的预谋未能得逞。

1885年，英国政府委任赫德为驻华公使，赫德在就任前，妄图安排他的弟弟赫政担任中国海关总税务司的职务。消息外传后，舆论大哗。赫德最终被迫辞去英国驻华公使的职务，继续担任总税务司。外国侵略者还争相掌控中国的派使工作和外交行为。在赫德的活动下，清政府于1866年派总理衙门章京斌椿和同文馆学生数人，随他一起去英国考察。1868年，清政府又在离任的美国驻华公使蒲安臣的煽动下，派蒲安臣带领“中国代表团”赴欧美访问。这个团成员有记名海关道志刚和礼部郎中孙家榖，还有英、法各一人参加。他们一行抵达美国后，蒲安臣竟独自代表清政府与美国政府签订了《中美续增条约》（也称《蒲安臣条约》），认可美国享有掠夺华工以及在中国各通商口岸建立学校的权利。

在赫德的推荐下，很多杰出的外籍人士效力于中国的国际性海关。其中较出名的一位是1876年毕业于哈佛大学的马士（H. B. Morse），他在离职后撰写了好几部有关中国贸易、行政和对外关系的开创性权威论著。

在一份日期为1864年6月21日的通报中，赫德描述了属于外籍雇员“守则”之类的种种规定。他提议他们学习汉语、做事耐心而“不带优越感”，工作时“努力说服他人而非发号施令”、“勤于补救而不发脾气，因发脾气便会显露缺点”，他以果断明了的语气劝勉他们：“要时刻铭记，税务司署是中国之海关而不是外国之海关所有，故而，本署各员之天职应向着中国之官民行事，以防止任何冒犯与恶意之缘由获取中国政府之俸禄因而身为该政府属员之人，处事应该要不犯其禁讳，也不惹其嫉猜厌恨。所以本司署外籍雇员和中国官员交涉时应切记，大家之同僚，而与中国平民人等交涉时也应切记，尔等颇有义务及责任姑做彼等之同胞：有着这样想法的人即可趋于待官吏以礼貌，对待百姓要友善矣。”

在赫德的带领下，一个国际性的中国海关机关发展了起来。

**国际法的引进**

国际法指适合用在主权国家之间还有其他具有国际人格的实体之间的法律规则的总体。国际法又叫作国际公法，以区别于国际私法或法律冲突，后者处理的是不同国家的国内法之间的差别。国际法也与国内法完全不一样，国内法是一个国家之内的法律，它调整在其管辖范围内的个人和其他法律实体的事情。

国际法是西方世界的三重发展过程出现的产物：中世纪的欧洲社会解体，步入近代欧洲社会的过程；近代欧洲社会向外发展的过程；位于发展中的世界社会里，权力逐步集中到少量的关键世界强国手中的过程。

《国际法院规约》第38条将国际法的大体造法方式即国际法规则出现的方式归结为三：条约、国际习惯法和为各国认可的一般法律原则。这已获得普遍一致的赞成。国际法的基础原则是：各国主权平等，互相尊重主权和领土完整，互不侵犯，互不干涉内政，平等互利，和平共处，和平解决国际争端，不允许以武力相威胁和采用武力，还有民族自决原则等。

条约：条约和其他经一致赞成的协议是拥有法律拘束力的，国际法主体可以通过它们（假如是国际习惯法不要求任何形式）宣布、修订或发展现行的国际法。它们也可以通过条约将还没有组织起来的国际社会转化为联合的或凌驾于国家之上的全球性或区域性的国际社会。

国际习惯法：本事上就是适用于还没有组织起来的国际社会的国际法。国际习惯法的构成有两个因素：（1）普遍的或区域性的国家实践；（2）这种实践为有关国家认可为法律。国际习惯法一般是以早期条约的某些条款为其渊源，这些条款后来就被认可为法规。可是也有个别的国际法规则是由世界列强的几近相同的实践发展而形成。

为各国所认可的一般法律原则：仅仅有在国际习惯法或条约法没有对应的规则与之平衡的情况下才发挥作用，所以它的造法用途是辅助性的。这种原则肯定是一般的法律原则，而不是作用范围有限的法律规则；它还必须得到很多的国家（至少包含世界上所有主要的法律体系）的认可。

在鸦片战争前，钦差大臣林则徐曾邀请美国传教士伯驾翻译了瓦泰尔著的《国际法》中的三个章节，可是还没有汉语的万国法（Law of nations）全译本。不懂国际法致使早期中国的谈判者犯了非常多的大错误：他们在关税自主、治外法权和最惠国待遇等一些关键的问题上随意做出让步，而在比如外交代表驻节和陛见不行磕头礼之类不重要的、无关宏旨的事情上拼死不让步。丁韪良发现中国急需外交指南，便想自己翻译一部国际法著作，他把国际法看作是基督教文明最美好、最成熟的结果。在中国抄写助手的帮忙下，他于1862年开始翻译惠顿（Henry Wheaton）的《万国法原理》（Elements of International Law），希望用这个表明，西洋人有一些制约他们国际关系的原则，并不能一味地依赖野蛮的武力，也期望他的译本能促使不信基督的中国政府认可基督教的精神。

急于了解西洋外交的恭亲王，暗中很急切地想知道国际法。通过美国公使蒲安臣的善意帮忙，丁韪良的译本于1864年上报到总理衙门。因为译本手稿的格式和行文粗糙枯燥，它被交付总理衙门的四个章京做彻底校订。

在校订手稿过程中，总理衙门获得了一个验证其实用性的机会。新任普鲁士公使李福斯（Yon Rehfues）于1864年春乘一艘战舰到达中国，他在大沽口外看见有三艘丹麦商船，因为那时普鲁士正和丹麦在欧洲交战，李福斯便马上下令捕捉这三艘商船当作战利品。恭亲王依靠新获得的国际法知识，反对这种将欧洲的争端发展到中国和在中国的“内水”（这是中文表示领海的用词）捕捉船只的行为。恭亲王在普国公使表示悔改前不同意接纳该公使，并申饬他以这样野蛮的方式开始他的使命。情况尴尬的李福斯释放了这三艘商船，并赔付了1500美元的赔偿金。恭亲王成功地使用了丁韪良译本的有用价值，他将300本译本发给各省当局。使用这种新的知识并辅之以其他一些外交现代化行为，中国在19世纪60年代的整个10年中，设法保持了与外国列强的和平关系，从而获得了一段逼切需要的喘息时机，以实行其自强规划。

## 第三节洋务运动的军事现代化

19世纪60—90年代，清政府在太平天国和农民起义的双重打击下，第二次鸦片战争再次惨败。在这种严峻的形式下，封建统治阶级营垒中的一些有识之士，比如，在中央官吏中以总理衙门大学士桂良、大臣奕䜣、户部侍郎文祥等为领导，并且在地方官吏中以两江总督曾国藩、直隶总督李鸿章、闽浙总督左宗棠以及后起的湖广总督张之洞等为主力，他们深深地感受到国外武器的先进，意识到不论是拯救民族危亡，还是维护自身统治，其根本都是不能一成不变地遵守“祖宗之法”，拯救民族的唯一办法就是向西方学习，引进先进的生产方式和社会文明；他们还继续承了林则徐、魏源的“师夷长技以制夷”的思想，支持洋务运动倡导者的思想。同时支持他们的还有一批比较了解国内国外形势，并且希望通过兴办洋务达到富国强兵的官僚及开明人士。在这些洋务倡导者们的带领下，在镇压太平天国的战争和在与外国侵略者的直接交涉中，他们都为保卫清政府立下了不可忽视的功劳，而且掌握了中央和地方的经济实权、军政。在兴办洋务的问题上，他们思想主张大致相同，进而在清朝统治集团内部形成了一个政治派别，势力相当强大，后来被称为洋务派。洋务派形成之后，马上就确立了以拯救清王朝封建统治、御侮自强为目的，以引进西方先进的生产技术为主要内容，以“中学为体，西学为用”为宗旨的向西方先进技术及社会文化学习的潮流，史称“洋务运动”，原来称“同光新政”（意即同治、光绪年间举办的“新政”，又称“自强新政”）。

洋务运动开始兴起时，最直接的目的是镇压人民反抗，所以，一开始的主要任务就是购买洋枪洋炮和创办新式军事工业。

1861 年，曾国藩在安徽创办安庆内军械所，制造弹药、炸炮等军火。军械所以手工制造为主，并没有雇佣洋匠，是清末最早的官办的近代军事工厂。购买西方近代军事武器较早且比较大批量、创办近代军用工业的规模较大的，是李鸿章及其统率的淮军。1862 年 4 月（同治元年三月），李鸿章率领淮军到上海，看到洋兵“队伍既整，炸炮又准”，感到非常羡慕，认为“若火器能与西洋相埒，平中国有余，敌外国亦无不足”。于是购买了大量的洋枪洋炮装备，并相应地改变之前的操练技术；聘用英国人马格里在松江筹建洋炮局，并且下令韩殿甲、丁日昌先后在苏州办了两个洋炮局，制造弹药和短炸炮、前膛枪等武器。淮军使用洋枪洋炮的发展速度很快。据 1864 年 8 月至 1865 年 6 月 11 个月的军需支出报告显示，购买外洋各项军火价值银二十四万一千七百余两，支放制造西洋炮火各局工匠物料并京营弁兵薪粮等项银十一万零六百余两，而支放旧军备只价值六万九千余两。

清政府早期创办的近代军用企业中规模最大的有四家。一是江南机器制造总局。1865 年李鸿章等将容闳从美国买回的“制器之器”的机器设备，再加上在虹口购买的旗记铁厂，并且加上原来的上海洋炮局，三者相并建立而成，主要制造军火和轮船。二是金陵机器制造总局。1865 年李鸿章将苏州炮局部分设备向西迁到南京，并进行扩充建成，主要为“剿捻”制造各种枪支弹药。三是福州船政局。1866 年由左宗棠在福州马尾创办，专造兵、商各轮船。四是天津机器制造局。1866 年三口通商大臣崇厚创办，主要制造的是专供华北地区用来“剿捻”的军事装备。设立这些企业的目的，主要是为了生产军事装备，同时也带有制造机器轮船、发展民用工商业的企图，这一意图在江南、福州二局表现得比较明显。

清政府创办的近代军用工业对外国资本主义有很强的依赖性，也有非常浓厚的封建性和买办性；但因为是第一批新的工厂，其部分产品出售时以商品形式，所雇用的工人也都是以出卖劳力为主的产业工人，所以也不可避免地带有某些资本主义特色。

19 世纪 70 年代初，形势发生了变化。1870 年（同治九年）发生天津教案，1871 年沙俄派兵进踞伊犁，1874 年日本侵略台湾，海防、塞防同时告警。外国资本主义的侵略也进一步破坏了 1860 年建立起来的“中外和好”的和谐局面。国内而言，在太平天国和捻军起义失败之后，少数民族起义也终于被镇压下去，阶级矛盾相对缓和。另一方面，外国资本主义侵略者乘“中外和好”这一时机，加强并且加速了对中国政治、经济和文化的多重侵略。尤其是外国廉价商品在中国的大量倾销。在四五十年代，每年中外贸易只有一千万到三四千万之间，而 1864 年就达到了一亿零五百万两。外国商品输入最多的是与人民日常生活最密切相关的纺织品。中国对外贸易由出超逐步变为入超。在这时，在一部分开明的官僚士绅和具有资本主义思想倾向的知识分子中，逐渐涌现了抵御外侮和挽回利权的新思潮。

兴办洋务，对于 19 世纪 60 年代的中国，绝对是一次重大的外交、军事和工业生产方式的变革。尽管洋务派提出的“自强”主张没有触及封建专制的政治制度，但是在一些统治阶级的眼中，却是有悖于“祖宗成法”和“圣人古训”的不可理解的举动。持有这种观点的大臣官僚和士大夫有很多人，其主要代表人物是大学士倭仁、徐桐、李鸿藻等。他们有的以理学作为辩解理由，有的以孔孟之徒自称，有的以“帝师”为尊，具有不可忽视的思想政治势力和深远的社会基础。这一派人物有一个共同的特点，就是墨守成规，故步自封，拒绝和排斥新思想、新事物，坚持传统。在他们的眼里，中国的封建制度已经很完美，不需要在做任何无谓的变革。对于洋务派提倡的学习西方语言文字、引进先进的科学技术、采用机器生产、训练新式军队等措施，这些人觉着都是违背祖制，“用夷变夏”，于是就各种抵制，深恶痛绝。

奕䜣与慈禧太后联合发动辛酉政变之后不久，因为奕䜣首倡洋务，引起了以倭仁为代表的守旧势力的极度不满。以奕䜣为首的洋务派则极力反驳顽固派的看法，于是便形成了顽固派与洋务派的争论。他们的争议的焦点主要是：应不应该学习西方的先进科学技术制造枪炮，以资“求强”；西方诸国到底是不知礼义的蛮夷，还是科学技术进步、政教昌明的国家？其实两纷争的实质是统治集团内部的开明与守旧的纷争，是应不应该学习西方科学技术的一种政治斗争。而关于同文馆是否招收科甲正途人员学习天文算学和要不要修建铁路则是当时争论最激烈的问题。当时奕䜣主要负责与外国交涉，尽量保持“和局”；慈禧太后可以在两宫垂帘听政，并且掌握朝廷实权，也主要是因为奕䜣的支持。奕䜣在满族贵族中的地位很高。面对顽固派的攻击，奕䜣和洋务派也不示弱，他们大胆地进行反击和驳斥。慈禧太后掌权的欲望非常大，又喜于玩弄权术，她为了大权独揽，就施展各种手腕使权力平衡，尽力扶植那些反对奕䜣和洋务派的顽固势力，用来抵制奕和洋务派；一手又重用和支持洋务派，同意他们推行“自强新政”。洋务派在运动中一直受到顽固派的攻击，但洋务运动依旧不被困难所阻，艰难曲折地推行起来。

到了 19 世纪 60 年代后期，两派的斗争逐渐激化。斗争是由 1867 年关于同文馆是否招收科甲正途人员学习天文学引起的。1866 年年末，为了适应洋务事业的发展，奕䜣提议在同文馆内添设天文算学馆，招收翰林、进士、举人、贡生各官加入馆内进行学习，并拟订了六条章程，期望朝廷早日批准并施行。1867 年，御史张盛藻首先上折反对，认为天文算学这些事情，应当归钦天监、工部分别选拔生员学习，科甲正途人员都是“读孔孟之书，学尧舜之道，明体达用”之士，有什么要他们“习为技巧，专明制造轮船、洋枪的道理?”如果要求他们学习天文算学，那就是“重名利而轻气节”。他的这个主张朝廷非常反对，并予以否定。半个月之后，倭仁又上奏折，主题是“立国之道尚礼义不尚权谋，根本之图在人心不在技艺”。然后提出“天下之大，不患无才，加以天文算学必须讲习，博采旁求，必有精其术者，何必师事夷人”？如果科甲这些正途人士，奉“夷人为师”，便会变得“正气为之不伸，邪氛因而弥炽，几年之后，不尽驱中国之众咸归于夷不止”。之后，候补知州杨廷熙更把同文馆看作是为“不祥之物”，把“久旱不雨”、“阴霾蔽天”、“大风昼晦”、疫病流行等自然灾害，都加在设立同文馆的原因之上。而奕䜣也被顽固派流送了个“鬼子六”的称号。奕䜣等人不服气，有力地驳斥了倭仁等人的论点，并且指出，设立算学馆，目的是“徐图自强”，而不是“空讲弧虚，侈谈术数”。说倭仁“以道学鸣高”，故作危言耸听之论。“此论出而学士大夫从而和之者必众，很多学者从此不敢继续续自己的学问，只怕中外实心担任事、不尚空谈者亦将为之心灰气沮”。他借用李鸿章的话，指斥倭仁等“无事则嗤外国之利器为奇技淫巧，以为不必学；有事则惊外国之利器为变怪神奇，以为不能学”，并且责备倭仁所说的“以忠信为甲胄，礼义为干橹”的夸夸其谈，而事实上毫无用处。

经过激烈的争论，倭仁尽管对洋务什么也不懂，还是不得已撤销原议，但天文算学馆的报名应试者也少了很多。这次争论，实际上是是否要办洋务，要不要学习西方先进科学技术的一场政治斗争。到了1880年，刘铭传提议修建铁路，又引起了一起纷争。对于刘铭传的建议，奕䜣、李鸿章等表示非常支持，但却遭到顽固派的强烈反对。刘锡鸿认为修筑铁路只会有坏处，说什么“我国乾隆朝之世，非有火车也，然而廪溢库充，民丰物阜，西洋亦效贡而称臣”。御史屠仁守说：“自强之道，应该修道德、明政刑，而专恃铁路，固已急其末而忘其本。”他们不只反对修建铁路，也反对发展所有近代的机器制造工业。

1875年1月，同治皇帝病死，慈禧太后立醇亲王奕譞4岁的儿子载湉作为皇帝，改元光绪。奕譞为咸丰皇帝的弟弟，其福晋为慈禧太后的妹妹，所以载湉既是慈禧太后的侄子，又是她的亲外甥。载湉当时年纪尚小，于是被慈禧太后控制着，也就是继续垂帘听政。慈禧太后极力拉拢奕譞，并且利用他排挤奕䜣。奕譞宠信日隆，势力日渐扩大，而奕䜣的权力则渐渐衰弱。在军机处内部，也逐渐形成所谓“南北”两派。南派首领为沈桂芬，江苏吴江人，他与奕䜣、文祥联系密切，属于洋务派。北派首领为李鸿藻，直隶高阳人，与倭仁等人臭味相投，过从甚密，属于顽固派。因为洋务派在军机处占了多数，李鸿藻感到势单力薄，于是在自己的周围笼络了一批御史和翰林，用来壮大声势。这些“台谏词垣”也以依附李鸿藻为进身之阶，以议论朝政、抨击权贵相标榜，号称“清流”。张之洞、张佩纶、黄体芳、陈宝琛都是“清流派”代表人物。慈禧太后暗中支持清流派，拿他们的言论来阻碍洋务派。文祥和沈桂芬先后在1876年和1880年去世，李鸿藻的势力更加强大，他排斥异己，一部分洋务派官僚受到打击排挤。被奕䜣、李鸿章推举作为“第一流”洋务人才的郭嵩焘，于1879年出使英国回来后，在“清议”的攻走下，没办法只能卸职返回湖南原籍，连他写的《使西纪程》也因为讲的是西方物质文明而遭到诋毁，最终毁版。不过这时洋务事业已经开始了进一步的推行，洋务派的势力也越来越强大。慈禧太后虽然不想让洋务派的人日渐强大，但为了维护自己的统治，又不得不依靠洋务派的一些首领人物。“清流派”中对兴办洋务并不都持反对态度，而且也并不是一成不变的，其主要代表人物张之洞，就是后来著名的洋务派首领之一。

洋务运动一开始，在“自强”的口号下筹建近代军事工业和编练新式海军，咸丰十一年（1861）年底，作为洋务派兴办军事工业的起点，曾国藩在安庆设立“内军械所”、“制造洋枪洋炮，广储平实”。同治三年（1864）安庆内军械所随军迁到南京。安庆内军械所虽然是以手工业制造为主，但已经是当时清军的一大武器供应中心。

同治四年（1865）李鸿章将由马格里主办的苏州洋炮局迁到南京雨花台，扩建并作为金陵制造局，简称“宁局”，主要生产枪、炮、子弹和军用物资。到19世纪80年代上半期，已有了大概十几所工厂，用银约五十余万两，制造的枪炮弹药主要供应南北洋驻军。同年六月，曾国藩、李鸿章在安庆内军械所和上海、苏州洋炮局的物力、人力和技术经验的基础上，收购了美国人在上海虹口地区创办的一座旗记铁厂，又将容闳从美国购买的“制器之器”一起收入，正式成立“江南机器制造总局”，又称“江南制造局”、“上海制造局”、“沪局”。该局由原旗记工厂主科尔担任制造技术指导，他的所有事情由最初的上海海关道日昌督察筹划，后来又任命湖北补用道沈保靖督办。创办经费大概用银20余万两。

同治五年（1866），左宗棠在福州创办船政局，后来由沈葆桢接办。船政局由铁厂、船厂和学堂三部分组成。最初是由法国人日意格和德克碑担任正副监督，雇用1700—2000个工人。原计划五年之内造船16艘，创办经费约40余万两银，每月造船经费53两银。

同治六年（1867）江南制造局因场地过于狭小，由虹口迁到上海城南高昌庙镇，进行扩建，到光绪十九年（1893），共建成15个工厂，增设方言馆、工程处、炮队营、翻译馆各一个及各种附设机构十多个。建置经费先后用银200万两。所制造的枪炮、弹药，供应南北驻军，遍及全国，共达七八十个单位（主要是湘、淮军）。江南制造局从事军火生产、轮船修造、机器制造、科技书籍的翻译和培养外语人才。

同治八年（1869）开始生产，到同治十三年（1874）共造船15艘，这时船政局共有工厂16座，船台3座，先后用银达135万两。光绪元年（1875）船政局由艺局学生主持接办，开始模仿建造旧式木船。从光绪二年（1876）起，造750匹马力的新式机器铁胁轮船，光绪七年（1881）为南洋水师造三艘2400匹马力、排水量为2200吨的巡洋快船。

同治九年（1870）直隶总督李鸿章接办同治六年由恭亲王奕䜣批准、三口通商大臣崇厚在天津创办“天津军火机器局”，改称天津机器制造局，简称“津局”。不久，李鸿章将洋总办密妥士免职，另委沈保靖为总办。天津机器局主要生产火药、枪炮、子弹，提供给淮军和直隶用练军。到19世纪80年代上半期，先后用银110余万两。

在同一时期内，各个地方也设立了许多军火工厂，“惟一省仿造，究不能敷各省之用”。到光绪十年（1884）为止，清政府先后设厂局20余所，除江南制造局后来停办之外，其余19所分布在全国12个省区。19世纪60—90年代的30多年中，洋务派创办军事工业，共用银4500万两，全部由国库支出；所有局厂一律作为官办；生产的枪炮弹药和轮船全部由清政府调拨发给湘、淮军和沿海各省使用。每个厂局均有成群的官吏，机构庞大，洋务派创办洋务也都是聘请洋员。

根据着重点的变化和理念的改变，自强运动主要分为三个阶段。第一阶段大致为1861—1872年，主要建立翻译馆、新式学堂及派遣留学生来接受西洋的火器、机器、科学知识，同时培养技术和外交的专业性人才；推行一些可以与西方列强保持良好合作关系的外交措施，以使中国更好地获取这些国家造船和军火装备的秘诀。就像前面说的，此时的动力是希望“师夷长技以制夷”，自强派绝不承认是因为需要西方的其他任何东西。这一阶段的领袖，在京城是恭亲王奕䜣和文祥，在外省由曾国藩、左宗棠、李鸿章诸人带领，他们的主要成就如下。

1861 年在恭亲王提议下，在北京设立总理衙门，同时在天津和上海设立通商大臣署衙。

1862 年在恭亲王提议下，在北京设立同文馆；

李鸿章在上海设立三个洋炮局，同时命令属下向英国军官学习使用枪炮，向德国军官学习操用步枪。

1863 年李鸿章在上海开办外语学堂（广方言馆）；

李泰国——阿思本船队抵达；

曾国藩派容闳亲自到美国购买机器。

1864 年李鸿章在苏州开设一个小型洋炮局；

广州开办外语学堂（同文馆）。

1865 年曾国藩和李鸿章在上海开设江南制造局，同时建设附属的一个翻译馆。

1866 年左宗棠在福州城外的马尾开设福州船政局，机器购自法国。附设一个船政学堂，内分前后两堂：前堂专授法语和造船，后堂专门教授英语和航海；

派遣斌椿率队的试探性使团前赴欧洲。

1867 年李鸿章开设金陵机器制造局；

崇厚开立建设天津机器局。

1868 年遣使团往聘列国，以蒲安臣为“办理各国中外交涉事务大臣”，协助满汉使臣。

1870 年李鸿章将天津机器局扩大为四个厂。

1871 年创建筹划在大沽修筑一西式炮台。

1872 年经曾国藩和李鸿章提议，派遣 30 名少年学童到美国学习，就读于康涅狄格州之哈特佛德（Hartford）省城。

1872—1881 年间，共有 120 名学童被遣留洋，前后共分为四批；

李鸿章遣官佐赴德国留学；

李鸿章奏请求开设煤铁矿。

这一阶段自强的明显特征是强调发展军工企业，这些企业有一些自身的特点。首先，它们均为“官办”企业，带着官僚机构的通病，无能及裙带作风，就算从事新式生产，但仍存在老式的行政管理程序。第二，它们在企业运作和材料方面过于依赖洋人，存在对洋人能力的过度信赖，不管洋人的学识和经验如何。金陵机器制造局交由英国人马格里（Halliday Macartney）督办，而此人的职业竟然是医生。福州船政局由两位法国人日意格和德克碑督办，这两个人之前从没有造过船。建筑材料全部从国外进口。因为领导错误和官吏的腐败，所制的船、炮在质量上已无法和西方同类制品相比。第三，这些军工产业变成了创办它们的外省督抚们的权力根基，所以带有了一种强烈的地方和“封建”的气息。李鸿章在两江总督任职上开设了金陵机器制造局；左宗棠则以闽浙总督的身份创办了福州船政局。在各个地区性集团之间，可以说没有什么合作和协调，即使在这些大员调任他所——左宗棠在1868年赴担任西北，李鸿章则是前往天津，他们在那里建立了新的权力根基——之后，他们继续和从前创办的企业保持着私人联系。

随着自强运动的推进，中国人越来越了解，财富才是权力的基础——一个国家要强大首先必须富有。新式国防比传统国防花销要大很多，它必须有更好的交通体系、工业和企业作为支撑。李鸿章在1876年9月宣称：“中国之积弱不振，皆因贫穷之故。”因此，在1872—1885年的第二阶段中，在国防工业作为主要着眼点的基础上，也更多地关注了以利益为基础的产业，如轮船、铁路、开矿和电报等。这类“洋务”逐渐被看作是“时务”，因为它们是为了应对国家的急迫事务而开办的。

除了“官办”的军工产业外，这时出现了另一种类型的企业，以传统的盐政作为生产模式，即“官督商办”。它们中最主要的有轮船招商局、开平矿务局、上海机器织布局和电报总局。这些企业的资本来源都是私人资金，虽然官府作为赞助人会在建立之初提供部分资金或以后需要偿还的贷款，但就像李鸿章公开规定的那样，“所有盈亏，全归商认，和官无涉”。出资入股的商人并不能经营，经营权只在官府指定的官员或没有股金的个人手中（这些人可以在日后认购股份）。比如，轮船招商局的首任总办是一名官员；接替他的是一个之前的英国怡和洋行（称渣甸洋行）买办；1884 年以后该局又由另一名官员接手管理。这些官督商办企业是一种混合体制，具有很强的官方色彩及其通常所有的无能、贪污腐败和任人唯亲。因为是以追逐利润为目的，它们会通过政府优惠或干预来打击平民的竞争，并逐渐趋向垄断行业。它们同时也依赖于外籍人员的支持："华商"聘用洋人担任航运督办、船长和技师。

因为曾国藩在 1872 年去世，而左宗棠专门镇压西北回民叛乱，因此，在这第二个阶段，李鸿章基本成为近代工业和企业的主要倡导者。恭亲王在 1865 年和 1869 年在两次受到呵斥）后，对慈禧太后的影响作用日益衰退，文祥也在 1876 年去世，李鸿章变成自强运动无可匹敌的领袖。而且，尽管他只是一个省级大员（直隶总督），但因为他的工作地靠近北京并且深得太后宠爱，因此拥有很多中央政府的职权。超过 90% 的现代化规划是在他的襄赞下发动的。

1872 年　在李鸿章的支持下开办"官督商办"的轮船招商局。1875 年计划修造铁甲船；派遣福州船政局的学生留学法国。

1876 年　李鸿章派遣 7 名官佐赴德国；从福州船政局推选送举 30 名学生和艺徒赴英法两国；遣使往聘英国和法国，此后几年之间又遣使往聘其他国家。

1877 年　李鸿章在天津开办设立开平矿务局；丁宝桢在四川开办设立一个机器制造局。

1878 年　左宗棠在甘肃创办一个织呢局；李鸿章创办上海机器织布局。

1879 年　大沽与天津之间开办设立电报线路。

1880 年　李鸿章在天津开办设立一所水师学堂；李鸿章奏请批准铺设铁路；采纳一项建设新式水师计划并开始购买外国师船。

1881 年　开设电报总局；上海到天津的第一条电报线路开通；在天津以北铺修了一段长 20 里（6 英里）的铁路。派遣 10 名水师学生出洋留学。

1882 年　李鸿章在旅顺开筑一座军港和一所船坞。

1883 年　李鸿章派遣 13 名水师学生和 4 名艺徒赴英国、法国和德国研究学习造船，13 名学生赴英国学航海。

洋务派在开办军事工业的活动中，需要大额的经费，但感到“百方罗掘，仍不足用”，他们觉着外国资本主义以工商致富，由富变强，认为“求富”是“求强”的首要条件。因此洋务派参照西方，兴起了建立民用工业的“求富”活动，希望达到“兴商务，浚饷源，图自强”的目的。从19世纪70年代开始，洋务派采用了官办、官督商办和官商合办的工作形式，创办民用工业，包括采矿、纺织、冶炼、交通运输等，到90年代中期，共创办几十个企业。

同治十一年（1872），李鸿章派遣运委员朱其昂创办轮船招商局，这是洋务派创办民用工业的开始。轮船招商局共招商股73万多两银，官督商办。总局设在上海，在上海天津等地设立码头，帮助政府运漕米等。光绪二年（1876），李鸿章派唐廷枢开办开平矿务局，光绪三年（1877）九月在开平正式开始运营，招商股80多万两银，官督商办。光绪三年（1877）开井。第二年使用外国机器，采取新的开采方式。光绪七年（1881），开平矿务局每天可以出煤“五六百吨之多”。光绪二年（1876），李鸿章和两江总督沈葆桢开始商议举办上海机器织布局，光绪五年（1879）派遣郑观应筹划举办，光绪八年（1882年）成立。招商股银高达50万两，采取官商合办形式。该局享受有10年专利，民间仿办不被允许。光绪十六年（1890）开工，营业兴隆。光绪十九年（1893年）失火、损失大概70万两银。光绪二十年（1894年）又设华盛纺织总厂，下设10个分厂。光绪十六年，张之洞担任湖广总督时，将之前设在广东的织布局迁到武昌，创建湖北织布局。

光绪五年（1879），李鸿章在大沽和北塘海口炮台试架设电报到天津，“号令各营，一时大家马上响应”。光绪六年（1880）九月，李鸿章在天津设电报总局，由盛宣怀任总办。电报线由天津沿运河南下直到上海等地，之后又架设了上海到南京和南京到汉口的线路。光绪八年（1882）四月，电报局改为官督商办，招商股80万元。光绪十年（1884），电报总局搬迁到上海，并在各地设电报分局。光绪十六年（1890），也就是电报总局成立10周年时，电报线已遍布全国各地。

光绪七年（1881）成立黑龙江漠河金矿，商股7万两银，官款13万两银，官督商办，李鸿章派吉林候补知府李金镛处理。光绪十五年（1889），用新式机器开采金矿，一年时间产金18961两。同年两广总督张之洞主持兴办汉阳铁厂，清政府支持200万两银作为资金。光绪十六年（1890），在大别山下动工兴建，光绪十九年（1893）完工，共建10厂。官办无款可等，之后由盛宣怀接手管理，改为官督商办。

洋务派在19世纪70年代后的大概二十几年里，先后创办了41个资本主义性质的企业。到光绪二十年（1894）只剩下30个，共计资本约计3900万元。这是中国早期的官僚资本。

此外，洋务派从同治元年（1862）起，先后创办了京师同文馆、福建船政学堂、上海方言馆和天津水师学堂等二十多所近代学校，培养了大批外语和现代科技人才。从同治十一年（1872）到光绪十二年（1886），清政府还向欧美国家派遣大约200名留学生。

洋务派创办民用工业企业，首先为“分洋商之利”，以保护权利，并获得饷源，同时也为由自己创办的这些工业供给军用工业所需金属原料和煤炭燃料，以减弱对外国的依赖。民用工业企业大致包括有四项。一是轮船航运。轮船招商局自1873年开业后，就与太古、怡和及旗昌等轮船公司展开了非常激烈的竞争。1877年收买旗昌船厂，竞争力逐渐强大，然后又迫使怡和、太古与之签订齐价合同，在经营中获取了丰厚的利润。二是开采煤矿和采掘、冶炼其他金属矿藏。1875年开始在直隶开平、台湾基隆、湖北广济三处兴建使用机器开采的煤矿厂，也开采和冶炼平泉、淄川、云南等处铜、铅矿藏。19世纪90年代初，张之洞在湖北建立以汉阳铁厂为中心并且采煤采铁的钢铁联合企业。三是电报。从1880年津沽开设建立电线之后，李鸿章随即委派盛宣怀督办津沪、长江、沪浙闽粤等地建设电线，并慢慢推广全国，进而可以和欧洲通报。四是纺织业。前者是官本官办，但因为销路不畅和技术落后等一系列原因，并没有成功。后者为官督商办，通过10年的筹建终于在1890年投入生产，并拥有10年专利权，产品在一些程度上抵制了洋纱、洋布向中国的进口。1893年机器织布局因为火灾毁灭，李鸿章又委派盛宣怀规复并新建华盛纺织总厂，规模更大。

洋务派办的民用工业企业，只有少数是政府出资的官办者，大部分都是官督商办。官办企业和官督商办企业在资金来源和经营管理上尽管有差别，但企业都是资本主义性质。它们虽然在外国资本主义和封建主义的压制下，不能得到正常的发展，但毕竟也冲破了中国的自然经济结构，是一种近代新的生产方式，而且对社会政治、文化生活、经济产生了重要而不可忽视的影响。

与工业企业和新式海军等事业的需要相辅相成，在洋务运动期间还培养了很多新式人才。洋务运动刚刚起步时，大量学习并引进西方近代技术设备，兴办军事工业，购买洋枪洋炮和轮船等各种活动建设，主要是依靠洋人和“洋匠”办理。为了培养翻译人员，清政府于1862年（同治元年）在北京设立了同文馆，之后又设立了上海、广州广方言馆。慢慢的，洋务派又在实践中意识到，要把“洋务”真正办好，达到“求强”、“求富”的目的，中国的人才须有通晓洋务的能力。为培养这样的新式人才，一是开办学堂；二是派遣人员出国留学。

派遣学生出国始于1872年，派遣儿童留美。此事由容闳倡议，丁日昌支持，曾国藩、李鸿章会奏促成。因为幼童学习领悟比大人要快，选择了一批12—20岁之聪颖者，共120人，分四批出国。所选者在国外从小学、中学升到大学，主要攻读铁路、船政、矿务、电学、军事技术、外交等专业。后来因为顽固派反对和经费短缺等一系列原因，19世纪80年代初留学生被中途撤回。尽管如此，在留美幼童中，还是有很多成了有用的专业人才，如詹天佑等。在派遣留学生的过程中，清政府认为，出国留学人员还是用有过外语训练的成年人最好，学习期限3—5年。当时具备这个条件的大多是福州船政学堂的学生，所以自70年代中期以后，出国留学的留学生大多都是福州船政局的人。首批为30人，学习制造和驾驶，1881年（光绪七年）陆续派出10人，1885年第三批30人，均赴英、法学习。此外，还有派赴德国学习陆军和张之洞派赴欧美学习冶炼钢铁的一些留学人员。

19世纪80年代，清政府在国内创办了许多专门性的学堂。1880年起先后在天津、上海、南京等处开始举办电报学堂，1880年在广州创立举办了西学馆，1883年在吉林创办表正书院，1887年在台湾创办西学堂，除此之外还有商务学堂、医务学堂、矿务学堂，等等。在近代军事学堂方面，有天津、广州的水师学堂，威海水师学堂，广州水陆师学堂等。

19世纪70—80年代，是洋务运动兴旺发达的时期，民族资本主义工商业开始出现，新式海军、防御工事的建设也初见成效，新式人才的培养也放到了工作首位。所有这些，都使中国在艰难曲折中开始了向近代化的迈进。

洋务运动发展到19世纪80年代，随着洋务事业的推进和西方近代科学文化的逐步传入，特别是资本主义经济的产生，社会上开始有了资本主义的早期改良主义社会思潮的倾向。王韬、郑观应等就是这一思潮的带领者。他们把东西方各国的君主专制、民主共和、君民共主三者进行了深切地分析，认为君主立宪的民主制最适合于中国，提出了开国会、设议院的一系列要求。

然而，洋务运动的指导方针是“中学为体，西学为用”。洋务派要用西方近代的科学技术“卫吾尧舜禹汤文武周公孔子之道”，也就是以科学技术为手段，达到维护封建专制统治的目的。洋务派官僚不愿意也不敢提出把专制制度改革为民主的政治制度的合理要求。正是因为洋务运动本身是不可能摆脱外国资本主义的压迫和控制的，然而又不可能摆脱封建势力的阻挠，所以失败是必然的结果。1894年（光绪二十年）清政府在中日战争中战败，于1895年签订了《马关条约》，证明洋务运动没有达到富国强民的目标，也标志着洋务运动以失败告终。

第三阶段为1885—1895年期间，对陆海军建设更加重视，1885年组建海军衙门，1888年正式成立北洋水师。同时，开办轻工业以富国的想法得到更多人的认同，其结果是缫丝业和棉纺业呈现出迅猛的发展势头。李鸿章尽力控制住局面，但他此时面临湖广总督张之洞和两江总督刘坤一越来越强劲的竞争。与此同时，光绪皇帝的父亲、新设的海军衙门大臣醇亲王崛起，变成了京城内名副其实的掌权者，而恭亲王则在1884—1885年的中法战争以后政坛失意。

在经济体制方面，两种新型的工商实业——“官商合办”和“商办”——和占主导的官僚型“官督商办”企业竞争激烈。但因为官府对商人的传统歧视和嫉妒，这两类企业都并没有发达。较大的“官商合办”企业有开设于1891年的贵州制铁厂和建于1894年的湖北缫丝局。在这两个事例中，官方员吏相对接受私人资本，但反感平民控制企业。争夺湖北缫丝局控制权的斗争日益激烈，导致商人资本最后无奈被撤，最终变成了一个完全的官营企业。“商办”实业非常微弱，在整个工业实业和投资中占的比重很小——与明治时代日本人筹集私人资本的方式有很大差距。19世纪80年代中期到90年代中期这10年中，主要的活动如下：

1885年，李鸿章在天津开设建立武备学堂；北京成立海军衙门，以醇亲王为首，李鸿章为副。

1886 年，张之洞在广州建立一纺织局。

1887 年，张之洞和李鸿章分别在广州和天津开设建立了一些制造局；李鸿章在黑龙江开设建立漠河金矿。

1888 年，开设建立归李鸿章节制的北洋水师。

1889 年，张之洞在广州开设建立一家织布局和一家铁政局。

1890 年，张之洞开始举办大冶铁矿、汉阳铁厂和萍乡煤矿。

1891 年，李鸿章在上海开设建立伦章造纸厂；开设建立“官商合办”性质的贵州制铁厂。

1893 年，李鸿章开设建立机器纺织总局；张之洞在武昌建四家棉纺和丝织厂。

1894 年湖北省开设建立两家火柴公司；创建“官商合办”性质的湖北缫丝局。

为了维护自身的封建统治，适应当时的国内外的形势，清政府在军事上开始大力建设海军，编练与湘淮军的新式陆军有区别的军队。在经济上，除了继续在各省设立兵工厂和扩大原有的军用工业，还着重开始民用工业企业的创办和经营，希望可以和洋商抗衡。1873 年创设的轮船招商局，是由军用工业为主向民用工业企业为主转变的标志。因为洋务运动的任务和内容进行了很多改变，洋务派在原有官僚集团之外，又添加了一些买办商人和有维新倾向的知识分子。

在洋务运动中，洋务派还开始筹建新式海军。为了建立新式海军，清政府在设厂制造兵船的基础上，还不惜花费重金从外国购买军舰。建立海军、购买兵船早在 1839 年（道光十九年）就已开始，在之后的 30 余年间陆续买了各式兵船多艘，大都用于在长江和沿海某些要害处建立水师。当时虽有建立南洋、中洋、北洋三洋水师的设想，但都没有真正实现。把三洋正规海军的建立提上日程，始于 1874 年。在“东瀛小国”日本侵略台湾的影响下，清政府感到危机感，一时“海防议起”。为了加速建立海军，清政府先后向英、德等国订购舰只，建立了南洋水师、福建水师和北洋水师。

咸丰十一年（1861），恭亲王奕䜣请英国人“协助购买欧洲造战舰”。同治元年（1862），两广总督苏崇光与英人协定，向英国购买兵船。同治二年

(1863)，一支包括大小船只共 8 艘的舰队，由英国海军军官率领最终到达上海，但因为英国人对中国海军的指挥权虎视眈眈，清政府拒绝接受，这支舰队遭遣回。清政府先后用银 160 余万两去筹建海军的活动也以失败告终。同治五年（1866），清政府批准了左宗棠的建议，设局监造轮船，决定以江南制造局、福州船政局为主，以造船为重点，仿照西方，制造兵船，用来装备完善海军。同治十年（1871），两厂分别造出“惠吉 ”、“操江”、“测海”、“万年青”、“福星”等数艘兵船。同治十三年（1874），丁日昌提议建立北洋、东洋、南洋三支水师。光绪元年（1875），由两江总督沈葆桢、直隶总督李鸿章等人倡议，在经过总理衙门的批准，共拨银 400 万两，作为筹办海军的军费，并且准备在 10 年内建成南、北、粤洋三支海军，而后因为财力有限，决定“先就北洋创设水师一军”。沈葆桢死后，海军大权由李鸿章一人掌握，他在天津设水师营务处，佃理海军事务，又于光绪六年（1880）在天津设立水师学堂，训练北洋系海军军官。同时又用大约 300 万两白银，从德国购买“定远”、“镇远”两只铁甲舰。光绪七年（1881），李鸿章派丁汝昌统领北洋海军。光绪十年（1884），三洋海军基本建成规模，南洋海军约有军舰 19 艘、北洋海军约有军舰 15 艘、福建海军约有军舰 11 艘。

中法战争中，福建以及南洋水师受挫。光绪十年（1884）六月，中法战争爆发，八月，福建海军全部舰船被法国远东舰队击毁，福州船政局也被摧毁，南洋海军受到损失，只有李鸿章的北洋海军保存了实力。随后李鸿章又向英国订购了“致远”、“靖远”和从德国购进“经远”、“来远”等舰，北洋海军实力增强。在这前后，李鸿章为修理铁甲舰之用，又修建了大沽、旅顺船坞。

1885 年（光绪十一年）后，重点建设北洋海军。为了避免中法之战中“局势太涣、畛域太分”之弊，也为了统一事权，又成立海军衙门，以醇亲王奕譞为总理，庆郡王奕劻、直隶（约今河北）总督兼北洋大臣李鸿章为会办。之后慢慢向外国订购的定远、镇远、济远等铁甲舰和其他比较先进的舰只，都加入到北洋海军舰队。1888 年北洋舰队初步成军，舰队的编制大多来源于法国。拥有战舰铁甲 2 艘，巡洋舰 7 艘，守船 6 艘，辅助战守各船鱼雷艇 6 艘，还有其他练船、运输船等，共计 25 艘。丁汝昌担任海军提督，拥有军舰 22 艘。由英、德国人操纵军事训练。与海军建设相适应，沿海各重要海口还设置了防御工事，比如炮台等。1875 年以后，先后筑有烟台、营口、旅顺、大连、威海等处炮台。这些军事设施，在中法战争和中日甲午战争中，起了一定的抵御外侮的作用，尽管如此，最终还是因清朝统治的腐败而惨败崩溃。光绪二十年（1894），北洋海军在中日甲午战争中全军覆灭，北洋海军的历史从此结束。

1860 年与英法媾和及 1864 年镇压了太平天国，清王朝消除了内外两个致命威胁，终于松了一口气。随后的一段时间，清朝表现出一种很明显的复兴气象。这种气象主要表现在：镇压捻军和回民叛乱、恢复传统秩序和儒家政府、保持与外国列强之间的和平，采纳西方的外交实践与军事和技术手段，从而发起的自强运动。那种“内忧外患”交织在一起的王朝衰败景象得到了遏制，尽管这只是一时的。

19 世纪六七十年代的士大夫将这种王朝的“第二次繁荣”称为“同治中兴”。这里所说的的“中兴”并没有日本明治维新那样的内涵，明治“维新”指的是国家权力从军事独裁者（幕府将军）和封建领主（大名）的权利转为天皇所有，而同治中兴主要是指通过重整士气和经世致用来恢复传统秩序而做的种种努力。这个时期还推行了一些政策措施，让衰败的农业地区稍作休息与举荐能人贤士一同为朝廷效命。对官府来说，减免或降低了农村的赋税，发放粮种和农具用来帮助恢复农业，同时大力倡导个人俭朴的风尚。私塾和私家书楼重新开放，科举考试再度举行，尤其是在那些内乱岁月里很久没有开办科试的地区。这些考试虽然保留了考八股文的形式，但却意外强调了当时的现实问题。在限制资官鬻爵的同时，朝廷扩大各省科举考试的录取名额，用来奖励军功和捐输。在官场内，纲纪也进行了整肃整顿，严惩贪污腐败。与此同时，在对外事务中，殚精竭虑地保持与西方列强之间的和平友好关系，以便日后为国家提供重建和自强的基础。

中国历史上那些成功的中兴，通常都与一些强有力的、睿智和贤明的统治者有脱不开的关系，同治皇帝统治了 13 年（1862—1874），有 11 年都在年幼时期，剩下的两年也只是一个傀儡。国家大权一直被掌握在慈禧太后手中，她执掌朝纲达 48 年之久，一直到 1908 年去世。就同治帝个人而言，他的统治必然不能称作是中兴朝代。但是这位皇帝主要是作为一种机制而并不是作为个人存在；他手下干练的大臣确实有很多不平凡的成就，引起了急剧的变化，这些成就可以被当作是中兴的要素。

然而，同治中兴只能算是中国历史上一场较低层次的复兴运动。它只是暂时制止了衰落，但不能使清王朝发展到可以和近代世界相适应的水平。它对西方军械、技术和外交的模仿是一种很表面的模仿，西方文明中的精华所在——政治体制、社会理论、哲学、艺术和音乐——全然没有触及。从历史的角度来看，它充其量不过是清王朝在衰落中的一次回光返照——犹如“秋老虎”最后的炎热一般。就算是这样，同治中兴却标志了力争恢复旧秩序并开启新秩序的大胆而又相当成功的努力。

第二次鸦片战争结束之后不久，因为清朝统治者在领土、主权以及一系列经济、贸易特权等方面，对外国侵略者的要求都尽力的满足，国内的农民战争也陷入低潮，因而表现出了一种暂时相对“稳定”的局面，也就是所谓“中外和好”的“和局”，但是在清朝的统治集团中，还是有一些能认清大局的统治者，如曾国藩、李鸿章、左宗棠以及在中枢掌握大权的恭亲王奕䜣等人，并没因为这种“和局”的出现而使他们丧失危机感。曾、李、左诸人都因为镇压太平天国为清朝立了殊勋，他们在和外国侵略者一同打压太平天国时候，亲眼看到了西方侵略者船坚炮利，也看到了这一潜在的威胁。因此，第二次鸦片战争刚刚结束，曾国藩就提出：“此次款议虽成，中国岂可一日忘备？目前资夷力以助剿济运，得纾一时之忧，将来师夷智以造炮制船，尤可期永远之利。”1861 年 8 月，他又提出要购买外洋船炮为“今日救时之第一要务”，而且还提出“轮船之速，洋炮之远，在英法则夸其独有，在中华则罕于所见”。在主张购买之后，“访募覃思之士，智巧之匠，始而演之，继续而试造，不过一二年，火轮船必为中外官民通行之物，可以剿发逆，可以勤远略”。他的这个主张得到了奕䜣的赞赏，认为是“深思远虑之论”。在奕䜣的全力支持下，曾国藩在 1861 年攻下安庆，就立刻设立安庆内军械所，试造枪炮弹药。因为采取的是手工生产，效果并不明显，但是却任用了一批近代早期的著名科技人才，如李善兰、徐寿、华蘅芳等人。还有一个洋务的热心倡导者李鸿章，1862 年率领淮军到达上海与英、法国侵略军和华尔的“常胜军”向太平军进攻时亲自看到外国军队的“落地开花炸弹”，赞不绝口，认为是“神技”。他在给曾国藩的信中说道“深以中国军器远逊外洋为耻”；又说：“中国文武制度，事事远出西人之上，独火器不能及。”对于这件事他感到深深的担心，愤愤而言："外国利器强兵，百倍中国，内则狎处辇毂之下，外则布满江湖之间"，"外国猖獗到此，不亟亟焉求富强，中国将何以自立耶?"此类议论，在左宗棠、沈葆桢、丁日昌等人的言论表达中，也都有不同程度的表现。

面临中国"数千年来未有之变局"，曾、左、李等人意识了中国在武器装备和科学技术方面远远落后于西方，他们汲取鸦片战争时期"经世派"代表人物魏源提出的"师夷长技"的思想，并且尽量把这一思想主张运用到实践当中。他们"师夷长技"的目的，一是为了维持清朝的统治，镇压太平天国；二是在与外国侵略者保持"和好"的条件下，徐图自强，免遭沦胥。奕䜣是清朝中央统治集团中首先倡导洋务的首领，他处理"内乱"和"外患"时的方针是："就今日之势论之，发捻交乘，心腹之患也。俄国壤地相接，有蚕食上国之志，肘腋之患也。英国志在通商，暴虐无人理，不为限制则无以自立，肢体之患也。故灭发捻为先，治俄次之，治英又次之。"在内政方面，他认为"探源之策，在于自强，自强之术，必先练兵。现在国威未振，亟宜力图振兴，使顺可以相安，逆则可有备，以期经久无患"。李鸿章的主张与奕䜣基本一致，他说："目前之患在内寇，长久之患在西人"，"似当委屈周旋，但求外敦和好，内要自强。"整体来说，就是"讲求洋器"，平定发捻，自立自强，抵御外患。他的思想的重点则在购船、造炮、练兵等军事方面。在这时期内，冯桂芬对洋务宗旨说得最完整、最透彻。他在 1861 年写成的《校邠庐抗议》一系列政论中，明确提出"采西学"、"制洋器"。他为中国"人无弃才不如夷，地无遗利不如夷，君民不隔不如夷，名实必符不如夷"感到悲痛。因此，对西方国家要"始则师而法之，继则比而齐之，终则驾而上之，自强之道，实在乎是"。"以中国之伦常名教为原本，辅以诸国富强之术"是他的洋务指导思想。这个指导思想，不仅成为兴办洋务的纲领，也成为后来广为流行的所谓"中学为体，西学为用"理论的滥觞。

**军事现代化和早期工业化**

与恭亲王的外交现代化相媲美的，是他自己创建的一支新式水师的努力及外省领袖——曾国藩、左宗棠和李鸿章——通过试用洋船洋炮、置办军备工业和开办新式学堂来推行军事现代化的努力。他们的举措标志着自强运动的开始，这场运动持续了 35 年，直到 1895 年。只是，借鉴西方的想法在这些领袖之前20多年就已经出现了。

第一个倡导借鉴西方思想的人是先驱者钦差大臣林则徐，他命人翻译澳门、新加坡和印度的报纸，收集西洋地理、历史、政治和法律方面的情报。在他的倡议带领下，瓦泰尔《国际法》中的某些章节被翻译了过来，慕瑞（Murray）《世界地理大全》中的部分章节也在1841年译成了中文，冠以《四洲志》的书名。借助这些西方的粗浅知识的理解，林则徐对英国的力量渐渐有了敬意。他购买了200门洋炮加强广州地区的城防，并且命人翻译西式铸炮手册，这些事实就表示了，他敏锐地意识到了夷人器械之精良，以及中国需要了解理论知识的需要。

鸦片战争的失败，被中国的大多数士大夫认为是历史的偶然事件。但是，还是有一些与林则徐结交或受他影响的学者高瞻远瞩，真切地意识到中国与外部世界关系中的一个新时代即将到来，当中最著名的是魏源（1794—1856），林则徐后来将关于外国情况的一应著名转交给他。魏源在1844年将这些资料编纂成一部共五十卷的大部头著作，名为《海国图志》。这部著作的目的在该书的序言中清楚地表达了出来："是书何以作？曰：为以夷攻夷而作，为以夷款夷而作，为师夷长技以制夷而作。"该书分为四个部分：第一部分略述西洋列国的历史、地理和晚近政治局势；第二部分讲的是关于洋炮的铸造和使用；第三部分为造船、开矿及西洋实用工艺的林林总总的具体描述；第四部分为魏源及其同时代人提出的如何对付西洋的建议。该书是关于西方的第一部重要的中文著作。

其他一些开创性的著作还包括，一部盛词赞扬美国政治制度的叙述性书著，名曰《合众国说》，和一部研究晚近外夷侵扰中华之情形的著作，叫《夷氛闻记》，这两本书均由梁廷枏撰写。后来又出现了一部由徐继畬撰写的著名世界地理著作《瀛环志略》以及何秋涛撰写的一部略述俄罗斯及其他北方国家之地理、历史和政治的著作、80卷的《朔方备乘》。除最后一种之外，各部著作都强调加强海防用来抵御外国侵略的重要性。他们的核心观念是，中国只有拥有充足的沿海防御，才能不受制于外国的海上侵略。他们并不了解或承认这样的事实，就是受到民族主义的影响、资本主义及迅猛工业化驱使的欧美的海外扩张，中国的地方性防御是很难遏止住的。这个研究西方的初始阶段只是围绕着海防的狭窄主题兜圈子，而且这些身为民间学者的编著对他们的国家也影响很小。

1860 年的战败更猛烈地震撼了学界和官场中人物，曾一度与林则徐交往的冯桂芬（1809—1874）率先倡导“自强”主张。在他写于 1860 ~ 1861 年间的名著《桂芬庐抗议》中，他非常明确地指出，中国以往所知的旧世界与已经被迫接受的新世界之间有很大的差距，所以极力主张中国必须学习西洋的船舰火炮、在通商口岸开设船坞和枪械制造厂。他很果断地说，既然像日本那样的小国都意识到需要按西洋模式强大自己，那中国就更应发愤图强了！考虑到与西洋列强缔结的和约，冯桂芬警告说，中国必须利用这个机会来加强自己，否则日后必然会后悔。至于魏源所倡的以夷制夷之思想，冯桂芬认为这绝对是可能的。妨碍中国在夷人之间行离间挑唆的，是夷语的难懂及不了解夷人的习惯。“魏源唯一言成理，曰师夷长技以制夷”，这句名言代表了 1861—1895 年间“自强运动”的精神动力。

**恭亲王和李泰国**

恭亲王和文祥是阿思本舰队自强运动在京城的主要推行人，他们向朝廷灌输这样的观念，就是中国之所以失败并不是因为将士不听命，而是因为装备的落后，中国若想在将来抵御外侮，就必须采纳西洋的火器、船舰和训练军队。1862 年是朝这个方向努力迈出的第一步，其时，恭亲王授命署理海关总税务司赫德委托身在英国的李泰国购买并装备第一支火轮舰队。李泰国购买了 8 艘轮船，并雇用了英国皇家海军舰长阿思本（Sherard Osborn）管带建造者支舰队。李泰国在未经告知北京朝廷、更也没有获得允许的情况下，就于 1863 年 1 月 16 日与阿思本签订了一项合同，据此，阿思本将担任这支由欧洲人驾驶的舰队之总司令，而且只听从身为中国皇帝代表的李泰国的命令。如此武断的李泰国为他的行动解释说，他不会被中国普通的行动规则和正常的办事程序所束缚，并说：“我的地位是一个受中国政府雇用的外国人，为他们去做某些工作，而并非他们的下属。我不需申说，一位英国绅士在一位亚洲野蛮人下面做事的那种观念是多么的悖谬。”李泰国言下之意是要让自己当上中国的“海军大臣”兼海关总税务司，前者职位将给予他无可匹敌的（海军）兵权，后一职务则让他控制约 700 万两的海关岁入。为了表示他的重要地位，他要求在北京拥有一座官邸供他居住，对于他的所作所为中国人难以容忍。

在阿思本率舰队于1863年9月抵达中国时，恭亲王告谕他，他的官衔是副管带，其权力只能是统带舰队中的外国人，他必须听命于他活动地区的总督和巡抚，也就是两江总督曾国藩和江苏巡抚李鸿章。李泰国争辩说，他是来“效命于皇帝而不是做那些外省督抚们的侍从”，更是不能听命于像李鸿章这样一个“无道德修养的官僚”。恭亲王毫不动摇，在这种情况下，阿思本建议将舰队解散，以免其落入太平军、敌对的日本大名或甚到是美国南部联盟的手中。

曾国藩承认，不如将其解散并大度地酬报其官佐，而不是容纳一支桀惊不驯且或将引起无法预料之纠葛的洋人水师。美国公使蒲安臣也同意做调停，阿思本被赏予一笔1万两的特恤金，而李泰国也获得了1.4万英镑，作为他在与中国政府争吵期间应得的薪俸和津贴。随后，赫德替代了他的海关总税务司的职位。中国政府花费了55万英镑购买了一支舰队，后来也解散了，除了惹上一身麻烦之外，一无所获。第一次组建一支新式海军的尝试可谓彻底失败。

**各省自强运动的开始**

大部分的自强规划是由曾国藩、左宗棠和李鸿章等一些外省督抚进行实施的，他们从征剿太平天国期间与常胜军的交往中，亲眼看到了西洋坚船利炮之精良，但这些奇技淫巧已经远远超出了儒家士大夫的接受能力。有一则逸闻称，曾国藩的同代人胡林翼看到两艘洋火轮在江中毫不费力地飞速逆流而上，他感到非常震惊，无可奈何地叹息说：“此乃吾等无法解喻之物也!”想到将来要面对如此一个深不可测的对手，胡林翼感到恐惧，但因为他在征剿太平军期间过度劳累而身体衰弱，不久离世。

如果说火轮给了胡林翼如此强烈的震撼的话，中国这么多的有识之士，在他们看来，轮船已经是求生的必不可缺之物。1862—1863年间，曾国藩在安庆尝试着打造了一艘船，但这艘船根本无法平稳快速航行，幸好他受挫后并不气馁，而是更加坚定地去学习制造船舰和枪炮的秘诀，希望可以打破西洋人对军力的垄断（monopoly of power）。

在曾国藩的倡议下，1865年在上海建立了江南制造局，该局的机器由容闳从美国购买得到，容闳作为第一个从耶鲁大学毕业（1854）的中国人，他在1863年进入曾国藩的幕府。江南制造局不只铸造枪炮，也制造船舶同时开设一个翻译馆。它所造的第一艘船竣工于1868年，长185英尺，宽27.2英尺。该局一共打造了5艘船，其中在1872年制成最后一艘，拥有400匹马力，配备26门火炮。它的翻译馆用不到10年的时间翻译了98种西洋著作，其中47种属自然科学领域的书籍，军事和技术一类书籍有45种。江南制造局称得上是自强运动早期的最重要的成果。

如果说曾国藩开辟了西化之路的话，左宗棠和李鸿章则是握紧了西化的火把，斗志激昂。左宗棠的思想受林则徐和魏源的影响，他对造船有浓厚的兴趣，所以在1866年设立著名的福州船政局，任命两位法国人日意格（Prosper Giquel，1835—1886）和德克碑（Paul d´Aiguebellc，1831—1875）分别担任正副监督，该局打造出了40艘船舰。该局所属的船政学堂（求是堂艺局）培养出了一批真正能干的官佐，内中有极其干练聪颖的严复（1853—1921），他曾经留学于英国，后来翻译了一批西方关于思想、社会学、逻辑学和法学方面的重要著作（参见第十七章）。自强运动的第二大重要的成就是福州船政局。

李鸿章是自强运动的主要人物，他与常胜军及华尔、戈登等许多洋人军官的交流，使他意识到了枪炮舰船的可怕威力。他大力地赞扬西洋大炮和弹药是“天下无敌之攻防器械”，并且很天真地认为，只要拥有汽船火炮和弹药，就可以抵御外来入侵。李鸿章对西洋军制和器械的崇拜，在他1863年致曾国藩的一封信函中可以明显地看出：“鸿章尝往英法提督兵船，见其大炮之精纯、器械之鲜明、子药之细巧、队伍之雄整，实中国所不能及。其陆军虽非所长，而每攻城劫营，各项军火皆中土所无。即其浮桥云梯炮台，别具精工妙用，亦未曾见，深以中国军器远逊于外洋为耻。且诫谕将士虚心忍辱，学得西人一二秘法，期有增益。若驻上海久，而不能取资洋人长技，咎悔多矣！”

并且李鸿章警告说，如果中国还不抓紧造船和制造枪炮的话，日本就会效法西洋不久超过中国。局势的危急要求中国必须马上施行自强规划，李鸿章在1872年大声疾呼，中国即将面临3000余年都没有过的重大变化：西洋人从印度到南洋最后到达中国，步步紧逼而来，此种推进无法阻挡，中国只能积极面对这一挑战，断然采纳西式船炮来加强自身。

随着曾国藩于1872年去世及左宗棠在1868—1880年间投身于镇压西北

和新疆的回民叛乱的战役，李鸿章成为了自强运动的中心人物。他在1870年以后的25年里一直作为直隶总督和北洋大臣，这使他在华北建立起了一个独揽大权的军事和工业基地。虽然他只是一个省级大员，但实际上拥有着中央政府的很多职权，并充当一种类似于全国上下自强规划之“协调人”的角色。他在30年中一直是中国“洋务”的主要设计师和倡导者，主要的功绩包括：1867—1872年的轮船招商局、金陵机器制造局、1880年和1885年分别在天津开办的水师学堂和武备学堂、以及1888年的北洋水师。

但是，李鸿章对西方政治制度及文化的相对漠视和船炮的过度专注，严重限制了自强运动的范围。他的这种态度，一部分是源于他相信，除武器之外，中国在任何事情上都比西方要强大；另一部分是因为他仍然是负责军备和海防之大员的事实。他意识到中国紧迫需要增强军事力量，但却没有做更大、更远地政治和社会的改造。

**军事工业和新式陆海军的建立**

洋务运动的范围很广泛，包括制造枪炮船舰、编练新式海军和陆军建立外交机构、设立学堂、兴办近代工矿交通企业、派遣留学生等。伴随着形势的发展变化和洋务派对西方国家认识的渐渐加深，洋务运动的重点也有所变化。大体说来，19世纪60—70年代，以“求强”为主，即为了适应战争和军事的需要，把训练新式军队和建设军事工业作为重点。70—80年代，在继续“求强”的同时，又提出了“求富”的新主张，支持兴办近代民用企业，洋务事业的总体目标变为“求强”和“求富”。

洋务派办的军事工业，是以1861年曾国藩在安庆设立内军械所和1862年李鸿章在上海设立三所洋炮局作为起点的。因为当时正是湘、淮二军与太平军的最后决战时期，事属草创，工业规模很小，而且技术设备也很落后。除英国人马格里主持的一所炮局和后来购进很少一部分机器外，其他各厂根本没有机器。事实证明，造出先进的武器装备用手工业生产是不可能的。因此，曾、李决心购买国外机器设备，并特别注意引进“制造机器之机器”，参照西方近代化的工业生产方式进行军工生产。真正的近代军事工业是从1865年开始的，曾国藩、李鸿章在丁日昌的积极倡议下，在上海创办江南制造总局。1865—1890年，洋务派在全国各地共创立了21个军工局厂。其中规模较大的有5个，即江南制造总局、金陵机器局、福州船政局、天津机器局、湖北枪炮厂。中等规模的也有5个，即山东机器局、广州机器局、吉林机器局、四川机器局、神机营机器局。其他11个局厂规模较小，它们是广州火药局、西安机器局、金陵制造洋火药局、兰州机器局、云南机器局、湖南机器局、浙江机器局、广东机器局、山西机器局、台湾机器局。因为这些军事工业的建设，清朝军队的装备逐渐改变了之前全用刀矛弓箭、木船土炮的落后状态，尤其是对扑灭太平军和捻军，维护清朝统治，起了不可忽视的作用。这些军事工业的创立，也多少增强了清朝的国防力量，而且对后期兴办民用工业起到一种开路和引导的作用。但是，这些军事工业都是由洋务派封建官僚主持创办的，近代工业生产的经济技术基础可以说是完全缺乏，因此，就不可避免地带有半殖民地半封建的色彩和特性。当时几个主要军事工业局、厂的情况如下所述。

### （一）江南制造总局

江南机器制造总局，简称江南制造局或江南制造总局，又叫作上海机器局，是清朝洋务运动中成立起来的军事生产机构，是晚清中国最重要的军工厂，是清政府洋务派建立的规模最大的近代军事企业，也是近代最早的江南机器制造总局早期厂房新式工厂之一，为后来江南造船厂的前身。1865年，李鸿章购买了上海虹口“洋泾浜外国厂中机器之最大者”美商旗记铁厂。他将原来丁日昌、韩殿甲主持的两所炮局和这座能够修造轮船枪炮的工厂合并，成立江南制造总局。1867年，该局由虹口迁到上海城南高昌庙，生产规模扩大。

该机构成立于1865年9月20日的上海，由曾国藩规划，后来由李鸿章实际负责，是李鸿章在上海创办的规模最大的洋务企业。它通过不断扩充，先后建有十几个分厂，雇用工兵2800人，能够制造枪炮、弹药、轮船、机器，还配备有翻译馆、广方言馆等文化教育机构。只是，它在管理上还是存在浓厚的封建气息。江南制造局最初的建设是向上海租界的美国公司旗记铁厂购买机械厂房和船坞而成立，同一年，将原本苏州洋炮局和由容闳向美国买的机器设备抵达然后一起合并。到光绪三十一年（1905），制造局造船的部门独立，称作江南船坞，辛亥革命后又改名成为江南造船所。江南制造局本身也于1917年改称上海兵工厂，在1937年停办。

日军占领上海后，将它的场地和机械一并收入江南造船所。江南造船所到1953年，又改名为江南造船厂，1967年搬到高昌庙镇，扩充工厂设备，建有机器厂、洋枪楼、汽炉（锅炉）厂、轮船厂、铸造厂等。占地70余亩。到20世纪80年代又相继续建成炮弹厂、水雷厂、炼钢厂、无烟火药厂、栗色火药厂等。1996年又改名为江南造船有限责任公司，属于中国船舶工业集团公司。

江南机器制造局是自强运动几个兵工厂中规模最大、预算最多的一个，除了开设时大约有25万两的投资费用之外，其后早期主要经费来自于淮军的军费，后来1867年时曾国藩获得许可，作为制造局的经费可以从上海海关取得10%的关税，1869年又提高到20%，这相当于每年有至少40万两以上的经费。督办是制造局最高领导人，曾国藩、左宗棠、张之洞等人都曾经担任，但晚清基本是由李鸿章担任，督办以下为行政主管，早期由李鸿章选任冯焌光和沈保靖为行政主管，并由上海道台（1865年时为丁日昌）来监督，由西方人负责实际的机械管理方面的工作，例如早期的首席工程师霍斯（T. F. Falls）为美国人。

江南制造总局的主要产品，一是枪支。江南制造局雇用了大量的中国工人，有满人和汉人，在工厂内操作及学习机器，因为是专业技能，当时工人的薪水是一般城市中苦力的4—8倍。这些工人成为中国近代最早的一批技术工人。每支步枪的成本可以达到17.4两，而外国产品成本仅仅10两左右。最初只能制造旧式前膛枪，1871年改制林明敦式后膛枪，两年以后又加造黎意枪。因为这些枪支已陈旧落后，所以于1890年制作新式快枪。二是大炮。炮厂建于1878年，除制造旧式山炮以外，还制造各种口径的新式大炮。三是弹药。包括各种枪弹、炮弹和火药，除此之外还生产地雷、水雷。四是钢铁。炼钢厂建于1890年，除炼钢外，还压轧钢板、钢轴、枪坯、炮坯等。五是造船。船厂和船坞建于1867年，到1885年先后制造大小轮船10余艘。在这之后停造轮船，专门修理南、北洋各省船舰。制造总局的创办经费，包括购厂、购地建厂、薪金和购买物料，还包括容闳在美国采购机器费用在内，一共使用白银54.3万两。每年经费，最初由李鸿章在淮军军需项下随时供给，每月约1万两。1867年，经曾国藩奏准，从江海关洋税中依情况扣留二成，以一成专造轮船，一成拨充军饷。1869年，马新贻又奏准以二成洋税全部归为局用。1874—1894 年，每年经费最多时达 90.7 万余两，最低时也有 35.3 万余两。1892—1895 年，为建造炼钢厂和无烟火药厂等项工程，清政府又拨发扩建经费 40 万两。因为在资金经费方面清政府的大力支持，在生产设备和技术力量各个方面，都是当时国内最大的兵工厂。

### （二）金陵制造局

金陵机器制造局（今南京晨光机器制造厂的前身）诞生于 1865 年（同治四年），是晚清洋务运动中较早开办、规模也较大的工厂，其主要产品有枪、炮、弹药、火药、水雷等。1865 年（同治四年）5 月，李鸿章代理两江总督，移居南京。在南京在聚宝门（今中华门）外扫帚巷东首西天寺的废墟上兴建厂房，筹划建立金陵制造局，也称作金陵机器局，简称宁局。1866 年 8 月竣工，12 月苏州洋炮局移入，由刘佐禹担任总办，马格里担任督办，设机器厂、翻砂厂、熟铁厂和木作厂，制造开花炮弹、抬枪和铜帽等产品。投入生产时，有员工兵夫约 400 人。

金陵制造局的经费最初依旧是由淮军军饷调拨，每年 5 万两。自 879 年起，每年由江海关拨银 5 万两，江南筹防局拨银 3 万两，扬州淮军粮台拨银 2 万两，每年的额定经费共 10 万两。自 1883 年起，南洋又增拨 1 万两。其规模虽然比江南制造总局小很多，但在当时军工局厂中，依旧属比较重要的一个。金陵制造局主要生产大炮和弹药，产品基本用于供应李鸿章的淮军及北洋三省。因为经费短缺，管理混乱和技术设备陈旧，该局所产大炮，质量很差。

1869 年，宁局已经可以制造多种口径前膛炮、炮弹以及炮车和枪弹。1870 年 7 月，在通济门外神木庵旧址建立火箭分局。1871 年 9 月，在通济门外九龙桥兴建火药局，后于 1875 年（光绪元年）被焚毁。

1873 年，马格里受命远赴欧洲，在 1874 年从英国、德国和瑞士购买回一批机器，进行安装使用。这是宁局建成后第一次进行扩充，使制造能力得到进一步提升，为后来的发展做了基奠。1874 年，工厂研究制造出三尺喷筒，用火药发射的火箭 1000 支。1875 年 1 月，大沽炮台试射该局制造的两门 68 磅重炮弹的大炮时，发生爆炸，炸死炸伤官兵 18 人。李鸿章将马格里招到天津，让他亲自试放，也同样发生爆炸。但他并不认错，结果李鸿章将其撤职。该局从此之后不再雇用洋匠，局内管理事宜，由龚仰遽（照瑗）指挥调度。

1879 年 2 月，宁局接收井乌龙山机器局。此局因为筹备江防的需要，于 1874 年在南京郊外建立。接收后，由宁局负责江防炮台军火制造的任务，经朝廷批准，给宁局每年额定经费 10 万银两，其中每年由江海关拨银 5 万两、江南筹防局拨银 3 万两、扬州淮军收支局拨银 2 万两。从此，宁局经费有了固定来源。

1881 年，宁局仿制成功美式加特林机关炮（也称 10 门连珠格林炮）。1884 年，成功仿制美式诺登飞多管排列机枪（也称 4 门神机连珠炮）和德国克鲁森式 37 毫米 2 磅子后膛炮。到此，宁局慢慢发展成为既可生产劈山炮、24 磅子生铁开花炮、12 磅子来福铜炮等前膛炮，同样也可以生产山炮、4 门神机连珠炮、10 门连珠格林炮等后膛枪炮，并且能配套生产炮弹和炮架。宁局出品，除供应南洋、北洋各防营使用外，还可以接受一些各省的防营订货。

1883 年，中法战争爆发，宁局生产的军火在此次战争中发挥了不可忽视的作用。两江总督曾国荃奏报朝廷拨银 10 万两，从美国购进机器 50 多台，并且进行扩建，并奏准每年增拨经费 5 万两，促使该局可以“放手制造”。扩建工程在 1887 年完成，共支银 10.046 万两，宁局又得到一次较大的扩充。

1888 年，宁局仿制成功马克沁单管机枪（也称赛电枪），这是中国制成的第一代重机枪。1894 年，宁局建立东子弹厂，并且采用无烟药装弹，这是制造技术上的一次伟大进步。此时，员工人数比初创时期增加近两倍，发展到 1200 多人。次年，中日甲午战争爆发，宁局生产的后膛抬枪展示了威力，受到防营的赞赏。局中工匠唐坤明，设计制造出一种威力较大的新式快炮，送大沽炮台和沿海地区使用，杀伤力很强，人称唐为“金陵巧匠”。到 1896 年，10 门连珠格林炮、赛电枪都停止建造，之后制造抬枪及 1 磅子快炮。

### （三）福州船政局

福州船政局是晚清政府经营的制造兵船、炮舰的新式造船企业。也被称作马尾船政局。1866 年左宗棠（1812—1885）担任闽浙总督时创建，后来由沈葆桢（1820—1879）主持，法国人日意格（1835—1886）、德克碑（1831—1875）作为正副监督，负责一切船政事务。这是当时最大的船舶修造厂，用来制造和修理水师武器装备。船政局主要由铁厂、船厂和船政学堂三部分组成。1869 年 6 月 10 日，船局制造的第一艘轮船“万年青”号下水。船政学堂（求是堂艺局）设制造、航海两班，要求学员分别可以达到能按图造船和任船长的能力，并派学生留学英、法，学习驾驶和造船技术。

左宗棠建造船厂，开始较早。1864 年，他曾在杭州制作一艘小轮船，“试之西湖，行驶不速”。1866 年，镇压了太平军军余部之后，开始着手筹建船厂。他奏称：“自海上用兵以来，泰西各国火轮兵船直达天津，藩篱竟然丝毫没有作用。”“臣愚以为欲防海之害而收其利，非整理水师不可，欲整理水师，非设局监造轮船不可。”同时也表明：“轮船成则漕政兴，军政举，商民之困纾，海关之税旺，一时之费，数世之利也。”很明显，他把建设船厂当做了是富国强兵、利民惠商的首要任务。经清廷批准，他便同法国人日意格、德克碑商订合同，商量自铁厂开工之日起，5 年内由他们监造大小轮船 16 艘，并训练中国学生和工人。厂址设在福州马尾罗星塔的地方。除开铁厂和船厂之外，船政局还设立船政学堂（又称“求是堂艺局”），分前后两堂，前堂用来教授学习法文，以培养造船人才为主，后堂用来学习英文，以培养驾驶人才为主要任务。

1866 年 9 月，左宗棠调任陕甘总督，赴任前推荐前江西巡抚沈葆桢担任总理船政大臣。福州船政局制成的第一艘轮船“万年青”号，在 1869 年 6 月下水。到 1874 年 2 月，共造轮船 15 艘。到这时，日意格等及法籍工匠数十人照原合同规定的从船厂撤退，由船政学堂培养出来的学生接管厂务和技术，“新造诸船，俱用华人驾驶”。后来虽然也雇用一些洋匠，但人数也都很少，雇用时间也不会很长。

福州船政局建厂费用 40 余万两，由闽海关四成结款拨付，也由闽海关以六成洋税项下按月以 5 万两拨付，每年经费 60 万两。后来由闽省茶税项下和沈谍帧兼办台湾防务的费用中以“养船经费”作为名目，按月拨付 2 万两。到 1874 年，共用银 535 万余两。自 1878 年以后，闽海关不能按照原来的规定按期拨款，积压欠债太多，最后导致经费短缺，生产困难。1874—1895 年，生产萎缩，20 多年中共造船约 20 艘，平均每年不到 1 艘。船政局在办厂过程中，尽管遇到了很多困难，但在造船技术方面有了很大进步。最初只能制造 150 匹马力以下的木壳船，截止到 1887 年则制成第一艘铁甲船，轮机也由旧式单机改为复合机，马力由150匹增到2400匹，在中国近代造船史上，有着不可忽视的作用。

### （四）天津机器局

1865年（同治四年），江南制造局与金陵制造局相继建立，南方军火生产发展较快。清政府考虑到军火生产的布局，决定在北方建立新式军火生产工厂。总理各国事务衙门恭亲王爱新觉罗·奕䜣于1866年8月指出应当在京城或天津设立机器局，这与兵部会议提出在天津设局的主张大致相同。1866年10月，奕䜣正式奏请朝廷在天津设局，用来制造外洋军火，并提出由三口通商大臣崇厚负责筹划准备，这一奏议得到朝廷批准。1867年，崇厚于天津创办了以生产弹药为主的北方最大的兵工厂天津机器制造局，又称天津机器局、北洋机器局。建立之初，聘任英人密妥士总管局务。1870年冬，李鸿章担任直隶总督兼北洋大臣后，从江南机器制造总局调沈保靖处理局务。经过整顿扩充，规模迅速扩大，产品种类逐渐增加。

天津机器制造局的每年经费由天津、烟台两海关拨用“四成洋税”，每年约30余万两。自光绪六年（1880）起，每年都会在户部西北边防饷内增拨1万两。十四年（1888）后另从海军衙门拨支洋药厘金作为每年经费的补助。十九年（1893）新增建立一座炼钢厂。该局分为东、西两局。东局建在城东贾家沽，以制造火药、枪炮、子弹和水雷为主。西局建在城南海光寺，以制造军用器具、开发子弹、布置水雷用的轮船和挖河船为主。东、西两局所产军火除了要供应本省淮练各军、兵轮、炮船外，还对吉林、奉天、察哈尔、热河及分防在江南的水陆淮军按时拨给。此外，东局还附设有水师、水雷、电报学堂。二十一年（1895）改称“北洋机器制造局”（又名“总理北洋机器局”）。二十六年（1900），八国联军侵占天津时，遭到严重破坏。

### （五）湖北枪炮厂

湖北枪炮厂系张之洞建立。张之洞（1837—1909），字香涛，直隶南皮人，授翰林院编修，同治二年进士。1881年由国子监司业迁升任山西巡抚。1884年中法战争爆发后，由山西巡抚调任两广总督，负责供应台湾和滇、桂前线的饷械。当时，沪、津两地各局生产的军火供应不足，他只能向上海的外国洋行及美、德等国进行采购。洋商乘机抬价，使他感到深深地为难。他感觉向外国购买军火，很是吃亏，于是决心自己制造。中法战争后，他上奏清廷，提出“储人才”、“制器械”、“开地利”等主张。强调“自强之本，以权操在我为先，以取用不穷为贵”，当时虽然大局已定，“而痛定思痛，应当作卧薪尝胆之思，及今不图，更将何待?”此时，张之洞早已不是早年的“清流派”重要代表人物，而已经成为洋务派，并且成为洋务运动后期的重要首领之一。

中法战争后，张之洞本来打算在广州创办枪炮厂，并通过驻德公使洪钧在德国购买机器设备。1889 年，他调任湖广总督，于是主张将枪炮厂连同筹建中的钢铁厂迁到湖北。新任两广总督李瀚章不愿在粤建立工厂，李鸿章则主张将机器运到北方，在天津附近设厂。张之洞坚持迁鄂。在奕䜣的支持下，张之洞的主张得到清廷批准。最后将厂址选在汉阳，于 1891 年开始购买地皮并建厂投入生产，1893 年初步建成，1894 年厂房因火灾遭焚毁。甲午战争以后，才得以修复，试着重新开始制造枪炮。

湖北枪炮厂在当时的军事企业中，设备最新，规模庞大，但建厂工程进展迟缓。因为张之洞将该厂经费很大一部分已经用于汉阳铁厂。1892—1895 年，汉阳铁厂挪用枪炮厂经费高达 130 余万两，导致枪炮厂的生产大受影响。

洋务派在 1865 年以后创办的军事工业，都采用机器生产，尽管当时机械化的程度不高，在生产中依旧大量使用手工劳动生产，但毕竟开始有了近代工业大生产方式。这对于中国传统的手工业生产来说，也算是一次重大的变革。这些军事工业大部分实行雇佣劳动，工人的工资大多是按照技术高低而定，劳动强度虽然很大，但如果加班工作，也都会加工资。这些军事工业企业中的工人，是中国近代早期的产业工人。

洋务派创办的军事工业，基本完全属于官办性质。因此，这些官办的军事工业依旧具有浓厚的封建性。所有局厂都是地方政府的一个组成机构，而不是独立经营的企业。不但要受总督、巡抚的控制和监督，而且还要接受总理衙门的节制。局、厂的总办、会办、提调、委员、司事等管理人员，也同厘金局、善后局等官僚机构的职别、等级根本没有区别。负责生产技术的工人，大的局、厂有华洋监督、总工程师、工程师、监工等。此外，还有一批挂名支薪而不会真正去工作的官僚。1895 年，署理两江总督张之洞派人查访江甫制造总局的情况后说："制造局积弊，在换一总办，即添用心腹委员三四十名，陈陈相因，只有增加，没有减少，故司员两项，几到二百，实属冗滥。"

它们的经费主要来自海关关税、厘金、军饷等。生产出的产品，不是普通的商品，不可以进入市场进行交易，而是作为军火和军事装备用品由清政府发配给湘、淮军及沿海各省军用。19 世纪 80 年代以后，因为各局厂经费短缺，对之前那种不计价格的产品调拨办法都做了改变。比如，南洋和广东先后向福州船政局订造兵船，都以"协款"的名义预付船价的一半左右。此后，沿海各省，哪个省需要船，就由哪个省筹款，都以福州船政局为南洋代造快船成例办理。江南制造总局和天津机器局，在每年的收入中，也都包含各省解还的军火费用。同时，各军火工厂的生产也在很大程度上受到国际军火市场价格的影响，如果所生产某些武器的成本和售价，比国际市场价格要高出许多，就会被停止生产。这说明即使是官办的也不是为了交换而进行的军火生产，也不可以完全不受价值规律的约束。因此，这些军事工业也逐步带有资本主义的性质。

因为把封建官僚衙门的一套官场恶习搬到局、厂，腐败现象就在所难免。生产效率普遍低下，成本高昂，管理混乱。比如规模最大、实力最雄厚的江南制造总局，在该局每年的经费支出中，薪水、修建、工食、办公等项费用占了全部经费的一半左右。在各项支出中，修建和办公费用所占无几，因为购置地产、修建厂房，早在 19 世纪 60 年代后期就已完成，办公费用不过是纸张文具和桌椅之类，为数更微。薪水、工食占了支出的一大部分。因为大量经费用于非生产性开支，添购机器设备、原料、燃料的费用就会有所减少。福州船政局的情况更是糟糕，该局每月"洋员匠薪"、"监工员绅薪水"以及工人杂役的伙食、口粮等项，即需支出大概 3.9 万余两。而当时该局每月定额经费只有 5 万两，"薪水工食"已经占全部经费的 80% 之多。因此，造船费用远远高于向外国购船费用。局、厂中的工人，虽然具有雇佣劳动的性质，但在有些局、厂，他们依然受到市场经济的剥削和人身自由的限制。江南制造总局的工人，"不允许随意去留"。福州船政局设有"健丁营"，对工人实行军事化管理。

1874 年，日本派兵侵略我国台湾，清政府最终答应以赔款妥协。日本此举使清政府深受伤害，筹办海防的建议随之兴起。前江苏巡抚丁日昌提出《海洋水师章程》六条，建议设立北洋、东洋和南洋三支海军，各军设提督一人。北洋提督驻守在天律，负责直、鲁两省沿海防务；东洋提督驻守在吴淞，负责江、浙两省的沿海防务；南洋提督驻守在南澳，负责粤、闽两省沿海防务。每支海军各配备大兵舰6艘，炮船10艘，每半年演练一次，“三洋联为一气”。总理衙门虽然基本同意丁日昌的建议，但以“财力未充，势难大举”为理由，决定“先就北洋创设水师一军，俟力渐充，就一化三，择要分布”。经过筹划准备，于1875年5月任命沈葆桢和李鸿章分别督办南、北洋海防事宜。海防经费，每年由粤海、闽海等关及江、浙等六省厘金项下拨解400万两，南、北各得其半。但各省拨款大多不够用，少很多，不能按原定规划实行。清政府一开始就以创建北洋海军为重点，筹建海军主要由李鸿章负责。海军舰只除由福州船政局和江南制造总局制造外，主要购自英、德两国。到1894年，分别建成福建水师、南洋水师和北洋水师，共有船舰六七十艘，已具有相当规模。福建水师由闽浙总督管辖，绝大部分舰只都是福州船政局19世纪70年代制造的，只有少数几艘购买自英、美。排水量一般在1000—1500吨之间。平时训练很少，战斗力很差。在1884年的中法战争中，几乎全军覆没。战后虽然又有增补，但难以成军。

南洋水师归两江总督兼南洋海防大臣管辖，最初由沈葆桢一手策划。1875年，沈葆桢同意将每年400万两专款全部交给北洋使用，到1878年才请求将其中的200万两拨归南洋，添置船舰。1879年沈葆桢病死，左宗棠、曾国荃、刘坤一等先后担任两江总督，南洋水师即一直由湘系大员控制。它的舰只大部分由闽、沪两局制造，只有有少数购自德国，其中有5艘巡洋舰排水量超过2000吨。南洋水师实力虽不及北洋，但比福建水师却强得多。

李鸿章在19世纪70年代主要向英国购买舰船，从80年代开始逐渐转向德国购买。北洋海军的主力铁甲舰“定远”、“镇远”及8艘巡洋舰中的“济远”、“经远”、“来远”各舰都是购买自德国。1879年，李鸿章在天津设立水师营务处，由周馥主持，马建忠负责处理日常事物，1881年，又奏准任命淮系将领丁汝昌为北洋水师提督。

19世纪80年代，李鸿章还先后在旅顺口、大连湾、威海卫等地布置防务，修筑炮台，并在旅顺建设船坞。旅顺口和威海卫成为北洋海军的两个主要基地。当时，北洋海军已成为一支实力较强的近代海军。北洋水师是清政府的海军主力。但从1888年之后，再没有增添任何新式军舰。1891年以后，因海防经费被挪用修筑颐和园，连枪炮弹药也停止购买。北洋海军主要为抵御日本侵略建立，它从创办到1895年全军覆灭，一直归属李鸿章管理，是李鸿章用费最多、经营最久、也最为得意的一项重要洋务事业。它的兴衰不仅和维系集团势力的消长密不可分，而且也同整个洋务事业的成败相始终。

## 第四节 自强运动和早期工业

从13世纪开始，世界的大环境开始发生变化。西方资本主义开始萌芽。农民和手工业者通过长期劳动，积累经验，改进生产工具，农业得到发展。纺织、冶金等行业开始出现机器，不仅提高了产量，也改变了人与人的关系，分化出各种不同的阶层。在新航路的开辟、资产阶级革命、文艺复兴、宗教改革运动、产业革命的推动下，到洋务运动发生时，资本主义世界体系已最终完成，人类社会进入到了一个完全的新时期，这也是历史发展的必然抉择。这个新时期的主要特点就是整体化和近代化。世界市场讲究统一性，分散、落后的国家不可避免地纳入整体中。近代化就是资本主义代替封建专制，这是历史的必然抉择。这也是洋务运动试图走近代化的原因，在世界整体化的趋势下，中国的卷入比较被动。中国没有经历资产阶级革命，没有经过长期的积累。但中国的洋务运动与世界大势是分不开的。

两次鸦片战争的失败和赔款，再加上镇压太平天国和捻军的庞大军费开支和战争的破坏，清政府的财政已经面临枯竭。而兴办军事工业和建立新式军队，都需要大数额的经费支持，清政府虽经多方筹措罗掘，仍然不能满足需要。洋务派在兴办军事工业和建立新式陆海军过程中，遇到很多困难，而最主要的是财政困难。军事工业的兴办又需要燃料供给和充足的原材料；新建陆海军需要后勤保障，同时也需要近代的交通运输与电讯等项建设的配合。不能解决这些问题，新的防务体系就根本无法建立起来。洋务派逐渐意识到，西方国家的富强，除了船坚炮利的“长技”之外，还必须拥有雄厚的经济实力。李鸿章说："中国积弱，因为患贫，西洋方圆千里、数百里之国，岁入财赋以数万万计，无非取资于煤铁五金之矿，铁路、电报、信局、丁口等税。酌度时势，若不早点开始思考应对计策，择其至要者逐渐仿行，以贫交富，以弱敌强，未有不终受其敝者。"

基于这种意识，从19世纪70年代开始，洋务派在继续"求强"的同时，着手兴办以"求富"为目的的民用企业。其中包括采矿、冶炼、纺织等工矿业以及航运、铁路、邮电等交通运输事业。70—90年代，共创办民用企业20多个，除少数采取官办方式个别的（如湖北织布局）一度采取官商合办方式外，大部分企业都采取了官督商办的方式。其中最重要的官督商办企业有轮船招商局、开平矿务局、电报局和上海织布局。这些官督商办的民用企业，尽管要受地方官僚的控制，但还都是资本主义性质的近代工业。

### （一）轮船招商局

轮船招商局是规模最大的民用企业，也是由官办转向官督商办的第一个企业。当时外国资本垄断了我国沿海和长江中下游内河航运，我国旧式的航运业面临破产，而军事工业也因为经费困难，举步维艰，在这种条件下，轮船招商局诞生了。

1867年在总理衙门和曾国藩的来往信件中，通商口岸已经有不少商人购买或租雇洋船而又寄名在洋商名下。这种现象使清政府不得不开放购买或租雇洋船的禁令。在这种形势下，一些商人提出由中国人自组新式轮船企业。清政府其实相当担心中国航运业会完全落入外国公司手中，从而导致粮食运输受制于人。因此总理衙门对当时容闳建议按西方公司章程，去筹组新式轮船企业，有相当大的戒心。轮船必须为华人所有，是总理衙门对建议批示的条件。这事一再延迟，直到李鸿章改以官督商办方式才成事。李鸿章《论试办轮船招商》中说："目下既无官造商船在内，自无庸官商合办，应仍官督商办，由官总其大纲，察其利病，而听该商董等自立条议，悦服众商。"结果是当时拥有政治实权的李鸿章得到皇帝的许可，在1872年正式成立轮船招商局。

1872年8月，李鸿章饬令浙江海运委员、候补知府朱其昂筹办轮船招商事宜。朱其昂最初主张官商合办，但因为当时福州船政局和江南制造总局没有商船可以做“官股”，所以提出“由官设立商局招徕”。12 月，朱其昂等商议决定“条规”，经过李鸿章批准施行，轮船招商局在上海宣布成立。朱其昂多方奔走，招募投资股本，但只有沙船商人郁熙绳入股现银 1 万两，其他虽有商人认股 10 余万两，但都没有缴纳现款。李鸿章只得批准从直隶编练局借用官款 13.5 万两，年息 7 厘，而且“只取官利，不负盈亏责任，实属存款性质”。朱其昂既募不到商股，又不善于经营新式航运，以致在半年左右的时间就亏损 4 万余两，因而引咎辞职。

轮船招商局最早核定资本为 100 万两，1882 年增到 200 万两。李鸿章对轮船招商局有委任董事的权力。轮船招商局在李鸿章的保护下，除了有漕粮专利生意之外，还得到政府的贷款兴建码头货栈所需的土地，而且所承运的货品还免征厘金。虽然有这样优厚的条件，商人最初对官督商办的招商局还是很怀疑，投资入股并不积极。轮船招商局的股票主要通过私人网路出售。直到 1880 年，情况开始转变，在上海买卖盛行。

之初，轮船招商局就加入与美资旗昌洋行和英资太古洋行的激烈竞争。1877 年，轮船招商局收购买了旗昌轮船公司的一切产业，包括船只、码头和位于上海外滩 9 号的办公大楼，成为规模最大的轮船公司。轮船招商局与两家英资轮船公司——怡和洋行和太古洋行达成协定，共同垄断了中国水运。因为在制度上远远落后于对手，英资轮船公司不久便又一次占据了主导地位。

轮船招商局的受任者与作为主要股东的商人一起管理公司。然而政策性的决定都掌握在由政府委任的官董手中。轮船招商局的创办章程中说明：“轮船之有商局，有外国之有公司也，原系仿照西商贸易章程，集股办理。”然而在实际的创办过程中无论在组织经营管理、集资、盈利以及分配等方式上它都已经具备了近代资本主义股份制公司的基本特征。在集资方式上，招商局采用入股形式，即把资本分为若干份股份面向社会招股集资；在经营管理上，其章程规定局务的具体管理和实施者是商总和商董阶层，招商局实现了所有权和经营权的分离；在盈利分配方面，实行按股付息分红，股票持有者凭证取息。从轮船招商局的集股章程可以看出，它和原始的合伙经营有本质的区别。其股票是唯一的取息凭证，具有一定程度的不可抽回性，可以自由转让。招商局在组织上也比较规范，是由股东们选出的经营管理机构——董事会。公众持股并不像西方一样，带来经营权和拥有权分离，反而股份制适应过来吸纳到中国生意传统中。轮船招商局为了吸引商人入股，有主要持股人直接管理公司分号的安排。1873 年章程规定（第一条）：将股份较大的人公举入局作为商董，在主要港口协助商总经营业务。最初上海设商董二名，天津、汉口、香港、汕头各设一名，以后如另有别口贸易，或遇附入股份较大者，再进行酌情选举填充。在 1909 年由股东选举董事会以前，股东只能极少量地参与公司事务的管理。

1873 年 7 月，李鸿章札委唐廷枢担任招商局总办，重订"局规"和"章程"。朱其昂、徐润、盛宣怀、朱其诏 4 人先后被札委为会办。唐、徐分管轮运、招股等事宜：朱、盛负责漕运和官务。"局规"规定：资本为 100 万两，总局和各分局分别由股东推举商总和商董把持，但总局必须将商总和各商董的职位、姓名等报海关道转呈北洋大臣备案，更换商总和商董同样必须"禀请大宪"，这是官督商办的具体体现；填写持股者姓名籍贯、股票及取息手折均需编号，"以杜洋人借名"；股东出让股票，"不准让与洋人"，必须到局注册。这项规定保证了招商局由中国人自办。当时中国尚无近代股份制企业，商人不愿投资，轮船抬商局最初主要是靠官款创办的。

改组后的招商局虽有总办、会办 5 人，实权却在唐廷枢、徐润手里，他们既是官方的代表（总办和会办），又是股东的代表（商总和商董），兼有官、商双重身份。两人都来自洋行买办，但在进入招商局之前，已经脱离洋行，向民族资产阶级转化，因为他们富有洋行经商经验，开展业务，招募股本，颇为顺利。1874 年实收股金 47 万余两，1877 年又以 220 万两收购买旗昌轮船公司的产业，船只由 12 艘增到 30 余艘。外国轮船公司唯恐丧失自己的垄断地位，就用削减运价来打压招商局，致使其债台高筑，处境很是艰难。由于李鸿章采取筹借官款、准其承运官物、增拨运粮、延期归还官款等一系列措施，才使招商局可以站稳脚跟，并扭亏为盈。1881 年，募足股本 100 万两。第二年又计划增募 100 万两，因为业务兴旺，应募者十分踊跃，很快就达到要求数额。

1883 年，中法战争前夕，上海发生金融恐慌，招商局资金周转不灵，盛宣怀奉李鸿章之命到沪。第二年，唐、徐挪用公款被揭发，先后离局。中法战争期间，经马建忠之手将招商局暂时在旗昌洋行进行出售。1885 年又收回招商局产业，李鸿章札委盛宣怀为督办，马建忠、谢家福作为会办。盛宣怀重新制订章程，规定“专派大员一人认真督办，用人理财悉听调度”。这就使得盛宣怀以督办“大员”控制了招商局的人权和财权，从而“商办”色彩大为减弱，“官督”的权力明显加强。

### （二）电报总局

光绪六年（1880）八月中旬，北洋通商大臣李鸿章奏准筹设津沪电报线，在天津成立官办的津沪电报总局，委派盛宣怀担任总办。光绪七年（1881）十一月津沪线完工前，正式命名为中国电报总局。津沪电线通报后，经营四个月，亏损巨大。自光绪八年（1882）三月初一日起，改为官督商办，招股集资，分年缴还官办本银（湘平银十七万八千七百余两），听其自取报资，用来补充经费。盛宣怀、经元善、郑观应、谢家福、王荣和等集股湘平银 8 万两，是其创办资本。

1882 年农历十二月，李鸿章奏设苏浙闽粤电线，光绪九年（1883）六月，两江总督左宗棠奏设江宁到汉口的长江电线，均准由中国电报总局办理，于光绪十年（1884）建成；同时扩大招股，两年后资本合计 80 万元。光绪十年（1884）春，总局由天津移到上海，一方面与外商公司交涉折冲电报利权事宜；另一方面开始筹备建设各路电线的架设，相继建成干线多条，如广东广西线、江西广东线、直隶陕西线、湖北四川线以及北京恰克图线等。又协助官府架设官线多条。商线官线遍布各省，呼吸可通，殊方万里。还帮助邻邦朝鲜兴建电线 2000 余里。光绪三十四年（1908），商线共计 41417 里，占全部电报线的 45.56%。光绪二十年（1894）开始，盈利明显增加，一部分转化为资本，光绪二十五年（1899）资本总额达 220 万元。每年在除了照章支付股东官利一分之外，发放红利数厘到一分不等，成为大众都羡慕的投资对象。

光绪二十八年（1902）十一月，北洋大臣袁世凯奏准电报收归官办。十二月（1903），清廷委派袁世凯为督办电政大臣，吴重熹（直隶布政使）为驻沪会办大臣，将电局收回，认真处理。光绪二十九年（1903）三月初一日，吴重熹在沪接办各省电报商局，厘订章程八条，令各分局遵办。光绪三十三年三月（1907），邮传部奏派杨文骏（前署广东臬司，雷琼道）督办电政；次月改中国电报总局名为上海电政局。光绪三十四年五月（1908），邮传部尚书陈壁奏请由部备款收赎商股，在确定每股（票面为100元）的价钱的问题上，官商双方争执不下，发生了一次“电股风潮”。邮传部初定每股给价150元，加上年息洋20元，计170元。后加价10元作为优待。股商根据上年的账册资金，实存资产580万余元，每股应当分红240元。郑观应主张公开估值，则资产总值必然超过帐面金额，每股价值当在240元以上。有的股商提出，按照上年及近期的股票市价每股200元作为赎价。均未被邮传部采纳。最后仍以邮传部所定每股180元收回，大概在八月基本办理结束。宣统三年（1911）四月，上海电政局迁到北京，成为电政总局；原上海电政局改称上海电报分局。

### （三）开平矿务局

军事工业的基本原料、燃料是铁和煤，每年都要用巨款从外国购买煤、铁，因此洋务派急欲开采铁矿，以塞漏危。1874年、1875年两年，李鸿章先后派人到直隶磁州和湖北兴国勘探矿产，但不能开采。1876年11月，他又派招商局总办唐廷枢赴唐山开平一带勘测，带回煤块铁石的样品，经京师同文馆及英国化学家化验并证明，品位甚佳。唐廷枢在给李鸿章的报告中，称赞开平矿产质地优良，蕴藏丰富，同时建议修筑开平到芦台的铁路，采煤、炼铁、筑路同时并举，所需经费约为80万两。他提出把发展轮船招商局业务和开采开平煤矿联系起来，强调“欲使开平之煤大行，以夺洋商之利，及体恤职局轮船多得回头载脚十余万两，苟非由铁路运煤，只是害怕最终还是难以振作起来”。于是李鸿章于1877年派唐廷枢主持开平煤矿的筹备工作，并派律海关道黎兆棠和前天津道丁寿昌会同督办。

1878年8月，开平矿务局正式开办。根据唐廷枢所拟的“章程”，开平矿务局“虽系官督商办”，但着重采取商办企业经营方式。开办后一面招股，一面钻井。1878年只募股金20余万两，直到1882年才募集够百万两。煤矿钻井尽管进展顺利，但由于炼铁成本过重，又缺乏冶炼专门人才，最后只能停办铁矿，专采煤矿。以湖北等地为例，纳税由每吨六钱七分三厘减为一钱，目的是为了“恤华商而敌洋煤”。这样，开平煤矿的成本降低，增强了在市场上的竞争力。该矿投产当年，产煤3600余吨，1882年增到3.8万余吨，1883年增到7.5万余吨，1889年增到20.7万余吨。为了适应运输需要和煤产量的不断提高，1882 年唐山到胥各庄的铁路开始通车，1886 年成立了开平铁路公司。1888 年又将该路修筑到大沽。除铁路运输之外，1889 年购买了 1 艘运煤轮船，往来于天津、牛庄、烟台等地，1894 年增到 4 艘。1892 年，唐廷枢病逝，由张翼继续担任总办。张翼原为醇亲王奕譞府中侍役，捐得江苏候补道头衔。这是一个昏聩贪鄙的“暴发”官僚，在他主持局务之后，因为管理混乱，生产经营越来越不好，开平矿务局的鼎盛时期结束。光绪二十六年（1900 年）英商墨林公司借八国联军侵华的武力威慑诱骗张翼，攫取开平矿务局，改名开平矿务有限公司，对外宣称为中外合办，而实际上是英国资本控制。1912 年又吞并滦州煤矿，合称开滦煤矿。抗日战争胜利后，为国民党政府接收。中华人民共和国成立后，收归国有。

## （四）上海织布厂

外国棉纺织品在中国的倾销，以很快的速度就占领了广大的市场。早在 1876 年，李鸿章就曾派魏纶先出面筹办织布事宜，但当时魏在上海无法筹集资金，计划没有实现。1878 年，前四川候补道彭汝琮在上海分别向南、北洋大臣呈递禀帖，请求设立机器织布局。不久，他到天津和李鸿章见面，并说明了建厂的计划，李于是委派他和郑观应等负责筹划建设。彭汝琮在上海筹集到股本，第二年又同郑观应发生龃龉，彭被李鸿章辞退。郑观应经手招募的股份资本最多，又独揽局中银钱账目。1883 年，他私自挪用局款真相暴露，又应兵部尚书彭玉麟的邀请，离沪赴粤。此后织布局主要负责人经过几次更换，最后由龚寿图、龚易图兄弟接办，但因股金不足，并无起色。1889 年，李鸿章又改派马建忠接办，并允许他借用轮船招商局及仁济和保险公司的款项 30 万两。但维持的时间不久，局务即改由杨宗濂、杨宗瀚兄弟承办。

1880 年，机器织布局改组，李鸿章派龚寿图专管“官务”，郑观应专管“商务”，另外签订“章程”。“章程”提出：“事虽由官发端，一切实由商办，官场浮华习气，一概芟除。”它还规定：拟募股金 40 万两，分为 4000 股，每股 100 两，“在局同人”共集 2000 股（戴恒、蔡鸿仪、李培松、郑观应等四人各认 500 股），其余 2000 股公开招募。后来因为资金不够周转，又续招股 10 万两。股金按票面金额的 70% 收款，实收现银 35.28 万两。上海机器织布局设在杨树浦，订购了轧花、纺纱、织布等全套机器设备。

上海机器织布局于1890年开始部分投产，在筹建之初，郑观应就向李鸿章递上呈文，要求“酌给十五年或十年之限，饬行通商各口，无论华人洋人，均不得于限内另自纺织”，而且要求对该局产品实行“准免厘捐并酌减税项”。经李鸿章奏准，“十年以内只允许华商附股搭办，不可以再开办其他织布局”。该局所产布匹，如果在上海销售，减免厘税，如运销内地，仅在上海新关完一正税，沿途税款一概免去。这是上海机器织布局享有的特别专利权和优惠待遇，投产后，营业兴旺，纺纱利润尤高。1893年夏，李鸿章决定扩充纺纱，向英国订购机器。同年10月19日，因失火全厂烧毁，损失70余万两。11月，李鸿章派盛宣怀会同上海海关道聂缉椝负责恢复织布局，重新募集资本100万两，在织布局旧址设立机器纺织总厂（后取名“华盛”），仍然是官督商办。另外在上海、宁波、镇江等处设立10个分厂。到1894年9月，华盛机器织布总厂部分投产。

以上所列或可提供一幅晚晴开明人士奋力拼搏的生动画面，但实际上它们只代表了非常肤浅的现代化尝试，其活动范围仅仅局限于火器、船舰、机器、通信、开矿和轻工业，而并没有开展任何仿效西方制度、哲学、艺术和文化的尝试。自强的努力也仅仅触及了现代化的表皮而已，而没有获得工业化的突破，这一根本的缺陷在1884—1885年的中法战争中就已经暴露了出来，其时中国经过20年的准备却无法保护它的藩属国安南。10年以后，中国在甲午战争中的失败，更是确凿无疑地证实了自强运动的失败。马克思主义史学家由此提出，在农业化的儒家社会基础上移植近代资本主义和工业，存在着许多内在的矛盾，以下的论点或许可以解释自强运动毫无生气的表现。

官督商办企业，是半殖民地半封建社会历史条件下的产物。因为长期封建经济结构的束缚，社会生产力低下而且发展缓慢，而封建顽固势力又百般阻挠和抵制使用近代机器工业生产和科学技术，导致困难重重。另一方面，外国侵略者在华攫取了种种经济特权，也极力阻扰和打击中国近代工商业的发展。官督商办企业，就是在这种内外夹击的艰难状况下产生的，它既要依靠洋务派“官”的支持和扶植，又要依靠“商”的经济投资和经营管理。促进社会生产力的发展，建立和发展近代工商企业，在一定程度上抵制和打破了“洋商”对中国近代工商业的垄断、扼杀，官督商办有其积极进步作用。但是，它又不可能完全摆脱对外国资本主义和封建官僚依赖，不可能成为独立的近代工商业体系，因此又具有消极落后的一面。

**自强运动的局限与影响**

洋务派以李鸿章为代表，在以“求强”、“求富”为目的创办近代工业的同时，还主持清政府的外交活动。咸丰十年（1861），清政府设立了总理各国事务衙门（简称总理衙门），负责对外事务。第二年，咸丰皇帝应总理衙门大臣奕䜣的奏请，设立京师同文馆，作为附属于总理衙门的一所外国语学校，专门培养对外人员。洋务派对西方国家的情况慢慢有所了解，承认中国在工业和科学技术方面的落后，主张向西方学习。在这一点上，他们要比顽固派明智而清醒。但是，洋务派及其代表人物李鸿章，始终对外国侵略者心有余悸，总想以妥协退让换取与外国侵略者相安无事。只是，严酷事实证明，外国侵略者绝对不可能坐视中国富强起来。自强运动年代恰好与外国帝国主义侵化的时代相吻合：1875 年英国试图打开云南大门、1874 年日本人侵略台湾及 1879 年吞并琉球群岛、法国攫取安南和 1884—1885 年的中法战争、日本侵略朝鲜和甲午战争——1871—1881 年间俄国强占新疆伊犁。这些震撼性的事件，不仅分散了政府和洋务派的注意力，还导致了巨额的军费开支和赔款，掠夺了大量本来可用于自强的资金。

自强运动的倡导者推动现代规划，主要是为了使国家能够镇压国内动荡、抵御外来侵略，并加强他们自己的权力地位。他们从未想过要把中国改造成一个新式国家，事实上，他们竭力地巩固而并不是取代现存的秩序，而且全然没有经济发展、工业革命和现代变革的概念。由此，他们的努力只不过造就了散落在一个传统国家的一些新派孤岛而已，在这个国家里，仍然是旧式制度占主导的。

除此之外，缺乏大众的参与也限制了现代化的范围。自强运动的领导人采取的是自上而下的方式，不具备像明治时代的日本那样的底层民众支持。背负传统包袱的中国官吏们无法挣脱由来已久的对商人的藐视，他们继续压制民办实业和私家竞争，并且未能在官办工业或官督商办企业中注入个人的能动性，那些企业继断续续不断地备受官场中司空见惯的无能、任人唯亲和贪污腐败等现象的困扰。

中国是个贫困的国家，资本供应有限，无论是官家的还是民间的资本都异常短缺，这制约了工业和企业的创办及增长，当政府通过提高税收用来开办新兴实业之时，它便削弱了大众原本就很有限的投资能力。我们只须注意到同一批人涉足了各色各样的企业——上海机器织布局、电报总局和汉阳诸矿、轮船招商局——就可得知实业家圈子之小和他们掌握的资金之有限了。另外，这些企业中的资本形成也很困难，因为一年 8%—10% 的利润被当作红利分配给了股东而不是用作企业增长的再投资。洋务派创办的近代工业，虽然促进了中国资本主义的一些发展，但终究不可能改变中国半殖民地半封建的社会性质，也不可能达到“求强”、“求富”的目的。

西洋的机器和企业管理对于中国人传统的思维来说是陌生的，而且要克服技术的落后是一个很大的困难，尤其是当那些西洋顾问和教习自身就不专业时更是如此。自强规划所造出的枪炮船舰性能极其低劣，这就导致需要不断从国外购买船炮。北洋水师的 9 艘大型舰只都是由外国制造，而旅顺港和威海卫水师基地的大炮则是克鲁伯（Krupp）制作完成。

除此之外，贤能正直之人通常对洋务避之唯恐不及，只有一些品格低下者愿意涉足现代化规划，这导致了不正之风和腐败屡见不鲜。即使是李鸿章本人也不以人品高尚著称——据称他留下了 4000 万两的家产，他的追随者无情地榨取自己所负责的企业和工厂。最臭名昭著的事例是挪用 3000 万两海军军费修造颐和园，以博取归政后的西太后的欢心。

在太平天国运动之后，清朝的中央权力急剧衰落，以至于除了同治朝（1862～1874）时期的一丝活力外，政府几乎没有任何的方向。现代化是由省级督抚在没有中央规划、指导和协调的情形下率先发动的，虽然李鸿章在 1870 年以后行使了某些中央政府的职能，但他基本上还是一个封疆大员，不能替代中央政府。各省的自强倡导人并不是相互合作，而是相互竞争，且把他们的成就视为其个人权力的根基。他们的地方主义意识和急于自我保护的倾向非常顽固，以致北洋水师和南洋水师在 1884 年中法战争期间竟拒绝前去救援受敌攻击的福建水师，而在 1894—1895 年的甲午战争期间，当北洋水师独力抗击日本海军之时，南洋水师竟保持“中立”。这两场战争的结果自然是惨不忍睹。

大部分士大夫将夷务和洋务视为“卑”、“野”之事，这会有损他们的尊严。守旧势力非常强大，朝廷不能漠然视之。李鸿章致友人的一封信中的片段，可以说明现代化分子的困境：“曾谒晤恭邸，极陈铁路利益，邸意亦为然，谓无人敢主持。后来请其乘间为两官言之，渠谓两官亦不能定此大计，于是从此绝口不谈，官绅禁用洋人机器，终不得放手为之。文人学士动以崇尚异端、光怪陆离见责。中国人心真有万不可解者矣。”

守旧派反对现代化的事例比比皆是：1874 年，因为机车撞倒了一个看客，英国人修筑的上海到吴淞短线铁路就被暴民们扒掉了路基。两年后，两江总督在当地士绅的压力下购买了这段洋路并将其拆毁；1876 年，郭嵩焘以公使衔出使英国时，文士们刻薄地讥笑他弃圣贤之邦而追随于洋鬼。郭嵩焘的日记因为称赞已有两千年历史之西洋文明而被守旧派斥责为异端邪说，他们迫使官府拆毁了该部日记的印版。这短短几个例子，就足以揭示西化倡导者所处的不利的社会和政治气氛了，就这些倡导者与反对他们的势力之间悬殊的力量对比而言，他们敢于拥护这样一场不得人心的事业，并且取得了他们所取得的成就（尽管并不完美），实在是一个奇迹！

自强运动虽然有种种缺点，但却标志着工业化的开始，并在中国打下了现代资本主义的根基，它具有许多深远的影响。第一，大多数制造局、机器局、船政局、学堂和新派企业都开办在沿海及长江沿岸和条约口岸的城市，在那里最有可能获取洋人的帮助，这些事物有助于上海、福州、南京、广州、天津和汉口等大都市的发展。第二，周围农业地区的务农人口被吸引到这些都市中成为劳工或产业工人，促使了这些城市的规模飞速膨胀，并渐渐形成一个新的工人阶级。第三，这些新型的工业和企业造就了新型的职业人士，比如工程师、经理和实业家，而那些出洋留学的人士归国后，也成为陆军、海军、学堂和外交机构中的领头人，他们促进了中国新的管理和实业阶层的诞生。

**商办企业**

在洋务派创办官督商办企业的同时，中国社会还出现了一些商办企业。这是近代中国民族资本工商业的开端，也是中国社会经济发生重要变化的一个标志。这些商办企业主要是由一些官僚、买办、地主和商人投资而来的，当然也还有一些是从原来的旧式手工业工场、作坊开始采用机器生产转化而来的。1869—1894 年，商办企业只有 50 多个，资本共有 500 余万元。虽然数量很少，实力甚微，但它却是一种新生的社会经济力量，其中比较重要的有 1869 年在上海成立的发昌机器厂，是由铁匠作坊主方举赞开始采用车床而出现的。它的主要生产业务是为外商船厂制造配修零件。因为沿海和长江航运兴起，它的业务发展也比较快速，到 1877 年，已经可以生产轮船机器和车床、汽锤等机器产品。19 世纪 80 年代，它还兼营进口五金，成为当时上海民族机器工业企业中规模最大的一家。

1872 年，华侨商人陈启源在广东南海县设立第一家继昌隆机器缫丝厂，以蒸汽机作为动力，雇用工人六七百人，产丝精美，行销国外。两年之后，南海又建立了 4 家缫丝厂，到 19 世纪 80 年代初增到 11 家，共有缫车 2400 架，每年产丝 1200 包。到 90 年代，顺德县的丝厂也很快发展起来，多达 35 家。

1878 年，轮船招商局会办朱其昂在天津设立贻来牟机器磨坊，雇用工人 10 余人，用机器生产面粉，"面色纯白，与用牛磨者迥不相同"，打破了传统手工业磨面的生产方式。

1881 年，黄佐卿在上海设立公和永缫丝厂，资本 10 万两，丝车 100 部，第二年投产。开始数年，营业不佳。1887 年以后，生产逐渐发展，丝车增到 900 部。此后，上海缫丝业日益兴起，到 1894 年已有丝厂 5 家，其中最大的坤记丝厂资本为 20 万两。

1882 年，徐鸿复、徐润等在上海设立同文书局，购置石印机 20 台，雇用职工 500 人，先后翻印《二十四史》、《古今图书集成》等重要古籍。1893 年，该局不幸遭遇火灾，损失严重，但因之前投了火灾保险，得到赔偿，仓库、宿舍也未殃及。后来因为积压资金过多，于 1898 年停办。

1886 年，官绅杨宗濂、买办吴懋鼎、淮军将领周盛波等在天津合资设立"自来火公司"（火柴厂），资本 1.8 万两。1891 年投产不久，即发生火灾，厂房被焚毁。后来又公开招股，资本增到 4.5 万两，由吴懋鼎担任总办，聘请英、俄商人购买办机器，并帮同管理账目，但洋商并不参股，火柴多行销于河南等地。

1887 年，买办商人严信厚在宁波设立通久源轧花厂，资本 5 万两，购买置日本生产的蒸汽发动机和锅炉，另有 40 台新式轧花机。雇用工人三四百人。1891 年，该工厂出售轧成棉花 3 万担。

1890 年，上海商人设立燮昌火柴公司，资本 5 万两，生产木梗火柴，所需要的化学原料从欧洲购买，木梗、箱材等使用日货，每日生产硫黄火柴 20

余箱，但质量较差。产品多销售于江西、安徽等内地省份。

此外，在上海、广州、北京等地还有少数小规模的商办企业，有些忽开忽停，举步艰难。从19世纪60年代末期到90年代初，历时20多年，在中国出现的近代商办企业，可说是家庭手工业经济与小农经济汪洋大海中的若干小岛，不但进程缓慢，而且投资和规模很小，设备简陋，技术落后，产品也主要是日用轻工业产品。但它们毕竟是近代中国第一批民族资本主义工业。

中国民族资本主义工业是在极其困难的社会历史条件下产生的。当时外国资本主义势力通过不平等条约强迫中国开辟了多处通商口岸，操纵了中国的海关，降低中国进出口税率，控制了中国沿海和内河航运，把中国变成了它们的商品市场和原料供应地，而这种商品市场和原料供应地都不是在平等互惠的条件下形成的。外国资本主义不但不能支持和促进中国资本主义的发展，而且还凭借各种特权打击和限制这种发展。中国资本主义企业，无论在产品销售或原料收购买方面，都承受到外国资本主义的巨大压力。当这些初生企业的产品出现于市场的时候，外国侵略势力不借采取降价倾销的办法，予以严重打击。中国企业所需的原料，也受到外国洋行抢购的威胁。外国洋行通过中国买办商人，在原料产地广设采购买站，力量薄弱的中国民族资本企业无法与之抗衡竞争。事实证明，在外国资本主义的扼制打击之下，中国资本主义企业根本不可能得到正常的发展。

中国资本主义企业在受到外国侵略势力打击的同时，还受到国内封建势力的压制和摧残。在中日甲午战争以前，商办企业始终没有取得清政府的正式承认，在设厂、经营和产品销售方面，没有任何法律的保障，完全听任地方官吏随意处置摆布。例如，1881年南海知县徐赓陛以昌隆丝厂“专利病民”、“夺人生业”、“男女（工人）混杂，易生瓜李之嫌”为理由，下令予以封闭，该厂被迫迁往澳门。直到徐赓陛调离后，才又迁回南海。又如1893年武举出身的李福明在北京东便门设立机器磨坊，被清朝官吏视为“不安本分”的“刁商”，“经都察院奏准，饬令撤去”。而许多地方官吏还对商办企业横征暴敛，敲诈勒索，大大加重了这些企业的负担。

在国内封建主义和外国资本主义双重压迫困扼之下，中国民族资本主义工商业举步维艰，困难重重。许多企业为了生存，免遭破产，不是乞求外国资本主义的庇护，就是寻求封建势力的奥援。这种奥援和庇护，都需要付出沉重的经济代价。这种情况，就决定了中国民族资本主义既有其社会历史的进步性，又有其先天的软弱性；同时也说明，在半殖民地半封建的社会历史条件下，中国资本主义的发展受到了极大的阻碍。

## 第五节　新阶级和世风转变

伴随着中国资本主义的发生和发展，中国社会阶级构成和阶级关系也开始发生新的变化。尽管中国资本主义发生和发展的道路艰难曲折，但是中国的资产阶级和无产阶级还是不可避免地产生了。这是中国社会前所未有的两个新的阶级力量，它们一经产生，就必然要在中国社会政治、经济和思想文化等各个领域引起翻天覆地的变化。

中国近代第一代产业工人，最早是通商口岸的码头工人和外国轮船雇用的中国海员。因为外国资本相继在中国开设工厂，兴建各种建筑工程，中国产业工人的队伍也随之扩大。随后在洋务派兴办的军事工业和中国民族近代企业中，工人的人数也日渐增加，到1894年，除了码头工人缺乏统计数字之外，产业工人共有10万人左右。在10万工人中，外国资本企业中的工人约占35%；洋务派经营的军事工业和民用工业的工人大约占到了37%，民族资本经营的企业工人大约占到了28%。半殖民地半封建中国无产阶级的发展和发生，不但伴随着中国民族资产阶级的发生和发展而来，而且伴随着帝国主义在中国直接地经营企业而来。所以，从产生的时间上说，中国无产阶级要比中国民族资产阶级早了接近30年。而中国近代工业大部分不是从工场手工业发展起来的，因此，中国无产阶级的前身也不是由工场手工业工人转化而来，而是破产的农民和家庭手工业者。早期的中国工人阶级人数很少，身受帝国主义、资产阶级和封建主义的残酷压迫和剥削，虽然在20世纪20年代前几年，还没有登上政治舞台，但它却是一个最有希望、最有前途的政治力量和革命阶级力量。

中国的民族资产阶级有两个来源，一是由那些投资于官督商办、官商合办及商办企业的官僚、地主、买办和商人转化而来；另一个来源则是由那些采用机器生产的手工工场主转变而来。这两部分人，形成中国早期的民族资产阶级。

民族资产阶级可以分为两个不同的阶层，即上层和中下层。民族资产阶级上层的代表人物，大部分拥有规模较大的企业，经济力量比较雄厚。他们与外国资本和国内封建势力的联系比较密切。其中不少人都在清政府的一些机构中取得一定的官职头衔，或者在农村占有相当数量的土地，具有亦官亦商或绅商兼备的多重身份。例如，1887 年创办宁波通久源纱厂等企业的严信厚，1891 年在上海创办华新纺织新局的唐松岩、聂缉槼，在天津创办自来火公司的杨宗濂，1882 年在上海创办公和永缫丝厂的黄佐卿等，就是早期民族资产阶级上层的代表性人物。民族资产阶级的中下层所办的企业，一般规模都比较小，资金也较少，有的则是由手工工场发展起来的。这些企业虽然也采用机器生产，但大都机器设备陈旧落后，经营状况也远远不如资产阶级上层所办的企业，他们不但得不到外国资本和本国封建官僚势力的帮助和扶植，而且还经常受到排挤和打击。因此，他们与外国资本主义和国内封建势力的矛盾比上层较大，联系比上层为少。尽管他们也想让自己的企业得到发展，但是却很少有这种可能和条件。早期的中国民族资产阶级虽然有上层和中下层之分，但是作为一个新兴阶级的整体，仍然是一种新的经济力量，并且必然要成为新的政治力量。

从 19 世纪 60 年代末到 90 年代初的 20 多年，中国近代商办企业发展进程慢，且投资规模小，技术落后，主要生产日用轻工业产品。中国的第一批民族资本主义工业，受到享有种种特权的外国资本主义限制和打击，他们在产品销售、原料购买方面排挤和打击中国民族企业。不仅如此，中国民族资本主义还受到封建势力的压制和摧残。1894 年之前，商办企业在设厂、经营产品销售方面因清政府没有正式承认而无法律保障，地方官吏随意敲诈勒索，或完全听从他们摆布。中国民族资本主义企业在外国资本主义和本国封建势力的双重压迫下，为求得生存，不是乞求外国资本主义的庇护，就是寻求封建势力的奥援。这种情况，决定了中国民族资本主义既有其社会历史的进步性，又有其先天的软弱性。

民族资产阶级又是一个带有两重性的阶级。它一方面受到外国资本帝国主义和本国封建主义的压迫，具有反对外国侵略和反对封建压迫的要求，希望中国能够独立富强，为民族资本主义的顺利发展提供条件；另一方面，它又同外国资本主义和国内封建势力保持着千丝万缕的联系，缺乏彻底反侵略、反封建压迫的坚决性。半殖民地半封建社会的中国民族资产阶级，既带有其历史的进步性和一定程度的革命性，同时又带有先天的软弱性和动摇性。

思想文化是社会政治和经济的反映，又影响于社会政治和经济。社会生产方式和经济基础发生了变化，思想文化也必然要随之发生变化。19 世纪 70—90 年代，随着资本主义近代企业的产生和资产阶级的出现，早期新兴民族资产阶级利益和要求的早期维新思想随之兴起，一些近代教育文化设施相继建立，中国思想文化开始了由古代到近代的明显转换。

### （一）早期维新思想的产生及其特点

早期维新思想家大都是洋务运动的支持者和拥护者，有的还直接参与了洋务活动。在开始的时候，他们是以洋务思想理论家的姿态出现的，在思想上与洋务运动的主要倡导者们并无明显的区别。在“求强”、“求富”的指导思想和官督商办的经营方式等问题上，都同洋务派的主张一致。但是这些思想家们一则对西方的社会经济、政治、文化情况了解较多，对中国的封闭落后也更感痛切；再者他们的思想比较敏锐，接受新思想、新事物也较快。随着洋务事业的兴起和发展，一些依附于和积极参与洋务事业的开明的士大夫，日益增加了对西方资本主义近代生产方式、科学技术乃到社会政治和经济制度的了解，也痛感中国的落后。他们再不能满足于洋务运动所能容纳的范围了，于是逐渐从洋务派中蜕化出来，并且对洋务运动的某些做法感到不满，进行了批评。比如，他们指出洋务派首领们建立的海军“有南、北、闽、广之殊”，编练的陆军“有湘、淮、旗、绿之别”，这种缺乏统一军制和统一指挥的海陆军，不但不能抵抗外国的军事侵略，而且会“见哂于外人”。他们对官督商办的态度，也由支持变为反对，纷纷揭露官督商办企业的种种弊端和腐败情况，认为靠这种办法，根本无法办好企业和求得国家富强。只有发展商办企业，才是振兴民族工业的唯一出路。

这些开明爱国的士大夫们，逐渐形成了一个知识分子群体，也就是早期的一批维新思想家或维新派。他们的主要代表人物有王韬、薛福成、马建忠、郑观应等，其代表性著作分别为《弢园文录外编》、《筹洋刍议》、《适可斋纪言纪行》、《盛世危言》。他们主张更多地向西方国家学习，不但要学习西方资本主义国家的科学技术，同时也要求实行某些政治、经济方面的改革，希望中国能够变成一个独立富强的国家。

早期维新思想家们的一个共同特点，就是具有比较强烈的反对外国侵略、希望中国独立富强的爱国思想。他们认为外国侵略者对中国进行经济掠夺，是造成中国贫弱的主要原因。从而主张中国不但应当讲求武备，加强国防，以抵抗西方资本主义国家的“兵战”，而且必须大力发展民族工商业，同西方国家进行“商战”。他们谴责外国侵略者强迫清政府签订不平等条约，特别是对不平等条约中所规定的有损中国权利的片面对外国的最惠国待遇、领事裁判权、协定关税等条款，表示愤慨和不满。认为这些规定严重地损害了中国主权，并给中国带来了无穷的祸患。

早期维新思想家在反对外国侵略的同时，还具有一定程度反对封建专制制度的民主思想。他们初步意识到中国的贫弱落后，是封建专制统治的结果。认为随着社会的进化和发展，国家政治制度也应该随之变化。他们把西方资本主义的政治制度与中国封建专制的政治制度作了比较，认为前者远比后者进步。王韬介绍了西方国家“君主”、“民主”、“君民共主”三种政治制度，认为“君民共主”制度最善；薛福成介绍了英国资产阶级议会中的两党制；马建忠介绍了西方资产阶级“三权分立”的政治学说，郑观应在19世纪八九十年代之交提出在中国实行议会制的主张。他们认为西方的君主立宪制度，是最好的政治制度，也是西方资本主义国家富强的根本原因。虽然他们对议会、民主等还不能从资本主义政治制度本来意义上去了解，但是在反对君主专制制度和初步介绍西方资产阶级政治学说方面却起到了令人耳目一新的作用。他们的这些言论主张，反映了新兴资产阶级参与国家政权的愿望和要求。

他们认为在万国竞争、弱肉强食的时代，“闭关自守”、“故步自封”已经不能适应时代变化的需要，必须进行变革，发愤图强，才能适应新的世界潮流。王韬斥责顽固派说：“到此时而犹作深闭固拒之计，是直妄人也已，误天下苍生者必若辈也！”郑观应则谴责顽固派是“一事不为，而无恶不作”，“泥古不化”，“甘守固漏以受制于人”的愚昧误国之举。这些早期维新派思想家们，通过他们的言论、著作，在洋务运动后期，掀起了一定程度上超越洋务派思想境界的新的社会思潮。

早期维新思想反映了中国资产阶级在登上政治舞台前夜的政治心态和政治要求。然而，这些思想家毕竟还是从洋务派营垒中刚刚脱胎而来的带有封建士大夫气味的近代中国早期的先进知识分子，还不能摆脱封建传统道德伦理观念的束缚。他们的思想同洋务派既有不同之处，也有相同之处。他们主张以“中学”为主，“西学”为辅，折中中西，取长补短。企图以这样的思想模式，使中国走向近代化。郑观应说：“中学其本也，西学其末也，主以中学，辅以西学。”薛福成则说：“取西人器数之学，以卫吾尧舜禹汤文武周孔之道。”虽然他们已经注意到在求得中国的独立富强、走向近代的实践中，必须解决“中学”与“西学”、“器数之学”与“周孔之道”的关系问题，但因为时代历史条件和阶级思想的局限，还不可能正确意识和解决这个重大的理论和实践问题。尽管如此，由他们掀起的新的社会政治思潮，曾在中国社会发生了广泛的思想影响，并且对后来的资产阶级维新变法运动，起到了引导作用。

### （二）洋务运动中兴办的文化教育事业

随着洋务运动的兴起和资本主义生产方式的出现，传统的封建伦理道德观念不可避免地要受到冲击，社会风气也定会有所改变。以往的“重农抑商”、“重本抑末”和“士”为“四民”之首、商为“四民”之末的传统观念有了比较明显的变化。在近代工业生产方式的产生和商品流通的初步发展中，商人和商业的社会地位比以往明显提高，一些科举出身的官僚和士大夫，不但开始重视工商业，而且亲自于官督商办或商办企业任职。

“洋务”本来就是与西方近代军事、工业、技术、外交等各方面有关的事务，也是学习西方近代国防、经济、技术各项事务的措施。要兴办洋务，就需要通晓洋务的人才，而传统的旧式教育体制和教育内容，都无法满足洋务事业的需要，因而兴办新的教育事业，培养洋务人才，就成为洋务运动的一项重要措施。

根据现有材料统计，从 1862 年奕䜣奏请创办北京同文馆和 1863 年李鸿章在上海创办广方言馆培养外语翻译人才，到 1894 年在烟台创办烟台海军学堂，30 多年间，洋务派共创办新式学堂 24 所，其中培养各种外语人才的有 7 所；培养工程、兵器制造、轮船驾驶等人才的有 11 所；培养电报、通信人才的有 3 所；培养陆军、矿务、军医人才的各有 1 所。因为当时科举制度尚未废除，旧的教育制度基本未变，这些新式学堂又缺乏足够的师资、经费、设备，学生人数并不多，但毕竟打破了旧式教育和科举制度的一统天下，培养了一批近代科技军事人才和知识分子，并且在文化教育方面起到开通风气的作用。

洋务既然是西方的近代事物，兴办洋务就需要介绍西方近代的科学文化知识。但是在同文馆和广方言馆等建立以前，除了西方传教士向中国介绍过一些西方科学文化知识外，中国人通晓外国语言文字的人极少，面对西方近代科学文化也很陌生，甚至格格不入。因此翻译西书，就成为兴办洋务事业不可缺少的一项工作。北京同文馆、上海广方言馆，特别是江南制造总局附设的翻译馆，成为洋务运动期间主要的译书机构。

译书是同文馆的重要活动之一。1883 年以前，该馆师生共译各种书籍 22 种，包括法学（如《万国公法》、《公法便览》、《公法会通》、《法国律例》、《新加坡律例》等），经济学（如《富国策》），外国历史（如《俄国史略》、《各国史略》等），物理学（如《格物入门》、《格物测算》等），化学（如《化学指南》、《化学阐原》等），数学（如《算学课艺》），天文学（如《天文发轫》），生理学（如《全体通考》），外交知识（如《星轺指掌》），外国语文（如《英文举隅》、《汉德字汇》等），历法（1877—1879 年《中西合历》）。这些书籍为教材性质，也可以说是一些“西学”的入门书。

上海广方言馆也培养了一些外语翻译人才，而翻译西书成绩最显著的是江南制造总局的翻译馆。据英人傅兰雅《江南制造总局翻译西书事略》记载，1871—1880 年，已刊印译书 98 种，235 册。译成未印者 45 种，140 余册，尚有 13 种未全部翻译完。在已刊和未刊的译书中，绝大多数为自然科学书籍。这些“西学”书籍的翻译出版，虽然数量有限，内容浅近，但对当时中国知识界来说，却是一种新知识和新学问。后来许多投入维新变法的骨干人物，很多都是从这些译书中受到了启发和影响。它对近代中国思想文化演变所起的作用，远远超出这些译书本身的价值。

在自然科学技术的译述和介绍中，李善兰、华蘅芳、徐寿等做出了很大的贡献。李善兰（1810—1882），字壬叔，浙江海宁县人，对数学造诣颇深。他翻译了《几何原本》后九卷，《代数学》、《重学》等数学、物理方面的书籍。所著《则古昔斋算学十四种》，其中《方圆阐幽》已独立地达到了微积分的初步概念。华蘅芳（1833—1902），字若汀，江苏金匮县（今无锡市）

人，翻译了代数、三角、微积分、概率论等书，共60多卷。著有《行素轩算稿》六种，共23卷。徐寿（1818—1884），字雪村，江苏无锡县人，研究物理、化学和机械制造。他同华蘅芳等编译了这几方面的科学著作，数量很大，刊行的有十三种，其中《化学鉴原》和《西艺知新》两书较为著名，对中国近代化学的发展起了先导作用。翻译西文同时，创办报刊也是洋务运动期间产生的一种重要的文化事业。中国近代最早报刊是由外国人创办的。其后伍廷劳虽然在1858年创办了《中外新报》，但因为刊行于香港，对内地影响不大。随着洋务运动的兴起，作为近代社会信息传播工具的报刊，也开始在中国出现。

在兴办新式学堂的同时，有的官员还主张向外国派遣留学生，但一直搁置未办。到了1868年，通过蒲安臣之手签订的《中美续增条约》，才明确为中国学生赴美留学提供了条约依据。同年，早年赴美毕业于耶鲁大学的容闳，抱着“教育救国”的志愿，向江苏巡抚丁日昌提出了派学生出国留学的计划。1870年，经曾国藩同意并向清廷奏准，派江南制造局、上海广方言馆总办陈兰彬为留美学生委员（监督）、容闳为副委员（副监督），又通过与李鸿章磋商之后，制订了《挑选幼童前赴泰西肄业章程》十二条。1872年8月，第一批30名幼童乘轮船离上海赴美。1873年、1874年、1875年，每年又各派30名。这四批幼童赴美入学之后，成绩优良，品行端正，深得美国社会人士赞许。但陈兰彬、区谔良、容增祥、吴嘉善等与留美学生屡生冲突，并且也同容闳不能合作，于是以留学生“抛荒中学”、“多半入耶稣教”、沾染“外洋风俗，流弊多端”等为由，建议总理衙门逐渐将留学生撤回。结果，总理衙门定议“将出洋学生一律调回”。1881年，94名中国留美学生分三批回国。在回国的94人中，只有两人取得学士学位，其中一人就是著名的杰出铁路工程师詹天佑。

就在第一批留学生赴美之后第二年（1873），总理福州船政大臣沈葆桢也正式向清政府奏请派遣船政学堂优秀学生出洋留学。他建议派前学堂的优秀学生赴法国留学，“深究其造船之方，及其推陈出新之理”；派后学堂中的优秀学生，赴英国深造，“深究其驶船之方，及其练兵制胜之理”。清政府批准了沈葆桢的建议。1874年，他又提出了实施方案，并设计了留法、留英学生的学习大纲。1877年春，议定了《选派船政生徒出洋肄业章程》十条。同年3月，洋监督日意格带同随员马建忠、华监督李凤苞、文案陈季同、翻译罗丰禄和学生、艺徒前后共35人出洋。其中留英学生12名，除1人因病先期回国外，其余11名均取得优良成绩，刘步蟾、叶祖珪、林泰曾、方伯谦、蒋超英、萨镇冰、林永生、严复等人，都是这批留英学生中的佼佼者。在14名留法学生中，除1名病故外，其余都取得能胜任总工程师的文凭，其中魏瀚、陈兆翱成绩尤为突出。而严复在甲午战争之后，则成为著名的近代启蒙思想家。1879年经李鸿章奏请，于1881年又派出留欧学生8名，其中留法5名，留英2名，留德1名。1886年又派出第三批船政出洋学生34名，其中包括天津水师学堂优秀学生刘冠雄等留法学习造船、建筑、法律等。这批留学生，经6年努力学习，也都以优异成绩学成归国。学习海军的留学生许多都成为北洋水师的指挥骨干，在参加甲午中日黄海大战的12艘北洋水师战舰的重要指挥官中，就有半数是首届船政留学生。

因为西方近代科学技术和其他社会事物的逐步传入，在通商口岸、沿海地区，社会风气也开始发生了一些变化，“西学”在士大夫的心目中，已不再是“夷狄”之物，而成为中国求强求富不可缺少的学问，顽固派视为“奇技淫巧”的声光化电，不但用于军事和军事工业，也用于民用工业和城市社会生活，从而在城市生活的衣、食、住、行等方面，传统的风俗习惯有了一些改变。很多开朗的官僚和士大夫也改变了传统的“夷夏”观念。向西方学习科学技术，不再被认为是“师事夷人”之举，而被看成是求强求富的重要手段。对西方的技术制造和各种器物，不再被认为是“奇技淫巧”，而被看做是“制造之精”。中国不再是立于世界“中央”的“天朝之国”，也不是孤立于世界之外的“华夏”之邦，而是世界各国的一员，并且是远远不如西方各国富强的一员。不论对世界，还是对中国的意识，比起兴办洋务以前，都有了明显的改变。

从19世纪60年代初到90年代中期，洋务运动历时30多年。它以“求强”、“求富”为目的，在军事、工矿企业、交通运输和文化教育等许多领域，向西方国家学习，在中国走向近代的道路上跨出较大的一步。然而它又是以失败告终的运动。在半殖民地半封建社会的历史条件下，外国资本帝国主义决不会愿意也不可能允许中国通过兴办洋务富强起来。因此，在表面上扶植、支持洋务的同时，又不断采取政治的、经济的、外交的乃至军事的手段进行侵略和控制。而洋务派的某些重要首领，对于外国资本主义的压力，又多是采取妥协退让的办法。没有国家的独立，不能保障民族经济的发展，“求强”、“求富”的愿望也就只能落空。而清朝统治集团中的顽固势力，又生怕洋务的发展危及他们既得的权势，在政治上、经济上和舆论上多方钳制和阻挠。洋务派本身的封建性和落后性，也使洋务运动缺乏应有的生机和活力，诸如企业的衙门化、官僚化、贪污中饱、挥霍浪费、任用私人、侵吞商股等现象相当严重而普遍，这就自我窒息了洋务事业的发展。洋务运动是近代中国由洋务派发动的一次变革试验，历史记下了这次变革的成绩，也记下了它的失败，而且也做出了结论：洋务运动不能救中国。

# 第四编

# 中法战争和中日战争

19 世纪最后 30 年是帝国主义在华加紧扩张的时期。而这时欧洲正经历着“物质主义一代”，并受到民族主义、宗教狂热、资本主义和达尔文主义的推动，在亚洲、非洲和中东加紧了活动。经济上，不只是英国和法国，德国、意大利和美国也都成功地实现了工业化，这引起了对原料产地和海外市场的需求。文化上，社会达尔文主义是当时的教条，它所提出的“物竞天择、适者生存”理论，既适用于物种，也适用于国家，这种思想认同了国家向海外的扩张。宗教上，各派教会的信徒被神圣使命的狂热所激励，向异教徒传布福音。此外，“白种人的义务”所表达的那种妄自尊大和自以为是的种族优越感，也是帝国主义扩张的原因之一。

## 第一章　俄国、日本、英国对中国的侵占

进入 19 世纪后半期，日本、俄国、英国加紧侵略中

国，分别侵占了台湾和伊犁、西藏，中国的民族危机进一步加深了。的确，大部分因素以前就已经存在，但19世纪60年代的一些新进展，却为这些因素提供了有效的方向和推动：1865年美国内战的结束、1868年日本的明治维新、1870年意大利和德国的统一，以及同年法国第三共和国的兴起——这些划时代事件，使离心能量向外扩张同时，1869年苏伊士运河的开通进一步助长了欧洲在亚洲的扩张。此时，不仅英、法、俄等老牌的侵略国，而且那些后起国家——最突出的是日本和德国，也加入了帝国主义的行列。与此相反，慈禧太后统治下的中国在自强和复兴方面却进展甚小：经过同治朝（1862—1874）短暂的中兴之后，清王朝的国势江河日下。外国列强利用中国的衰弱，在边疆地区和朝贡国进行蚕食，其后更开始对这个“东亚病夫”的心脏地带发动了正面的攻势。到19世纪末，中国面临着被瓜分的厄运。

## 第一节 俄国侵占伊犁

### 清代在新疆的统治与回民叛乱

在清帝国1759年征服新疆以前，被认为是先知后裔的和卓们是当地的宗教领袖，统治着喀什噶尔（新疆南部）。他们不断地怂恿新疆境内同一宗教的教民发动叛乱，而他们自己则组织入侵。新疆回民叛乱的根源在于清帝国地方行政的腐败。自1759年乾隆帝征服新疆以后，新疆便一直被当作一个军事殖民地管辖，驻在伊犁的将军是行政首脑，另外在一些要地派驻副将和王朝官员。约16000名士兵被部署在天山北路，约5760名在天山南路。高级文武官员几乎全是满族旗人，他们通过270名被称为伯克（begs）的当地首领统治老百姓，大都是讲突厥语和缠头的维吾尔族回教徒。在清帝国征服以后的一个世纪中，暴动和入侵不下12次。满洲征服者轻蔑地将这些回教徒臣民视为不开化的土著，对他们征收重税，强纳贡品，以满足自己的骄奢淫逸。回教徒的不满是引发叛乱的强大驱动力，而那些被清帝国驱赶到浩罕（Khokand）的以前的统治者“卓”（Khojas）们则一直热衷于重建他们的个人统治地位。1864年，在清王朝衰落和中国西北部发生一次回民叛乱之际，新疆的回教徒再度起事。清政府的地方当局软弱不堪，无力将它镇压下去，而北京的中央政府这时又正全力对付太平军、捻军和其他的一些叛乱，也腾不出手来采取惩罚性的措施。

在这动乱之际，一个浩罕冒险家阿古柏（Yakub Beg，1820—1877）于1865年侵入新疆，经过一系列军事政治活动，他于1870年自立为喀什噶尔以及部分北疆的统治者。印度境内的英国人为了遏制俄国向南扩张，便鼓励他建立帝国，并派遣使团前往修好。因为考夫曼将军担心阿古柏会在英国支持下入侵伊犁，同时也对贸易的中断焦虑不安，更急于在中国新疆扩展对俄国的影响，于是他于1871年7月下令占领伊犁。沙俄对世界否认有任何领土企图，坚称只是为了维护边界免受回教徒的侵扰才采取了占领行动，并且称只要中国在新疆恢复统治，俄国就归还伊犁。俄国造成了一种慷慨的印象，似乎俄国人在这动乱之际监管伊犁是对中国的一种友善行动。但是，俄国显然认为，软弱无能的清政府再也不能收复新疆了。为了使动乱持续下去，以便使他们能无限期地占领伊犁，阿古柏成为英、俄阴谋分裂我国新疆的工具。英国不断派遣官员、间谍到南疆活动，拉拢收买阿古柏，送给他一大批枪支弹药和军械修造设备。1866—1868年，沙俄与阿古柏约定，双方互给对方入境追捕逃犯的权力，互不干涉对方的行动。沙俄借阿古柏北进之机，于1871年5月大举进犯伊犁，7月4日占领固尔孔（今伊宁市），扬言“伊犁永归俄辖”，实行军事殖民统治。沙俄挟其军事威势，于1872年6月与阿古柏订立“通商条约”（即“俄阿条约”）。俄国承认阿古柏为“哲德沙尔”领袖，交换取得俄国在南疆通商、商队过境、建立牙行、设置商务专员等特权；还规定俄国货物的关税为2.5%。此后，俄国商货、军火不断输入南疆。英国对此极不甘心，通过日益沦为其附庸的土耳其苏丹，煽惑阿古柏臣属于土耳其。

终于阿古柏遵奉土耳其为“上国”，土耳其苏丹封阿古柏为天山南路的“米拉胡尔巴什”（即“艾米尔”，意为统治者），送给他大批武器，派去军官、顾问。1873年秋，英印政府任命弗赛所为全权使节到喀什噶尔，随带英国女王致阿古柏的信，以及大批枪支。从而取得了在喀什噶尔设立领事、通商、驻使等特权，规定了英货只纳值百抽二点五的进口税，而从印度进口的英货免税，超过了沙俄所得的特权。

中国人必须先将陕、甘两省回民之乱平定以后，才能过问阿古柏的问题。清政府在相当长的时间内，对西北边疆的严重局势认识不足，甚到一度曾为阿古柏“报效”清朝、“助中国讨贼”等谎言所动。俄军强占伊犁，两个月后方才通知清政府，清政府始感事态严重，令伊犁将军荣全速赴伊犁与俄方谈判接收事宜。俄方百般推托，直到1872年5月中俄代表在塔城附近举行谈判。沙俄代表避而不谈交还伊犁问题，反而节外生枝，提出一系列无理要求，为荣全拒绝。清政府转而在北京与俄国公使交涉。1866年，清廷特派闽浙总督左宗棠为陕甘总督，专门镇压那里的叛乱者。可是在他挂帅之前又被调去平定捻乱，直到1868年捻乱平定以后，左宗棠才得以负起征剿回民叛乱的重任。1873年，他以干练的领导、巧妙的战略和艰苦的战斗扑灭了这两省的叛乱，共耗军费4000万两。随后，左宗棠的得胜之师摆出进攻新疆的态势。

与此同时，日本侵略我国台湾，东南海防情形紧张。中国在事变处理中暴露出来的软弱，表明它亟须加强海防。这时中国面临着一个非常艰难的问题，即它是否能够在实施一项更大海军计划的同时，又进行一场代价高昂的新疆战事。随后，就两者中何者更紧要的问题展开了一场大争论。在清政府内部，要求加强海防的呼声也随之高涨。直隶总督李鸿章借口“海防西征，力难兼顾”，主张放弃新疆，“移西饷以助海防”，竟然说“新疆不复，于肢体之元气无伤”。陕甘总督左宗棠则力主收复新疆，认为“若此时即停兵节饷，自撤藩篱，则我退寸，而寇进尺”；“宜以全力注重西征，俄人不能逞志于西北，各国必不致构衅于东南”。他主张：“欲杜俄人狡谋，必先定回部（南疆）；欲收伊犁，必先克乌鲁木齐”，“然后明示以伊犁我之疆索，尺寸不可让人”。清政府一面加强海防，同时也接受了左宗棠的主张，于1875年4月任命左宗棠为钦差大臣督办新疆军务。

1876年3月，清军三路进疆，仅半年多的时间，就收复了北疆大部分领土。1877年春，清军乘胜进军南疆，在达坂城、托克逊、吐鲁番三战告捷，阿古柏仓皇逃走，在库尔勒身亡。英、俄又扶植阿古柏之子伯克胡里在喀什噶尔称汗，继续顽抗。英国向清政府提出留下伯克胡里立为保护国的荒谬要求，被拒绝。12月18日，清军收复喀什噶尔，伯克胡里等放火烧城，裹胁我国居民5000多人向俄境逃窜。1878年1月2日，另一路清军收复和田，处决了金相印。到此，清军收复了除伊犁地区外的新疆全部领土。

**新疆的收复和《伊犁条约》的订立**

1878年6月，清政府派崇厚为使，前往俄国谈判索还伊犁的问题。崇厚在沙俄的胁迫愚弄下，于1879年10月2日擅自签订了《交收伊犁条约》

(即《里瓦基亚条约》，简称《崇约》)。条约规定：中国偿付沙俄“代收代守伊犁兵费”500万卢布（合白银280万两）；割让霍尔果斯河以西及伊犁南境的特克斯河流域的大面积领土；将喀什噶尔及塔尔巴哈台两处边界作俄国的修改相当利于；俄商在中国蒙古地方及新疆全境免税贸易；增加两条由陆路到天津、汉口的通商线路；俄国在嘉峪关、乌鲁木齐、哈密、吐鲁番、古城（今奇台）、乌里雅苏台、科布多等地增设领事。消息传来，群情激愤，“街谈巷议，无不以一战为快”。左宗棠上奏清廷，表达他对“崇约”的“叹息痛恨”，提出“先折之以议论，委婉而用机；次决之以战阵，坚忍而求胜”的对俄方针。

清政府在1880年1月将崇厚革职拿问，定为“斩监候”。2月，清政府照会俄国政府：崇厚所议之条约“违训越权”，“窒碍难行”。清政府宣告“崇约”没有实际效果后，沙俄一方面向清政府虚声恫吓；另一方面调兵遣将进行军事讹诈。同时，清政府另派驻英、法公使曾纪泽兼任驻俄公使，谈判改订条约；并再次任命左宗棠为钦差大臣，到新疆统筹军务，调兵备战；还在东北边疆加强了防务。左宗棠做了三路出击收复伊犁的部署，并于1880年5月移营哈密。但清政府在沙俄和英、德、法、美的压力下，于6月间“暂免”崇厚“斩监候”之罪，并命曾纪泽“知照俄国”。8月间，又把左宗棠调离新疆，并宣布将崇厚“加恩即行开释”。1880年7月，曾纪泽赴彼得堡谈判。在谈判中，沙俄代表解说道：不但《崇约》“只要照办，无可商议”，而且要“中国沿海地方作为补偿”，增加赔偿“兵费”，还以开战相恫吓。曾纪泽据理力争。经过半年多的“虎口索食”般的反复交涉，双方代表于1881年2月在彼得堡签订了中俄《伊犁条约》（当时称为《改订条约》，亦称《圣彼得堡条约》）和《改订陆路通商章程》。

中国虽然收回伊犁地区，取消了在《崇约》中割让特克斯河流城和松花江航船到伯都纳等条款，但霍尔果斯河以西、伊犁河南北两岸原属中国领土划归俄国所有。规定俄商只能到嘉峪关，免去到西安、汉口通商；允许于嘉峪关、吐鲁番两地增设领事，派驻军队，购买置土地。俄商在新疆各城贸易，改“均不纳税”为“暂不纳税”。条约规定斋桑湖迤东一带中俄边界“有不妥之处”，要求两国派员“勘改”；所有尚未安设界牌的中俄各段边界都要派员“勘定，定设界牌”，这为沙俄进一步侵占中国领土制造了依据。条约还规定伊犁居民，“或愿迁居俄国入俄国籍者，均听其便”，为沙俄劫迁大量中国各族居民造成借口。赔款增加到900万卢布（合白银500万两）。这个条约和《崇约》相比，在界务和商务方面，中国争回了一部分主权，但是它仍然是一个不平等条约。此后，根据条约规定而签订的中俄《伊犁界约》等几个边界议定书，沙俄共割占了中国斋桑湖东北、霍尔果斯河以西、特穆尔图淖尔（伊塞克湖）东南和阿克赛河源等7万多平方公里的土地。从1881年到1884年，伊犁各族人民“胁迁而去者十之六七”，达10万人。清政府收回伊犁后，在1884年在新疆建立行省，设置州县。

沙俄在1876—1890年15年期间，不顾我国边防哨卡和当地各族人民的制止和阻拦，以游历、考察为名，非法越境，先后派遣11批武装“探险队”窜遍整个帕米尔地区，到达最东部的塔什库尔于谷地。在1884年签订的中俄《伊犁条约》五个勘界子约之一的《续勘喀什噶尔界约》之中，俄国将边界向南推进到乌孜别里山口；又规定从乌孜别里山口起“俄国界线转向西南，中国界线一直往南”，把我国帕米尔分为三部分：“一直往南”走向线以东的部分仍属中国；而“转向西南”走向线的西北部分被圈进了俄国的版图；两条走向线之间的三角地带则成了“待议地区”。然而，沙俄并不遵守这个它强加给中国的不平等条约。从1892年秋开始，沙俄强迫中国谈判帕米尔划界问题。沙俄又暗中勾结英国，背着清政府在伦敦非法谈判帕米尔问题。中俄谈判进行了很久，毫无结果。

为了防止沙俄继续侵入，清政府只得沿萨雷阔勒岭与俄军对峙布防。1894年4月，清政府被迫同意俄国政府的建议，暂时保持双方军队各自的位置，但声明：“在采取上述措施时，并不意味着放弃中国对于目前由中国军队所占领以外的帕米尔领土的权利。它认为应保持此项以1884年界约为根据的权利，直到达成一个满意的谅解为止。”自1894年中俄两国就帕米尔问题换文以后，双方就再也没有就帕米尔问题进行过谈判。沙俄始终霸占我国萨雷阔勒岭以西2万多平方公里的领土。于是，中俄两国之间，就存在着一个帕米尔未定界的问题。

1895年3月，沙俄背弃信义，私自与英国订约，擅自瓜分了萨雷阔勒岭以西的帕米尔。当时清政府坚决不予承认，并再度声明，“后日必重申前说”，明确表示了中国的严正态度。在日美侵犯台湾、《烟台条约》和英俄进窥西藏在我国西北边疆危机的同时，侵略者又在我国东南海疆和西南边疆造成了相当严重的危机。

## 第二节 日本侵略台湾

1433—1549 年，总共有 11 个朝贡与通商使团浮海来华。在 1871 年前，中日之间的官方往来已中断了 300 年之久。日本在明代（1368—1643）曾做过中国的朝贡国。那时，日本幕府将军足利义满为了通过经商增加国库收入，接受了朝贡国的地位。但在 16 世纪中叶以后，具有民族主义情绪的日本政治家发觉这种关系很不体面，于是中断了朝贡的惯例，因此结束了与大陆的官方往来。但是那些被称为“倭寇”（“倭寇”意指“矮小的海盗”）的日本海盗，仍不断骚扰中国沿海，使明王朝恼怒不已。1644 年清王朝建立以后，官方关系依然没有恢复；满清统治者与明代皇帝不同，他们从来没有试图把日本纳入朝贡体制之中。

随着 19 世纪中期中国和日本在商业与外交上对西方的开放，日本商人也搭乘英国和荷兰的船只来到上海。时至 1870 年，明治政府最终决定与清王朝建立官方关系，于是派遣柳原前光来北京，打算定下合约。总理衙门虽然赞同与日本通商，却不愿签订正式的条约。进步的官员如李鸿章和曾国藩赞同建立条约关系，李鸿章认为，虽然日本曾为明朝的朝贡国，但却从来不是清朝的朝贡国，其地位根本不同于朝鲜和安南。日本要求建立官方关系的行为，并未受某个西方强国的引见或帮助，这就表明了它的独立性和善意，所以中国不应当对它的要求漠然置之。李鸿章警告说，如果硬搞成一种不友好的关系，日本因其更邻近中国，将带来比西方列强更大的麻烦，而且不应该忘记中国每年要从日本进口大量的铜，何况有众多数目的华人在日本。出于这些方面的考虑，李鸿章建议应与日本建立平等条约关系。曾国藩赞同上述观点，另外还强调中日贸易的互利性质，相当大程度上这和只是一方有利的中西贸易不同。他赞成建立条约关系，但是建议不要给予最惠国待遇。

在这些建议的鼓励下，清廷于 1871 年 7 月 24 日批准与日本缔结一项通商章程，它包括如下重要条款：（1）互不侵犯对方领土；（2）在和第三国发生冲突时互相给予帮助；（3）彼此具有领事裁判权；（4）只可以在通商口岸，根据海关税则进行通商；（5）日本不在中国任命商务领事。自1372年以来，琉球一直是中国的正式朝贡国。在清代，它每两年纳贡一次，与朝鲜和安南同为最主要的朝贡国。1609年，日本的萨摩藩背着中国征服了琉球，将琉球北部置于它的直接管辖之下，然而南部则仍由琉球国王治理。琉球成了萨摩藩的一个藩属，每年向其纳贡，还定期向设在江户的幕府纳贡。但是，萨摩藩为了能从与中国的贸易中获利，仍指示琉球继续与中国保持朝贡关系。萨摩藩决定琉球的王位继承，但又允许中国派使册封，确认琉球王的合法统治。清代共有8批册封使团出使琉球，最后一次是在1866年；在这些使者逗留琉球期间，萨摩藩小心翼翼地不让岛上的日本官员与物品被发现，并且教导琉球居民以一种掩盖日本存在的方式回答中国人的提问。琉球陷入这种双重的隶属关系，以中国为父，以日本为母，当与中国交涉时使用中国历法，与日本交涉时则使用日本历法。虽然中国册封使者私下已觉察到该岛上有日本人影响的迹象，但清廷官方对琉球的双重地位却一无所知，而只是把它看作向中国朝贡的藩属。

1873年，日本外务大臣副岛种臣来到北京，表面是为了交换条约批准书，实际上却是为了参加觐见同治的活动，并且试探中国在台湾事件上的立场。1871年年底，有54名航海遇难的琉球水手被台湾原著民杀害，日本抓住这个时机，欲确立它代表琉球人的独占权力。当副岛种臣在1873年公开声称他有为琉球代言的权利时，总理衙门便很直接地告诉他：因为琉球是中国的朝贡国，台湾是中国的一部分，因此一方水手遭到另一方原著民的杀害一事，与日本毫无关系。何况，因为中国允许原著民享有相当大程度的自由，从来就不干涉他们的内部事务，因此，中国不能对原著民的行为负责。副岛种臣反驳道，对某一领土的主权基于对这一领土的有效控制；既然中国未曾控制过台湾的原著民，他们显然不受中国管辖，因此日本惩罚他们的一切行动，就不会侵犯中国的管辖权。在内相大久保利通的支援下，副岛种臣劝说东京政府派兵征讨台湾。这一行动一方面显示，明治政府的基本对外政策，是效法西方帝国主义，在亚洲大陆推行扩张；另一方面，这也是一个聪明的伎俩，转移了国内实行代议制议会要求的注意力，并满足了吵嚷着要远征朝鲜的武士。日本的行动使两个半世纪以来一直神秘模糊的琉球地位问题突出了。

1874 年 4 月，日本政府成立了远征台湾统帅部，由大隈重信担任统帅，西乡从道为远征军总指挥。日本军队很快在台湾登陆，北京命令福建船政大臣沈葆桢防守台湾。在与李鸿章仔细检讨了形势后，沈葆桢意识到不可能进行有效的防守。例如，由金陵机器制造局马格里（Halliday Macartney）铸造的大炮只能鸣礼炮，如果实弹射击就会使炮身爆炸，炸死的是炮手而非敌军。因而中方便与副岛种臣达成了一项协议，其中要求中国保证有效控制台湾，与原住民订立契约，确保以后的遇难水手免受他们的不当对待，并允许西乡从道在两个村庄内惩戒原居民。但是，西乡从道拒不遵守协议。1874 年 9 月 10 日，内相大久保利通亲自抵达北京主持这项谈判。

在法国法学家内佳桑纳德（Gustave Boissonade）的帮助下，大久保利通争辩说，中国在台湾岛上没有实行有效的地方治理，这便证明中国对该岛没有主权，因而日本在台湾登陆不能看作是对中国领土的侵犯。但恭亲王坚称，中日关系不应受国际法一般准则的约束，而应以明确规定彼此不得侵略对方领土的 1871 年条约为依据。对此，大久保利通反驳说，1871 年条约谈到的只是中日关系，而不是中国管辖权之外的的台湾原住民。因为双方都不情愿退让，两国陷入了外交僵局。英国公使威妥玛表示愿意出面调停。大久保利通起初要求中方赔偿 500 万两，后降为 200 万两。威妥玛认为这个数目并不过分，经过一番讨价还价之后，恭亲王最后同意赔偿侵略者 50 万两白银了事。其中 10 万两赔偿琉球的受害者，40 万两用来赎买日方在台湾岛上构筑的营房。此外，中国还同意对日本的行为不加谴责；这一让步暗示着中国承认了日本对琉球的主权。英国驻日本的公使巴夏礼爵士对此事作了讽刺性的描述：中国心甘情愿地对所受的侵犯花钱付账，这等于是邀请外国作进一步侵略。

因为英国侵略缅甸、法国侵略越南，中国西南边境出现危机，云南直接受到威胁。英、法力图分别从缅甸、越南开辟一条经云南到我国内地的捷径。英国先后在 1863 年、1868 年派出“勘探队”窥伺我滇西地区。1874 年，英国派军官柏郎率领近 200 人的武装“远征队”从缅甸开始，到我国云南探测路线；驻守在北京英使馆派翻译官马嘉理从北京经云南入缅接应。1875 年 1 月，马嘉理在八莫与柏郎会合，带领武装探路队于 2 月初擅自入境，分两路窜到腾越（今腾冲）地区。曼允山寨景颇族群众力阻英人通过。21 日，马嘉理开枪击杀群众多名，群众也打死马嘉理。与此同时，景颇、傣、汉等族群众在班西山下阻击柏郎率领的英兵，把他们逐回缅甸。这就是所谓“马嘉理事件”，或称“滇案”。

英国利用“滇案”向清政府提出广泛的侵略要求。在谈判中，英国公使威妥玛屡以下旗绝交、增派军舰来华相恫吓。威妥玛还与俄国公使密商筹谋英、俄分别由云南、伊犁进兵。清政府屠杀了23名景颇族同胞，将当地文武官员革职，接受了英国所提出的苛刻条件。1876年8月21日，经赫德斡旋，北洋大臣李鸿章与威妥玛在烟台举行正式谈判。9月13日，李鸿章代表清政府在山东烟台与威妥玛签订了中英《烟台条约》和《入藏探路专条》。除了“抚恤”、“赔款”、“惩凶”、“道歉”之外，还允许英人开辟印藏交通，前往西藏、云南、青海、甘肃等省“游历”，规定开放宜昌、温州、芜湖、北海为通商口岸，以及扩大领事裁判权、外贸免纳各项内地税等。

《烟台条约》分十六款，及另议专条一款。主要内容为：

1. 英国得派员到云南调查，准备商订滇缅边界及通商章程。

2. 洋货在各口租界内免收厘金；洋货运入内地，不论华商洋商一律只纳子口税，全免内地税。

3. 增开宜昌、芜湖、温州、北海为通商口岸；开放大通、安庆、湖口、武穴、陆溪口、沙市为轮船停泊码头；英国可派员驻寓查看川省英商事宜。

4. 凡遇内地各省或通商口岸有关英人生命财产的案件，英国使馆可派员前往“观审”；各口发生中外诉讼案件，应由被告所属国官员各按本国法律审断。

5. 英国可派员经甘肃、青海、四川前往西藏及转赴印度；也可由印度进入西藏。

6. 中国对滇案及1876年以前中英间各案赔款20万两，并派员赴英表示“惋惜”。

《烟台条约》签订后，清政府立即批准。但英国一直到1885年7月与清订立《烟台条约续增专条》限定对鸦片税厘征收额后，最终才给予批准。《烟台条约》的签订，加深了中国西南边疆危机，并且扩大了《天津条约》和《北京条约》所规定的外国特权。

# 第三节　英国入侵西藏和清朝重视海防

**海防和塞防之争**

经过了十年自强运动之后，恭亲王和文祥首先对海防力量的不足感到惊慌。沿海的高级官员们提议建立一支拥有48艘舰只的海军，编为3个舰队，分驻在中国的北、中、南部海岸。他们认为日本的威胁比俄国更为直接。海防派提出了五点论据：(1) 北京距海岸近，而新疆则离京师远，因而边防不如海防紧要；(2) 朝廷财政拮据，而新疆之役毫无胜算把握，这就不得不重新考虑此役是否可行；(3) 新疆土地贫瘠，于中国罕有实际价值，不值得花这样高的代价去收复它；(4) 新疆的周围都是强邻，不能长期固守；(5) 缓期收复新疆并不是要放弃前代皇帝征战所得的领土，只不过是保存实力，以待来日的明智之举。这个集团的领袖人物李鸿章大胆地请求清廷取消新疆战事，将它的资金转移到海防上来。他请求购买外国舰炮、训练海军官兵、通过一种新型的"洋务"考试招募人才、制造军火，并增加鸦片进口关税以帮助支付年需1000万两左右的海军开支。

从别的角度来说，其他许多官员虽对海防的重要性不表异议，但主张不应当用牺牲塞防的办法来发展海军。塞防论者也向朝廷提出了五点论据：(1) 新疆是西北防务的第一道防线，它守卫着屏障北京的蒙古，若新疆有失，蒙古将不可守，京师也受威胁；(2) 西方列强此刻尚未造成直接入侵的危险，而俄国人在新疆的推进已经成为直接的威胁；(3) 不应将塞防军费转用于海防，因为对海防已经拨了固定的军费；(4) 列祖列宗百战经营的土地不应放弃；(5) 像乌鲁木齐和阿克苏这样的战略要地应首先收复。该集团的领袖人物左宗棠警告说，如果现在中止新疆战事，就是招致外人统治新疆。如果中国不能将新疆的叛乱平定下去，俄国人就会继续推进，西方列强也会受到鼓舞，从沿海进攻作为呼应。这些官员认为，俄国比日本或西方列强的威胁更大，因为俄国和中国有共同的边界线，俄国既可由陆路，也可由海路进入中国，而日本和西方国家却只能由海上进入中国。他们将俄国的侵扰比作心腹之患，而西方国家的威胁只是肢体之病。左宗棠说，西方列强为占有海港、口岸而开仗，而且通常仅仅是为了商业上的特权，而俄国既想获取商业让步，也有领土要求。

这两个集团提出的论据都剀切中肯、言之有理。但是，此时沿海显然还未有直接的纠纷，新疆却发生了一场叛乱，有待镇压，同时伊犁为人所占，也需收复。因此，清廷虽然没有放弃创办海军的计划，还是于1875年4月23日担任命左宗棠为钦差大臣，督办新疆军务。

左宗棠坐镇甘肃兰州，为准备这次战役而弹精竭力。他的策略是“缓进速战”。1876年年初，他做好了出击准备，并于3月间将帅营移到南州。刘锦棠将军在猛攻之下迅速进入新疆，到11月便征服了北疆。这时还固守在南疆的阿古柏对其前景惴惴不安，1877年春末，他遣使前往伦敦以寻求英国的调停，并暗示他愿意接受中国属国的地位。但是，左宗棠军队的前进速度却快于在伦敦进行的讨论。阿古柏被彻底击败，于1877年5月29日自杀而死。他的儿子们继续顽抗，但是，阋墙之争使他们无法组织起有效的抵抗。到1877年年底，除了伊犁仍为俄国人占据外，整个新疆全部收复。

清帝国既然恢复了对新疆的统治，中国就具有了俄国允诺归还伊犁的条件。只是，俄国驻北京公使采取拖延策略，推迟对这一问题的讨论。其时正在国外建立使领馆的总理衙门，便责成将派去俄国的外交官就归还伊犁问题进行交涉。率领使团的崇厚，曾于1870年赴法国致歉，此次他被授予一等钦差大臣衔，即大使之职，并获权便宜行事。

英国早就企图从印度向我国西藏扩张。19世纪60年代初，英国侵略势力在进一步伸入中国的两个邻邦哲孟雄（即锡金）和不丹之后，不断派遣侵略分子以传教、游历为名入藏活动。西藏地方官吏和僧俗人民屡加阻挡、驱逐，清政府也下令截回从内地潜赴西藏的外国传教士。《烟台条约》签订后，英国根据其中的另议专条规定，迫使清政府同意它派员入藏“探路”。1884年，英印政府官员马科雷率领一支约300人的武装队伍从锡金越境，闯入西藏，在于坝地方被藏族人民所阻。1886年，又派出大批军队集结西藏亚东以南边境，进行武装挑衅。西藏地方政府呈文驻藏大臣，历数英国的侵略罪行，表示西藏僧俗人等，“男丁死后，即剩女流，情愿复仇抵御，别无所思”，并在热纳宗隆吐山要隘建卡设防。1888年，英军悍然向隆吐山发动进攻。我西藏爱国军民英勇抗击后，转移到亚东山谷。在隆吐山战役中，西藏人民用鲜血和生命实践了“誓死抵御，决无二心”的誓言。

清政府一再命令西藏军民撤出隆吐山边卡，罢黜了力争热纳宗属于我国西藏地方和积极支持抗英斗争的驻藏大臣文硕，说他“识见乖谬，不顾大局”。1893 年，清政府与英国先后签订了《藏印条约》与《藏印续约》，承认锡金归英国保护，开放亚东为商埠，英国在亚东享有治外法权以及进口货物五年不纳税等特权。

《拉萨条约》是继 1890 年、1893 年《中英藏印条约》及续约之后，英国强迫中国订立的不平等条约。《拉萨条约》共十款，主要内容为：除亚东外，增开江孜、噶大克为商埠，许英国分别派员监管商务；赔款 750 万卢比，分 75 年缴清，赔款没有缴清前，英军占领春丕；自中国与哲孟雄（今锡金）边界到拉萨的防御工事一律拆除；除了经英国事先同意外，西藏土地不得让卖、租典与担任何外国；西藏一切事务不准任何外国干涉；任何外国不准派员入藏；西藏的铁路、道路、矿产、电线或其他利权不得让与担任何外国或其臣民，西藏各项进款、或货物或现金不许抵押或让与任何外国或其臣民。

1904 年 11 月，印度代理总督唵士尔奉英国政府命令批准《拉萨条约》，在附款又声明，将赔款减为，250 万卢比，赔款开缴 3 年后，英军即自春丕撤退。《拉萨条约》严重损害中国的主权，清政府坚持不予批准的立场，电示驻藏大臣“切勿画押”，并令其与荣赫鹏交涉，要求修改条约。

1906 年在北京重开谈判，4 月 27 日，清外务部侍郎唐绍仪与英国驻华公使萨道义签订《中英续订藏印条约》正约六款，主要内容为：双方承认将《拉萨条约》附入本约，作为附约，英国不可以占并藏境及干涉西藏一切政治，中国应允不准许其他外国干涉藏境及其一切内治，等等。

英国依据《中英续订藏印条约》取得了在西藏增开商埠等特权，又从清政府取得不准其他帝国主义国家在西藏扩张势力的许诺。《中英续订藏印条约》将《拉萨条约》收为附约，一方面表示清政府被迫接受《拉萨条约》的各项条款；另一方面使英国在事实上确认了中国在西藏地方的领土主权。从此，英国侵略势力伸进了西藏。沙俄也不断进窥我国西藏。

从 1870 年开始，10 多年间，沙俄派“调查团”先后 5 次潜入我国西部地区活动，仍曾两度潜入西藏境内。19 世纪末，“累年以来，俄人入藏者肩背相望，查勘矿山，测量地形，举动行为叵测”。沙俄还从和藏族共同信仰喇嘛教的布里亚特蒙古人中培养间谍分子，派往西藏，长期潜伏。其中，伪装最巧、潜伏最久的是阿旺·德尔智（俄名道尔济也夫，藏名洛桑姑马）。他利用担任达赖十三世经师的权位，发展亲俄势力，并向达赖灌输“英人将来侵略西藏可畏，中国政府亦不足赖，唯俄罗斯是将来喇嘛的唯一保护者”的思想，唆使达赖投靠沙俄。1899 年，沙皇遣使到拉萨“访问”达赖十三世。1900 年、1901 年，达赖两次密派德尔智等去彼得堡晋见尼古拉二世。沙俄对达赖集团的影响因而不断扩大。

# 第二章　中法战争

中法战争是指 1883 年 12 月到 1885 年 4 月（光绪九年十一月到十一年二月），因为法国侵略越南并进而侵略中国而引起的一次战争，是清朝与法国之间为越南主权问题而爆发的战争。第一阶段战场在越南北部；第二阶段扩大到中国东南沿海。战争双方在军事上互有胜负，因为清朝统治者的腐朽昏庸，最后法国强迫清政府签订了丧权辱国的不平等条约。当时人称：“法国不胜而胜，中国不败而败。”战争之中因为清朝对法宣战时未召集各国大使，因此不具有公开性，而法国自始到终未向清朝宣战，仅称为“报复性军事行动”。而战场除了在安越境内展开外，法国也派遣部队攻打云南边界，并派遣库尔贝（孤拔）率领远东舰队攻打台湾、福建、浙江，控制台湾海峡，占领澎湖。

## 第一节　争夺安南

伊犁危机刚刚解决，法国侵略朝贡国安南的问题便出现了。安南古称越南，早在公元前 3 世纪就受到中国的影响，它的北部在公元前 111 年为汉武帝（前 140—前 87）征服。“安南”得名于唐代（618—907）所设管辖此地的安南都护府。即使唐王朝灭亡后安南获得了独立，但它仍然处于强大的中国文化和政治的影响之下。在明（1368—1643）、清（1644—1911）时期，它是一个重要的朝贡国。1664—1881 年，大约有 50 个朝贡使团到过北京。法国东印度公司于 17 世纪末叶曾企图与安南进行贸易，但这一尝试失败了。可是到 18 世纪末法国的影响开始抬头，那时 1788 年老政府被推翻后的唯一幸存者阮福映在法国军官的帮助下，重新控制了这个国家。他就是被立为阮氏王朝的嘉隆帝，阮氏王朝的统治从1802年起到1945年止。

英法对华第二次鸦片战争期间，法国开始武力侵占越南南部（南圻，西方人称为交趾支那），使越南南部六省沦为法国殖民地。19世纪50年代，法国出兵侵略越南。接着就由西贡出发探测沿湄公河通往中国的航路，在发现湄公河的上游澜沧江不适于航行后，即转向越南北部（北圻，西方人称为东京），企图利用红河作为入侵中国云南的通道。1873年11月（同治十二年十月），法国派安邺率军百余人侵袭并攻陷河内及其附近各地。越南国王阮福时请求当时驻扎在中越边境保胜地方（今老街）的中国人刘永福率领的黑旗军，协助抵抗法军侵略。1873年，法军进而侵犯河内地区。越南政府邀请刘永福率领活跃在中越边境的黑旗军援越抗法。黑旗军在红河两岸屡创法军，击毙其统兵官安邺。越南国王册封刘永福为三宣副提督。

1880年9月，镇压巴黎公社“最可耻的”刽子手茹费理出任法国内阁总理，变本加厉地推行殖民扩张政策，增兵越南，并策划以此为跳板打开中国的西南大门，确立法国在这一地区的霸权。进一步的探险发现，比起湄公河来说，位于东京的红河是前往中国云南省的更好通道。这一发现激起了法国夺取安南北部的野心。1874年签订的新条约，确认了法国对交趾支那的占领和对安南对外关系的指导，以及法国在红河的航行权。这项条约名义上承认安南独立，实际上已把它降为法国的保护国。中国此时正全力应付台湾危机和处理马嘉理被杀案，没有采取积极措施阻止法国前进，只是以安南一直是中国的附属国为由，拒绝承认1874年条约。1882年4月，法军攻陷河内，企图打通红河，直窥云南。刘永福誓死不肯相让，将法军围困在河内一年多，并在城西纸桥一战击毙其继续担任统兵官的李维业，打乱了法军的北侵计划。刘永福被升为三宣提督。

清政府为了阻止法军继续侵略越南，曾先后请求英、美、德等国出面调解，但都遭到拒绝。法国利用这种有利的国际形势，加快了侵略步伐。1882年3月，法国政府命交趾支那海军司令李维业指挥侵略军第二次侵犯越南北部，4月，侵占河内城砦，进而以兵船溯红河进行侦察，直到河内西北的山西附近。第二年3月，又攻占产煤基地鸿基和军事要地南定。越南朝廷一再要求清政府速派军应援。清政府鉴于形势变化，命令滇桂两省当局督饬边外防军扼要进扎，但强调“衅端不可自我而开”。5 月 19 日，刘永福率黑旗军在怀德府纸桥进行决战，李维业及副司令卢眉以下 30 余名军官、200 余名士兵被击毙。法军被迫退回河内。法国利用李维业之死，竭力煽动全面的侵越战争，除增援陆军外，成立北越舰队，调兵遣将，积极部署。8 月间，法军一方面在北越加紧攻击黑旗军，一方面以军舰进攻越南中部，直逼越南都城顺化。1883 年 8 月，茹费理内阁扩大侵越战争，终于逼签《顺化条约》，取得了对越南的“保护权”。法国侵略者为实现对越南的殖民统治，及早达到据越南而侵入中国西南的目的，开始以全力来对付中国。中法之间正面冲突的危机日益逼近。

中法两国的直接对峙是在越南向法国屈服的《顺化条约》签订后，中国成为法国占有越南的唯一障碍，法国决定消除这一障碍，立即禁绝了越南与中国的一切关系，并强迫越南撤退包括黑旗军在内的抗法军。

法国首先想用外交方式达到其目的。9 月 15 日，法国政府向中国提出一个解决越南问题的方案，即以划出一个狭小的中立区的办法使中国撤出驻越军队，承认法国对整个越南的殖民统治，并向法国开放云南的蛮牦为商埠，为法国打开云南门户。方案被清政府拒绝，谈判毫无结果。这时，鉴于中越两国的特殊关系和法国侵越给中国造成的严重威胁，清朝统治集团内部以左宗棠、曾纪泽、张之洞为代表的主战派，力促朝廷采取抗法方针；但掌握清政府外交、军事实权的李鸿章却一意主和。清朝最高决策机构举棋不定，在军事上，一面派军队出关援助越南，一面又再三训令清军不得主动向法军出击；在外交上，一面抗议法国侵略越南，一面又企图通过谈判或第三国的调停达成妥协。这种自相矛盾的举措，大大便利了法国的侵略部署。10 月 25 日，法国东京海域分舰队司令孤拔受命为北越法军统帅。12 月初，最终决定向红河三角洲中国军队防地发动攻击。在此之后，法国便把矛头指向中国，一面封锁东京湾，命令侵越法军向北进犯；一面要挟清政府撤退在越南北部的中国军队，召回刘永福，开放云南边界。中法矛盾日趋尖锐。

面对法国的武力进逼，清军机处态度软弱，步调纷乱。领班军机大臣恭亲王奕䜣和他在军机处的支持者宝鋆，惧怕法国的武力优势，没有抵抗的决心。他授意驻法公使曾纪泽和直隶总督李鸿章，分别向法国政府和法国驻华代表寻求妥协，力求避免战争。然而，曾纪泽却屡向法国政府提出抗议，并要求清政府保护刘永福，增援抗法。在他看来，中法的军事力量虽然对比悬殊，但只要我海陆军相互配合，持久作战，扬长避短，法国必将知难而退。此时，自强运动中的领导人物直隶总督李鸿章，反对在完成中国海军建设和海防计划以前挑战法国。李鸿章极力主张，中国既然没有权力废止法国与安南的协议，又没有实力驱逐法国出安南，因此就不可轻言战事，以免酿成大祸，中国只有在遭到进攻时才可应战。他警告说，即使如此，其前景也是黯淡的，因为中方的任何胜利只能使法国重新努力延长战争，而法方的胜利将把中国军队逐回本国。李鸿章因而主张通过谈判迅速解决事端，当时还是总理衙门首席大臣和军机处领班大臣的恭亲王也认为，中国不应该仓促挑战一个西方头等强国。他在和法国驻华代表的接触中，屈从于法国的愿望，建议政府召回中国驻军和刘永福，免去曾纪泽驻法公使的职务。他强调中国“兵单饷匮”，“海防空虚”，即便“一时战胜，未必历久不败，一处战胜，未必各口皆守”，“断不可轻于言战”，而应力保“和好大局”，“遇险而自退”。李与曾的分歧，既有方针上的不同，又有派系间的鸿沟。奕䜣采纳了李鸿章的意见，命曾纪泽转为驻英、俄公使，免去了他驻法公使的头衔。

李鸿章和恭亲王的审慎态度，被一批志趣相投的年轻官员抨击及嘲笑为绥靖与失败主义者。这些人是些优秀的学者，出身翰林，长于奏疏，但在外交和军事上既无实际经验，也无真知。他们哗众取宠，正如在伊犁危机中那样主张好战方针。他们自称为清流党，其中呼声最甚的，一为在伊犁危机中博得盛名的张之洞，一为在目前的中法危机中效法张之洞的张佩纶。

清流党藐视法国为“强弩之末”，认为它是个濒临崩溃的国家。他们主张以战争来捍卫中国的荣誉和朝贡国，谴责姑息必然会纵容贪得无厌的敌人提出更多的要求。他们声称，中国如果在安南问题上立场坚定，就会遏制日本在朝鲜、沙俄在满洲，以及英国在缅甸的冒险行动。他们指出，战争的胜负主要取决于人在胆气和美德方面的素质，而非取决于武器：人的精神决定胜负。他们嘲笑抨击李鸿章：“法国奸计妇孺皆知，唯独李中堂一无所知”；“窃虑李中堂为法人所愚弄，而朝廷又为李中堂所愚弄。”他们还鄙夷地将李鸿章比作臭名昭著的宋代奸臣秦桧（1090—1155），并对其他一些主和派大肆恫吓。李鸿章对一位朋友抱怨说：“不当事之徒草率妄言，仆不胜其忧，彼等轻议政事，继续之臧否人物，大多言语欺凌不堪。”

李鸿章曾经请求奕䜣对他的支持，引起了湘系首领左宗棠、曾国荃等人的强烈不满。有些御史也上书弹劾李鸿章“张夷声势，恫喝朝廷”，“保位贪荣，因循畏葸”。他们都极力主战，并强调指出：法国恃强相逼，恣意侵凌，正是李鸿章因循、偷安和长期避战求和造成的结果。军机大臣李鸿藻及清流派也抨击李鸿章，要求增兵西南，对法作战，并举荐唐炯和徐延旭分别担任云南、广西巡抚，指挥在越南的抗法战争。但唐、徐指挥无能，作战连遭失败，法军占山西，攻北宁，陷太原，于1884年3月逼近中越边界。

中法战争是从1883年12月的山西之战开始的。法国的军事行动第一个目标确定为山西。山西的防军主要是黑旗军，同时也有7个营正规的桂军和滇军。法军于14日发起攻击，中国驻军被迫进行了军事抵抗。法军依靠优势的装备，16日占领山西。1884年2月，米乐继孤拔为法军统帅，兵力增到16000人，图谋侵犯北宁，筹划给中国军队以更大的打击，从而迫使清统治者完全屈服。时清政府在北宁一带驻军约四十营，但因为将帅昏庸、怯懦，互不协调，军纪废弛，兵无斗志。3月12日，法军来攻，北宁失守；19日，太原失陷；4月12日，法军进驻兴化。法国利用军事胜利的形势，对越南和中国都展开了进一步的政治胁迫。6月，法国政府与越南订立最后的保护条约。

北宁等地失守的消息传到北京，责言四起，举朝震惊。但是奕䜣主持的军机处却拿不出任何切实可行的应敌办法，仅将徐延旭、唐炯两人革职逮捕，派湖南巡抚潘鼎新接任广西巡抚，贵州巡抚张凯嵩接任云南巡抚。一直与奕䜣有权力矛盾的慈禧太后，决定借山西、北宁、太原失守事件，把战败责任全部推给奕䜣，乘机将其赶出权力中枢，以便独握大权。她在4月3日召见军机大臣时，就严词指责他们因循失职，为罢黜奕䜣埋下伏笔。同一天，左庶子盛昱上折弹劾李鸿藻保举非人，建议给以处分。并说奕䜣、宝鋆并非不知内情，却不加阻止，应该负连带责任。盛昱上折的本意，是想让奕等人振作起来，加强抗法措施。但慈禧太后却利用这份奏折大做文章，同与奕䜣对立的醇亲王奕譞一起策划，以“委蛇保荣，办事不力”的罪名，把奕䜣、宝鋆、李鸿藻、景廉、翁同龢一概逐出军机处，任命礼亲王世铎、户部尚书额勒和布、阎敬铭、刑部尚书张之万、工部侍郎孙毓汶等五人为军机大臣，礼亲王世铎为领班大臣，组成新的军机处。又命奕劻主持总理衙门，并封皮郡王，改变了领班军机大臣兼总理衙门大臣的做法，以分散他的权力。慈禧太后罢黜奕䜣后，立即谕令军机处遇有紧急事件，会同奕譞商议。从此以后，军机处的权力实际上掌握在奕譞和他的心腹孙毓汶手中。

在中法战争紧张的时刻，慈禧太后做了这样重大的人事变动，似乎是要与法国大战一场。但是，新的军机处并没有积极地组织力量准备战守，只是在慈禧太后的指使下把一些清流派重要人物派到地方上去担任军职。陈宝琛、吴大澂分任南北洋会办大臣，张佩纶担任福建会办大臣，协助船政大臣何如璋督率福建水师。慈禧太后长期纵容台谏词垣议论时政，完全是为了扼制奕䜣等人，并没有真正重视他们的意见。如今奕䜣已被罢黜，不再需要这批人在耳边鼓噪生非了，便借“满足”他们的主战愿望为名，“使书生典戎”，把这几位清流派的主要人物赶出了京城。

清廷在和战之间举棋不定，它陷入了荣誉和恐惧的两难境地：荣誉要求它保卫自己的朝贡国，而对同一个西方头等强国开战又心存畏惧。赫德驻伦敦的代理人发来的一份报告，使清廷相信，安南的法国军队可能不会贸然投入一场大规模战争，只要开放河内和红河的贸易和航行，便可消除争端的根源。于是，清廷指令李鸿章与法国公使宝海（A. Bouree）进行谈判。他们达成的协议把安南变为中、法两国共同的保护国，但巴黎立即拒绝了这项协议，接着法国便派远征军前往安南。因为黑旗军与清军队在东京吃了败仗，慈禧太后忧心如焚，害怕法国进攻中国本土，她再次命令李鸿章寻求解决办法。随后，李鸿章与法国海军上校福禄诺（F. E. Foumier）于1884年达成协议，中国承认法国与安南签订的全部条约，撤退中国在东京的驻军，而法国则允诺不要求赔款，不侵犯中国，并同意在将来与安南缔结的任何条约中不使用有损中国威望的字眼。法国议会拒绝批准这一协议，因为最后的一条暗示着法国承认中国对安南的宗主国地位。另一方面，这一协定也激起了清流党的极大忿懑，47份奏疏要求弹劾李鸿章。困窘的李鸿章因此不敢将协定中关于中国军队撤离安南的期限奏报朝廷。

慈禧原来曾全盘否定奕䜣的对外政策，这时也同样希望尽快把大事化小，苟安目前，执行的仍然是奕䜣的退让妥协政策，而且走得更远。她掌权不久即力排众议，授权李鸿章设法向法国寻求妥协。李鸿章再次请求英国出面调停。英国这时见法国在越南的胜利和封锁东京湾的行动，已损害了自己在这一地区的利益，就不再沉默观望，开始就法越战争与法国外交部接触，提议由某欧洲国家或由美国“仲裁”中法争端，用这个方法阻止战争的扩大。法国在德国的暗中支持下，果断否定了英国的建议，但是同时又向英国政府保证：法国舰队不会主动攻击中国的通商口岸，不会阻碍英国的对华贸易。英国于是没有再做任何努力挣扎，只是带着警惕和厌恶的复杂心情继续观望战事的发展情况。

李鸿章转向德国求助。德国却抓住这一机会，借法国这时多处用兵感到匮乏的困难之机，委托天津海关税务司、德人德璀琳、李鸿章的亲信，出面为中法两国进行斡旋。法国在东方建立殖民帝国的行动受到了德国的鼓励，根据消息说，在1878年的柏林会议上，俾斯麦告知法国代表，德国将回击法国收复欧洲失地的任何企图，但是愿意支持法国在海外扩张，因此法国在安南加紧行动并不稀奇。

在德璀琳的撮合下，李鸿章与法国海军军官福禄诺进行谈判，17日，福禄诺交给李鸿章一份节略，通知法国已派巴德诺为全权公使来华商议详细条款，并且单方面规定在越南北部全境向中国军队原驻地分期“接防”的时间。李鸿章并没有明确同意这个规定，也没有明确反对，也没有上报清朝中央政府。6月23日，法军突然到谅山附近的北黎（中国当时称为观音桥）地区“接防”，无理取闹要求清军马上退回中国境内。中国驻军没有接到撤军命令，要求法军稍作等待，法军恃强前进，开枪打死清军代表，炮击清军阵地。清军被迫还击，两日交锋，法军死伤近百人，清军伤亡更加严重。这次事件历史上称为“北黎冲突”或“观音桥事变”。法国用这件事当作借口扩大战争，要求清政府驻守的越军队火速撤退，并且赔偿军费2.5亿法郎（约合白银3800百万两），还威胁说，法国将占领中国一两个海口当作赔款的抵押。清政府尽管承认这是无理的勒索，但还是派两江总督曾国荃于7月下旬在上海与巴德诺谈判，希望可以解决争端。10月初，法舰分头进犯台湾基隆和淡水，刘铭传认为兵力不足，放弃基隆，坚守淡水。法军在基隆登陆后，再犯淡水，一度抵滩上陆，但是很快被击退。法军占领基隆一隅，无法深入，转而从10月23日起对台湾进行海上封锁。1885年年初，法军接连从基隆向台北进攻，法舰干扰浙江镇海，截击由上海往援福建的5艘中国军舰，在浙江石浦击沉其中2艘。3月底，法军占领澎湖岛及渔翁岛。镇海之战，法舰遭受到扼守招宝山炮台的中国军队的积极反击，孤拔的座舰也被击中，孤拔受到了严重伤势，6 月 11 日死于澎湖岛。马尾丧师三天之后，清政府在各种言论的压力下被迫对法宣布开战，令滇、桂各军迅速进兵，使沿海各地加强战备，严防法舰入侵。到 9 月上旬，清政府又令新任两广总督张之洞激励各军积极抵抗敌人，并且将继续坚持和议的张荫桓等六位总理衙门大臣辞去职位。

法国将它在中国和越南的舰队合并成远东舰队，任命孤拔为统帅，乘机分别开进福州和基隆，一方面胁迫中国接受法国条件；另一方面准备随时发动攻击，占领这些口岸。从 1884 年 5 月《简明条约》签订前后法军攻击基隆起，直到 1884 年 8 月马尾海战结束为止，为中法战争第二阶段，主要在中国东南沿海进行，越南北部陆上战争也在继续。

8 月 5 日，法舰轰击基隆，强行登上内陆，中国军队在督办台湾事务大臣刘铭传统率下奋起抵抗，使法军不得不退回海上待机再举。之后，法国议会授权政府“使用各种必要方法”使中国屈服，法国政府拟定新条件向中国勒索，要求赔款 8000 万法郎，10 年还清。清政府并没有接受。中法外交关系正式宣布破裂。23 日，法国以先期驶入福州马江以内的优势兵舰向中国船舰猛烈攻击，中国水师仓促应战，一时间，战舰 11 艘有沉没的，有受伤的，官兵殉难者将近 800 人。法舰又炮轰马尾船厂（福州船政局），将其击毁，并连续每天对马尾到海口间的岸防设施炮击，使其遭到大量破坏后驶出闽江口，在马祖澳集结。

自此战火延到中国本土，8 月 26 日，清廷颁发上谕，谴责法国“横索无名兵费，恣意要求”，“先启兵端”，令陆路各军迅速进兵，沿海各地严防法军侵入。这道上谕实际上是对法国侵略者的宣战书。

清廷在整个事件中的优柔寡断与举棋不定，令人哀怜。清廷并不想进行战争，但是却为清流党所迫，自陷其中。如果从一开始清廷就有坚定的立场，决心打一场持久战，那法军也许就不敢如此挑衅。如果遵循始终如一的和平政策，福建舰队与马尾船坞或许可以免遭摧毁。领导集团庸碌无能的代价，是眨眼间失去了福建舰队与马尾船坞及失去了安南这一朝贡国。清流党集团必须为进行这场意气用事、不切实际的战事负很大责任。政治上，他们之中只有张之洞一人的仕途未受这场灾难的影响，其他人渐渐都销声匿迹。更讽刺的是，张佩纶在经过一段时期的流放后，竟做了李鸿章的幕僚，后来还变成了李鸿章的女婿。

1884 年 8—11 月间的三个月，慈禧太后果断地支持进行战争。到 12 月初，以下几件事令她心烦意乱：东京战局胜负难料，法军封锁长江及要塞港口，中国南方漕运遭阻。这使她又产生了动摇。预期中的英、德两国的援助并没有兑现，另外还存在着俄国在北部边疆卷土重来和日本在朝鲜推进的威胁。法国也怀着与慈禧太后差不多的和平愿望，因为法国国内政局的不稳定和支持远程作战的困难，也开始使法国政府不堪重负。经过赫德在伦敦的代理人的居中斡旋，中法在巴黎最终达成了一项初步协议。中国决定承认李福协定，而法国同意不再提出新的要求。幸运的是，就在这一协议成为正式条约之前，法国军队在谅山惨遭失败，这给北京提供了一个体面的机会争取和平，也严重打击了法国的好战精神。1885 年 6 月，李鸿章和法国驻中国公使签订了一项正式条约：中国承认法国和安南缔结的全部条约，法国则撤走在台湾和澎湖列岛的军队。中国没有支付赔款，但是它却在经济上损失 1 亿多两，并欠债大约 2000 万两。

中国在与法国短暂而极具灾难性的对抗后失去了安南，这标志着有历经 20 年的自强运动以失败告终。外交、军事和技术上有限的现代化，没有能够使中国强盛到可以抵御外国帝国主义。中国的衰弱，促使了英国仿效法国引导缅甸于 1885 年脱离中国而独立。一年之后，英国逼迫中国订约，把缅甸划为自己的保护国，但是允许缅甸继续向北京每十年纳贡一次。伴随着南方的这些朝贡国的丧失，中国东北的主要朝贡国朝鲜，在这时也命若游丝，在这种情况下，机警的日本不可能不对中国虎视眈眈。

## 第二节　中国不败而败

1884 年 9 月中旬，孤拔率领主力舰队第二次进犯台湾，强行攻占了基隆。刘铭传被迫率部退守淡水，严密布防。10 月 1 日，孤拔亲自带领舰队逼近淡水港外，第二日便炮轰淡水炮台，被守军击退。孤拔不甘受挫，在 8 日早晨再次炮轰炮台，并有 800 名法军强行登陆，从陆地攻击炮台。刘铭传率领军队英勇杀敌，经过三个多小时激战，打死法军 17 人，打伤 49 人，其余纷纷逃回海上，因争相上船而掉在水中淹死的法军又有七八十人。参加这次战役的一名法国军官说，“这次的失败让全舰队的人非常丧气”，“大家的谈话总围绕这么令人伤痛的话题”。

为了让台湾军民投降，孤拔宣布从10月23日起对台湾实行封锁，并且法国执行交战国的一切权力。与此同时，法国还怂恿日本也对华宣战。当时中日关系因朝鲜问题变得非常紧张，法国企图联合日本侵华，进一步对中国施加压力，并使用日本的港口。因为日本还没有作战准备，法国未能得逞。

面对法国舰艇封锁，刘铭传多次请求李鸿章派北洋舰队前来解除包围。李鸿章却按兵不动，还说：法舰“毁闽船不过数刻，难与之敌”。大陆军民非常痛恨李鸿章见死不救的做法，不断冒着生命危险冲破法国舰艇的封锁，奔赴台湾抗击法军，或向台湾运送战争物资。正在福州前线布置战事的左宗棠，在没有轮船运输和没有海军护送的艰难条件下，派王诗正率三营亲军乘坐渔船东渡支援台。记名提督聂士成主动请求出战，亲自率领350余名淮勇从山海关登船启程，奔赴台湾。随后，南洋大臣曾国荃也在深思熟虑之后，抽调5艘战舰援台。但在浙江石浦檀头山附近洋面遭孤拔舰队拦截，2艘战舰被击沉，3艘战舰被迫返回。此外，香港的中国商人也拒绝卖给法国人食物、码头工人拒绝搬运法国货物、船坞工人拒绝修理法国战舰，并计划把法国战舰焚毁。焚舰计划虽在香港英国当局的阻挠和破坏下没有成功，法国舰队却不敢再在香港停留，拖去日本修理。在全国人民的声援支持下，防守的清军严密守卫淡水，并在基隆河上游北岸的三角地带与冒死赶来的聂士成部和王诗正部齐心合力共同抗敌，联合当地的乡民坚持斗争4个多月。为了消耗法军的有生力量，刘铭传还短衣草履亲临前线指挥战斗，与士兵同饮共食，增强了守军的士气，几次击退从基隆向台北进犯的法国军队，保住了台北。孤拔在全面封锁台湾的同时，又率领舰队骚扰浙江镇海。浙江提督欧阳利见早在镇海海口严密防守，钉上木桩，沉下石船，虚其中流以通出入。口外安放水雷，并在各要隘密布地雷，在南北两岸修整长墙，增添炮台，分兵据险而守。欧阳利见还亲自在南岸行营，督率兵勇奋战。沿海渔民也自发协助查获奸细。

1885年3月1日，法国舰队攻击镇海招宝山炮台。守将周茂训立即开炮还击。双方发炮各数百发，法舰中弹而退。3日，法舰再次进犯招宝山，守备吴杰指挥士兵乡勇再次击退法舰。第二天半夜，风雨交加，法舰乘机用小船偷袭港口炮台，再一次被守军击退。鉴于前几次失利，法舰不敢冒险进入海口，在14日改在海口外遥轰炮台。由于炮台已事先“换石为土”，炮弹入土，不易发挥威力，损失不大。孤拔被迫率舰队退兵澎湖，不久便死在那里。镇海军民严阵以待，直到战争结束，法舰虽“欲蹈瑕伺间，以图一逞，卒不可得”。

在西南边疆，法国不断向中越边界增加兵力。前线清军统帅广西巡抚潘鼎新，自6月谅山打败敌人不久，就接到李鸿章“败固不佳，胜亦从此多事”的指示，不敢再“一意与战”，采取了战胜不追，战败则退的消极方针，严重地影响了广大将士的斗志、士气。法军专攻潘军，使潘军被迫退回边境，在1885年2月23日占领了中越边境上的重镇镇南关（今友谊关）。守将杨玉科（白族）力战身亡，清军纷纷撤兵。法军得意地在关前竖立木柱，竟然用汉字写上：“广西的门户已不再存在了！”镇南关人民忍无可忍，也在关前竖立木拄，同样用大字写上：“我们将用法国人的头颅重建我们的门户！”

镇南关失守后，潘鼎新被革职。在张之洞的举荐下，70岁老将帮办广西军务冯子材自募“萃军”18营，来到镇南关附近，就任军队主帅。他大力整顿溃军，团结各军将士，准备进攻，收复镇南关。法军被迫炸毁镇南关，退兵驻扎在关外30里地的文渊城。冯子材随即移师镇南关前隘。该地距镇南关10余里地，两旁高山峻岭，地势十分险要。冯子材在山隘口抢筑了一条横跨东、西两岭的长墙，并在东西两岭上修筑炮台。墙外挖有深堑，命令王孝祺的军队驻守，以为犄角之势，命苏元春屯驻扎在幕府，遥相呼应；命王德榜的军队驻扎在关东35里的油隘，准备偷袭来犯敌人的后路。冯子材严密周详的布防后，便先发制敌，出击文渊城，打乱了法军的侵略部署，提高了将士的士气。3月23日，法军分三路共同夹击隘口，其中两路进攻东岭炮台，一路猛扑进攻长墙。

法军很快攻占了东岭的三座炮台，然后居高临下攻击中国军队，掩护部队向长墙进攻，“炮声震天，远闻七八十里外，山谷皆鸣”。冯子材率部下拼死阻击敌人，号令全军：有进无退，誓与长墙共存亡。王孝祺军从小路偷袭敌人背后，牵制了敌人正面火力。苏元春军也及时赶到东岭，与法军争夺炮台的控制权。王德榜军按预定计划偷袭法军据点文渊，切断敌人的补给线。

各军全力抗击法军，与法军激战至24日，炮火越来越猛，“药烟弥漫，至不辨旗帜，弹积阵前逾寸，墙后且被毁”。这时，法军已经进攻到墙下，有些已经爬上长墙，局势万分紧急。冯子材大呼一声，手执长矛跳出墙外，奋力杀进敌阵。全军深感振奋，一起涌出，和法军进行了肉搏冲锋，将法军逼退，压下山谷。王孝祺和王德榜军也都赶到东岭支援苏元春军。经过“七上七下”的激烈拼搏，终于夺回三座炮台。当地壮、瑶、白、汉等族人民和1000多名越南义军也前来攻击法军，四面八方的中越军队把法军重重包围起来。25日，冯子材发起总攻击，各路将士勇猛杀敌，击毙敌人1000多人。法军全军崩溃，残兵败将狼狈溃逃，至“被杀急，则投枪降，去帽为叩首状，以手捍颈”。这就是震惊中外的镇南关大捷。

镇南关大捷，转变了整个中法战争局面。冯子材亲自率领大军乘胜追击，和越南军民相互配合，一路收复了文渊、谅山、谷松、威坡、长庆、船头等地，并且攻郎甲，袭北宁，重重地打击了侵略越南的法军。就在此时，刘永福的黑旗军也在越南人民的支持下，在临洮击败法军，一路收复了广威、黄岗屯、鹤江、老社等地。

法军在镇南关惨败的消息传到了巴黎，引发了法国统治阶层很大的动荡和慌乱。3月30日，对茹费理内阁长期不满的法国人民成群结队地涌上街头，举行游行活动，并且包围议会，高喊打倒茹费理的口号。茹费理内阁在当天晚上就倒台了。但是，在抗法斗争胜利在望的时候，清政府却向战败的法国求和了，并于1885年4月7日下达前线停战的命令。

法国发动侵华战争以后，各方面围绕和战问题的谈判活动一直没有停止过。镇南关大捷原来使中国在军事上和外交上都处于优势地位，但清政府在整个中法战争时期，甚至在被迫宣战后，也担忧“兵连祸结”会激发“民变”和“兵变”，所以自1884年10月以来，李鸿章就在慈禧太后等人的帮助下努力继续与法接触，一直或明或暗、或直接或间接地向法国侵略者求和。李鸿章等人提倡“乘胜即收”，把镇南关大捷作为寻求妥协的大好机会，并建议清政府与法国立即签署和约。

对于李鸿章的乞和，法国开始时是拒绝的。但到了1885年年初，法国突然改变了态度。那时，法国正在侵略马达加斯加，已经在那里陷入困境；并且又为争夺埃及，和英国大有火并之势；侵略越北和中国的法军也接连受挫，难以取胜。战争形势的巨变，使得中国在军事和外交上都处于优势。赫德担心清政府反悔，一边以长时间作战会引起国内“民变”和列强干涉来威胁清政府，建议马上与法国签署和约；一边电促金登干见机行事，想方设法签字，形成事实。茹费理内阁内忧外患，疲于应付，终于同意在有利于法国的条件下，尽早与中国议和。因此，它多次做出种种姿态，诱导清政府进行谈判，骗取在战场上得不到的东西。

清政府在镇南关大捷之后，对议和之事也犹豫不绝，担忧军民不同意，也担心一些大臣不满。但李鸿章等人却提倡“乘胜即收”，致电总理衙门讲道：“谅山已经收复，如果此时坐下来讲和，赔款也并不会太多，否则又要天下战乱。”慈禧太后接受了他们的意见，决定乘胜求和，并且在4月4日授权给金登干和法国签署了《巴黎停战协定》。同意双方停战，法国放开对台湾的封锁，双方各自派代表在天津或北京商讨条约明细。对此，法国政府都感到非常惊讶，惊呼“简直不能想象啊”！

4月7日，清政府命令一线各路军队在4月15日停战，25日撤兵。前线将士听到此消息，都“皆扼腕愤痛，不肯退兵”，“拔剑斫地，恨恨连声”。张之洞不断电奏缓期撤兵，还遭到李鸿章传旨训斥：“冯、王若不乘胜即收，不惟全局败坏，且恐孤军深入，战事益无把握”，并命令张之洞“遵旨亟电各营”，“尽早停战撤兵。倘有违误，致生他变，惟该督是问”。冯子材、王德榜不得不奉令撤回。冯子材在停战开始的时候，电奏张之洞，请他上折“诛议和之人”，说明了抗战将士的共同心愿。

1885年5月13日，清政府指定李鸿章为谈判代表，与法国政府代表、驻华公使巴德诺在天津开始商讨中法正式条约。那时，全国许多地方先后通电责怪和议。一些爱国人士把清政府给冯子材的退兵令比作南宋初年秦桧让岳飞从朱仙镇退兵的金牌诏。有的还赋诗填词，表达了对“电飞宰相和戎惯，雷厉班师撤战回，不使黄龙成痛饮，古今一辙使人哀”的痛恨。这类爱国诗词在当时很多很多，被人们争先恐后地传阅。清政府不顾中国军民的意愿，授权李鸿章在天津和法国驻华公使巴德诺，于6月9日正式在天津签订《中法会订越南条约》，也就是《越南条款》或《中法新约》，又称《李巴条约》，共十款，主要内容是：清政府同意法国对越南的保护权，同意法国与越南订立的条约；中越陆路交界开放贸易，中国边界内开辟两个通商口岸，

“所运货物，进出云南、广西边界应缴纳税务，照现在通商税则较减”；“日后中国修筑铁路，应向法国业者之人商办”；该约定签字后6个月内，中法两国派员到中越边界“会同勘定界限”；法军撤出台湾、澎湖；中国以后修建铁路时应向法国“商办”，并支持在云南、广西、广东三省的中越边界开埠通商。法国势力从此伸入我国云南、广西，进一步加深了我国西南边疆的危境。11月28日，此条约在北京互换批准。

中法战争是中国人民抵抗侵略并取得胜利的战争，但胜利却被清政府的妥协投降而断送。中国在这次反侵略战争中，本来有机会取得最后的胜利，但是由于清统治者的怯懦、让步，胜利的成果才被断送。1886—1888年，清政府又被迫与法国签订了《中法越南边界通商章程》、《中法界务条约》、《中法续议商务专约》等一系列不平等条约，使法国又得到许多权益。中国西南门户敞开，法国侵略势力以印度支那为根据地，长驱直入云南、广西和广州湾，并使之长期变成法国的势力范围。法国不胜而胜，中国不败而败。这令人震惊的事实，让广大群众又一次看清了清政府的腐败无能，使优秀的中国人日益感到亡国的危机，进一步探索救国救民的新道路。

# 第三章　甲午战争

甲午战争又被称作第一次中日战争、中日甲午战争、清日甲午战争、清日战争；日本称其为日清战争。因当年为1894年即清光绪二十年，干支为甲午，中国史记“中日甲午战争”。由于日本对朝鲜的经济侵略和内政干涉，特别是日本强迫朝鲜大米输出，造成了朝鲜的农民起义，然而李朝政府为了压迫农民起义恳请上国清政府出兵支援，但是日本派出强大兵力企图拿下朝鲜，在和英国交涉成功而获得其支持后，日本海军攻击中国舰队，引发了两国之间的战争。

## 第一节　日本侵略朝鲜

19世纪末，正在急速向帝国主义过渡的各资本主义强国，把侵略目光全部集中到还没有被完全割裂的少数地区。中国和比邻中国东北地区的朝鲜，成为了它们在远东争夺的重点。

朝鲜比邻中国北部，在明清两代，它就被中国当作很重要的“外藩”和主要朝贡国；朝鲜李朝（1392—1910）每年三次正式派贡使去往明朝，到清朝时则每年四次，除此还有许多小规模的遣使。1637—1894 年这两个半世纪中，有 507 个朝鲜使团到过北京，同时也有 169 个中国使团到过朝鲜。朝鲜对中国非常重要，明王朝曾经不顾国库亏空与军备败坏，于 1592 年派出 211500 人到朝鲜抗击日本侵略，为此耗费了 1000 万两，1597 年的第二次抗战费用也与上一次差不多。这些花费耗尽了明王朝的能量，加速其覆灭。朝鲜人当然也对中国怀有尊敬与感激之情。由于在政治和文化上受中国的影响，朝鲜人效仿中国人的种种制度和生活方式，并把与中国的关系称作“事大”，用于区别同日本之间的较为平等的“交邻”关系。而自 1637 年，朝鲜就闭关锁国，除了派遣贡使前往中国及偶尔派向日本外，一概不与外界来往，西方人称它为“隐士王国”。

中国和日本开放之后，“隐士王国”多次受到西方国家要求贸易、传教和建立外交关系的压力。但是，朝鲜除善待遇难的航船外，拒绝与他们建立任何联系。1635 年，一艘荷兰船漂泊至朝鲜海岸，即为朝鲜与西方接触的开始。基督教在 18 世纪下半期开始在朝鲜传播，却在 1786 年被朝鲜宫廷当作邪教禁止了。之后的一个世纪，基督教教士与朝鲜皈依者不断遭到摧毁。朝鲜人珍惜并享受着隐居的生活，并扬言国家太小太穷，不足以参与对外贸易，人民则“太愚”，不能理解基督教。1864 年，幼王高宗的父亲大院君亲政后，这一毫不通融的立场变得更加坚定。大院君倡导保守主义，反对革命。1866 年 2 月，他再度危害基督教徒，外国教士遭到屠杀。

10 月，法国驻华代理公使布隆内（Bellonet）派亚洲舰队司令罗兹（Roze）率 600 人、7 艘兵船对朝鲜进行惩处性的征讨。他们占领了江华，却在城外战败，3 人死亡、32 人受伤。这一年 8 月，美国商船“谢尔曼将军”号（General Sherman）山大东沟开抵平壤，要求通商，却在退潮后被烧，水手全被杀害。1871 年，美国国务院下令驻华公使镂斐迪（Frederick F. Low）带领将军罗杰斯（Rodgers）指挥的 5 艘兵船去调查此案。在江华岛周围进行谈判的要求被驳回后，镂斐迪命令兵船强制驶入通往汉城的淡江。朝鲜的江岸炮台开火轰炸，美国人便于 6 月 10 日、11 日大肆轰炸江华城进行报复。

然后，他们因没有得到开战的授权而撤退了。朝鲜人自大地认为击退了法国人，也打走了美国人。

清廷总理衙门正在学习怎样适应变化中的东亚国际趋势，因为它知道中国无力保护朝鲜不受西方侵略。从1867年起，总理衙门巧妙地劝说朝鲜与西方和解，但直到1879—1880年，中国才做出果断行动，尽力促使朝鲜与西方列强建立条约关系，以抵御日本逐渐增长的影响。

日本侵略中朝两国，谋划已久，还在“明治维新”时期，日本天皇就明确了对外扩张的政策，宣称要以武力“开拓万里波涛”，“布国成于四方”。从19世纪70年代起，日本就急切地想要吞并资源丰富的朝鲜，并以朝鲜作为跳板，向中国本土扩张。

德川时期（1603—1867），日本与朝鲜的关系由对马岛的封建领主负责，但在1868年明治维新后，东京政府直接掌握了对朝政权。日本向朝鲜派出三个使团，宣告这些政治变动，并试图修订双方关系。但大院君无视日本所实行的现代化和效仿西方的举动，因而不肯修订两国关系，并以日本国书不合规矩而将其使节拒之门外。

日本领袖为了反击这次有意的欺辱，决定在1873年派一支队伍前往朝鲜征讨。这一行动还有一些其他目的：为国内心怀不满的武士提供发泄的机会，把他们的主要注意力从国内问题转移到国外问题；对中国在朝鲜的支配地位进行挑战，以换取日本在亚洲的领袖地位；阻挡英国和俄国在日本周边寻找立足点；为1592年和1597年丰臣秀吉入侵朝鲜的失败雪恨。但是，一批从国外回来的谨慎的日本领导人不赞同这个决定，他们觉得，日本国内的落后状况不允许此时进行对外冒险，国内的发展与巩固应优先于海外的扩张。

尽管远征付之东流，但日本还是在1875年派出了一支配备炮艇的探测队。当日本人在江华湾遇到偷袭时，他们进行了反击，毁灭了朝鲜的防守要道。这次胜利后，东京又增派了6艘兵船去往朝鲜，同时派出1名使者前往北京探听中国的动作。总理衙门声称，朝鲜虽然是中国的藩属，但其内政外交从来悉听自为。这一推卸责任的怯懦声明鼓舞了日本，使它强制朝鲜开放，正如1854年美将培里强迫日本开放。1876年，日本海陆军开赴朝鲜，以武力逼迫朝鲜签订《江华条约》，获得了通商租地、领事裁判权和在朝鲜沿海自由航行等权力，从此全面向朝鲜渗入，并与清政府大肆抢夺对朝鲜的宗主权。

在朝鲜采取了强有力的行动后，日本又在1879年兼并了琉球群岛。这些侵略行为让中国驻日公使与国内的官员都很惊讶。他们督促清廷说，应该让朝鲜向西方列强开放，以减少日本逐渐增加的影响。北京任命李鸿章主管朝鲜事务，顶替在传统上负责朝贡关系的礼部。

1882年，朝鲜统治集团内部各派系相互排挤，发生了军事政变——“壬午兵变”。日本政府借由本国使馆人员遭受了迫害，进兵朝鲜。清政府担忧日本乘机掌控朝鲜政府，派兵到朝鲜，快速平定了内乱，日本侵略军见一时无可乘之机，便以赔偿损失为由，逼迫朝鲜政府签订了《仁川条约》，得到了在汉城的驻兵权。

李鸿章决定助力朝鲜向西方商业与外交开放。1882年，他派曾经在法国学习国际法的马建忠和提督丁汝昌这两位下属，率3艘战舰去朝鲜，引见美国海军准将舒斐尔（R. W. Shufeldt）与朝鲜进行缔约谈判。1882年5月22日，《美朝条约》签订，两国赞同：互派外交官，在通商口岸设领事，彼此平等对待。美国认可朝鲜独立，但朝鲜却发表了单独的声明，称是中国属邦。

随后几年，马建忠又介绍英、法、德等国代表与朝鲜签署条约，这个“隐士王国”最终还是向西方开放了，并且效仿中国模式缓缓地进行了一些现代化工作。李鸿章频繁的外交活动，挽救了总理衙门对于朝鲜推卸责任的一部分声誉。

1884年，中法战争爆发。日本以为有机可乘，谋划朝鲜亲日派官员发动“甲申政变”。朝鲜国王在清军的支持下，镇压了政变。日本政府借此对清政府进行威胁，在1835年4月派宫内大臣伊藤博文来华，与清政府签订了《中日天津会议专条》，规定朝鲜今后如果发生重大变乱，中日两国或一国需要向朝鲜出兵，必须事先相互告知。如此，日本进一步巩固了在朝鲜的地位，得到了同中国相等的权利，朝鲜被中日两国共同保护，从而为日后发动中日甲午战争埋下伏笔。

随着日本在朝鲜势力的不断扩张，它对中国的野心也越来越大。1885年6月，日本政府接受了伊藤博文等人的意见，除继续向朝鲜渗透势力外，还提出了一个以十年为期的扩军计划，作为发动对华战争的前奏。1887年，部分军国主义分子编制了《征讨清国策》，准备让主力攻击北京，并分兵占据长江流域各战略要塞，阻挡江南清军北上；若日本战胜，则将中国的辽东半岛、山东半岛、舟山群岛和台湾、澎湖列岛和长江两岸等地，都划入日本版图，并将中国其余地方分割成许多小国，分别受日本管控。这份嚣张的计划还提出："以五年为期作为准备，抓住时机准备进攻"，对中国进行一场以"国运相赌"的侵略。

日本近代工业的快速发展，为其增强军备奠定了坚实的物质基础。为了扩大军队，日本从1890年就拿出60%的国家财政收入，来建立和壮大近代化的海陆军。那时，中国北洋海军2000吨以上的战舰有7艘，共27000余吨，而日本海军的战舰在2000吨以上的只有5艘，共17000吨。日本政府以超越北洋海军为目标，把增加速射饱和采购最新的巡洋舰，作为发展海军的重中之重。

1890年，日本爆发了资本主义经济危机，工人大批失业，农业连年收成不好，米价还不断上涨，广大城乡的失业工人和破产农民连续掀起"米骚动"，阶级矛盾迅速激化。日本统治者为了脱离困境，转移人民的战斗视线，这时更迫不及待地想从对外扩张中寻找解脱，从而加快了发动侵华战争的准备。日本军阀头子山县有朋就在这种情况下被推举为首相。他在施政演讲中赤裸裸地把中国的东北、台湾等地和朝鲜都说成是"与日本的安危密切相关的地区"，是日本的生命线，日本有权利对这些地区进行"保护"，公开鼓动侵华狂热。

1892年，日本提早完成了自1885年就开始的十年扩军计划。次年2月，明治天皇又要以六年为期，每年从宫廷经费抽调30万日元，并从文武百官的薪金中扣除1/10，填补造船费用。到甲午战争前期，日本已经成立了一支拥有63000名常备兵和23万名预备兵的陆军，并且拥有排水量72000多吨的海军舰只，总吨位远远超过了北洋海军。除此，日本参谋部还陆续派遣特务间谍渗入中国，窃取政治军事情报，偷偷绘制了中国东北和渤海湾的详细地图，做足了发动大规模侵华战争的准备。

面对日本不断加强的军事威胁，清政府反应缓慢，措施无力，内部又矛盾不断，严重地影响了中国的战备和自卫。首先在战备意识上，清朝统治集团中参差不齐。年轻的光绪皇帝自从登基以来，一直是慈禧太后手中的工具和傀儡，就算在他"亲政"后，仍处于无实权的地位。为了摆脱这种受制于人的处境，他依靠自己的师傅翁同龢，集结了一些官僚，与慈禧太后抗衡，时人称之为“帝党”。帝党的核心人物大多是光绪皇帝近臣和翁同龢的门生故旧，如珍妃的胞兄礼部侍郎志锐和侍读学士文廷式，翁同龢的至好吏部侍郎汪鸣銮以及门生张謇，还有侍读学士陆宝忠和被称为“后清流”的编修黄绍箕、丁立钧等人。他们中大多是词馆清显和台谏要角，既深为国家的前途命运忧心，特别希望通过改革内政和整军备战来增强国力，来阻挡日本侵华；又很想趁机扩大光绪皇帝的权力和增强自己的影响力。为此，他们陆续利用“清议”来鞭策政府整顿弊政和备战自卫，话锋所指又多是集中到李鸿章身上。

慈禧太后虽然在1886年就由“垂帘听政”改为“训政”，进而在1889年“归政”光绪皇帝，但一直不忘揽权，把朝内和地方上的实权人物都集结在自己身边，形成了以她为核心的“后党”。慈禧太后利用醇亲王奕譞及其亲信孙毓汶等权臣掌控朝政，虽对日本在朝鲜扩张势力深感不安，但又低估了日本的侵略诡计，一直以为日本只是雷声大雨点小并不敢真正对华大动干戈。1888年北洋海军正式建成后，他们更是有恃无恐，不屑一顾。奕䜣等人为讨慈禧太后高兴，加紧拉拢掌控军事外交实权的李鸿章，并且建议挪用海军经费去修缮颐和园。

李鸿章不满奕䜣等人阻拦北洋海军的建立，也不赞许帝党改革内政的一些主张。但他始终把北洋海陆军作为淮系集团的顶梁柱和资本，生怕有所失误而影响自己的地位和前途，因此不赞许帝党官员动辄“主战”、狂议伤身，又一向畏惧慈禧太后，并与翁同龢不和，仍在政治上倾向于后党，附和奕䜣的意图，抽出海军经费，停止采购船械。于是，北洋海军自1888年正式成军后，不再增添任何船只，1891年以后又停止采购枪炮弹药。如此到中日甲午战争前，北洋海军不仅在总吨位上落后于日本舰队，而且舰龄老化，行动过慢，火力也弱，缺少快舰和速射炮，已经在总体实力上与日本舰队相去甚远。

帝后两党的不和，既有夺取清朝最高统治权的矛盾，也交织着他们在内政外交方面所存在的革新与守旧、抗争与妥协的差距。这些矛盾与差距，又在很大程度上影响了清政府的一致对外和自卫决策，与上下一心并积极准备发动侵华战争的日本政府形成了极大的反差。

## 第二节 甲午战争

**1882 年兵变**

朝鲜高宗在 1873 年亲政之后，闵妃削弱大院君的势力而取得越来越大的权力。她支持改革，聘请一些日本军官训练朝鲜军队。大院君对此非常不满意，下定决心要削弱其影响，甚至想趁机除掉她。这场权力斗争在 1882 年激化成了一场正面冲突。大院君利用一些被解散的士兵（他们是闵妃军事改革的牺牲品）的不满情绪，怂恿他们攻击王宫和日本使馆。闵妃乔装逃出，免于一死，日本使馆则被焚烧，7 名日军军官被杀，日本公使逃回日本。这场政变使大院君再次掌权。

中国政府再次派遣丁汝昌与马建忠赴朝鲜调查此案。一名朝鲜廷臣向马建忠坦率地说：一切混乱的根本在于大院君，大院君断绝了君王与外界的联系，并处死了与外交有关的官员。廷臣告诫说，如果大院君得不到应有的处罚，日本将可能采取惩治性动作。于是马建忠马上抓捕大院君，并送往中国监管。

同时，更多的日本与中国兵船来到朝鲜。按马建忠的告诫，朝鲜国王与日本签署了一项协议，答应支付日本 5 万美元赔款抚恤被害军官，另外赔偿 50 万美元给日本政府，派使团前往东京道歉，并且准许日方在使馆内驻军和建筑兵营。这项协议给了日本向朝鲜派兵的权力，标志着日本外交的重大胜利。但是这一条约导致了后来的大麻烦，马建忠尽管受过国际法的训练，也对此事始料未及。

1882 年兵变后，李鸿章开始频繁行动，深化中国在朝鲜的地位。中国和朝鲜签订了一项商约，条约规定中国拥有治外法权，而中国人需要提供贷款给朝鲜政府，并赠送一批洋枪。李鸿章还派出一名中国商务代办督促朝鲜的贸易，并命令年轻的官员袁世凯负责训练朝鲜军队。前德国驻天津领事穆麟德（Paul George von Mollendorf）被任命为朝鲜的海关税务司和外交顾问。中国的 6 个营军队驻扎在朝鲜，以维持治安和预防日后日本的侵略。由于李鸿章的积极策略，中国在朝鲜的势力达到新的高度。

**1884 年暴动**

此时，袁世凯与闵妃连手对抗日本逐渐壮大。年轻、果敢而又精神抖擞的袁世凯，很快掌控了朝鲜的宫廷、海关、贸易与电报业务。1885 年—1893 年，袁世凯尽最大能力扩大中国的影响力，成为朝鲜国内最有影响力的人物，但他完全不知道自己已经服务于日本的利益了。他与李鸿章都没有意识到，这种独裁的政策，和先前引入西方影响以对抗日本的政策有所违背。正当中国势力在朝鲜风靡一时之时，日本已经在经济上与军事上获得了很大的发展，到 1894 年，日本已完全实行现代化，随时准备向中国开战。此后几年里，朝鲜人中的亲华派与亲日派之间的斗争也越来越激烈。曾在东京受到热情款待的道歉使团团长建议朝鲜国王接受日本的资助，开展改革，高宗聘用了两位日本顾问。东京也为表示友好，提出减少驻朝军队，并退回部分赔款，用于朝鲜的行政改革。一位新的日本驻朝公使被派往朝鲜，全力鼓动朝日交谊，并暗中指使由金玉均领导的亲日派。

与此同时，袁世凯和朝鲜的亲华派掌控着朝鲜政府。但在 1884 年，中国从朝鲜撤回了三个营的兵力投入中法战争，亲日派便决定发动政变。1884 年 12 月 4 日，在汉城新邮政长官的上任晚宴上，所有的外国代表与中、朝高层人物均应邀出席。但是，日本公使却没有露面。在宴会结束前，朝鲜亲日派放火烧城，并且在日军帮助下冲进王宫，抓捕了国王，杀害了一些亲华的官员。袁世凯的军队在闵妃的恳请下开进王宫，中国士兵大大超过日军与反叛者，他们镇压了叛乱军并解救了国王。这一图谋失败后，日本公使烧掉了公使馆，逃向一个海港，而叛乱的主要指使者金玉均却逃向日本。

令事态火上浇油的是：1884 年政变中逃向日本的朝鲜亲日派头目金玉均被暗杀。朝鲜曾多次要求将金玉均带回国内接受审查，但最终都以失败告终。1894 年 3 月，他可能在袁世凯代理人的煽动下来到上海。在上海，他被一个 1884 年政变受难者的儿子暗杀。由于没有商业运输船，他的尸体由一艘中国战舰带回朝鲜，并被凌迟示众告诫众人。日本人认为这是对他们的直接冒犯，并跃跃欲试地要以战争来讨伐。但是，日本外相陆奥宗光在国会解释说，一名朝鲜人在中国被另一名朝鲜人暗杀，这与日本无关，不能成为发动战争的理由。但是日本人仍群情激昂，而玄洋社等秘密组织则怂恿采取措施。为了制造出兵的理由，他们煽动朝鲜东学党叛乱。

**1894 年东学党叛乱**

东学党运动原本是宗教性质的，虽带有一些民族主义色彩但不含政治意识，但后来由于官方的毒害，才渗入政治层面。其创始人崔济愚（1824～1864）是一个类似太平天国运动领袖洪秀全的失意士子，对官方的压力和基督教的撅张对佛教与儒家的冲击而烦恼，经过数年思考，他自称得到了“不死之方”，并奉命传道。他所传播的教义号称集儒、释、道精华为一体，故称作“东学”，用以区别于称为“西学”的基督教。尽管东学党徒强调“东学”，他们仍然尊崇一个类似被禁止的天主教中的神灵。朝鲜政府视其为蛊惑人心的邪教而将其废除。1864 年，崔被抓捕，并斩首。东学党虽然转入暗中活动，但仍然招纳了约 10 万秘密教众。1892 年，鉴于对天主教的禁令已被废除，东学党人向政府提出，要求开禁及还创始人清白。然而政府不但不受理，还下令让他们解散教派。

1894 年 5 月，东学党发起起义。朝鲜国王恳请清政府派兵帮助镇压。日本政府假装极力诱导清政府出兵，用以掩盖自己的野心，暗地里却在国内秘密下达动员令，做了出兵占领朝鲜的充分准备。清政府对日本虚假的“保证”毫不怀疑，于 6 月 5 日派直隶提督叶志超率领陆军共 1500 人去朝鲜，并按照《天津会议专条》的内容通知了日本。而事实上，日本早在接到通知前，就成立了战时大本营。在不到一个月的时间里，先后以护送驻朝公使大鸟圭介上任和保护侨民为理由，不断出兵朝鲜共计 1 万余人。入朝日军占领了从仁川到汉城一带的战略要地，并慢慢包围了驻守在牙山的清军，还时不时地挑衅他们。

面对日军在朝鲜的优势，李鸿章和总理衙门态度一致，分别与日本驻京公使和驻朝领事多次交涉，建议两国一同撤兵，以求早日“收场”。但日本为扩大事态蓄谋已久，所以不仅拒绝清方意见，反而还提出由中日两国共同监管朝鲜内政“改革”的荒唐要求。战争一触即发。

国内舆论强烈请求清政府援助备战，救出牙山被围清军，阻挡日军的武装侵略。北洋海军的广大官兵也请求马上投入抗击日军的战斗。光绪皇帝不但“一力主战”，还借助国内舆论不断致电李鸿章“预筹战备”，想靠自己的力量来阻止日军的侵略。然而，李鸿章这时却认为敌强我弱，理应“避战自保”。他多次强调现有海陆军“守”绰绰有余，只是“攻”有所困难，如若出境战斗，还必须大肆“备饷征兵”。尽管光绪皇帝马上拨款白银 300 万两作为专款，让李鸿章尽心筹备，但李鸿章为了保全地盘与实力，仍然不肯让苦心经营的北洋海陆军出战，又力主恳请列强出面“调停”，想靠第三方的力量逼迫日军从朝鲜撤退。李鸿章下定决心要借助外力来解决，他想得到西方列强的同情，逼迫日本和平解决事端。慈禧太后既害怕日本的武力恐吓，又想准备自己60寿辰的庆典，一心只想和局，苟且偷安。她同意李鸿章的求和观点，让他奔走于俄、英公使之间。

俄国从19世纪80年代就伺机占领中国的旅顺、大连和朝鲜的元山，进而掌控朝鲜半岛。为了达到这一目的，俄国一直很关注新兴的日本对朝鲜和中国东北的攻占行动，想方设法地阻止日本的势力增大，以免日后影响自己称霸远东。但是，俄国还担心日本与其争霸远东的劲敌英国联盟，又对其“极力拉拢”。这种情况导致了俄国一直以来持有对日本侵朝侵华的放纵态度。但到了1894年春天，俄国看到日本侵吞朝鲜的决心，已经直接危及自己的利益，便表示对此再也“不能置身局外”，并且“在朝鲜边境增兵，在海参崴集中舰队”。

李鸿章也正好看到俄日两国间的这种利害关系，所以希望能“联俄制日”，因此在1894年6月20日第一次恳请俄国驻京公使喀西尼致电俄国政府出面调停，喀西尼很痛快地答应了，并希望清政府和俄国“彼此同心协力”。俄国政府后来还向清政府正式做出保证，说“俄韩近邻，亦断不容倭妄行干预”，已经告诫日本撤兵，如果他们不同意，就采用“压服之法”，让他们退兵。李鸿章把这些空头承诺当作护身符，仍然不积极备战。日本在果断拒绝俄国告诫的同时，也向俄国保证：日本出兵朝鲜只是要解决中国和朝鲜的关系，不仅“无意”占有朝鲜，并且愿意保留俄国在朝鲜的利益。俄国见日本已下定决心发动战争，又对日本的保证比较满意，并且担心继续阻拦会把日本推去与英国结盟，便转而讨好日本，暗中支持日本在朝鲜扩大事态，等待时机趁火打劫。7月9日，喀西尼得到命令明确向李鸿章表示：俄国只能以友谊劝阻日本撤兵，不便用兵力强阻日本。

李鸿章靠俄国“调停”的希望破灭了，又恳请英国政府出面周旋。英国为了和劲敌俄国争霸远东，有意笼络日本阻碍俄国抢夺朝鲜、介入中国东北，进而危害自己在华的利益。因此，英国对日本的侵朝侵华活动，采取了支持乃至煽动的态度，在受李鸿章邀请不得不出面“调停”时，也只是应付了事。日本政府得知了英国的真实想法后，立刻以不与俄法结盟和开战后不侵犯英国势力最大的上海以及长江流域一带为条件，进一步与英国达成了“谅解”。英国建议中日双方同时撤兵：中国向北，日本向南，在中部环绕朝鲜首都附近留下一块中立地带。日本不同意这一建议，但向英国保证，可以在战争中保证上海的中立，并保证英国在华商业利益。

李鸿章的外交不仅没有取得任何有效作用，反而延误了军事准备的最佳时机。直到外交解决的希望以破灭告终时，他才同意袁世凯的紧急要求，派兵援助。清廷租用3艘英国汽船，在3艘中国战舰保护下向朝鲜派兵。8月1日，中日两国同时宣战。中日战争正式爆发，甲午中日战争是日本侵略中国和朝鲜的战争。

1894年（光绪二十年），按中国干支纪年，是年为甲午年，故称其为甲午战争。

8月初，卫汝贵、左宝贵等四部先后抵达平壤，清政府聘任叶志超为统领。然而叶志超不仅不派兵侦察敌情，也不部署战局，还把平壤以南的空阔地带弃置不顾，只是在城内外筑垒防守。日军周密部署进攻平壤的计划后，在9月初，日军万余人采取分进合击的战术，向平壤发起进攻。日军一部首先对平壤东面不断佯攻，诱导清军专防东路。随后日军四路一同向清军发起攻击。东路战斗非常激烈，清军马玉昆部英勇抵抗。北路战斗也如火如荼，左宝贵亲自登城，指挥士兵全力奋战。敌炮兵攻占了周围的山头，发排炮轰炸清军，左宝贵中炮殉国，营官多名主力牺牲，玄武门被攻陷。日军军队猛烈攻击平壤西门，卫汝贵率部拼死抵抗，叶志超见无力抵御，下令撤退，夜间率诸将弃平壤而逃。清军后路已被日军切断，突围时四分五裂，士兵2000余人遭到偷袭而丧命，600余人被抓捕，叶志超率1万余人渡过鸭绿江撤回国内，这样，日本不费吹灰之力就占领了整个朝鲜。

16日，海军提督丁汝昌亲率北洋海军护送支援平壤的清军抵达大东沟。17日返回途中，日舰12艘排成一字竖阵队形前来攻击。中国军舰大小艘组成人字形阵迎击敌舰。提督丁汝昌乘坐旗舰“定远”号打响第一炮，舰上飞桥被震塌，丁从桥上摔下成重伤。右翼总兵“定远”号管带刘步蟾临时指挥作战。日军先攻打中国舰队右翼，“扬威”号、“超勇”号二舰被炮火击中而沉没。“致远”号不仅负伤，还把弹药用尽，管带邓世昌命舰艇撞击日舰“吉野”号，想与敌人同归于尽，不幸中敌军鱼雷而沉船。“经远”号管带林永生英勇殉战，全船官兵奋战到最后，也都全部牺牲。“济远”号慌乱逃走途中撞沉搁浅的“杨威”号，“广甲”也触礁搁浅，后被攻击沉海。黄海海战经过五小时的混战，双方都损失惨重。这次海战后，李鸿章下令北洋海军舰队全部藏匿在威海卫港内，不得出海迎战，致使日本夺得了制海权。

清军从平壤惨败后，清政府在鸭绿江设下十里防线，安排重兵把守，由淮军提督宋庆和黑龙江将军依克唐阿领导，但渤海湾旅顺的防守却薄弱了。日军在黄海海战后，经过一个月的休整、计划，让三、五师团合并成立了第一军，由陆军大将山县有朋出任司令官，让一二师团，第十二混成旅团组成第二军，由陆军大将大山岩出任司令官，并派出海军全部主力支持作战。计划以攻占旅顺、大连为作战重点，由朝鲜义州突破鸭绿江防线，遏制清军，从而达到在中国东北建立侵略基地的作战目标。

李鸿章得到慈禧太后和光绪皇帝的支持，把清军防御的重点工作放在奉天和京畿等地，以保卫清廷的陵寝和统治中心。这不仅忽略了与之息息相关的抢夺黄海、渤海制海权的问题，还给日本海军留下更大的空档，而且又使集合在沈阳、京畿地区的大部队游离于战场之外，敌人志在必得的渤海口和虎视眈眈的辽东半岛和山东半岛却无可御敌之兵。十月二十四日，日军第一军冲过清军的鸭绿江防线，入侵中国领土，攻占九连城、凤凰城、海城一带，只为约束清军，掩护第二军攻击金洲、大连和旅顺。就在这一天，日军第二军在距大连湾百余公里处的花园上岸，迂回包抄，截断后路，从陆路占领旅顺、大连。十一月四日，日军开始攻打金州，两天后，金州惨败，随后大连不战而败。十八日日军又开始攻打旅顺，清军各部只有总兵徐邦道部拼死抵抗。二十二日旅顺失陷，中国当时最大的海防要塞落入日军之手。

日军攻占旅顺后，一方面让第一军继续在辽南地区与清军相抗衡；另一方面又从国内调集部队来华，编为“山东作战军”，在海军舰队的协助下攻打威海卫，想全歼北洋海军。李鸿章下令北洋海军坚守港内，但不可以主动出击，坐等敌人攻击。次年一月二十日，日本还是采取后路包抄的办法，一方面在荣成县成山头上岸；另一方面以海军 22 艘舰艇、15 艘鱼雷艇堵死威海卫港口。二月初日军攻占南、北、帮炮台，北洋海军和刘公岛、日岛守军被日军堵死在威海卫港中，受到水陆前后夹攻，陷入绝境，再无办法。二月十一日，北洋海军的“定远”、“靖远”、“威远”、“来远”诸舰全部沉海，鱼雷艇先后丢失，日岛炮台被攻陷。丁汝昌召集诸将进行会议商讨，提出突围，但军官们不赞同，北洋海军洋员海军副统带英国人马格禄及美国顾问浩威，串通中国官员，逼迫丁汝昌降敌，丁汝昌知此事不可为，就在二月十七日自杀了。先后自杀的重要将领还有“定远”号管带刘步蟾、刘公岛护军统领张文宣、“镇远”号管带杨用霖，等等。丁汝昌自杀后，浩威以丁汝昌的名义写下投降书，由“广丙”号管带程璧光向日军舰队司令伊东占亨投降。将“镇远”、“济远”、“平远”、“广丙”等所有舰船以及大批军火送给日军，洋务派投资无数金钱而创立的北洋海军，全军覆灭了。

旅顺沦陷后，日军第一军在第三师团长桂太郎领导下，向西进军海城，清军守将丰升阿慌乱逃走，海城也沦陷了。奉天府受到威胁，辽西动荡。十二月底，日军第二军8000余人由第一旅团长乃木希典领导，向北攻打盖平，盖平守将章高元率军奋勇抗战，营官杨寿山、李仁党英勇牺牲，盖平被攻陷。清军这时不断地到关外支援辽军。其中最被清廷看好的是湘军，并聘任湘系军阀首脑两江总督刘坤一为钦差大臣，节制山海关内外各军。二月二十日，二十七日，清军派出60000人，以9倍于日军的军力进行收复海城战斗，经过多次激烈战斗，清军败北。二月下旬，日军第一军、第二军会师，开始对辽东平原扫荡。三月二日，日军攻战鞍山站。两天后，日军攻打牛庄，守卫牛庄的清军奋力抵抗一昼夜。七日，日军轻松夺取营口。九日，日军三个师团会攻打田庄台，湘、淮军20000余人拼命抗敌，田庄台最终还是失守了。至此，清军在辽南一线全军溃散，这是自平壤、九连城失败后，清军的再次溃败。三月二十三日至二十五日，日本海军保护混成支队在彭湖文良港上岸，迅速攻占澎湖列岛。辽南定局后，日本派出所有常备军及三分之一的后备部队，宣称要在直隶平原与清军决斗，逼迫清政府在《马关条约》上签字。在光绪二十一年（1895）四月十七日，清政府派李鸿章与日本最后一次签署了《马关条约》，甲午战争以中国失败而告终。

早在中国海军溃败前，北京的朝廷已经开始准备和平解决。朝廷曾派出在总理衙门任职的户部左侍郎张荫桓前往日本执行该使命，由美国前任国务卿福斯特（J. w. Foster）出任使团顾问。1895年2月1日，伊藤博文与陆奥宗光在广岛接见张荫桓，故意冷落他，坚决说张无议和“全权”。他们示意派一位比如恭亲王或李鸿章这类地位较高的人前往。此时北洋海军已经投降，清廷急切求和，在2月13日派李鸿章为头等全权大臣赴日议和。

随着战争的失败，清政府更加急着求和。2月11日，决心派李鸿章为全权大臣，赶赴日本议和。在马关和谈开始时，李鸿章劝说日方谈判人员伊藤博文和陆奥宗光牢记西方帝国主义时代亚洲的利益；并且恳请，中日同文同种，应相互扶持。李鸿章想在他年轻的对手面前倚老卖老，他已73岁高寿，而伊藤博文55岁，陆奥宗光52岁。但在现实的谈判中，他却很难劝说对手慈悲为怀，尤其在赔偿上，日本坚定索求赔款3亿两。就在这艰难时刻，李鸿章无意中得到了他通过外交努力无法得到的“不幸中之万幸”：当有一天李鸿章从会场返回时，他被一名日本亢奋分子狙击。子弹击中了他左眼下方，但不致丧命。此事使日本政府十分难堪，便主动宣告休战。日本天皇还派御医为李鸿章治伤，日本报纸对李鸿章的态度也由攻击批判转为称赞表扬。在李鸿章遭遇刺杀的第二天，日本外相陆奥宗光前往拜会李的儿子——使团的一名随员时，称：“令尊之不幸实为大清之幸事。自今日起，议和条款的商定将比之前容易多了，日清之战也将宣告结束。”

4月17日，李鸿章与日本内阁总理大臣伊藤傅文及外务大臣陆奥宗光在马关春帆楼签署《马关条约》，日本政府提出的和平条款汇集了国内各集团的不同要求。陆军想割占辽东半岛，这将方便日本控制朝鲜与北京。但海军希望割占台湾，以此作为日后进军南亚的根据地，同时也想租用辽东半岛。财界要求中方赔款白银2亿两。进步党则提出，鉴于即将到来的瓜分中国的行动，日本应占领山东、江苏、福建与广东，而自由党则力主夺取满州与台湾。日本政府将这些建议合并为一个十条和谈方案，并把重点放在赔偿、割地、朝鲜的独立、以及商业与航海方面的权益上。该条约包含《讲和条约》十一款，《另约》三款，《议订专条》三款，以及《停战展期专条》两款。

条约规定：中国认可朝鲜“完全无缺之独立自主”；实则认可日本对朝鲜的掌控；中国将辽东半岛、台湾全岛及所有附属岛屿、澎湖列岛割让给日本；中国“赔偿”日本军费库平银2亿两；开放沙市、日本台湾总督宣布占据台湾，通知重庆、苏州、杭州四地为通商口岸，日本政府派出领事官在以上各口岸驻扎，日本轮船可以驶入以上各口岸搭客装货；日本臣民可以在中国通商口岸城市任便从事各项工艺制造，将各项机器任便装运进口，他们的产品免除一切杂税，享有在内地设栈存货的权利；日本军队暂时占据威海卫，由中国政府每年支付占领费库平银50两，在没有交清最后赔款之前日本不撤兵；本约批准互换之后，两国将战俘全部交还，中国政府不可以处分战俘中的投降者，马上释放在押的为日本军队效劳的间谍，并一概不追究在战争中为日本军队服务的汉奸的罪责。

该条约的签署，不仅使中国社会的半殖民地化进一步深化，也成为中国近代民族觉醒的一个重要转折点。

中国国内严厉斥责这项条约。许多学者责备李鸿章父子卖国求荣。两江总督张之洞极不赞同批准条约，数百名聚集在北京应试的各省举子几次联名上书清廷，恳请清帝废弃条约，迁都内地，继续开展战争。但清政府对这些愤怒的抗议置之不理，在日本压力下于1895年5月8日彼此交换了条约的批准书。

台湾岛上的居民强烈反对割让台湾，这个岛屿在中法战争以后改为行省，由于1885—1891年第一任巡抚刘铭传的坚持不懈，在现代化方面取得了很好的进展，这时台湾人不同意将岛屿割让给日本。1895年5月25日，居民宣告独立，成立了台湾共和国，并推举时任巡抚，出任总统。6月2日，清廷派出李鸿章之子李经芳前往台湾进行交接，大批日军也抵达台湾。1895年10月，地方性反抗运动终于被镇压下去，台湾共和国从此覆灭。

## 第三节　甲午战争的影响

回头重看甲午战争，可以看到中国必然失败的原因有很多方面。第一，日本当时已经是一个现代化国家，民族主义意识使政府和人民团结成一个一致的整体。中国在战争中所面临的是日本民族团结统一的力量。在中国，政体基本上仍然是政府与人民各行其是。战争从根本上就没有影响到普通民众，这场战争完全是李鸿章的北洋水师与淮军在奋战。西方观察家就犀利地将这场战争称为李鸿章一人和日本一国的战争。

第二，清廷和北洋水师领导层的衰弱，从战争一开始就决定了中国徒劳无功的命运。慈禧太后移用海军军费建筑颐和园和宠信太监，以及普遍世风败坏，这些都决定了中国的失败。战前英国顾问曾让中国购买2艘快舰，但由于资金紧张，清廷也没当一回事，最后也没买。相反，日方购买了这2艘船，其中一艘“吉野”号在海战中起到很大的作用。

在北洋领导层内部，腐败和鄙俗泛滥一时。李鸿章本人没有廉正之名，他选用僚属时，只看与他个人的亲疏关系、是否为他私人所用，而不管他们是否品行端正。许多陆海军将佐对太监总领李莲英趋炎附势，自贬为其“门生”，还用贪污的公款给他送礼。因此，李莲英多次包庇他们的不法行径。据听说，那两艘铁甲舰上的10英寸口径大炮每门仅仅配备3枚炮弹，而许多其他小炮却配置着大量口径不同的炮弹。装备军火的资金被李鸿章的外甥——一位军需官中饱私囊。尽管北洋水师看似强大——新近漆刷的船体，军官整齐一新的制服，其实是中看不中用，只能巡航港口，却不能应用于现代海战。李鸿章深知北洋水师的能力，所以他不愿意开战，相反想依赖外交手段处理朝鲜危机。

第三，李鸿章的外交有自身的局限性，他过分依赖“以夷制夷”的老办法。他被喀西尼错误引导，以为俄国会帮助中国，逼迫日本和平解决。当这一诺言无法兑现时，李又铤而走险转向英美寻求调停，这两国均不能成功左右日本。李鸿章的外交是一次绝对的失败，因为他不明白现代国际政治的本质，过高地评估了他个人的劝说本事。当他最终意识到外交无济于事时，军事准备工作已被耽搁太久。

第四，中国方面权责不明，指挥不一，没有发动起全国的力量。李鸿章虽说掌管外交和朝鲜的军务，却没有权力决定政策性事务，也没有权力掌控北洋水师与淮军以外的舰只和军队。当然，在经过这么多年的训练与准备后，李鸿章的海、陆军还表现得如此糟糕，也是让人无法原谅的。但是，仅由李控制区域内的力量来对抗日本的全部力量，这种失败也是必然的，李鸿章的这套辩解也确实是实情。

总之，这场败仗不可否认地证明了自强运动的失败，这一失败在10年前的中法之战中已经显露出来了。这种外交、军事与技术上的有限的现代化努力，缺少相应的体制与思想改革，不能振兴国家，更不能一跃成为一个现代政权。中国的失败是必然的。

**战争的反响**

这次战败预示着清王朝的灭亡，并且引发了帝国主义的加速扩张及国内政治运动的兴起。在所有这些影响中，比较重要的有以下几个方面。

第一，中国的新政治运动战败证明了满人不能应对时代的挑战，自强运动那种虚假的现代化，不能让每况愈下的统治获得新生。而且，新的帝国主义危机引发了瓜分中国的危险。这时，中国思想界意识到，只有一场创新的改革，或革命，才可以拯救中国。进步人士提倡效仿彼得大帝与明治天皇，实行体制重组；先进分子则倡导革命，让中华民国替代满族王朝。中国在战后，政治运动主要由这两股力量构成。

第二，日本的崛起日本代替中国成为远东第一强国，它南有台湾地区，北有朝鲜，拥有日后向东南亚推进的稳固基石，也成就有了日后对满州的进军。这次战争为日本 1904 年向俄国挑战铺平了道路，也为其壮大成世界大国、日后入侵中国，以及在第二次世界大战中统治东南亚打下了坚实基础。

第三，民族工业受压迫日本在和约中得到了在华建厂的权利，各国因享有最惠国待遇，它们也拥有了这项特权。这就导致帝国主义可以在中国生产，因而不仅免去了关税，还省去了运输开支。和那些刚刚起步的中国工商业者相比，外国投资者和开发商拥有大量资金、工艺技艺和特权地位，因而拥有明显的优势。外来的帝国主义经济影响了中国本土资本主义的成长，并将中国的工业压迫到依从、附属的地位。

第四，帝国主义加速扩张中国的战争失败暴露了满清王朝的腐败和窝囊，也引起了列强争相在华割占土地。外国帝国主义从中国分割土地占为各自的租借地与势力范围，在这些区域内，它他们修建铁路，开采矿山，建立工厂，开办银行，并成立各种各样搜刮人民的机构。帝国主义加速扩张使中国陷入更深重的半殖民地状态，直到 1943 年，中国才从这种状态中解脱出来。

**战后外交关系**

三国干涉 1895 年 4 月 23 日，即《马关条约》签署后只有 6 天，俄、法、德三国联合照会东京，提出告诫说，日本占有辽东半岛将胁迫北京的安全，使朝鲜的独立成为弥天大谎，并且还影响着整个远东的和平。三国干涉的煽动者是沙俄，因为日本在亚洲大陆得到立足点，威胁到了沙俄。实际上，沙俄自己也惦记着辽东半岛南部的大连和旅顺。俄国财政大臣维特（Witte）伯爵就公开声称：“当务之急是制止日本进入中国心脏和在辽东半岛得到立足点！”在 1895 年 3 月 30 日的御前会议上，俄国人下定决心要让辽东半岛保持“战前状态”，并建议日本停止掠夺该地；如果日本对此告诫置之不理，俄国将从国家利益角度出发，采取一切必要的行动，包括轰炸日本港口，逼其就范。对外，俄国声明对中国没有任何割占领土的野心；法国作为俄法同盟国，出于义务援助俄国，而德国一直想让俄国卷入亚洲事务，以减弱它对欧洲的压力，也参与干涉。

日本政府计划将辽东半岛归还中国，代价是中国在之前 2 亿两赔款的基础上再支付 5000 万两。三国将这笔附加赔款减至 3000 万两。1895 年 11 月 4 日，李鸿章与日本驻华公使林董签署了正式的赎辽协议。

俄国人因主动向中国提供对日赔款贷款，令中国人非常感动，成了中国人眼中的英雄。第一批赔款为 6 个月内支付 5000 万两，第二批为在第二个 6 个月内再支付 5000 万两。当时清政府每年收入才 8900 万两，根本支付不起巨额赔偿，只能借款。为了准备第一笔 5000 万两赔款和 3000 万两赎辽费，北京向俄、法银行团贷款 4 亿法郎，4 厘利息。帮助本次贷款的维特伯爵向中国保证，俄国的贷款是可信的。后来，在 1896 年和 1898 年，清廷又向英、德银行团分别以 5 厘和 4. 5 厘的利息贷款两次，每次 1600 万英镑。

**割地狂潮**

在三国干涉事件后，德国向清政府提出要一处海军基地作为报酬，其实其他所有列强在东亚都拥有基地，如占领香港地区的英国，占据北部湾的法国，在胶东过冬的俄国等。中国不同意这一要求。此后，在 1897 年德皇拜访俄国时，他问沙皇是否不同意德国占领胶州湾，这是海军上将蒂尔皮茨（Tirpitz）挑中的优势海军基地。沙皇不方便回复。他知道俄国宁愿它们在更靠北的地方占据其他海军基地，于是模棱两可。德国人随后便利用两名德国传教士于 1897 年 7 月 11 日在山东被击杀的事，抢占了胶州湾，并逼迫中国政府将其出租给德国，租期长达 99 年。另外德国还获得在山东境内修建两条铁路的权利。俄外交大臣穆拉维约夫（Muraviev）受此事的鼓动，又建议攻占旅顺与大连，沙皇赞同这一方案，而维特与海军大臣则不同意。维特再三强调遵守保证中国领土完整的诺言是很重要的，而海军大臣则主张在朝鲜建立基地。1897 年 12 月，俄国借由保护中国不受德国入侵，抢占了这两个港口。1898 年 1 月 1 日，库罗伯特金（Kuropatkin）将军担任陆军大臣，他下令将占领区域扩展到两港口附近的范围。3 月，沙俄逼迫中国签约，掠夺了租借旅顺与大连 25 年的特权，同时争取到从中东铁路建筑一条南满铁路互通这两个港口的特权，再修建一条支线通至营口和鸭绿江。维特事后坦言，俄国在这次谈判中，曾支付中方谈判人李鸿章 50 万卢布，张荫桓 25 万卢布。现在俄国人占据了三年前中国以 3000 万两库银从日本手中赎回的辽东半岛。

有了这些例子后，割地狂潮如波涛汹涌。英国不甘心落后于德、俄两国，租借了威海卫，租期 25 年；租借了展拓的九龙新界，租期更是长达 99 年之久；除此之外，它还让清政府保证不将长江流域让与他国，使这一地区成为英国的势力范围。同样，日本也得到了不将福建割让给其他国家的保证。法国租借了广州湾，租期也长达 99 年，并在云南与两广建立了它的势力范围。只有意大利割占浙江三门湾的要求遭到拒绝，清廷也没有受到惩罚，只因是海关总监督赫德的意见。尽管美国海军曾一度垂涎三沙湾，却因当时陷于美西战争与古巴革命，分身乏术，没能参加这一热潮。瓜分中国使清政府面临被分割的悲剧。事实上，外国慢慢加速的扩张，也加速了中国内部的维新运动，并诱导美国提出“门户开放”政策。

门户开放政策是 19 世纪末美国国务卿海约翰海提出的侵华政策。在中日甲午战争后出现的瓜分中国热潮中，西方列强竞相在中国租借土地，划分势力范围。海约翰（1838～1905）于 1899 年 9 月照会英、德、俄、日、意、法各国，提出对中国实施“门户开放”政策，即认可各国在中国的“势力范围”、租借地和既得利益，各国所属口岸和铁路对一切船只货物通用现行中国约定关税率，并按照同一标准收取路费。1900 年 7 月 3 日海第二次照会各国，提倡保持中国领土和行政的完整性，坚持各国在中国各地平等公正贸易的原则。这是把刚开始的“势力范围”和租借地的政策应用到整个中国，形成“门户开放”政策。

“门户开放”只是一项政策宣言，而不是美国政府的正式政策；美国既不打算，也没有实力强制推行。但令人惊讶的是，在宣布该政策后，瓜分中国的行动确实减慢了，这倒不是因为各列强国响应了美国的号召，而是因为它们担心彼此之间发生冲突与对抗。因此正好延缓了清帝国的覆亡。

“门户开放”政策的提出，标志着美国改变紧随英国侵略中国的方法，决定独立对华。这是 1844 年《中美望厦条约》中的“利益均沾”政策，在帝国主义时代的新趋势。美国想通过它快速增长的经济实力，进行畅行无碍地深入和扩大，避开其他国家的军事力量，以达到独占中国的目的。英、德、俄、日、意、法6国出于不同原因，不同程度地接受了“门户开放”原则。其中英国是想借助美国的力量阻止其他国家的竞争，日本也想独霸中国，只有俄国一直迟疑不定。帝国主义各国接受“门户开放”原则，不仅是由于义和团运动阻碍了它们的瓜分行动，还由于它们谁都无力独霸中国，因此只好维持现状。这反映了帝国主义在华势力是势均力敌的。“门户开放”原则以确认对中国的不平等条约为前提，假装倡导“机会均等”，实际上完全是帝国主义政策。所谓保证中国领土和行政的完整，本质上是保全一个完整的半封建半殖民地的中国，来适应美国扩大的需求。日俄战争冲击了“门户开放”原则。1915 年日本提出的“二十一条”，再一次破坏了“门户开放”原则。1922 年的华盛顿会议上，列强正式承认了“门户开放”政策，并将其作为对华侵略的政策载入《九国公约》。中国革命的胜利，使“门户开放”原则随着旧中国的灭亡而结束。

中俄秘约

俄国伸出友好之手的举动，使中国高级官员感激不已，张之洞与刘坤一等高级官员纷纷同意联俄，以抵抗日本和西方国家的入侵，这种提议得到李鸿章的认可。李鸿章对英国在中日战争中冷眼旁观的态度非常失望，他这次非常之肯定联俄是中国未来外交的主要原则。李鸿章一直都是亲俄反日的，这一点从他在 1874 年海防塞防之争和 1878—1881 年伊犁危机中所持的立场便可看出。慈禧太后也完全赞同中俄结盟策略。

俄国方面，维特伯爵想把西伯利亚大铁路扩展到海参崴，就必须要清政府同意让俄国取道满州，所以他非常愿意与中国结成更紧密的关系。这条铁路始建于 1891 年，已修到外贝加尔，铁路要是穿过满州到达海参崴，可以缩短 514 俄里（350 英里），如若不然，沿黑龙江北岸必须要通过一些很艰难的地带，这样不仅浪费金钱还要花费更多时间。所以，维特伯爵一定会选择“和平渗透”中国的政策。俄驻中国公使喀西尼受命向李鸿章说明，这条铁路将方便调动俄国军队保卫中国。双方进行了初步商讨，但没有达成正式条约，尽管英国的《字林西报》（North China Daily）曾做过所谓“喀西尼协定”（Cassini Convention）的报道。

在圣彼得堡时期，维特尽全力取得李鸿章信任，为此在紧急情况时维护中国的领土完整并向中国提供军事支援，俄国需要有一条从欧洲直达海参崴、贯穿蒙古与满洲北部的最短铁路线。维特向李鸿章发誓，这条路线可以提高途经地区的生产力，并且日本不会反对，因为它可以把日本与欧洲连接起来。维特与李鸿章就以下三项原则达成了一致：中国批准俄国沿赤塔到海参崴的直线路程修建一条铁路，铁路可交由民办的中东铁路局掌控。中国划出一片土地用于铁路建筑房屋和管理，路局在该区内拥有包括警察权在内的全部权利。36 年后中国可用 7 亿卢布回购铁路，满 80 年后则无偿拥有。中俄两国达成一致，日本若攻打中国、朝鲜或俄国的远东地区，中俄两国应互相支援。显然俄国看中的是前两条，而中国则看中第三条。后来有谣言说，俄国曾以 150 万美元贿赂李鸿章，但维特不承认。不过，即使贿赂属实，这笔贿款在李的考虑中也起不到决定性作用，因为他去俄国的明确使命，就是要签署一项盟约。李非常喜欢用"以夷制夷"的方针，这一次是利用俄国对付日本，以致此时他得意地说，该条约将保中国 20 年平安无事。但是，维持和平不到 2 年。《马关条约》的影响

《马关条约》给中国人民套上了又一层的枷锁，给中国社会造成了更大的灾难，从而进一步深化了中国半殖民地化的状态。《马关条约》规定的巨额赔偿，将近清政府全年总收入的三倍。这种巨额赔偿，远远超过了中国财政的承受能力，迫使清政府不得不以权力做抵押大借外债，进一步被他国控制。至于《马关条约》中准许日本臣民在中国建厂的规定，满足了帝国主义资本输出的要求。战前列强在中国建立工厂还算不上"合法"，现在却借用"利益均沾"的片面最惠国待遇条款，纷纷享有这项新的权利。它们在中国"合法"地开展了许多轻工业，利用中国廉价的原料和劳动力，直接加强了对中国民族工业的威胁，阻碍了中国生产力的发展。沙市、重庆、苏州、杭州四个口岸通商通航，又使中国最富有的长江流域，全部向帝国开放。列强扩大商品销售，1898 年进口货总值比 1894 年升高了 29.3%。同一时期，列强也加速取得中国的原料，土货出口总值升高了 19.4%。

《马关条约》不仅使中国失去了富有的宝岛台湾和澎湖列岛，而且激发了帝国主义瓜分中国领土的决心，加重了中国的民族危机。日本帝国主义势力通过甲午战争迅速地扩大起来。它用中国的巨额赔偿，加速了资本的累积，从而继续发展军需工业和相关工业，很快跻身帝国主义列强的行列。从此，日本更加放肆地走上了侵略中国和亚洲的道路。

## 第四节　台湾人民的“反割台”运动

中法战争后，1885 年 10 月，清政府决定成立台湾行省，任命刘铭传为第一任巡抚，在彰化境内设立省城。台湾建省后的几年里，经过划分整改，全省共三府、一州、十一县、二厅，地方建制逐步形成。同时，还强调修建炮台，购买大炮，建电报局，修铁路，设机器局、军械局，开办新式学堂等。这些建设，不仅有利于增强台湾的防守，还可以提高台湾地区的社会生产力。

《马关条约》一签署，割让台湾的消息便传到台湾省。台湾人民“骤闻之，若午夜暴闻轰雷，惊骇无人色，奔走相告，聚哭于市中，夜以继日，哭声达于四野”。他们陆续鸣锣罢市，抗议清政府的卖国举动。台湾民众汇集，声称白银不允许运走，制造局不能停工，台湾税收全部留下来用于抗日。台湾绅民还联名发布檄文，宣告“愿人人战死而失台，决不愿拱手而让台”，表明了誓与台湾共生死的决心。

然而，清政府不顾全国人民的愤怒抗议，于 1895 年 5 月 20 日下令台湾巡抚唐景崧率领在台官员“陆续内渡”，撤离台湾。同时，清政府委派李经方为“割台大臣”，美国顾问科士达陪同，前往台湾办理割占手续。李经方在基隆口外的日本军舰上会见日本“台湾总督”，将台湾全岛、澎湖列岛以及台湾的全部兵工厂、公物财产等列出的详细清单交给日本。台湾就这样被出卖了。

清政府将台湾分割给日本，激起全国人民的不满。各地的爱国士绅和知识分子纷纷上书政府，表达对李鸿章割台卖国的痛恨。还有人赋诗填词，抒发对领土被割让的悲痛。如“台湾省已归周本，颐和园又搭天棚”，“元戎甘割地，上将竟投戈”等联语诗句，对慈禧太后等人的卖国求荣行为进行了批判。

台湾人民下决心要自救，于在籍工部主事丘逢甲的提议下，5 月 25 日，成立了抗日政府，定名为“台湾民主国”，年号“永清”，寓意永远隶属于清朝。巡抚唐景崧被推举为总统，丘逢甲任副总统兼抗日义军统帅，驻台黑旗军将领、总兵刘永福任大将军。“台湾民主国”是在台湾已经成为“割地”的情况下，由当地士绅团结清朝命官为抗日夺台而成立起来的，是台湾人民反侵略反投降的产物。

日本为威逼台湾人民投降，于5月27日派近卫师团从冲绳中城湾出发，分两路攻打台湾。5月29日，一路日军从三貂角强行上岸。6月1日，另一路日军占领基隆。这时，曾经宣言要保卫台湾的唐景崧和一些地主士绅，纷纷向内地逃窜，把大批武器军火留给了敌人，让日军以迅雷不及掩耳之势攻占了台北。6月17日，日本的台湾总督桦山资纪在台北宣告台湾总督府正式成立。表示要拼死抵御外来侵略者，不甘当亡国奴的台湾人民纷纷成立义军，以徐骧、姜绍祖、吴汤兴等人为统领，与台中驻防的清军团结抗日。刘永福也率领军队誓守台南，与台湾人民共进退。

6月中旬，日本近卫师团兵分两路攻打新竹，以打开通往台中的道路。徐骧、吴汤兴、姜绍祖等人率领义军和清军分统杨载云分路抗敌，不屈不挠，一直坚持到6月22日，才因军械不继、粮食断绝而撤离。新竹被攻陷后，各路义军仍然活跃在城外。7月10日，吴汤兴集合各军在新竹城东的十八尖山和虎头山与日军展开激烈战斗，伤亡惨重。姜绍祖被俘死亡，徐骧、吴汤兴被迫率领部队突围。此后，徐骧所部义军撤退到大甲溪、台中一带，但仍连续向新竹发起进攻，大小20余战，牵制日军长达两个月。

8月中旬，日军步步南逼，大甲溪形势告急。刘永福派吴彭年率领黑旗军前来援助，徐骧等人与其议定沿溪设伏等待敌人进攻。8月22日，日军攻打大甲溪，刚过溪岸就被伏击，腹背受敌，纷纷落水，伤亡惨重。第二天，日军收买奸细，让其带路抄袭大甲溪，得手后又接连攻占台中等地。徐骧和吴汤兴、吴彭年等人率领军队退往彰化，以大肚溪为天然屏障，坚持阻击进攻来的敌军。8月27日晚，日军在炮火保护下强渡大肚溪。第二天早上，日军直逼彰化城东徐骧、吴汤兴部防守的八卦山。徐、吴居高反抗，虽然数次击败日军的攻击，却又因日军收买奸细从后路偷袭上山而被夹攻。义军挥刀拼杀，吴彭年率领军队赶来支援，先后击杀日军1000余人，击毙少将山根信成。但在战斗中吴汤兴、吴彭年英勇牺牲，徐骧率领仅20余名义军突围，退往台南地区。

10月上旬，日军15000多人在近卫师团长北白川能久的带领下，从彰化全军出动，南攻嘉义。王德标、徐骧等人在城外暗埋地雷，步步诱敌，炸死700余人。日军仓皇而逃，半路又被伏击，死伤惨重。北白川能久也身受重伤，不久死亡。日军卷土重来，轰炸嘉义城墙，涌入城中。王德标、徐骧率领军队浴血巷战，死伤累累，只得突围后，退往曾文溪。曾文溪距台南府城只有 20 公里，是保卫台南的最后一道防线。徐骧与王德标等人率领军队沿溪设防，准备和日军来一场硬仗。10 月 19 日，日军以重兵攻向曾文溪，炮火齐发，枪林弹雨。徐骧、王德标等人率领义军和清军奋力抵抗，终因寡众悬殊，徐骧阵亡，王德标下落不明。无数高山族和汉族的英雄儿女，都在这次抗战中牺牲了。

台南孤立无援，士兵死伤，弹械缺损。刘永福乘英国轮船内渡厦门。10 月 21 日，台南被攻陷。从 1895 年 6—10 月，不认输的台湾军民经过 5 个多月的激战，打了大大小小 100 多仗，对抗日本三个近代化师团和一支海军舰队，打死打伤日军 32000 余人。日本近卫师团有一半牺牲。台湾军民为保卫祖国的神圣领土，书写了可歌可泣的一页。

# 第五编

# 戊戌变法和义和团运动

瓜分危机加快了1898年维新运动，这场蓄积十年之久的运动的到来。因为自1885年中国在中法战争战败后，有限现代化的弊端一步步显露出来，而中国在甲午战争的失利则不可辩驳地证明了自强运动的失败。学者、官员，甚至是皇帝和皇太后都觉得需要一场更彻底的革命，尽管他们对革命的性质、范围和领导权问题存在很大的分歧。义和团运动是清朝末年群众发起的反帝爱国运动。它是中日甲午战争后中国人民反瓜分、反侵略战斗的延续，也是长期以来遍及全国各地的反教会战争的总爆发。

## 第一章　戊戌变法

甲午战争之后，中国面临着被瓜分的危机，新资产阶级在1898年发起了戊戌变法运动，虽然最后因顽固派的不合作而失败，但它是一次爱国救亡运动。它要求提升资本主义经济地位和扩张资产阶级政治权力，迎合近代中国发展的历史形势，所以也是一次前进的政治提高运动。它不仅传递了资产阶级新文化、新思想，还批判了封建主义旧文化、旧思想，又是一次思想启蒙运动。戊戌变法又被称为百日维新、戊戌维新、维新变法，是清朝光绪二十四年间（1898 年 6 月 11 日 ~9 月 21 日）的短期政治革新运动，变法由光绪皇帝实施，覆盖经济、教育、军事、政治及官僚制度等多个方面，希望清朝政府走上君主立宪的道路。但是后来被慈禧太后与守旧派反对，发动了戊戌政变，戊戌变法仅经历了 103 天就宣告结束了。维新派统帅康有为和梁启超逃离中国，许多维新人士被追杀迫害，光绪帝则在中南海瀛台被禁足，慈禧太后又一次当政。变法失败引起了民间更为激烈的革命主张：推翻帝制，建立共和。

## 第一节　中国的瓜分危机

《马关条约》签署后，帝国主义大大加快了争夺中国的步伐。俄、英等国成群结队地抢夺在华权利，强租海港，分割“势力范围”，使中国面临着被瓜分的危机。

在帝国主义瓜分中国的热潮中，俄国起到了了先锋作用。它是一个军事封建帝国主义国家，工业较落后，没有足够的经济实力同英、美等列强竞争，想通过扩张领土的办法来弥补经济实力的缺憾。列宁说：俄国“军事力量上的垄断权，对其扩大领土或占领异族如中国等等提供了极便利地位，部分地补充和替代了现代最新金融资本垄断权。”19 世纪 90 年代初，俄国动工修建西伯利亚铁路，并规划将该路横穿中国东北北部，从而掌控这一地带。1895 年初，俄国资产阶级的《新闻报》，竟煽动利用中日战争的“大好时机”，“彻底地解决中国问题，由欧洲有关的几个主要国家加以瓜分”。

不久，日本大胜清王朝，签署《马关条约》，其中就有清政府把辽东半岛分割给日本。俄国政府认为这将直接影响俄国独占东北，不能听之任之。财政大臣维特还强调：“为俄国的最大利益，要求保持中国原状”，“决不可以让日本深入到中国的心脏进而在辽东半岛取得立足点”。1895 年 4 月 17 日，也是《马关条约》签字的那一天，俄国政府正式向法、德两国政府提出：三国联合告诫日本退还辽东半岛，如不答应，就“在海上对日本采取共同军事行动”。

法国是俄国在欧洲的盟友，同意一起干预，并乘机向清政府邀功索赏。德国是一个后起的帝国主义国家，一直想在远东地区掠夺殖民地，认为这是一个千载难逢的机会。尽管它在欧洲一直与俄、法为敌，但这次却一反常态痛快答应与俄、法两国在远东合作。其目的有三，一是借机与俄国接近，想方设法离间俄、法在欧洲的同盟关系；二是把俄国的注意力转移到东方，减轻德国东方边境的压力；三是希望得到中国的感恩，实现从中国分割一个海军基地的愿望。俄、法、德三国各有想法，相互利用，成就了以俄国为主的三国干预还辽。

1895 年 4 月 23 日，三国驻日公使各奉本国政府命令，分别拜会日本政府，提出退出辽东半岛。同时，三国海军也出现在日本海面，大有兵戎相见的架势。日本政府自知不是三国对手，急忙向英、美两国求援。然而，英、美两国既不愿冒此风险，也担心日本在华势力过分扩张，都劝说日本答应三国的要求。于是，日本不得已退还辽东半岛，向中国强索了 3000 万两白银的“赎辽费”。

三国干预还辽是 19 世纪末列强瓜分中国热潮的开始。慈禧太后和李鸿章等人在“还辽”事件后，对俄国产生了很大依赖，主张“一意联络俄人”，牵绊其他列强。俄国就利用这一点，找寻机会向清政府索要“报酬”。这一年冬天，它就以“还辽”有功为由，逼迫清政府授权让俄舰到胶州湾“过冬”。

是年 6 月，沙皇尼古拉二世举办加冕典礼。俄国想乘机与清政府的贺冕特使秘密商谈。清政府本想派遣布政使王之春前往彼得堡参加典礼，但俄国政府提出，王之春“人微言轻，不足当此任”，请求改派李鸿章为特使。于是，李鸿章被委任为“钦差头等出使大臣”，赶赴俄国庆贺沙皇加冕，并前往英、德、法、美四国“联络邦交”。李鸿章领命出使的消息一经传出，西方列强便纷纷致电，邀请他赴往西欧和中欧。俄国急忙派出特使乌赫托姆斯基前往苏伊士运河，把李鸿章迎接到俄国。4 月 30 日，李鸿章抵达彼得堡。尼古拉二世以最隆重的礼遇亲自接见。5 月 3 日，李鸿章和俄国财政大臣维特、外交大臣罗拔诺夫开始秘密商谈，于 6 月 3 日签署了中俄《御敌互相援助条约》，也就是《中俄密约》。

密约主要包括：日本如入侵俄国远东或中朝两国领土，中、俄两国应以全部海、陆军互相支援；战争时期，中国一切口岸均对俄国军舰开放；中国同意俄国横跨黑龙江、吉林两省修建一条连接海参崴的铁路；该路的修建和管理，由中国交与华俄道胜银行全权负责，合同的详细内容由中国驻俄公使与华俄道胜银行协商；不管平时还是战时，俄国都可以在该铁路运送军队和军需物品。表面上看，《中俄密约》是中、俄两国共同抵御日本的军事联盟。而实际上，俄国是想以"共同防日"为借口，通过修建中东铁路把自己的势力范围扩大到我国东北地区，加强对中国的掌控。正如维特所说，中东铁路的修筑，必然"使俄国在任何时候，都能以最快速度把自己的军事力量运送到海参崴，或集结在满洲、黄海海岸以及离中国首都的近距离处"。

《中俄密约》签署后，1896 年 9 月 8 日，俄国又逼迫清政府与华俄道胜银行商定了《合办东省铁路公司合同章程》，成立了实由俄国独揽大权的"中国东省铁路公司"，负责修建和管理中东铁路。俄国在铁路沿线拥有驻派警察、开采煤矿和兴办其他工矿企业的实权，已经把这些地区变成了自己的势力范围。俄国的这一系列举动，加剧了列强对中国的掠夺。它们纷纷在中国占领港湾，争夺铁路修建权和分割势力范围。

法国在 1895 年就占领了中国云南边上的勐乌、乌得等地，逼迫清政府开放云南的河口、思茅为商埠，并取得在广东、广西和云南开矿的优先权。1897 年 3 月，法国又一次逼迫清政府承诺不将海南岛分割给他国。1898 年 4 月，法国还逼迫清政府同意租让广州湾，并于 1899 年 11 月 6 日正式和清政府签署了《广州湾租界条约》，强租广州湾及其附近水面，租期长达 99 年。除此之外，法国还索取了修建从越南边境至昆明和从广州湾赤坎至安铺的铁路，以及承办中国邮政等特权，并强迫清政府同意不把云南、两广分割给他国。从此，滇、往、粤三省变成了法国的辖区。法、俄两国在夺取中国利权的过程中相互帮助。法国驻华临时代办吕班在给法国外交部长哈诺德的报告中写道：关于强租广州湾一事，"我得到俄国代办的帮助，就如我们给他们的支持一样"。

英国为了对抗法国在西南两省的势力扩张，在 1897 年强占了中缅边境上原属中国的一些领土，强行获得南碗（猛卯）三角地的"永租权"，并逼迫清政府开放西江、广东三水、广西梧州等地为商埠。法国强租广州湾后，英国马上要强租九龙半岛作为“补偿”，并在 1898 年 6 月 9 日迫使清政府签署了《展拓香港界址专条》，把位于深圳河以南、九龙半岛界限街以北及附近岛屿的中国土地，也就是所谓的“新界”，“租借”给英国，租期长达 99 年之久。为了阻止俄国势力由东北地区向南扩张，英国又要求按照租让旅顺口的条件租借威海卫，并在 1898 年 7 月 1 日逼迫清政府签署了《订租威海卫专条》，获得了威海卫海湾连同刘公岛和威海卫沿岸十里宽的地段的租借权。英国为了加固它在长江流域的势力，又在 1898 年 2 月逼迫清政府不得将长江沿岸各省让与或租给其他列强。从此，长江流域沦陷为英国的辖区。日本也不甘落后，在 1898 年 4 月 22 日逼迫清政府同意不把福建租让给其他国家，使福建成了日本的辖区。

德国在甲午战争之前就觊觎我国胶州湾。1896 年 12 月，它向清政府正提出了租借请求。鉴于这时俄国舰队已在胶州湾掠夺到“过冬”特权，德皇威廉二世又于 1897 年 8 月拜访俄国，就攻占中国胶州湾事宜同尼古拉二世达成一致。11 月 14 日，德国借口两个德籍传教士在山东巨野县被暗杀，派军队攻占了胶州湾，抢夺青岛炮台。接下来，俄国便在 12 月中旬强占了旅顺口和大连湾。事后，俄国对德国抢占胶州湾“表示感谢”，说“因为有了胶州的占据才使旅顺口、大连湾的快速占据成为可能，要不然在这方面就很难找到一个口实”。

1898 年 3 月 6 日，德国逼迫清政府签订了《胶澳租界条约》，包括：（一）清政府将胶州湾租借给德国，租期长达 99 年，在租期内胶州湾全部由德国掌控；（二）清政府同意德国在山东境内修建两条铁路，一条由胶州湾经潍县、青州、博山、淄川、邹平等地直达济南及山东边境，另一条由胶州湾经沂州、莱芜直达济南。铁路沿线两旁各 30 华里以内的矿产，德商有开采权；（三）在山东境内举办任何事业，如需用外人、外资和外国器材时，德国有优先承办权。通过这一条约，德国在“租借”的理由下，占领了胶州湾，并把山东省变成了它的辖区。

继德国之后，俄国又在 3 月 27 日同清政府签署了《旅大租地条约》，并在 5 月 7 日订立《续订旅大租地条约》。这两个条约的主要内容包括：（一）将旅顺口、大连湾及其附近海面租给俄国，租期 25 年，在租期内旅顺口和大连湾由俄国全权掌管；（二）租借地区以北设立“中立区”，该地区内的行政事务由中国官吏操持，但界内的铁路、矿山和其他工商利权等，都不得租借他国；（三）同意中东铁路公司修建一条支线，把中东铁路和旅顺口、大连湾连接起来，支线所经地区的铁路权利不得给予他国。俄国强占旅顺口与大连湾后的第二年，自作主张把租借地改成“关东省”，任首席长官掌管行政。这样，不仅辽东半岛全部落入俄国手中，东北全境也沦为俄国的辖区。

意大利也在 1899 年 3 月向清政府提出租借浙江沿海三门湾的要求，由于列强之间的矛盾并且清政府也不同意，后来不了了之。列强在中国分割领地的过程中，既相互抢夺，又相互支持，最后总是以牺牲中国主权来换取它们彼此之间的让步。1896 年，英、法两国达成一致，规定在四川、云南两省已经抢夺和将来获得的一切权利，都由英、法两国共同占有。1898 年，英、德两国达成一致，英国认可山东为德国的辖区，德国则允许英国租借威海卫。这些协议都是帝国主义国家背着中国订立的分赃协定，既是它们之间暂时让步的产物，也表明了中国当时的屈辱地位和危机情势。

当帝国主义在中国分割辖区时，美国正在同西班牙争抢古巴和菲律宾，一时无暇顾及中国。但是，美国并没有放弃侵略中国的想法，美国华公使康格在 1899 年 3 月 1 日向国务院报告中说到：“除了直隶一省外，事实上已经没有剩下其他地方来给美国了。但是，这一省加上可供整个华北出口的天津，将来必将成为东方具有永久商业价值的领土地之一。”之后，美国海军部因和英国利益冲突没有租借到三沙湾或舟山群岛。美国占领了关岛和菲律宾后，在西太平洋建立了侵略的基地。接着，美国政府在 1899 年 9 ~ 11 月由国务卿海约翰出面，依次向英、俄、德、日、意、法等国提出了一个关于中国“门户开放”政策的通牒。

美国提出“门户开放”政策，是想通过“机会均等”，缓和列强争夺中国的冲突，阻挡列强瓜分中国，以保证整个中国市场对美国商品的自由开放。那时，美国的工业总产值已跃居世界第一，很有信心凭借雄厚的资金和物美价廉、更新换代的精美产品挤入中国市场。其他列强因为各有各的想法，所以对“门户开放”政策的态度参差不齐。没能获得辖区的意大利第一个同意。经济正在快速发展的德国、日本和法国也表示接受。拥有对华贸易绝对优势的英国，虽然表面表示赞同，却将刚在九龙半岛掠夺的“新界”，保留在这个政策的实施范围之外。经济落后的俄国，闪烁其词，犹犹豫豫，勉强予以承认。美国对列强基本上认可“门户开放”政策十分骄傲，认为这是“在外交史上从来没有比这次更光辉和更伟大的胜利”，“它不仅保护了现在的利益，还保障了未来的利益，使美国立于一个坚不可摧的地位”。

自强运动的主要领导人李鸿章在政治上已开始失利，长期（1889～1894年，1896～1907年）担任湖广总督的张之洞和位高权重的帝师、户部尚书（1886～1898）翁同龢得势了，他们取代了李鸿章，这两人都倡导以“中体西用”的方式，发动一场基础的保守改革。第三派激进势力由理想主义思想家康有为代表，他倡言效仿彼得大帝和明治天皇的方式，进行一场激烈的制度性改革。最初在翁同龢的带领下发动保守改革的光绪皇帝（1875～1908），最后也被精悍的康有为说服。另一方面，视激进变革为胁迫其权势的慈禧太后，则发动她至高无上的权威来抵抗改革。

在这不稳定的旋涡中，帝后之间的权力争斗、保守派和激进派之间的冲突、温和的改革者和激进的改革者之间的争执，以及满汉之间的民族仇恨，由于外国列强对中国的瓜分近在咫尺，这些矛盾更加激烈了。1898 年，清帝国处于历史的转折点：一场成功的改革可能会拖延它的溃散，而失败只能预示着王朝的灭亡。

## 第二节　列强增加对华的资本输出

帝国主义列强在瓜分中国的过程中，还向中国输出大量资本，形成了该时期对华经济入侵的新特点。那时，帝国主义向中国输出资本的方式有以下几点。

### （一）向清政府进行政治贷款

《马关条约》中规定清政府要在三年内支付对日 20000 万两的赔款，后来又加上 3000 万两的赎辽费。当时清政府全年的财政收入仅有 8000 余万两，根本无力偿还。列强认为这是赢取特权的大好机会，争着抢着对中国开放借款。在列强的争抢和迫使下，清政府在甲午战争之后三年多的时间里，先后三次向列强借款。

第一次是 1895 年 7 月向俄法集团所借的“俄法洋款”。清政府原本是想通过赫德向英国汇丰银行借到第一期赔款，却遭到俄、法、德三国的强烈抗议。它们以“干预还辽应有酬劳”为借口，向清政府提出揽借条件。清政府被迫于三国压力，决定向三国分借。但是，俄国仍然不满意，便排挤德国，与法国联合争得了首次借款权。1895 年 7 月，《俄法洋款合同》签字，又称《四厘借款合同》。这是帝国主义对中国进行政治性大放款的开始。由四家俄国银行和六家法国银行分摊贷出“俄法洋款”的总共4 亿法郎，折银9800 余万两。以海关收入为担保，折扣94. 125，年息4 厘，分36 年还清。俄法集团通过这笔借款，开始插手中国的海关管理事宜。中国海关在 1896 年增编了俄、法人员名额，因此引发了俄、法两国与英国抢夺中国海关控制权的矛盾。

第二次是 1896 年 3 月向英德集团所借出的“英德洋款”。1896 年初，清政府开始筹借第二期对日赔款。英国抢先和被俄、法撇开的德国联盟，并委任两国驻华公使向清政府发出通牒：这次如果不向英德借款，将“不惜诉诸武力”。美国也想分一杯羹，俄、法也想继续出借，闹得总理衙门像个大拍卖场。经过一场激烈争执，最后英德集团以压倒性的优势，取得了第二次借款权。3 月，《英德洋款合同》签字，由英国汇丰银行和德国德华银行分摊借出，总额为 1600 万英镑，折银 9700 余万两，以海关收入为担保，九四扣，年息 5 厘，分 36 年还清。合同还规定，借款偿还期内，中国海关总税务司一职由英国人担任，从而使英国得到了控制中国海关行政 36 年的特权。

最后一次是 1898 年 3 月再次向英德集团续贷的“英德洋款”。清政府从 1897 年开始筹借第三期对日赔款。英德集团再一次取得了这次借款权。1898 年 3 月，《续借英德洋款合同》签字，仍由汇丰、德华两银行贷给，贷款总额 1600 万英镑，折银 1. 12 亿余两，以苏州、淞沪、九江、浙东等处货厘及宜昌、鄂岸盐厘为担保，八三扣，年息四厘五，分 45 年还清。通过这笔贷款，英国又得到控制上述各地常关 45 年的特权，除此之外还获得了一些地区的厘金抵押权。

清政府不仅有以上三次政治大借款，还有一些其他名目的借款。初步统计，1895—1900 年，清政府共向列强借款 4. 51 亿多两白银，大约为当时年财政收入的五倍半。这些借款，不仅利率高的吓人，折扣也大，而且都附有政治条件，使得帝国主义一步步控制了中国的海关和部分内地的盐税、厘金、外贸和运输等；也使加速亏空的清政府更依赖帝国主义的财政借贷。

### （二）在华开设工厂

甲午战争之前，外国资本在中国建立的工厂已有 80 多家，资本总额达到 2800 万元，其中多属船舶修建厂和原料加工厂，1895—1900 年期间，列强在华建厂总数快速增加到 933 家，资本雄厚的怡和纱厂、老公茂纱厂、增裕面粉厂、鸿源纱厂、三井制面厂、美国机器碾米厂和美国纸烟公司都是在这时期建立的。外资企业已经进入中国的各个经济部门，并把上海变成了它们在华纺织业的核心地带。它们借由雄厚的资本，利用中国的低价劳动力和原料，节省了运费，还拥有免纳种种苛捐杂税的权利，不仅获得了丰厚的利润，而且快速发展成为了具有垄断性的企业，严重阻碍了中国民族工业的发展。

帝国主义的商品销售，进一步加快了中国城乡手工业的毁灭。这种现象不仅发生在沿海地区，在内地也渐渐出现。例如由于煤油输入的增多，中国的白蜡制造业变得不景气，植物油的销售也在部分地区受到影响。土纱土布被洋纱洋布影响的程度更为严重，有的地方的工厂甚至已经被迫倒闭。

帝国主义对中国原料的夺取，也增加了中国农村某些经济作物的生产，像蚕桑、烟草、大豆、花生、桐油的生产，应国际市场的需求，都得到了快速发展。尤其是大豆，由于出口量急剧增加，种植面积也跟着快速扩大。相反，中国向来远销欧美、日本和朝鲜的蔗糖和蓝靛，这时却由于欧洲和爪哇甜菜糖的生产以及德国洋靛的火热，受到很大的影响。种植甘蔗、蓝靛的土地，全都改种杂粮。由此可见，中国一些经济作物的发展，并不是决定于本国经济的需求，更多的是受到国际市场供求关系的影响。

这个时期列强对华商品输出继续增多，中国的入超越来越严重。1890 至 1894 年，每年平均进口总值为 1.4 亿余海关两，出口总值为 1 亿余海关两，入超额是 3000 多万海关两。而 1895 到 1900 年，每年平均进口总值为 2.1 亿余海关两，出口总值为 1.5 亿余海关两，入超额增加到 6000 多万海关两。进口的货物中，又以棉布、棉纱、煤油、纸烟、面粉、钢铁、杂货等日用工业品为主，很少有工矿企业的机器设备等。中国的出口货物中，不仅茶、丝，还有毛类、豆类等原料作物和草帽缏的出口量也快速增加。

中国对外贸易早已被外商掌握，进出口货物都被极少数外商垄断。随着外国商品的大量热销和农产品的大量出口，到 19 世纪末期，中国的国内市场也已经为外商所掌握。他们以雄厚的资金为后盾，暗箱操作，随意抬高或压低货价。中国的商业资本只能依赖外国资本鼻息，或者只能替外国资本家推销商品和收购原料。

### （三）修建铁路

清政府不敢同意英国修建津镇铁路的主要原因是，该路直贯直隶、山东、安徽、江苏四省，占有极其重要的地位，而且美国和德国早已开始争夺。当英国提出修建这条铁路的要求时，德国竟然公然向清政府表示：德国在山东有修建铁路的独霸权，如果这条铁路不由德国修建，就不能通过山东境内。英国被迫和德国政府直接沟通，以两国共同割占英国在非洲的殖民地为条件，来换取德国在津镇铁路上的让步。德国惦记非洲已久，愿与英国共享。双方商定：天津到山东南境的一段铁路由德国修筑，镇江至山东南境的一段铁路由英国修筑，全线完工后由双方共同管理。除此之外，双方还商定：英国的铁路投资范围是长江以南各省和北经河南至山西；德国的铁路投资范围是山东省以及自黄河沿岸至南京等地。这项商定表面上是分割在华铁路投资范围，实际上却公开了各自的在华势力范围。英德协议签订后，两国一起向清政府提出承建津镇铁路的请求，并在 1899 年 5 月 18 日迫使清政府签署了《津镇铁路借款草合同》。

美国在抢夺津镇铁路的过程中受到英、德两国的挤兑，很不服气，便在 1898 年 4 月夺取了粤汉铁路的借款权和承建权。不久，美西战争爆发，修建粤汉铁路的计划只能临时搁置起来。这时，德国提倡欧洲各国干预美西战争。英国便乘此机会以反对这一提倡作为条件，在 1899 年 2 月与美国签署协定，商定美国所获得的粤汉铁路同意英国投资，英国所获得的广九铁路也允许美国投资，从而瓜分了粤汉和广九两条铁路的投资权利。

英国虽然早在 1898 年 6 月就取得了关内外铁路的借款权，但由于俄国的抗议，清政府也不敢批准借款合同。10 月 18 日，俄国告诫英国："同俄国边界接壤的中国各省，必须不被俄国之外的任何国家影响。"英国被迫与俄国寻求退让，双方在 1899 年 4 月达成一致，议定俄国一定不在长江流域进行铁路投资，同时也不直接或间接阻碍英国在长江流域的铁路投资；英国则一定不在长城以北地区进行铁路投资，同时也不直接或间接阻碍俄国在长城以北地区的铁路投资。此后，双方相互划清了在华的铁路投资范围，瓜分了中国的铁路特权，进一步加强了各自在华的势力范围。

到19世纪末期，列强争抢路权的斗争越来越激烈，甚至不惜以武力逼迫清政府。原本打算自己修建铁路的清政府，在列强的争夺下也不得不退让，只得把一条条铁路的修建权，拱手让给外国。列强在中国投资修建铁路，除了获得巨大的经济利益外，还附有种种条件，包括掌控铁路和沿线地区，以及运输军队等。

### （四）投资中国矿山

列强还争抢开采中国矿山的特权。最先获得开矿优先权的是法国。1895年，法国逼迫中国允许它在云南、广西、广东三省开采矿山的权力。接着，英、德、俄等陆续在中国的一些地区获得采矿权。俄国甚至得到某些地方的金矿开采权。这样，中国的矿藏资源遭到侵略，重工业也无从继续发展。

1896年，美国第一次和中国“合办了”门头沟煤矿，外资从此侵入中国矿业。从此以后，列强纷纷效仿，诱使逼迫清政府签署“矿务”合同，掠取矿山投资权和开采权。到1899年，美国先后掠夺了山西平定、盂县煤矿的开采权和四川麻哈金矿的开采权；英国也陆续掠夺了四川全省和山西盂县、平定、泽州、潞安以及河南怀庆周围地区的矿产开采权，最后还掠夺热河朝阳煤矿的开采权，俄国除了取得中东铁路及其支路沿线的矿产开采权外，还掠夺了新疆全省金矿的开采权；法国陆续夺取了四川灌县、犍为、威远、綦江、合州、巴县煤矿的开采权和四川金矿的开采权；德国先后掠夺了山东胶济铁路两旁和沂水、沂州、诸城、潍县、烟台等地矿产的开采权。

## 第三节　清政府面临的统治危机

《马关条约》的签署和甲午战后列强瓜分中国的重大危机，进一步揭露了清政府卖国求荣、腐败落后的真实面目。它虽然靠出卖国家的土地和主权得以苟延残喘，但危机四伏，人心思变，出现了前所未有的严重的统治危机。

对日本的巨额赔偿，迫使清政府先后三次向列强借外债。从1896年起，清政府每年要偿还外债本息共计2000万两，到1898年又增加到每年2500万两，财政危机越来越严重。同时，在中日甲午战后几年里，直隶、山东、河南、江苏、安徽、浙江、湖南、湖北、广东、广西、四川等省，先后发生重大灾情。1896 年，湖北发生严重水灾，灾民“饿殍枕藉”。1897 年，湖南出现数十年之内最严重的大旱，安徽、江苏、广东、广西等省因淮河、珠江、西江先后洪水泛滥，一片汪洋，数十万难民在中国南北各省颠沛流离，四处逃窜。1893 年、1899 年，黄河又连续两年大决堤，直隶、山东沿河两岸都被淹没，死亡多达十六七万人，灾情之重实为百年来所未见。在这样的情况下，清政府又增加了数百万两的河工与赈灾支出，还减免了灾区 1000 多万两的田地赋税，使财政赤字高至难以想象，财政危机日益加剧。

甲午战争的失败和战后严重的瓜分危机，使中国社会的各阶层都对清政府非常失望。他们从各自的角度来考量民族的前途和救国的出路，并齐心协力地发出了“救亡图存”的呼声。在清政府中，也有不少人以上奏疏，递条陈的方式，要求在财政、用人和军事方面进行一些改革。

甲午战争的失败和战后严重的危机，也进一步加剧了清朝最高统治集团之间的矛盾。慈禧太后在战后仍醉心于独揽大权，依靠后党集团把持军政实权，以削弱光绪皇帝和帝党的势力。光绪皇帝因甲午战争失败蒙受屈辱深为气愤，害怕国势衰落，外敌逼近，也不能忍受慈禧太后对朝堂之事全权干预。他借助师傅翁同龢和帝党集团的势力，想改变现有处境，并奋力抵御，奋发图强。他和慈禧太后之间，帝党和后党之间，矛盾日趋激化。面对前所未有的危机，清政府为了转危为安，试图做一些变革。

### （一）整顿财政

甲午战争以后，清政府全年总收入大约 8000 万两，但是，仅军饷、洋务和归还外债三大项就需要支出 7000 多万两，而其他各项常用经费也需 2000 多万两，尚且短一千数百万两。为了补齐巨额的财政负差，清政府不仅增捐增税、向人民肆意搜刮，还着手整顿财政。它提出“裁革陋规，严剔中饱”，令各省督抚严格盘查各地方在关税、厘金、盐课和田房税契等管理上的种种漏洞，并派出军机大臣刚毅南下江苏、安徽、浙江、广东各省监督。刚毅所到之处，都命令各级官吏将他们平时营私玩法所得的不义之财上交，并依据情节轻重扣了这些官员的“廉俸”，结果达到了 1000 多万两白银。

此外，清政府还想用举借内债的办法筹款，并在1898年发行“昭信股票”10000万两，年利五厘，20年内归还，它号召王公贵族和文武官员主动起带头作用，以鼓励各地商民积极认购。但清政府已经失去人民的信任，各级官员又乘机强行摊派，结果引起不满，不得不在筹到1000多万两时就停止发行。

### （二）编练新军

甲午战争中，清军的腐败落后暴露无疑。清朝统治者以为日军是“专用西法取胜”，因而也计划效仿西法练兵。1894年冬天，督办军务处委派广西按察使胡燏棻编练新军，共5000人，编成十营，号“定武军”。《马关条约》签署后，胡燏棻调任督办津芦铁路，由袁世凯接着编练新军。

袁世凯（1859～1916），字慰亭，河南项城人，出身在官僚地主家庭。早年跟随过淮军将领吴长庆，后又攀附李鸿章，得以上任清政府驻朝鲜总理交涉通商大臣。甲午战争爆发后，袁世凯见形势不好，便借口患病回国，奉李鸿章之命在辽东筹拨弹药粮饷，联系各军。后来回到北京，四处钻营，受到刘坤一、张之洞、荣禄、李鸿藻等人的夸赞。袁世凯在奉命到小站接练新军后，将定武军扩大到7000多人，改称“新建陆军”。新建陆军虽然还沿用着淮军的营务处、营、队、哨、棚等名称，但在编制上是以近代德国的陆军制度为样本，分步、马、炮、工、辎兵种，全部使用从国外购置的新式武器，聘任德国军官督练洋操。当袁世凯在小站练兵时，署两江总督张之洞同时也在南京从卫队、护军等营中挑选了2600人，根据德国章程编为步兵八营、炮兵二营、马队二营、工程兵一营，编了自己的“自强军”。1896年春天，张之洞回湖广总督任职，自强军由两江总督刘坤一接着操练。

### （三）派遣留学生

清政府有些官员认为日本的强大是由于有当年被派往欧美留学的伊藤博文、山县有朋和陆奥宗光等人，战后又呼吁我国有志青年留学日本。有的大臣还在奏折中写到：日本的成功经验最适合中国学习，更重要的是到日本留学不仅路近、省钱，学习文字困难也不大，是解决贯通中西人才的最好方法。正是在这种形势下，清政府于1896年3月派出了第一批赴日留学的13名学生。此后，赴日留学日渐盛行，造就了一批新型的知识分子。

清政府的这些举措，虽然收到了一些效果，但并没有把自己从危机中解救出来。新军编练的主要得益者是袁世凯。他不仅因此得到清政府的重用，而且引起了列强的关注。俄、英、日等国频繁派人到小站“观操”，不断夸赞袁世凯治军有方，想乘机控制袁世凯，进而让新建陆军为他们效力，用于维持半殖民地秩序。袁世凯心里明白他的身份荣誉都来自新建陆军，因此更加苦心经营这支军队，以此作为自己升官的资本。至于财政整顿所收款项，在巨额的赔款和赤字面前，简直就是杯水车薪，无济于事。派出留学生中的大多数，后来都与清政府的愿望背道而驰。在这种情况下，清政府的这些举措并没有挽救其统治危机，更没有给国家和民族的命运提供转机，亡国灭种的危机仍然与日俱增。

# 第二章　戊戌维新运动

戊戌变法，发生在1898年（清光绪二十四年），是清末资产阶级改良政治的运动。因1898以干支计为戊戌年而得名，又叫“戊戌维新”。19世纪90年代，中日甲午战争之后，一方面，列强开始瓜分中国，清朝统治日益腐败，中国面临前所未有的严重的民族危机；另一方面，从19世纪70~80年代已经发生的中国民族资本主义，在甲午战争后更加快速发展了。随着民族资本主义的发展，从一些官僚、地主、商人转化而来的资产阶级和进步的知识分子，倡导发展资本主义经济、政治和文化，并形成资产阶级改良主义的社会思想潮流。戊戌维新运动就是以民族危机日趋严重、民族资本主义继续发展、改良思潮逐渐高涨为基础而产生的。

## 第一节　公车上书

### 早期维新派和传教士的影响

甲午战争之后，中国民族资产阶级慢慢演变成了一股政治力量，资产阶级改良主义思想快速崛起，从而造就了一场变法维新的政治运动。

对中国近代来说，甲午战争是一次重大的历史转折。新兴的民族资产阶级急切需要摆脱帝国主义和封建主义势力的胁迫和捆绑，为在中国发展资本主义开辟新道路。甲午战争的失败，令他们认识到不但清政府不可能为他们开辟这样的道路，洋务派和洋务运动也不可能。而由甲午失败引起的割地赔款和瓜分危机，将会把中国推向亡国的方向。严重的民族危机，又一次激起了民族的觉醒。而代表民族资产阶级的知识分子群体，站在救亡图存的前列。他们不仅要求学习西方的科学技术，还要求学习西方资本义的政治社会制度，实行政治革命，为资本主义的发展开辟新道路。

甲午战争之后，部分爱国的民族企业和工商界人士，对失败万分悲痛，发出了“实业救国”的呼声，倡导自办铁路，自开矿山，建立工厂来“抵制洋商洋厂”。当时，洋务派已不能垄断近代工业，清政府也根本没有能力再投资兴办新式企业。同时，清政府已经对外国人开放在华投资建厂开矿的特权，如果再对本国民间投资建厂过分限制，也说不过去。因此只好放松管制，不限制民间建厂。

同意民间建厂，是清政府工商政策的一大变化。这一举措，更加激发了一些官僚、地主和商人投资新式企业的积极性。而帝国主义此时正前仆后继地对华输出资本。由于外资工厂纷纷建立，商品市场中洋货大量销售，导致了农村以纺纱织布为主的家庭手工业遭遇破产的危机。机织棉纱、洋布和其他商品的需求量快速飙升，商品市场的不断扩张，对中国民间投资建厂起到刺激作用。缫丝业是甲午以前发展最早和最多的民族资本工业，战后也有了显著的发展。自外国丝业兴起后，中国的生丝在 19 世纪七八十年代出口比重虽然有所下降，但出口的绝对值却在不断增加。1894 年后，出口价值已远远超越茶叶，在出口贸易中占据第一。因为机器缫丝的质量比土丝好，出口量不断增加，1895 年后，缫丝厂不断兴建，成为民族工业资本最多的一个部门，并且从上海、广东扩展到四川、湖北、辽宁各地。

随着自然经济的解体，越来越多的农民和手工业者遭遇破产失业。津榆、京津、芦保等铁路相继动工，铁路沿线的土地几乎被全部占用，很多农民失去赖以生存的基本条件。沿江沿海轮船渐渐畅通，运河荒废，许多运输工人也丢失经济来源。邮电事业的兴办，也抢夺了那些驿站人员的生计。还有就是各种天灾人祸，连续不断导致了与日俱增的失业破产人群。这些大量的破产失业人员，就成为了民族资本主义工业的廉价劳动力。在这种情况下，在甲午战之后的一段时间里，兴起不少民办的纺织、缫丝、面粉、印刷等轻工业和采煤为主的工矿业。据1895～1898年的初步统计，这一时期新建创办的商办厂矿企业共有58家，资本总额达到1200万元。官办和官商合办的企业，只有8家，总额不超过400万元。商办企业的投资额几乎是官办、官商合办企业投资额的三倍之多。1895～1898年期间，在纺织工业中，在上海、宁波、无锡、福州、苏州等地，就陆续创办了7家商办企业，资本都超过20万元，其中投资额最大的苏州苏纶纱厂，资本高达83.9万多元。而煤矿，共创办商办煤矿4家，其中规模最大的广东北海煤矿，资本也高达83.9万元之多。在这些商办企业中，比较有分量的是：1895年，商人楼景晖在浙江萧山县建立的合义和丝厂，华侨商人张振勋在山东烟台创办购张裕酿酒厂；1896年，严信厚在宁波兴建的通久源纱厂；1897年，长芦盐运使杨宗濂等人在无锡主办的业勤纱厂，四品京堂庞元济在杭州建起的通益公纱厂，夏粹芳等在上海建立的商务印书馆等；1898年，朱幼鸿在上海建立的裕通纱厂，祝大椿在上海兴办的源昌碾米厂，吴懋鼎在天津成立的天津硝皮厂等等。甲午战之后出现的民间建厂“高潮”并没有在1898年停止，而是一直延续，直到义和团运动失败前，还是保持着较快的发展势头。如著名的状元资本家张謇在1899年建立的南通大生纱厂，孙多森在1900年在上海兴办阜丰面粉公司等企业。

在甲午战争后，中国的民族资本主义工商业，虽然有了初步发展，但仍然力量微弱，不但数量少、规模小，而且在发展过程中也困难重重和阻碍不断。首先，它根本没有能力与雄厚的外国在华资本的廉价商品竞争市场，随时都可能破产倒闭。比如在甲午战后的三四年里，先后建立的10家纱厂，资本额总共490余万元，一时间达到了兴办纺织工业的“高潮”。同时，日本棉纱在华中、华北一带大量销售；英、美、德等国纱厂也在上海相继建设，资本额高达580多万元。在这些外资纱厂的竞争下，上海及苏、杭一带的华资纱厂从1898年开始就亏损不断，渐渐衰竭。其他各地纱厂也日渐难以维持，更没人敢再兴办新厂。

这些民族工业，本来就没有能力与外国资本主义的在华经济势力竞争，还要忍受国内封建势力的胁迫。“民间办厂”虽然得到了清政府的许可，但并没有可以依靠的法律保护。不但没有减少苛捐杂税，反而日益增加，还有官吏勒索。半殖民地半封建的中国，并没有为中国资本主义的顺利发展提供便利的条件。但是，尽管道路艰难，社会环境恶劣，中国的民族资本主义工商业还是缓缓地前行着，从甲午战争前后几年比较来看，确实也有着非常显著的进步。

中国首位驻英法的公使（1876—1878）郭嵩焘是一位倡导渐进式改革的人，他对西方的观察让他公开认可，西方国家有它们独有的二千多年的历史、优秀的政治体制和道德学说。他在指责自强运动局限性的同时，指出应该学习日本派学生赴英国学习法律和经济学，并建议李鸿章接纳西方的教育体制、政治制度、法学和经济学。郭嵩焘提倡，这些知识才是一个良好政府和繁荣国家的基石，而不是军事。他的呼吁几乎没有引起关注，因为李鸿章认为自己已接受保家卫国的重任，所以别无选择，只能加强军事方面的改革进步。如果说郭的进步观点对于李来说是不合时宜的，那么，他们两人从儒家卫道者的角度看来就更是异端，这些人没有办法想象一切与孔子无关的文明。对他们来说，郭是中国文化的背叛者，必须是被排斥的。

在非官方人士中，王韬（1828—1897）因其进步的观点而远近闻名，他早年因可怜太平军而见疑于清廷。1862 年，他逃到香港，出任外国人创办的《香港新闻》的编辑。1867 年，他应理雅各布（James Legge）的邀约前往苏格兰，帮助翻译中国古籍。旅居欧洲两年，王韬了解了西方的文化和制度。1870 年，他返回香港，担任《循环日报》编辑，后来又为影响甚大的上海报纸《申报》写稿。凭借这一独有优势，王韬发动了他的革命运动。像郭嵩焘一样，他夸赞日本模仿西方的制度，鼓励国人改变科举考试、军事训练、教育和司法的办法。他批判清政权内部的腐朽、政府中的冗员以及厘金。他建议开发矿产、兴建纺织厂、制造汽船、铁路、电报线和发展海军等。他宣称，不要太过依赖肤浅的西方制造技术，因为，西方的强大在于其法律、公正，政治体系、民主选举和立宪政府，而不仅仅是制造技术。但是，王韬不是一个激进者，并不急切地要求中国古老制度全部立刻效仿西方，而是提倡慢慢地把西方有用的东西和中国的基础结合起来。

制度性改革的开始可以追溯到冯桂芬，他在《校邠庐抗议》一书中第十一章已略有提及。冯桂芬认为，强加给中国的新世界不同于古代，中国应该接收西方优秀的数学、物理学、化学和几何学；而且也应该积极采取措施改革教育和科举制度、废弃八股文、加强地方政治组织、激励工业制造、开发荒地、开矿和改进农业器械。这些在1860年后第一次发表的真知灼见，对于冯桂芬所处的时代来说太过超前了，曾国藩就以为这不切实际，而李鸿章也只是采纳了一部分。

甲午战争（1894—1895）后，制度性改革的主张引起不少学者的关注，其中有时事评论家、作家和官员。其中，最有名的是郑观应和何启。郑观应之前任职过英国太古洋行（Butterfield and Swirc Company）买办，后来干过著述，编写了《盛世危言》；何启则写了几本有关变革必要性的作品。他们倡导采用例如议会和君主立宪制之类的外国制度。

人们普遍意识到变革的必要性，一部分原因是受到传教士的影响。自从19世纪70年代以来，许多比较英明的英美新教传教士开始认识到，他们的工作方向应当是“世俗化”，由宗教宣传来扩大西方知识和文化的传播。要从以前的重点“把异教徒从地狱的苦难中解救出来”，转变到现在的问题“把异教徒从现世苦难的地狱中解脱出来”。他们建立学校、发表公开演说、创办图书馆和博物馆，并出版报纸和杂志，但是最后一项是外国人的权利，中国人不能出版报刊。1875到1907年期间（1883—1889年除外），林乐知（Young J. Allen）在上海主办了有名的《万国公报》月刊，其内容主要是“推广普及有关地理、历史、文明、政治、宗教、科学，艺术、工业和西方各国概论的知识”。到1889年，大约有16000名中国人曾经在教会学校上学读书。

随着1887年在上海成立广学会，传教士更容易和中国的广大读者和上流社会接触。学会所感兴趣的各种活动，是通过翻译外文来推进变革事宜、发表时事评论、公开演说，以及与士人及官员进行商讨来了解西方文明。学会的主要成员中英国人韦廉臣（AlexanderWilliamson）、李提摩太（Timothy Richard）和美国人林乐知、丁韪良都熟悉汉语。尤其是李提摩太（1845—1919），他集中精力投入制度性改革的事业中。自1891年以来，他出任学会的秘书并且在1895年担任学会在北京的代表，编著了《时事新论》，其中记载了关于彼得大帝和明治天皇的变法史实，并翻译了马恳西（Robert Mackenzie）的《泰西新史揽要》（The Nineteen Century：A History）。传教士的活动提高了中国知识分子的思想境界，让他们对外国人产生尊敬的态度。不仅当时的政治家如恭亲王奕欣、翁同龢和李鸿章频繁造访李提摩太，激进的改革者如康有为、梁启超也积极拜访。实事上，康有为的很多变革思想也是从传教士那儿学来的。

**保守的改革者：翁同龢和张之洞**

倡导保守改革的帝师翁同龢（1830—1904）是北京的厉害人物，中日甲午战争之后，他和张之洞一个在北京，一个在地方，超越李鸿章成为了现代化的先行者。他们的家世和教育背景也非常雷同：翁同龢有一个内阁大学士父亲，1856 年殿试中了状元，之后出任同治皇帝的师傅，并负责教两位皇太后学习古籍和史书。1876 年，他担任年幼的光绪皇帝的师傅，任职长达二十年，与皇帝建立起了非比寻常的关系；担任这样特殊的职务，使他可以改变皇帝，并能和慈禧太后保持非常好的关系。

翁同龢作为一个传统的学者，对一天天衰败的清王朝面临瓜分危机非常忧心，并得出了一个结论：中国不变革就无以为继。他也是一个极为敏锐的宫廷政治家，看到了通过变革，可以乘机从李鸿章和张之洞手中夺得现代化领导权。他明白，要成就此事，皇帝和皇太后两方的支持是必要的。因此，他步步为营力图赢得他们的支持，并保证自己在运动中的领导地位。翁同龢小心翼翼地鞭策着一场有限的行政变革。他是一位极骄傲的儒家学者，也是一位极为睿智的政治家，不觉得变革应更加深入。1889 年，皇帝亲政，太后正式退居颐和园，翁同龢向他们递交了冯桂芬的《校邠庐抗议》的抄本，来加深保守性变革的思想，但他申明，中国的道德准则和伦理教化，必须一直作为国家的根基，利用西方知识来补充扩展，而绝不能被西方知识所代替。皇帝开始关注变革思想的意义，1889 年开始阅读西方译文，1891 年向两位既是同文馆的毕业生，也是丁韪良的学生学习英语。

翁同龢的对手张之洞也是一位温和的改革家、出色的学者。1852 年，他在直隶乡试中考取第一名，1863 年殿试中了探花。曾经有一位传教士称赞他为“一个彻头彻尾的中国人”，只是由于他在中国文化和传统道德方面有很高的造诣，在他心里，“没有一个国家比得上中国，没有人比得上中国人，也没有其他宗教比得上儒家”。虽然他创办了很多的现代化事业，但他从来不倡导改变中国的政治制度和道德文化。张之洞借鉴了外国的装置和设备，他觉得是这些东西使西方国家富足和强大。但事实上，他的做法也只是强化原有的体制，而没有达到进步。他觉得，一些行政变革对于提高效率是可行的，但基本的原始秩序不应该被改动。

张之洞说，不能变化的是基本的人与人之间的关系，而不是法律和制度；是圣人之道，而不是器械和设备；是人的思想和智慧，而不是那些投机取巧。向外国人学习并不羞耻，因为孔子曾经不是说过“三人行必有我师”吗？中国历史本身就充满了制度性改革的例子：从诸侯林立到大一统帝国，从战车战到骑兵和步兵战，从雇佣兵到府兵制，从物物抵换到现金买卖。商鞅（卒于公元前338）变法、王安石（1021—1086）变法和历史上其它的变法都赫赫有名，即使在清代也有层出不穷的革新。早期在关外凭借骑兵和射手作战的诸王，就改换大炮来平定三藩叛乱；乾隆皇帝（1736—1795年）修改了一些科举体制；嘉庆皇帝（1796—1820年）在八旗兵和绿营兵之外建立了地方团练制。其他有名的改革主要有：创设厘金（通行税）、成立长江水师、设立新疆省、建造汽船和开通电报线路，一切这些都表明改革是势不可挡的。张之洞靠着这一系列思想及在武汉的强有力的基地，向翁同龢在近代改革的领导地位发起了挑战。

张之洞计划通过复兴儒家、通过教育和工业，以及通过学习西方科学技术和技能来拯救中国。1898年，他编写了名著《劝学篇》，使国人深深了解到“五知”的重要性：第一，知耻，知道落后于日本、土耳其、暹罗和古巴的羞耻；第二，知惧，知道越南、缅甸、朝鲜、埃及和波兰的恐惧命运；第三，知变，不变其习，不能变法；第四，知要，知道中学和西学的重点，前者是实用的而不是考古的专研，而后者是政治体制而不是技术；第五，知本，在海外不忘国，见异俗不忘亲，多智巧不忘圣。前两点强调外国侵略的危险，随后两点是变革的策略，最后一点是传统道德的重要性。实质上，他的主旨仍然是再次肯定中国道德传统的优越性，并且利用西方的科技来加强而不是代替这种道德传统。

“中体西用”这句简单的口号，表达了张之洞的思想，那就是复兴儒家为国家的道德基本，采用西方的设备以备实用。这里，他事实上是在曲解而不是正确的解读体（物质，原则）和用（用处，实用）的含义。中学和西学都有各自的体和用；他提出的体和用的混合体是不能长久的，因为后者一定会改变前者。张之洞聪明但错误的原则，是抵御保守派进攻的有效盾牌；即使是顽固派，也不能责怪他背叛儒家和中国传统。站在这个天衣无缝的立场上，他持续为改革的必要性辩解。

1895 年后，除了极端保守派之外，改革好像成了官员和学者们的共识，就算是宫内北派领袖大学士徐桐（1819—1900）这样的反派角色，也认可改革的好处，并打算让张之洞到北京来领导这一运动。但作为南派领袖的翁同龢成功地阻挡了这一意图，保住了改革领导的地位。不仅如此，他为巩固他的地位，还向年轻有为的士子和官员寻求支援，这些人在地位和年龄上都远不如他，不会威胁到他的领导地位。康有为便是其中的一位，翁同龢故意使他在这场温和改革中成为自己的左膀右臂，于是便把他举荐给皇帝。但康有为是一位与翁同龢想象中截然不同的人，事实上，他是个有计划、有想法的激进改革者。

**激进的改革者：康有为和梁启超**

康有为（1858 ~ 1927）是一位出众的人物，但他的思想却在两个极端之间徘徊不定。他出生在广东南海一个富足的家庭，7 岁能文，被称为神童。他专研圣人之道，由于频频引用圣人的训诫，因此赢得了“圣人为”的别称。他 18 岁时成为广东理学大师朱次琦的学生。朱次琦主张中国的政治历史和学问与世间万事万物联系的重要性，康有为在其门下学习多年，从而打下了牢固的理学基础。

离开老师后，他在山中隐居独自学习，想创建自己的学派。至此，他的思想背景一直都是传统的，不受西方文化影响的。两年后，他从自我强制的隐世生活中出来，前往北京。他在回来的路上，像以前到香港一样，参观了上海租界（此时是 1882 年）。在这两个由英国管理的城市中，市政的条理和效率给他留下了深刻的印象。他认为，如果西方的殖民管理能有这么好的结局，那么，宗主国又该是多么的先进啊！他对西方的文化越来越感兴趣了，急切地采购和学习所有能买到的江南制造总局和传教士组织出版的译书，包括《万国公报》。全新的情景突然出现在他眼前：他认识到中国的落后及其在帝国主义时代岌岌可危的处境。他接纳了传教士的观点：西方国家所拥有的进步不仅必要，而且令人神往。1883 年，他果断放弃了参加科举考试的想法，把注意力转向全新的西学。

1888 年，还是平民的他（没有官职）试着向皇帝上书，其中，他赞扬日本模仿西方列强道路的现代化，提倡中国也应该模仿，并对日益增加的外国侵略的危机提出告诫，这封上书送到国子监。国子监的官员因质疑康有为神经不正常而没有转呈给皇帝。康有为认识到，要成功地推进变革，就必须取得知识界的学术领导权，进而争取皇帝的赞同。康有为返回广东讲学著书，并以一个离经叛道者的名声吸引了许多年轻的学者，梁启超（1873—1929）就是其中之一。梁启超也是一位神童，17 岁就取得举人功名，后来受康有为的影响，成了他的学生。康在学生的鼓励下，1891 年在广东创办了万木草堂，并在这里讲解经学，推行变革思想；他还经常到周围的圣公会图书馆，学习有关代议制政府和君主立宪制方面的图书。

**今文经学运动**

今文经学是指秦（公元前 221—前 206）汉（公元前 202—前 220）时期的经典及评注，和更早时期的古文经学相对。公元前 213 年，秦始皇的焚书好像毁灭了所有的古代典籍，而后来的前汉学者，就把用当时“小篆”字体写的古典经书当成真实不虚之作。这些今文学者掌控了前汉时期的思想界，但是到前汉末年，孔子的一位后裔聋声称在祖先房子的墙壁内，找见了用“蝌蚪文”写的古代典籍。虽然当时很多学者质疑这些古典经学的可靠性，但是在篡位者王莽治理下短暂的新朝时期（8—23），一位叫刘歆（约公元前 46—公元 23）的学者努力去证实这些文本。随着新朝的灭亡和汉朝的复兴现在称为后漠（25—220），古文经学派落寞了。但是，到了后汉末年，又出现了几位伟大的古文经学家，其中包括执学术界牛耳的大家郑玄（127—200）。此后，古文经学地位又开始上升，而今文经学落寞了。清时金石学的复兴和之后在校勘方面的兴趣，更新了老旧的今古文对立的内容，清代今文学者全部关注的主题，是已丢失了两千年的学问公羊学。

这时，康有为的思想倾向经历了一场巨大的改变，他像很多同时代的人一样，开始是一位理学学者，现在却是对西式政治变革有着火一般的满腔热情。廖平是今文经学派的拥护者，其作品中有利于变革的思想深深地打动了康有为，导致他放弃了过去的理学思想。康有为发现，能够用今文经学运动来推动自己的事业。

康有为决定夺取今文经学运动的统帅权，把公羊学的主要思想与自己的作品相结合，借此帮助他倡导的改制。康有为大胆地认为：第一，秦焚书并未殃及六经，儒家典籍完好无损地传给了后人；第二，前汉时期并没有古文；第三，孔子时期使用与秦汉一样的“小篆”字体；第四，所谓的古文是刘歆捏造的，是扭曲儒家“微言大义”的阴谋的一部分，为的是达到“饰经佐篡”的目的。抛开历史的严密性，康有为一针见血的观点，大胆的设想和尖刻的批判，如同一场飓风刮过清朝思想界。他对古文的进攻激发起质疑精神，同时表明了再一次评价古代典籍的必要性。

1891 年，他写出了第一部主要作品《新学伪经考》，揭发诸如《周礼》、《仪礼》、《左传》和《毛诗》之类的古籍是假的。1897 年，他写完了第二本作品《孔子改制考》。他大胆论述：前人觉得孔子只编写六经是不对的；事实上，孔子编写六经及借此推动改制。其他的周代（公元前 1122—前 256 年）和秦代（公元前 221—前 206 年）思想家也像孔子一样倡导改制，所有这些人都在取法过去的借口下为自己的行动辩解。他们杜撰了理想化的光辉的过去，使当代的统治者相信变法是正确的，如同尧（公元前 2357—前 2256 年）舜（公元前 2255—前 2206 年）所为。这一切与历史事实毫无关系。通过推理，康有为实际上提倡，既然改制为孔圣人和过去其他伟大的思想家所支持，那么，他在道德上就庶几无错了。通过这巧妙的解释，康有为将对至圣先师的赞同作为对付反对变革者的盾牌。

这两本书基本上重新解释了古代的作品，但他的另一本完成于 1887 年初的作品《大同书》则是他独自创作的，内容非常激进。但书中很多思想来自古书《礼运》的，一些部分写道：大道之行也，天下为公……故人不独亲其亲，不独子其子。使老有所终，壮有所用，幼有所长，鳏寡孤独废疾者皆有所养。男有分，女有归。货恶其弃于地也，不必藏于已；力恶其不出于身也，不必为已。是谓大同。受这些乌托邦式的思想的鼓动，康有为假想了一个不现实的世界，包括：

1. 无国家——整个世界在一个单一政府之下被划分成不同的地区；
2. 中央和地方政府由民选产生；
3. 无家庭或家族，男人和女人同居一年后，每个人可以互换伴侣；
4. 建立孕妇产前教育制度，为婴儿成立托儿所；
5. 儿童按年龄上幼儿园和各级学校；
6. 成人由政府分配从事农业、工业和其它的生产事业；

7．生病有医院，养老有养老院；

8．根据工作收入，有公共宿舍和餐厅供所有阶层的人享受；

9．对发明者、发现者和那些在产前教育、托儿所、幼稚园、医院和养老院的建立中做出很大贡献的人给予额外奖励；

10．死人火葬，化肥厂建在火葬场周围。

他的学生看过这本乌托邦式社会主义的作品，但并没有公之于众。因为康有为断言现在是个混乱的年代，只能讲“小康”而不能讲“大同”。万木草堂的学生们被这些新思想所鼓动，并积极地讨论。

今文学派一些隐晦的定义，完全被康有为用来推动自己的事业。“通三统”的定义，他解读为意指夏（公元前2205—前1766）、商（公元前1766—公元前1122）和周（公元前1122—前256）这三个伟大的古代王朝，而王朝之间各有不同，所以，改革是历史的内在本质。另一个定义“张三世”被他曲解为，意指世界由“据乱世”发展到“升平世”，并最后通向“大同世”。简而言之，变化越多，进步越大。事实上，这些定义并非康有为的独创，而是从廖平那里学来的。但是，他综合并解释了现存的今文定义，用他不寻常的阐释来冲击思想界，并证明在人类的进步中，改革是必不可少的。如果他的第一本书是飓风，那么，第二本书就是地震。知识界为他不合道统的说法所震惊：顽固的保守派批评他“惑世诬民”，而正统的儒家学者给他的阐释以“野狐”的污名。尽管第二本书遭禁，康有为作为今文学派的最大支持者已声名显赫。

康有为竭力争取认同。虽然康为自己树立起很大的名声，但他还没有较高的功名，来达到出仕的资格。他的天才学生梁启超已经在1889年得到了举人头衔，但康有为直到1893年才考取。1895年，他们两人一起去北京参加三年一次的会试。这是个国家屈辱的时刻，因为日本打败了中国，并正在马关对和会盛气凌人。满腔义愤的康有为、梁启超草拟了一份万人请愿书，并聚集了603名举人来签名抗议和约，就是所谓的“公车上书”——“公车”是指靠官府驿站赴京参加会试的举人的别称，一些人把这次抗议当作是近代中国的首次“群众性的政治运动”。他们建议清廷：拒和、迁都再战和变法。并且“使前此而能变法，则可以无今日之祸，倘使今日而能变法，则可免将来之祸，若今犹不变，则他日之祸更有甚于今者”。上书被送到都察院，但是因为直言不讳的语言和豪情壮志的话外话，都察院没有把它上交给皇帝。

康有为勇敢地动员举人、对经书不同于传统的解读，以及对变革的主张，深深地激怒了保守分子，会试主考官徐桐拒绝录取他。由于全部的试卷都是封名的，徐桐只能寻找一份风格不同及观点极端的试卷，他以为这是康有为的试卷。但是，发榜时才知道，徐桐否定的试卷却是梁启超的，而康有为的试卷却是与儒家道德和中国传统非常一致的典范。虽然康有为和梁启超成功地骗过了徐桐，但在接下来的殿试中，考官刻意为难康有为。结果，虽然他取得了进士的头衔，但并没有被选聘进入期盼已久的翰林院，而是去了六部中最不起眼的工部任主事。康有为才高气傲，不去上任，反而决定集中精力通过一连串的上书来引起皇上的关注。仅仅六品主事的职位使他没有资格向皇上直接上书，他最后还是得恳请他所在部门或一些其他的部门替他递交上书。

康有为在 1895 年 5 月 29 日的第三份上书，由都察院在 6 月 3 日上交给皇上，这份上书提议富国、养民、育士和练兵。皇帝被这些想法所撼动，下令把它抄呈太后、军机处和各省督抚将军。这意味着皇上开始知道康有为，但是在 1895 年 6 月 30 日，他的第四份上书却被都察院和工部两方阻止上呈，这份上书提议持续改革和开设议会。

这时，康有为和梁启超把他们的注意力转向组织建立和参与“学会”及报纸。1895 年 9 月，他们参加强学会，其他人员包括一位帝师且曾出任过几个部尚书的孙家鼐、袁世凯和几十个英美人士。保守的变革者翁同龢和张之洞对学会也有非常大的兴趣，张之洞还捐赠了 5000 两。学会每十天主办一次关于变革的演说，并参加其他各种各样的活动，例如翻译西方和日本的图书、印发报纸和建立图书馆、博物馆、政治学会等。康有为个人捐款给梁启超担任主编的日报《万国公报》，该报日发行量 2000 份。报纸上一些与变革相关的思想，是从传教士组织“广学会”的出版物那里学习来的。康有为亲自拜访李提摩太，梁担任秘书。从此，广学会和变革者之间形成了一定程度的相互扶持。

在上海，有三十多份份推动变革的报纸和杂志；在天津，1897 年 11 月，发行了由严复（1854—1921）编著的有名的《国闻报》，严复是海军学校福州船政局的一位有名的毕业生和大量西学作品的翻译者。在此，他发行了翻译的赫胥黎的《天演论》（Evolution and Ethics），阐述达尔文的“物竞天择、适者生存”的理论。在湖南，激进的巡抚陈宝箴邀请梁启超担任新成立的长沙时务学堂的总教习。梁启超关于治理不良、有必要变革和人民主权的思想在这里得到了充分的解释。进步人士随后创立了“南学会”，并发行《湘报》和《湘学报》。一直以来以保守性著称的内陆省份湖南，一夜的之间就变成了一个进步中心。至于康有为本人，他在几个省行走、演说、推行变革的思想。三年之中，他推动了许多学会、学校和报纸的成立，主要是在湖南、江苏、广东和北京等地。

**康有为的崛起**

1897 年德国租借胶州和之后其他列强掠夺特权的行动，加快了一场新的民族危机的降临。康有为奔赴北京进行第五次上书，对被瓜分的危险提出告诫，认为变革已是势在必行。他提议皇帝从三个方面采取行动：第一，采法俄日以定国是；第二，大集群才以变政；第三，听任疆臣各自变法。上书的结尾提出告诫，任何耽搁都将招致进一步的外国侵略和王朝的最终灭亡。工部尚书由于他的直言不讳而没有呈交上书；但是，上书的内容却在上海和北京很快流传开了。即使这样，上书还是到不了皇上手里。因此，康有为想回南方，但在翁同龢的劝告下留了下来。由于翁同龢的外交事务能力有限，又受到张之洞的挑衅，所以私下里希望康有为担任自己的助手。翁同龢同意给事中高燮曾在 1898 年 1 月 11 日的荐言，即康有为应该受到皇上的接见。翁同龢对皇帝说康有为的才能比自己强很多，皇帝应就变革事宜亲自听听他的说法。光绪皇帝随后准备召见康有为，但恭亲王奕䜣提醒他，宫中规定不可以召见四品以下的官员。皇帝勉强做了让步，但随即下令大臣在总理衙门接见康有为。这一著名的见面在 1898 年 1 月 24 日进行，康有为首次正式传播自己的思想，如他自己所述，见面的精彩部分包括如下对话。

荣禄：“祖宗之法不可变。”

康：“祖宗之法，以治祖宗之地也，今祖宗之地不能守，祖宗之法有何用？”

兵部尚书廖守恒：“怎么变法？”

康：“宜变法律，官制为先。”

李鸿章：“然则六部尽撤，则例尽废乎？”

康："今为列国并立之时，非复一统之世，今之法律官制，皆一统之法，弱亡中国，皆此物也，诚宜今撤，即一时不能尽去，以当斟酌改定，新政乃可推行。"

见面一直到黄昏，荣禄第一个离开，他明显不喜欢所听到的东西。翁同龢也在现场，他有点被康有为的激进思想所困扰，他形容康有为"夸大其辞"和"狂甚"。

当皇帝看到汇报时，他很想接见康有为，但再次被恭亲王阻拦。但是，1月29日，光绪皇帝下令，允许康有为随时上书，宫廷官员不得阻止和耽搁。康有为上书的道路从此畅通无阻。他的一份早先没有被转呈的奏折现在送到了皇帝手中，皇帝被其直言不讳的讲解深深地感染了：如果不变革，皇帝将来极有可能连做一个平民的机会都没有，而且会像明代的最后一个皇帝那样悲惨地结束自己的生命。皇帝评价说，只有一个忠心的人才会不顾自己的性命说出这样直率的谏言，光绪皇帝对康有为越来越信任了。

1月29日，康有为第六次上书，要求皇帝选定国策、挑选才俊出任公职和建立"制度局"协助变革并草拟宪法。除此，应该建立十二个管理局，每一个都跟欧洲的部类似：司法、金融、教育、农业、工业、商业、铁路、邮政、矿务、文化、国际交流和设备。在各省，应该建立各级民政局，各地区设分局。各级局长应该有同总督和巡抚一样的地位，地区分局的官员应负责全部像教育、公共卫生、农业和警务这样的管理事务，只有诉讼和税收归普通地方官员管理。光绪皇帝对这些稀奇的想法印象深刻，要求亲王和总理衙门的大臣探讨。

1898年2月，康有为第七次上书，再次提议皇帝模仿彼得大帝和明治天皇。为使皇帝了解西方的变革，康有为呈上他自己的作品《日本变政考》和《俄大彼得变政记》，还有李提摩太的《泰西新史揽要》的翻译和其他有关各国变革的图书。皇帝每天学习这些手册，更加决心实行一场改制。

1898年5月30日，恭亲王奕䜣辞世，康有为催促翁同龢马上加快变革。翁同龢认为，康有为的声望和对皇帝的影响越来越大，是对自身地位的威胁。翁同龢督促他离开北京以避开保守派的进攻和上奏，但康有为漠不关心。6月8日，他第八次上书，不久，他又一次请求皇帝采取明定国策的决定性措施。1898年6月11日，光绪皇帝答应了他的恳请，发布了第一道变革法令，督促亲王、官员和普通老百姓在不抛弃中国基本道德教化的情况下，努力学习外国有用的东西。之后，翰林院学士徐致清劝告皇帝亲自召见康有为。会见在6月16日进行。四个小时见面的一些精彩场面，梁启超陈述如下。

在皇帝问过他（康）的年龄和资历后，康有为说："四夷交迫，分割洊至，覆亡无日。"

皇帝："今日诚非变法不可。"

康："今岁非不言变法，然少变而不全变，举其一而不改其二，连类并败，必至无功。"

"所谓变法者，须自法律制度先后改定，乃谓之变法。今所言变者，是变事耳，非变法也。"

皇帝赞同康有为设局研究各种体制的意见，并说："汝条理甚详。"

康："皇上之圣既见及此，何为久而不举？"

皇帝看了一眼屏风外面，然后叹息着说道："奈掣肘何？"

康："就皇上现在之权，行可变之事，虽不能变，而扼要以图，亦足以救中国矣。惟方今大臣，皆老耄守旧，不通外国之故，皇上欲倚以变法，犹缘木以求鱼也。"

过了一会儿，皇帝点点头，说："汝下去歇歇……汝尚有言，可具折条陈来。"

康有为站起来离开了，皇帝目送他出门。就连宫里的侍从都说这么长时间的召见还未见过。

同一天，也就是6月16日，康有为被任命为总理衙门的章京。三天后，他再次通过总理衙门上书，请求采用一项变法的国家政策和建立政府制度局。皇帝完全被康有为折服，他下令此后康有为不需要通过任何机构上书，可以直接呈交。除此，皇帝要了几本康有为的书：《波兰分灭记》、《法国变政考》、《德国变政考》和《英国变政考》。光绪皇帝现在完全确认了改制的紧迫性。康有为年届四十时，把皇笼络了，成了一场激进变法的统帅者。

维新运动的发端和康有为的变法理论

康有为在万木草堂讲学期间，编号了《人类公理》。在这部书里，他希望人类社会实现"平等公同"，期望有一个"奉天合地，以合国、合种、合教统一世界，又推一统后，人类语言、文字、饮食、衣服、宫室之变制，男女平等之法，人民通同公之法，务致诸生于极乐世界。”表现了康有为最初的大同理念。1889—1895 年，他不仅出版了《长兴学记》和《桂学答问》两本讲学记录，之后又在陈千秋、梁启超等学生的帮助下，编写了《新学伪经考》和《孔子改制考》。这两部著作是维新变法的重要理论依据。

《新学伪经考》在 1891 年 8 月刊行。在这本书里，康有为勇敢地对坚持“祖宗之法，莫敢言变”的传统守旧思想，表示强烈反对。把自东汉以来历代封建统治者和儒学人士奉为经典的《古文尚书》、《逸礼》、《左氏春秋》等古文经，全部说成是刘歆捏造事实，是王莽“新朝”之学，与孔子没有关系，应该称为“新学”。后来被称为“汉学”的贾逵、马融、许慎、郑玄之学，实质也不是“汉学”，而是“新学”。宋人所推崇的经书也大部分是“伪经”，而不是孔子之经。他的这种大胆言辞，是彻底地对“汉学”和“宋学”的严重抨击，要在学术上推翻“古文经学”的“述而不作”，在政治上抨击保守派“遵循祖训”、泥守古法的主张，为维新变法制造理论依据。

康有为这种结论，与历史并不相符。但是，它却在沉寂的思想界炸起一声惊雷。从来没有谁敢这样大胆地向一直以来占据领导地位的“汉学”和“宋学”发起挑战。该书一出，马上引起封建卫道者们的仇视和进攻，他们说康有为的“新学伪经之证，其本旨只欲黜君权、伸民力，以快其恣睢之志，以发摅其傺侘不遇之悲，而其言之谬妄，则固自知之也，于是借一用周礼之王莽、附王莽之刘歆以痛诋之”。也有人惊叹，《新学伪经考》使“五经去其四，而《论语》犹在疑信之间，学者几无可读之书!”在保守派的抨击下，清朝统治者曾经先后两次下令禁止该书流传。

《孔子改制考》是康有为的又一部重要作品。他从 1892 年在陈千秋和梁启超等人的帮助下，开始精心编著此书，到 1898 年才完成，并由上海大同译书局刊行。《孔子改制考》觉得孔子以前的历史都无可考。孔子创建儒教，以他自己创造的尧、舜、文、武的政教礼法，作为“六经”，假借古圣先王的言论，传播孔子自己“托古改制”的思想。康有为假设出一个首先倡导“改制”的孔子，实际上是学习西方近代资产阶级的社会政治思想，让人们把孔子当作变法改制的祖师，同时也把自己的维新变法思想说成是与孔子道统相一致的。他打着孔子托古改制的口号，就是要向人们证实，他的维新变法思想，就是继承孔子的思想，完全符合“圣人之道”。

在该书中，康有为用“据乱”、“升平”、“太平”三世说，来解释历史的演进，用资产阶级的政治思想附会《春秋》公羊派的学说。所谓“据乱”，就是君主专制；“升平”就是君主立宪；“太平”就是民主共和，尽管这种附会并不是科学的历史观，但他指出历史是不断发展前进的，君主立宪肯定要代替君主专制，这就从根本上否定了君主专制制度不可更改的传统说教，为维新变法提供了历史理论根据。

《孔子改制考》一经刊发，马上遭到保守守旧派更凶猛的仇视和抨击。叶德辉说，康有为借用孔子传播托古改制的思想是“假素王之名号，行张角之秘谋”。御史文悌在弹劾康有为的奏折中，提到康有为在《孔子改制考》中所阐发的思想，是“灭圣经”、“乱成宪”的违逆行为，要求将此书毁灭，将康有为处死。保守派的这种抨击，表现出他们对政治变革的极大惧怕，同时也表明了康有为的变法思想在统治阶级中产主了极大反响。

《新学伪经考》和《孔子改制考》是康有为传播变法的理论依据，两书先后问世，轰动了当时的思想界。梁启超曾经说过：如果把《新学伪经考》看作“思想界之一大飓风”，那么《孔子改制考》就像“火山喷发”。因为之前，思想界从来没有过这样惊世震俗的新鲜思想。康有为不论是借用孔子宣扬“托古改制”，还是指斥刘歆为新莽篡汉而制造“伪经”，其目的均在今而不在古，都是利用古书古人传播西方资产阶级社会政治学说，从西方学习救国之道。同时，在保守守旧势力强大、封建传统观念在人们的心中根深蒂固的情形下，利用儒家学说和孔子的偶像形象进行传播，还可以减少来自封建保守势力的阻挡和压迫。正如他自己所说：“布衣改制，事大骇人，故不如与之先王，既不惊人，自可避祸。”经过几年的准备，还有了一批维新志士作为骨干力量，一场以改革封建专制制度、效仿西方资本主义政治制度的维新变法运动，一旦有了合适的时机和条件，就会迅速兴起。

维新运动的高涨

为了得到更多士大夫和知识分子的支持并加入维新变法运动，康有为带领一些维新志士还在北京、广东、湖南、上海、天津等地出版报刊，组织学会，建立学堂，大力传播维新思想，宣传变法和论，训练变法骨干。维新变法快速成为社会思潮的主旋律，维新变法运动也迅速开展起来。

1895 年 8 月，康有为在北京创办的《万国公报》双日刊，由梁启超等人编著，传播西学，煽动变法。开始每期印刷 1000 份，和当时专门刊载诏书、奏章的“邸报”一起分送给在京官员。随着变法思想的宣传，不久后《万国公报》改名为《中外纪闻》，引发数量也快速增加到 3000 份，作为维新变法的传播媒介和舆论武器，在北京的一些官员和士大夫中，产生了重要的影响。1895 年 11 月，在康有为、梁启超等人的积极宣传和活动之下，由文廷式组织北京强学会，梁启超出任书记员，推陈炽担任提调。陈炽是早期维新思想家之一，当时担任户部郎中，很有社会地位和影响。强学会每十天汇集一次，每次汇集都有人讲演“中国自强之学”。康有为在《强学会叙》中写到：中国的危急形势就像在列强“磨牙涎舌”、宰割瓜分的险境中一样，“孱卧于群雄之间，鼾寝于火薪之上”。他高声呼喊：“日东眈，法南瞬，英西睒，俄北瞰，处四强邻之中而为中国，岌岌哉!”在维新变法得到光绪皇帝大力支持之时，强学会的成立引起了许多官员的关注，比如：当时正在天津小站练兵的袁世凯，署两江总督张之洞。甚至李鸿章也想捐银入会，但是由于名声不好而被拒绝了。

强学会成立后不久，就接收了一部分维新派人士和帝党官员，同时混进了一些摇摆不定的利禄之徒。由于派系不同，政见也不同，人员构成相对复杂。一些保守官员就散布谣言，等待时机搞破坏。1895 年 10 月，康有为留梁启超在北京继续工作，自己离京南下，在南京与张之洞一起，创建上海强学会，并在 1896 年 1 月发行《强学报》。东南地区，尤其是上海的维新运动也快速开展起来了。维新变法的声势越来越大，反动势力的反击也激烈起来。李鸿章的亲家、御史杨崇伊首先发起反击，在 1896 年 1 月上书弹劾，指出强学会“刻意贩卖西学书籍”，“以毁誉为胁迫，请饬严禁，复借口公费，函索外省大员”。随即奉谕：“著都察院查明封禁。”北京强学会被迫解散之后，上海强学会也被查封，《强学报》也只出了三期就不了了之。

在维新变法运动愈演愈烈的时候，西方国家的一些有名的传教士，也表示赞同和支持中国的变法，并给中国的维新派带来很大的影响。早在 1887 年，他们就在上海创立了“广学会”，这个学会一边作宗教传播，一边向中国人讲解一些西方近代知识，强学会创立后，英、美传教士李提摩太、林乐知、李佳白等人都陆续加入，甚至连当时英国驻华公使欧格纳也亲临参加，并捐赠书籍。这些传教士都是长期居住在中国的“中国通”，对中国的形势非常的了解，并且极力主张要用西方的知识改造中国。他们表示会积极帮助中国变法，但是却并不完全认同康有为等人的变法举措。

李提摩太向光绪皇帝提出了长篇意见书《新政策》，觉得中国没有必要改变封建君主专制制度，也不需要实行君主立宪制度，只需要中央政府实行“新政策”就可以了。李佳白说：“中国设南北直省，环拱京师，内而阁部大臣，外而督抚将军，俱有专司，以上承天子，意美法良，诚无需如泰西君民共主，政多纷更也。”他们提倡保持清朝原本的政治体制，来达到更进一步控制清朝中央政府的目的。李提摩太在《新政策》之《目前应办之事》中，罗列了九项具体措施，其中有八项都建议在政府各部门中任用西人，学习他法。还提出设立“新政部”，当作推行“新政”的领导机构。内设总管八人，其中一半必须要由德鲁、科士达、艾迪斯、赫德等在华外国人担任。邀外国人管理中国的“新政”必然要满足外国的利益，显然与以变法自强、救亡图存为目的的维新宗旨背道而驰。但是，当时的维新派人士对帝国主义缺少应有的认识，他们一心想把这些外国传教士引为同调，希望得到他们的帮助和支持，推动维新运动。不过，这些传教士虽然要通过“传教”来维系西方国家侵华的利益，但是他们毕竟也向中国讲解了一些西方近代文化科学学术。同时每个人的具体情况也不完全相同，并不都是帝国主义侵华分子。

1896 年 3 月间，杨崇伊又弹劾文廷式“互相标榜，议论时政”，导致文廷式被解聘。强学会被迫散伙，固然是封建保守势力向维新派发动的一次反击，但也与强学会内部组织杂乱、思想复杂有关，有些官僚仅仅为观望风色，甚至有的别有意图而入会，并不是为了维新。然而维新运动并没有因为受阻而止步不前，维新派仍然继续大力传播自己的变法思想，维新运动在全国很多地区继续发展。经过翁同龢、李鸿藻等的规划，在强学会旧址成立官书局，由孙家鼐管理，每月拨给经费 1000 两，用来购买、翻译外国图书以及报刊。

上海强学会解散后，由张之洞的亲信幕僚汪康年在 1896 年 8 月 9 日创办《时务报》旬刊，并邀请梁启超、黄遵宪等人参与《时务报》的创办工作，并力荐梁启超出任主编。《时务报》从创刊到停刊整整两年时间，共出刊 96 册。它以流畅的文笔，新颖的言论，盛行海内，留下深远的影响，对维新运动的开展起了极大的推动作用。尤其是梁启超发表的一系列鼓动维新变法的文章，更是震聋发聩，深入人心，显示了他杰出的宣传才干。

梁启超（1873—1929），字卓如，号任公，广东新会人，是康有为的得力助手和得意门生。在他主编《时务报》时期，写了有名的《论中国积弱由于防弊》、《变法通议》、《说群》、《论君政民政相嬗之理》等重要文章，他在《变法通议》中说道："变者，天下之公理也；法者，天下之公器也。大地既通，万国蒸蒸，日趋于上，非可阏制。变亦变，不变亦变。变而变者，变之权操诸己，可以保教，可以保种，可以保国，不变而变者，变之权让诸人，驰骤之，束缚之，呜呼，则非吾之所敢言矣！"明确提出中国必须变法图强，一定要学习西方资本主义国家的政治制度和文化教育制度。他大胆地传播"民权论"，批判"唯天子受命于天，天下受命于天子"的封建说辞，把历代帝王称为"民贼"，觉得"君权日益尊，民权日益衰，是中国致弱之根本"。呼吁"设议院"、"伸民权"，实行君主立宪制。同时他还提议更改科举制度，培养有用人才；提倡实行"工艺专利"，为壮大民族资本主义提供便利条件。

梁启超传播变法图强的政论思想，在当时的爱国知识分子和一些开明官员中，引起了极大的响应。不久，《时务报》销量增长到 10000 多份。连张之洞也连连赞赏，称《时务报》"卖为中国创始第一种有益之报"。由于《时务报》的有力传播，不但大大宣传了维新变法，梁启超也被广为传颂，当时人们把他与康有为并称为"康梁"。

严复（1854—1921），字又陵，号几道，福建侯官（今福州市）人。少年时曾经在福州船政学堂学习，1877 年被派去英国学习海军，两年后回国担任福州船政学堂教习，1880 年调任天津北洋水师学堂总教习。严复在英国留学时期，曾接触过西方近代自然科学和社会科学，深觉西方资本主义制度远远超过中国的封建制度。回国后，尤其是在甲午战争后，目睹中国封建统治的腐朽与落后，痛感民族危机严重，极力鼓励维新变法，救亡图存。他觉得要使中国自强，必须维新，要维新，必须大力倡导"西学"。并且力求通过鼓民力、开民智、新民德，来达到民富国强。

严复除了编写鼓动维新变法的学术政论外，他还把西方的一些社会政治学说引进到中国，尤以《天演论》影响最大。严复在甲午战争后翻译《进化与伦理》（英国生物学家赫胥黎的论文集）的前两篇，并以《天演论》命名。在翻译时，严复写了序言，他觉得"物竞天择"的法则也可以用于人类社会。他引用达尔文的进化论，讲述自己维新变法的主张，他觉得实行变法，就可以“自强保种”，因为符合“天演”和进化，不然就要亡国灭种，被“天演”所淘汰。康有为读到《天演论》译文后，大力赞扬严复是精通西学的第一人，并在《孔子改制考》中编入了进化论的历史观。梁启超也依据进化论的思想在《时务报》中大力宣传。

严复在提倡“西学”的同时，还对中国传统封建、守旧的文化进行了驳斥。他觉得儒家的政教学说大部分为歪理邪说，至于汉学、宋学和词章之学更是无实无用。他驳斥洋务派所提倡的“中学为体，西学为用”是“盗西法之虚声，而沿中土之实弊”，并倡导“自由为体，民主为用”。他将中国传统文化与西方近代文化做了一番比较，并得出结论：前者尊主，后者隆民；前者亲亲，后者尚贤；前者委无数，后者恃人力；前者夸多识，后者尊新知。这种对比，虽然存在偏颇，但是在当时却起到了弃旧图新、解放思想的作用。后来他又翻译了斯宾塞的《群学肄言》、孟德斯鸠的《法意》等讲述西方资产阶级社会政治学说的多部著作。严复因其在思想理论上的卓越贡献，成为近代中国向西方寻求救国真理的重要启蒙思想家、先进人物和有名的翻译家。进化论的讲述和宣传，是对近代早期知识分子的一次重要思想启蒙，对 19 世纪末和 20 世纪初的一代中国知识分子的思想起到了深远的影响，在近代中国的变革中起到了极大的推进作用。

在北京、上海维新运动日益高涨的时候，湖南的维新志士也活跃起来了，成为当时全国最具有维新朝气的一股力量。由于一方面有谭嗣同、唐才常等人的努力提倡，开通风气；另一方面还有湖南巡抚陈宝箴、署按察使黄遵宪等人的积极支援，湖南的维新运动在最活跃、最激进的维新派代表人物谭嗣同的带领下进行得有声有色。

谭嗣同（1863—1898），字复生，号壮飞，出身在湖南浏阳一个官僚家庭。少年时代曾经在浏阳有名的学者欧阳中鹄的帮助下学习和钻研黄宗羲和王夫之的作品，后来多次出游南北各省，不但开阔了眼界，还结交了许多维新志士；同时一路目睹国家的贫穷和人民的劫难，更激起了他的爱国热情、加剧了对清朝封建统治的不满。甲午战争惨败，更加坚定了他的救国信念，和当时的许多进步知识分子一起，走上了爱国救亡的道路。在摸索和寻求救国救民真理的道路上，他渐渐对中国古代儒家经典中的“三纲五常”和封建制度产生了质疑，并且非常信奉“西学”。他努力利用一切资源去学习西方社会政治学说和近代的自然科学知识，热切地主张维新变法，成为维新运动的中坚骨干，积极投身变法救亡运动中。

谭嗣同发出冲破封建罗网的呐喊，对封建专制制度和封建的伦理思想进行凶猛的攻击。虽然他的变法行动与他反封建的民主思想有某种自相矛盾，但在当时的维新派知识群体中，他仍然是最坚持和最激进的变革者。在维新变法思想逐渐强大的情形下，湖南省表现得最为积极，声势最为浩大。

谭嗣同写过许多传播变法的文章，做过许多鼓动变法的演讲，并在1897年1月完成了他的重要作品——《仁学》。在这部作品中，谭嗣同系统地阐述了他的哲学思想和社会政治思想，极其深刻地驳斥了封建制度和封建的伦理观念，大胆倡导要“冲决伦常之网罗”、“冲决君主之网罗”，痛彻揭露维护封建统治秩序的纲常名教的虚伪性，尤其是对“三纲”中“君为臣纲”的抨击尤为严重。同时，谭嗣同表达了追求资产阶级平等、自由的想法。他觉得“五伦”中对人生有益而无弊的只有“朋友”一伦，因而伦理关系就要像“朋友”一样：“一曰‘平等’；二曰‘自由’；三曰‘节宣惟意’。总的来说就是，不失自主之权而已。在《仁学》中，他虽然觉得中国的危亡只有变法可以挽救，但就思想层次而言，他已经在某种程度上超过了改良的范围，而带有民主改革的色彩。

湖巡抚陈宝箴是各督抚中最坚定支持变法的人。他的一批重要官吏，如督学江标及继任徐仁铸和署按察史黄遵宪，都积极支持变法。谭嗣同的老师欧阳中鹄、密友唐才常以及经学家皮锡瑞等，也在湖南各地纷纷传播维新变法思想理论。1897年4月，唐才常、江标等人在长沙创办《湘学新报》，对维新变法极力传播。1897年10月，陈宝箴又开设了时务学堂，任命熊希龄为提调，聘请梁启超为中学总教习，而李维格任西学总教习，以韩文举、唐才常、欧榘甲等人为中学分教习。不少有志青年纷纷入校学习，积极参加维新运动。次年春，谭嗣同、唐才常又创建南学会，在长沙设立总会，各县设立分会。总会每七天举行一次演讲，每次都有上千人踊跃参加。主讲人有谭嗣同、黄遵宪、皮锡瑞等，他们所讲的内容包括资产阶级的社会政治学说和世界形势，以及救亡图存、变法维新的政治主张。南学会比其他各学会的优越之处，在于它不仅讲学，而且积极参与推行新政，比如倡导建立课吏堂、新政局、保卫局等新式机关，事实上南学会可以比作地方议会。

随着维新变法运的蓬勃发展和新政的缓缓进行，谭嗣同和唐才常在1898年3月又创立了《湘报》（日报），也是南学会的机关报。《湘报》创刊后，对维新变法进行了很有影响力的传播，不但进一步推进了湖南的维新运动，并且对南方各省也产生了极大的影响。除湖南外，两广地区的维新运动也非常可观。1897年2月，康有为在澳门创建了《知新报》，由他的学生徐勤担任主笔，由他的弟弟康广仁和何廷光担任经理，该报当时在中国南部沿海地区传播维新变法的首要工具。这一年春天，康有为去广西桂林授课，并与岑春煊、唐景崧发起组织“圣学会”，创立了《广仁报》。广西的维新运动，也逐渐发展起来。《论世变之亟》、《救亡决论》等重要政论，大力传播西方资产阶级的政治观点和学术思想，痛切驳斥封建传统观念。这些文章文笔犀利，理直气壮，是传播维新变法的有名之作。由于资产阶级维新变法思想的疯狂传播，并且维新派组织人员在思想上和理论上都做了一系列的准备，从而为开创维新变法的政治实践奠定了基础。维新运动的发展，引起了封建保守势力的极度恐慌和仇视。他们声称康有为等维新派人士是“士林败类””、“名教罪人，觉得维新变法思想就是“异端邪说”，还宣称“天下之祸，不在夷狄，而在奸党（指维新派）”。要求处罚康有为，毁灭维新派。这种变法与反变法的斗争，在湖南表现得尤为突出。

岳麓书院山长王先谦集合一批守旧人士，向陈宝箴提出《湘绅公呈》，进攻梁启超、谭嗣同、唐才常等人让时务学堂的学生“不复知忠孝节义为何事”，并威胁陈宝箴重整时务学堂，辞退梁启超、唐才常。这一要求被接受，他又伙同豪绅兼旧式学者孔宪教、叶德辉等人鼓吹他掌控的书院中的一些学生，制定《湘省学约》，规定了“尊圣教”、“正心术”、“辟异端”等条款，加强对学生的思想管制，抵抗维新思想的渗透。他们著书撰文，反击平等、民权学说是大逆不道；给南学会邵阳分会负责人、维新派激进青年樊锥加上“首倡邪说，背叛圣教，惑世诬民，败灭伦常”的罪名，将其驱逐出境；并逼走长沙南学会主讲人之一的皮锡瑞。他们集合一些人到南学会闹事，殴打《湘报》主编，发动同乡京官向清廷上奏，抨击湖南维新派和赞同变法的官员。

湖南新旧两派的争斗，是当时全国斗争的一个缩影。为对抗维新变法，湖广总督张之洞也一改当初支援强学会和赞扬《时务报》的态度，转而对抗维新派。1898 年 3 月，他编写了《劝学篇》，成为对抗维新变法的代表作品。《劝学篇》分为内、外两篇，“内篇务本，以正人心；外篇务通，以开风气”。所谓“通”，指的是要学习西方坚船利炮和近代生产技术，这是建设封建统治不可缺少的手段，可以变通兴办。而所谓“本”，指的是维护封建制度的纲常名教，这是不能改变的。但是对平等、自由、民权等西方资产阶级的概念，则极力排斥。全书中心，还是以“中学为体，西学为用”为基本思想。

因为张之洞在该书中实行调和中西、折中新旧，因此给人以保持中立的假相，而且又带有一些的“学术”色采。该书一出，马上引起很多人的赞叹，并且受到光绪皇帝的高度重视，觉得它“持论平正通达，于学术人心，大有裨益”；并且发布上谕，下令各省督抚、学政，“广为刊布，实力劝导，以重名教而社卮言”。所以，《劝学篇》得以“挟朝廷之力以行之，不胫而遍于海内”。一些西方学士也对之极力赞扬，先后译成法文、英文出版。1900 年纽约刊行的英译本，还写上了《中国唯一的希望》的醒目标题。由此可见西方帝国主义势力对中国封建势力的大力支持，远远超出了对维新派的关注。

维新派人士对《劝学篇》的出版，极为反感。指出它不仅“不特无益于时”，而且“大累于世”；斥责张之洞编著《劝学篇》是“倾天下以顾一家”，“保一官而亡一国”。在维新变法运动时期，甲午惨败，洋务派因破产而暂时失势，许多人对维新变法持观望态度。而张之洞则以假装公正的面目，以封建守护者自居，对维新派一些人倡导的开议院、兴民权表示坚决反对，说什么“民权之说一倡，愚民必喜，乱民必作，纪纲不行，大乱四起”，“民权之说，无一益而有百害”，他认为“议院万不可变通，民权万不可重，民主万不可设”，“君臣之义，与天无极”，坚持主张君主专制制度。但是，变法与反变法的争辩，主要不是在洋务派与维新派之间展开的，而是在保守势力与维新派之间进行的，争辩的中心是是否实行维新变法。

维新派变法提倡的一个基本内容，就是要使君主立宪制度代替封建专制制度。而实行君主立宪，必须要学习和效仿西方资本主义的议会制度，让他们参与政权。因此有人曾经提出过开议院的提议，也有人提出过兴民权的建议，而这些正是保守势力所无法容忍的。保守派觉得封建君主专制制度，是最美好、最完善的政治制度，一定不可以改变。而维新派则指出封建君主专制制度正是中国贫穷的源头，中国必须实行君主立宪，开设议会，才可以“解生民于倒悬之危，置国家于磐石之安”，并且使“国家无难决之疑，言路无壅蔽之患”。为了从源头论证君主立宪的合理性和封建君主专制的不合理性，他们依据中国古代的“重民”思想和西方资产阶级的政治学说，对君主的起源和君民关系提出了新的观点，指出国家是“民之公产”，王侯将相不过是“通国之公仆隶”，而人民才是“天下之真主”。谭嗣同也提出“生民之初，本无所谓君臣，则皆民也。民不能相治，亦不暇治，于是共举一民为君”，既然君可以由民“共举之，则且必可共废之”，所以“君末也，民本也”。这就从根本上否定了君主“受命于天”和“君权神授”的封建说法，为维新变法和实行君主立宪提供了理论依据。

对于维新派要求变法的提倡，保守势力坚信“祖宗之法不能变”，说祖宗之法是古圣先王留下来的治国之本，只能遵循，不能更改，否则就是祸乱国家，违逆天理。维新派对这种观点进行了辩驳，他们指出事物的进化是人类社会甚至自然界前进的必然法则，世间万事万物“无时不变，无事不变”，所以“祖宗之法”也不可能一直不变。维新派依据事物“新陈代谢”的法则，得到“法既积久，弊必丛生，故无百年不变之法”的结论，觉得“祖宗之法”一定会随着时代的变化而有所改变。他们以中国历史上各朝典章制度的更改，尤其是清朝时期从鸦片战争以后50年间，清朝军队的武器由“刀矛弓矢”进化为“洋枪洋炮”，以及政府新成立总理各国事务衙门等事实为例，论证变法是不可逆转的历史必然。他们嘲笑保守传统的大臣们说：“古而可好，又何必为今人哉！”维新派在批判保守派的时候，把变法直接与救亡联系在一起，觉得中国积弊已久，又面临被列强瓜分的重重危机，要拯救快要灭亡的中国，必须维新变法。康有为讲道：“观大地诸国，皆以变法而强，守旧而亡”，中国的变法更是千钧一发，不变法就只能毁灭。他们质问保守派：“且法者，所以守地者也。今祖宗之地既不守，何有于祖宗之法乎！夫使能守祖宗之法，而不能守祖宗之地，与稍变祖宗之法，而能守祖宗之地，孰得孰失，孰重孰轻？”这是对保守派反对变法最有力的反驳。

维新派的变法倡议包括政治、经济及文化教育等许多领域，并重点强调要变革封建的教育制度。他们觉得要变法维新，拯救民族危亡，一定要废除科举，兴办学校，并指出：“变法之本，在育人才，人才之兴，在开学校，学校之立，在变科学。”保守派则反击维新派兴办学校的倡议是“名为培才，实则丧才”，他们觉得尊孔读经、八股取士的教育制度不可以更改。维新派以牙还牙，他们认为旧的科举制度和教育制度是统治者“牢笼天下”的愚民政策，“为中国锢蔽文明之一大源头”。他们甚至讲道，“亡中国，覆中国，必自科举愚民不学始也”。这场变法与反变法旧、维新与守的争辩，是新兴的资产阶级与没落的封建地主阶级在思想上的较量，也是中国有史以来作为新的政治力量和新的经济力量代表的资产阶级，首次向封建制度和封建思想宣战。这场争辩，比较集中地反映了近代中国在文化思想领域中学与西学、新学与旧学之争。通过这场争辩，进一步让知识分子开阔了眼界，解放了思想，也影响了社会的风气。思想争辩，往往是政治斗争的思想前导和舆论准备，一场维新变法运动的序幕已经悄悄拉开。

## 第二节　百日维新和影响

正在维新运动日益高涨之时，1897 年 11 月，蓄谋已久的德国侵略者公然出兵攻占胶州湾。这一匪贼行为，令全国上下激愤不已。康有为在上海闻讯后急速赶往北京，并在 12 月和次年的 1、2 月接连三次向光绪皇帝上书(即上清帝第五、第六、第七书)。在这三次上书中，他明确地分析了当时国际和国内的形势，提出民族危机的重要性和维新变法的迫切性。

1898 年 1 月 24 日，翁同龢、李鸿章、荣禄、张荫桓等人在总理各国事务衙门会见康有为，详谈变法事宜。康有为当场批判了荣禄的“祖宗之法不可变”的传统想法和李鸿章的维持现状的保守思想，并详细讲述了他的具体变法策略。翁同龢立刻向光绪帝上奏传询情况。光绪帝命令康有为逐条列出，进呈所著书籍。于是康有为在 29 日上《应诏统筹全局》折（《上清帝第六书》)。请大誓群臣以定国是，开制度局以定新制，另外开法律局、学校局、税计局、矿政局、农商局、工务局、邮政局、铁路局、游历局、造币局、社会局和武备局十二局以实行新法，各省设民政局，实行地方自治。奏折中没有出现以往上书中曾提到过的“开国会”、“定宪法”等意见，可见康有为的变法纲领有了重要更改。光绪皇帝命令将此折交总理衙门“妥议具奏”，总理衙门却按照慈禧太后懿旨将折中意见逐条驳回。康有为非常失望，“复思开会振士气于下”。

他说，以德国攻占胶州湾为嚆矢，“万国报馆，议论纷纷，咸以瓜分中国为言。如箭在弦，省括即发”，“瓜分豆剖，渐露机芽”。中国的现况“犹如地雷四伏，药线交通，一处火燃，四面皆应”。国际形势已经险恶到了极致，而国内又是“奸宄生心”，“乱民蠢动”，“揭竿斩木，已可忧危”。他告诫光绪皇帝，必须下定决心，“极力维新”，要不然“皇上与诸臣，虽欲苟安旦夕，歌舞湖山，而不可得矣；且恐皇上与诸臣，求为长安布衣而不可得矣!”4月，与御史李盛铎在京发起设立以“保国、保种、保教（孔教）”为理念的保国会。而此前已有闽学会、粤学会、吴学会、蜀学会，此后又有保浙会、保滇会、保川会等。士大夫经常聚集，议论时政，变法日渐紧张。康有为乘时煽动帝党官员上书，催促变法。

6月1日，御史杨深秀上折《请定国是而明赏罚》；8日，侍读学士徐致靖上奏《请明定国是疏》。两疏都是康有为所拟。光绪皇帝只好下令，立即变法。

光绪二十二年（1896）6月12日，刑部侍郎李端棻上书光绪帝，建议应自京师以及各省府州县皆设立学堂，京师大学惟益专精。对此光绪帝下旨：此事由总理衙门全权处理。7月，协办大学士孙家鼐奉旨聚集相关官员商讨办学堂事，强调应以“中学为体，西学为用；中学为主，西学为辅”为办学宗旨。并决定在北京西城原同文馆周围买地筹金扩建学舍。光绪二十四年（1898）2月10日，御史王鹏运上书光绪帝再次建议开办京师大学堂。光绪帝下旨：“妥速办理。”

光绪二十四年（1898年）6月11日，光绪帝依据徐致靖和杨深秀的意见，聚集军机全堂，颁布《明定国是诏》，明确宣示：“嗣后中外大小诸臣，自王公至士庶，均需努力向上，奋发为雄，以圣贤义理之学植其根本，也需博采西学之切于时务者实力讲求，以救空疏迂谬之弊端。”光绪帝宣布“明定国是”诏，标志着百日维新的开始，也表明了帝党和后党之战进入了决战时期。变法从此正式开始，直至9月21日慈禧太后发动政变，总共103天，历史上称之为“百日维新”。

紧接着，命军机大臣和总理衙门妥议开办京师大学堂事。决定由梁启超效仿日本和西方各国学制草拟《京师大学堂章程》，章程共八章五十二条。

其中写道：京师大学堂的办学方针为："中学为体，西学为用，中西并用，观其会通"。课程分为专门学和普通学两类。以各国语言文学、高等算学、格致学、政治学、地理学、农学、矿学、工程学、商学、兵学、卫生学为专门学科；以经学、理学、中外掌故学、诸子学、初级算学、格致学、地理学、文学及体操学为普通学科。章程中还规定"各省学堂皆归大学堂统辖"。同时提出"宏建学舍"、"宽筹经费"、"简派总教习、"慎选管学大臣"" 等意见。

光绪皇帝的这一举动，引起慈禧太后的关注，6 月 15 日，逼迫光绪帝连下三道圣旨：第一，罢免支持变法的翁同龢协办大学士、户部尚书等职务，逐回江苏原籍；第二，命直隶总督王文韶入京面圣，任命荣禄署理直隶总督，随后又任命荣禄为直隶总督兼办理北洋通商事务大臣，节制直隶境内聂士成（武毅军）、董福祥（甘军）及袁世凯新建陆军三军；第三，嗣后在廷臣工如有蒙赏加品级以及补授文武一品暨满汉侍郎，都需要具折诣太后前谢恩，各省督抚、将军、提督、都统等官职也一样。接着，慈禧又分别命怀塔布、崇礼和刚毅控制守卫京都与颐和园的卫戍部队，命裕禄在军机大臣上行走，并在内廷全部安排自己的亲信太监，监视光绪皇帝和维新派的一切活动。如此一来，变法一开始，后党势力就紧握军政大权，以天津直隶总督衙门和北京西郊颐和园为据点，部署力量，做好了政变准备。

光绪皇帝不顾后党的威逼，继续推行变法维新。6 月 16 日，光绪皇帝召见康有为，商议变法具体措施和实施步骤。康有为鉴于光绪皇帝处处受慈禧太后控制，提出"就皇上现有之权，行可变之事"。光绪皇帝命康有为在总理衙门章京上行走，并允许他专折奏事。于是康有为不断呈奏，并把《日本变政考》等书加上按语连续进呈，讲述变法理论，计划变法步骤，提出具体变法意见。光绪帝依据康有为等人的意见，在百日维新时期颁发了几十道新政指令。其中军事方面主要包括：严查保甲，实行团练；裁减绿营，淘汰冗兵，采用新法编练陆海军。经济方面主要包括：设立农工商总局，开垦荒地；提倡私人办实业，嘉奖发明创造；设立铁路、矿务总局；鼓励商办铁路、矿业；裁撤驿站，设立邮政局；改革财政，创办国家银行，编制国家预决算。政治方面主要包括：广开言路，准许各级官员及民众上书言事，严禁官吏阻格；删改则例，撤销重叠闲散机构，裁汰冗员；取消旗人的寄生特权，准其自谋生计。文教方面主要包括：改革科举制度，废除八股，改试策论；改书院和淫祠为学堂；鼓励地方和私人办学，创设京师大学堂，各级学堂一律兼习中学和西学；设立译书局，翻译外国新书；准许民间创立报馆、学会；派人出国留学、游历。这些举措有利于民族资本主义经济的发展和资产阶级文化思想的传播，受到地主阶级开明人士和维新派的拥护，一时“欢声雷动”，全民沸腾。

7 月 3 日，朝廷同意设立京师大学堂。接着委派吏部尚书、协办大学士孙家鼐出任管学大臣，全权管理大学堂事务。张元济担任大学堂总办。朱祖谋、李家驹出任提调，许景澄为总教习，骆成骧和刘可毅为教习。原同文馆总教习丁韪良任西学总教习。同时决定将新设译书局和原有的官书局并入大学堂。由管学大臣督办。光绪二十四年（1898）8 月 9 日，京师大学堂正式开学，学员不满百人，其中大多数是世家官宦子弟以及少数从各省中学堂挑选的高材生。

变法运动威胁到封建保守分子的利益，受到他们的反对和抵制。在社会上，许多旧式知识分子不赞同废八股、停书院，还有一些官吏也不赞同并衙门。除湖南巡抚陈宝箴外，其他各省督抚都没有推行新政。当光绪皇帝电旨催问时，有的推说“部文未到”，有的置之不理。在中央，中枢要员和皇亲贵戚按照慈禧太后旨意，或公开抵制新政，或暗中加以阻碍，或精心谋划，伺机反击。在百日维新时期，新政与旧政治势力之间变法与反变法的斗争非常激烈，而帝后党之争尤为突出。

在《明定国是》诏颁发后第四天，慈禧太后就逼迫光绪皇帝发出三道圣旨：第一，罢免翁同龢，逐回原籍；第二，新授二品以上官员须到太后前谢恩；第三，任命荣禄署直隶（今河北）总督（随后便实授，并加文渊阁大学士衔），兼领聂士成（武毅军）、董福祥（甘军）和袁世凯（新建军）三军。慈禧太后想孤立光绪皇帝，打击维新派，并将精锐的北洋诸军牢牢掌控在后党手中。随后在 6 月 16—24 日，又逼迫光绪皇帝任命崇礼为步军统领，刚毅掌管健锐营，怀塔布掌管圆明园八旗、包衣三旗及鸟枪营。后党完全掌管了京城防卫部队。然后又宣告太后与皇帝将定于 10 月 19 日去天津检阅军队，遂即发生了届时将废掉光绪皇帝的传言。

针对后党的各种反变法行动，帝党亦有反抗。光绪皇帝在不断颁发新政诏令的同时，也一面引进新人，一面打击阻碍新政的保守官员。6 月 20 日，帝党杨深秀、宋伯鲁上奏弹劾礼部尚书、总理各国事务大臣许应骙“保守迂谬，阻碍新政”。7 月 3 日，光绪皇帝召见梁启超，授予六品卿衔，专职管理译书局事务。7 月 8 日，后党御使文悌因参奏康有为“任意妄为，遍结言官，把持国是”，而被免职。

8 月 8 日，处理了攻击康有为的后党御史文悌。8 月 10 日，再下令各臣工，强调变法自强的重要性，命令力除壅蔽，以求上下一心，改良庶政；并口谕嘉奖湖南巡抚陈宝箴。9 月 4 日，令将阻碍主事王照上书的礼部尚书许应骙、怀塔布，侍郎溥颋、堃岫、徐会沣、曾广汉六人全部免职，并夸赞王照“不畏强御，勇猛可嘉”，著赏三品顶戴，以四品京堂候补。5 日，又授予谭嗣同、刘光、杨锐、林旭等以四品卿衔，在军机章京（清代官名，满语“管事”之意）上行走，参与新政事务。四章京代皇帝批阅奏章，草拟谕旨，官轻但权重。9 月 7 日，从总理衙门中赶走抵制变法的敬信章和李鸿。11 日，徐致靖依据康有为的授意上《密保袁世凯》折，暗示光绪皇帝应重点拉拢袁世凯，以加固帝党的军事力量，以防不测。第二天，有旨令袁世凯即行来京面圣。这一系列行动使新政改革走上正轨，同时也加剧了帝党同后党的矛盾。庆亲王奕劻、内务府总管大臣立山等人，看到形势危急，竞相跪在慈禧太后面前失声痛哭，控告光绪皇帝，请求皇太后临朝“训政”。

在慈禧太后胁迫下的光绪皇帝并没有多少实权，不敢过于得罪保守派，不得不时刻注意向后党让步。在变法诏令中多为后党留有出路，并任用许多后党官员试行新政。例如任命户部尚书王文韶管理铁路，直隶霸昌道端方等筹办农工商总局；庆亲王奕劻等负责八旗骁骑营，管理大学堂工程等等。除此，他还命人把每天的重要奏章呈送到太后处由其阅示，并先后 12 次亲自前往颐和园向太后汇报和请示变法事宜。但是，这种种妥协丝毫未能缓解帝后矛盾。

从 9 月初罢免礼部六堂官起，帝后两党之争趋于白热化。后党加快了政变步伐。内务府满族亲贵环跪于慈禧太后面前，谓皇上妄变祖法，恳请训政。杨崇伊、怀塔布等人陆续到天津拜见荣禄，秘密商谈废主之事。风声日紧，形势非常危急，康有为急向光绪皇帝进策：第一，仿照本设立参谋部，收回军权，皇帝自己担任海陆军大元帅；第二，改元为维新元年，不再发放易服，以示变法之决心；第三，迁都上海，摆脱后党禁锢。同时又深知武装的重要性，便把希望寄托在拥有7000人重兵并曾参加强学会的袁世凯身上。在袁世凯起程进京后，荣禄马上调董福祥部移驻北京外围长辛店，聂士成部移驻天津陈家沟，政变有一触即发之势。康有为先派亲信弟子徐仁禄到小站查探情况，得知袁世凯表示拥帝，所以康有为和谭嗣同觉得“可救上者只此一人”，于是就密奏光绪帝交结袁世凯以备不测。

9月16日、17日，光绪皇帝两次召见袁世凯，破格授予侍郎候补，专职管理练兵事务；面谕袁世凯和荣禄各干各事，使其不受威胁。然而，袁世凯在光绪皇帝召见之后，便马上去辞谒军机大臣裕禄、王文韶、刚毅，乞求原谅。9月中旬，光绪皇帝已感大祸临头，先于13日向康有为等下密诏，称“今朕位几不保，汝康有为、谭嗣同、林旭、杨锐、刘光等人，可妥速密筹，设法相救”。由于杨锐带此密诏不敢传出，光绪皇帝不见康有为等人的回信，就在17日又秘密下旨让康有为出逃，前往上海管理官报，“将来更效驰驱，共建大业”。18日，康有为从林旭处得到两道密诏后，马上召集谭嗣同、梁启超、徐世昌、康广仁等在南海会馆共商计谋，大家见面后只是抱头痛哭，也无计可施，最后决定拼死一搏，由谭嗣同携密诏去劝说袁世凯带兵勤王。当日深夜，谭嗣同赶赴袁世凯所住的法华寺，请求袁世凯起兵诛杀荣禄、包围慈禧太后所居颐和园，实行兵谏，以此来保卫光绪皇帝执政。袁世凯假装答应，正色厉声表示誓死救“圣主”，“诛杀荣禄如杀一狗耳!”9月20日，袁世凯请训回天津，光绪皇帝赐密诏，命其保护新政。袁世凯表面“忠心耿耿”，但是当他回天津后，马上向荣禄告密。

当袁世凯应召从天津赴京面圣时，后党就马上调聂士成5000人兵力开赴天津陈家沟周围布防，切断了北京与小站之间的通道。9月18日，董福祥甘军直冲北京城，扬言京师有大变。9月19日，慈禧太后赶回紫禁城。9月21日凌晨，慈禧发动宫廷政变，囚禁光绪皇帝于中南海瀛台，并用光绪皇帝的名义发布圣旨，“再三吁恳慈恩训政”，宣布慈禧太后重新“垂帘听政”，并下令废除变法。9月22日，荣禄派兵3000人在京城抓捕维新派和帝党人士。政变前后，维新派曾议定由李提摩太、梁启超、容闳分别去见英、美、日三国公使，求其设法帮助光绪皇帝和维新派，结果都失败了。康有为得到英国帮助，逃奔香港，之后逃往日本；梁启超也得到日本支持，逃到日本横滨。9

月28日，谭嗣同、刘光第、林旭、杨深秀、杨锐、康广仁等六人（史称“戊戌六君子”）同时在北京菜市口被杀害。谭嗣同临刑前悲痛欲绝喊到“有心杀贼，无力回天”。康有为、梁启超被通缉抓捕；维新派官员陈宝箴、江标、黄遵宪等数十人被免职或流放；新政全部废除，只留下京师大学堂。戊戌变法以失败告终。

戊戌变法失败的根本原因在于当时中国民族资产阶级还没有形成强大的政治实力，还不足以与封建势力抗衡。而资产阶级维新派又是民族资产阶级的上层，在政治上更为弱小，根本不敢触动封建专制制度，只能采取改良的措施，希望得到有限的参政权，实行资产阶级和地主阶级联合专政。他们感到力不从心，却又害怕脱离人民群众，把变法的希望寄托在一个没有实权的皇帝身上。这一都切注定了变法运动失败的必然命运。但是，戊戌变法是一场爱国救亡运动，在中国近代史上具有重大意义。

变法失败的原因，主要包括维新派没有经验、战略部署不够周详、皇太后独掌大权和保守派极力反对。

维新派没有经验

1898年，康有为年仅40岁，而他的主要拥护者梁启超才刚刚25岁，两人都没有在政府就职的经验。变革前，也没有出国学习的经历，对西方文化和制度的了解只局限于表面，并且对于西方的认识，也只是从所读的传教士的出版物和对上海及香港的殖民管理中略有所闻。张之洞嘲笑他们没有真正领会西方的文化和制度，这是事实。

尤其是康有为，他不是一个实践的政治家，而只是一个思想家，并且是个理想主义者。他对现实政治并没有太多的认知，也没有使用过政治权势。他虽然能把皇帝笼络过来作为权力的依法来源，但他漏掉了国家的真正权力是在太后掌控下的这一鲜明的事实。他急功近利，一点都不考虑变法对其他人的影响。他单纯地以为，只要在皇帝的拥护下，就能克服所有困难。他没有想到，激进的变法实际上是对整个儒家统治的国家和社会的一场挑战，最后只会激起来自各方面的激烈反抗。废除八股文伤及了所有一辈子准备科举考试的学员的前程，他们某一天突然发现自己所学的东西不再是政府所需要的了，于是下定决心要“吃”了康有为。裁减撤消不必要的重叠机构和三个巡抚的职位与创设十二个新局的提议，在所有在职官员中引发了失业的慌乱；

要求任用有真才实学的人而不是对现职者进行按资排辈，在官场中引起大大的不安；军事改革影响汉族绿营和满族八旗的特权，而对反腐败的指责终结了太监总管李莲英最痴迷的敲诈行为；将寺庙变为学校的命令惹怒了僧侣。除了皇帝之外，所有的变革者都是汉人的事实，引起了满族人的恐慌。所有这些人——儒生、军官、官僚僧侣、太监和全体满族人都反对变法。

进步人士对面临的危险并不是一无所知，康有为的弟弟早就劝他放弃，但一心想除掉康有为的翁同龢以皇帝舍不得他离开为由，劝他留下。康有为自己对光绪皇帝感激不尽，也不想离开，说生死在天，非人力所能掌控。康有为的弟弟和梁启超密谋以公使的身份护送康有为去日本，但光绪皇帝派出的是另一个改革派的人。皇帝实在太信赖康有为了，不批准他离开。而康有为又非常骄傲，不肯半途而废。太后发动政变时，维新运动仅进行了103天。

保守派的抵制

保守派作为儒家道德传统的守护者，打击改革派“无君无父”，在倡导民权和个人平等时分不清人际关系中最基本的“三从”。康有为把孔子说成是改革家，质疑古文献的真实可靠性，在这些儒家道德的守护者眼里不啻是蔑视和异端。叶德辉指责康有为利用圣人谋取私利，讽刺他：“其貌则孔也，其心则夷也。况今之公羊学，又非汉之公羊学也。今之公羊学尊夷，汉之公羊学尊汉。”他藐视地声称：“其言即有可用，其人也不可用。”

即使是儒雅的改革派和那些怜悯改制的人都接受不了康有为的解释。使康有为得到皇帝关注的翁同龢在读过《新学伪经考》后，评价康有为“吾惊诧不已”、“真说经家一野狐也”。激进的湖南巡抚陈宝箴评价说，康有为的《孔子改制考》超越了对儒家正常的学术阐释，并且包含危险和令人厌恶的政治暗指。孙家鼐是变法的怜悯者和京师大学堂的校长，也批判这部作品，正如他对皇帝说的那样：第八卷中，……《孔子制法称王》写到，杂引谶纬一书，影响附会，必须证实孔子改制称王而已。切不可以此为教，人人存变革之心，人人谓素王可当，是学堂之设，本以教育人才，而转以迷惑民志，是导天下于乱也。

因此，康有为才智的发挥为他赢得今文学派拥护者的美誉时，也疏远了一大批儒雅而慎重的学者，他们实在没有办法接受康有为作品中危险的存在。康有为取自素王（无冕之王，指孔子）的名号“长素”，含有“无冕之王的忠实拥护者”或完全就是“永远的无冕者”的双重意义，这真是个犀利的讥讽。

总之，康是一个思想家，而不是一个政治家。他的激进变革是一次解救清王朝的大胆尝试，但它也表明了与19世纪60年代自强运动开始的渐进改革总趋势的断裂。变法鲜明地远远超前于它的时代。但是王朝全面的衰亡和退化，人们担心，即使变法得以全面实行，他的计划也不能挽救它。

1898年维新失败造成了众多深远的影响。首先，它证明自上而下的前进变革是不可能的。其次，在皇太后和重返政坛的冥顽保守派的掌控下，宫廷根本没有领导能力。它煽动排外主义和鼓舞义和团事件，直接导致了1900年八国联军攻陷北京。它以反汉的思想来毒害改革者，从而扩大了满汉之间的冲突。反动的军机大臣刚毅就曾说道：“改革者汉人之利也，而满人之害也。设吾有为，宁赠友邦，勿与家奴。”最后，更多的汉人认为，他们的前途在于彻底推翻满人的王朝，这样的事业不可能依靠和平的改革实现，只有通过人民的流血革命才有实现的可能。孙中山带头推进了这一事业。

## 第三节　士大夫阶层思想的改变

维新派志士在倡导资产阶级新文化、反对封建主义旧文化的摸索和斗争中，以大无畏的精神，对陈旧迂腐的旧文化和保守势力愚昧守旧的思想，进行了彻底的批判和抨击。康有为、梁启超、谭嗣同、严复等一些人，都对封建旧文化旧思想进行过鞭挞和批判。他们在反对旧学、倡导新学，批判“中学”、倡导“西学”的同时，以新的思想理论，新的形式作风，在一些思想和文化学术领域力求创新，并有所建树。在社会思想政学说方面，康有为、梁启超、谭嗣同、严复等人的政论，以极强的说服力，感染了大批的知识分子。而严复对《进化论》的讲解和《天演论》译述，在思想学术界起到了震聋发聩的作用。这些，都是早期维新思想家们所不能到达的高度。梁启超后来回顾当初思想文化的转变说道：“海禁既开，所谓‘西学’者逐渐渗入，始则工艺，次则政制，学者若生息于漆室之中，不知室外更何所有，忽穴一牖外窥，则灿然者皆昔所未睹也。环顾室中，则皆沉黑积秽，于是对外求索之欲日炽，对内厌弃之情日烈。于是，以其极稚嫩之西学知识，与清初启蒙期所谓‘经世之学’者相结合，标新立异，向于正统派公然举叛旗矣！”

除了社会政治思想，在其他社会科学和文学艺术等领域，也翻开了新的篇章。在文学艺术方面，一些维新派人士也在进行新的开拓、摸索、尝试和更新。他们把开民智、鼓民力、新民德、学西方当作维新变法、救亡图强的重要条件和途径，从而把文学艺术作为推动变法、传播维新的思想工具。黄遵宪最先提出“我手写我口”的诗歌创作方法，以打开旧体诗词形式的局面，并以自己创作诗歌的行动，成为近代“诗界革命”的先驱。1896—1898年期间，梁启超、谭嗣同、夏曾佑等正式提出了“诗界革命”的口号。虽然这些新派诗人对诗歌的改革、创新还只是一种大胆的试验，他们往往把西方的一些自然科学名词和政治名词移用于诗歌写作，显得生硬而难以理解，但是却也在一定程度上表达了爱国忧民的情愫，印证了时代的心声，使得那些吟风弄月、堆辞砌藻、脱离现实、摹拟古往的所谓“宋诗派”和“同光体”诗大为失色。

在“诗界革命”的同时，小说的影响也引起了维新派人士的特别重视。梁启超在《译印政治小说序》中，虽然还对《水浒》、《红楼梦》等文学名著有偏见，认为是诲淫海诲之作，但他从维新变法的政治需求出发，把小说看成是最为有力的宣传武器。他引用康有为的话：“六经不能教，当以小说教之；正史不能入，当以小说入之；语录不能谕，当以小说谕之；律例不能治，当以小说治之。”把一向浅陋、粗俗不堪的小说，看成是能够起到“六经”、“正史”、法令所不能比的作用，却是一种果敢而新奇的观点。由于维新派的倡导，变法挫败后不久，《新小说》等早期文艺刊物就诞生了。

在历史学方面，梁启超也有了新的想法。他说，历史“有民史、有国史、有君史。民史之著，盛于西国，而中土几绝。中土二千年以来，若正史、若编年、若传记、若纪事、若载记本末、若诏令奏议，强半皆君史也”。他说，这些旧式史书，“不过为一代之主作谱牒”，“至求其内攻之张弛，民俗之优绌”，以及制度政令之得失，“几靡得而睹焉”。梁启超这种史学思想，是他后来提出的“史学革命”的前奏。就在同时期，1898年黄遵宪在南学会的某次演说中，就攻击了传统学的观念。他觉得中国在周朝以前是“封建之世”，“封建之世，世爵、世禄、世官”，统治者“即至愚不道”，“骄淫昏昧至于不辨菽麦，亦腼然肆于民上，而举国受治焉”。自秦后，为“郡县之世”，“郡县之世，设官以治民”，时间久了，“官与民无一信任，浸假相怨、相疑、相诽、相谤”，贪官污吏，以权弄法，百弊丛生，民不聊生。因此，他认为这都是封建专制制度导致的灾祸，一定要改变这种政治制度，“以公理求公益”。

中国虽然是最早发明印刷术和造纸术的国家，但是在明清两代后，科学技术和政治经济方面早已落后于西方。到了维新变法和洋务运动时期，只能向西方学习。而翻译和出版“西书”，则是学习西方的重要途径。梁启超说：“海禁既开，外侮日亟，曾文正开府江南，创制造局，首以泽西书为第一义。数年之间，成者百种。而同时同文馆及西士之设教会于中国者，相继译录，至今二十余载，可读之书略有三百种。”洋务期间所译的“西书”，“兵学几居其半”，这是由于洋务派“震动于其屡败之烈，怵然以西人兵法为可惧”，以致以翻译兵书为主，而所译之算学、电学、化学、水学等自然科书籍，也“皆将资以制造，以为强兵之用”。他批判洋务派不知西方国家“所以强者不在兵，不师其所以强，而欲师其所强，是由欲前而却行也”。这种现状在戊戌时期有了变化，特别是以上海为中心，在《强学报》、《时报》创刊后，解读新思想、新学说的书刊陆续出版。仅在上海，除了维新派创办的大同书局外，还出现了新开设的其他书局，而有名的商务印书馆也于1897年成立。戊戌变法翻开了中国近代出版史上辉煌的一页。

诗歌、小说等革新的同时，散文的创作也上了一个新台阶。长时间统治清代文坛的桐城派古文，已经在新的文化思潮冲撞下逐渐衰败，取而代之的是以康、梁等为代表所开始的新文体。他们以流畅、清新的文笔，表达新的政治思想，不仅富有说服力，更富有感染力，容易让人们接受。尤其是“笔锋常带感情”的梁启超的许多政论，在后来被称为“新文体”，对中国近代思想文化界和文风的改变，起到了深远的影响。除此，马建忠的《马氏文通》是中国汉语语法的第一部作品；宋恕最先提出了汉语拼音的方案。这些，都是维新运动的产物。

近代新闻出版的初步发展，也是戊戌时期的一个重要事件。在维新运动以前，只有1858年伍廷芳在香港创立的《中外新报》和1864年陈霭亭在香港创建的《华字日报》，以及1874年王韬主编的《循环日报》是中国人自己创办的。然而到了甲午战争之后，康有为、梁启超1895年在北京创立了《中外纪闻》，严复、夏曾佑在天津创建了《国闻报》，除此之外，还有梁启超主编的《时务报》，徐勤、麦孟华等在澳门创建的《知新报》，以及唐才常等在长沙主编的《湘学报》和《湘报》等。根据大致统计，当时全国主要报刊有30多家。并且在这个时期就已经开始有了白话报刊。

戊戌变法的另一个重大事件，就是不仅在言论上和道理上强调兴学校、废科学的重要性，而且由皇帝颁发诏令实行教育改革。在1898年6月11日颁发的"诏定国是"诏书中，就要求"中外大小诸臣，自王公以及士庶"，都要"发愤为雄，以圣贤义理之学，植其根本，又须博采西学之切于时务者，实力讲求，以救空疏迂谬之弊"。诏书中明确表明："京师大学堂为各行省之倡，尤应首先举办。"6月23日，又颁发了："著自下科为始，乡会试及生童岁科各试，向用四书文者，一律改试策论。"7月10日，又命令将"各省府厅州县现有之大小书院，一律改为兼习中学西学之学校"，"以省会之大书院为高等学，郡城之书院为中等学，州县之书院为小学"。一直到8月19日光绪皇帝最后一道新政上谕，还决定拨款8500两，用于开办京师大学堂。虽然由于变法很快失败，普遍兴办学校的举措没能实现，但是中国有了自己创办的近代大学和比较普遍的新式中学、小学。这也是从戊戌变法开始的。

戊戌变法不但在教育改革和思想文化等方面打开了新的局面，在社会习俗和社会风气方面也有了明显的改变。维新派人士在提倡变法的同时，也特别关注移风易俗的行为。严复指出："中国礼俗，其贻害民力而坐令其种日偷者，由法制学问之大，以至于饮食居处之微，几于指不胜指，而沿习至深，害效最著者，莫若吸食鸦片、女子缠足二事。"他指责统治者们对这种恶俗陋习视而不见，"以为无与国是民生之利病"，而不知"种以之弱，国以之贫，兵以之窳，胥于此焉，阶之厉耶！是鸦片、缠足二事不早为之所，则变法者，皆空言而已矣"。

在维新运动时期，维新派就把取消妇女缠足作为一项社会改革，广为传播。1896年，广东籍人士赖弼彤、陈默庵在顺德县提倡成立"戒缠足会"。紧随其后梁启超也在《时务报》上发表《戒缠足会叙》，提倡男女平等，怒斥歧视、伤害妇女的封建弊端。1897年，梁启超、谭嗣同、汪康年、麦孟华、康广仁等再次在上海发起"试办不缠足会"。1898年春，维新派人士集中于湖南，由"南学会"、时务学堂和《湘报》的领导人物梁启超、谭嗣同、黄遵宪、唐才常、徐仁铸、熊希龄、毕永年、樊锥等“试办不缠足会”，《简明章程》中写道：“凡入会人所生女子不得缠足”，“所生男子不得娶缠足之女”。总会之外，还在一些县城成立了分会，参加者和捐助者十分积极，不缠足活动搞得有板有眼。在湖南“试办不缠足会”成立的同时，熊希龄也在长沙建立了“延年会”。这个“延年会”是一个树立新风气、反对旧习恶俗、讲求高效的群众团体。它的《章程》规定，会员必须严格遵守作息时间，每天都要做体操，不搞没用的社交应酬，婚丧嫁娶越简单越好，反对起居无节、酒食征逐等恶习。实际上是倡导大家改变陈旧的腐朽的生活方式。第 56 号转载的《国闻报》来自新加坡的消息，称新加坡华人相约一起剪辫子，认为梳辫子不仅不雅观、不卫生，还影响机器生产，间接对人身安全不利。戒缠足、禁鸦片、讲文明、重卫生、讲简捷、重效率、剪发辫、易服装、反跪拜、重女权，等等，都是反映新政治、新经济、新文化的一部分，都是除旧习、立新风的社会革新手段。

戊戌变法以悲剧性的失败而终结，但是作为一次重要政治革命，它将永载史册。它的失败，既有客观原因，也有主观原因。客观原因是旧的封建势力虽然腐朽落后，但是对于维新变法来说还具有强大的阻力。而新兴的资产阶级维新派，虽然朝气蓬勃，却力量不足，而且他们把维新变法看得太过简单，认为有了皇帝支持，就可以轻松实现。对封建保守势力预估有误，也严重地脱离了人民群众。近代中国社会动荡激烈，变化迅猛，戊戌变法的悲剧刚刚落下帷幕，新的斗争和新的变革又开始了。而资产阶级维新派也随着时代的进步，不可避免地发生了分化。戊戌变法不仅是近代中国的一次重要的政治革命，也是近代中国最早的一次新文化运动和思想解放运动，对社会发展和思想文化的前进，起了极为重要的助推作用。

## 第三章　义和团运动和八国联军侵华战争

在甲午战争后，胶州湾被德国强占，强划山东全省为它的势力范围；外国教会亦在山东发展势力，纵容、包庇不法“教民”（中国教徒），碰到有民教涉讼事件，它们常常出面干预，威胁地方官袒教抑民，做出不公正的判决。人民大众对教会积恨成仇，各地反教斗争不断出现。义和拳就成为反对外国侵略势力的重要群众。八国联军侵华战争为1900年（清光绪二十六年）英、法、德、美、日、俄、意、奥等国派出的联合远征军，为镇压中国北方义和团运动而侵略中国所引起的战争。开始派出的联合远征军总人数约3万人，后来增加到约5万人。八国联军的行动，直导致义和团的覆灭，以及京津一带清军的抵抗失败，迫使慈禧太后带着光绪帝逃跑到陕西西安；最后清廷跟包含派兵八国在内的十一国签订《辛丑条约》，赔偿数目庞大的金钱，并丧失很多主权。影响到了清帝国内部和辽东（满洲平原）之权力平衡，间接促成清廷衰落、日俄冲突等改变。

## 第一节　民众与传教士的冲突

鸦片战争前，西方资本主义国家的教会和传教士就妄想用“基督教征服中国”。受儒家、道教和佛教的教育，中国人仇视在炮舰保护下入侵的基督教。1858年的《天津条约》同意基督教在内地自由传教，1860年的《北京条约》确立了传教士租赁及购买土地建造教堂的权力。在国旗和条约的保护下，传教士在中国肆意地活动。由于他们很难争取到信仰者，所以便转而为信仰者提供补助金和为他们提供免受官方或非官方干扰和侮辱的保护。中国人蔑视地把这些本国的基督教徒为“吃教”，也就是他们凭借来自于教堂的资助为生。的确，那些接受金钱上的补给来换取信仰的人，谈不上有什么高尚的目的；大部分人是来自社会底层的穷人，时常利用和传教士的关系来欺凌乡邻，逃避法律。这些信仰者卷入麻烦和诉讼时，传教士常常来帮助他们，为他们向地方官求情。传教士对教民的保护能力、对官府的干涉能力，还有提供金钱财富的诱惑力，在大众面前展现出来，吸引了弱势群体和投机者入教，但强者和有爱国情怀的人却厌恶这些传教士。

乡绅把基督教看成是社会上一个分裂的、狂妄的和异端的教派。皈依者不向神灵磕头、不尊敬孔子和祖先、不参与本地祭祀鬼神的节日活动，这严重地激怒了乡绅。作为自我标榜的儒家礼教的守护者，他们憎恨任何外来宗教和观念上肆无忌惮的侵犯，他们经常是宗教事件的秘密煽动者。作为在中国的一种“异类”信仰，基督教成为排外主义的一个关键原因及焦点。

近代以后西方基督教在东方世界的扩张，同殖民军事当局的权力上升基本上是如出一辙、相互配合的。在这样情况下，西方传教士所出产的、有关东方国民性及中国国民性的话语体系和相关作品，作为一种知识，并不是为真理服务的，而是为其宗教权利及殖民统治服务的。鸦片战争后，欧美的天主教、耶稣教及沙俄的东正教，凭借着不平等条约和枪炮的保护，依次向中国调派传教士，到19世纪末已有3300多人。西方的殖民行为，是一种全面的扩张，西方的文化、军事、经济、政治等形成一种合力，对整个东方世界的财富、社会、国家、种族施以残忍的掠夺、压榨和损毁，在这个毁灭性的殖民扩张历程中，基督教及其传教士群体即使有时候也起过减缓湮灭程度、阻止血腥屠杀的正面作用，但在总体上，他们是这种毁灭性力量中具有结构意义的、不可缺少的一部分，是这场延续几百年的罪恶行为的侦察兵和先锋队。他们中不仅有为信仰而来华的传教者，也有人在传播西学和兴办文教慈善事业方面做出过贡献，但就全部而言，传教士在中国设立教堂，传授教徒，搜集情报，干涉诉讼，离间民族关系，实行文化侵略，并为本国当局出谋划策，夺取中国权利，做了侵略者的大炮所不能做到的工作。中国人民对此极端痛恨，持续进行反抗。斗争大致可以划分为四个阶段。

第一阶段，从1861年贵州开始驱赶外国传教士至1870年天津教案。这期间，各国传教士陆续在沿海、沿江设立教堂，招揽信徒，蔑视中国的传统礼学和风俗习惯，引起了地方官员和士绅的不满。他们立起了“排出异端”和“保卫圣教”的旗号，召集和组织官役、兵丁、团勇等起来进行战斗。从1861年贵州最先驱逐外国传教士开始，反对外国教会侵略的战火疾速燃遍湖南、江西、四川、江苏、安徽、河南、直隶、内蒙、云南、西藏、福建和台湾等地区。

1870年，爆发了震惊中外的天津教案。第二次鸦片战争时期，天津曾被英法联军侵占。战后法国霸占望海楼皇宫故址为领事署。法国天主教传教士也趁机在一个庙宇旧址建立教堂，1869年6月强要中国官员参加开堂典礼，从而激起天津乡绅和人民的愤怒。1870年夏，天津连续发生有人用药迷拐幼孩事件，天主教仁慈堂又有几十婴孩死亡。这些拐卖和虐待儿童的事情，群众怀疑是法国传教士所为，被捕的匪犯也供认受教堂门徒指派，事与教堂有牵连，一时民情义愤，士绅聚会，书院罢课，反洋情绪大涨。6月21日，天津地方官员携拐犯前往天主堂查验，但被驻法领事丰大业阻拦。午后，群众聚集在教堂前抗议，并派代表5人向法国领事署理论。丰大业勃然大怒，带手枪冲入三口通商大臣崇厚衙门，秘书西蒙执刀随同。丰大业对崇厚连开两枪未果，又拔刀狂砍，怒吼不止。返回时又向天津知县刘杰开枪，击伤其随从。群众怒火万丈，当时就将丰大业、西蒙击杀。而后天津水火会聚集民众，烧毁法领事署、天主堂、仁慈堂。英、美四所小教堂同时被毁。接连打死法使馆及领事署人员等20人。事后，法、英、美、俄、德、比、西等国联合向清政府提出抗诉，并派遣军舰到天津港口及烟台一带示威。6月23日，清政府急派直隶总督曾国藩赶赴查办。第二天，英、美、法、德、俄、比、西七国驻京公使联合向总理衙门提出抗议，随即调派军舰到天津海口和烟台进行武力恐吓。曾国藩到天津后，明知此案错在洋人，但仍力主“严拿凶手，以惩煽乱之徒，欺压士民，以慰各国之意”。后清政府委任李鸿章为直隶总督负责审理此案。但和曾国藩一样，他依然坚持判处20人死罪（其中16人立即执行，另4人仅仅是误杀俄人暂缓执行。。后因天津士绅要求减刑，俄国公使因为“缓解天津人民与津市俄商重结仇怨”和“勒索血银”，同意“分别减刑办理”，只处死2人），25人充军，天津知府张光藻、知县刘杰发往边疆，赔偿白银50余万两，并委派崇厚赴法道歉，最终结案。

第二阶段，从天津教案至中法战争结束。这期间，很多传教士在华创办学校、医院、育婴堂和报刊，宣传奴化思想，采用文化侵略。有些传教士或收集情报，或里外勾结，帮助本国政府敲诈中国。中法战争爆发前夕，多国在华教会留心中国局势，间谍活动越发猖獗。战争爆发后，法国在华传教士多数卷入这场不义的战争，积极响应本国政府行动。于是，地处抗法前线的云南、广西、广东和台湾、福建、浙江等省人民，进行了焚教堂、驱教士，自发地把反对外国教会侵略的斗争和保卫边疆的斗争联合起来，造成极大声势。清政府不但不予支持，并且在“力保和局”的思想指导下，还重刑镇压反教人民。地主阶级和上层人物态度日渐消极，中小地主成为斗争的领导者，下层群众参与的人数日渐增多。

第三阶段，从中法战争后到1894年中日战争前。因为各国传教士公开与中国的媚外官吏相互勾结起来，包揽词讼，干涉内政，插手外交，加重了我国日益严重的民族危机。各地群众反教会斗争持续开展，先后形成了大范围的武装起义。1890年，四川大足县龙水镇法国传教士破坏当地一年一度的迎神赛会，激起民愤。清政府派军队保护该镇法国教堂，进一步激起了大足人民的不忿，群起捣毁教堂，谴责护堂清军，竖旗起义。起义军主要以大足县煤窑、纸厂工人以及挑贩为主体，转战大足、铜梁等县，一路上发布檄文，号召人民起来驱赶外国教会势力。

川东一带群众一呼百应，声势浩大。这支部队坚持斗争两年多，多次重创前来镇压的清军。长江中下游民众以哥老会为核心，掀起了反抗热潮，1891 年 4 月，芜湖一万多人民焚毁教堂，攻占海关，并与前来镇压的侵略分子及军队英勇搏斗。羌湖暴动的信息迅速传遍了大江南北。几个月内，江苏、安徽、浙江、江西、湖北等省的几十个城市和广袤农村，凡有外国教众盘踞的地方，大多都发生了暴乱。上海租界也出现了反对外国教会的匿名揭帖。列强一起出动军舰到长江一带，向清政府施加威压。清政府严令地方官镇压起义，各地斗争遭到官兵围剿，相继失败。1891 年 11 月，热河东部朝阳一带的人民秘密结社金丹道和在理教发动武装起义。起义军焚教堂，杀贪官，捣毁衙门，砸开监狱，纵横数百里，横扫四州县，逼近直隶。清政府急忙调动热河、直隶、奉天等地官兵前往剿杀。起义军与清兵苦战两个多月，最后惨遭失败。

鸦片战争以后，外国进口商品的进入，对民族经济产生了一种抑制的影响，而一直不变的 5% 从价关税破坏了中国的保护性关税。外国棉布价格仅为中国土布的 1/3，这导致国内的纺织者和纺织品制造商破产。家庭手工业在国外竞争面前每况愈下，很多的职工失业。太平天国时期，生活得更加困苦了；由于饥饿流行，穷人成了土匪、游民和滋事者。虽然，很多极度贫困的人首先把自己的不幸归罪于太平军，但他们最终把仇恨指向外国人，因为外国人以外来的基督教意识形态掀起暴动。由于 1897—1898 年外国入侵脚步的加快，一种濒临灭亡的危机感与日俱增。1898 年 4 月 17 日保国会在北京设立前，康有为提出警告说，中国有成为第二个缅甸、越南、印度和波兰的危险。先进人士建议通过激进的改革来进行民族自救，而反动派和愚昧无知之流却希望通过杀死外国人来发泄他们的怒火。

太平天国后期，外国贸易的进一步扩张导致外国对中国市场支配不断加重，而且，自强运动时期（1861—1895）引入了大量的国外企业和工业，还有很多的外国资本。1899 年，中国的贸易斥资为 6900 万两，政府预算斥资约为 1200 万两（1.01 亿两的支出对 8900 万两的税收）。为平衡斥资，朝廷增加税率，并请求各省捐款，这一负担最后落到了百姓头上。当生活对所有深受压榨的人来说变得不可忍耐时，他们便在盗贼行径和秘密会社中寻求宽慰。并且，外国铁路设施极大破坏了传统的运输体系。两条老的南北干线——大运河和从汉口至北京的陆路——在与铁路的竞争中惨败，数以万计的船夫、车夫、客栈店主和商人失业。伴随南来的贡米运输在 1900 年变为现金支付，大运河基本上就成为明日黄花了，这引起了沿岸城市和百姓生活的衰竭。到 19 世纪末，乡村工业倒闭，国内商业日下，失业人数巨增，民生日艰，以上问题都在困扰着中华大地。许多人把这个令人遗憾的现状归咎于外国对中国经济的负面影响和控制。所以，对外国人和外来事务的敌意也就十分明显了。

除了经济凋敝之外，一系列的自然灾害进一步加重了生活的困苦。1852 年，黄河从河南改道至山东，1882 年之后频繁泛滥。1898 年，黄河又一次决堤，淹没了山东境内的几百座村落，殃及一百多万人。类似的水灾也发生在四川、江西、江苏和安徽。好像洪涝还不足似的，1900 年华北大部（包括北京）一场大旱随之而来。自然灾害的受害者与迷信的士大夫把不幸怪罪于外国人。他们坚决认定，外国人传播异端邪教和禁止崇拜孔子、菩萨与祖先触犯了老天。外国人被指控在修铁路时破坏了地里的“龙脉”，在开矿时挖走了山中的“宝气”。士绅认定外国人应对破坏土地的平静和扰乱“风水”的自然功能负责，因为这破坏了人与自然的和谐。他们狡辩说，假如中国要安宁、美好地生活的话，就一定消除这样恶劣的影响。关键是如何能驱逐拥有坚船利炮的外国人？中国是一个贫穷、落后的国家，不可能通过军事手段来驱走他们；但有些人天真地相信，中国可以利用超自然的力量来使枪炮失去作用。正是在迷信、经济萧条、极度贫困、对国外帝国主义的公愤与憎恨传教士的情况下，一场大规模的排外暴乱在 1900 年产生了。四川大足、长江中下游和热河朝阳一带的斗争证明，会党开始肩负起领导重任，大规模武装起义和武装斗争成为了主要的斗争形式。

第四阶段，自甲午战争后到义和团运动。这段时间里，外国传教士积极参与本国政府瓜分中国的行动：山东、广西、四川、湖北等地的群众则自发地把反对教会侵略和反对列强瓜分逐步联合起来，将斗争提到了一个新阶段。

在山东曹县，大刀会首领刘士端从1894年开始反抗教会侵略，影响涉及鲁西南和江苏的丰县、沛县、萧县、砀山、考城等地。1896年，按察使毓贤派兵弹压，杀害刘士端，大刀会实力受到严重损失。在巨野县，本地人民于1897年11月进攻磨盘张庄德国天主教堂，杀死德国传教士2人。济宁、寿张、菏泽、单县、成武等地的大刀会纷纷相应，斗争升腾跌宕。德国把巨野教案当作借口，派兵占领胶州湾，又逼迫清政府严惩“凶手”，将山东巡抚李秉衡撤职，赔偿教堂“损失”。1898年，在郯城神山和沂州、日照、兰山等地发生了大小数十次的武装起义，这些起义全部统称沂水教案。德国从青岛出兵去沂州，串通当地官僚，一同弹压了这些斗争。在此期间，德军还在胶州湾修建炮台，强行修建胶济铁路。高密等地群众多次武装阻碍修路，都被德军残酷镇压。

1898年，广西天地会起义，还攻占浔州、郁林、博白、贵县等地，并发表檄文揭露教会罪行，请求官民一致对外，洗雪国耻。同年6月，四川大足县龙水镇人余栋臣率众起义，发表檄文，痛斥列强“既占上海，又割台湾”的罪状，说明了当今“胶州强立埠，国土欲瓜分”的严重危害，号召“顺清灭洋”，“除教安民”。起义军分头行动，迂回30余州县，摧毁教堂20余处，迅速掌控了大足县周围百余里的地方。但起义军缺乏统一领导，后被官军各个击破。余栋臣起义带动了邻省湖北的反教会斗争。长乐县（今五峰）数千民众在当地哥老会领袖向策安等人的带领下，也举起“顺清灭洋”的旗号发动起义，纵横长阳、巴东等县，焚毁教堂，杀死比利时教士董若望。长阳人覃培章在率众附和起义时，曾以“保清灭洋”号召群众，散发余栋臣告示，惩办教士，震惊了当地官府。19世纪60年代初到90年代末的反教会斗争，即使得到清政府守旧官员的同情和支持，拥有“排斥异端”的思想和盲目排外的行为，但它一直都是近代中国人民反帝斗争的重要组成部分，不但显示了中国人民的强大力量，并且进一步激起了爱国热情，最终在戊戌变法失败后爆发了义和团反帝爱国运动。

## 第二节　义和团事件及发展

### 义和团事件的背景

甲午战争时期，山东沿海群众遭受日军侵略之苦，战争结束后，日军侵占了威海卫。三年后，日军撤退，此地又立即被英军占领。不久，德国又割据了胶州湾，并强行把山东并为它的势力范围。光绪二十四年（1898），英国强行租借威海卫，伴随的外国教会也随之大批进入山东各地，设立大小教堂1100多座，传教士和教众发展到8万多人。很多加入教会的地主豪绅，凭借教会势力，乘连年荒灾之机，囤积居奇，抬高粮价，群众、苦不堪言，对之深恶痛绝，多次与教会产生冲突。

同年十月，山东冠义县义和拳在闫书勤领导下，聚集数千人，树起“助清灭洋”的旗帜，攻占了梨园屯。第二年，平原县义和拳组织和教会产生冲突，地方官吏派兵弹压，逮捕了数名义和拳人员，于是他们向茌平县义和拳首领朱红灯呼救。朱红灯率领几百人的义和拳武装人员赶赴平原，与当地义和拳群众会集，使官府十分惶恐。济南知府率兵在平原县与恩县交界的森罗殿与朱红灯的队伍发生争斗。这个时候，茌平、恩县、长清、高唐等地义和拳纷纷响应，不久，东昌、武定、泰安、济南等地的人们也闻风而起。

强烈的排外情绪不单单充斥慈禧太后统治下的宫廷，也渗入士人、官员、士绅和广大的人民中。半个世纪的外来耻辱，无论战争还是议和，都深刻伤害了他们的民族自豪感和自尊心。在中国土地上趾高气扬的外国列强、咄咄逼人的领事、气势汹汹的传教士和自私自利的商人经常使他们想起中国的不幸。折磨人的、不公平的感觉促生出一种强烈的报复欲，持续到在一场普遍的排外运动中爆发出来。当然，很多的社会、经济、政治和宗教因素也致使了这场运动的爆发。

**义和团的起源**

甲午战争后，在德国军事统治相对薄弱的鲁西北地区，群众通过长期酝酿，壮大了力量，奋起反教，形成了义和团反帝爱国运动的发源地。

义和团是在义和拳的基础上开展起来的。18世纪末到19世纪初，起源于长江以北各省的白莲教大起义和白莲教的支派天理教起义被清廷镇压后，白莲教的各个支系持续斗争，北方几省相继产生了八卦教、红阳教、荣华教等教派，秘密从事反清斗争，当中八卦教影响最深。朝廷规定，传习八卦教者要追查缉捕，为首者处以死刑，于是八卦教徒便以传授拳术来隐蔽自己。官方第一次提及义和拳是在1808年的一道上谕中，它述说了山东、河南、江南（江苏和安徽）出现了以义和拳和八卦教名义聚集起来的带剑流氓，他们在集市上围搭帐篷赌博，欺骗本地人。“拳民”是外国人给义和拳帮众所起的名字，因为这个组织的人员都练习传统的武术打拳。伴随民族矛盾不断激化，它逐渐从秘密的反清组织发展为具有广泛群众性的反帝团体。义和拳的人员中，有的原属大刀会。大刀会通常习练的金钟罩术，从而被义和拳广泛吸收。在白莲教和大刀会的左右下，义和拳沿用了杂拜各家鬼神偶像的传统，也凭借气功，逐渐形成了一套“画符吞朱”、“降神附体”、“刀枪不入”的神秘主义活动方式。义和拳成员中，有的与白莲教、大刀会没有丝毫关系，是从民间习拳练武、强身健体的底子上发展起来的。义和拳的纲领和最能吸引迷信的老百姓的基本因素是巫术，他们借此号称，在一百天的修炼后就可以不受子弹的伤害，四百天的修炼后就能飞起来。他们运用符表、咒语和仪式来祈盼超自然的力量。在战场上，他们一边低声念着一些据称能召唤天兵天将的魔咒，一边焚烧画有赤脚人像的一种黄色的小纸片。因为排外，教众宁用旧式的刀矛，而不用枪炮。

拳民最开始是反清的，19 世纪 90 年代，这个反朝廷的秘密组织呈现出了排外色彩，它发誓要杀死外国人以及中国帮凶。保守的山东巡抚李秉衡激励他们的活动，李的继任者毓贤一样的反动，1899 年时给他们更名为义和团“正义与和谐的民兵”。拳民称外国人为“大毛子”、中国基督教徒和从事洋务的人为“二毛子”、那些使用洋货的人为“三毛子”，所有“毛子”都要赶尽杀绝。教众的众神包括传说的和历史上两方面的人物。在他们崇拜的大量的神之中有玉皇大帝（道教神祇）、关公（战神）、诸葛亮（聪明的战略家）和项羽（西楚霸王）。他们发誓要拿下“一条龙、两只虎和三百只羊”。龙代表着发起 1898 年改革的光绪皇帝、两只虎说的是从事洋务的庆亲王奕劻和李鸿章，而三百只羊指的是与外国人有关联的在京师的官员。拳民鼓吹，只有十八个朝廷官员应该活着，这些人当然是支持拳民的顽固反派分子。

义和拳首先在冠县一带开展斗争。1897 年春，冠县梨园屯的天主教民在法国传教士的派遣下，与村民争玉皇庙基引起众怒。村民阎书勤等人率众驱逐该村教民，并邀请直鲁交界处的梅花拳首领赵三多赶来护庙。4 月，赵三多率领拳众在梨园屯亮拳设厂。传教士要挟清政府切实弹压拳民。

面对义和拳运动的蓬勃发展，清朝官吏内大体出现两种方向，一种是主张马上用武力消灭，一种则主张安抚、收编。山东巡抚张汝梅愤恨教士恃强压迫，上报朝廷，请求采取安抚、收编的方法，主张“化私会为公奉，改拳勇为民团”，对义和拳使用了剿抚兼施、以抚为主的方针，并提议清政府“将拳民列诸乡团之内，听其自卫身家，守望相助”。伴随斗争在各地普遍开展以后，也有一些民团参与进来。1899 年夏，继任山东巡抚毓贤出示将义和拳改叫义和团。这一年 10 月后，清政府在公文中也开始把它叫义和团。义和团这一名字，开始逐渐取代了义和拳，或与义和拳通用。义和团不是由某一个秘密组织或秘密教门单独发展起来的，而是以义和拳为主，在群众性的反教会斗争中逐步发展壮大的反帝组织，是各社会力量“齐心协力”反对外国侵略势力的成果。随着反帝斗争日益高涨，义和团的群众基础也飞速增大。

由此一来，义和拳反倒获得半合法的地位，飞速发展起来，成为一个官方默认的公开团体，“义和团”的名称从光绪二十四年（1898）春开始逐渐地广为流传起来。

1898 年 11 月，赵三多、阎书勤等人在冠县蒋家庄（今属河北威县）树立“助清灭洋”的旗帜，率众攻打红桃园教堂，然后东撤临清，沿途扩展到千余人。不久后，队伍分为两路，一路由阎书勤等带领，活动在直鲁交界位置；一路由赵三多带领，沿运河北上，力量发展到直隶南部。此后不久，义和拳很快又在茌平、平原、禹城一带活动起来。茌平拳民首领朱红灯、禹城拳民首领心诚和尚，在这一带拳民中有很高威望。1899 年秋，平原杠子李庄教民地主李金榜荒年存粮不借，借此欺压拳民，又到平原县诽谤群众“闹教”。知县蒋楷派差役到杠子李庄带走 6 名拳民，朱红灯应邀前来帮忙，击退蒋楷的马队，乘势攻占恩县的教堂，并于 10 月带领部队到达距离平原县城 18 里的森罗殿。蒋楷向毓贤告急。毓贤于 1899 年 3 月升任山东巡抚，曾经先后 8 次下令禁止义和拳。但他担任山东地方官 20 多年，深知省内“教民肆虐太甚，群众积怨不平”的真实情况。德国占领胶州湾后，他亲眼目睹教会气焰更加嚣张，对义和拳的镇压已不再像镇压大刀会那样出力，基本上顺延了张汝梅以抚为主的决策。毓贤接到蒋楷的报告后，立即派袁世敦等带兵来到平原，令其“出示开导，务期解散”。可是，袁世敦违令于 18 日晨追赶到森罗殿附近，开枪射杀群众多人。朱红灯指挥拳民突出重围，撤退到茌平继续斗争，获得邻县团民的积极配合，声势大涨。当地官员多次禀报毓贤说：“自茌平拳匪闹教以来，博、清、高、恩多被窜扰”，“此堵彼窜，实属防不胜防”。

毓贤在处理平原事件的报告中，提议清政府将弹压团民的蒋楷和袁世敦撤职，并强调说：“东省民风素强，民俗醇厚，际此时艰日亟，当以团结民心为要图。”朝廷内很多官吏附和毓贤的意见。御史黄桂鋆在奏折当中提到：“自德人占据胶澳，教焰益张，宵小恃为护符，藉端扰乱乡里，民间苦不堪言，以致衅端屡起。地方官不分曲直，一味庇教而抑民，遂令控诉无门，自身难保，不得已自成团练，借以捍卫身家”，“盖刀会、拳会与团练相表里，犯法则为匪，安分则为民”。他提议清政府对义和团“善为安抚”，采取“收为干城之用”。因为毓贤对义和团使用了由“剿”变“抚”的策略，所以他在以后被帝国主义指为纵容义和团的罪魁祸首。美、法等国驻华公使强迫清政府撤换毓贤。毓贤知道这一情况后，于 1899 年 11 月出兵前往鲁西北保护教堂，捉拿了朱红灯和心诚和尚。但清政府仍屈从帝国主义的旨意，将其撤职，改派袁世凯署理山东巡抚。12 月 24 日，毓贤在离任的前两天杀死了朱红灯和心诚和尚。可是，1899 年 12 月，外国的压力再次迫使朝廷撤掉了毓贤的职权。毓贤到北京赞美拳民可用，并把任何的弹压行动谴责为损害中国自身的利益。反动的端亲王、庄亲王和军机大臣刚毅对他的说词深感钦佩，一起向皇太后建议利用拳民；太后因为忿恨受挫于外国人而欣然接受了这一提议。毓贤被提拔为山西巡抚，他在山东的继任、积极支持弹压政策的署理巡抚袁世凯，一直被北京告诫不要惩办拳民。1900 年 1 月 3 曰，北京示意袁世凯使用劝说与安抚而不是弹压的方法，但他拒绝遵从这一指示，山东拳民遭到弹压。但朝廷继续恩宠拳民，1900 年 1 月 12 日颁布召令，凡为自卫和保护村庄而练武者不应被视为土匪。4 月 17 曰，朝廷宣告，安分守法的村民设团自卫吻合古代“守望相助”之义；因此，这样的活动不应被禁止。拳民变得更加的大胆、热情高涨，他们破坏了象征外国奴役的铁路和电线。

袁世凯本意是到任后即严厉弹压义和团。但就在袁的任命颁布之后不久，慈禧太后立端王载漪之子溥为隽大阿哥，妄图取代光绪皇帝。各国公使拒绝入宫祝贺，表明不予承认。“废立”计划受挫，载漪、刚毅等顽固派非常愤慨。慈禧太后也非常不满，想到了利用义和团的想法，不希望袁世凯改变前任决策。所以，当袁世凯率领武卫右军到达山东后，清政府便不断地严颁谕旨，令他执行“以晓谕解散为主，毋轻用兵”的政策。

1900年1月，清政府发布上谕说："若安分良民，或习武艺以自卫身家，或联村众以互保闾里，是乃守望相助之义。地方官遇案不加区分，误信谣言，概目为会匪，株连滥杀，以致良莠不分，民心惶恐。"它要求地方官吏今后"审理此等案件，只问其为匪与否，肇衅与否，不管其会不会、教不教也"。问其为匪与否，肇衅与否，不论其会不会、教不教也"。这道上谕，就是承认义和团是"自卫身家"、"互保闾里"的合法群体。袁世凯在山东脚跟还未站稳，又被朝内一些主抚官员弹劾，不敢违旨，"出示剀切晓谕，先后至十余次之多"。这明显不是他的本意，因此等到1900年春初步站稳阵脚后，便不再顾及清廷的诏令，吁请镇压团民，并指明义和团"就使真能集合百十万人，鞭挞五洲，尽驱彼族，而该匪等势成燎原，不可向迩，国家又将何以制其后?"那个时候，有人提议清政府把义和团改成团练。

1900年5月初，朝廷考虑把义和团组建成军队，但遭到裕禄及袁世凯的反对。掌权的反动代表不愿停手；刚毅持续地向皇太后劝告，拳民有神的保佑，并且刀枪不入，中国要赶走外国人所要仰仗的正是这种人。太后暗地里要刚毅把拳民召至北京。在一场宫廷表演中，他们在火器前的刀枪不入被"肯定"后，她称赞了他们的首领，并下令包含侍女在内的宫廷侍从练拳。王公大臣立马聘请拳民守卫住宅，还焚香供奉拳民的神，一半以上的政府正规军加入拳民，两者间的区别消除了。人们如痴如狂地练拳，高涨的排外情绪使北京的外国使节警惕起来。5月25日，他们从天津港外的兵舰上派来警卫以作防范。总理衙门刚开始不同意，后来不情愿地同意了这一调动，同时企图把每个公使馆的此类警卫的人数限定为30人。但是，6月1日和3日抵达北京的第一分队却包括了75名俄国人、75名英国人、75名法国人、50名美国人、40名意大利人和25名日本人。

拳民还获得了5月29日的另一则朝廷召令的鼓励，这则召令警告各省官员，不要不加分别地攻击拳民，因为练拳的人中有好有坏。此类的官方认可引燃了拳民的激情，6月3日，拳民切断了京津铁路线，形势飞快失控。袁世凯不仅坚决反对，还派兵围剿拳民。各路团民伤亡惨重，幸存者或变为秘密活动，或到直隶继续斗争。

直隶是清朝封建统治的中心，还是帝国主义在华教会势力强盛的地区之一。天主教和耶稣教散布全省城镇，共有大小教堂两千余座。长时间以来，直隶人民不断反抗教会欺压，参加的群众非常多。赵三多、阎书勤在冠县竖旗起义后，直鲁交界地区和直隶南部很快出现了义和团的运动，相继树立了“助清灭洋”旗帜，并在1899年攻占了直隶南部朱家河天主教总堂。山东少数团民转移到直隶南部之后，当地人民纷纷约请他们前往设坛授拳。开州、献县、景县、河间、盐山等地，很快涌现了“习拳者益众，焚香设坛，人心若狂，官亦不敢过问”的情况。

山东义和团的发展迅猛，引起在华各国势力的惶恐。驻扎胶州湾的德国军队派军队到胶州、高密、日照等地，烧毁村庄、抢劫城镇枪杀居民。英、美、意等国驻华公使也向清政府施加压力，要求清廷下令取消义和团。光绪二十五年年底，美国公使唐格向总理衙门表示出撤换毓贤的要求，清廷因为压力，斥责毓贤对义和团镇压不力，将之掉到山西当巡抚，由袁世凯继任山东巡抚。袁世凯继任后，马上发布了《禁示义和拳匪告示》，不承认义和团拥有合法性，规定：不单练拳，就是赞成义和拳的，都要被杀。然后依仗他统带的武卫右军和扩编的武卫军先锋队马步炮队，一共二十营兵力，对活动于山东黄河北岸的义和团发动进攻。先后杀害了王玉振、王文玉、孙洛泉等义和团首脑，摧毁十多部义和团，光绪二十六年（1900）春，山东义和团运动被镇压，义和团运动的中心转移到了直隶省。

早在两年之前，直隶南部威县，曲周、景州、阜城义和拳就已经开始运作，许多村庄建立拳馆、练习拳术，并逐步向北发展。与教会和官兵多次产生冲突。这时候，直隶总督裕禄依旧上谕宣布《严禁义和团》的告示，公布“招引徒众，私立会合，演习拳棒，均属违禁犯法”，“再有设厂练习拳棒，射利惑民悖事，即由地方官会营缉拿，从严惩办。”这个时候总理衙门也对此十分担忧，电令裕禄：“此事关系紧要，务须尽快严密查办，免滋事端。”所以裕禄派兵，分路对义和团进行打压。可是，义和团运动不仅没被打压下去，反而越来越严重，势力发展到直隶全省，直逼京城附近区域，就连在京城内和直隶总督所在地天津，也已经有自称义和团的人开始行动，沿街练拳，招收徒弟。消息传到朝廷，有官员建议对义和团用兵讨伐十分危险，应采用安抚政策。同年四月初，监察御史郑炳麟上奏，建议在直隶、山东派道府大员当“团练局总办”，挑选乡绅做“团总”，改编义和团，把义和团改造为官办的团练。这个提议遭到裕禄和袁世凯的反对。这个时候清廷陷入对义和团是“剿”还是“抚”的两难境地。

4 月初，涞水、定义、新城、涿州、易县等地的义和团同教会势力产生冲突，捣毁了当地的教堂，随后裕禄派部队前往镇压，遭到义和团的顽强反抗，淮军副将杨福同被杀死。裕禄随即又派提督聂士成所部的武卫前军前去镇压，又遭遇义和团的抵抗。义和团用“反洋”的名义毁坏了芦保铁路，阻碍了前来镇压的清军。然后相继焚毁了高碑店、涿州、琉璃河、长辛店、芦沟桥的火车站，京津铁路上的丰台站和机器制造局也被摧毁。5 月初，义和团进入涿州城。慈禧太后见情况十分紧迫，就派协办大学士刚毅和刑部尚书赵舒翘、顺天府尹何乃莹到涿州方向去进行安抚，向义和团宣告朝廷的“德意”。刚毅等人到涿州一带后，发现义和团势力极大，不能进行剿灭，于是向朝廷上报，建议撤回聂士成的部队，使用劝导、晓喻的方法解散或收编义和团。

直隶总督裕禄派统领梅东益率部前往弹压，并要求袁世凯派兵围剿。在裕禄和袁世凯的联合弹压下，这些地区义和团的实力大减。但义和团一直向直隶西南各州和中部地区发展，到 1900 年 4 ~5 月间，冲破了种种阻碍，向保定地区推进。

保定是直隶省府所在地。1900 年 4—5 月以后，城里面坛口“日盛一日”，树立“保清灭洋”旗帜；城外面也“无不有坛”。5 月底，义和团已掌控了保定城，教堂“无论天主、耶稣，悉付一炬”。在保定东北的霸县，义和团的坛口也在 4—5 月间铺设全境。5 月 31 日，两千多团民捣毁高家庄教堂。霸县东南的静海县，在 5 月前后产生了两支声势浩大的义和团。一支以游勇出身的曹福田为首脑，团众有数千人之多。另一支以操船为业的张德成为首脑，在独流镇建立“义和神坛天下第一坛”，入坛者千余人。后来，张德成又到旁边的杨柳青铺设坛口十余处，团众发展到两万人。在保定城北的定兴县，各村团众发展迅猛。仓巨村的团民于 1900 年 5 月中旬将本村的天主教堂“焚烧罄尽”，并乘势与附近团民联合一气，掌控了全县。定兴北邻的新城县，其中以板家窝和白沟镇两支义和团最活跃。他们分别在王德成和宋福恒的带领下，互相支援，先后捣毁教堂多处，队伍也都相继发展到数千人。

新城的北面的涞水县，义和团在 1900 年春也到处设坛，引起当地教会势力的敌视。特别是待在在高洛村教堂的外国传教士，不但多次要挟地方官吏率兵前来镇压，而且还在教堂内组织武装，气焰非常嚣张。5 月 12 日，高洛村义和团在定兴、新城、涿州、易县及涞水各地团民的帮助下，烧毁教堂。外国传教士有的逃离，有的被当场处死。涞水县令祝芾带亲兵马队前来弹压，也大败而归。祝芾向直隶总督裕禄告急。裕禄于 16 日派梅东益等督同副将杨福同带兵镇压。义和团开始伤亡很大，被迫撤退到定兴县石亭村。邻近各县团民前来支援，于 22 日杀死前来围剿的杨福同。杨部大乱，全军覆没。

1900 年初春，北京城内就出现义和团的揭帖。有的写道："最恨和约，误国殃民，上行下效，民冤不伸。隐忍至今，羽翼洋人，趋炎附势，肆虐同群。"有的建议"学习义和神拳，保护中原，驱逐洋寇，避免生灵涂炭"。义和团乘胜于 27 日占领涿州城，并在四个城门上下树立了"兴清灭洋"旗帜。接着，义和团直趋北上，将涿州至长辛店的铁路、车站、桥梁、电杆尽行捣毁。29 日，义和团攻占丰台车站，临近北京。3—4 月间，在东单附近的于谦祠堂，创办了北京义和团第一个坛口。到了 5 月，从附近州县来到北京城的零星团民持续增加，北京居民参加义和团也慢慢多起来。5 月 30 日，军机大臣兼刑部尚书赵舒翘、顺天府尹何乃莹在密奏中提请："拳会蔓延，诛不胜诛，不如抚而用之，统以将帅，编入行伍，因其仇教之心，用作果敢之气，化私忿而为公义，缓急可恃，似亦因势利导之一法。"赵、何二人的提议代表了当时一部分顽固大吏的主张，他们请求采用义和团对付外国侵略者。但直隶总督裕禄和湖广总督张之洞则建议加紧弹压团民，让列强失去武装干涉的借口，保证京畿和两官的周全。

义和团成群进入天津，是在帝国主义武装侵略北京以后。聂士成当时激于民族大义，在天津周围停止了弹压，并率部在京津沿线抵御侵略者。静海义和团首领曹福田，新城义和团首领王德成，还有城郊的国民首领王荫荣和滕德生，即带领率领队伍先后到天津设坛，城内顿时"神坛林立，业冶铁者，家家铸刀，丁丁之声，日夜相继"。裕禄上报说："天津义和团民，近已聚集不下三万人，日以焚教堂、杀洋人为事。"天津义和团来源很多，支教源流繁多，但它坛口相对大，组织比较严密，力量比较集中。他们在天津捣毁海关道署和电报局，抢光了军械所，打开县监狱，收缴教堂所藏武器，打击侵略军挑衅。从保定向北发展到新城、定兴、涿州一带进入北京：向东扩展到雄县、霸县、静海等地，进入天津；从而在京、津、保一带出现了一个新的斗争中心。伴随义和团运动日渐高涨，天津愈来愈变成义和团反帝的关键战场之一。

这时的慈禧太后，既没有信心弹压义和团，又不敢利用义和团抵御列强，所以决定用和平遣散义和团的方法来阻止列强的武装入侵。6 月 5 日，她派赵舒翘前往涿州等地劝说义和团解体，并禁止清军“毋得轻伤民命，启衅邀功”。6 日，她又加派协办大学士刚毅到涿州颁布上谕，公布对拳民教民“一视同仁”。可是，刚毅想利用义和团，到涿州后不仅默认义和团合法存在，而且命令清军停止镇压，还调走了正在与义和团作战的部分清军。就在刚毅等人在涿州这一块地区活动时，京城内的义和团活动越来越活跃，声势也越来越浩大。慈禧太后战略上的转变和刚毅禁止镇压义和团的行为，使地方官员不得不慢慢停止军事行动，小股外县拳民持续涌入北京城，城内群众也纷纷加入义和团，产生了以义和团名义出现的反对洋人的揭帖，公开建立坛棚，捣毁外国人的教会房屋，并攻打西什库教堂和东交民巷使馆。6 月中旬以后，清政府招安义和团的态度更加明确，团民便可以大批进入北京，出现了“官兵任其猖獗，城门由其出入”的情况。到 6 月下旬，全城坛口已有 1000 个左右，人数超过 10 万。北京郊区马兰村设坛公告在义和团进入北京前后，天津城内也布满了义和团的匿名揭帖，城郊坛口的数量迅猛上升，当中声势较大的有王荫荣在西郊张家窝设立的坎字团总坛口，刘呈祥在西郊高家庄建立的乾字团总坛口，韩以礼在西郊大南河村设立的乾字团总坛口，刘得胜在杨柳青建立的坎字团总坛口，滕德生在杨柳青于庄子建立的离字团总坛口。朝廷多次下令解散、严禁、缉拿，均于事无补，到了不能掌控的局面。与此同时，天津城内义和团行动也十分活跃，烧毁教堂，攻击紫竹林租界，摧毁监狱，释放犯人。这时裕禄不得不改变策略，由高压转向安抚，以总督名义邀请义和团首脑张德成，还用轿将他抬到总督衙门。

到了这个时候，朝廷完全被守旧派所掌控。端亲王代替庆亲王成为总理衙门的首脑，徐桐和启秀也被委任为总理衙门大臣。外国使节推出结论，朝廷要杀死在京师的全部外国人。英国公使朝天津的海军上将西摩尔（AdmiralSeymour）请求紧急救援。6 月 10 日，拳民捣毁了英国使馆在西山的夏季寓所；次日后，日本使馆书记杉山彬被董福祥的部队杀死，这位反动的回教徒将军先前曾向慈禧太后吹牛，他有力杀外国人。战争之幽灵被释放出来，现在，这个饥饿的幽灵在华北大地上垂涎地晃悠着，无法掌控。6 月 13 日，朝廷宣布，因为使馆人员有使馆护卫的充分保护，不用更多的外国军队来北京。同一天，数量巨大的狂暴的拳民涌进北京，他们烧毁教堂和外国人寓所，并杀死和活埋他们看到的中国皈依者。他们挖出传教士的坟墓，包括那些早期的耶稣会士，如利玛窦、汤若望、南怀仁。6 月 14 日，他们多次攻击使馆护卫，6 月 20 日，杀死了德国公使克林德（Clemens von Ketteler）。

这年 4 月，英、美、德、意已派遣船驶入大沽口，然后，英、美、德、法四国公使先后向总理衙门发出照会，强烈要求清政府采取措施快速消灭义和团。不久，十一国公使又以外交使团名义照会清政府，要求禁止团民练拳设堂，传布揭帖，并要求各国的大沽的海军准备登陆。5 月 28 日，驻北京的各国公使开办会议，决定马上以保护使馆的名义调兵来北平，并将此决定通告给总理衙门。通过一番交涉后清政府让步了，经慈禧太后批准，总理衙门同意各国马上派兵入京，要求兵数相对少点，随后又告知裕禄，为从塘沽登陆经津入京的外国军队准备火车。几天后，英、俄、德、法、日、美、意、奥等国海军陆战队共计四百 450 人，分两批抵达北京，另一支外国联军共计 600 多人，由塘沽登陆进入天津。6 月 10 日，八国联军 2000 多人，在英国海军中将西摩尔的带领下，由天津向北京进发。裕禄虽想阻止他们，但联军依然取得了所需的机车和车厢，发生了八国联军侵华战争。一路上，联军遭到义和团的抵抗。义和团摧毁铁路，导致联军四天里才走了一半路。到达廊坊。一天早晨，义和团在廊坊车站袭击联军，几天后又一次袭击。此时去往北京的铁路已被毁坏，联军只撤退回天津。

6 月 16 日起，慈禧太后召集大臣，连续四天举行御前会议，主剿主抚两派争论不下。考虑利弊，慈禧太后决定宣战，“大张挞伐，一决雌雄”。可是，“宣战上谕”内容极其含糊，令有些官员不知所云。同时，慈禧又当面告诉李鸿章，让他去向各国保证对义和团要“设法相机自惩办”。所以，义和团受到内外夹攻。

正在朝廷举行御前会议时候，联军把朝廷当局“并不倾力剿办义和团”当成借口，炮轰大沽口炮台，并迅速将其攻占。接着又水陆并进，直逼天津，义和团与之顽强激战，双方激战一个月之久，此时聂士成的部队加入了反抗联军的斗争。义和团曾一度攻占了紫竹林租界。在战斗中，联军投放上万人的兵力，而清军主力却不出兵，致使义和团独木难支。7 月 14 日，天津被联军攻占。在天津，拳民同样无法掌控，他们烧毁教堂和出售外国商品与书籍的商店，杀死中国基督教众，还冲进监狱，解救狱中的伙伴，逼迫总督允许他们从政府的军火库中自由地选择武器。面临如此混乱的局面，港口外军舰上的外国军官决定攻占大沽炮台。6 月 16 日，他们猛轰炮台，在一天后把它占领。这个收获，受阻没有办法到达北京的西摩尔分队决定杀回天津。

与此同时，北京义和团向东交民巷使馆发起进攻，相继摧毁了比利时、奥地利、荷兰、意大利四国公使馆，持续围困各使馆 56 天。八国联军攻占天津后，于 8 月初向北京推进，碰到义和团的阻击，可是清军却节节败退，致使联军前进速度迅速。8 月 14 日，联军攻占北京，慈禧太后率王公大臣仓皇而逃，义和团被迫撤离北京，在八国联军的弹压下，义和团运动最终失败。

义和团在山东兴起不久，就先后树立了“助清灭洋”、“兴清灭洋”等口号，到 1899 年年底，又树立了“扶清灭洋”的旗帜。后来由于袁世凯残酷镇压团民，“扶清灭洋”这一口号在山东一度不如以前盛行。到义和团在直隶、京津等地掀起战斗以后，特别是在清政府的招抚战略日占上风的时候，“扶清灭洋”才更普遍地写在义和团的旗帜上，成为义和团的行动纲领。

“扶清灭洋”的口号，集中体现出义和团将斗争的锋芒指向帝国主义侵略者，鲜明表明了中国人民反对帝国主义、挽救民族危亡的期望。这个口号体现了当时帝国主义与中华民族的矛盾已成为中国社会最主要的矛盾，封建主义与人民群众的矛盾暂时降到了次要和服从的地位。可是，这一口号并不是义和团在科学解析中国社会主要矛盾之后想出来的。义和团还没有也不可能运用科学的思想武器去解析和认识帝国主义的本质及其同清朝统治者之间的关系，而是从反对列强瓜分的爱国意愿出发提出来的。所以，这个口号既是民族矛盾逐渐激化的成果，又是绝大多数中国人对中外反动派的认知还处于感性阶段的产物。

这个口号也反映了没有新的经济基础的广大小生产者无法打破皇权主义的思想枷锁，不可能在救亡运动中提出一个越过陈旧皇权主义的救国方法，只能用“洋人欺大清”来激发民族义愤，又用“扶清灭洋”来体现和归纳当时反侵略斗争的内容。在这里，深沉的爱国主义情感和保卫清王朝交融在一起。义和团树立“扶清”，显示了在这场正义的反帝群众运动中，具有落后的封建主义内容，也体现义和团当时在主观上并不反抗清政府和封建制度。只是中国当时位于半殖民地位，打击帝国主义不可能同时打击封建统治和媚外官吏。尤其是当团民灭洋反教被官府镇压的时候，出于自卫的目的，因而在现实斗争中也不全受“扶清”的束缚。“灭洋”虽体现了时代的救亡主题，但它又拥有盲目排外的落后性；“扶清”虽然拥有爱国主义和保国的意义，但是，又把“中国”与“大清王朝”等概念等同，这在主观上体现出义和团不反对清政府和封建制度。这个口号并不是义和团经过科学解析中国社会主要矛盾之后想出来的。“扶清灭洋”口号继承了人民群众在反教会斗争中所逐步形成的朴素认识，也体现了不代表新生产力的广大小生产者没有办法冲破皇权主义的封建思想束缚，而仅仅是停留在把封建国家作为被侵略的整体来保卫的认知阶段，是农民阶级对中外反动势力的认识还位于感性阶段的产物。当义和团运动步入高潮，清政府中的一些顽固派官员，还有地主士绅卷进来后，在他们的煽动下，盲目排外显得突出起来。盲目排外思想含糊了群众的斗争目标，给义和团的反帝斗争带来了负面作用。

## 第三节　八国联军侵华

1900 年 4 月，义和团刚在北京近郊活动起来，俄罗斯帝国公使就提出弹压。美利坚合众国、大英帝国、法兰西第三共和国、德意志帝国各国公使也遵照本国政府密令，一起照会清政府“剿除义和团”，一定要明令禁止义和团的活动，不然各国政府将采取“必要手段”确保外侨生命财产。之后，英、美、德、法四国公使又照会总署，命令清政府两月内“剿灭”义和团，不然将出兵“代剿”。

5 月间，义和团在京津一带迅猛发展，越来越多的清军士兵加入义和团，以端郡王为首的排外势力在清政府内占着上风。各国公使发现清政府已无法掌控形势，总理衙门也“无力说服朝廷采用严厉的弹压措施”，便谋划直接出兵平乱，之后，英、美、德、意、法、俄军舰在大沽口外开展了联合示威。5 月 21 日，外交团照会总署，勒令清廷将参加练拳，宣布揭贴恐吓外人者，一律查办；将拳众聚会之住处房主，一同收监；将查办拳众不利之员一概惩办；将为首焚杀之拳众，一同正法；将纵拳助拳之人尽行斩首；直隶与邻省有拳团之处，地方官贴出严禁。否则各国将自行调兵处理，并在5月28日各国驻华公使会议上正式决定联合出兵弹压义和团。

5月28日，大英帝国、法兰西第三共和国、德意志帝国、奥匈帝国、意大利王国、日本帝国、俄罗斯帝国、美利坚合众国八国，在各国驻华公使会议上正式决定联合派兵弹压义和团，以“保护使馆”的名义，派兵入北京，清政府被迫妥协。5月30日至6月2日，各国派兵400多人，以保护使馆为名，先后由天津乘火车开到北京，进入东交民巷。聚集在大沽口外的俄、英、日、美、法、意等国的军舰有24艘，会集在天津租界的侵略军也有2000多人。5月31日，北京东交民巷外国使馆命令加强保卫。美、英、法、意、日、俄六国公使借口“保卫使馆”，派兵300多人入侵北京。之后，德、奥又派兵80名侵入北京，进驻东交民巷各使馆，修筑工事，枪击义和团民众。6月3日，德、奥派兵83人到达北京。

6月6日前后，驻华公使们决定的联合侵华政策相继获得各自政府的批准。6月10日，英、美、德、法、俄、日、意、奥等组成八国联军2100多人，在英国海军中将西摩尔的带领下，坐火车由天津向北京进犯。北京东交民巷各使馆修筑防御工事，由英国全权公使窦纳乐负责带领抵抗。使馆区内被围者约3000人，当中2000人为要求保护之华人，外国男性400人，女性147人，儿童76人。保卫使馆的包括409名外国水兵及陆战队员，携带三支机关枪及四门小火炮。使馆内有充足水井及粮食。英使馆内还有小马150匹可供食用。为抵抗八国联军侵犯，义和团和清军摧毁了通往北京的铁轨，沿途阻击敌人，使联军三天才走了130里。在落垡和廊坊，义和团在董福祥的甘军配合下给八国联军以重创，联军“进京之路，水陆俱穷”。逼迫联军逃往杨村，又朝着天津方向节节败退。沿途又遭到团民阻击，在西沽武库又被清军和义和团层层围剿。直到26日，才在大队援兵解救之下回到天津租界。

当西摩尔联军在廊坊遭到阻碍时，大沽口外的各国海军将领就在俄国中将基利杰勃兰特的带领下，密谋占领大沽炮台，当成大举进攻中国的滩头阵地。16日下午，联合舰队向大沽炮台守将罗荣光发出最后通牒，限令守军于17日凌晨两点钟投降。罗荣光拒绝，并马上传令各炮台准备开战。17日零点五十分，距离最后通牒规定的时间还有七十分钟，联合舰队就向大沽炮台发动猛烈进攻。罗荣光指挥守军发炮反击，历经6个小时的激战，大沽炮台失守。敌军都从大沽登陆，加大对中国的侵略战争。

大沽沦陷后，义和团和清军开始了天津保卫战，在老龙头火车站、紫竹林租界地等处与联军展开战斗。6 月 30 日从大沽登陆的联军上升至 18000 多人，其中日、俄军队最多。清政府于 6 月 21 日颁发谕旨向联军宣战。7 月 9 日，联军在天津城南发动总攻。直隶提督聂士成带领部队 4000 多人，在城南八里台与敌相遇。聂士成冒着枪林弹雨首先迎战来犯之敌，身中炮弹，腹裂肠出，壮烈牺牲。7 月 14 日天津沦陷。八国联军在天津城内抢劫、纵火与屠杀，导致天津“积尸数里，高数丈”，河上浮尸“阻塞河流”。官署、钱庄、商店、工厂、仓库、民宅均被洗劫一空。7 月 22 日，由列强组建的天津都统衙门成立，对天津、静海、宁河等地进行殖民统治。沙俄第一个在占领区成立俄租界，各国都效仿，已占有租界的英、法、日、德则扩大地盘；未占有租界的意、比、奥也各占一块，形成了列强分割天津的格局。

这个时候，以保护使馆为名进驻东交民巷的侵略军，也在北京到处挑衅，开枪射杀团民、清军之事经常发生。一些国家的外交官也亲自加入屠杀活动。6 月 14 日下午，德国公使克林德带着一排德国兵外出时，在内城发现有团民练武，“即毫不迟疑发令开枪”，打死 20 人左右。面对八国联军的武装侵犯，清朝统治集团内部对和战问题有着分歧意见。光绪皇帝和许景澄、袁昶等人，认为无力与八国同时交战，主张全力弹压义和团。一部分顽固官吏由于对帝国主义势力拥有恐惧心理，也不赞成与列强交战。另一些见风使舵的官吏，则在“和”、“战”之间模棱两可，不表示确切态度。把持朝政的载漪、刚毅、那桐等顽固大臣，因为在“废立”问题上和帝国主义有分歧，极力主张利用义和团与列强对抗。慈禧太后这个时候则举棋不定，一会儿谕令前线将领准备武力抵抗洋兵进京，一会儿急调驻防山东的袁世凯和驻防山海关的马玉昆率部来京剿团，一会儿又电召李鸿章由广东进京商讨对策，其目的都是为了避免外国军队大举逼近北京。

6 月 16 日，慈禧太后召开御前会议，又一次宣布暂时停止弹压义和团，如果外国继续进兵，就不惜开战。之后，她又依据各国公使的要求，派荣禄的武卫军和董福祥的甘军严密保卫使馆，幻想以此换取外国停止进兵。可是这个幻想很快破灭了。17 日，慈禧太后接到了裕禄关于列强强索大沽炮台的上报；同时又接到谎报，说列强命令让她归政给光绪皇帝。这更激起她对列强的记恨，当天召开了第二次御前会议，想要强行宣战。可是光绪皇帝和主和官员坚决反对，慈禧太后只好命令裕禄死守大沽，各省督抚出兵援京。19日，慈禧太后召开第三次御前会议，决定派王文韶、立山、许景澄到使馆，命令各公使出面劝阻联军不要侵犯北京。立山等人的奔波没有结果，却在这天传来了大沽沦陷的恶报。慈禧太后立即召开第四次御前会议，不管光绪皇帝等人的反对，强行决定对外宣战。21日，清政府颁布“向各国宣战谕旨”，声称“与其苟且存活，贻羞万古，孰若大张挞伐，一决雌雄”。

宣战后，清政府给北京义和团提供粳米2万石，银10万两，并要求团民与清军共同防御北京。还有，清政府还谕令马玉昆部和董福祥部拨军天津，与团民一起收复大沽；令各省督抚招民成团。但伴随八国联军大量援军来华，清政府一下就动摇了。7月25日，清政府在回复两广总督李鸿章等人反对宣战的电旨中一再解释说：义和团发展飞快，“剿之，则即刻祸起肘腋，只能因而用之，徐图挽救”。29日，清廷又要求驻外使节向各国解释宣战是因为被迫的苦衷，说明“即不自量，亦何至与各国同时开衅，并何至持乱民以与各国开衅”，一定“设法相机自行惩办”义和团，乞求各国原谅。清政府还暗地里指示盛京将军增祺等人，“各该省假如有战事，依旧应令拳民作为前驱，我则不必明张旗帜，方于后来筹办机宜可无窒碍”。这些上谕充分体现，慈禧太后即使愤恨列强以武力相逼，并想使用义和团发泄怨愤，可是也处处为对外投降准备退路。清政府还任命庄亲王载勋、协办大学士刚毅等人带领义和团，制定所谓《团规》，规定各地义和团要遵从“总团”指挥，收缴的武器和抓到俘虏必须交给官府，团众应与官军成为一家，不可以自行反抗官军的欺压，遇事一定要禀告清军统领处理。还有，还规定义和团如违背《团规》，即是“假团”，要依照“匪徒”处理，格杀勿论。有很多义和团被无端指控为“假团”而惨遭杀害。

京津义和团和部分清军因为民族义愤，早在宣战前就已开始抵抗八国联军。宣战后，他们不管清政府的阻挠和破坏，一直进行英勇抵抗。天津城南的紫竹林租界，是掌控在各国驻津领事之手的“国中之国”，这时更成为联军持续增兵和弹压义和团的大本营。到6月中上旬，汇集在这里的各国军队已近2400余人。他们在界内划分防区紧张戒备，并持续外出寻衅。这引起直隶提督聂士成的不悦，6月15日前后，他把部队陆陆续续调到天津，与驻守在该地的清军一起御敌。6 月 17 日，侵略军占领大沽炮台后，驻津各国领事马上派军攻打邻近租界的武备学堂，以防留守学堂的学员炮轰租界。守堂学员大多是参与或可怜义和团的爱国青年，用猛烈炮火英勇抵抗联军的进犯。联军见硬攻十分艰难，就放火焚房，引起库存军火爆炸，守堂学员全体壮烈牺牲。天津驻军和附近团民知道后赶来营救时，敌人早就撤回租界。清军仇恨租界内侵略军不断挑衅，攻击武备学堂，开炮轰击紫竹林租界。这是天津驻军参与抗击八国联军的开始，也是他们由弹压义和团到与团民并肩抗敌的转折点。

武备学堂被摧毁和清军参战后，直隶总督裕禄改变了对义和团的观点，由弹压转而招抚，并激励团民配合驻军攻打紫竹林租界。25 日，2000 多名俄、英侵略军把西摩尔这一部分残兵败将带回天津租界。在这场阻击战里，中国军民杀死侵略军 62 人，打伤 228 人，粉碎了西摩尔带领的联军入侵北京的计划。租界内联军依据优势火力负隅顽抗，至 26 日，又不断得到大批侵略军的增援，共达 12000 余人。侵略军反守为攻，于 27 日进攻租界东面的东局子。东局子是清政府在华北地区最大的兵工厂，开战后都有清军在此驻守，新城团民首领王德成也率部前来增援。守军与团民第一个重创前来攻局的 2000 余名俄军，之后又打退 800 余名前来增援的英军、美军和日军。在惨烈的战斗中，局内的弹药库被敌军击中，爆炸起火，守军伤亡严重，被迫撤离了东局子。曹福田所部团民的迅猛攻打，已死伤 500 余人，便调拨重兵前往增援。29 日，曹福田配合附近清军，还有从独流镇前来的张德成所部团民，共同攻打车站，曾使车站几次占领和被夺。7 月初，裕禄召唤曹福田、张德成、聂士成、马玉昆计议，决定由曹福田部和马玉昆的武卫左军持续攻打火车站，聂士成的武卫前军和张德成部攻打紫竹林租界。7 月 6 日，聂士成带领部队从天津城南迂回到租界的西南方，在城墙上架设大炮炮轰租界。第二天，聂军又分兵与张德成部共同向租界发起猛攻。聂军的突然出兵和张部团民的奋勇战斗，使租界里的敌人十分惶恐。可是，八国联军持续增兵，到 7 月上旬已达 18000 余人。在这紧急时刻，清政府却派遣力主剿杀团民的四川提督宋庆前来负责天津战事。宋庆刚到天津城郊，就命令清军大杀义和团，并将部分义和团抽离抗敌前线。7 月 9 日，联军兵分三路出界反攻，包抄留守在城西南的聂士成军和团民。聂士成带领部队誓死抵抗，激战中壮烈牺牲，其部众和团民也多数为国捐躯。10 日，宋庆进入天津城，不断捣毁城内各坛口，加深削弱了城内的防御力量。13 日，联军乘机向天津的南门和东门一起发起猛攻，裕禄、宋庆、马玉崑等带领部队逃往杨村。部分守门清军和团民虽然拼死抵抗来犯的敌军，但阻击失败，天津于 14 日沦陷。

当天津义和团和清军同八国联军激战时，北京的义和团和清军进攻了西什库教堂和东交民巷使馆区。清政府宣战后，并没有详细的作战部署，却把不是军事前线的外国使馆和教堂作为进攻的第一目标。慈禧太后使用义和团和清军中对使馆区侵略者的仇恨，激励他们去攻打使馆，其目标是为了对各国公使干涉她的"废立"计划采取报复。在她的命令下，清政府于 7 月 20 日下午委任荣禄为总指挥，负责清军和团民进攻使馆。这一行为给列强增加了扩大侵略的借口，也给清政府形成了政治上的被动。伴随慈禧太后飞快地转战为和，荣禄便在她的支持下，对使馆明攻暗保，还派人求和。所以，攻打使馆和教堂的活动时有时无，一直到北京陷落都没有攻下。

八国联军占领天津后，兵力上涨到 20000 人，把俄军与法军当成右路，以日军、英军和美军为左路，8 月 4 日自天津在运河两岸兵分两路向北京大举侵犯。惊慌失措的慈禧太后赶快向侵略者求和，于 8 月 7 日正式委任李鸿章为议和全权代表，并禁止京郊义和团持续进城，又把京城内外一部分义和团派往前线，让团民和侵略军互相削弱。可是，京东前线的部分清军因为爱国义愤，依旧与义和团合力阻截八国联军。北仓一役就歼敌数百人。可是裕禄、宋庆、马玉昆等部相继溃败，北仓、杨村先后陷入敌手，裕禄自杀。8 月 6 日，帮办武卫军事务大臣李秉衡领命出京御敌，节制从湖广、两江、山西、山东等地派来的"勤王师"。9 日，他和各军汇聚于河西务，即遇联军来犯，这些临时应命之师不管调度，很快就不战自败。李秉衡仅仅代练身边几个幕僚撤退到张家湾，8 日李东衡率领的"勤王军"，在京津之间的河西务一战即溃，撤退到通州张家湾，李服毒自尽。13 日，八国联军占领通州。次日，英国攻破广渠门，北京失守了。自尽而死。联军又不断占领了张家湾和通州，于 13 日抵达北京城下。8 月 14 日，北京失陷。侵略军仅仅在东便门和朝阳门遭到守卫的甘军和团民的激烈阻击外，其他守军大部分飞快溃逃。慈禧太后领着光绪皇帝和她的亲近的臣仆，在当天早晨仓皇离京出逃。

八国联军占领北京时，有一些爱国清军和义和团同联军展开了惨烈的巷战。在北京保卫战中击毙侵略军400余人，清军也有640多人身亡。八国联军在北京进行癫狂的烧杀抢掠，繁华的街市变成了废墟，一群群的居民被集体射杀。北京"自元明以来之积蓄，上自典章文物，下至国宝奇珍，扫地遂尽"，流失的"已数十万万不止"。慈禧太后带领光绪帝和皇室成员仓皇出京，逃向西安。路上派奕劻和李鸿章为全权大臣，向联军乞和。联军攻占北京后，把全城划分为英、日、俄、美、法、意等几个占领区。为弹压当地居民反抗，美占区建设了"协巡公所"；日占区建设"安民公所"；英占区建设"保卫公所"；德占区建设"华捕局"；等等。8月德国陆军元帅瓦德西带领20000名德军来华，9月瓦德西任联军统帅，10月25日瓦德西到京，八国联军上涨到100000人。12月10日，联军成立"北京管理委员会"，对北京实施殖民统治。联军还四处抢掠，北犯张家口、东占山海关，南侵保定、正定，俄国在参与八国联军侵略京、津的同时，还独自出兵，攻占了东北三省。在八国联军的不断逼迫下，清政府只能派全权代表奕劻、李鸿章与英、美、俄、德、日、奥、法、意、西、荷、比等十一国在北京签订了《辛丑条约》，以割地、赔款等条件与联军求和。

## 第四节　东南互保和《辛丑条约》的签订

在义和团事件结束之后，负有重望的年老政治家、两广总督李鸿章被命令料理局势。朝廷于7月3日和6日，两次命令其立刻北上。之后，在7月8日，委任他为直隶总督兼北洋通商大臣，即1870—1895年他当过的官职。这时，他才慢悠悠地乘船于7月21日到达上海。在那儿，他欣然接受英国政府的告诫，在上海等待，一直到外国使节安全抵达天津。8月7日，朝廷委任他为全权代表与列强谈判，可是他依旧不想北上。8月20日，流亡朝廷承认负有引发灾祸的责任，表示出后悔的迹象。朝廷一直在"乞求"李鸿章北上，和列强寻求解决方法。李鸿章的拖延策略来自于他相信朝廷不会听从他的劝说，弹压拳民；除非解除对公使馆的包围而且外国使节安全抵达天津，不然，和平就不会有希望。令他宽慰的消息是列强不认为他们和中国处在战争状态，他们只是为弹压暴乱才派遣远征军。俄国提出把它的军队、外交官和平民疏散到天津，以便准备谈判，并暗地里表示它将为会议设下一个温和的基调，以防止其他列强提出太过分的要求，李鸿章觉得这是北上的时候了，他要求朝廷委任庆亲王和荣禄帮助他寻求和平。当朝廷同意要求后，他便在俄国人的保护下北上，9 月 18 日到达天津。

流亡朝廷依然受端亲王和刚毅这样的反动分子的掌控，他们提议打一场长期的消耗战。为了制约他们，李鸿章要求朝廷允许荣禄参与朝政。由于荣禄与进攻公使馆有关联，联军不认可他担任谈判者。11 月 11 日，荣禄到达西安，重新成为军机处的一员。与此同时，在北京的联军代表不同意在清廷“回銮”之前开始谈判，他们关心的是“还政于皇帝”。他们提出这一观点为清廷满足他们其他要求的方法。掌控权力不放的慈禧太后拒绝返回北京，原因是她担心遭受不幸的待遇和被强加给无法接受的条件。她明确指出朝廷将在和约缔结之后，而不是在这之前返回北京。

6 月 21 日朝廷宣战的时候，东南部的省级官员——广东李鸿章、南京刘坤一、武汉张之洞和山东袁世凯一同拒绝认可其有效性，坚持觉得它是一个乱命、未经皇室恰当授权的非法召令。他们封锁了宣战声明的讯息，这一天，他们也封锁了组织拳民阻击外国侵略的命令。张之洞巧妙地把 6 月 20 日的关于各总督联合起来保卫他们辖区的命令解释为他们应该合作，以弹压拳民和保护外国人。在铁路和电信督办盛宣怀的提议下，长江流域总督张之洞和刘坤一与上海的外国领事达成一项非正式的协议，大概意思是：作为省里的最高权威，他们将保证外国人的生命和财产，并在他们的管辖区内弹压拳民；而外国列强不派军队侵入他们的地区。李鸿章、袁世凯和闽浙总督赞同这一协议。因此，整个东南中国免除了拳乱和外国的入侵。

东南各省的领导人眼下使用了把联军的注意力转移到处罚有罪大臣身上的方法。袁世凯特别着急于实行这一手段，因为他知道，还政给他在 1898 年维新期间背叛的皇帝，会对他自身的利益有非常大的危害。这些东南官员，还有庆亲王和李鸿章，对朝廷施加非常大的压力，要它认可联军的要求，严惩 9 名同情义和团的官员，外加毓贤和领导攻打公使馆的将领董福祥。1900 年 12 月 3 日，朝廷不情愿地免去了董福祥的官阶还把他发配到甘肃。在所有关于罪责的讨论中，一直没有说到两个主犯：罪责最重的慈禧太后和能够抑制义和团兴起的荣禄，他们都没有受到惩罚。

联军占领北京后，曾将北京城划分为俄、英、日、美、法、德几个占领区，实施军事殖民统治。侵略者居然张贴布告，禁止中国人民抵抗，标出“遇有执待枪械华人，必定执行正法，若由某房放枪，即将该房焚毁”。联军还把北京当成基地，派兵四处加大侵略。9月下旬，俄军沿京榆路攻占了北塘，然后扑向山海关。英国害怕俄军占先，立即从大沽派出军舰，并于9月30日下午抢先攻占了山海关。第二天，俄军沿铁路到来，几乎与英军发生冲突。后来，联军方面决定由各国一同占领山海关。10月，联军分别从北京和天津出击，沿芦汉铁路向南进军，占领保定、正定、井陉等地，危及山西。在天津的侵略军还南下侵犯，一直到了山东边界。11月，联军又从北京出长城，进犯宣化、张家口一带。

八国联军在打下天津后，曾着急任命一个总司令以协调侵略步伐。俄国陆军部非常想把这一职位拿到手，陆军大臣库罗巴特金还想着亲自担任。因为这一打算有违俄国政府表面保持对华友好的方针，又遭到英、日等国的反对，所以没有得逞。8月初，德皇威廉二世利用俄、英之间的问题，又说德国公使克林德在6月20日被杀为借口，向各国提议由德国元帅瓦德西委任联军总司令。这个意见首先得到俄国的赞成，之后其他各国也表示接受。9月25日，瓦德西抵达天津。

八国联军在京津这一带烧杀抢掠，暴行太多，骇人听闻。在大沽周围地带，繁华的大沽竟被夷为平地，五万多人口的塘沽“已无华人足迹”，1000多户的新河被烧得仅剩下300余户，万户居民的北塘也死伤过半。从大沽到北京，“沿途房屋未经被毁者着实罕见，大都早已变成瓦砾之场”。在天津，联军入城后即随意屠杀，导致“自城内鼓楼迄北门外水阁，积尸数里，高数尺”。尸数里，高数尺”。关于抢劫财物，更是侵略者的惯用手段，“满载着抢来的毛皮、丝绸，瓷器等物的军人和文职人员，随处可见”。在北京，只要是义和团设过坛的房屋，均被焚毁。瓦德西还承认：“联军占领北京之后，曾允许军队公开抢劫三日。其后更继续私人抢劫。北京居民所受之物质损失非常大。”当时，从公使、将军直到传教士、士兵，都参与了这一行为。日军从户部抢去300万两银子后，立即焚房消灭罪证。英军、美军还把抢来的东西造册，在使馆立即拍卖，收到的钱按官阶高低分赃。法国主教樊国樑从户部尚书立山家里一次就抢去价值100万两银子的财务。瓦德西则从钦天监里把17世纪设制的古天文仪器抢回了柏林。许多珍贵的历史文物，也惨被毁坏或抢劫。翰林院所藏闻名于世的《永乐大典》，基本丧失净尽；其他经史子集等珍本书籍，共损毁46000余册。有人说：通过这次洗劫，中国“自元、明以来之积累，上自典章文物，下至国宝奇珍，扫地遂尽”。

光绪二十六年（1900）八月十四日，八国联军占领北京后，他们之间的矛盾逐渐激化，变成了英、俄两国争霸中国的局面。李鸿章作为议和全权代表，建议各国军队撤离北京，开始议和。北京谈判的时候，目的各不相同的联军代表很难就条款达成相同的意见。德国一心报复，要求进行严厉的惩罚。德皇说到一项严厉的惩罚行动，甚至是毁灭北京。在派出七千人的远征军的时候，他号称：“让中国这样认识德国，中国人再也不敢对德国人侧目相视。”因为克林德被杀，德皇得到了任命陆军元帅瓦德西（Waldersee）为侵华联军总司令，瓦德西以前在参谋本部任毛奇（Moltke）的助手。瓦德西于10月17日到达北京，此时，北京已被联军攻占约两个月了，他把太后的金銮宝殿当成他的住所。英国人支持德国人抑制俄国在中国扩张的野心，德国在联军占领北京后一直调兵，期盼以武力攻占烟台，进而攻占山东全省，并提出严惩西太后，用以恐吓清政府，以谋取更大的利益。

列强之间既有相同的目标，又有各自的想法。联军攻占北京前，各国在“保护使馆”的幌子下短暂地勾结在一起。攻占北京后，它们过去存在着的错综复杂的矛盾都暴露出来，出现了英、俄两国为霸主继续争夺中国的激烈争斗。俄国为把东北占为己有，故意显示一副对清政府“友好”的态度，首先认可承认李鸿章为清政府的议和全权代表，建议立即撤退各国在北京的占领军，开始谈判，以便得到清政府对它强占东北的承认。英国反对俄国的提议，不认可李鸿章为议和代表，反对联军从北京撤离，说是要等“中国立有合例政府方可开议”。英国所说的“合例政府”，即指由它所掌控的亲英政府。德国在联军攻占北京后，一直派遣大批陆军和军舰来华，计划攻占烟台，进一步掌控山东，并向清政府索要更多的权益。因此，它也反对撤兵及立即与清政府开始和谈。日本因与俄国争夺中国东北有分歧，支持英国的主张。法国为了反对英国在两广的扩张，又在一定程度上同意俄国的意见。美国伺机提出了《第二次门户开放宣言》，赞成俄国的主张。帝国主义之间关于先撤兵后议和还是先议和后撤兵的激烈争辩，事实上是各自在挑选代理人。结果，英、德、日向俄、美、法作了妥协，认可“皇太后（慈禧）为合例”，并同意李鸿章为议和代表，交换条件是清政府认可各国提出的所有条件。

**《辛丑条约》**

10 月 4 日，法国标出谈判的六项条件：（一）严惩各国公使提出的罪魁祸首；（二）禁止运入军火；（三）给予各个国家、社团和个人的公平的补偿；（四）各国在驻北京使馆设立永久性的卫队；（五）毁灭大沽口炮台；（六）在北京至大沽口的道路线上选择两三处要点，实施军事占领。10 月 15 五日议和谈判开始后，奕劻和李鸿章向各国代表写出一份同文照会，提出了一个我们希望的初步和约草案五款：第一，中国认可围攻使馆是违反国际公法，它已经认罪，并且保证以后不再出现类似事件。第二，中国担当对各国偿付赔款的责任。第三，中国同意依据各国的要求，重新修订通商条约。第四，联军还给中国总理衙门机关和中国档案。第五，和议开始后应马上宣布停战。各国公使对中国的议和草案立马拒绝，并不讲道理地斥之为“狂妄”，表明在列强之间形成协议之前，不能和中国代表一同谈判。

各国代表在法国提出的六项谈判条件基础上，反复协商，最终拟定了“议和大纲”十二条。此大纲基本上包含了后来正式和约的内容。12 月 24 四日，外交团以照会方式，将“议和大纲”十二条留给清政府议和代表奕劻、李鸿章，转达西安，并号称：所列所有条款，都是“无可更改”的。李鸿章为了保证西太后的地位，在谈判当中，奔波于列强公使间，尤其是请沙俄从中斡旋。他和俄国公使格尔思签订了《天津俄租界议定书》，认可俄国强占租界合法，还想准备以东北主权作交易。在沙俄坚持下，列强终于同意用苛刻的条件换取对西太后的原谅。逃到西安的西太后担心列强以首祸议己，常害怕不安。当她接阅“议和大纲”之后，就好像是得到免罪赦书，说：“今兹议约，不侵我权，不割我土地”，马上以“警念宗庙社稷，关系至重，不得不委屈求全”为借口，于十二月二十七电复奕劻、李鸿章：“所有十二条大纲，应即照允”。1900 年 7 月 3 日，美国第二次公布了门户开放政策，支持“中国的领土与主权完整”和“长远的安全与和平”。在经过了喋喋不休的争辩之后，联军最后在 1900 年 12 月 24 日合议出一则包含 12 项条款的联合照会，以这个联合照会为基础，经过磋商，达成了最终的解决办法，它主要包括如下内容。

1. 惩办罪犯。联军原来要求处死 12 名官员，包括庄亲王、端亲王、刚毅、毓贤、李秉衡、徐桐和董福祥将军。最终决定，庄亲王被赐死，端亲王流放新疆终身监禁，毓贤被处死，董将军被革职，已死的刚毅、徐桐、李秉衡死后受辱，夺回原官。各省共 119 名官员受到了从死刑到申斥的严惩。

2. 赔款。1901 年 3 月 21 日，在北京的美国全权代表柔克义说出一项 4000 万英磅的惩罚性赔偿，但德国代表代之以希望是 6300 万英磅。4 月 25 日，联军确立赔款为 6700 万磅，包含至 1901 年 7 月 1 日的占领经费。5 月 7 日，数目进一步改为 6750 万磅，或 4.5 亿两白银，分 39 年还清（也就是到 1940 年），年息 4%，以海关税、厘金、常关税和盐税作担保。为协助赔付的实现，同意把现行关税由当时的 3.18% 提高到 5%，对到现在为止的免税商品征税。赔款的分类如下：

| | | |
|---|---|---|
| 俄国 | 130371120 两 | 占总数的 29% |
| 德国 | 90070515 | 20% |
| 法国 | 70878240 | 15.75% |
| 英国 | 50620545 | 11.25% |
| 日本 | 34793100 | 7.7% |
| 美国 | 32939055 | 7.3% |
| 意大利 | 26617005 | 5.9% |
| 比利时 | 8484345 | 1.9% |
| 奥地利 | 4003920 | 0.9% |
| 其他 | 1222155 | 0.3% |

3. 排除以上两款外，列强对许多其他的条款，达成一致意见，包含：

a. 向德国和日本道歉；

b. 设立一支永久性的公使馆卫队；

c. 废除大沽炮台和北京至海通道之各炮台；

d. 两年内禁止购买武器；

e. 北京至海道的重要地点驻守外国军队；

f. 停止拳民肆虐的；4 ~ 5 个城市的科举考试 5 年。

这些条款被正式记入由 12 款和 19 项附属条款组成的《辛丑条约》，之后，各国在强迫清政府严惩祸首和勒索最大限度赔款及保证上，又进行了长达 9 个月的争吵，直至和约内容已经基本确立之后，列强才开始和中国全权代表商谈剩下的一些细节问题。

光绪二十七年（1901）九月七日，清政府全权代表奕劻、李鸿章与英、美、俄、德、日、奥、法、意、西、荷、比等十一国在北京签订了《辛丑条约》，即《辛丑议定书》或《辛丑各国和约》十二款，附件十九件。

主要内容是：

一、派头等专使去德国谢罪，在德国公使被杀的地方设立纪念碑。

二、惩办支持或协助过义和团运动的官员，只要义和团战斗过的城镇和农村，全部停止文、武各等考试5年。以后只要民间产生反帝斗争组织，地方官吏一定要严加惩办。对镇压不力的官吏要”一概革职，永远不叙用。

三、派官员专使到日本谢罪。

四、外国人的坟墓被挖掘及毁坏的地方，要设立“涤垢雪侮”之碑。

五、两年内禁止军火及为制造军火的各种器材购买。

六、赔款金额为四亿五千万两。此款分三十九年还清，本息合计九亿八千万两。

英规定以关余、盐余（每年关税、盐税在分别归还外债后的剩下的部分）和常关（清政府在水陆交通要道和商品集散地确立的税关）三项收人，视为担保。

七、划定外国使馆区，各国可以在使馆区内驻守军队。

八、废除大沽炮台及大沽到北京沿线的所有炮台。

九、从北京到山海关沿线的十二个战略要地，由外国人派兵驻守。

十、不许中国人民成立反对外国列强的组织，违者处斩，各地官员在自己管辖范围内如知道有“伤害”外国人的事件发生，必须马上镇压。否则立即革职，永不叙用。

十一、修改以前所订的各国认为需要修改的条约。

十二、把总理各国事务衙门改为外务部，列六部之首。

由李鸿章、庆亲王和十一国代表于1901年9月17日签订，此时离清廷解除对公使馆的包围已一年零二十四天。联军于9月17日撤离北京。只是，朝廷直至1902年1月7日才回到北京。《辛丑条约》的签订，将外国列强和清政府的关系完全确立下来，公使团变成清政府的“太上皇”，清政府完全变成“洋人的朝廷”。标志着中国完全沦为半殖民地半封建社会。

联军和中国之间终于恢复了和平，但是，俄国占领满洲的问题尚未解决。俄国人以恢复满洲秩序和弹压“暴民”为借口，在1900年7月派出了20万人的部队，狼子野心地想把它变成第二个布哈拉（Bukhara）。他们通过历经三个月的军事行动，夺得了对整个满洲的控制权。11月30日，俄国辽东半岛总督阿列克息夫上将胁迫沈阳的盛京将军增祺签订了一项九款的临时条约：增祺应解除满洲军队的武装并解散、交出军火库中的所有军火、废除要塞和防御、同意俄国人在沈阳派驻一名驻扎官。愤怒、害怕和屈辱的清廷拒绝承认此条约的有效性，它坚持增祺无权签订。

随后谈判在圣彼得堡召开，库诺帕特金将军和陆军和财政大臣维特伯爵提出，除了正在与北京谈判的总条约以外，和清廷单独签署一条满洲条约，意图排除其他列强在满洲和长城以外地区的侵略和投资。1901年2月16日，俄国人提出一份十二款的条约（代替增祺——阿列克息夫协议），表面上把满洲还给中国，实际上通过把俄国军队掩饰成“铁路驻军”，使占领满洲合法化。这条条约禁止中国未经俄国允许向满洲派出军队，与同意其他国家筑路和开矿的特权。可是，最大的耻辱是让中国支付占领费、支付铁路与中东铁路公司的财产损失，甚至授权俄国修筑一条从中东铁路到北京方向的通往长城的铁路。

俄国侵略满洲的行为在列强中引起了深切的担忧，尤其是与俄国有利益冲突的日本。在北京的日本公使告诫庆亲王，任何对俄国占领满洲的退让都可能会引发对中国的瓜分：英国一定会接着占领长江流域，德国攻占山东，而日本将别无他法，只有保持其自身的行动自由。英国和德国也提出告诫，反对中国在与联军签订《北京总条约》之前与俄国签署任何单独的领土与财政条约。美国、奥地利和意大利力劝中国反对俄国的要求。俄国方面，维特威胁说，拒绝已提出的条约，将招致俄国拒绝在满洲问题上的合作。

还在西安流亡的倒霉的清廷犹豫不决，它不敢触犯联军或者是俄国；它只能命令庆亲王和李鸿章想方设法既不惹怒俄国政府也不激怒联军。李鸿章的亲俄思想占了上风，提议朝廷签署条约，以防止和谈失败。可是，其他各省的爱国官员，比方长江总督张之洞和刘坤一，强烈反对该条约。刘坤一辩论说，不论中国接不接受该条约，俄国都不可能把满洲还给中国；而张告诫说，如果中国屈从于俄国的威胁，中国也许会被瓜分。纠结于这些矛盾的建议及俄国、英国和日本方面的压力，朝廷完全拿不定主意。清廷无望地把决定权交给中国驻俄公使杨儒，授权他随机应变。此时，李鸿章命令他接受条约，而张之洞和刘坤一力劝其拒绝，以免他成为公众谴责的对象。杨儒对卷入这一僵局深感焦虑，在1901年3月22日的一次事故中，他的腿部受了重伤。次日，他致电朝廷如果没有明确的指令，他是不会签约的。

在此之前，驻东京、伦敦和柏林的中国公使纷纷劝诫清廷，反对签署。最强烈的是东京公使，他觉得俄国肯定不敢面对英日的联合力量，中国在这一点上的任何妥协只会造成英国和日本的忿恨，并使马上实施的在北京的总解决方案复杂化。在这样的意见下，朝廷最终在3月23日决定拒绝俄国人的条约。面对强有力的国际反对力量，俄国只是在4月6日发布了一则不愉快的声明：他们很想撤离满洲，但国际政治的事实不允许他们此刻这样做。已危险地举棋不定了几个月的紧张的圣彼得堡谈判突然潦草收场了，而未产生一再被预言的对中国的可怕后果。在外被俄国人逼迫、内遭国人的谴责中，年老、虚弱和羞愧的李鸿章骤然于11月7日去世了，享年78岁。

李鸿章没有完成的工作交由庆亲王和大学士王文韶来继续完成。国际局势对俄国尤为不利，尤其是在1902年1月30日英日同盟签订以后。最终，俄国于4月4日与中国签署了一项协议，允诺分为三个阶段，每六个月视为一个阶段，撤离满洲。中国方面承诺保护俄国掌控的中东铁路及它的雇员和财产，以及它拥有的联合企业。第一阶段的撤军按期执行，但在1903年4月第二阶段到期时，俄国人假借把军队制服改变成“路警”制服的欺骗方法，没有撤离。另外，他们要求新的垄断政策，并又一次占领了一些撤离的城市，如沈阳和牛庄。在京、津军民反帝斗争的激励下，北部中国的反帝斗争日益高涨，发展迅速。第一个举义旗的山东义和团，这时又突破袁世凯的高压，“复起响应”，或赴京、津助战，或就近进行斗争，动辄“其数过万”。面临清政府对外宣战和招团御侮这一新情况，袁世凯一方面于6月底派兵把内地各州县的外国人尽数护送到青岛、烟台躲避，并保证将来归还和补偿他们的财产；一方面命令山东义和团北上助战，以减弱义和团对山东的压迫，同时借此把留在山东坚持战斗的团民打成“假团”和“土匪”，使自己继续镇压义和团合理化。

等到八国联军攻占北京后，袁世凯更毫不忌惮地打起了“奉旨剿团”的旗号，颁布《严拿拳匪暂行章程》，命令部将严剿团民。山西省义和团在1900年5—6月间就开始活动，清政府宣战后迅速以太原为中心，发展到大同、朔州、五台、徐沟、榆次、汾州、平定等地，烧毁教堂90余座。这既是列强竞相侵略山西的后果，又与山西巡抚毓贤的态度有联系。毓贤调任山西后，便有意利用义和团，甚至公布告示表示给予“支持”，给山西义和团的斗争提供了些许方便。但他因为盲目的仇外情绪，持续诱杀和捕杀150余名外国传教士及其眷属，助长和煽动了山西义和团众的排外狂潮。河南省的东部区域，也在1900年夏天前后出现义和团的行动。7月初，全省3/4的教堂被焚毁，其中以围攻南阳靳岗教堂的规模最为宏大。这个堂是河南天主教总教堂，教堂四周筑有高达三丈的混凝土围墙，且架设炮楼和枪垛。主教安西满平时操控官吏，欺负人民。南阳数万义和团民愤怒攻打靳岗教堂，并摧毁了城内其他天主教堂。

义和团的斗争风暴于1900年5—6月间还发展到了内蒙古。到了7月，东至察哈尔西四旗和兴和地区，西到阿拉善旗三盛公一带，北到乌盟四子王旗，南到伊克昭盟鄂托克旗、乌审旗最南端的城川等地，都出现了义和团的活动。义和团在围攻城川教堂时，封建王公派兵镇压。义和团提出立了“上打洋人下打官”的口号，夺取了教堂的枪械，击退前来弹压的士兵，还捉拿了西南蒙古教区的主教韩默理。当时，影响最大的是东北义和团抗击俄国侵略军的斗争。1900年2—3月间，营口就出现了义和团。6月，义和团以铁路沿线为中心地区扩展到奉天府。之后，旅顺口发现了“扶保中华，逐去外洋”的揭帖，吉林和黑龙江等地也随后打出了“保国灭洋”的大旗。团民的斗争从摧毁各地教堂和打击胡作非为的传教士开始，迅速就发展到袭击中东铁路沿线的俄国护路军。

义和团和清军在北部的反帝战争，使帝国主义十分害怕。英国不但害怕义和团的势力发展到它所掌控的长江流域，还担心清军愈来愈倾向义和团。早在6月14日，英国驻上海代总领事霍必澜就致电英国外交大臣索尔兹伯里，提议说：“我们应当马上与汉口及南京的总督达成一项谅解。我们完全可以相信：如果他们可以期望得到女王陛下政府的有效支持，他们将在所辖区内尽力保证和平。”第二天，索尔兹伯里回电霍必澜，授权他“告知驻南京的总督（刘坤一），如果他采取维护秩序的策略，他将获得女王陛下军舰的支持”，同时给湖广总督张之洞“一项同样的保证”。很明显，英国是想通过刘坤一、张之洞加强对长江流域的掌控。刘坤一、张之洞本来就尽力要求慈禧太后“明降谕旨，力剿邪匪”，更害怕英国舰队开进长江自我保护，这个时候得到英国这样的承诺，便立刻电告清政府驻英公使，命他向英国政府保证，将“不惜代价，采取有力措施”，维护英国在长江流域的一切利益。继英国之后，美、德、法等帝国主义也加入策划“东南互保”。

当帝国主义加快和东南督抚进行勾结的时候，督办芦汉铁路大臣盛宣怀还在上海。他同帝国主义、东南各省督抚都有紧密联系，且在当中穿针引线。清政府的“宣战上谕”公布后，刘坤一、张之洞拒绝实施。在英国的策动和盛宣怀的努力串通下，6 月 26 日，刘、张授权盛宣怀和上海道台余联沅，各国驻上海领事正式会商，共同定制了一个《东南互保章程》，规定“上海租界归各国共同保护，长江及苏杭内地均归各督抚保护，互不干扰”。之后，两广总督李鸿章、山东巡抚袁世凯等，均对“东南互保”表示赞同。浙江巡抚刘树棠宣布参与“东南互保”。闽浙总督许应骙也宣称“与江鄂办法不谋而合”，并于 7 月 14 日与俄、英、美等六国驻福州领事签署了《福建互保协定》，里面说福建地方当局要“在其权限内采用一切措施，保全外国驻福建官员、商人及教士之生命财产不受损害”，“如有不良分子扩散侵害外国人的谣言”，须“认真予以逮捕及严惩”。

东南督抚的这些行为，明面上与清政府的“宣战”有抵触，实际上与它的对内镇压、对外妥协的一贯方针是相同的。所以，清政府接到他们采用“东南互保”的报告时，觉得意见“正复相同”，认可他们的做法。“东南互保”表明了东南地区当权的洋务派官员与西方列强协作抵制义和团的意向，并在推行过程中保证了西方侵略者在长江流域和华南的利益，也保证了这些地区督抚的势力。他们之间的相互勾结，阻碍了东南各省人民反帝斗争的进展，同时有利于帝国主义集中兵力弹压义和团。

回首历史，义和团事件显然是由反动的满族朝廷、顽固的保守派官僚和士绅，以及无知和迷信群众的联合力量所推动的。这种反抗外国帝国主义的感情和愤怒的爆发是愚蠢的、非理性的，可是也不能忽视其中所固有的爱国主义成分。马克思主义史学家现在把义和团事件视为是一场动机正确、方法错误的爱国式农民起义的初步形式。

义和团事件及其后的解决办法造成很多重要的影响。

1. 联军攻占北京和俄国在满洲的侵略使中国面临被瓜分的威胁，并加深了国际间的猜忌和竞争。列强日益担心在其自身中间产生冲突，并进一步关注在华平等贸易的前景，这使得国际上各国普遍想缓和紧张的局势，及维持在中国的现状。美国为了保持“中国的领土和主权完整”及“为全世界”维护“在中华帝国全境实行贸易共享的原则”的目标，于1900年7月3日第二次宣布了门户开放政策。之后，英德于1900年10月16日签订一项协议（要求其他强国遵守），规定签约国不在中国谋求领土。接下来的帝国主义活动中的僵持局面使中国免于即刻崩溃；但是，它在国际社会中的国际地位也卑微渺小地一落千丈，跌入谷底。

2.《辛丑条约》严重侵害了中国的主权，第五款规定禁止购买武器，第八款规定废除大沽炮台和其他的炮台，第七款规定外国部队在公使馆区驻守，第九款提供给列强在从北京至海的地区部署军队的权利，所有这些严重损害了中国的自卫能力，且限制了中国主权的自由实施。第十款规定，国内的很多地区暂停科举考试五年，当成对士绅阶层的惩处，这是对中国内政的极大干涉。

3. 在国际社会中，拳民的野蛮行为显露出中国不文明的一面。另外，外国远征军的残暴表现，造成了一种战无不胜和至高无上的形象，中国人的骄傲和自尊被击得粉碎，中国人对外国人的态度由轻视和敌对变成畏惧和奉承。

4. 四亿五千万两白银（3.3亿美元）的赔款，算上其39年中每年按4%的利息，总数达982238150两，超出原先数目的两倍以上。赔款必须以外币而不是用中国白银做出赔付，这导致每年在兑换上几百万两的额外损失，尤其是在银价大跌的年份中。比如，中国在1903年必须支付5350万两，而不是原来一致同意的4250万两。如此大范围的资金外流，虽不至于使中国经济崩溃，但却制衡了它的增长。

5. 北京的外国公使为此组成一个强有力的外交使团，变成清政府的“太上皇”，而清政府的威信跌入谷底。

6. 为了继续当皇帝，满族朝廷做了一些三心二意、肤浅的宪政改革；非常多的汉人目睹了满族政权没有希望的领导能力后，投身革命，革命成了国家的唯一希望。孙中山说的一直被有地位的中国人当成非法行动来回避的武力推翻清王朝，这个时候获得了越来越多的承认和支持。他的形象由一个不忠的叛乱者，转成为一个志高、爱国的革命家；最后，革命的脉搏加快了，加速了满族王朝的最终灭亡。

中国人民经过这一次血的教训，更加认清了清政府已经成为帝国主义的忠实走狗，不打倒它，中华民族便不会有崛起之日。全国人民反清斗争日益高涨，清政府则越来越孤立，终于在十年之后，为辛亥革命的浪潮所淹没。

# 第六编

# 清末新政与辛亥革命

1901 年 1 月 29 日，慈禧太后借光绪皇帝的名义颁布上谕，任命督抚以上大臣就朝章国政、吏治民生、学校科举、军制财政等问题仔细议奏。4 月 21 日，又下旨成立了以庆亲王奕劻为首的“督办政务处”，作为筹划推行“新政”的专门组织。辛亥革命是发生于中国农历辛亥年（清宣统三年），就是 1911—1912 年初，旨在推翻清朝专制帝制、设立共和政体的全国性革命。狭义的辛亥革命，说的是自 1911 年 10 月 10 日（农历八月十九）武昌起义爆发，到 1912 年元旦孙文成为中华民国临时大总统前后这一段时间在中国发生的革命运动，广义上则指自 19 世纪末迄辛亥年，中国之一系列以推翻满清统治为目的的革命运动。

# 第一章 清末新政和立宪派

随着帝国主义对中国侵略的加剧，清王朝的统治者期望继续维持以清朝皇帝为代表的大地主大买办阶级的统治，而仅仅是把它的政权组织形式稍作改变。召开议会，成立责任内阁，以便上层民族资产阶级摄政。20 世纪初，清末立宪派的关键政治活动有：鼓吹君主立宪，把《新民丛报》作为阵地，和资产阶级革命派论战，结果以失败告终；发动恳请清政府速开国会的请愿活动。1911 年，“皇族内阁”建立，使其幻想变成泡影，从此立宪派内部开始分化，一部分开始倒向革命。立宪运动是中国清朝政府继自强行为（洋务运动、1861—1895）、维新运动（1895—1898）之后推行的第三次大型改革，目的在于使大清帝国变成君主立宪政体的国家。1911 年 5 月 8 日（宣统三年四月十日），清政府取消军机处，颁布内阁官制与任命总理、诸大臣。成员名单中多半为清宗室（皇族）与满人，被嘲笑为“皇族内阁”。立宪派、舆论对此十分失望，觉得清政府实无诚意推行宪政，乃逐渐同情、倒倒革命。清政府遂于是年（1912）垮台，中华民国从此诞生。在推到清朝的斗争中，革命党人曾经先后发起十次武装起义，屡屡失败，而又能屡次重来，海外华侨的大量经济帮助，实在是最关键的因素之一。对于海外华侨在推倒清朝的革命斗争中的作用，孙中山曾用这样一句话表述：华侨是革命之母。

## 第一节 帝国主义对中国侵略的加深

《辛丑条约》签署后，帝国主义各国军队陆续从华北撤离，可是沙俄的十几万大军依旧盘踞在我国东北。1902 年 4 月签署的《中俄交收东三省条约》规定，俄军在一年半内分三期撤离，可是沙皇尼古拉二世想要夺取“满洲”，根本没有履行条约、真正撤军的想法。第一期（1902 年 10 月）仅仅是把辽西的俄军集结到中东铁路沿线。第二期（1903 年 4 月）将要到期，于是提出俄国在东三省拥有特殊权益的七项无理要求，作为撤军的首要条件。这显然是想要借词拖延，为俄军长期占领东北制造借口。之后，沙皇政府特设远东总督府于旅顺，非法将旅大租借地和中东铁路沿线视为俄国远东领土的一部分，归远东总督管辖。到第三期（1903 年 10 月），俄军不但不撤，而且增兵驻守奉天省城（今沈阳）。他们出兵驻守各衙门及电报局，要求各家各户悬挂俄国国旗，并强迫各处团练撤下武器，气焰十分嚣张，妄想实现把我国东北变成“黄俄罗斯”。

沙俄的“黄俄罗斯”计划和日本强占我国东北的侵略政策发生了严重冲突。英国在中东、远东各地和沙俄争夺霸权，矛盾非常深，因此和日本订立同盟，全力支持日本对抗沙俄。美国也企图涉足东北三省，不希望沙俄独占东北权益，期望日本去“开放”被沙俄关闭的“门户”。在英、美等国支援下，日本认真准备对俄作战。从 1903 年 8 月起，日、俄两国为宰割我国东北举行了多次会谈，没有达成分赃协议。

1904 年 2 月 6 日，日本对旅顺口的俄国舰队发起突然袭击，日俄战争爆发。这是为掠夺中国领土且在中国领土上发生的一次帝国主义战争。日、俄双方海、陆军全力进行厮杀，历经了一年多的时间。从 2 月到 8 月，日、俄舰队在旅顺口不远处多次海战，俄舰遭到重大损失。与此同时，日本陆军一路从新义州渡鸭绿江，占领九连城、凤凰城、宽甸、本溪湖，进逼辽阳，牵制住在辽沈地区的俄军主力；另一路从貔子窝登陆，占领金州、营口，切断了俄军主力和旅顺口及海上之间的联系。9 月，经过战斗，俄军主力自辽阳撤离到沈阳。

1905 年 1 月，旅顺口俄军认输。2—3 月间，双方一共投入 60 万兵力展开时间两周的沈阳大会战，俄军失败。日军占领开源、铁岭，因实力耗损巨大，无法继续进攻。双方陆战呈现僵持。沙俄为扭转海军败局，由欧洲调舰队东驶，最后于 5 月间在对马海峡全军覆没。

《辛丑条约》提供了帝国主义各国以挟制清朝政府的种种特权，清朝统治者也俯首称臣，甘当“儿皇帝”。各国驻华公使气焰嚣张。干涉朝政，甚至干涉督抚大员的调用。比如，1904 年清廷命胡廷幹署山东巡抚，仅仅因德国公使反对改调杨士骧。在清政府的关键部门，委任了不少“客卿”，除长期掌控海关的总税务司英人赫德外，财政顾问美人精琦、邮政总办英人帛黎等，都是十分有实权的。“客卿”还进入了地方衙门，比方说，日本的坂西少佐成为直隶督练分所的军事顾问，德国的肯多福使用山东巡抚办事随员的名义，干预山东的路矿、巡警、洋务、商务等要政。

1902—1903 年，英、美、日三国先后和清政府签署新的《通商航行条约》，为外国资本家对华倾销商品和输出资本提供了更为便利的条件。通商口岸由 1899 年的 45 个上升到 1911 年的 82 个，并在当中的 16 个城市建立了“租界”。各通商口岸的国外商行由 1901 年的 1102 家上涨到 1912 年的 2328 家，占有了中国的进出口贸易。1900 年，中国进出口总值一共为 3.7 亿多海关两，入超 5000 多万两；1906 年，总值上升为 6.4 亿多元，入超则增加到 1.7 亿多两。虽然中国在国际贸易中的地位很低，一直到 1911—1913 年期间，中国的对外贸易仅仅是国际贸易的 1.7%（而人口则占 20%），可是就中国本身而言，对外贸易的发展是相当迅猛的。进出口贸易的上升说明国内外市场的变大，冲击着中国封建社会经济的平衡，给国外资本家提供了巨大利润，而大量入超则依靠外资和侨汇才让中国的国际收支没有出现严重问题。

外国在华投资是在 20 世纪初期迅速发展起来的，包含直接投资和借款。甲午战争前，帝国主义在华投资总共不超二三亿美元。到 1902 年，算上该年的庚子赔款 6900 多万元，总额达 1.5 亿多元。1914 年，该年的庚子赔款减少为 5400 多万元，而总额则飞速上涨至 2.2 亿多元。截至 1911 年，清政府的外债加起来超过 12 亿两，外国在华投资总额大约 20 亿元。中国已建成的铁路里程的 93.1% 掌控在帝国主义手里。此外，外资还掌控着中国机器采煤的 91.9%（1912），生铁制造（不含土法制铁）的 100%，棉纺生产的 76.6%（1908），内部和外部航运的 84.4%（1907）。几十家国外银行及其分支机构操纵中国外汇、经办对华贷款、投资建设厂矿、大量加发纸币，形成在中国金融系统中的垄断地位。帝国主义的资本输出，一方面提高了中国民族资本主义的发展；另一方面抢夺着中国的资源和财富，并通过操控中国经济命脉，进而掌控中国的政治和军事力量，把对中国的控制权延伸到各个领域，陷中国于“名存实亡”的境地。

这时期，中国矿山、铁路等是帝国主义掠夺的关键目标，而铁路利权又为帝国主义所垂涎。因为涉及铁路利权，不单是帝国主义对华输出“过剩”资本、获得巨额利润的极好方法，而且是它们加大势力范围，扩大政治、经济、军事、文化侵略的重要手段。日本《朝日新闻》曾号称：“铁路所布，即权力所到。凡其他之兵权、商权、矿权、交通权，左之右之，存之亡之，掌控于铁路两轨，莫敢不从。故夫铁道者，犹人之血管机关也，死生存亡系之。拥铁路权，即有一切权；有一切权，则凡其地官吏，均吾颐使之奴，其地人民，均我刀俎之肉”，是“亡人国”而“亡之使不知其亡”，“分人土”而“分之使不知其分”的巧妙方法。日、俄分割南满、中东铁路利权从而霸占南、北满，是“有铁路权即有一切权”的代表事例。

日、俄两个帝国主义强盗为抢夺中国并闯入中国战斗，清政府竟公布为“彼此均系友邦”，把辽河以东划为“交战区”，而自守什么“局外中立”。战争给战区人民造成了巨大灾难，盛京地区“陷于枪林弹雨之中，死于炮林雷阵之上者数万生命，血肉横飞，家破人亡，父子兄弟哭于途，夫妇亲朋号于路，十分痛心，惨不忍睹”。“自旅顺迤北，直至（柳条）城墙内外，凡属俄、日大军所过之地，大都因粮于民，菽黍高粱都被芟割当成马料，纵横千里，几同赤地”。双方军队抢掠骡马牲畜，索要银钱粮草，捣毁官署民居，摧毁村落田园，逼迫中国人搬运辎重，充当苦役，乃至奸淫杀戮，无恶不做。家仇国恨，导致东北人民进行自卫反击。盛京、金州、复州、岫岩、海城、营口、辽阳、沈阳周边及铁岭以北，都有抗俄义军活动，或攻打小股俄军，或偷袭俄军粮台，或摧毁从哈尔滨到铁岭的铁路。旅京学生张榕、朱锡麟、丁开嶂等激于义愤，弃学返乡招兵，号召“拒俄自立”。在日军攻占区内，也发生了群众反抗日寇蹂躏的战斗。

日、俄交战期间，英国曾在西藏点起战火。1903 年 8 月，英国派出麦克唐纳指挥一支侵略军，“护送”使节荣赫鹏入藏“谈判”。侵略军从亚东进入，击退藏军阻击，攻占帕里，然后进驻干坝。12 月，英军大举攻打，西藏地区军民英勇抗敌。1904 年 5 月，英军占领江孜宗（县）政府，西藏军民主动出击，抢回宗政府，并守卫宗政府所在的山头，在武器落后及弹药不够的情况下，多次打退敌人的进攻，坚守达一月之久。8 月，英军攻入拉萨，烧杀淫掠极为残酷，大批珍贵文物被掠走。9 月，英国侵略者逼迫西藏地方官员签订《拉萨条约》，关键内容是：开江孜、噶大克、亚东三地为商埠，赔付英国兵费 50 万镑，从印度到江孜、拉萨的炮台和山寨一律废除，把西藏交为英国单独占领的势力范围。西藏军民坚决不同意《拉萨条约》，清政府也不敢在条约上画押。直到 1906 年 4 月，在英国的逼迫下，才在北京再次订新约。英国获得了《拉萨条约》中规定的诸多特权，但认可西藏是中国不可分割的一部分，“允不占并藏境及不干预西藏一切政治”，割取西藏的野心没有实现。西藏狼烟未熄，德国在1904年派遣炮舰驶入长江，提出“租借”洞庭湖和鄱阳湖一带，长江流域也曾一度危急。

1905年，俄国国内出现革命。沙皇政府为了弹压本国的革命运动，忙于早日结束战争。日本便使在海、陆两个战场上都取得胜利，但打得精疲力竭，不能继续作战。6月，在美国的协调下，日、俄各派代表到美国议和。9月5日，签署《朴次茅斯条约》，当中规定：两国除了铁路警备队外，同时撤离在中国东三省的军队；俄国将从中国获得的旅顺口和大连湾、长春至旅顺口的铁路还有其他有关利益全部“转让”给日本。日俄战争结束。

自甲午战争以来，帝国主义列强公开叫嚷瓜分中国并进行军事压迫的紧张情况，到日俄战争结束才趋于缓解。“瓜分”急先锋沙俄受挫，撤退到北满。日本跻身世界强国之林，日俄战后，它便逼迫清政府签署《中日会议东三省事宜》正约及附约。清政府除承认日本继承沙俄从中国所攫取的长春以南的全部权利外，还允许增开凤凰城、辽阳、铁岭、长春、吉林、哈尔滨、齐齐哈尔、瑷珲、满洲里等16个城市作为商埠，在营口、安东、沈阳等地划分日本租界，并给予改建和经营安奉铁路及采伐鸭绿江右岸森林等权利。在世界范围内，随着英、俄争霸转为英、德争霸，欧洲各国为了准备重新分割殖民地的世界大战，忙于拉拢日本和调整它们之间在远东的关系。

1907年，日法、日俄、英俄相继订立协议。这些协议一方面相约维持现状，“尊重中国的独立和完整”，另一方面又相互保护各自在华的“特殊利益”。比如说，日法协定中认可它们两国各自在中国和越南的侵略权利；日俄协定所附秘约条款，从俄国和朝鲜边界的西北端射出一直线至乌兰浩特附近，线南算是日本，线北算是沙俄，彼此保证不侵入对方界内，并不阻挠彼此在各自界内寻求让与权的任何行为。1910年、1911年，日、俄又两次签署协定，除再次申明1907年协定内彼此的特殊权益并一同保护这种权益外，日本还提供俄国“在蒙古活动的充分自由”。“人为刀俎，我为鱼肉”的情况和“瓜分豆剖”的危机始终是激励中国人民奋起自救的动力源。

日俄战争期间，日本已经占领了抚顺、烟台、本溪湖多处煤矿，肆意采伐长白、临川境内森林；战后，又获得了鸭绿江沿岸木业和南满、安奉铁路沿线矿业由“中日合办”的特权。到1911年，东北南部地区设立了由日本投资运营的资本10万元以上的大型工矿企业近30家，10万元以下的有50家以上。单单是满铁会社所属的煤矿，1907—1911 年的 5 年中，便带走了 340 多万吨煤，得到了 1000 多万日元的利润。《朴次茅斯条约》使日本取得了长春至旅顺口铁路及其附属权利。1906 年，日本天皇敕令成立南满洲铁道株式会社，当成侵略的大本营；同时设立关东都督府，对旅大租借地进行殖民统治，并“保护”和“监督”满铁会社的“业务”。满铁会社设立后，除已得到的南满铁路及其支线的经营权外，又通过贷款掌控了新奉铁路和吉长铁路。铁路沿线到处设立以“保护铁路”为名的日本兵营。沙俄则以中东铁路公司作为大本营，占领了东北部的水陆交通，占有“铁路用地”13 万余垧，拥有铁路沿线两侧 30 华里以内的煤矿使用权和 200 平方里林区的使用权。“铁路用地”相当于铁路现实用地的三倍，中东铁路公司内特别设有“地亩处”，不单单利用这些地段安置行栈、划分街区、开辟市场，还将“剩余”土地租给附近农民耕地，征收税租。沙皇政府还借口《中东铁路合同》法文本上写有“该公司在（铁路）地段内拥有绝对的及独占的管理权”等字样，想要把铁路沿线变成“租界”，设立俄国对该地居民的殖民统治。这样，东三省便相当于被分割为日俄的天下。

日俄战争后，美、英等国为撼动日、俄在东三省的老大地位，曾经谋划过收买南满铁路、建设新法铁路、锦瑷铁路还有所谓“满洲铁路中立化”计划等，因日、俄抵制而搁浅。1909 年 6 月，清政府和英、法、德三国银行团签署《湖广铁路借款合同》，因美国强烈要求参与，改为四国银行团，企图掌控中国的财政、金融，垄断对清政府的贷款。利益巨大，引起了帝国主义各国间的激烈斗争。20 世纪初，英、俄、日三国在退回山海关内外铁路的会议中进行了激烈的争吵。法国设立滇越铁路公司，加快建造滇越铁路，并期盼夺取两广路权；英国阴谋展筑滇缅铁路，染指粤汉铁路，并掠夺江浙路权，英、德两国加紧侵占津镇铁路；日、美、德等国为夺取福建、浙江、江西路权开展了各种各样的阴谋活动。1902—1903 年间，正太、汴洛、沪宁三路依次落入俄、比、英等国的掌控。

帝国主义对中国的掠夺、奴役以及相互间的争斗与妥协，使中国大地覆盖着“亡国灭种”的阴霾，激励着中国人民的爱国运动持续高涨，并严重地左右着中国的社会经济和清朝政局。

# 第二节　清末新政和立宪运动

**残破的农村经济和民族资本主义发展的困难**

进入20世纪，中国广大农村依旧是封建统治下的小农经济，大多数土地掌握在地主手中。依据1911年的调查，在关键的农业省份，三分之二以上的农民都是缺地少地的佃户与半佃户，为了租用地主的土地，农民需要把收成的一半以上是献给地主。军阀、官僚、地主、富商、高利贷者大肆吞并土地，他们所占的土地面积，通常达数千亩、数万亩甚者数十万亩。1904年，清廷曾公开表示：“近年以来，民力十分凋敝，加以各省摊派赔款，益复不支，剜肉补疮，生计日蹙。各省督抚因行办地方要政，又复多方筹款，似竭泽而渔。其中官吏之抑勒，差役之困扰，劣绅讼棍之播弄，皆在所难免。”1909年，御史胡思敬上奏称：“业之至秽至贱者灰粪有捐，物之至纤至微者柴炭酱醋有捐，下至一鸡一鸭一鱼一虾，凡肩挑背负、日用寻常饮食之物，莫不有捐”；农民负担“漕粮、地丁、耗羡之外，有粮捐，有亩捐，有串票捐，田亩所出之物，谷米上市有捐，豆蔬瓜果入城有捐，一身而七八捐”，因而“力不能胜，弃田潜逃者比比也”。

随着资本主义经济的发展，在城市周围，地租的方式有从分成租向定额租、从实物向货币发展的趋势，体现农民的人身依附关系有些松动。可是这丝毫没有减轻地租的剥削，有的地区甚至达到敲骨吸髓的境地。比方说，江苏震泽县“田每亩得二十（斗）粟已庆大有，其代价不过六七元，扣除肥料人工，所余几何？乃收租竟高至五六元，少亦须五元，是以冬期农民只能罗掘以应，不足则卖妻子予以偿”。不断上涨的外债、新捐，最后却都落在农民身上。单单是庚子赔款一项，从1902年起，每年必须支付1800多万两，头三年外加赔款缓期半年的利息300多万两。户部把赔款额均摊给各省。提议各省试办“房间捐输”、“按粮捐输”、地丁收钱提盈余、盐斤加价再加价以及增抽厘捐等方法，并声明假如上述办法“窒碍难行”，各省还能够“因时制宜”，“另行筹措”，只要求“凑足分派之数，如期汇解”。所以，各省的田赋、粮捐、房捐、卖税以及其他各种名目的苛捐杂税迅猛增加，各级地方官吏又伺机贪污，中饱私囊。

封建地主阶级和清政府的残酷迫害，是造成农村经济残破的一个因素。还有另一个因素，就是帝国主义的疯狂掠夺，以及商业高利贷资本的残酷剥削。伴随自给自足的自然经济的破坏，农产品逐渐商品化，农村经济被卷入了商品市场，加快了广大农民的破产。据直隶省景县的调查资料，1880 年一斗小麦可兑换十五尺洋布，至 1910 年便只能兑换九尺二寸，减少下降了三分之一以上。投机商人和高利贷者利用农民的贫困，对农产品降价收购，低价预买，导致农民受到难以估量的损失。比方说，1910 年秋收后，湖南华容德兹口、南州三仙湖一带谷价大贱，“每谷一石，仅售价九百文”，合银仅仅四钱五分，农民被生活、债务所逼迫，不得不忍痛出售，“大耗血货，有多数因之倾家荡产，无复再能业农者”。同时，外国商品的大量涌入，尤其是洋纱洋布的倾销，使广大农村家庭手工纺织业受到了严重的摧残，夺去了农民借以勉强保持穷苦生活的手段。由于商业资本的操纵控制，粮价突上突下，农民越来越严重地遭到商业高利贷资本在市场的投机盘剥，这种盘剥又同封建性质的地租、高利贷剥削有关联，使广大农民落入了绝境。据 1906 年《盛京时报》记者报道：“向四乡农民询及今年丰歉如何，无不痛心疾首曰：‘无论丰歉如何，嗣后种地都须赔死。”

亿万农民的赤贫化，自然引起农业生产的衰退。农民们辗转在饥饿死亡线上，终日不得一饱，自然不可能提高生产经营。一般的农具仍然是世代相传的犁、耙、锄，镰，而且由于农民贫困至极，无法畜牛，只得以人代牛耕作，肥料短缺，只得坐视土地日渐浇薄，因而产量下降，生产衰退。加上连严重灾荒，更使得农村经济接近崩溃。1905 年前后，全国每年受灾地区平均有三四百州县。灾区如此之多，灾情又极为严重。1906 年的报纸报道：“今年中国饥饿之状，实为前所未有。灾荒之广泛，约八百平方英里，被灾民数有一千五百万之多。”1910—1911 年间，长江流域六省一起遭水灾，“江、浙、湘、沔、淮、泗之间，嗷嗷之声，达于比户。而淮安、扬州、江宁、平湖、海州等处，老弱流亡，络绎道路，或数百人为一同，或数千人至万人一同。汉口地方聚至二十余万人”。湖南饥民出售女儿，价仅 2000 文。皖北一带，往往数十里内炊烟断绝。

民族资本向城市公用事业方向发展，是这时期产生的新动向。据统计，1901—1911 年间，各地自办水、电厂一共 36 家，资本额 1900 多万元，当中商办31家，资本额11500多万元。在收回利权运动驱动下，采矿业有了相对大的发展。1901—1911年间，设立矿冶企业55家，资本额1600多万元，当中商办26家，资本额700多万元。纺织、食品方面，依然是民族资本的主体投向。1901—1911年间建成的纺织厂共85家，资本额400多万元；食品厂共95家，资本额1300多万元，排除数几家官、商合办外，基本全是商办的。此外，卷烟、造纸、火柴、玻璃等轻工业，都有相对的发展。

在农村经济残破的情况下，民族资本主义近代工业困难地向前发展着。中国资本主义工业在1895—1898年一度出现兴办高潮后，通过几年的回落、徘徊，从1904年起开始回暖，1905—1908年产现了又一次高潮。1905~1908年民族工业的兴旺，是和抵制美货、收回利权等爱国运动的发展分不开的。就扬州织布业的状况来说，由于抵制美货运动减少了美国布匹的输入，“扬城内所设之机器手工织布厂，去年（1906）年终已不止四十余处”。可是运动平息后洋布卷土重来，扬州织布业扛不住压力，发生了一片“倒风”，至1907年，存活下来的不过十余家，而且都疲惫不堪，很难继续维持下去。4年间，新建资本万元以上厂矿238家，资本额6121.9万元，较上次高潮上升三倍以上。1908年以后，因为银根紧迫，控制金融市场的外国银行不同意给钱庄、银号拆息借款，引发了接二连三的金融风暴，1909年、1910年发展势头减慢，但还是有所上升。1909年三起，1910年8起，1911年仅上半年便达5起，从而“富商巨肆，倒闭频闻”，市面萧条，百业凋零，整个工商界都处于岌岌可危的困境。总计1901—1911年间，新建厂矿达386家，资本额一共8.8348亿元，十年间超过前此三十年建立的厂矿、资本额总数二倍以上。

商办民用企业的迅猛发展是这时期的特点。洋务运动时期清政府兴建的军工企业这段时间大多靠常年拨款维持生产，极少增资扩建，唯一新建的北洋机器局是在天津机器局被焚烧后兴办的。因为经费困难，出现了“招商承办”的建议，一些局厂由“军工”转“民用”而改为商办。比方说，江南制造总局在1905年将船坞和相关机器部门分离出来，承揽修造各商轮船，“变为完全商业机构”。洋务运动时期占那个时候民用企业资本总额78%的“官办”、“官督商办”厂矿，这段时间发生了很多变化：有的破产，像兰州织呢局、漠河金矿，有的因债务而被外国资本控制，像开平煤矿、湖北铁政局；

有的招商承办，像上海机器织布局、湖北纺织四局；继续经营的也失去了原本的垄断地位，像上海轮船招商局。新建的“官办”、“官商合办”厂矿资本所占大小降低到民用企业资本总额的27.1%，商办企业则占72.9%，具有绝对优势。

在兴办近代企业的过程中，某些和帝国主义、封建主义有密切关联的资产阶级上层人物的经济实力发展迅速，社会地位也明显提高。出身为大商人、买办的，通常依靠外国资本的“援助”，或者把自己的企业在国外注册，或者吸收一些外国股份，或者聘用一位外籍经理，借此减少清政府的压制和征敛。身为大地主、官僚的，通常勾结官府作外援，进行封建式垄断，抵制一般工商业者的自由竞争。前一类以祝大椿为代表，后一类以张謇为代表。

祝大椿原先是英国怡和洋行买办，靠佣金积攒了大量财富，从19世纪80年代起就开始投资于近代企业。因为他和帝国主义的关系非常密切，可以凭借其势力避免地方官的各种勒索，所以企业发展相对迅速，先后涉足于航运、面粉、缫丝、纺织、打包等行业，当中源昌碾米厂、怡和源打包公司、公益纱厂均是与外商合办的。本来公益纱厂“纯系华人资本，后来营利起见，采用怡和洋行打开销路，给一部分的股分给英人，改成中英合办”。祝大椿经营的企业得到成功，明显得益于帝国主义势力的保护。之后，他当选上海工部局学校、上海商务总会及上海造纸、榨油厂董事，以及锡金商务分会总理，清廷封赏他花翎、道衔。

张謇是甲午（1894）科状元，授翰林院修撰。他创建大生纱厂，不单单在筹建期间就借用公款，凭借官兵保护厂房，而且开产以后还依靠清政府的扶持，取得了“二十年中，百里之内，不准别家设立纱厂”的垄断地位。1904年，上海纺织业资本家朱畴拟在崇明增开大有公司，清政府商部竟替张謇出面予以阻碍；朱畴拟改在海门建立裕泰纺织分厂，又被张謇坚决抵制。因为具有绝对垄断地位，张謇运营的大生纱厂获利丰厚。他用纱厂的部分盈利结合招股，陆续创立了通海垦牧公司、广生油厂、大达外江轮步公司、天生港轮步公司、资生铁冶厂等20多家企业，并当选江苏教育会副会长、江苏铁路公司协理、中国图书公司总理、江苏谘议局议长，清廷封赏其三品衔和商部头等顾问官，已然变成“东南实业领袖”。

可是，民族工业的基础依然是十分脆弱的。明显的表现是资金不够。帝国主义的抢夺，使中国民穷财尽，百业萧索。依照统计，1903 年，赔款和外债本利为6800 万元，进出口贸易入超4. 8 亿多元，外商在华企业盈余为2400多万元，单单此三项，中国在一年内便被抢去银元2 亿元以上。1904 年，张謇便曾十分担心地指出：“前、上两年每交赔款之时，上海商市大力掣动，拆息之大为前所未有。推其缘由，因输出之银太多，商市因之窘促。屈指赔偿之期未至十一，而上下交困，势已如此。常此以往，不堪设想!”这种“上下交困”的社会危机和“不堪设想”的惨淡未来，一年年下去，情况日益严重。汪洋大海那样的封建经济关系也起着遏制社会资金向近代企业流动的作用。土地、高利贷和商业是中国富商们传统的投资对象，收益大，又相对熟悉，因此感到妥当。为了让大家投资，近代企业在创建之前就通常要付出8% 的固定官利，但依旧低于当时常常在12% 左右，甚至最高达30% 的市场利率。依照统计，1912 年，在农商部注册的全国钱庄和典当业资本为1. 6亿余元，比全国工业资本（不到5500 万元）多出两倍之多。也就表明，汇聚在钱庄和典当这两个封建性行业的社会资金便远远超过了工业行业。资金缺乏，不单单使中国的重工业得不到应该有的发展，轻工业也是规模小、资本有机构成低下，很难经得住考验。

伴随民族资本主义的发展，民族资产阶级的力量和组织力量都有所加强。依照光绪三十三年（1907）《东方杂志》记载，各地设立的商务总会、分会达46 所。安徽省于1906 年10 月设立芜湖商务总会，到1908 年各埠商务总会、分会上升到12 所，1911 年上升到33 所。许多重要集镇设有商务分会、商务集议所，除此，还设立了一些专业商会，如茶业商会等。一些关键城市的商会组织，大都掌握在资产阶级上层人士手中。这群上层人物，虽然在根本利益上同帝国主义、封建主义存在着分歧，可是他们在政治上和经济上又和帝国主义、封建主义具有密切的关联，因此妥协性很大。他们把希望寄托于清政府实施自上而下的政策改革，以便参加政权，保护已有的政治经济利益，并谋求更好的发展，反之是可能会使自己的百万资财遭受损失的暴力革命。于是，立宪派变成他们的政治代表。资产阶级中、下层人士即使反帝反封建的要求相对强烈，但微弱的地位使他们惧怕风险，常常在政治上唯上层人物马首是瞻，成为立宪运动的跟随者。民主革命的倡导者大部分是资产阶级知识分子。

**清末新政，1901—1905 年**

日俄战争以后，一部分民族资产阶级上层的代表人物，伺机以俄以专制败，日以立法胜为原因，提出立宪的要求，方便使自己能有机会参与国家政权。同盟会设立之后，革命形势渐渐蓬勃发展起来，使清政府大为震动，若干朝廷重臣、地方督抚，为了保护清朝的统治，并且保持和提高自己的权势，要求“变更体制”，“实行立宪”。

对慈禧太后来说，义和团事件是一场痛苦的体验。她常常流泪，后悔地说：“想不到我会变成皇帝的笑柄！”慈禧太后对政治的敏锐和聪明的本能让她意识到，除非自己表现出某些后悔的样子和修订政治改革的措施，不然就难以重新得到外国的尊敬和国人的敬仰。1900 年 8 月 20 日，还在逃亡中的慈禧太后屈尊发出了一道上谕，就中国的不幸而谴责自己。朝廷在西安重建之后，她表明要实施一场由自己主导的改革。

1900 年 2 月 14 日，朝廷再次肯定了执行改革的决心，并承担了对义和团事件的全部责任。4 月 21 日，清廷设立了督办政务处来提出一项合理的计划。庆亲王、荣禄、李鸿章和其他三个人被委任为主管，而张之洞和刘坤一则获协同办理的委任。

在 1901 年 1 月 29 日的某项声明中，太后请求朝廷大臣、各省督抚和外国使节就改革发表意见，她给这些人两个月的时间，并且命令建议要设立在中国和西方政治体制的基础之上，目的是提出如何最好地革新现存的政府体制、行政程序、人民生活、教育方法、军事组织和财政规则。张之洞和刘坤一在 1901 年 7 月联名三次上奏，响应朝廷的号召。在第一份奏折里，他们强调忠诚于现有体制，但说出需要改革教育，为国家提供人才，并且建议：1. 建立各级现代学校，课程要综合中国经典和西方的历史、地理、政治学、科学和技术；2. 改革科举考试的内容，放入中西两方面学科的问题；3. 废除武科；4. 嘉奖游学。

张之洞的奏折用流利、简练的文笔指出：“非育才不能治国，非兴学不能育才，非变通文武两科不能兴学，非游学不能助兴学之不足。”第二份奏折持续讨论立国之道，探究实现富强的方法。上奏者提议崇尚节俭、招募人才，及增加养廉银以终止政府中的陋习。奏折也提议废止捐纳，裁减陈旧的绿营和清除衙中没有用处的书吏差役。上奏者综合了他们的倡议书，提议采用“西法”。其中，他们提议扩大军事拨款、引入西式军事训练、发展农业，鼓励工业与技术和有组织地汇编和采矿、铁路和商业相关的规定。他们也提议使用银币、实施印花税、改善邮政服务和积极翻译外国书籍。他们提出倡议，目标在于“调整中国的体制以实行西方的制度”。

太后大体上以他们的建议为基础，开始了一场在内容上与1898年的改革几乎雷同的变革。这次变革持续了一个更长的时期，从1901年开始到1905年结束。太后无奈地接受现实：部分的、零星的改革挽救不了中国，完全的重新整理和自强是未来的唯一希望。这计划的显著特点是：

一、废除陈旧的官僚机构

1. 淘汰各官署书吏差役。(1901年5月)

2. 废除“捐纳”。(1901年8月)

3. 詹事府划入翰林院。(1901年8月)

4. 取消云南、湖北（1904年12月）和广东的巡抚制度（1905年7月），还有东河河道总督和漕运总督职位。(1902年2月)

二、创设新官署

1. 督办政务处。(1901年4月)

2. 外务部取代总理衙门。(1901年7月)

3. 铁路局和矿务局合并为商部。(1903年8月)

4. 练兵处。(1903年12月)

5. 巡警部。(1905年10月)

6. 学部。(1905年12月)

三、军事改革

1. 废武科。(1901年8月)

2. 一年内削减20%到30%的绿营和防勇。(1901年8月)

3. 创办武备学堂。(1901年8月)

4. 铁良和袁世凯在北京训练八旗兵。

5. 创立练兵处。(1903年12月)

四、教育改革

1. 为地位高于撰修的翰林学士加设政治经济考试。(1901年5月)

2. 由使节征召留学生回国任职。(1901年6月)

3. 1902 年开始在各省和大城市考试中以时事策论代替“八股文”。(1901 年 8 月)

4. 要求改省级书院为分科大学堂，府州级书院为中等学堂，县级书院为初等学堂，课程包括儒家“四书”、“五经”、中国历史，沓有西方政治研究。(1901 年 9 月)

5. 要求各省当局筛选学生出国留学。(1901 年 9 月，1902 年 10 月)

6. 要求宗人府挑选旗人子弟留学。(1902 年 1 月)

7. 要求翰林编修和进士功名持有者到京师大学堂各科学习。(1902 年 02 月)

8. 对回国学生进行年度考试。(1905 年 7 月)

9. 废除科举考试。(1905 年 8 月)

五、社会改革

1. 允许满汉通婚。(1902 年 2 月)

2. 解除妇女缠足。(1902 年 2 月)

3. 禁止鸦片。(1906 年 9 月)

六、其它改革

1. 革新贡米制度，发展铁路建设。(1901 年 6 月)

2. 各省征收烟酒税。(1903 年 12 月)

3. 命令草拟商法。(1901 年 12 月)

4. 设立难民营收容留流浪者和失业者。(1905 年 6 月)

5. 减少宫廷费用。(1904 年 6 月)

太后的改革计划本质上是一次没有什么内容、也不准备实行的喧哗表演。它仅仅做出了三项具体的改变，也就是：(1) 废除了科举考试；(2) 创立了现代学校；(3) 派学生出国。在太后方面，这计划是掩盖她在义和团事件中耻辱角色的一次聪明的尝试，其伪善暴露在这样的事实中：她一边公开征求中央和省级政府官员的提议，一边私下里暗示她对外国事物的深深厌恶。军机处因此巧妙地劝告官员们不要轻言使用西法。张之洞在一封日期为 1901 年 3 月 24 日的致一位军机大臣的电报中，心情低落地评述了皇室的表里不一：“嗣闻人言，内意不想多言西法，尊电亦言‘勿袭西法皮毛，免遗口实’等语，不觉废然长叹：假若如此，‘变法’二字尚未对题，依然无用，中国终归毁灭矣!”

排除太后没有诚意之外，歧视汉人和无能的满族领导阶级也导致计划没有效率，重要职权更多地授予了满族人。比方说，督办政务处由满族人荣禄控制，而设立的外务部被归于庆亲王的领导之下，他还掌控了练兵处。这种一边倒的职位分派，在汉族老政治家李鸿章和刘坤一分别于 1901 年及 1902 年死后变得更为突出，改革成功的希望更加渺茫了。

**清政府的“预备立宪”和立宪运动**

民主革命运动的迅猛发展和群众反抗斗争的持续高涨，在资产阶级改良派的推动下，从 1904 年起，开始有一些清朝官员请求立宪。日俄战争中“立宪”的日本获胜、专制的俄国失败，立宪的喊声更高。驻法公使孙宝琦、署两江总督周馥、湖广总督张之洞、署两广总督岑春煊、直隶总督袁世凯相继请奏改变政体，清朝统治者也觉得不能照旧统治下去了，于是宣布实行立宪。

光绪三十一年（1905）七月，清廷发布谕旨，派出载泽、戴鸿慈、徐世昌、端方及绍英五大臣到东西洋各国考察宪政。之后又命政务处创立“考察政治馆”。九月二十四日，五大臣带着大批随员，乘火车离京。革命党人吴樾怀揣炸弹，乔装打扮成皂隶，从容步入站台，上了五大臣专车，准备炸死五大臣，可是由于车身震动引爆炸弹，吴樾毙命，载泽、绍英二人负伤，出洋考察只能暂缓。十月二十五日，清政府又委派李盛铎、尚其亨顶替徐世昌、绍英，凑足五人又一次分途出国考察。光绪三十二年（1906），五大臣依次回国，他们向慈禧太后述说实行立宪的种种好处。他们发现，天下人心思变，假如拒不执行任何改革，就不能稳定人心；而人心不安，革命党就不难“煽动”群众，革命的“祸乱”就在所难免。只要先定下立宪的“国是”，就能稳住立宪派，保住大局。假如继续猜疑，就会使希望立宪的人们感到失望，还会“激成异端邪说，扰乱法纪”。总而言之，就像载泽向慈禧太后密奏的，立宪有三大优势即：“皇位永固”、“外患渐轻”、“内乱可弭”。并告诉她说：“今日宣布立宪不过明示宗旨为立宪之预备，对于实行之期，尚可宽立年限。”

慈禧太后反复考虑他们的提议，通过御前会议的一番争论之后，清政府于 9 月 1 日正式公布“预备仿行宪政”这道上谕，承认“各国之所以富强者，实因为实行宪法，取决公论”；而中国“政令积久相仍，日处阽危，受患迫切”；因此“非广求知识，更订法制”不可。虽然清廷号称要“仿行宪政”，可是又声称“大权统于朝廷，庶政公诸和论，以立国家万年有道之基”。同时还借口“目前规制未备，民智未开”，将“视进步之迟速，定期限之远近”。谕旨说出立宪的原则是“大权统于朝廷，庶政公诸和论”，可是“目前规制未备，民智未开”，不能立即实行宪政，应先从改革官制入手，逐步厘订法律、广兴教育、清理财政、整顿武备、普设巡警，作为实行宪政的“前提”。

清政府的“预备立宪”，让民族资产阶级上层发现了参与政事的希望，他们的代表人物立即积极行动起来。张謇、汤寿潜等人在上海组建了“预备立宪公会”。康有为将“保皇会”改名为“中华帝国宪政会”，梁启超与蒋智由等在日本东京成立“政闻社”。同时，汤化龙在湖北设立“宪政筹备会”，谭延闿在湖南设立“宪政公会”，丘逢甲在广东成立“自治会”。这一年十一月，清政府第一步宣布改革中央官制，行政中枢仍为军机处，把部的数量增至十一个，有些部的名称有所变动。这次改革提出不分满、汉，可是各部长官中，满洲贵族的人数不但没有减少，反而有所上升。一些关键的部如陆军、度支、外务等，长官都是满洲贵族。第二年，公布改革地方官制，把各省督抚的军权、财权、分别收回到中央陆军部和度支部。立宪派见清政府没有立宪的实际行动，便使用联名上书请愿的方法，请求清政府速开国会。

光绪三十四年（1908）八月，预备立宪公会联系宪政公会、宪政筹备会、自治会等立宪组织，邀集各省立宪派的代表到北京，朝清政府请愿。某些地方督抚也电请早日召开国会。在这种状况下，清政府颁布了《钦定宪法大纲》，宣布用九年为立宪的预备期限。《钦定宪法大纲》以根本大法的方式，确立“君上大权”，规定皇帝有颁布实行法律、召集或解散议院、设官制禄及黜除百司、统率陆海军及编定军制、宣战议和及订制条约、总揽司法等权利，其实和专制君主没有多少差别。

清朝最高统治者慈禧太后对立宪抱有敷衍拖延的心态，只想安享晚年。满族亲贵期盼通过立宪稳固自己的权力，并消减地方督抚的势力，加强中央统治。汉族官僚则企图借立宪制约满族亲贵的权势，给自己带来更多的发展契机。清廷派载泽等编纂官制，原想大体效法日本，削减现有督抚权限，将财政、军事权全部收归中央，让督抚的权限同日本府县知事相同。但在讨论的时候，遇到参加会议的袁世凯等的强烈反对。主持会议的奕劻就认为这个问题严重，暂把地方官制挪后，先议中央官制。中央官制的改革也遇到很多权位、饭碗的轧轹问题，因此有“五不议”之说，即军机处、内务府、八旗、翰林院、太监的事不议。这五项不谈论，可议的就不多了。最终在月 6 日宣谕中央官制改革方案：

一、军机处不变，“一切规制，照旧执行。其各部尚书均著充参预政务大臣，轮班值日，听候召对”；

二、建立外务、吏、民政、度支、礼、学、陆军、法、农工商、邮传、理藩等 11 个部，“各部堂官，均设尚书一员、侍郎二员，不论满汉”；

三、大理寺改名为大理院，“专掌审判”；增设资政院以“博采众言”、审计院以“核查经费”，“皆著以次设立”；

四、太常寺、光禄寺、鸿胪寺并入礼部，练兵处、太仆寺归入陆军部；都察院改为都御史一员、副都御史二员，六科给事中给名为给事中，“其余宗人府、内阁、翰林院、钦天监、銮仪卫、内务府、太医院、各旗营侍卫处、步军统领衙门，顺天府、仓场衙门，均毋庸更改”。

这个计划，扣除变更几个名称、归并几个旧衙门、增加的几个新衙门外，并没有太大意义。作为“议院”之“预备”的资政院的成立，又多日不见下文。而依据这个方案任命的内阁总理大臣（军机大臣）和内阁政务大臣（各部尚书），一共有 13 人，当中满族 7 人，汉族 4 人，蒙古族 1 人，汉军旗 1 人。以前各部堂官满汉平均，现在“不分满汉”，却成为满七汉四，而蒙古、汉军旗事实上一贯依附满族，汉族不到三分之一。因此，这个内阁被称为“满族内阁”。这一年 9 月，湖广总督张之洞、直隶总督袁世凯同一时刻调任军机大臣，明为高升，实则剥夺了这两位实力最强的汉族总督的权力。

“预备立宪”不单单有名无实，而且显露出满族贵族借立宪以集权的种种现象，引起各省官绅的强烈不满而发起了召开国会的请愿运动。当作对国会请愿的回应，清政府于 1908 年 9 月间宣布“预备立宪”用 9 年为限，9 年后正式召开国会，同一时刻颁布《钦定宪法大纲》和《议院法选举法要领》、《逐年筹备宪政事宜清单》。《钦定宪法大纲》以保证“君上大权”为核心，规定皇帝有颁布和实行法律及发交议案、召集及解散议院、设官制禄及黜陟百司、统率陆海军及编定军制、宣战议和及签署条约、宣布戒严及发布命令等权力，还总揽司法权，事实上和专制帝王没有什么不同。《议院法选举法要领》对议院职权、议员言论做出种种抑制，导致作为“民意”机关的议院实际上成为皇帝的咨询机关。《逐年筹备宪政事宜清单》详细举出了九年内每年应办事项，包含调查户口、实行会计法、编撰简易识字课本和国民必读课本、加大建设识字私塾，等等。所列项目，很多都不是为召开国会、实行宪政应必需的“预备”。这种的“宪法大纲”和九年的期限，必然无法令人满意。

宪法大纲颁布后不久，这一年十一月，光绪皇帝与慈禧太后相继死去。不足三岁的溥仪登上皇位，改号宣统，溥仪的父亲醇亲王载沣摄政。载沣执政后，继续推行立宪；同时再一次加强皇室贵族集权。摄政王载沣监国后的第一件大事，是罢免军机大臣兼外务部尚书袁世凯。袁世凯在戊戌维新期间因背叛出卖的行径被光绪皇帝所仇恨，可是在慈禧太后的宠信下步步高升，迅速成为权势显赫的大官僚。他继李鸿章后担任直隶总督兼北洋大臣，控制着北洋六镇军队。他纠集党羽，网罗爪牙，使用破格提拔、金钱收买等各种办式控制各级将领，尽力把北洋六镇培养成其私人军队；各级将领则向士兵灌输袁世凯是“衣食父母”的思想，甚至在兵营中供奉袁世凯的长生牌位，全军必须服从袁世凯一人。虽然满族贵族逼他交出了四镇，之后又内调军机大臣，但他对北洋六镇的掌控力仍然存在。他继承李鸿章的衣钵，控制着招商局、电报局、铁路总公司等企业，还和日本、德国、美国、英国等维持着良好的关系。为了抵抗革命、拉拢资产阶级改良派，并借立宪以削减满族贵族的权势，袁世凯曾多次上奏请立宪，还在天津建立宪法研究所，招揽一批改良派人士，推行新政。载沣为了给光绪皇帝“雪恨”，以袁世凯患“足疾”为由，命他回河南彰德“养病”。但清朝中枢主政的庆亲王奕劻早已被袁世凯用大量金钱所收买，以“小站旧人”为核心的袁世凯手下，文官像徐世昌、唐绍仪、朱家宝、杨士琦，武将如冯国璋、段祺瑞、王士珍、张怀芝等，依旧身任要职，遍布朝廷内外，对袁世凯唯命是从，“事无大小皆报”。改良派首领张謇等人也经常和袁世凯互通消息。彰德事实上成为隐秘的小朝廷。摄政王载沣以“足疾”为名，罢免了权势显赫的袁世凯，让其回籍“养病”，自己凭借监国摄政国代理大元帅，亲自统领禁卫军。委任其弟载洵和载涛分别担当海军大臣和军咨大臣，荫昌担任陆军大臣，由皇室来掌控兵权。袁世凯的被罢斥，是清朝统治集团的巨大分裂。

宣统元年（1909）十月，诏令各省设立咨议局。各省咨议局几乎被立宪派所控制。立宪派的代表人物如张謇、汤寿潜、汤化龙、谭延闿、薄殿俊等，分别成为江苏、浙江、湖北、湖南、南京等省咨议局的议长。江苏省咨议局建立后，议长张謇呼吁各省，要求速开国会，组建责任内阁。十二月，十六省咨议局代表在上海集会，决定到北京向都察院请愿上书。第二年一月，十六省咨议局代表在北京联名上书。清政府以九年预备立宪的期限的借口，拒绝速开国会。第一次请愿没有成功。六月，立宪派又集结了十个请愿团，到都察院上书，仍被拒绝。第二次请愿亦没有成功。十月，清政府的中央资政院在北京正式开会。这个时候，各省立宪派联名举行第三次请愿，立宪派组建的国会请愿代表团向资政院上交了请愿书，资政院的大多议员支持立宪派的行为，资政院上达了请愿书，并且通过“陈请速开国会”的奏折和建立责任内阁的议案。

1909 年 10 月，排除新疆奏明缓办外，各省咨议局慢慢成立。建立咨议局是地方官制改革的关键项目，视为省议会的“预备”，但还不是省议会。它仅有“指陈通省利病，筹计地方治安”的咨询、建议功能，而无立法和监督地方行政长官的权力。咨议局议员的名额是依据原来各省科举考试录取人数和负担漕粮数目来制定的，少则数十名，多则数百名。议员的产生使用复选举法。首先，依据籍贯、性别、年龄、职业、社会身份、文化教育程度、财产情况等多方面的严格限制，确立“合格选举人”。“合格选举人”为数极少，没有超过该省总人口 1% 的。之后，由选举人推选若干“选举议员人”，再让这些人投票选举议员。有些省份的咨议局（如山东），为保证为封建士大夫所控制，一切都“依附官绅，颠倒舆论”。可是绝大多数省份的咨议局，资产阶级改良派在其中都有着明显的优势，他们的领头人物如江苏的张謇、奉天的吴景濂、湖北的汤化龙、湖南的谭延闿、四川的蒲殿俊等，联袂成为议长。一定数量的省份也有革命党人成为议员的。咨议局的常年会定在每年 10 月间召开，时间一般为 40 天；碰到必要时可随时召开临时会，会期通常为 20 天，休会期间由常驻议员解决相关事务。改良派想要使咨议局成为代表“民意”的权威组织，他们一面以咨议局为讲坛，发表议论，通过各项决议，想要监督地方政府的权柄，从而在咨议局和督抚间产生了很多的纠纷和争执；一面互通声气，“函电咨询”，发动和组织各省咨议局联合请愿，提议缩短“预备”年限，快速召开国会，马上成立“责任内阁”，加快立宪的步伐。通过咨议局，改良派获得了“国民代表”的合法资格，变成清末一支十分活跃的政治力量。

各省督抚也发来电报，希望清政府设立内阁、召开国会。迫于这种情况，清政府宣布缩减预备立宪期限，决定在宣统五年（1913）召开国会，在国会召开前两年，先设立内阁。另一方面又利用立宪派的分化对他们采用强硬态度，下令押送东三省的请愿代表返回原籍，宣布禁止请愿行为。

1910年10月，成为“立议院基础”的资政院在北京召开第一次常年会。议员分“民选”、“钦选”两部分。“民选议员”98人，由各省咨议局议员互选决定，经督抚核实。“钦选议员”包含宗室王公世爵、满汉世爵、外藩王公世爵、宗室觉罗、部院衙门官、硕学通儒和纳税多额者，按相等原则，也是98人。可是，正、副总裁（即正、副议长）是“特旨简充”的，秘书长也是“请旨简放”的，因此“钦定”的议员稳占大部分。但是“钦选”议员在文化教育高度和对议会民主的理解程度上，都远不如“民选”议员，其实是十几个最活跃的改良派人士如刘春霖、雷奋、罗杰、马宗夔、籍忠寅、孟昭常、吴赐龄等把控着会议。“钦选”议员常常呆若木鸡，或附和支持。第一次常年会依照章会期为三个月，后因议事未竣，延长10天。议案包含政府交议、本院议员提议和地方咨议局提请核议三种途径，内容包含经济、政治、外交、法律、文化、教育、地方事务等各个领域。政府交议的大多是无关痛痒的“规则”、“章程”等条例，议员们逐渐感到极不耐烦，于是中断对条例的探讨，要求议长改定议事日程，第一个讨论“速开国会案”，议员们十分主动，要求“议员全体赞成通过”，“火速上奏”、“即允速开”。最终用“起立法”表决，全体议员应声起立，包括一些顽固的“钦选”议员在四处张望之后也只好嗫嚅而起，得到一致通过，之后的“弹劾军机大臣案”，虽有争议，可是也以112对12，获绝大部分通过。只是，资政院的决议案还得“请旨裁夺”。对于“速开国会”，载沣的答案是，将“预备”年限缩短三年，必须等到宣统五年才能召开国会。对于“弹劾军机大臣”，则以“朱谕”方法，对资政院严加斥责，对军机大臣奕劻等温言安慰。议员们大为失落，吵嚷着要“请旨解散”资政院。咨议局提请核议的方案，资政院通常都予以支持，而朝廷和军机处则倾向各省督抚，资政院的核议也多数不起作用。会开了100天，基本没有办成一件大事。虽然如此，资政院毕竟是中国历史上第一个代表民意的法定机关，具有一定的历史意义。议员们高谈国事，批评政府，中外记者到会旁听，报刊报道评说，多少也有些民主的感觉，对于长时间生活在封建专制制度下的中国人来说，也起到相对的启蒙作用。

咨议局、资政院的设立，是载沣迎合立宪潮流的一面，他还有另一面，即企图集中权力于皇室，第一步就是军权。监国伊始，他就改编禁卫军，由自己亲自统领，任命弟弟载涛、皇族毓朗等为禁卫军大臣。之后宣布，摄政王暂行代理大元帅，设（参谋部），任命毓朗、载涛管理。军谘处变成军谘府，即以载涛、毓朗为军谘大臣。立马又派另一弟弟载洵入住海军，后设海军部，即以载洵为海军大臣。载沣还罢免了近畿督练公所，命近畿陆军均归陆军部管辖。

宣统三年（1911）五月，清政府公布第一届“责任内阁”设立。以庆亲王奕劻为总理大臣，徐世昌、那桐作为协理大臣。在13名内阁员当中，汉族仅4人，满族有9人，其中皇族有7人，被世人称为“皇族内阁”。

皇族内阁的设立立，彻底暴露了清政府假立宪的骗局，引发全国人民的愤怒，就是原先同意民国二年（1913）召开国会的那些立宪派也大失所望。各省咨议局议长，再次在北京召开联合会推荐谭延闿为主席，向清政府上书，请求另组内阁。他们的请求，被清政府果断拒绝。至此立宪运动失败。1911年5月，载沣颁布新内阁官制，取消军机处、旧内阁和会议政务处，让内阁总理、协理大员部大臣充任国务大臣，政务包揽，组建所谓“责任内阁”。国务大臣一共13人，汉族仅仅有协理大臣徐世昌、外务大臣梁敦彦等4人，满族9人中，皇族比方总理大臣奕劻、民政大臣善耆、度支大臣载泽、海军大臣载洵、农工商大臣溥伦等又占据了5人。这届内阁因此被称为“皇族内阁”或“亲贵内阁”。皇族组阁，是违背立宪精神的。载沣集权于皇室的野心遂大白于天下。事实证明，清政府的“预备立宪”，实际上只是一场骗局。

**立宪运动，1905—1911年**

1905年，清朝的改革计划在日本于日俄战争中取得辉煌胜利之后，出现了一次戏剧性的变化。相对很多中国人来讲，西方的大专制强国被东方的小君主立宪国击败，是立宪政体强有力的证明。中国人也发现，基本上所有西方重要强国，都在立宪政府的基本原则上发展，而俄国人自己也在国民重新召集杜马（Duma，国会）的要求之下，向立宪政体方向发展，因此印象很深。挣扎中的中国人觉得自己终于找到了一种生存模式。著名的由士人转变为企业家的张謇兴奋地说："日本的胜利和俄国的失败是立宪主义的获胜和专制主义的失败。"立宪主义的思想突然盛行，在士人、社会领袖和深谋远虑的督抚中迅速传播开来。

改革家梁启超具有说服力的声音，大大地推动了全国要求实行立宪政体的浪潮。自从"百日维新"失败以后，梁启超在日本流亡期间接触到具有新思想的日本人，并广泛查阅了西方哲学和政治思想的译著。他热忱地接受了民族主义和诸如自由与平等是人不可剥夺的权利之类的概念。在他创立的杂志《清议报》（1898—1902）和《新民丛报》（1902—1907）上，他不断地讲述这些思想，想要向中国国民灌输这方面的知识。他对中国衰弱的诊断说明：中国个人效忠的对象是统治者，而不是中国国家；儒家学者说的天下一统，没有优先有效地侧重强调中国国家的重要性；专制和暴政是腐败和衰弱中国的源头所在。他强烈地坚持，中国必须接受民族主义作为实现平等、自由和主权此类权利的首要条件。可是，他相信他当时身处的中国，还无法为一个真正民主和代议制的政府做好准备，还认为君主立宪制作为一个急需的目标更为有效. 他倡导逐步的政治改革，反对太过激烈的革命，并使用了一种混合古文和口语修辞的新式写作手法，读者纷纷效仿。他的杂志极受热捧，青年学生蜂涌去书店购买最新期刊，目的是想学习人民主权、民族主义和立宪主义种种新思想。梁启超一下成为20世纪早期中国新闻界和政治哲学的一颗耀眼明星。

可是，孙中山领导下的激进人士发动了对梁的君主立宪制思想的强烈抨击。他们激烈地宣称，中国一定要推翻满族王朝并建立共和国，以开创新时代。他们在1905年创建《民报》来和梁论战。慈禧太后对革命的痛恨程度远远大过了她对君主立宪的厌恶，所以决定支持她认为危害较弱的立宪运动。慈禧太后赞同派满族王公贵族出国学习外国的政治体制，视为引入宪法的前奏，她知道这项工作需要很长的时间，因而对她有利。

在满族贵族载泽带领下的五人考察团组成了，三个成员访问日本、英国、法国和比利时，而其余两人前往美国、德国、奥地利和意大利，使团于1905年12月11日出发，第二年7月回国。代表团报备了对英国和德国政府体制的良好印象，但认定由于中日间莫大的相似性，日本宪法体制更加适用中国。使团的满族领导人载泽个人提议，在五年内采用宪法。他表明，一个计划良好的宪法能变为政权的工具，为中央政府加强中央集权。这项提议得到了皇室调查团的认可及太后于1906年9月1日的签署，但她睿智地遗漏了指定颁布的日期。

政府中别的的派别对立宪问题有不一样的见解，太后把立宪当做是用来安抚公众而不必真正危害她自身权力的一个便利工具；满族人则把它视为是实行集权和把汉人排挤出核心集团的机会，从而夺取各省汉人总督的权力。所以，立宪成了满族人反汉的一个手段。另一方面，立宪给汉人渴望摆脱狭隘、粗暴的满族人的歧视和统治带来了希望。

在认可立宪的原则之后，朝廷于1906年9月2日委任了一群官员来商讨政府机构改革，当成建立君主立宪制的第一步。可是，由于利益冲突和担心责难，朝廷决议把五个部门排除出讨论之列：军机处、内务府、八旗、翰林院和太监。最终提交的关于行政重新组建的汇报，强调集中职责、消除政府坚不可摧的衰弱和提高效率。依据这些重点，朝廷在1906年11月7日签订了一项改革法令，只把六部扩大成11个看起来是现代化的部门，除此之外并无别的内容。这道法令制造了现代立宪政体的表象，但残留了旧政府体系的本质；还带来了一次倒退的机构重组，因为与汉人的权力相比满人的权力更为强大。重组之后，汉人在政府高层中还不到1/3的职位。满汉之间加大了的裂痕，让许多立宪政体的支持者失望。

在各地方政府中，满人的权力也得到了稳固。1907年，朝廷经过直接任命各省的司法、警察和农工商局长来制约总督和巡抚的权力。朝廷仔细地制定措施并按此执行，以收回各地政权中两项最炙手可热的权力：朝廷委任各省的财政局长，并把各省的军队转交新成立的陆军部。袁世凯丧失了他六镇北洋军中的四镇。1907年8月，朝廷发出了最为致命的一击，它把两个最具权势的汉族总督张之洞和袁世凯调到北京担任军机大臣，后者同一时刻任外务部部长。在立宪的乔装之下，满族人成功地实施了他们的反汉计谋，权力空前集中。

可是，立宪运动也有一些好的作用：清廷在 1907 年 8 月设立制宪局；1907 年 9 月派出三名官员到日本、英国和德国学习立宪政体；命令一满一汉两人为国会举行筹备；命令设立省、地、县议会。

还在日本流亡的 1898 年的改革派，显然为中国的发展而振奋。梁启超希望加入立宪运动，于是停止了《新民丛报》的发行，继续在日本组织“政闻社”来推动：（1）责任制议会政府；（2）确保司法独立的法律改革；（3）地方自治和与中央政府确切的职权分工；（4）谨慎外交，以力争在国际社会中的平等权利。该会会员展现出与清廷合作的兴趣，可是曾于 1898 年背叛改革派的袁世凯不愿与他们产生联系，痛恨康、梁的慈禧太后亦是如此。

另一方面，孙中山带领下的革命派嘲讽梁及其同僚与反动朝廷调情。受朝廷和革命派的排挤，政闻社变成中间派别。可是，该社的部分成员悄悄地返回中国，企图通过社会贤达、学生和海外团体，要求早日设立议会和立即颁布宪法。各省出现几十个所谓的“宪友会”，一批批代表团到达北京，请求早日颁布宪法。澎湃的浪潮让满族旗人也加入了这个行列。在这样的环境下，朝廷于 1908 年 8 月 27 日宣布了“宪法大纲”，并规定在宪法生效之前有九年预备期。

太后从未真正想过在中国引入君主立宪制。清朝的“大纲”其实给了皇帝比日本模式更大的权力，由于它规定行政、立法和司法权属于神圣而不可侵犯的皇帝，而他将一直千秋世世代代地统治这个帝国。议会可以商讨，但不决定政府的方针。它经过的法律和规章需经皇帝的批准方生效。还有，与公民的权力和义务相关的条文只是形同虚设。“宪法大纲”是皇室试图集中王朝权力和延长满族统治的一个延时工具，虽然有这些预防措施，太后仍是不愿实施“大纲”，而是依照日本的模式，要求有九年的酝酿时间，以达到在她有生之年阻挠在中国引入宪法的目的。

当时已经 73 岁的慈禧太后明显对她的长寿和拖延计策极为自信；可是，仅仅三个月后，她重病加身，并于 1908 年 11 月 15 日驾鹤西游。太后死后第二天，一道有关 37 岁的光绪皇帝离奇地也随太后而去的通告发布了。虽然据报道说他得了布赖特氏病（Bright's disease），但与皇帝接近的宫廷消息指出他身体十分健康，平时很少患病。传说他私下里也许不够谨慎，为太后将要死去而欢欣，后来，太后复仇般地诅咒道："我断不能先之而死!"这表明了太后在死前毒死皇帝的可能性。流传最多的是说袁世凯参与了密谋，因为他在1898年背叛了皇帝，担心他重新掌权，可是没有证据证实这一说法。

太后3岁大的侄孙溥仪成为皇帝，他的父亲第二位醇亲王载沣摄政。因为袁世凯背叛了光绪皇帝，醇亲王明显一心要将他废除，但由于担心北洋军的兵变而畏手畏脚。据说，汉族政治家张之洞也劝诫他不要在国丧期间杀高级官员。之后，醇亲王以袁患了腿疾，需要静养为由，免去了他的官职。1909年1月2日，袁被迫离开政府。

醇亲王成功地为遭背叛的光绪皇帝复仇和稳固了固有的反汉政策之后，刻意表现出为君主立宪制奔走的假象。1909年2月17日，他命令设立省咨议局，10月14日举办典礼。随着这些大众团体的设立，要求召开国会的声浪更大了。16个省的代表于1910年三次——1910年1月26日、6月22日和10月3日——到北京提请早日召开国会。朝廷斥责他们干扰国事及命令他们回家。遭到了这样的侮辱，这些代表很多是各省咨议局局长或副局长，在一次秘密集会上碰面，据说就此下决心把他们的意思悄悄地转向革命派。虽然有来自省咨议局和立宪主义者个人的很大压力，醇亲王所做的，只是在1910年11月4日公布把宪政筹备期从九年缩短至六年。同一时刻，他在1911年5月8日组建"皇族内阁"，13个任命者中有5个是皇亲国戚，靠这个强化他的反汉政策。这个内阁中，有8个满人和1个蒙古旗人，仅仅只有4个汉人。当省咨议局不赞同皇室主宰内阁的时候，朝廷明显地提醒他们，皇帝对委任权的绝对掌控是在"宪法大纲"中表明的。汉人越来越相信，在满族的领导下，真正的立宪是没有希望的。幻灭和失望导致了日益高涨的反满情绪，并把公众的情感推向了革命派的事业。仅仅数月，孙中山的革命团体就把清王朝送进了历史的废墟。

在近代西欧民族国家和宪政体制产生的过程中，"国家能力建设"是一个关键词。1500年之后的欧洲，列国并存，战争多发，残酷的地域环境迫使君主们将垄断军事和财政权力视为第一要务。就像蒂利所言，"战争编织起欧洲民族国家之网，而准备战争则在国家里面创造出国家的内部结构"。为设立有效的强制力量，欧洲君主们日渐放弃花费高昂却并不可靠的雇佣军，变成从本国国民中征集军队，由此义务兵役制得以生成。"那些从自己国内人员中招募和保持庞大军队的国家—法国、英国和普鲁士是经典的典型—胜过了其他国家。”为引发民众的民族主义情感，征集更多士兵，以全民战斗应对国际竞争，近代欧洲的君主和政府致力于国族思想的塑造；当中，学校爱国教育是最基本的形式。就像晚清思想家梁启超所发现到的，“海外之国，其民自束发人学校，则颂爱国之诗歌，相语以爱国之故事，及稍大，则讲爱国之真理”。近代民族国家创造了精确的人口统计技术，为更好的兵员和税收征集奠定了基础和条件。随着国家对社会体系控制能力的增强，普通民众被塑造成统一国家治理下的“国民”，近代民族国家由此得到传统封建国家或王朝国家难以企及的政治动员力量。

战争要以物质基础为后盾，财政吸取能力是最基本的国家能力。“在1500年后，由于在战争中取胜的方法变得越来越昂贵，大部分欧洲国家的统治者把他们大部分时间用在筹集资金上。”税收垄断和信贷能力就成为统治者获得战争胜利的关键。至于军事力量和财政税收的关系，诺贝特·埃利亚斯有一段精彩的论述：我们把它叫做近代社会的那种社会，起先是在西方，是以组成某种程度的独占为其特征的。个人无权占有军事手段，仅仅有中央政权才有权占有，不管该政权采取任何形式；个人财产或收入的赋税也集结于社会的中央政权的手中。都归其使用的财政手段保持着政权的独占，而政权的独占又保证着赋税的垄断。这两者之间没有任何意义上的先后问题，既不可以说经济垄断比于军事垄断先，也不可说军事垄断比经济垄断先，两者都存在同样的垄断地位。假如一方消失，另一方也自行跟进，无论政权独占是由军事还是经济方面所动摇。

近代国家为获得战争胜利，不单垄断税收征集权力，而且千方百计提高财政吸取能力；为此，强大高效的中央政府可以建立，精良的财政体制可以创构，比方说国库制度、预决算制度、国税地税划分、审计监督，都是征集财政资源的需要，导致统治者不得不和掌握财富的资本家阶层进行政治磋商。这也就表明，战争和国家设立之间的关系只能通过代议和咨询的机制才可以得到解决。所以，税收征集问题就变成发展代议民主制度的推动力。在这种情况下，近代国家的统治者召开等级会议（现代议会的早期形态），设立现代行政机构，增加国民健康和教育水平，加快国内经济的统一化和市场化进程。而经济的统一化和市场化进度，又为国家税收的富裕奠定了基础。

查尔斯·蒂利指明："没有人设计了民族国家的关键组成部分—国库、法庭、中央政府等。它们常常或多或少是当成无意识的副产品而形成的，一般它们来自执行更为直接任务的努力，特别是为了组建和支持武装力量的努力。"可以说，战争和战争准备塑造了具备强大军事和财政动员能力的欧洲民族国家，至此，军事和财政（贸易、经济）互为驰援，变欧洲各强国为"经济战争国"。当各列强在欧洲处于均势之际，其对外扩张的矛头对准中国等东方国家。近代中英之间的鸦片战争因贸易而引发，最后由军事实力来决定胜负。大清王朝的失败表明了中国军事力量的腐败、财政汲取能力的低下、政府的缺乏效率和国民力量的散漫。总而言之，清朝是一个匮乏国家行动能力的传统王朝国家，没办法应对西欧民族强国的挑战。为改变这种局势，中国精英阶层提议向西方学习，有变中国为"经济战争国"的想法。

君宪派的杨度表明了"金铁主义说"——"金者黄金，铁者黑铁；金者金钱，铁者铁炮；金者经济，铁者军事。想要以中国为金国，为铁国，换言之即为经济国、军事国，同为经济战争国"。另一位君宪派知识人康有为明确指出军事和财政集权的急迫性："夫方今欧、美各国，不管强弱大小治乱，而无不中央集权，举兵财二者统之于政府矣。而我国分张散漫失纪如此，其何立于竞争之世哉！"事实上，朝廷精英的思量是一致的。清末宪政改革的大体方针是"大权统于朝廷，庶政公诸和论"，具体策略是加强中央集权，同时有限度地放出政权，从而与国民形成良好的互动，直接目的是增强国家军事、财政能力和国民动员能力。考察日本宪政大臣达寿对于这个做过精辟诠释：夫立宪之国家，其人民都要纳税、当兵之义务，以此而义务，可一参政之权利，君主得彼之二义务，则权利可以发展，国民获此一权利，则国家思想可以形成。斯时也，君主又为之定宪法为臣民权利之保证，而臣民又获于国会协赞君主之立法，与监督国家之财政，上下一体，朝野一气，一休一戚，匪不相关，如家人父子者焉。夫如是也，以云战斗，则举国团结一体，为对外之举，所谓臣三千唯一心者是也，而战斗力足矣。以云财富主义，则平日君主政府常借国力以奖励其殖民，保护其贸易；战时则以国家之信用，募集内国之国债。而人民因欲保其生命财产也，不得已先割其财产之一部，以应国家之要需，所谓百姓足君孰与不足者是也，而财富充矣。

读者未免起疑，中国自古以来不是一直是大一统国家吗？不是有着悠久的强国家传统吗？为什么在近代的国际竞争中，中国一败再败？为何清末改革依旧将加强中央集权作为首要任务？想回答这些问题，要从传统中国政制的特点、近代中外历史，以及国际大势上展开解析。

第一，传统中国的政治集权是相对有限的。“天高皇帝远”、“皇权不下县”等言论虽未必准确，但在一定程度上反应了历史的真实。假如将近代民族强国作为对照物，传统王朝是高度中央集权的假设也许是十分荒谬的。明清以后，君主集权呈现逐步强化的趋势，但这种集权和现代国家的集权具有不同的性质，拿迈克尔·曼的话来说，它的“专制权力”强，但“基础权力”弱。社会学家安东尼·吉登斯觉得：“中国是那种军队的作用既在于打退入侵者或扩充国家的领土、又在于维护内部治安的少数大型传统国家之一。可是，中国一如其他地方，垄断国家机器这种暴力工具的想法，永远仅仅是部分地得以实现。”乾嘉以后，大清王朝走向衰落，政府腐败，武备废弛，财政支绌。拿军事而言，八旗和绿营极度腐败，素质低下，战斗力严重削弱，对内不能够维持社会秩序（在弹压白莲教起义和西南苗民起义的过程中，军队的弱点暴露无遗），对外不能用以抵抗西欧列强的进攻。就财政而言，康熙“永不加赋”（1713）的税收政策虽然有利于藏富于民，但它也表明了清王朝税收征集能力的薄弱，“使得征收到的税收不到全国生产总值的5%，导致财政基础薄弱不能满足一个庞大的近代政府或是工业化改革所需”。19世纪中期以后，对外赔款变成清政府的一项财政负担，使得本已支绌的王朝财政更加贫穷，“当北京政府在1900年后逐步地开始打破思想上的抵制而在每个方面进行‘全国的开发’时，它不仅仅缺乏必要的政治掌控（虽然它打算取得这种控制），而且还负有外债，这些外债又优先取走了它赖以开始进行发展的财政资源”。财政贫穷严重阻碍了清政府的政治掌控能力和推行改革的能力。

第二，与欧洲列国并存的情况不同，中国很早就完成了大一统。这使得它在政治上是早熟的，但也因此缺少了改进军事技术的动力。中国很早就已发明火药和火器，可是却没有被有效地使用到战争中；反而是在近代欧洲，地缘竞争的原因，导致欧洲强国不断改进武器装备。“1815年到1914年间，就像交通通信革命导致策略的转变一样，武器技术的革命改变了战术”。当西欧民族强国的兵备和战术均已发生革命性变化之际，中国依旧蹒跚不前。

中英第一次鸦片战争时，“英军已位于初步发展的火器时代，而清军依旧处于冷热兵器混用的时代”。清军使用的鸟枪就型式样制而论，已差了英国200年。清军火炮、火药、舰船的技术水平也远远落后于英军，“清军在战争的全过程中没有击沉英军的一艘战舰或轮船，而己方的阵地却被打得千疮百孔”。第二次鸦片战争后，清政府发动自强运动，建设近代军事工业和近代海军。但由于财政匮乏以及军费通常挪作他用等原因，军队建设成果有限。比方说，北洋海军自建立之日起，几乎处于停滞状态，1888—1894年间都没有一舰一炮之增添，“北洋海军主辅战舰无论在数量上和装备质量上均被日本海军远远超越，成为甲午海战北洋海军惨败的一个重要原因”。

中外战争还显示出中国军事管理和指挥体制存有的问题。康乾时代，在打败准葛尔部和平定新疆后，国内没有了大规模的军事行动。陆地大国俄罗斯和新兴海权强家荷兰曾企图侵略中国，可是被英武的康熙皇帝和民族英雄郑成功击败于门外（1683年，康熙用武力收复台湾）。因此，中国实现了“帝国治下的和平”，清军的关键任务是对内而不是对外，中国军队没有产生现代意义上的国防观念。清军在全国分散驻兵，利于分散治民，却不方便集中御外。清军在战时没有集中统一的指挥，各军很难协调行动，这也大大减弱了清军的战斗力。这不仅致使中英战争的失败，而且也是甲午战败的因素之一。把海军当成案例。1885年设立的海军衙门没有办法实现对海军的统一领导，李鸿章曾想过以北洋海军统一全国海军，但遭到南洋大臣刘坤一的反抗。因为海军经费主要来自地方财政，南洋海军掌控于南洋大臣。在这种地方分权的统治情况下，海军统一的目标难以达成。“结果，在甲午战争前夕，日方成功地对全国海军发起总动员，而清政府排除北洋舰队外，只派出三艘广东海军的军舰协助参战，南洋舰队竟连一艘军舰也没派出过。”如此，中国海军（军队）怎能不败？

还有，从19世纪后半叶始，地方督抚的财政自主权日渐扩张：“当时多出的支出项目主要由各省地方支付，经费筹措也主要依靠各省负责，所以各种新税（海关税除外）的征收和支配权从一开始就被控制在各省手里，与各省的财政利益紧密相关。”在“督抚专政”的局面下，相对独立的地方财政机构逐步形成，原有的奏销制度已经不在了。甲午战争后特别是庚子事变后，中国对外战争赔款大幅上升。为偿还赔款，清政府给了各地“就地筹款”的权力。不但中央与地方财政关系原来凭借“起运”、“存留”方式加以分配的体制被击破，而且单单依靠中央权威来控制省区之间资金流动的解协饷制度也变得苍白无力。各省打着“筹款”名义以种种名目征收苛捐杂税，因此造成各省财政体制极为混乱，中央政府对地方财政的实际收支情况不清楚，原有的国家财政体制逐步瓦解。这个时候，外国列强的干涉也严重危害了清政府的财政自主权。清政府不单是无法自主确定关税税率，而且失去了海关行政管理权。清末改革前夕，国家对军权和财权的控制力已退化到极其危险的地步。

最后，随着镇压太平天国起义而出现的地方分权主义，在很大程度上削弱了中央政府的权威，形成所谓“内轻外重”的情况，国家权力产生下移的态势。因为八旗和绿营已无战斗力，为弹压农民起义，清政府授权曾国藩、李鸿章等地方大员组织军队，并给了他们在地方自主征集军饷（捐税、厘金等）的权力。所以，与近代欧洲的状况相反，在晚清中国，战争不但没有用于直接加强国家对军权和财权的掌控，反而导致军权和财权的逐步下移。湘军和淮军不是国家的组建部队，他们也不把自身看作朝廷的军队，在相当程度上维持着独立的意志，“湘军、淮军并不像有人认为的那样仅仅采用了私军的形式，他们还有私军的心理与想法。”他们对自己的统帅负责，而不是对朝廷负责。正如李剑农说的，“清政府地方势力在洪杨战役期中的改变，不外两点：一是地方督抚得到了军事上的实权，其势逐步加重；二是军队由单元体变成多元体，中央失去掌控之权”。虽然部分湘军在19世纪60年代被裁减，淮军也在甲午战争后走向式微，可是，“清军始终没有改变将帅专兵的格局，一直持续到北洋政府的军阀格局”。

甲午之战，清军失败，清朝军队（军制）的弱点显露无遗，原有的绿营、淮军和防练军已没有战斗力，北洋海军宣告覆灭。它导致朝野精英认识到“欲立国于20世纪之世界，必须军制不可，想要在20世纪世界与列强争雄长也，更非讲军制不可”。中国军队必须重整，中国军制有待改革。1895年前后，清政府开始组建新军。首先是广西按察使胡燏棻在清政府的要求下，于1894年依照德国陆军建制，采用洋枪洋炮训练“定武军”。1895年12月，袁世凯接管这支军队的训练工作，改“定武军”为“新建陆军”。1898年，“新建陆军”和董福祥的“甘军”、聂士成的“武毅军”一起叫作“北洋三军”，一起被直隶总督兼北洋大臣荣禄的统领。庚子事变之际，袁世凯担任山东巡抚，躲开了八国联军的锋芒，新军的实力得以保留。当时，袁部兵力达到 2 万人，是清朝实力最强大的一个军事力量。1901 年，袁世凯担任直隶总督兼北洋大臣。在袁的发展下，新军逐步扩展为北洋军（北洋六镇）。这个时候，两江总督张之洞也在南洋组建“自强军”，其营制效仿德国，颇有成效。庚子事变后，清政府启用新政改革，当中，军事方面的内容即“淘汰旧军，扩展新军”。清政府要求各省学习北洋军和自强军的练军新法，在本省操练新军。

1903 年，清政府开始淘汰绿营，改革军制。清政府设立练兵处，作为操练新军的最高机构，奕劻为总理大臣，袁世凯为会办大臣，铁良为帮办大臣。在这当中，袁世凯发挥主导作用。因为原来六部中的兵部尚没有取消，两者权限不清楚，兵部经常与练兵处发生摩擦。因此，清政府在 1906 年进行第一次官制改革时，改兵部为陆军部，把练兵处和太仆寺划入。

1903—1906 年“练兵处”时期，清政府把练兵当成宗旨，“并未收回督抚手中的军权。而且，因为袁世凯等对练兵处的掌控，中央非但没有收回军权，还加重了北洋地方势力的军权”。1904 年 9 月，清政府颁布练兵处设立的《陆军营制饷章》，具体内容包含立军、督练、设官、募兵、军令、训练、校阅、奖惩、恤赏、薪饷、营舍、军器等。章程还要求各省设立督练公所，方便督练新军，称为统一全国军制。1906 年，陆军部设立后，清政府加快了军事集权的脚步。主张军事集权、与袁世凯一直不和的铁良被委任为陆军部尚书（1909 年 3 月，荫昌担任陆军部尚书，1911 年 5 月，皇族内阁设立，荫昌担任陆军大臣）。陆军部首先收回北洋新军第 1、3、5、6 镇的直接管理权（1907 年，袁世凯担任军机大臣，不再担任直隶总督兼北洋大臣。1910 年，直隶总督陈夔龙将北洋新军第 2、4 镇的直接管理权转交陆军部）。陆军部还设立了《陆军三十六镇按省分配限年编练章程》，就新军编练对各省提出确切要求。种种行为均表明最高统治者统一军权、重塑国家武装力量的想法。这一点在 1908 年颁布的《钦定宪法大纲》中得以充分展现：“（君上大权之）统领陆海军及编定军制之权。君上派遣全国军队，拟定常备兵额，得以全权执行。凡所有军事，皆非议院可以干预。（君上大权之）宣战、讲和、订立条约及派遣使臣暍认受使臣之权。国交之事，由君上亲确，不可议院议决。”

《钦定宪法大纲》确立了清朝皇帝对军队的绝对掌控权，不受民选机关的限制。

1909 年 1 月，载沣罢免了权势最重的汉族大臣袁世凯，“逐渐恢复了以满洲贵族为核心的中央统治体制，并把全国的军权等归回了中央”。1909 年 7 月，载沣将 1907 年设立的军谘处（隶属于陆军部，原练兵处军令司职掌）改称军谘府，帮助皇帝统领全国军务。军谘府的职能仿照日本参谋本部，对皇帝直接负责，所有的筹划事宜均依皇帝指令。这样，“军谘府就脱离陆军部，变成规划新军编练的领导机关，也是皇帝的参谋本部。陆军部依然存在，但权力已被大大削减”。军谘府管理大臣由满洲贵族毓朗、载涛（载沣之弟）担当。军谘府依次颁布《陆军参谋章程》、《军官学堂章程》、《改定军官学堂章程》等，进一步健全了军官制度。

载沣还大力整顿中央海军领导机关，统一海军指挥权。载沣摄政前的 1907 年 6 月，清政府曾在陆军部下建立海军处，策划重整海军的相关事宜。载沣摄政后的 1909 年 2 月，清廷颁布上谕：“方今整顿海军，实为经国之重。著派肃亲王善耆、镇国公载泽、尚书铁良、提督萨镇冰，按照所陈各节妥善筹画，先立海军基础；并著派庆亲王奕劻随时审核稽查，以昭慎重。”1909 年 7 月，朝廷委任载洵和萨镇冰为筹办海军事务大臣，筹办海军事务处正式设立。之后，在载洵和萨镇冰的规划下，长时间分立的全国各舰队被改编成巡洋、长江两个舰队，由中央的海军领导部门统一领导。1910 年 4 月，载洵和萨镇冰确定筹办海军处各部门的权利。1910 年 12 月，筹办海军处设立《海军部暂行官制大纲》，在原有八司（军制、军政、军学、军枢、军储、军防、军法、军医）基础上，增加主计处，废除原筹办海军处所设的海军大臣两员、参赞一员，增加海军正副大臣各一员。这代表着筹办海军事务处正式改组为海军部。载洵被委任为海军大臣，原来的海军处参赞谭学衡变成副大臣，萨镇冰为巡洋、长江舰队统帅，程璧光和沈寿堃分别担任巡洋舰队和长江舰队的统领。1911 年 4 月，新的《海军部暂行官制》公布。中国海军重建略有起色。可以说，为统一军事指挥权、提高国家军事能力，清最高统治者采用了一系列集权性质的政治改革。可是，改革存在难以克服的困难。

第一，新军的编制是在加强中央集权的主观意图和不得不依靠各省编练这一互相矛盾的状态下进行的。1911 年的统计数据显示，一些省份（贵州、湖南、四川、江西、奉天）的新军军费使用情况占省财政支出1/3以上，而另外一些省份（如安徽、甘肃、云南和广西）的比例居然在一半以上。既然新军大体由各省编练，其所需费用也主要靠地方供给，中央军事机构对新军的控制权和影响力便要大打折扣。就像冯兆基指出的，“北京颁布的政策和规章，地方当局如感到不方便，就阳奉阴违，渗进私货。总而言之，虽然编练新军是中央发起的，但新军仍然有着浓厚的地方色彩”。这说明，既存的中央地方失衡格局对中央发起的军事集权产生了阻滞作用。

第二，集权于满洲权贵一直受到非议。铁良、荫昌、毓朗、载涛、载洵等年轻的满洲权贵（或皇族）被委任为中央军事机构的领导者，可是他们缺乏足够的军事知识、资历和威信，而最具威严的汉族大臣、北洋新军的掌舵人袁世凯却被摄政王载沣罢免。年轻的摄政王和满洲权贵们并非驭国和驭军之才。当时任外交部官员的颜惠庆以后在回忆录中是这样评价：“摄政王载沣为人和蔼，可是柔弱、没有经验，与独断专行、善权变的慈禧太后不同。在多事之秋，他肯定不是驭国之才。袁世凯及其亲信被罢免，也削减了清廷的力量。”后来出台的皇族内阁更是对宪政改革的一大讥讽，“这些皇族大臣，既没有经验，又没有才能；只不过是年少纨绔”。1910年，革命党人熊成基计划刺杀载洵，因泄密被抓，在受审时，他历数清廷罪恶，第一条便是海陆军权不给汉人。应该说，他的质问体现了当时很多汉人官僚和精英的心里想法。

最终，军事权力的积聚本身拥有一定的“私人性”，个人掌控军队的传统是和中央集权相冲突的。满洲权贵们虽然身居高位，但这并不代表他们掌握了对军队的实际领导权。以当时实力最大的北洋新军为例。尽管北洋六镇的直接指挥权被收回给陆军部，袁世凯本人也一度被罢免，可是洋新军的“高级军官都出自小站，无形之中组成了以袁世凯为首的北洋军阀集团”。这一军事集团并没有因袁世凯的暂时离职而分崩离析。1911年10月10日，武昌事起，清廷派遣陆军大臣荫昌带领军队南下“讨伐叛逆”，可是“北洋军的将领多是袁世凯的旧部，荫昌尽管与北洋军有密切联系，依旧指挥不灵”。在这种情况下，清廷被迫起用袁世凯，先是委任袁世凯为湖广总督，节制派去湖北的陆海军，不久又任命袁世凯为内阁总理大臣。所以，军权再次回到袁世凯之手，军队的支持变成袁氏重新崛起的基础。

综观“新政”，虽然在某些方面获得了一定的成效，可是变得支离、敷衍、拖沓，没有总体目标和实行规划。最重要的问题在于政治制度改革的落后。官制改革仅仅是裁并一些旧衙门，增加一些新衙门，从朝廷到地方体现封建专制的整套统治机关，一点没有触动。这套机构所派生的各种弊端自然也没法消除。不少“新政”仅仅是一纸空文。即以较有成效的学制改革看来，很多新式学堂只不过是旧式书院或村塾挂上一块新招牌而已，尤其是在州县，根本没有足够数量的合格教师，因此新式学堂只好照旧授课，“新瓶装旧酒”。

财政的短缺也限制着“新政”的实行。清政府早已没有足够的经费，《辛丑条约》订立后更是负有大量外债，罗掘俱穷。筹办“新政”需要费用，在乱增税种、乱提税率、严剔中饱、多方搜刮依旧严重不足的状况下，便只好让各地官吏自开饷源任意抽税，从而财税制度混乱不堪，贪污勒索肆无忌惮。没有稳定的经费来源，“新政”的推行自然举步维艰，新军的组建就是这样。“新政”的支离、敷衍、拖沓，让人们对清政府实行“新政”的诚意产生了疑问，政治制度改革的呼声于是越来越强烈。

## 第三节　晚清的思想、社会和经济变化

晚清是一个大转型时代，其改变的步伐在 1895 年以后加速了。这种改变，不仅体现在前几章所述的政治改革角度，而且也出现在经济、思想和社会生活方面。经济方面，政府财政的困难增加，贸易逆差加大，而且外国对中国经济中的现代部分的掌控加深。思想方面，排除了今文经学运动外，一些思想和行为也从根本上重新定位，这是由传统学术的变动趋势和西方思潮的渗透所引发的。社会方面，个人代替家庭和家族成为社会的基础单位，而买办和军阀两个新兴阶级备受关注，这个时候，城市数目上涨。中国从来没有在如此短的时间里，经受这么巨大的社会、经济和思想改变。

### 经济困境

#### （一）预算赤字

晚清的政府财政出现完全不同于清朝早期和中期的状况，那时收入常常

超于支出。康熙时期（1662—1722），虽然不断地减少税收，但总额依旧超过1.2亿两，而且国库还有800万两的富裕。乾隆时期（1736—1795）即使开销巨大、军事行动经费高昂，但财政储备依然增长到7000万两。可是从十九世纪初开始，情况出现恶化，国内起义、对外战争、旱灾水患、鸦片输入和白银流失，导致1850年库存白银仅仅有800万两。两年后，因为镇压太平天国运动，又递减到只有300万两。正常的收入渠道不能维持昂贵的军事活动，所以1853年开始征收一项新的商品交易税（即厘金），每年获得1000万—2000万两的收入。之后的20年，在弹压太平天国、捻军和回民起义方面，共花费了7000万两。这些巨额花费导致政府财政垮台，以致于预算失衡已经十分平常了。同治时期（1862—1874年）平均每年赤字上涨到1000万两，即总收入为6000万两，总花费7000万两。光绪时期（1875—1908），即使政府收入迅速提高，但支出却上升得更快，收入和支出二者之间的差距越来越大。财政支出的飞速上升，是对外战争赔偿、偿还国外贷款，以及新的自强运动项目的开支。

下面用几笔重大的财政支出来表明政府所负的重担：1875—1881年，新疆的军队费用开支是5200万两；伊犁赔钱数额是500—600万两；1884—1885年，中法战争3000万两；1894～1895年对日战争消耗6000万两，对日赔钱数额2.3亿两；庚子赔钱数额4.5亿两；治河费1000万两，救灾费3000万两。还有其他许多赔款，比方说对教案事件的赔款，还有对损坏外国财产的赔款。除此之外还有每年500万两的海军支出。1899年，政府的支出高达1.01亿两，可是当年总收入为8840万两，2400万两即占总收入的30%，偿还外国贷款，也是赤字的主要原因。1874—1911年期间，依据合约，政府借款为1.714亿英镑，可是到1911年，清政府倒台为止，仅仅偿还了3230万镑，有1.39亿镑未付。这种以借钱来偿还原来贷款的方式，让清政府落入了一个无望的泥沼中，促使新中华民国政府于1912年成立时便背上了沉重的财政负担。

## （二）贸易失衡

对外贸易一样也是一幅令人沮丧的画面，进口持续超过出口，导致资金持续流失。下面的数值是以十年为间隔的外贸情况：

| 年代 | 1865 | 1875 | 1885 | 1895 | 1905 | 1911 |
|---|---|---|---|---|---|---|
| 进口 | 55, 715, 458 | 67, 803, 247 | 88, 200, 018 | 171, 686, 715 | 447, 100, 082 | 471, 503, 943 |
| 出口 | 54, 103, 274 | 68, 912, 929 | 65, 005, 711 | 14, 293, 211 | 227, 888, 197 | 377, 338, 166 |
| 平衡 | -1, 614, 184 | +1, 109, 682 | -23, 194, 307 | -28, 402, 504 | -219, 212, 549 | -94, 165, 777 |

在短短的50年里，进口从5500万两，上涨到4.7万亿两，几乎上涨9倍，而出口则上涨7倍，即从5400万两上涨到3.77亿两。除了在1872—1876年短期内生产的微小的顺差（250万—1000万两）外，整个晚清政府都面临贸易逆差的情况，1905年赤字竟达到2.19亿两白银。每年大概有5000万两中国海外侨民的汇款，稍稍减轻了收支不平衡的状况。这时外国使节、传教士和其它团体组织的经费，也缩小了这一逆差。他们的经费在1893年共有1000万两，1896年2600万两，1895年3000万两，之后，每年平均1000到1500万两，这些款额也相对缓和了晚清财政赤字导致的困难。

外国投资及其掌控作用　晚清的经济发展是外国人在近代中国工业和企业中起了支配的作用，假如说这不是反常的，但是这也是不正常的。他们的掌控程度和活动规模在独立国家中极其少见，所以晚清经济被称为是“半殖民”经济是正确的。下面的扼要考察表述了外国涉及近代中国经济几个关键部门的情况。

1. 铁路。　中日战争后，对铁路权限的疯狂摄取也许是经济方面帝国主义最明目张胆的形式。无力抗争的北京政府于1895年同意法国建立从印度支那到云南全长289英里的铁路。次年，俄国得到修建横穿满州的中东铁路的修建权，视为跨西伯利亚铁路延伸至海参崴的干线，总计长1073英里。两年后，它又从中国政府抢到到修建南满铁路特权，即到旅顺和大连港的铁路修建权，长达709英里。1905年，俄输给日本后，此铁路修建权又转嫁给日本。德国，也同样凶残，于1897年得到在山东境内修筑胶州到济南之间的长度为285英里的铁路权。这四条由外国单独建立的铁路总长为2,356英里，占了中国1911年整个铁路总里数的41%。还有，许多中国铁路的修建也是靠国外贷款修建的，自然也就没有办法摆脱外国的掌控或影响。

除了遭到帝国主义的侮辱以外，还要加上经济损失的侵害。外国把得到的特权当作是清政府让与的，所以，他们没有付出任何代价，同一时刻也不让中国政府的代理机构对铁路的财产和收入征税。外国获得的铁路，不单单是经济帝国主义的工具，而且还是外国政治和军事影响进一步加深的手段，在战争冲突时可以方便其运送部队。

2. 银行业。 因为旧式的中国钱庄不运营外贸业务，故在条约口岸的外国银行和其分行垄断了中国进出口金融方面，几乎长达 50 年——从 1842 年开放港口开始到 1898 年第一家近代中国银行设立为止。第一家在中国开办的外国银行是丽如银行，它于 1845 年在香港建立一家分行，1848 年在上海设立另一家分行。最有威力的银行是麦加利银行和汇丰银行，分别于 1853 年和 1864—1865 年设立，这两家英国银行事实上一直垄断中国的外贸、财权。到了 1889 年，德华银行进入该行业才有所改变。为了获得丰富的报酬，其他外国银行也纷纷效仿，这包含：1892 年日本在上海设立的横滨正金银行；华俄道胜银行（为了投资兴建在满洲的中东铁路于 1895 年成立）；美国的汇源公司（归万国宝通银行）和花旗银行，自然还有法国、比利时和意大利的银行。

这些有野心的外国机构，不单单经营正常的银行业务，同一时刻，还发挥不寻常的作用，如担当本国政府的财政代理，受理作为偿还外国贷款担保的中国海关税收及盐税存款，更夸张的是还发行自己银行的钞票。尽管发行钞票并未获得中国政府确切的认同，但这些外国银行坚持觉得他们拥有的治外法权赋予了他们此种权利，胆小的清政府无力阻止他们。事实上，这些钞票只是一种承诺的纸条，“是中国老百姓对外国银行的没有息贷款”。这些外国银行真是两头获利：一方面，用这些钞票购买中国商品；另一方面，凭借清朝政府以及中国私人与官方存款，在中国采用高额利润投资。自然，银行也有破产的事情出现，如第一次世界大战期间，这些银行出版的钞票变成了废纸，没有了作用，中国的存款也就没有用了。到 1910 年为止，外国银行发行的钞票的流通总量在 3500 万—1 亿两之间。

为了和外国银行对抗，1898 年，清政府允许创办中国私人银行，中国通商银行建立，其最初资金有 500 万两，1905 年户部银行设立，资金为 1000 万两，三年后改名为大清银行。1912 中华民国成立后，再次改称为中国银行。1907 年，政府组建交通银行，1919 年共有 59 家中国的银行。

3. 轮船运输业。 排除贸易以外，外国商人陆陆续续创办船运公司，致使中国沿海和内陆水域地区国际工业的飞速扩大，并引发更加惨烈的竞争。

一般在一个独立国家里，外国是无此权利的，这是不平等条约将这种状态压迫给中国的。1862 年，由美国旗昌洋行设立的旗昌轮船公司（亦称“上海轮船公司”），是第一家外国在中国建立的航运公司，其最初的创建资金为 100 万两（1356000 美元），在十五年当中，它便壮大成为中国最大的船运公司。

可是，在中国占有份额最大的外国船运公司是英国。1872 年，英国太古洋行投放 97 万两设立中国航业公司；一年以后，中国航业公司也得到了英商怡和洋行的 32.5 万两投资。那些又快又大而且效率高的外国轮船，飞快地抢占了速度慢而腐朽的中国帆船的大量业务。日本尽管比较晚地加入此市场，但其经过合并也成为强大的竞争者。1907 年在政府大量财政津贴下，四家航运公司创建了日清汽船株式会社。1900 年以后，日本和德国占有该市场的份额迅速扩大，而英国在整个晚清阶段都维持其领先地位，美国只是在 1868 ~ 1876 年之间才占有可观的数量。因为外国航运公司日益占上风，中国航运业所占份额急速下降，从 1880 年的 30.4% 降为 1900 年的 19.3%。为了维护国家利益，1872 年李鸿章建立了上海轮船招商局，其最开始的投资为 47.6 万两，1877 年它并购了所有美国旗昌轮船公司的船只。面对日渐激烈的竞争，怡和洋行又建立了两间船运公司，即 1879 年创办的扬子航运公司和 1881 年的怡和轮船公司。前者启动资金为 30 万两，后者为 137 万两。

4. 采矿业和制造业。　在华的外国人不单单局限于银行、航运和铁路运输行业，而且还涉及采矿业和制造业。其中规模最为宏大的，最出名的外国人运营的矿业公司，是日本人掌控（自 1902 年开始）的汉冶萍煤铁公司，英国掌控（自 1900 年开始）的处于直隶的开平煤矿。汉冶萍煤铁公司于 1912 年并购中国经营的滦州矿业公司，建立开滦矿业公司。

至于外国制造业及相关的行为，最好的例子便是搞多种经营的怡和洋行，排除外贸，他们还运营茶叶加工、缫丝、修船、酿造、棉纺织、保险、包装、冷藏和贷款等行业，是真正的无孔不入的工业经济联合集团。其他外国企业的运营活动，还包含造船业和修船业、纺织品制造、制糖、缫丝、纺织、烟草、公用事业。近代中国经济中，每一个阶段都是受外国资本的侵占和外来的左右及掌控的。到 1897 年为止，在中国的 636 家外国商业公司当中，超过半数，即 374 家公司是英国公司。

外国的掌控甚至扩张到中国的邮政机关，时间长达四分之一世纪以上。

中国传统驿站没有效率，外国人凭借这一点，于1860年在条约口岸创建了他们自己的邮政机关，虽然清政府从来没有给予这种特权。因为清政府的默许，外国邮政服务在沿海发展，并且深入内地。1896年，在海关总税务司赫德爵士带领下，清朝创建了大清邮政服务系统。最终，1911年，新的邮传部接管了邮政业务的管理，中国的邮政服务才脱离了外国的掌控。

帝国主义国家1902年在华的共计外资，是7.88亿美元，1914年上涨到16.亿美元，1907年84%的航运业，34%的棉纺业还有100%的钢铁制造，处于外国掌控之下；1911年，外国管控了中国铁路的93%，单单从这些数字就可以看出外国掌控中国经济的程度。外国影响的范围基本同中国近代经济部门同样广泛。中国经济变成半殖民主义的经济，民族主义的中国历史学家、经济学家，还有马克思主义者，把外国掌控的这种程度作为赤裸裸的帝国主义的证据。他们控诉外国人阻碍了中国工业，限制了中国经济的发展。他们凭借外国人拥有的不公平的有利条件为论证依据，认为外国比中国竞争者优秀是因为他们庞大的资本、技术力量，从不平等条约中得到的特权，以及不受中国法律限制、不交税且不怕官方干涉等。自然，这一切都是真的，外国人在中国投资是为了挣钱，基本没有人想到帮助中国发展经济。他们每年从中国获取超过10%的利润，并掌控了中国近代经济的大多部门，这使得中国人在商业领域占据合理的地位变得非常艰难。

可是，帝国主义不是没有起好的作用，很多中国工厂和企业诞生于帝国主义高峰期，是帝国主义有利方面的证明。1904—1908年，政府注册在册的近代中国公司有227家，而到1912年时，依然运作的本国工厂已达20749家，尽管其中很多是小型或中等规模。另外还有750家企业雇工超过100人。尽管这些中国企业确实在大型外国公司的阴影下为生存而奋斗，但也有着这样一个事实：它们是在外国的刺激下才产生的。外国投资者引入了近代技术和创业思想，并且投资了很多近代工业；他们成功营造了一种环境，在这样的环境，使从事工业获得利润成为可能。除了这个，外国工厂和贸易机构聘用中国员工，对他们进行的培训，出现了具有生产技术知识和管理才能的本土人才，而对于他们的聘用也为中国人带来了好处。当买办们了解了外国商业手法和积累了相对客观的资金后，开始自己投资工业或在政府建立的企业里任职，也就屡见不鲜了。唐景新则是其中之一，他原来是怡和洋行的买办，后来经营中国轮船招商局。我们不应忽略这一情况：外国租借地和条约口岸地区带来了一定水平的工业发展所要的和平秩序，而且外国企业也负担了大部分“社会开支”，比方说公用设施、道路和通讯设施，这些均使中国工业发展更加容易。很显然，外国的投资对中国人起了一个“模版”的作用，并为中国经济现代化提供了不可或缺的前提条件。

总体而言，帝国主义既有害又有利：一方面，它阻碍了本土工业的发展；另一方面，它通过引发保护民族经济还有公平竞争的欲望，激发了爱国主义，并为经济现代化供给了动力。

**思想的再定位，传统思想的变质**

晚清思想潮流与清代中期依然有别，国内起义和外国入侵的双重挑战，致使士人重新观察他们在社会中的角色。考证学派大力发展古文物研究，对为知识而求知的行为引以为傲。但在这日新月异的时代里，他们却弹奏着不和谐的乐章。两种新潮流逐渐明显：“格物致用”（知行合一）思想的复兴，还有思想上包容与整合的大方向。在外国侵略和国内动乱等重大挑战千钧一发时，士人察觉到道义上有义务对社会和政治的稳定献出一份力量。即使是专研汉学的学者也不采用传统的不问世事的观点，所有晚清士人都确信，在公共事务上他们拥有不可替代的作用。

士人对研究的领域和方法有极大的兴趣，比如：政治家曾国藩企图把宋学、汉学、文学和格物致用，融汇成一个包罗万象的基本学识，即礼学，以反映儒家礼的思想。康有为从理学研究变成今文学，再变成西方政治改革著作。学术上的广泛兴趣和调和折中是这一时代的特点。因此，晚清的学术界由一枝独秀（汉学）变成多派并存，由分裂而趋向融合。在这一转化过程中，晚清士人的学术视野比以前开阔很多，打破了传统的认知而开始了对西学的学习。

西方思想的进入始于鸦片战争前，圣经和宗教小册子的译文。在1810—1867年间，由基督教传教士翻译的795部书籍中，宗教类占86%、人文科学和自然科学类只是6%。1861～1895年自强运动的时候，译著范围扩大到外交、军事、自然科学和技术各各方面。1850～1899年之间的567种书籍中，应用科学是40%、自然科学是30%、历史、地理是10%、社会科学是8%，宗教、哲学、文学和艺术是3.5%。在这一段时间里，科技类是关键，英美国家著作是关键来源，占全部译著的 85%，而日本作品仅占 15%。

1894—1895 年中日战争后，该比例发生了变化。中国现代化进程的局限性逐步明显：有远见的人士清晰地感觉到，中国一定要拓宽对西方的认识和了解，不能仅仅限制于军事和工业技术，而应包含政治体制、经济体系、社会结构、科学和哲学思想等方面的认知，对这些领域的西方作品进行翻译，变成改革和创新最重要的首要条件。义和团事件后，京师大学堂并购了同文馆译书局，实现了大量的译著和教材的编写工作，内容包括数学、物理、几何学和哲学。1907 年，清政府正式创立译书局，委任了很多旧科举考试中的优秀者在此工作，王国维便是当中之一。他是一个踏实的学者，对康德、叔本华和尼采的学说有相当深的研究。大体来说，官方译书机构比不上私人译者对中国文化的影响所起的作用。在私人译者中，严复和林纾是尤为杰出的两位人物。

严复（1854～1921）是福建侯官人，他发启了中国努力学习近代西方文明的先河。年少时，他全部接受国学教育，14 岁步入福州船政学堂，受到新式教育，学习英语、算术、代数、几何、三角、物理、化学、机械、地理、天文和航海等多门学科，1871 年凭借优异成绩毕业。1876 年被派遣去一所英国海军学校学习，并于第二年抵达英国，那时候正值伟大的思想家达尔文、赫胥黎和斯宾塞凭借他们的进化论和“物竞天择，适者生存”的理论闻名世界之际。达尔文吸引严复之处如果说是他的生物学说，不如说是他所关注的人为决定因素，还有竞争形势下人的潜在能力的发挥。所以，严复开始从社会达尔文主义角度观察中国的问题还有其在世界中的地位，这并不奇怪。由于迫切想发现西方、尤其是英国富强的因素，严复孜孜不倦地探究了英国的政治体系、经济体制、社会哲学和法律思想，他最后觉得英国强大根本的来源在于“法律观念：公正不偏”（impartial justice）。

1879 年严复回国，被委任为李鸿章在天津的北洋水师学堂总教习，他在此生活了近二十年，虽然 1890 年被提升为该校的总办，但他一直没有被李鸿章认作心腹，其海军生涯也从未有过辉煌。而与他一起留学英国的日本人，如伊藤博文和东乡平八郎都变成日本现代化的领袖，把日本变成了强国。严对自己没有发展祖国倍感伤心，特别是在中日战争北洋舰队惨败后，严复的很多旧同僚和学生在这一战争中逝去。严复开始使用写作和译书来鞭笞中国的软弱，此时他终于发掘自己真正的职业应是政治评论家，可以自由地阐述其被压抑禁锢的想法。

他大声对同胞告白：西方发展的关键为“对现实的完全不同的观念”，包含理念和价值观。令一个国家变得强大和富有的，是思想却不是军事强权。为了让人民直接知道西方思想，他在之后的十五年时间里，翻译了很多重要的作品，其中包括：赫胥黎的《天演论》（1900），穆勒的《群己权界论》（1903）和《名学》（1905），斯宾塞的《群学肄言》、孟德斯鸠的《法意》（1909）、甄克思的《社会通诠》还有耶方斯的《名学浅说》。中国人第一次接触了进化论、自由贸易、社会法则、政府分权等理论。

在其全部的论著中，严的核心观念是中国和近代西方的根本不一样的地方，在于两者对人的潜能的不一样的态度。为了发掘人的无限潜力，西方高度表扬行动、自信、斗争和人的行为；政府和社会为此提供了有力的条件——自由、逐渐增多的平等机会、自治政府、公众精神、公平正义——以方便个人内在潜力的发展，并引领他们完成集体目标。政府鼓励且不抑制个人的积极意义的自利行为，因此公众和个人的利益同时受益，所以当英国为人类潜力的发挥创造了思想、价值和提供恰当的条件时，当它加强了其国民的才能、智慧及道德水平时，它就变成富足且强大了。

而严复觉得，在中国的状况却恰恰相反；圣贤之道不鼓励发扬人民的能力，并压制其重要活动力的自由展现。从秦代（公元前221—前206）之后，传统的统治者都被叫作“窃国大盗”，他们搜刮民脂，而不提高民智。严复在其写的《拟上皇帝书》中明确指出，这就是中国之根本之患。这道上书，严复是为短暂的1898年改革中预备的，可是还没有来得及呈送给光绪帝。他大胆地宣布，中国多半的麻烦来源于内部，只有三成来源于外部。中国所需的并不是无足轻重的改良，而是对国内安宁及稳定秩序之观念的根本改变。他坚持认为，以前的统治者为了便于掌控国家，一直极力使老百姓位于无知虚弱的情况。为了保证稳定，他们抑制竞争和创新，教导老百姓遵循祖制。他们鼓励节俭，不同意发展财富。他们崇古贬今。他们反对积极进取，赞扬知足。为了禁止造反，他们向老百姓灌入温柔顺从的思想。严复说明，所有这些都违背了西方通过竞争、发挥潜能、增长人类能力与智力，来加快进步和发展的原则。

严复高度赞美西方的果断和活力，批判中国的消极和虚弱，后来又把西方文明描述为动的文化，中国文明为静的文化。他觉得，假如中国传统的保持国内秩序的方法致使了贫穷、无知和虚弱，那么尽管这些方法是圣人之道，也应摒弃。另一方面，他一直认为，如果西方的方法能改善悲惨的状况，那就使用它们，因为知识是无国界的。中国一定要改变古制，在近代世界中竞争获得生存，中国一定要发展爱国主义和民族主义，培养广泛的科技教育体制，激励民众经济上的自利，并且创立了一个“合理的国家机制”，从根本上讲，这就是严复对国民所灌输的想法。

严复受到重视，不单单是由于他的思想，同时也因为他优秀的写作风格。在其译著中，他依照三个标准：信、达、雅。因为中西方句法上的差异，严复的译著大多不是逐字翻译，而是对原著使用综合或意译。他的方法是让自己深入到原著中，获得其精髓和本质，然后用简练的古典汉语表示出来。比如说他将“the struggleforexistence”和“the survival of the fittest”译成“物竞天择，优胜劣汰”。严复那高尚、深奥、精练及优雅的文风，备受好评，但却阻碍了在群众间的普及，其文章往往吸引那些少数接受过教育的精英，梁启超就是其中之一。所以，可是严复之不朽，是因为他是中西方化交流史上的里程碑。他第一次对两种不一样的文化进行了深入的对比研究，并且对存在已久的问题提出了大胆的回答，如“什么是西方有而中国没有的?”“西方富强的原因是什么?”

林纾（1852—1924）是与严复同处一代的另一位伟大的翻译家，比较擅长翻译西方小说。1872 年和 1882 年分别考中了秀才和举人，可是对于所向往的进士却屡屡失败，于是变成一个不得志的文人，他听天由命地开始了其教书生涯。

林纾是一个结核病人，敏感、紧张、伤感，还容易冲动。家人的断断续续死亡——1895 年母亲死亡，1897 年妻子死亡，之后两年里两个孩子也死亡，使其陷入绝望和孤独之中。为了把他从绝望中带领出来，他的一位朋友建议两人合作翻译小仲马的《巴黎茶花女遗事》一书，他的这位朋友原来是福州水师学堂的学员，后在巴黎大学专研法律。因为知道林纾不懂外语，他的朋友就口译原文，林纾同一时刻用平易近人的中文写出。这种“口译”非常成功，为林以后的翻译定制了方法。林的文笔非常快速，以至于他的译文常和口译同时完成。他的译著涉及广泛，内容包含爱情小说、社会小说、寓言、传记、剧本和侦探小说等，他最闻名的译著，除刚才所说的《巴黎茶花女遗事》外，还有狄更斯的《贼史》、《块肉余生述》、《孝女耐儿传》和《冰雪姻缘》、《滑稽外史》（这些作品均在 1907—1908 年间出版）；哈葛德的《钟乳骷髅》、《英孝子火山报仇录》、《红樵画桨录》；瓦尔特的《撒克逊劫后英雄略》、《十字军英雄记》和《剑底鸳鸯》。在其一生中，他完成了 159 部、1200 万字的译著。

虽然林欣然承认其口译不太正确，但因为其敏感和优秀的文学才能，他能凭直觉把握原作的思想、语气和幽默，所以他特别能掌握所译原著的本质。他之所以可以这样，是因为在翻译的同时，他能设身处地地把自己融进到角色中去，就像他所说的那样：“书中的人物马上成了我最接近和亲密的亲人一样，当他们有困难时，我感到伤心，当他们成功时，我变的兴高采烈。我已然不是活生生的人，而是作者用文字牵动的人偶。”他用严谨的、经典的文风体现原著的感情十分成功，因而有时人们举得其译文比原作更胜一筹。当代从事东方作品英文翻译的顶尖人物韦利（Arthur Waley）在对比了狄更斯的作品和林的翻译后，曾感慨道：“译文中的幽默更加准确简洁；狄更斯作品里有些烦琐的缺点，都被林纾不经意地和有效地加以修正了。”但另一方面，林纾的译文中也出现一些错误和歪曲原文的情况，比方，他把莎士比亚的某些剧作翻译成散文式的故事。可是总的来说，同那些最开始学习外语的中国学生从原著中可以直接知道的相比，他的译著极大地反映了西方文学作品的原有精神。

西方文学经过林纾全方位被介绍到中国，经过他的翻译，中国人对西方的风俗、社会问题、文学思潮、伦理观念、家庭关系，还有文学本身的精彩世界，有了可贵的了解。排除译著外，在他的作品的序言和介绍中，林也倡导爱国主义、民族主义、社会进步和人际关系的改善，不管怎样强调他对年轻人的影响也都可以。虽然他固执地继续使用古文使他落后于时代，但他的贡献却使他和严复一样成为世纪之交中国翻译界中的两颗明亮的星星。

排除西方作品外，很多关于西方主题的日文译著也被翻译成中文。百日维新过程中，康有为和梁启超大力宣传运用日语媒介，作为接近西方思想本质的便捷方式。由于日本不单单已经翻译了很多非常关键的西方经典作品，而且学日语比学各种西方语言更容易理解。

虽然改革计划的失败也连带消除了日文译著的作用，但康、梁二人在日本流亡时候，依然积极推进这一事业，他们影响了一大批在日本的中国留学生。清廷各省当局还有一些私人团体，遣派更多的人留学日本，截止 1906 年，数量已达 13000 人。留日的学生不单单把大量的日文和西方译著引入到了中国，还有在一些重要的学科方面也采用了日语的一些术语，例如哲学、经济学和社会学，晚清的新教育体制和许多教材都是仿照日本而设立的。1902 年至 1904 年，译著中来源于日本的占整体 573 篇著作的 62.2%。而来源于英国的减少到 10.7%，美国的占 6.1%。在 573 部译著当中，社会科学占 25.5%，历史和地理占 24%，自然科学占 21%，应用科学占 10.5%，哲学占 6.5%，文学占 4.8%。显然，日本替代英美变成思想的关键来源地，重点也从自然科学和科技工程变成社会科学、哲学和文学。中国对西方的关注，已毋庸置疑地从军事科学变成了社会研究和人文学科。

西方和日本著作的翻译，使外来思想在受教育的中国人中广为传播，民主、议会政治、立宪主义、分权、自由、男女平等、达尔文主义和其它外来的理念，被涉及到知识分子的探讨的话题之中，这些观念必然对社会产生重要影响。

**社会的变化**

第一个大的社会改变，是两个新的社会力量的崛起，就是买办和军阀。前者是新兴富豪阶级，后者是新兴权力阶级，二者均对士人出身的官僚阶层构成危险；至此，士、农、工、商四个传统的社会阶层不能全面体现社会的基本功能等级了。

买办阶级担当外商的贸易代理人或者经理人的作用，因为他们的语言优势，同时熟悉本土状况，所以他们变成外国银行、贸易公司、工业企业和工厂不可或缺的一方面。他们帮助其外国雇主搜寻商业场所、招聘工厂员工、出售成品、购买原料、进行投资，并且安排为中国政府和私人团体的贷款。依据合约，他们获得的报酬是丰厚的薪水和大量的经费。作为中间人，他们能够掌控外商和国人之间的交易条款，从而快速获得丰富的利润。由于他们与官方和私人团体都有关联，导致他们比以前的公行商人的生活更为富裕。在商业交易中，买办一定要根据合约为外国老板的利益办事，所以他们经常危害国家和人民的利益。他们帮助外国银行借出高利贷款给中国人，反抗任何抵抗外国商品的爱国运动，并帮助外国人从中国市场压榨最大利润。因此，买办遭到当代中国史学家和马克思主义学者的严厉谴责，并称之为无爱国心、卖国的寄生虫。可是很多买办一旦得到了足够的资本和知道管理技能，便转而发展自己的工业企业。显然，买办确实也对国家经济发展做出了贡献，所以不可以片面地认为他们是罪人和寄生虫。他们和左右其外国公司的联系、他们的掌控的权力、他们与各方面的来往，以及他们的财富等，均使他们无可置疑地变成一支新兴的社会势力。

第二个新生的社会势力是军阀。俗话说："好铁不打钉，好男不当兵。"在过去的中国社会里，士兵是被藐视的。可是在清末，一个新的军事阶层站起来了；和传统粗暴的、没有文化的军队不同，他们都接受过一些近代军事教育和训练。李鸿章的淮军在甲午中日战争中解散后，清政府组建了新军，而军阀是和新军有联系的。袁世凯是负责训练的关键官员之一，他在距天津70里的小站，组建一支7000人的新军，其方法多多少少地模仿了德国模式。袁的部下多半是天津武备学堂的毕业生，他们对他个人忠诚。1900年担任山东巡抚的时候，袁曾使该省躲过义和团运动之扰，致使他干练的名声大噪。1901年，李鸿章死亡后，袁世凯继任最关键的直隶总督。虽然后来他遭到满州贵族的妒忌而不得已放弃了指挥权，可是忠于他的部属军官仍使他享有对军队的掌控权。这些军官中有段祺瑞、冯国璋、张勋和曹锟，他们必定要成为20世纪20年代前后这段时期关键的实权人物。袁世凯还有同党，即北洋系，使用他们手中的军权，在政治舞台上造成巨大的影响。袁的嫡系队伍里未来出现了五个总统或总长、一个总理，中国北方生产了许多军阀，这体现出，他们作为一股新兴的社会和政治力量已经崛起了，袁世凯被叫作"军阀之父"。

第二个大的改变是以家庭为中心的社会的解体。中国的家族社会拥有古老的风俗习惯、价值观念，还强调家庭和宗族是社会的基础单位，可是在清末最后十年里，这一基础危如累卵。儒家思想中就像家庭忠义、孝、贞节、三纲五常等思想已被西方思想中的个人主义、自由思想和男女平等思想替代。人们逐步意识到，个人不单单是家庭的一员，更是社会、国家的一员，而且个人享有即便是家庭中的长者也不能夺取的权利。青年一代的中国人慢慢开始宣布从家庭中自立出来，并把儒家教导的种种人伦关系，斥之为落后和封建，家长的至高地位遭到了挑战。持续到晚清时期，传统的中国家庭犹如一个小小的王国，家长享有君主的权位，他有权使用家法并操控家庭成员的生死的权利。政府认可家庭的这种全能作用，还不干涉家庭里面的父子、夫妻和兄弟姐妹之间的关系。可是，伴随外国学说和政治哲学的引入，很多研究西学的学者开始发展这样一些基础理念：家长的权利理论上隶属于国家，个人享有不可剥夺的、不受家长掌控的权利；男女作为国家的基本成员，是平等的。这些思想，动摇着家庭关系的基础，在年轻人中间广为流传。同时，在世纪之交，近代学校的创建实际上表明政府已经代替家庭担当起教育的责任。所以，当国家涉及家庭关系时，家族社会的政治支柱也就支离破碎了。

同样，旧社会的经济基石也岌岌可危。在低廉的关税下，外国商品的进入和1895年后外国人在中国建厂、生产方面享有的特权，给国内手工业和农业经济造成灾难性的打击。外国人包揽了中国的公用事业建立、通讯业、采矿业、银行业和其它近代企业，外国企业因为具有巨额资金和良好的生产力，即便在偏僻的山村，他们的产品比中国商品也更畅销。比方棉花这样一种常用的农业产品，外国人出售的也比中国人自己制造的便宜很多。把传统纺织视为副业生产的农村妇女没有了工作，农民则连勉强糊口也日益困难。这样的经济困境给家庭关系带来了不利影响，宗族和家庭不能给那失业的、患病的、贫困的家庭成员带来帮助和安慰。被剥夺饭碗的手工业者和农民远离家乡进城谋生，同时也摆脱了家族和家庭对他们的操控。即使幸运开始新的生活，其低廉的收入也很难维持其自身，更不用说帮助其族人。像这样的人和宗族之间的关系已是名存实亡，而这些人的妻子儿女常常要在不一样的城市工作，为谋生而努力，因而不光是家族人员，甚至连直系家庭成员也同样颠沛流离。夺取了其政治、法律和经济来源，家族关系为主的社会自然也就无法维持了。况且，采用西方式的小家庭模式顺应社会潮流和经济利益。当中国从农业、前现代化国家步入准工业化、现代化社会时，大家庭体系和家族社会也就不能存在了。肯定的是，在外国经济入侵的作用下，旧的家族关系解体了。

伴随而来的，是以家族为中心的社会法律体系也解体了。旧的司法制度建立的目标，是为了保护以血缘为主的社会结构，它确认家长的至高地位；

男女不平等；妇女无财产继承权；妾所生的和私生的儿子不可以列名族谱；一人犯罪，全家连坐；还有所说的“十恶不赦”。在夫妻矛盾方面，这种法律制度对妻子的处罚比丈夫要重。它认可儒家教导，觉得父子应互相保护，免受司法审判。这些体现封建社会关系的准则，明显与快速发展的时代是不协调的。在晚清和早期民国时期的新法典中，已认可个人不可剥夺的权利，男女平等，妇女的财产继承权等，家族社会的古老的司法制度解体了。

**城市的成长**

第三个新兴的社会情况是大城市的崛起。政府倡导的自强运动，关键集中在沿海和条约口岸，这些地方更容易得到外国的资金帮助，外国人及其企业如银行、贸易公司和工厂也集中在这些港口和租借地。而且这些地方相对安全、外资汇集，使得中国商人都移居那里。这个时候，失去工作的农民也来到城市寻求工作，他们大多在外国人或中国企业家的工厂里辛勤劳作，愈来愈多的条约口岸变成中国金融、工业和人口会集之地，如上海、南京、广州、汉口和天津，都变成有一定规模和享有一定财富的中心城市。城市和以城市为核心的工业的成长，标志着中国近代资本主义的崛起。

中日战争后的十五年，是一个非常动荡不定的时代，在这十五年当中，旧的观念、社会和经济秩序已化为乌有，而新的秩序正厚积薄发。这种飞速的转变，预示着一场大的政治动荡正悄然而至，历经两个半世纪的大清王朝正处于历史的关键时间点，假如它不能与时俱进，并提供一种代替暴力革命的方式，它必走向灭亡。

## 第二章　辛亥革命的进程

辛亥革命是指爆发于中国农历辛亥年（清宣统三年），也就是说在公元1911—1912年初，以推翻清朝专制帝制、建立共和政体为目的的全国性革命。狭义范围内的辛亥革命，只是包括发生在1911年10月10日（农历八月十九）晚间，爆发在武昌的起义，直到1912年元旦孙文担任中华民国临时大总统之职务期间发生于中国范围内的革命事件；广义程度上则涵盖了发生在19世纪末迄辛亥年，整个中国范围内一系列以推翻满清统治为最终目标的革命运动。

## 第一节　革命的特征与背景

在清朝二百六十八年的封建政权压迫下，反满情绪持续高涨从未间断过，清初汉人思想家如顾炎武、王夫之数次提出具有“反清复明”思想的言论。虽然他们的言行并未导致异族统治立即覆灭，但是革命的萌芽在地下组织与秘密会社中茁壮成长，无数由明朝遗民发动的运动、三藩之乱、天地会的活动、白莲教叛乱，以及太平天国运动等，无不呈现出无休止的民族或种族反抗潮流，孙中山建立的的革命政权随着潮流的趋势发展壮大。

自 19 世纪中期开始，中国历史不断刷新的国耻纪录：1842 年《南京条约》至 1901 年《辛丑条约》的一系列不平等条约；19 世纪 80 及 90 年代朝贡国地位的转变，以及清政府的内政腐败不堪，都证实它没有任何能力在现代世界中维持中国的荣耀。曾经引以为傲的天朝大国现在却沦为半殖民地，1644 年击败华夏的满人在世人面前丢尽脸面。当朝廷陷入求生无望的挣扎中，只能利用改革和立宪为借口制定出各种排汉的政策，也意味着它的丧钟敲响了；在王朝急剧衰退情势下，这种明目张胆的歧视政策加剧了被统治者的反抗。

近代西方的轰轰烈烈的革命，像英国光荣革命、美国独立战争，还有法国大革命，均对中国产生了剧烈的影响。民主、独立、人权、平等、自由等思潮风靡于中国社会青年运动中。同时，意大利与德意志在 1870 年民族统一运动中取得的胜利，也为追求光明的中国人树立了榜样，促使他们进行类似的行动。与此同时，民族主义、民主共和思想也对中国革命的前进起到推动作用。

## 第二节　孙中山

孙中山是中国资产阶级民主革命运动发起人。被誉为革命之父的孙逸仙（1866—1925），1866 年 11 月 12 日出生在广州周边的香山县农村的普通家庭。他父母一共有六个孩子，仅仅有两男两女存活下来。由于当地土地贫瘠，香山人自古以来便形成了一种出外谋生的传统。孙的长兄（孙眉）15 岁时便前往檀香山经商，生意颇为兴隆。孙本人 6 岁开始上学，至 12 岁便结束启蒙教育及读完四书五经。可是家境的贫寒，致使他未能接受一套完整的中国传统教育。孙诞生在太平天国革命失败后的第二年，幼年时期，他便常听人谈论太平天国起义军的事迹，私下里渴望成为“洪秀全第二”。孙中山全名孙文，字逸仙，因留居日本期间曾使用假姓名为中山樵，后来以中山为号。他诞生在广东省香山县（今中山市）翠亨村的一个生活贫困的农民家庭里，对中国农民的贫穷生活有较深的感受，并有一颗真挚的心。青少年时期，他渡过了三年私塾生活，1878 年来到檀香山，受到他哥哥、华侨资本家孙眉的大力资助，先后在美、英等西方国家为殖民地创办的学校里学习。1892 年，完成香港西医书院的学业。

1879 年，孙与母亲来到檀香山，居住在兄长家。他第一次看到了轮船的神奇，看到了富裕奢华的生活，还有檀香山（Honolulu）公平的税收。他前往圣公会教士所办的意奥兰尼学校（Iolani School）学习。后来，1883 年毕业于奥阿湖书院（Oahu College），当时他 17 岁。由于兄长不愿孙中山皈依基督教，这使他无法完成其在美的学业。故而他回到香港，进入拔萃书院，并用了近一年时间来学习英语。然后，他转学到皇仁书院，最终在那里受洗入教。1885 年他结婚后不久，就前往赴檀香山作短暂旅行，随后返回中国，正好目睹中国在对法国的战争中的败绩。由于对清廷腐败的极度憎恨，他心中坚定推翻这个王朝的目标。

20 岁时，孙中山就读于广州博济医学院，在校期间阅读了二十四史，以提高自己的国学知识。在他的同学中，其中一位叫郑士良，此人与会党有着密切的接触。他们二人多次对革命的必要性展开深入的研究，而郑主动从其秘密会党朋友那里为孙寻求援助。1887 年，孙中山转学就读于香港西医书院，这里有优越的课程设置，特别是这块英国殖民地给革命活动创造的自由。孙不仅从严格的英籍导师康德黎医生（Dr. James Cantile）那里接受科学与医学的正统训练，而且将革命活动的总部建在学校，往返于港、澳之间来宣传革命活动。完成五年学习后，孙中山以全班第一的成绩毕业，并于 1892 年在澳门从事医生行业。一年后，他搬家至广州，为穷人提供免费的医疗服务与医疗物品，从而广交朋友、创建新的关系。在那里，孙中山结实了一个老道士，并接受了此人的建议：要想取得革命胜利，必须寻求会党的帮助。孙中山从他那里获得这些秘密团体的组织与地址，并通过郑士良与他们联系。

故而在孙中山的人生观形成时期，夏威夷与香港的经历的的确确对他产生了深远的影响。他在这些地方所经历后，深刻体会到与他的故乡香山县之间的反差，不可避免的在其年轻的心灵中烙下深深的烙印。香港是一个充满激励与导向作用的地方，英国殖民管理的方式，近代医学的发展以及有序的社会运行，这些都与孙的故乡形成一个鲜明的对比。孙中山思索：为何两地距离只有 50 英里却拥有天壤之别？此后，他看到省城与京师比其故乡更为腐败落后。尽管香港被英国人统治仅数十年，可是中国四千年文明中，却没有一个城市像香港这样管理有条不紊，这种对比在孙的心中激起了推翻腐朽的清廷的强烈愿望。但是，孙中山不仅推崇现实主义，而且拥有很大的“策略灵活性”，因而“熟于同时矢志于两个矛盾的目标”。

他生活在夏威夷的这段时间（1879—1883），发现夏威夷不仅仅是一个独立的小岛王国，随着美国的影响越来越大，这里产生了新的民主观念、创建了现代法律体制、现代学校，同时还有工业发展的需求也激增。岛上的先进份子同时正准备推翻君主制，从而大力发展美国式民主，但是保守派却反对外界的帮助与共和主义。在夏威夷看到的情景与中国面临的问题类似。就算夏威夷于 1893 年最终能够建立一个共和国，它却仍然处于美国兼并的统治之下。这个历史教训中可以看出，孙确信若只是推翻满清王朝，创建一个共和国是不行的，还必须在民众中推崇一种强烈的民族主义精神，并以此为基础建立国家，做到始终保持民族独立。

直至 1894 年，他在计划推翻满王朝的同时，还探索将改革作为拯救中国的可行手段。受著名记者王韬以及其母校西医书院的创始人何启两位资深的改良主义者影响，孙中山也产生过加入改良派阵营的想法。作为一个拥有西方教育思想、又没经历过传统封建科举教育的农民后代与基督徒，孙深深地体会到，他是一个被传统社会核心圈所排斥的“外人”，然而，利用士绅改良派的阵营却可以帮他步入当权派的精英行列，于是他决定接近士绅改革的代表人物李鸿章。

1894 年夏，孙中山与同伴陆皓东北上了解京师局势，并准备面见李鸿章。孙通过写信向李建议道：欧洲国家强大、富足的原因，不仅包括它能使人尽其才、地尽其利、物尽其用、货畅其流，还包括凭借舰船大炮获得的军事保障，故而中国应大力普及免费教育、指导就业、大力发展科技与农业来吸引人才。他作为一个游历海外并接受过外国语言文学、政治、数学与医学教育的人，曾提出："吾尤留心于富国强兵之道，化民成俗之规。"但是，李当时受中日战争烦扰，所以不仅没有接见他，更没有接受他的提议。随之而来的打击加上亲身经历北京满族政权的衰败，更坚定了孙中山推翻满清王朝的信念。

**伦敦蒙难**

在1895年春，孙中山回归香港，与当地进步团体辅仁文社合作，建立兴中会总部。兴中会总部在会章中沉痛地揭露了帝国主义瓜分中国的严重危机，批判了清朝统治的黑暗和腐败，在会员入会的秘密誓词中确立"驱除鞑虏，恢复中华，创立合众政府"的革命宗旨，意图推翻清政府，创立资产阶级政权。兴中会总部确立后，即组织广东各地会党、绿林和防营，准备起义。经过半年的筹备，决定在重阳节（10月26日）起义，占领广州为根据地。起义前夕，因内部人员没有规范步调，消息泄露，导致参加起义的群众70多人被捕，陆皓东等英勇牺牲，孙中山被迫辗转国外。

故而，兴中会的革命活动，仅包括海外和广东一隅，即使积极的进行广泛的革命宣传激励工作，对国内政治活动和人民群众还没有产生深远影响。广州起义策划失败后，孙中山躲避到日本，在横滨成立了兴中会，之后前往美、英等国宣传革命及体验西方生活。他在欧美研究了当时颇为流行的多种资产阶级社会政治理论，亲身体会西方资本主义的弊病，同时还体会到工人运动的巨大影响。促进他的民主主义革命思想有了进一步的提高。后来他自己思索说："两年（按：1896—1897）之中，所见所闻，颇多心得。一开始便知徒致国家富强，能使民权发达如欧洲列强者，也不能登斯民于极乐之乡也；故而欧洲志士，也同样拥有社会革命之运动。我虽然想要一劳永逸之计，就要采取民生主义，这样才能使民族、民权问题同时解决：这样三民主义的主张才能完成。"

1896年10月1日孙中山前往伦敦，在康德黎医生的安排下居住在葛兰旅社。10月11日，在抵达教堂的路上，孙中山被绑架到中国公使馆，之后一直被幽禁在三楼。清廷公使此时已获总理衙门许可，准备用7000英镑包租一艘轮船将他偷偷遣送回国。但是，孙中山偷偷通过公使馆的英国清洁工传送消息给康德黎医生。康德黎没能从伦敦警厅那里寻求到帮助，他只得将此事上诉至外交部。10 月 22 日，《伦敦环球报》以醒目的标题报道了这则非法的绑架。外交部表示震惊，在其迫使下清公使馆于翌日将孙中山释放。孙在英国停留了九个月，为了亲身体会最新的政治与社会发展，他研究了诸多任务业化国家日渐成熟的社会改革与革命的趋势，想借此避免中国在将来出现类似的罢工与劳资纠纷问题。1897 年，他发表了一种社会革命的理论，以补充其早期的民族与民主革命思想，这些奠定了其三民主义的基础，即民族主义、民权主义，与民生主义。孙骄傲地将此与林肯“民治、民有、民享”的言论相并称。

三民主义成为孙及其同盟军的革命宗旨。第一条宗旨即民族主义，不仅要求推翻满州封建统治，也要摆脱外国帝国主义的压迫。第二条宗旨为民权主义，目的是实现人民的四大权利——创制权、复决权、选举权与罢免权，实现政府的五大权力——行政、立法、司法、监察与考试，其中监察与考试反映了最初的都察院与科举考试的职能。第三条宗旨为民生主义，则突出节制资本与平均地权的必要性，通过以上我们可以看到古代中国“耕者有其田”乌托邦观念的遗产与太平天国土地运动的影响。只不过它更直接、更有意义的部分，则来自有名的单一税论者乔治（Henry George）与穆勒（John Stuart Mill），孙从他们那里学习到，土地价格确定不变后（在革命后），所有的价格增值将全部归政府所有。这样，在 1897 年仍处于初期状态的社会革命观念，到 1905—1906 年时已逐步发展成为指引革命的第三条宗旨。时至今日，三民主义依旧是台湾国民政府遵守的信条。

1902—1905 年间，革命的前景向着有利方向好转，这与刚渡过的黑暗岁月产生了鲜明的对比。孙中山往返于越南、日本、檀香山与美国之间，为革命事业寻求支持。日本留学生的热情回应激励了他，促使他产生了组建一个革命政党的想法。当时，许多学生迫切需要从事军事学习，却被清使节所禁止。但是通过孙中山与犬养毅的协助，十四名中国学生终于得到两位日本军官的秘密指导，学习武器制造、军事策略，还有游击战等方面的知识。这些学生在孙中山面前宣誓：“驱除鞑虏，恢复中华，创立民国，平均地权。”

在檀香山，由于保皇党占据了孙早期建立的许多势力据点，于是他接受了其舅父的建议，参加洪门组织，随后被选为“洪棍”（首领）。正是拥有这一头衔与身分，1904 年，他凭借“孙大哥”的身份受到美国洪门组织热烈欢迎。孙在洪门原有的反清宗旨上，成功地实现了洪门章程修订，并加入了“驱除鞑虏，恢复中华，创立民国，平均地权”的新宗旨。故而，他又将美国华侨社团从保皇党那儿劝说到自己一边。

在 1905 年春天，旅欧中国留学生特邀孙中山访欧。双方的讨论使他决意不仅要吸纳学生加入本党，还要从清廷新军中寻求新生力量。在布鲁塞尔，他发动了三十个学生共同组建了一个革命团体。随后他在柏林组织二十名学生、在巴黎联合十多名学生组建了革命组织。以上所有团体均立誓实现上述的四项目标。但是，最大的革命组织却保留在东京，在那里聚集着来自中国十八个省份中的十七个省的数百名学生，只有甘肃没有赴日留学生。组建一个新的革命政党的热情日益高涨，孙同样也备受鼓舞，感叹革命此生可成矣。

日本友人宫崎寅藏也赞赏孙中山是世界上功勋显著的伟人，正是他的热情联络沟通，黄兴、宋教仁于 1905 年 7 月 28 日在《二十世纪之支那》杂志的办公室中面见了孙中山。孙中山强调联合各革命团体建立统一组织的必要性，这样才能避免浪费精力和相互间的权力斗争。在几次研讨后，他们于 1905 年 8 月 20 日决定建立一个联合统一的组织：中国同盟会，简称同盟会。当时 37 岁的孙中山被选举为主席；31 岁的黄兴被选为执行部庶务长，而且有权在孙缺席时代行其职权；同时 23 岁的宋教仁也被选为司法部的一员。在选举仪式上，大概有七十人加入该会，全部立誓遵守上述四项原则，孙与会员约定一种暗号和三组暗语：“汉人、中国事物、天下事。”之后，孙和会员们高兴地握手，并郑重地地宣称：“即今日起，君等已非清朝人矣！”恰巧此时，屋上的一块木隔板“嘣”的一声掉了下来，孙中山风趣地称：“此乃颠覆满清之预兆！”

孙中山深思熟虑的设计了革命的每一个详尽的步骤。首先，在革命军已经解放的地区，预估为三年的军政时期。在这段时期内，军政府不仅将在县级政权中控制军政与民政，同时，将与地方人民合作并清除诸如奴隶制、缠足、吸食鸦片，以及封建残余等诸多政治与社会恶瘤。第二期称作训政期，时间最多六年，在这段时间将成立地方自治政府，由民众参与选举地方议会与官员。但是军政府始终保持对中央政府的控制。这段时间，将制定一部暂时性的宪法，其中明确军政府与民众的权力与义务。不过训政期结束后，军政府则需解散，随后制定一部新宪法来统治全国。综上，孙设想建立一个三段式的革命，尽快促使国家走上宪政之路。

虽然孙中山的革命宗旨三民主义原则被同盟会所认可，但多数成员只是注重前两项，民族主义和民权主义。这是因为华兴会与光复会均强调排除异族和建立共和国，而这二者却是由同盟会的主干组成，而孙的直接追随者只是其中一小部分。致使黄兴成为党内的掌权人物，孙、黄经常被合称为并肩作战的领军人物。到 1906 年，同盟会会员迅猛增至 963 人，大多数成员有 863 人是在日本入会，其它会员分别来自欧洲、夏威夷、香港及马来西亚。中国大陆及主要的海外华人聚集地，同盟会支部也成立了。

此时，黄兴把《二十世纪之支那》转变为同盟会的机关刊物，此刊多用于与梁启超进行激烈论战，因为梁这时由支持革命与共和转变为支持君主立宪。不久，因为《二十世纪之支那》刊发了一篇题为《日本政客之经营中国谈》的文章，触怒了虚心的日本政府而被停刊。革命党人只得将其改名为《民报》，并在 1905 年 11 月 26 日首次发行，作者有章炳麟、胡汉民、汪精卫等，可谓名流汇聚。他们奋进的感情与汇聚的智慧战胜了梁，虽然梁文笔清丽，文风流畅，但他却无法独自一人为保皇党守卫阵地。其实，梁在生活中也赞同革命事业，他赞同宪法的必要性，同时揭露了满清政府的腐朽，因而间接地有利于革命事业。甚至，在青年人中，也有更多的人转向了革命一边。

同盟会的建立是中国革命的首个里程碑，它有力的地转变了革命的宗旨与方式。孙中山不只局限于在社会边缘人中开展工作，他深深地融入了“中国民族主义的主流”之中，他获得归国学生、不满现状的文人的支持，获得进步军官的加入，而某种意义上这些人是中国的领导群体。革命的社会力量与革命工作的潜在范围大大地扩展了，与由广州人占主要力量的兴中会相比，同盟会是覆盖多省份的同时涵盖了多阶级的组织，故此能够在沿海、也能在内地发动起义。尤其重要的是，这样一个近代的政党，同盟会创建了一个统一的中央组织，它为全国所有革命与进步力量提供了聚集地。也正是由于这，它当之无愧地被誉为“中国革命之母”。

此时，革命运动的发展更活跃了，1906—1911 年间，起义连续不断，包括广东六次，广西、云南各一次，算上 1895 年广州起义与 1900 年惠州起义，一共达到十次。尤其最后一次起义发生于1911年4月，目的是夺取重要的广东省府广州。这次起义对清政府产生了特别巨大的震动，并激励了半年后武昌起义的成功。七十二位优秀的烈士在此次起义中牺牲，其中包括许多从日本归来的学生，他们被葬于广州北郊的黄花岗。革命派与保皇派的论战

1897年，孙中山从英国辗转加拿大再到日本，在东京、横滨等地宣传革命，结交朋友，但作用不大。而这阶段，国内正是维新运动高涨时期。戊戌变法后，康有为、梁启超等躲避海外，又在华侨中鼓吹起了“尊皇攘后”热。康有为奔赴加拿大等处成立“保救大清光绪皇帝会”（简称“保皇会”），得到大力的支持。梁启超在横滨成立《清议报》、《新民丛报》，在歌颂光绪皇帝“圣德”的同时，不仅大力反对清朝当权的“逆后贼臣”（指慈禧太后、荣禄、袁世凯等），而且提倡“民族御侮论”、“民权救国论”，大力批判君主专制的权术、手段，发表“国民与奴隶”、“朝廷与国家”、“国民与国家”、“权利与义务”等新理念，主张人民的主权，批判君主专制制度，更是提出中国几千年来只有奴隶、没有国民，既无朝廷、也无国家，耸人耳目，震撼人心，深受知识分子欢迎。1898—1903年，他先后刊登了《爱国论》、《少年中国说》、《积弱溯源论》、《过渡时代论》、《新民说》等几十篇思想先进、文笔流畅的文章，成为时代先驱，思想和论界的“骄子”。孙中山等就协商反清问题多次和康、梁会谈。康有为始终认为“不能忘记‘今上’”，拒绝合作。梁启超一度提出“讨满为最适宜之主义”，和孙中山等密切联系，曾有过联合立会的决议，主张孙中山为会长，梁启超为副会长。但是康有为强烈反对，提议未能实现。

义和团运动爆发以后，以唐才常为首的曾经维新派中一些激进分子准备在长江流域起义，得到孙中山、梁启超两派的共同支持。唐才常前往上海，建立“正气会”，之后根据康有为的指示，更名为“中国国会”，提出推翻清政府，“请光绪帝复辟”，成立立君主立宪的“新自立国”。康有为获得由华侨捐赠的巨额军费，可是他却把“勤王”计划的重点放在进行两广起事，对长江中游却不倚重。唐才常通过会党组织自立军七军，决定在8月9日于安徽、江西、湖南、湖北各路同时起义。他自任诸军督办，占领汉口。因为等待康有为汇款资助，举事日期一再延迟。8月下旬，张之洞杀害唐才常等200余人，自立军失败。自立军“勤王”大举的失败，使众多受康有为影响、在

革命和改良之间犹豫的进步人士如秦力山、毕永年等开始坚定地步入了革命道路。

义和团运动在北方发展迅猛，唐才常在华中组织起事之时，孙中山决意尽快在广东起义。他指派郑士良到达惠州，联络会党准备发动，并派史坚如前往广州策动响应。他本人则亲往香港，准备秘密到达内地。到达港后受到英国殖民当局的监视，无法登岸，只好折回日本，辗转台湾。1900 年 10 月，郑士良带领会党 600 人在惠州三洲田起义，连续击败清军，占剧了清安、大鹏到惠州、平海一带沿海区域，起义队伍迅速增加到 2 万多人。为了取得海外资助，起义军向福建厦门方向发动进攻。日本帝国主义担心孙中山在台湾的革命运动危及它的殖民统治，便控制军火出口，破坏孙中山自海外援助起义军的计划。起义军抗击半月以后，弹尽粮绝，被迫解散。

惠州起义固然失败了，但赢得了许多人的同情。孙中山回忆说：首次广州起义失败后，“全国上下全都是指责他们为乱臣贼子、大逆不道，咒诅谩骂之声，不绝于耳”；但是惠州起义失败后，“则很少听到有人对他们恶声相加，而有识之士大都为吾人扼腕叹惜，埋怨他们不能成事。前后差别，差如天渊”。这充分体现民主革命事业逐渐得到较多的支持，逐渐呈现出新的局面。

为了抗击革命潮流，1902 年，康有为提出《答南北美洲诸华商论中国只可行立宪不可行革命书》。在这篇文章里，他竭尽全力为清王朝的反动统治辩护，美化清政府对人民的残酷压迫和剥削，说其是“唐虞至明之所无，大地各国所未有”的“至仁之政”。他指出中国百姓愚昧无知，故而只可实行君主立，万不可倡导共和。他攻击革命确是不能挽救中国的危亡，若革命则将造成“天下大乱”和“亡国灭种”的后果。他捏造了革命所产生的种种危害，妄图扼制民主革命思想。梁启超在 1903 年之后同样“完全放弃”“曾经所深信的破坏主义和革命排满的主张”，却又打出“名为保皇，实则革命”的幌子，以蛊惑群众，坚持保皇会阵地。

为了扩大革命，孙中山对康、梁的进攻做出了强烈的反击。1904 年，他写出了一系列重要文章。通过《敬告同乡书》一文，他提出革命与保皇是两条截然相反的政治道路，绝无商讨调和的余地：“革命、保皇二事，决分两途，就像黑白之不能混淆，如同东西之不能易位”，倡导人们“划清界限，不使混淆”；并批判梁启超所说的“名为保皇，实则革命”其实是一种舆论骗术，“彼辈所言保皇为真保皇，所言革命为假革命”，呼吁人们不要受骗上当。他还呼吁：康有为所著《最近政见书》（即《南北美洲诸华商论中国只可行立宪不可行革命书》和《与同学诸子梁启超等论印度亡国由于各省自立书》合刊）的弊端，是欺骗人们“不可行革命，不可谈革命，不可思革命”，追随他“死心踏地以图保皇立宪”，其最终结局必然使广大人民无法摆脱被奴役的地位。在《驳保皇报》一文中，他批判了清政府媚外卖国及充当帝国主义鹰犬的行径，揭露保皇派为清政府粉饰太平，歌功颂德，以及将“保皇”与“爱国”故意混为一谈的欺骗行径，指出保皇派所说的“爱国”是拥护清王朝，却没有爱“中华国”，他们所倡议的“爱国”，本质上是“害国”。他还批判了保皇派侮辱中国人民愚昧无知的反动论调，坚信中国人民在推翻清王朝之后，能更好的建设一个民主共和的国家。孙中山的这些理论，有力地批驳了保皇派所散布的歪理邪说，对革命思想的发展起了推动作用。

在日本的学生还创办了《国民报》和《二十世纪之支那》，以促进革命事业，并且提出暗杀满清官员。某些知名的学者回国之后创办了《苏报》。年青革命者邹容在 1903 年向《苏报》发表了一份二万字文章《革命军》，反抗清廷，支持革命。《苏报》编辑章炳麟由于这被监禁两年，而邹容年仅 20 岁便死于狱中。

不仅这些出版物，还有大批支持革命的社团涌现出来。在上海，著名学者蔡元培建立光复会；在长沙，曾在日本留学学习军事的黄兴于 1903 年创办了华兴会，早期会员达五百人，其中包括稍后脱颖而出成为革命先进人物的宋教仁。华兴会的成员主要是知识分子与会党分子，其中以会众十万之多的哥老会众最为突出。1904 年，在夺取长沙的企图败露后，黄兴流亡日本，在那里，他逐渐拥有一批坚定的支持者。

20 世纪初，各种反清的革命小团体在国内纷纷组织起来。这些革命小团体，他们之间互不联合，各自为政，没有明确而完备的纲领，尚无严密的组织。为了更好地“召集同志，合成大团，以图早日起义”，完成革命理想，革命党人已经了解到必须将这些分散的、带有地方性的革命力量尽快组织起来，联合成一个全国性的统一的革命组织。

**兴中会**

1895 年孙决定重返其早期的革命目标，并渴望海外华侨、秘密会社、基督徒、传教士这些中国社会的边缘人的援助，也是他最先得到的一部分人的帮助。1894年秋，他抵达檀香山，在兄长协助下，于1894年11月24日建立了兴中会，当时会员为112人。孙打算将活动发展至美国，因此他急忙返回中国，以便借助中日战争的有利局势。他前往香港，并于1895年2月21日在此成立兴中会总部，并在各地组建支部。会员均发下誓言："驱除鞑虏，恢复中华，组建合众政府。"故而，第一个革命团体便诞生了。

3月16日，兴中会联合动员三千人占据广州城，目的把它建成为革命基地。陆皓东为兴中会设计了一面"青天白日"旗，此旗逐渐演变成为中华民国的国旗。这时在广州聚集的抗日援军突然被迫解散，导致全城动荡不安。孙与三元里的民兵取得联系，准备于10月26日起事，但是一切暴露了，革命党人没有军火，导致48人牺牲，其中也有第一名革命烈士陆皓东。

孙逃亡到香港，却发现英国当局已接受清廷禁止他入境五年的请求。孙遵从康德黎医生的提议，与一个追随者陈少白辗转日本。抵达神户时，他们惊喜地得知，当地新闻将广州起事称为"起义"而不是"非法叛乱"。孙异常惊喜，命令以后的起事都要称为"起义"。在横滨，兴中会支部组织起来了，革命党人也逐步跟一些同情他们的日本人进行接触，这些人也包括宫崎寅藏兄弟（宫崎寅藏与宫崎滔天），孙的形象逐步转变了，他剪去了长发，穿起西式服装，并前往檀香山计划革命。

**共进会**

共进会是清末由某些长江中下游和南方几省的同盟会会员组成的革命组织。在1907年（光绪三十三年），同盟会创始人孙中山、黄兴筹划在南方起义，没能成事；东京本部由于人事、意气和宗派的纠纷，组织变得松散。某些籍隶长江中游数省、包括在会党中有较高地位的会员，像四川张百祥、湖北刘公、彭汉遗、湖南焦达峰、江西邓文辉等，赞同同盟会"行动舒缓"，不支持在长江流域起义，因而提议重新组织一个革命团体，以组织会党为主，谋在长江起事。8月，共进会在日本东京组建，组会者有川、鄂、湘、赣、皖、浙、粤、桂、滇等省人士百余人，绝大多半人员是同盟会会员。当即发表白话、文言两个演说，主要强调排满，演说称："共进会者，合各派共进于革命之途，以推翻满清政权，光复旧物为宗旨。"并制做红底十八星军旗，提议张百祥任会长。张回国寻求发展，邓文辉继任，彭素民担任文牍，何庆云、潘鼎新、孙武、袁麟阁、陈兆民、温尔烈分别担任交通、党务、参议、理财、调查、纠察各部部长。入会者日益增多。1909 年（宣统元年）八月，邓文辉返国，刘公继为第三任会长。

共进会表面上自称为同盟会的“行动队”，但实际上却自行其是。在建会宗旨里，对同盟会纲领中的“平均地权”，借口其意不易被接受，使得会党不容易被了解和接受而改为“平均人权”（近 30 年来，史学界对此有其他的看法）。在众多场合，共进会也基本上没有接受和奉行同盟会的宗旨和部署。故而，共进会成立时，谭人凤就坚决反对，指出这是与同盟会相背离的举动。1908 年冬，孙武、焦达峰等均返国，至武汉，组织一部分革命人士，于次年春组建共进会湖北分会，主动联络长江两岸会党，秘密组建五镇军队，选举孙武任正督统，每镇设副督统独立统率。焦达峰在之后返湘，在长沙确立共进会湘部总会，还亲自到达浏阳、醴陵及江西萍乡等地与会党扩大影响，也仿湖北的制度，分别编成几镇。江西共进会委派邓文辉主持，将固有的反清小团体易知社为基础，壮大人员更名建成。共进会组建会党虽进展迅速，只是 1909—1910 年间，湖北、湖南先后有几处会党自由散漫，轻率起事，致相继溃败，且使共进会的秘密基地有所暴露。孙武等领导人觉察会党散漫难制，不易成事，于是将组建重点转向新军。

1911 年春，共进会重要领导人邓玉麟在武昌设同兴酒楼为联络据点，共进会在湖北新军中的活动得到相当的进展，与文学社一起被称为新军中的两大革命团体。到这一年初秋，文学社和共进会制定统一协议，组成联合指挥起义的领导机构，从而联合发动了 10 月 10 日武昌起义。湖南第一个响应武昌起义。焦达峰领导的共进会和成员，参与了长沙起义，获得成功，焦达峰推选为湖南军政府都督。江西共进会会党参加了九江以及南昌的起义。共进会的成立和活动虽具有分裂同盟会的意图，但在武昌首义和湘、赣等省响应的过程中，起了积极作用。辛亥革命后，因为多数领导人分别地同其他派别的成员从事筹组政党的活动，共进会逐步的涣散解体。

**民主革命思想的传播和革命团体的出现**

《辛丑条约》的签订，使许多进步的中国人认识到帝国主义侵略本性及中外反动势力相互勾结的阴谋，开始有了新的领悟。首先认识到这些的是知识分子。上海和东京是先进青年知识分子与留学生最为集中的两个城市。

1903 年前后，在他们内部兴起了一个创办刊物、翻译宣传西方民主政治学说和各国民主革命运动的热潮，仅在二三年内，出版政治性书籍近 20 种，卢梭《民约论》、孟德斯鸠《万法精理》，还有《法兰西革命史》等书大约 50 部。大部分刊物都反对清政府丧权辱国，昏庸无能，认定只有认真学习西方，奋起自救，才能抵抗列强，保持独立，挽救中国的危亡。其实从 1901 年开始，有些刊物如《开智录》、《国民报》等就曾著文指出，清政府既然自愿充当帝国主义统治中国的走狗，那么，“恃今日之政府官吏以图存”是无法实现的幻想，“欲立新国乎？则必自亡旧始”。仅有的出路在于革命。

日后，《游学译编》、《大陆》、《湖北学生界》、《浙江潮》、《童子世界》、《江苏》等倾向革命的书籍陆续出版，上海一家原来相对保守的报纸《苏报》也转而宣传革命。1903 年拒俄运动爆发后，产生一批新的革命报刊如《国民日日报》、《觉民》、《中国白话报》、《女子世界》等全部问世。原来具有革命意图的报刊，这时宗旨越来越坚定，立论越来越鲜明，文词越来越犀利。同时，还出版了大量宣传革命的书籍。民主革命风潮迅速扩散开来。在民主革命运动的宣传品中，影响深远的是章炳麟的《驳康有为论革命书》、邹容的《革命军》和陈天华的《警世钟》、《猛回头》。

章炳麟（1869—1936），本名绛，号太炎，出生于浙江余杭。他青年时曾受改良思想的影响，组织了维新变法的宣传活动。后来，他吸取戊戌变法失败的经验，转变政治方向，步入了民主革命的道路。他著作的《客帝匡谬》一文，检查自己过去赞成拥戴清帝的错误，在当时知识分子中间造成了很大的影响。1903 年，他在上海《苏报》上发表了风靡一时的《驳康有为论革命书》，详细、深刻地痛斥康有为的“保皇”主张。他反对康有为宣传的中国人民“公理未明，旧俗俱在”，所以“不可行革命”的论点，并提出“公理之未明，即以革命明之，旧俗之俱在，即以革命去之”。他将保皇派大力支持的光绪皇帝指责为“载湉小丑，未辨菽麦”，并痛斥康有为利禄熏心、甘当奴才。他受到社会上风起云涌的群众反抗斗争的大力鼓舞，指出“今日之民智，不必恃他事以开之，而但恃革命以开之”。他提倡革命作为“启迪民智，除旧布新的新途径，始终相信在革命之后中国人民完全能够更好地建立民主共和制度。

邹容（1885—1905），字蔚丹，生于四川巴县，留日学生。1903 年，他从日本来到上海，制作了脍炙人口的《革命军》，那时他只是一个未满 20 岁的青年。他用满腔的热情宣传革命，提倡民主，论述中国开展民主革命的必要性和正义性。他主张革命不仅能使中国人民摆脱奴隶束缚，而且完全可使中国达到与世界列强并驾齐驱，自由建立 20 世纪的新时代。他大力赞扬和宣传西方资产阶级革命时代的天赋人权、自由平等的学说，提议用革命手段“扫除数千年种种之专制政体”，争取人民应当享有的民主权利。他倡议了建立“中华共和国”的口号，抗议帝国主义干涉中国的革命和独立。他将推翻清朝专制制度与反对帝国主义列强联系起来，指出必须打倒帝国主义的“奴隶总管”清王朝，中国人民才能拥有民族的独立和社会的发展。《革命军》发表后，得到广大读者的喜爱，风行海内外，各地翻印时有的改名《革命先锋》，有的改名《图存篇》，有的改名《救世真言》，销售超过数百万册，居清末革命书刊销数的首位，对民主革命思想的宣传起了相当重大的作用。

陈天华（1875—1905），字星台，出生在湖南新化。他与邹容相同，是留日的青年学生。1903 年，他抱着对祖国的无比热情和对帝国主义的无比痛恨，发表了《警世钟》和《猛回头》两本小册子，以通俗流畅的内容，较透彻地表述了中国必须推行民主革命的道理。他对帝国主义压迫给中国人民带来的深重民族危机作了沉痛的揭露，呼吁广大人民马上行动起来，“改条约，复税权，完全独立；雪仇耻，驱外族，复我冠裳”，为争取祖国的独立自主和民族的生存权利而战斗到底。他指出清政府已经沦落为帝国主义统治中国的统治工具，并指出：“这朝廷，原是个，名存实亡；替洋人，做一个，守土官长。”呼吁要抵抗帝国主义侵略，确保民族独立，必须进行革命，推翻清政府这个“洋人的傀儡”。他揭露了保皇派打着“爱国”的幌子发表保皇的荒谬言论，指出：“要想拒洋人，只有取得革命独立，不能讲勤王。”他还认为保皇派所鼓吹的“维新”、“立宪”，都是自欺欺人的鬼话。《警世钟》、《猛回头》同《革命军》一样，获得读者欢迎，人们争相传诵，成为当时资产阶级革命派的锐利武器。

革命派在反抗封建礼教的过程中，提出了妇女解放的倡议。女革命家秋瑾通过她对广大妇女所受伤痛的深切感受呼吁：在封建礼教的奴役下，妇女们“沉沦在十八层地狱”，简直是“一世的囚徒，半生的牛马”。她把封建社会中固守的“男尊女卑”、“夫为妻纲”、“女子无才便是德”等道德伦理习俗，彻底驳斥为“胡说”，呼吁妇女们起来砸碎封建礼教的锁链。她强调指出，妇女要争取解放，必须拥有独立的社会经济地位，要工作，不可寄生；还一定要和腐朽的旧社会决裂，参加民主革命的斗争，和男子并肩作战。她恳切疾呼：“人权天赋原无别，男女还应当一例担”；“男和女同心合作方为美，四万万男女无分彼此焉”。她为革命牺牲了自己的生命，被誉为近代中国妇女解放运动的先驱者。

民主革命运动的传播，引起了清朝统治者的不安。他们对邹容的《革命军》还有章炳麟的《驳康有为论革命书》特别忌恨。1903 年 6 月，清政府恳求上海租界帝国主义所设的工部局，利用巡捕到刊登发表《革命军》的《苏报》馆捕人，章炳麟和邹容都被捕入狱，这就是震动一时的“苏报案”。清政府勾结工部局将章、邹等引渡，押送南京审判，企图通过兴大狱以镇压革命运动。帝国主义害怕这会影响他们在租界内的特权，发动引渡。结果由租界会审宣布判决，章炳麟监禁三年，邹容监禁二年。最终，邹容不堪虐待死于狱中，为革命牺牲了自己年轻的生命。国内外反动势力的残酷迫害而不能制止革命思想的传播，相反激起了人民群众更大的愤怒。“苏报案”结束后，革命分子将《革命军》和《驳康有为论革命书》收集刊印，题名《章邹合刊》，各地竞相翻印，进一步增强了革命思想的影响。

随着革命思想的发展，国内涌现出许多小的革命组织。青年会，参加者 20 多人。拒俄运动中，青年会成员都支持“拒俄义勇队”。义勇队旋即改名为军国民教育会，以“养成尚武精神，提倡爱国主义”为宗旨，以有利于公开活动。秦毓鎏曾呼吁改宗旨为“养成尚武精神，实行民族主义”。紧接着，一部分会员秘密策划了一个暗杀团，决定回国参加实际革命活动。暗杀团成员黄兴、龚宝铨均在长沙、上海确立了革命团体华兴会、光复会。

黄兴（1874—1916），本名轸，号廑午，后因为进行革命活动遭到清政府的通缉，改名兴，字克强，生于湖南善化。少年时期受封建文化的教育，后来在武昌两湖书院学习，开始接触资产阶级社会政治理论，并加入了唐才常的自立军起事。1902 年初，前往日本留学，进入东京弘文学院学习，深受革命思想的影响，参加革命。他先后加入《游学译编》和《湖北学生界》的编写工作，主动参加了“拒俄义勇队”、军国民教育会及暗杀团的运动。1903 年夏回国，回到长沙的明德、经正等学校担任教员，秘密进行民主革命的宣传、组织运动。经过一段时间的准备，湖南革命成员陈天华、宋教仁、谭人凤等20多人，于11月4日以庆贺黄兴生日的借口，商定秘密协议，决定组建华兴会，推举黄兴为会长，为不引起清朝地方官吏的注意，“对外用办矿名义，建立华兴公司，发行华兴票。”

1904年2月15日，正式举办成立大会，总共参加华兴会的两湖革命知识分子大概四五百人。另建立同仇会为外围组织，专门组织会党。拥有成员2万多人的哥老会首领马福益同意华兴会的领导。黄兴和马福益一起策划起义，取得了统一意见，决定在农历十月初十（11月16日）慈禧太后70岁生日当天，埋炸弹于举行祝寿典礼的皇殿，杀害全省高级文武官员，乘势占领长沙，与此同时岳州、常德、浏阳、衡州、宝庆五路策动响应。不仅如此，他们还组织外省革命人士，如期配合。这个起义计划不幸临期暴露，清朝地方官员在各地搜捕革命党人。马福益被捕牺牲。黄兴化装前往上海，不久转赴日本。

1904年6月（一说7月），湖北革命追随者刘敬安、张难先等在武昌设立科学补习所，暗中从事革命宣传。他们坚信，“革命非建立军队不可，运动军队必须亲身加入队伍”。在他们的宣传策划下，有众多青年知识分子投笔从戎，在新军中继续革命的宣传和组织工作。科学补习所曾和华兴会达成联系，准备支持华兴会的起义。后来华兴会起义计划败露，科学补习所也受影响，被迫停止活动。于是，刘敬安等只好采用有合法地位的教会阅览室——日知会，继续从事革命运动，暗中组织同志，于1906年春重新建立了秘密的革命团体，名称也叫日知会。

1904年10月，另一个重要革命组织光复会在上海正式确立。光复会的筹划开始于1903年冬。与此同时，浙江留日学生陶成章、龚宝铨曾两次会谈，估计日俄战争即将爆发，是进行革命活动的有利机会，应联络革命团体回国发动起义。龚宝铨到上海组建“暗杀团”，陶成章回浙江组织各地会党，并和华兴会取得联系，筹划在华兴会发动长沙起义的同时，发起浙江、安徽起义。陶成章、龚宝铨等统一江浙一带革命积极分子四五十人，于1904年10月在上海建立光复会，推选蔡元培为会长，章炳麟在狱中与其商议起事。随后，光复会在日本组建分会，参加者拥有数百人。光复会主要的活动区域在浙江、安徽和上海。重要活动人物包括徐锡麟、秋瑾、陶成章、龚宝铨等。

他们激烈号召革命，而宗旨注重“反满”，有着相当浓重的汉族传统民族思想特色，活动重点在组织会党。陶成章、秋瑾等都原来在浙东各地奔走，在会党中做了很多革命宣传工作和组织工作。组织较为严密，入会者即使对家人也不能泄露，具有较为显著的地域性。

1905 年 8 月同盟会在日本东京确立时，光复会的主要成员多半仍留居国内，并未得知其事。这年 10 月，蔡元培在上海秘密参加同盟会，并被委任了同盟会上海分会会长。秋瑾、陶成章也紧接着参加了同盟会。而徐锡麟等却没有参加同盟会，仍停留在浙江、安徽等地独立地从事革命活动。当年底秋瑾从日本归国后，也同徐锡麟密切联系，发展光复会会员，组织会党，准备武装起义。1907 年 7 月，徐锡麟在安庆杀害了安徽巡抚恩铭，策划起义，事败被杀。同月，秋瑾也在绍兴被捕，英勇牺牲。此后，光复会的组织只得解体。

后期在 1910 年 2 月（宣统二年）光复会开始在日本东京重建。选举章炳麟为会长，陶成章为副会长。在南洋设立会党总部，任用李燮和、魏兰、沈钧业为执行员。其成员大多是对孙中山产生各种不满情绪的原同盟会会员，这里面也有一部分光复会旧人。章、陶两人都深受汉族传统民族思想影响，“反满”情绪特别高涨，故而对农民土地问题比较关心。重建的光复会在政治上的筹划并不充分，未能提出独立完整的政纲，只是注重教育和暗杀，却忽略群众性的武装起义。陶成章竟然说：“如不用暗（杀），转用地方起兵，丧民费财，祸莫大焉。一有不慎，必引外国人干涉，后事着手就困难了。”但是，当同盟会筹划广州“三二九”起义时，陶成章、李燮和等仍主动参加。1911 年 10 月武昌起义后，光复会会员在上海、江苏、浙江、广东等地积极配合。此后，章炳麟、陶成章均归国，陶与其一起在上海筹组光复义勇军。1912 年 1 月 3 日，章炳麟同程德全、张謇等重新组建中华民国联合会；14 日，陶成章被暗杀。从此光复会实际上已不复存在存在。

**中国同盟会的成立及其政治纲领**

光绪三十一年（1905）夏，孙中山由欧洲抵达日本。此时的日本东京，早就被中国留日学生作为从事反清斗争的运动中心，华兴会、光复会、科学补习所等革命组织的一些领导和骨干成员，如黄兴、刘揆一、宋教仁、陈天华等，也全都来到这里。七月十九日，孙中山前往日本后，经日本友人宫崎寅藏联系，孙中山面见了华兴会领袖黄兴。孙中山建议兴中会与华兴会统一建会，共同致力革命，对此黄兴欣然接受。孙中山又联系华兴会的重要骨干宋教仁、陈天华在《20 世纪之支那》杂志社相见。会见时，孙中山着重强调建立联合的革命组织的重要性，指出："现今组织革命起义，互相联络是极为重要"，若是不相联络，各自起事，单独行动，"各国乘而干涉之，那么中国必亡无疑矣"。

经过孙中山的积极劝说，他所倡议的建立统一革命组织的设想，获得了在日本的各革命小团体中大多数人的赞同。三十日，孙中山和黄兴指派人分别邀请各省向往革命的留日学生，占用东京赤坂区桧町三番内田良平的住宅，举办建立统一革命组织的筹备会。参加的有孙中山、黄兴、张继、陈天华、宋教仁、冯自由、居正、胡毅生、曹亚伯、朱执信、宫崎寅藏、内田良平等大约七十人，还有除甘肃以外的国内十七个省的留学生。会上，孙中山被选举为会议主席，并召开大约一个小时的时间讲述革命的道理、革命的形势和革命的方法。之后黄兴等也相继发表演说，规划革命后怎样普及教育，怎样振兴实业，怎样整理内政，怎样修睦外交。他们的演讲得到与会者的支持。

在讨论联合后的革命组织的名称时，孙中山主张命名为"中国革命同盟会"，有人则提议用"对满同盟会"。对此孙中山做了解释，他主张革命的目的并不只是在排满，还必须废除封建专制制度，建立共和国。还有人主张，这是个秘密活动，不能明用"革命"二字。经过大家反复协商，最后定名为"中国同盟会"。在协商宗旨时，孙中山主张以"驱除鞑虏，恢复中华，创立民国，平均地权"十六字作为同盟会的革命方针。只是有人对"平均地权"表示异议，提议取消。孙中山立即通过历举世界革命发展的潮流和社会民生问题的严峻性，指出平均地权就是解决社会民生的第一步方法，并主张，作为世界最先进的革命党，应高瞻远瞩，不能够只去解决种族、政治这两大问题，还必须将最大困难的社会问题，一起彻底解决，才可建设一个世界上最为完美的富强国家。孙中山解释完，众人鼓掌，表示支持。故而同盟会宗旨获会议通过。接下来，黄兴主张，与会者签订盟书。所以，每人手写一份，由孙中山带领大家举右手宣誓。共同宣誓："当天发誓，驱除鞑虏，恢复中华，创建民国，平均地权。矢信矢忠，有始有卒，有渝此盟，任众处罚"。宣誓结束，孙中山又到隔壁房间，分别传授同志联络的握手暗语和三种秘密口号。会议最后选举黄兴、陈天华、马君武等八人起草同盟会章程，准备组织成立大会。

历经二十天的筹备工作，于八月二十日下午二时，在东京赤坂区灵南坂阪本金弥住宅内召开了同盟会的正式成立大会。出席会员总共一百多人。会上，第一项由黄兴宣读了同盟会章程草案三十条。这个章程明确指出："本会以驱除鞑虏，恢复中华，创立民国，平均地权为宗旨。"确立本部于东京。本部机构依照三权分立原则，由总理管理执行、评议、司法三部。执行部权力最主要，由总理直接领导，分别设立庶务、内务、外务、书记、会议、调查六科。在这六科中，又因为庶务科最为重要，若总理不在本部，"庶务"可享有总理职权。再就是在评议部里，设有评议长和评议员；而在司法部里，设有判事长、判事和检事长。同盟会章程还要求在国内外分设九个支部，接受东京本部的领导。分别是国内设有东、南、西、北、中五个支部，而国外设置南洋支部、美洲支部、欧洲支部、檀岛支部。支部之下还建立各省区的分会。这个章程草案经过协商修改，被大会通过。接着，在黄兴的主张下，选举了孙中山为同盟会总理。会上又按照会章选举了同盟会各部职员，黄兴当选为执行部庶务，协助总理管理本部工作；汪精卫被评为评议长，邓家彦担任判事长，宋教仁为检事长。接下来，黄兴主张把《二十世纪之支那》杂志当做同盟会的机关报，大家一致鼓掌同意。整个会议过程十分热烈。中国同盟会的组建，基本上结束了各革命小团体各自为战的局面，中国革命运动开始有了一个联合的领导机关，将推翻帝制的革命推向一个新阶段。

按当时的社会历史条件，同盟会的纲领可以说是一个相对完整的资产阶级民主主义革命的纲领。它对与改良派的抗争，对动员和组织群众推翻清朝压迫、建立共和国的斗争，都起了不可估量的作用。但是，它确是一个不彻底的民主革命纲领。它倡导民族主义，但没有明确提出反帝的号召；它提倡民权主义，却又不敢依靠广大工农群众；它提倡民生主义，却缺乏使农民获得土地的内容。同盟会纲领中的这些不足，体现了中国资产阶级的软弱性和妥协性。

然而，同盟会成员对纲领的态度并不相同。某些只接受民族主义，在筹备会上就已经有人提议定名为"对满同盟会"。某些不赞成或忽视土地纲领，只接受民族、民权"二民主义"。表示支持三民主义纲领的，在具体解释上也存在着很大的不同。而且同盟会所设计的组织系统，最后也没有完备地建立起来。尤其是支部一级，海外只不过建立了南洋支部，国内只是建立了南方支部。本部和各地分会之间需要紧密联系的桥梁，而各地分会实际上却只是分散的、各自为战、各行其是的进行活动。

探讨资本主义社会问题产生的原因，根据亨利・乔治“单税社会主义”的学说，可以是说是“因为没有解决土地问题”。为了“阻止”贫富的分化和对立，解决土地问题是中国革命的根本任务。解决土地问题的有利的办法，就是“定地价的法子”，即约翰・穆勒在《经济学原理》该书中所说的方法，“核定天下地价。也就是现有之地价，仍属原主所有：也就是革命后社会改良进步而改变，则归于国家，被国民所共享”。再就是中国实行平均地权之后，“私人永远不用纳税，仅凭收地租一项，就可以成为地球上最富的国”。如此，就能“肇造社会的国家，俾家给人足，四海之内无一夫不获其所”。综上，民生主义亦或平均地权，是防止资本主义贫富分化的一种社会现象，它体现了孙中山对劳动群众深深地同情和对世界潮流的敏锐观察。孙中山后来提到，民生主义即社会主义或国家社会主义。

同盟会不可避免的存在着这样那样的缺陷，但以孙中山为中心的革命民主派主张通过武装斗争推翻清朝统治、建立民主共和国的革命方向，团结和发展了革命力量，促进了革命形势的向前发展，从而推动了革命高潮的到来。以同盟会成立为标志，民主革命运动提升到了新阶段。

**同盟会的发展**

同盟会成立之前的众多革命团体，实际上依然是旧式会党的活动形式和组织方法，大都带有浓厚的地域色彩。这些成员分别来自原兴中会、华兴会、光复会等几个不同的区域性革命组织，由于这些人只是固守各自的活动区域，保持各自的社会联系，没脱离各自的乡土观念，往往难以融洽。所以当同盟会筹建期间，华兴会内部就出现了不同意见：有的主张维持华兴会的组织和兴中会联合，有的主张形式上推行孙中山的组织而精神上仍保留自己的团体，有的干脆反对联合。光复会主要领导人也没有出面筹建。故而同盟会成立不久，原华兴会的宋教仁等就对孙中山的专断作风表示反对，黄兴也曾因军旗、国旗问题和孙中山产生不同意见。孙中山提议用青天白日旗，黄兴提议用井字旗，孙中山不容异议，黄兴“生气之下退会”，并“发誓脱同盟会籍”。

1907 年，日本当局为缓和与清政府的关系，驱逐孙中山离境，导致孙中山无法主持同盟会东京本部的工作。孙中山辗转南洋，全力在华南筹划起义，又导致以长江流域为基地的原华兴会、光复会成员的反对。1907 年 6 月，由于在北一辉次郎等提倡日本无政府主义的同盟会成员挑动，东京本部的张继、章炳麟、刘光汉、谭人凤曾发动“倒孙”风潮，提议罢免孙中山，改举黄兴为总理，却由于黄兴坚决反对而作罢。这一年 8 月，四川张百祥、江西邓文辉、湖南焦达峰、湖北孙武等某些同盟会员，在宋教仁、谭人凤的赞同下，在东京成立共进会，随后委任会员回国活动。共进会对于促进长江流域革命运动的发展起过某些的积极作用，只是它自称是同盟会的“外围”，也没有一个独立的组织，甚至把同盟会的“平均地权”纲领变更为“平均人权”，更甚的是有自己的旗帜——十八星旗。而且黄兴也质问过焦达峰，同盟、共进“二统谁将为正！”焦达峰却回答：“异日公功盛，我则附公；我功盛，公亦当附我。”这实际上还是独树一帜。直至 1908 年春夏间，陶成章策划联合江、浙、皖、赣、闽五省会党，组建“革命协会”。在他规划的《革命协会章程》里，要求有别于同盟会纲领的政治主张，像否定代议制度，提出“田地公有”等，更突出地具有“独立”的性质。

陶成章为募集革命经费辗转南洋华侨中活动，与同盟会南洋支部发生冲突，发现为孙中山作梗，于是在南洋各埠倡设光复会，并号召同盟会员李燮和、许雪秋等对孙中山进行人身侮辱。1909 年 9 月，陶成章、李燮和共同起草了一份《孙文罪状》，虚构种种罪责，提出罢免孙中山的总理职务，出现了又一次“倒孙”风潮。章炳麟主编《民报》，放弃《民报》宣传三民主义的决策，转而大肆鼓吹“佛学”与“国粹”，艰涩难懂，脱离现实，均遭到海内外许多革命党人的反对。这时，他同样发动了对孙中山的攻击。

孙中山等无奈反击，关系破裂。1910 年 2 月，光复会再次成立，任用章炳麟为会长，陶成章担任副会长，在南洋设执行局，正式公开与同盟会分庭抗礼。孙中山在谈及此事时惋惜地说：“际此胡氛黑暗，党有内哄，确是最艰苦困危的时期。”值得注意的是，宋教仁、谭人凤等表面上没有参与第二次“倒孙风潮”，但在私下同样酝酿着“独立”活动。1910 年 6 月，宋、谭等相约于日本，联系在日本的同盟会分会会长“研讨革命前途”，决定在长江流域发动革命运动，筹建同盟会中部总会。1911 年年初，谭人凤联合黄兴准备开展活动并于1910年2月在旧金山实施，主张南洋各埠同盟会与分会一同遵守，由于遭到抵制而未能贯彻。自立组织，不仅促进了各地革命党人的革命积极性和自主运动，对于促进各自地区的革命运动有所贡献；还表现了革命党内部领导层的冲突和不团结，以至于对后来的革命进程造成严重的消极影响。

1905年11月26日，同盟会创办了代表刊物《民报》。孙中山通过《民报发刊词》提出，发表同盟会的十六字纲领并归结为民族、民权、民生三大主义，即所谓三民主义，与此同时号召要将三民主义“灌输于人心，而化为常识”。其中民族主义包括“驱除鞑虏，恢复中华”两项内容，也就是要推翻清王朝，废除中国半殖民地半封建的制度实现独立的中国。孙中山驳斥了革命党内产生的片面的“反满”言论，主张：“民族主义，并不是遇着不同族的人便要排斥他”；“我们并没有恨满洲人，是反对害汉人的满洲人。如果我们实行革命的时候，那满洲人不来迫害我们，决无寻仇之理”。在这之后，“反满”的宣传大体上是遵循这个规律的，就是鼓吹“反满”最为激烈的章炳麟也经常解释说：“种族复仇者，本非外于政权而言”；“所以排满洲，只是排其皇室，排其官吏而已”。由此推出革命派所宣传的“反满”，实质上是反对清王朝的腐朽统治。

孙中山同当时一些激进的资产阶级革命分子考虑到，中国社会沦为“外邦逼之”的境地的原因，主要是反动腐朽的清政府是帝国主义统治中国的走狗。因此中国人民与清朝统治者之间的矛盾，就是帝国主义与中华民族的矛盾、封建主义同人民大众的矛盾的核心。同盟会民族主义纲领的主张，最大程度上推翻了清朝统治者，加快了清王朝覆灭的过程。民权主义的目的是号召推翻封建专制主义的统治，确立资产阶级的民主共和国。《军政府宣言》中描述了一幅资产阶级共和国的前景，规定国民掌控参政权，大总统通过国民选举产生，议会则由国民选举的议员担任，宪法也由议会制定，人人共守。孙中山《在东京〈民报〉创刊周年庆祝大会的演说》中特别强调了推翻封建专制制度的必要性，提出“中国数千年来都是君主专制政体，而这种政体，不是平等自由的国民所能忍受的”；“就算汉人为君主，也同样要革命”。他将民族主义与民权主义紧密联系起来，并提出：“满洲政府的覆灭，从驱除满人的角度说是民族革命，从颠覆君主政体的角度说是政治革命，并非把来分作两次去做。”他又特别突出强调，要废除君主专制制度，并非专靠“民族革命”就可以实现的，必须完成“政治革命”。

同盟会机关报《民报》成立后，公开宣布将“倾覆现今之恶劣政府”、“建设共和政体”与“土地国有”定为“主义”，并用资产阶级的民族理论解释中国的满汉民族关系，解释满族对汉族残酷统治的不合理性和汉族奋力抗争的正义性；指出“专制之为祸”，并研究世界资产阶级革命的历史，强调只有与君权浴血奋战，才能拥有民权，所有专制君王都不甘心放弃压迫人民的权力，清王朝不抛弃民族压迫者的性质，就不会和平让出政权；除民族革命、政治革命外，还明确表示“社会革命同政治革命同时存在”，大力宣传了“土地国有”思想。故而用孙中山“三民主义”理论创建的《民报》，迅速占有了进步理论的权利领导地位，广泛受到海内外进步知识分子的欢迎。以康有为、梁启超为领导的资产阶级改良派，害怕思想界权威地位的动摇和丧失，企图压倒同盟会提出的革命纲领，控制民主革命思想的传播。

革命派清楚地认识到，对于改良派的言论，只有予以有力的回击，才能进一步促进革命的发展。所以，革命与改良这两种方式、两种思想的对立更加尖锐，两派之间的立场更加鲜明对抗了。尤其在 1905 至 1907 年间，革命派与改良派在政治思想范围内的论战达到了高潮。这次论战拥有相当大的规模，时间之长，斗争之激烈，影响非常深远，在中国近代史上都是罕见的。同盟会的机关报《民报》和改良派的《新民丛报》是双方斗争的主要阵地，两派在新加波、檀香山、旧金山、香港等地的报纸全部都投入了这场论战。论战涉及的范围广泛，更是拓展到民主革命的对象、任务、方法、前途等相关重大问题，总的说起来，主要是围绕“三民主义”进行的，也就是要不要“反满”和通过暴力推翻清王朝的统治，其政治革命的目标究竟是君主立宪还是民主共和，尤其是封建土地制度是否需要改革等三大问题。其中要不要“反满”和通过武力推翻清王朝，是这次全部论战的中心。为了讨论“反满”和暴力革命的必要，革命派通过“非我族类，其心必异”的传统思想，多次宣传满族非中国臣民；满族掌控中原，中国实际上早已消亡；满族入关后对汉民族实行残酷统治，二百六十年如一日；满族以少数“劣等”民族统治汉族“优等”民族之上，无论历史还是现实，都完全不合理。这些论点明显的具有浓厚的封建种族主义色彩，很具有煽动性，只是经不起理论推敲。不过，革命派随即表示“反满”并不是要杀尽满人，只不过是反对满清王朝，“颠覆现今之恶劣政府”。如果不推翻反动、卖国的满清王朝，中国就无法前进。

民族存亡关头，革命派将“反满”和暴力革命密切联系起来，从而把握了人民要革命的时代脉搏，实现了对时代潮流的导引。改良派驳斥说，满族曾经就是中国臣民；清朝推翻明朝，只是政权的变更，并未亡国；满族入关后实际上和汉族同化；“反满”和政治变革并不存在因果联系，反对变革的不尽是满人；故而，主张政治变革为目标，并不是以“反满”为目标；暴力革命是残杀生命的残酷行动，并势必导致内乱和帝国主义瓜分加剧，最后造成亡国。所以，提倡“反满”和暴力革命的，“故而以故杀祖国之罪科之”。改良派的民族理论也不能说不对，但他们竭力否认清朝政府的种种罪行，与当时斗争的残酷现实背离，伤害了亿万群众的感情和利益，必然遭到进步人士的唾弃。

革命派还明确宣布，推翻清王朝后仍然以民主的原则看待满人，“侪之于平民”，坚决不能歧视。至于改良派提出的革命将导致内乱、招致外国干涉和瓜分的出现，革命派也做出了明确的回答。革命派强调民主革命区别与以往的农民战争，这是有理论、有组织的运动，还会速战速决，“无恐怖时代之惨状”。他们自信能够稳定住局势，保证革命有秩序地进行，不会发生内乱。没有了内乱，外国也就不会干涉。至于瓜分，根本的原因在于清政府的腐败和卖国，因此推翻清朝的革命才是避免中国被列强瓜分的唯一途径。这一切，都将有助于消除人们对革命的疑虑，坚定对革命的信念。而政治改革的目标包括君主立宪以及民主共和，是这次论战的另一重点。改良派通常主张政治改革都是循序渐进的，君主专制、君主立宪、民主共和是不可或缺的三个阶段，不能“躐等”。梁启超表示，必须是有自治能力的国民才能拥有民主共和，但是国民的自治能力又须经过长期的训练，像中国这样“数百年被专制政体压迫的人民”，“既缺乏自治之习惯”，“又不了解团体之公益”，如突然施以民主共和，肯定险象环生，“民无宁岁”，而最后仍被专制替代。他呼吁：“实现共和，不如推行君主立宪；与其君主立宪，又不如开明专制。”

他们认为在当时的背景下，唯一可实施的策略是“劝告”清政府推行“开明专制”，要么“要求”清政府实现“君主立宪”。可以说改良派机械地把“君主立宪”当做民主政治的必经阶段是没有根据的，但他们要求实行民主政治必须有相应的“生计”，那么“政治、道德、学术”水平才会含有合理的内容，不能简单地批驳为“无耻谰言”。革命派通过“取法乎上”批驳改良派的“循序渐进”，指出自由、平等是人的本性，一旦禁锢消失，就会沛然而出。例如流水，即使受到千年专制而“伏行于地”，可是“一旦有决之者，就会滔滔然出关”。正如同有着几千年历史的中华民族，怎么会没有实行民主共和的能力。事实上国民的政治程度即使再低，也比“不辨菽麦”的皇帝及“蝇营狗苟”的大臣要好得多，“固已优之万万”，所以政治改革不只是期望政府，而应“专望之国民”。他们指出，通过革命实践，人民的政治程度有可能迅速提高，故而在推翻清朝统治之后，一定可以建立世界上最完善的“共和政体”。革命派没必要理会改良派关于“民智未开”不利于民主建政的警告，迫切地寄希望于革命，寄希望于民主，表现了民主主义者既有坚定立场，又有机智多于剖析、信念多于理念，亦不缺乏民主建政的具体规划和实施方案。

封建土地制度是否需要改革的问题，争论没有详细分析。孙中山的“平均地权”与《民报》提出的“土地国有”，从根本不一样。在这个论断上，革命派内部的呼声并不相同，且语焉不详。梁启超利用“耳食之言”，驳斥革命派主张“土地国有”是通过国家进行盗窃，“夺富人之财产以均诸平民”，凭借这些博得下层群众同情。他举出众多“理由”，指出“土地国有”打破了私有制的“自然法则”，“将妨害”社会生产力的实现并且“阻碍”社会文明的进步。革命派辩驳说，土地属于自然资源，必须由全民所共享；少数地主阶级垄断土地，不只陷亿万贫民于苦难而不得解救，还是工商业发展的一大障碍。要想实现国家的繁荣昌盛，就要废除封建土地制度，提出“平均地权”或“土地国有”，从而促进社会生产力的发展，加速整个社会的进步。

革命派和改良派在论战中产生了本质上的分歧，但同样有一些共通之处：两派都与帝国主义的侵略进行抗争，却又都替侵略者开脱罪责，同样认为“人必自侮而后人侮之”，“自有可亡之道，岂能怨人之亡我哉！”两派都没能够正面提出反对帝国主义的呼声，反而寄希望于帝国主义的支持和援助。两派即使都反对封建专制制度，主张建立民主政体，可同样的都对反封建的艰巨性缺乏深刻认识，改良派只想建立“国会”，革命派只是多了“民选总统”，都只是把这些当做民主建政的全部。

论战说明一个问题，就是革命派和改良派代表着共同的阶级——资产阶级的利益，他们代表的只是这个阶级在政治方面的两翼：左翼的革命派只想通过革命阵营为资本主义的发展开辟道路；右翼的改良派则渴望不冒革命风险而可以拥有较好的境遇。两派的分裂与对立，正是中国资产阶级尚处于幼年时期的表现。尽管革命派本身具有着许多严重的弱点，但他们以英勇的革命精神，坚信通过暴力推翻清王朝，意图建立资产阶级共和国。这个号召，得到了当时进步人士的普遍支持。《民报》风行海内外，多次重印，依旧供不应求。继《民报》之后，涌现出新的一批革命刊物，如《复报》、《云南》、《鹃声》、《汉帜》、《河南》、《四川》等随后创刊，和《民报》相呼应。国内众多城市像上海、武汉、天津、广州等地，都有革命党人出版的报纸出版。同时，众多秘密的和公开刊发的革命书籍在人民群众中迅速流传。革命派已经以显著的优势控制了思想阵地。革命运动于是不可阻挡地迅猛发展开来。

**蓬勃发展的反帝爱国运动**

自 1903 年起，资产阶级及其知识分子发动的革命运动，是社会政治活动具有重要意义的事件。它揭示了这个时期中国社会阶级关系的变化与阶级斗争的新形势。1903 年的拒俄运动是革命运动的第一声。这一年，占领东北的沙俄军队拒绝按期撤退，甚至提出七项无理要求，全国人民感到异常愤慨。上海爱国人士召开集会，抗议沙俄的侵略行径，并致电清政府外务部说明：俄国的七项要求，“我全国人民万难承认”。亦通电各国外交当局说：“即使政府接受，我全国国民坚决不承认，若是从此民心激变，遍国之中，无论何地，再见仇洋之事，全是因为俄国所致。”北京、武昌等地学生部集会抗议，罢课示威。留日学生尤为愤慨，召开了大约 500 人参加的抗俄大会，通过建立“拒俄义勇队”（后定名为“学生军”），高喊宁死“不为亡国人”的口号，坚持操演不懈，并派代表回国宣传，提议出兵抗俄，学生军愿作先锋，强烈要求“为火炮之引线，坚持国民铁血之气节”，奔赴前敌，与沙俄发动血战。在《学生军缘起》中，他们愤慨地指出：东北三省的沦陷，关系到祖国前途和民族命运，亦不可能等闲视之；高呼“头可断，血可流，躯壳可丢，这一点爱国心，就算千尊炮、万枝枪之子弹炸将其粉碎，绝不可以灭”，“宁做亡国鬼，不为亡国奴”。清朝驻日公使蔡钧联合日本政府强制解散“拒俄义勇队”，运动失败。

在1905年发动的抵制美货运动，是人民大众为抗议美帝国主义压迫华工、迫害华侨、拒绝废除期满的限制华工条约自发发动的一次规模巨大的群众运动。这是因为鸦片战争后的数十年间，美国资产阶级为满足其本国的西部的开发，从中国陆续诱拐了大量华工。这些华工，肩负开矿、垦荒、建造铁路等最劳累的工作，加速了美国西部的繁荣。19世纪70年代后，由于美国不断出现周期性的经济危机，工人运动也蓬勃兴起，美国资产阶级意图转移群众斗争焦点，故意煽动排华。1894年，美国强迫清政府签订“限制来美华工”的条约，对赴美华工制定种种苛刻的条约。虐待华工、迫害华侨的罪行的现象，愈演愈烈。

1904年，在条约期满情形下，海外华侨和国内人民强烈要求废除此条约。清政府迫于理论压力，为修改条约和美国政府协商，由于美国蛮不讲理，一意孤行，遭到中国人民激烈的反对。檀香山《新中国报》呼吁不用美货以谋抵制压迫。上海《时报》发布“事关全国之荣辱，人人有切肤之痛，联合群策群力策划抵制”的“公启”。

1905年5月10日，上海商务总会举行专门会议，会长曾铸主张“以两月为期，若美国不允将苛例删改而强我续约，那么我华人当合全国誓不购买美货以为抵制”，赢得全体一致赞同。随即通电清政府拒签续约，同时电告汉口、天津、广州、香港等21处商务局，传知各商都将不再使用美货。轰轰烈烈的抵制美货运动，迅速在全国范围内开展起来。自7月下旬起，运动达到了高潮。7月20日，上海商务总会由于多次和美国驻沪领事商谈改约而没有结果，于是开会决议采取行动。众多行业的代表当场签字不购美货，各省会馆、各业公所、各学堂、各工厂、妇女界、戏剧界，纷纷开会支持。各行各业各阶层人民都参加了运动。全国各地数十个主要城市先后积极响应。运动不仅获得了海外侨胞和留学生的大力声援，还有各种社会团体发布演说，制订措施，互相鼓励，积极活动，也因此成立了拒约会、争约处、拒约公所、抵制美约社等爱国团体。与此同时做出共同约定，商号不定、不卖美货，人们不买、不用美货，码头工人不装美货、不卸美货。甚至在美国人办的学堂，学生集体退学；美国人办的企业，职工全部离职。广州食品业工人不吃美国面粉，决定若是店东强卖美国面粉，就会罢工抵制。新加坡华侨坚决不搭乘美国人公司的电车。

中国人民同仇敌忾的努力，显示出群众爱国运动的巨大威力。这次抵制美货运动是民族资产阶级推行的。运动的直接目的就是“不可仰鼻息于政府，惟我民以自力抵制之”。《广东日报》发表了“勿依赖政府而专恃民气”的主张。《时报》刊文态度坚决的评论说：“今日之事，万万不能容忍，也同样刻不容缓。我同胞其结通过团体，持以毅力，不必依政府，不必惧外人，不要被威所劫，勿为害所动”；“不用美货，专在商民，务使与政府没有一丝牵挂”。《时报》还刊文评论，开展抵制美货运动有五层好处：一、“可以为我民鼓气”；二、“可以团结全民之力”；三、“可以复我国商业”：四、“因此广开会议，联络全国，可成为为将来自治自立的基础”；五、“可仿造美货以图畅销，收回已失之利权”。这些言论体现出，民族资产阶级出现了新的觉醒，正在加紧努力为我国政治、经济的发展指明道路。

抵制美货运动爆发以后，美国总统西塞罗·罗斯福在太平洋彼岸发言恐吓；驻华公使柔克义奔波于京沪等地，恫吓清政府出面压制；驻沪领事极力活动，企图干涉破坏；一些美国传教士也大放厥词，造谣声事。鉴于美帝国主义的压力，清政府在 8 月 21 日发布谕旨，说禁用美货“有碍邦交”，要求各省督抚“从严查究，以弭隐患”，并两次电告两江总督周馥严办曾铸等人。直隶总督袁世凯首先镇压了天津的抵制美货运动。然后福建、广东等省的爱国运动也相继遭到了禁止。曾铸面对强大压力，发表《留别天下同胞书》，表示不再干预运动。但广大群众仍旧抗争，“坚持不用美货四字，坚持到底”。群众运动的威力迫使美国和清朝统治者没敢签订限制华工的续约，斗争直到 1906 年才逐渐平息。

受 1905 年抵制美货运动影响，1907 年，江浙两省人民在收回沪杭甬铁路利权的运动中，发动抵制英货运动。1908 年，山东发生抵制德货斗争；广东、广西等省都掀起了抵制日货运动。抵制日货运动在上海商民和南洋各埠华侨的大力支持下，坚持了半年多的时间，给予日本帝国主义沉重的打击。

从 1903 年起，各省人民掀起抗击帝国主义控制我国铁路、矿山的收回利权保路运动，逐渐在全国爆发起来。经过激烈的抗争，终于逐步收回了黑龙江、山西、奉天、山东、安徽、四川、云南、湖北等省被帝国主义霸占的部分矿区，获得了一定的胜利。收回铁路利权的斗争格外激烈。粤汉、川汉铁路与苏杭甬铁路是当时争夺的焦点。1898 年由盛宣怀转手出卖给美国华美合兴公司的，经勘测后于 1900 年签订续约，规定借款总额为 4000 万美元。这些都只能由美国人承筑，也不可转让给他国。只是最终，华美合兴公司股票在市场上被别国商人买去了三分之二。湖北、湖南、广东三省人民得知这个消息，纷纷斥责美国违约的事实，坚决要求废除原订合同。留日学生联合了鄂、湘、粤三省铁路联合会，力争收回自办。直到 1905 年，才得以用 675 万美元赎回早已筑成的广州——三水段，废除原来签订合同。粤汉铁路的赎回，首次决定“赎路自办”，并且对其他各省人民收回铁路利权的斗争起到积极推动作用。京汉、津镇、道清、沪杭甬等路即将通过各省份的爱国人士都主张了收回路权、提出“商办”的要求。广东潮汕、湖南、江西等商办铁路公司相继建成，都以维护铁路利权为宗旨。

1905 年，江苏人民赎回沪宁铁路的斗争未能成功。浙江绅商组建商办铁路公司，奏准招股兴筑全浙铁路，首先兴建苏杭段。到 1906 年，江苏绅商也建立商办铁路公司，与浙路公司相照应。浙路的杭州至嘉兴段与苏路的上海至嘉兴段首先开工。英国以 1898 年曾签订借款代筑苏杭雨铁路草约为借口，威胁清政府改订正约，并勒令苏、浙停工。在 1907 年 10 月，清政府发布一道“借款修筑”苏杭甬铁路“以昭大信而全邦交”谕旨，决定将路权奉送给英国，只允许两省绅商搭股。这道谕旨马上激起了两省人民的强烈愤慨，把收回路权的斗争推向了高潮。两省绅商、两路公司、上海等处商会、学会等纷纷向清廷致电，抗议清廷卖路。上海报纸纷纷发表评论，痛斥清政府“宁令国人死，毋触外人怒”的卑虐行为。广大群众积极集会抗议，争先认股，“众情胥愤，力谋抵制，商贾于是议停贸易，佣役则相约辞工，杭城铺户也商议着停缴捐款以示抗议”。1908 年 3 月，清政府同英国拟定了一个变相卖路的办法，首先由清政府邮传部出面向英国贷款，然后将资金转借给两路公司，在借款期内聘用英人为总工程师。但两路公司协商不用“部拨存款”，不同英籍总工程师合作，继续进行抵制。直到 1909 年夏，两路公司又提议清政府提出废约、退款并撤回英国总工程师的要求。斗争延续到 1911 年春，清政府和英国作出妥协协议，将苏杭甬铁路借款转借给开封徐州铁路，风潮才稍稍停歇。

苏杭甬铁路风波还没彻底停息，粤汉、川汉铁路风潮暴起。粤汉路权在1905年早已收回，并由湖北、湖南、广东三省绅商分段自己集股兴办。1908年，清政府突然委派张之洞担任粤汉铁路督办大臣并管理湖北境内的川汉铁路。1909年，张之洞和英、法、德三国银行团（后加上美国为四国银行团）协议湖广铁路借款。湖南绅商民众最早发动“拒债”、“集股”狂潮的保路运动。留日学生发表《湘路警钟》（后改名《湘路危言》），呼吁抵制。湖南咨议局初选议员800余人电汇清政府：“铁路借款，湘人决不承认。”绅商们还策划了湘省集股会，采取抽股、认股等办法，集资准备修筑株洲—长沙段。湖北绅民直接行动起来，留日学生千余人集会抵制，派张伯烈等回国内抗争，并由绅商学界联合组成湖北铁路协会，有计划地开展“拒债”、“集股”运动。铁路协会派出代表张伯烈等人入京抗议，直接在邮传部绝食七昼夜，消息令湖北各界人士异常愤慨，策划采取进一步的行动。清政府玩弄手段，于1909年年末到1910年年初逐步准许湖南境内粤汉铁路和湖北境内粤汉、川汉铁路商办，只不过实际上并没有废除向各国银行团借款的条约。湖广铁路风潮在1911年最终成为爆发革命的导火线。

拒俄运动、抵制外货运动、收回利权运动等，凸显了广大人民强烈的爱国热情，也体现了民族资产阶级及其知识分子的爱国积极性。令人遗憾的是“爱国有罪”，运动均遭到清朝统治者的迫害和镇压，一部分人通过爱国运动的实践，明白要救亡必先推翻清朝统治的结论。以资产阶级为首的民主革命运动迅速爆发起来。

**同盟会领导的武装起义及其他革命活动**

同盟会成立后，以孙中山为代表的资产阶级革命派，热情地进行各项革命活动。他们在创办《民报》及其他报刊发表评论，大造革命舆论，驳斥改良思想的同时，又派人回国，建立革命组织，联络会党和新军，共同发动武装起义。直到1906年秋冬间，孙中山、黄兴连同出狱后从上海到东京就职《民报》主编的章炳麟等商定了《中国同盟会革命方略》，详细制定了起义的方针、政策及有关事宜，尤其拟定了准备起义后颁布的《军政府宣言》，首次言简意赅的颁布了革命宗旨即“四纲”（驱除鞑虏，恢复中华，建立民国，平均地权）以及实施程序即“三序”（军法之治，约法之治，宪法之治），被推崇为各地革命党人规范性的经典性文献。随后，孙中山即辗转南洋，详细筹划在华南组织起义。

1906 年 12 月，湖南、江西交界的浏阳、醴陵、萍乡地区第一次爆发了号称“革命军”的大范围会党起义。萍浏醴地区向来会党众多，且同自立军、华兴会有过密切的交往。1906 年夏，黄兴委派刘道一、蔡绍南等回湘整顿会党。蔡绍南，萍乡人，回乡后到处“推崇革命”，得到会党首领龚春台（谢再兴）等大力支持。当年，湖南遭遇大水，“禾谷不登，一粒如珠”，灾民衣食无着，人心不稳，萍、浏、醴一带到处是“杀鞑子”、“劫富济贫”的号召。龚春台等于是密谋起义，组织洪江会，设总机关于麻石，势力迅速扩散到萍乡、宜春、万载、浏阳、醴陵各县，并策划在农历十二月底清朝官府封印后起义。风声泄露，清吏经常派人突击搜捕，会党头目李金奇、萧克昌等全部被捕杀，总机关也被抄封。在形势十分危机的情况下，龚春台率领会众二三千人于 1906 年 12 月 3 日在麻石揭竿而起。十天之内，各处会党首领相继举兵，拥有会众 2000 余人的姜守旦同时在浏阳响应。起义群众由煤矿工人、贫苦农民和防营士兵等组成，总数在 3 万人以上。

这次起义显著地扩大了革命思想的影响。起义军竖白旗，旗书“革命军”及“洪福齐天”口号，头带白布，“所过地方，只缴获军械、令供粮食白布，凡有被抢劫焚杀者的，都是针对警察保甲绅士人家为多，到处出有伪示安民，收买人心”。对外号称都以“钦命替天行道督办革命军”名义，内容则只包括“体天伐罪吊民”、“江山统一归汉”等，没有脱离会党传统的“劫富济贫”、“灭满兴汉”的政治觉悟。在组织上同样还没克服旧式会党起义的不足，仓卒发难，各地蜂起，号令不一，事前缺乏完整的计划，起事后又没有即刻出击的战斗方案，清政府紧急抽调湖南、湖北、江西、江苏等省军队 5 万多人进行围剿。起义军单单从地方“团防局夺来的二三千支枪，与清军奋战多日，交战 20 余次”，充分体现了英勇顽强的战斗毅力，最终仍是以寡不敌众而失败。龚春台、蔡绍南、姜守旦等逃亡，数千群众被杀。

萍浏醴起义令革命党人精神振奋。东京的同盟会员“无不激昂慷慨，怒发冲冠，亟思飞渡内地，恨不能亲身到敌前，与虏拼命，每日前往机关部请命投军者非常之多”。甚至有人假借龚春台名义写下“中华国民军南军革命先锋队”檄文，刊登《革命军报》，以扩大声势。清政府却在长江中下游大兴党狱。湖北日知会首领被捕后，还诬陷湖北会党首领刘家运，使其遭严刑拷打，死于狱中。湖南同盟会分会领导人禹之谟早在8月间被捕，判处永远监禁，萍浏醴起义后遭杀害。先后由同盟会指派前往国内的刘道一、孙毓筠、杨卓林、胡瑛、宁调元、权道涵、段濡等随后在湖南、湖北、江苏被捕，其中刘道一、杨卓林等遭杀害。长江中、下游的革命活动受到前所未有的严重挫折，黄兴也因此转向协同孙中山经营华南。

从1907年5月到1908年4月，由孙中山直接领导，在华南沿海和沿边地区连续爆发了同盟会的六次武装起义，分别是1907年5月的饶平黄冈起义，6月的惠州七女湖起义，9月的防城起义，12月的镇南关起义，1908年3月的钦州马笃山起义和4月的云南河口起义。

孙中山的战略目的是：在华南沿海和沿边城市起义，占领两广为根据地，然后出兵北上，长江南北革命党人纷纷响应，从而直接进军北京，推翻清朝。只是，历次起义都没成功。失败的根本原因在于革命党人没有依靠群众、发动群众坚持长期艰苦战斗的决心。他们之所以看中在华南沿海和沿边地区起义，主要是为了有利于从海外寻求援助饷械。起义后，时常因为饷械接济困难，在清军的镇压下，被迫解散队伍而失败。历数次次起义人数最多的也没超过1000多人，其中多次都是仅仅几百人的冒险突击。例如，1908年3月黄兴率领200多人占领钦州马笃山发动起义，随后在广东、广西边境的几十个村镇奋战40多天，大小数十仗，先后打退1万多清军，声威大振，只是由于未能依靠群众和发动群众，孤军作战，弹困粮绝，战士疲劳，最后失败。防城起义实际上具有很好的群众基础，只是革命党人并未重视在群众中扎根。

1907—1908年间，光复会在浙江、安徽两地就发动了两次起义。同盟会确立后，光复会的一小部分人领导人如徐锡麟因内部意见分歧，没有参加同盟会，继续独立以光复会名义进行革命活动。浙江绍兴大通学堂被作为光复会的据点。徐锡麟等组织金华、处州、绍兴等地会党头目统一练习兵操，借以蓄积革命力量，准备起事。徐锡麟为深入清政府内部更有利于发动革命，纳粟捐官，作为道员分派到安徽作候补，担任巡警学堂及巡警的会办。绍兴大通学堂由秋瑾为负责人。秋瑾于1904年底在上海加入光复会，第二年在东京又加入同盟会，被选举为浙江分会负责人。她承办大通学堂后，积极组织平阳、武义等地会党首领，接纳浙江新军官佐及军事学堂师生朱瑞等加入光复会。经过秘密协商，秋瑾和徐锡麟决定在浙江、安徽同时爆发起义，遥相呼应。只是部署未定，嵊县会党先期发难失败，武义、金华、兰溪、汤溪、浦江各县会党武装也全部遭到镇压。

徐锡麟仓促行动，在 1907 年 7 月 6 日趁着安徽巡抚恩铭前往巡警学堂参加毕业典礼的机会，刺杀恩铭，随后率领学生等进攻安庆军械所，失败被捕，慷慨就义。绍兴大通学堂也因此遭受牵连，秋瑾被捕，就义于绍兴轩亭口。早在 1905 年，安徽革命知识分子柏文蔚等建立了名为“岳王会”的革命团体。岳王会将军事学堂学生及新军官佐作为主要吸纳对象，为光复会的外围组织积蓄力量。于 1908 年 11 月 22 日，作为岳王会的军事骨干、由安徽新军炮营队官（连长）熊成基率领马、炮营新军千余人起义，围攻安庆一天一夜未能获胜，本欲向集贤关撤退，仓促改变战略，想要取道桐城，占领庐州为根据地。清军追击，部众被迫解散，到庐州时人数早已不满百人，势不能支，熊成基逃亡，起义失败。后来，熊成基在东北被捕英勇就义。同一期间，四川革命党人组织会党在江安、泸州、成都、叙府相继发动起义，由于缺乏集中统一的指挥而全部宣告失败。

除熊成基安庆起义外，历次起义实际上是依靠会党发动的。会党的主要力量是游民无产者，也就是破产的农民和失业的手工业工人。他们与广大农民有着千丝万缕的联系。组织会党，客观上可以看做是资产阶级革命派发动农民的某种特殊形式，但这并不代表着革命派与农民阶级已经建立了革命的联盟。革命党人由于拥有会党的支持，觉得自己有所凭借，大大提升了革命的决心和信心。但是，革命党人组织会党的工作存在着严重的不足：通常只是联络会党首领发动起义，不注重对会党群众进行民主革命的教育；虽然重视利用会党勇于斗争的意志，但不能克服会党纪律松弛的现象。革命党人尚未有能力改造会党，在历次起义失败后，却产生了推卸责任埋怨会党的情绪，认为“会党容易发动，却难成功，即成而嚣悍难制，不成则徒滋骚扰”。故而，他们把发动重点逐渐转移到新军方面。虽然新军同农民的联系不同于会党，但相对集中，比较有组织性。由于新式教练的特殊需求，新军的中下级军官和士兵中同样需要一些知识分子，这就为革命党人打入军队宣传活动提供了便利条件。当时，清政府编练新军主要是学习日本，前往日本留学的人很多，仅仅同盟会建立后的两三年内，前往日本陆军士官学校学习的就已经达到300多人，其中约1/3加入同盟会，就像阎锡山还加入黄兴创立的机密团体“丈夫团”。甚至，国内各省的陆军中、小学堂的学生也有很多加入同盟会或其他革命团体的。这些军事学堂的毕业生，被分派到各省新军担任中下级军官，还有一些革命知识分子到营当兵，因此在新军中广泛地埋下了革命的种子。同盟会东京总部曾号召各省分会，“希望国内同志越多的参与由清朝新军发起的初级军官运动”，并将其吸收入会。

1907年，广东陆军中、小学生加入同盟会的比例就占学生总人数的30%以上；至1910年，步兵一标（团）和炮兵一营士兵加入同盟会的人数几乎达到总数的80%。其他各省新军中的革命势力也逐渐迅速发展。1910年的广州起义就是由新军发动的。追随孙中山的资产阶级革命派遭受1907—1908年多次起义的失败，依旧坚持武装斗争。1909年秋，黄兴等在香港组建领导机关，谋划在广州发动起义，委派赵声、朱执信、倪映典等在广东新军中吸纳革命力量。到了年底，各项工作逐渐准备完毕，预定于次年2月24日（元宵节）前后起义。不幸消息泄露，广州地方官吏加强了戒备，并命令收缴新军士兵手中的枪枝弹药。革命党人只能提前发动，倪映典等于1910年2月12日带领新军千余人在广州城郊起义。清军出城镇压，倪映典中弹牺牲，起义军伤亡惨重，最后因子弹缺乏（每人不过七颗）而失败。由于广州新军起义失败后，导致同盟会的某些领导人出现了悲观消极的情绪。“举目前途，众有忧色。询问其将来计划，莫不唏嘘太息，相视无言”。一部分革命党人没有了信心，连黄兴也准备去进行暗杀活动。本来，革命党人一直把暗杀作为革命的辅助手段，并认为当面对残暴的强敌时，暗杀同样可以唤醒沉睡的人民，作为革命的导火线，并且还简便易行。因此，从兴中会到同盟会，共组织过了七八个暗杀团，实行过50起以上的暗杀活动。有的作为起义的导火索或配合、响应起义的行动，有的为了消灭叛徒、奸细，有的针对粉碎敌人的阴谋、清除革命的障碍和唤醒人民。因暗杀活动而就义的史坚如、吴樾等，他们英勇无畏的精神赢得了人们的尊敬。

1910年，汪精卫入京计划刺杀摄政王载沣，则是失败之余为了泄愤。孙中山原则上同样接受暗杀手段，但反对像黄兴、汪精卫这样的重要领导阶层放弃武装起义而搞暗杀。广州起义失败后，他由美洲辗转马来半岛的槟榔屿，联合黄兴、赵声等举行会议，鼓励他们不要因失败而气馁，必须再接再厉，继续坚持革命斗争。他提出："吾曩之失败，几乎被世人所弃，与今日相比，其困难实百倍。今日吾辈虽穷，但是革命的风潮越来越盛，华侨之思想已开，从今以后，只虑吾人之无计划、无勇气耳！"孙中山对革命积极乐观的精神，使大多数革命党人深受鼓舞。会议协商了在广州继续发动起义的计划，由孙中山负责在海外寻求援助，赵声、黄兴等革命党人先后回到香港，建立统筹部，成立起义的领导机关，并委派人分别前往长江中下游各省组织，策动响应。许多革命党人前往广州，设立秘密团体达数十处。他们吸取从前只设立一处机关一旦遭受破坏就会牵累全局的沉痛教训，采取各秘密机关互相保密，直接与统筹部联络人进行单线联系。经过一段时间的活动，对广州新军、防营、民军、警察中的发动工作渐趋成熟。1911 年 4 月 8 日，于香港统筹部召开会议，规划了起义的周密计划，打算分十路进攻广州，从香港派遣"选锋"800 人至广州汇合，于 13 日（农历三月十五日）正式起义。在 8 日这一天，革命志士温生才在广州咨议局门前打死广州将军孚琦，结果被捕牺牲。广州地方当局惊恐万分，采取了紧密防范的措施。革命党人方面因饷械都没及时运到，起义被迫推迟。不久，统筹部得知广州的一部分新军将于 5 月初退伍的消息，觉得起义不宜再延。4 月 23 日，黄兴抵达广州，主持起义的领导工作。

由于清方搜捕极严，广州城内风声很紧，部分秘密团体已遭破坏，黄兴在准备还未就绪、联系不够周密的情况下，临时策划在 27 日（农历三月二十九日）晚举事，进攻计划变更为由原来的十路减少到四路。时间一到，他亲自率领革命志士 200 人进攻总督衙门，由于其余三路均未能按时响应。他原来计划活捉两广总督张鸣岐，再利用总督名义号召两广清军反动，但进攻总督衙门后，张鸣岐已经潜逃，策划落空，没有下一步战斗的目标。起义者在纵火焚烧总督衙门后，黄兴把队伍分为三路，分别前往起事前已经联系的新军、防营和民军，途中遇到清军的阻截，双方进行了激烈的巷战，革命志士多人丧生，起义遭到惨痛的失败。黄兴、朱执信等负伤逃亡香港。事后，牺牲的革命烈士遗骸共 72 具合葬于广州红花岗（后改称黄花岗）。因此，这次起义被命名为"黄花岗起义"。

黄花岗起义的失败，使同盟会牺牲了许多优秀干部，领导力量被削弱。但这次起义也是对清朝统治一次沉重的打击，烈士们英勇奋战、视死如归的精神，更加振奋了全国人民的斗争意志，激励着人们踏着他们的血迹奋勇前进。孙中山后来评价这次起义说："是役也，集各省革命党的精英，与彼虏进行最后之一战。事虽不成，而黄花岗七十二烈士轰轰烈烈慷慨就义早已震动全球，然而国内革命的局势早以形成。"同盟会领导和号召下的连续不断的武装起义，极为振奋人心，加速了全国革命形势的发展。但历次起义的失败，使同盟会的力量受到了损伤，革命党人内部的分歧和涣散程度明显地加剧了。

民主革命运动逐步发展的同时，广大人民群众抗击清朝暴政的自发运动也日益高涨。20 世纪早期的中国，民族灾难深重，农村经济落后，整个社会动荡不安。广大工农群众自发的反抗斗争此伏彼起，连绵不断。1902 年，因摊派赔款繁重，导致"抗捐滋事之案，层见叠出"。在激烈的抗捐风潮的基础上，直隶广宗等地农民掀起"扫清灭洋"的风潮，四川巴县一带会党以"灭洋剿清兴汉"为口号，湖南邵阳人民则呼吁"大汉灭洋军"，发动武装起义。广宗群众推选景廷宾为代表，联合钜鹿、南宫、威县一带农民，抵抗"洋差"，抗赔款，攻教堂，反清军，其影响波及河南、山东、北京。在 19 世纪末年就爆发了广西陆川、武鸣会党起义，直到 1902 年，广大农民相继响应，斗争态势迅速拓展到广西南部和西部的十余州县。随后，起义地区增多，那么势力越强，烽火燃遍全省，广西巡抚喊出了"几于无人不匪，防剿俱穷"的口号。这次会党起义，有汉、壮、苗、瑶等各族人民共同发起，曾波及广东、湖南、贵州、云南四省。清政府为此用兵数十万，到 1905 年虽然将起义镇压下去，但一直没能将斗争火焰完全扑灭。会党首领王和顺等之后加入了同盟会。

与抗捐抗税的斗争随之而掀起的抢米风潮，清晰地反映了农村经济的衰败和广大农民的苦难。1906 年，江苏受灾严重，地主、商人却昧着良心囤积居奇，米价暴涨，灾民奋起反抗，掀起了风风火火的抢米风潮。靖江、山阳、扬州、泰州、镇江、清江、苏州等处先后会集数千人，拦抢米船、摧毁米行、钱庄、当铺、衙署；徐州府范围内的丰、沛、砀山等县农民群起抗租，地方官吏出面干涉，激成暴动。浙江省仙居县农民哄抢绅富米谷，泗安镇农民拦截奸商运米出境，杭州也发生了抢米风潮。安徽省徽州府各属农民汇集成群，集体抢粮。湖南省衡、范围内的灾民"结队求食"。在湖北省兴国、武昌、通山，河南省汝州、关林、新野、西平，江西省吉安、瑞昌，奉天省营口、辽河东岸、凤凰厅、安东等多地，都发生了农民暴动，有的抗捐，有的抗粮，有的占领县城，毁署劫狱，有的捣毁厘捐局卡，甚至有人竖旗举事，鸣锣出队，抗击官军的镇压。内蒙古伊克昭盟同郭尔罗斯前旗也相继爆发了蒙古族人民抗议无止境的“放垦”和加重各族人民负担的抗议运动。广西壮、汉各族人民在柳州、南宁等地占领牢狱，放出囚犯，劫走饷银，爆发了武装起义。

在1911年7—8月间，大雨频发，江河暴涨，长江两岸自宜昌下游，一片汪洋，几成泽国。湖南饥民将近数十万之多，每日饿死者不低于千余人。故而安化、溆浦、新化、浏阳群众“相约执戈蜂起”，衡州、永州、宝庆三府农民攻击官运局，岳州、南州、华容等地“抢米谷者不知凡几”，桂阳、郴州、永顺、靖州、辰州全都纷纷禀报“匪徒”滋事。两湖地区爆发了如火如荼的革命运动。亿万农民早已不能照旧生存下去了，遍及全国的农民抗暴斗争的持续高涨，震撼着清朝统治的基础，预示清王朝的末日很快就要到来。

反洋教斗争依旧不断发生。《辛丑条约》订立后，外国传教士仍然横行霸道，气焰嚣张，故而在浙江、湖北、江西、四川、河南、广东、福建、安徽、直隶、山东、山西、云南、西康等省都爆发了广大人民的激烈反抗运动。只是据《东方杂志》的记载，从1904到1908年间，爆发“闹教”的地方就有35处。实际上在20世纪早期发生反洋教斗争的州县在六七十以上。1903年浙江桐庐濮爆发的“仇教起事”，1905年湖北宜昌、沙市间居民自设“灭洋”义勇队，1906年安徽霍山张正金、河南遂平苗金声参与的“毁堂杀教”、“戕官劫狱”和江西的“南昌教案”，都是较为代表性的事例。庐濮振声“仇教起事”，于1905年湖北宜昌、沙市间居民自创“灭洋”义勇队，1906年安徽霍山张正金、河南遂平苗金声为首的“毁堂杀教”、“戕官劫狱”和江西的“南昌教案”，都是尤其著名的事例。

由于帝国主义在华的投资越来越多，从而民族资本主义工业蓬勃发展，中国工人阶级的队伍迅速扩大。在帝国主义、本国封建主义和资本主义的三座大山压迫下，工人阶级持续发动反抗。例如，在1904年四川成都兵工厂600名职工爆发罢工运动，发对工头任意克扣工资；1905年盛宣怀私自上海华新纱厂卖给日本资本家，“该厂自归日本人管理后，工人非常不满意”。4月，日方预计裁减工人数量，激成暴动；同时，上海集成纱厂工人因抗击工头的压迫和剥削，4600余人爆发罢工运动，捣毁厂内部分设备，并反抗外国巡浦的镇压；5月，萍乡安源煤矿外国工程师私自扣发工人工资，激起罢工。工人们捣毁洋房，反抗监工，并计划夺取军械，迫使该厂的帝国主义分子星夜乘火车躲避到湖南醴陵。后来，矿方无奈同意照发工资，罢工才渐次平息。此后，各地罢工斗争蓬勃发展，罢工次数逐渐增多，罢工规模日益扩大。其中较著名的有：1906年，上海虹口瑞纶丝厂外籍经理私自扣发工人工资，全厂女工1000人发动罢工，最终迫使厂方照付工资。1907年，山东坊子煤矿矿坑出事，110名工人遇难，引起了广大工人的愤怒，罢工持续了数十天。1911年8月，在上海闸北协和、晋昌、长纶、锦华等多家丝厂扣发工人工资，甚至延长工人劳动时间，四家工厂女工2000余人爆发罢工运动以示抗议。20世纪早期的中国工人阶级，尚未形成为独立的政治力量，但在迅速成长过程中，早已同农民阶级一起成为中国革命的重要力量。工人阶级的罢工运动，把广大群众的反抗怒潮扩大到了城市，更加直接地摧毁中外反动势力的中心，进一步促进了革命形势的发展。

**“国会请愿运动”和保路风潮**

自清政府同意“预备立宪”开始，资产阶级改良派人士十分振奋。在国内，于1906年12月，江苏、浙江、福建等多地商学界200多人在上海建立预备立宪公会，选举福建郑孝胥为会长，江苏张謇、浙江汤寿潜担任副会长。随后，汤化龙于湖北成立宪政筹备会，谭延闿于湖南成立宪政公会，丘逢甲等于广东成立自治会，彼此呼应。在海外，康有为宣布，自1907年元旦开始，保皇会更名为中华国民宪政会；7月，梁启超、蒋智由等在东京成立了具有资产阶级政党领导的政闻社，遥相呼应。这些团体的共同目标是：拥护清政府“预备立宪”，“劝告”和“要求”清政府促使立宪尽快完成，反对革命，因而，资产阶级改良派也被称为“立宪派”。政闻社制定四大纲领：（一）设立国会制度，建设责任政府；（二）厘定法律，巩固司法权的独立；（三）确立地方自治，规定中央地方的权限；（四）慎重外交，保持对等的权利。在《政闻社宣言书》中，在表白对于皇室绝无干犯尊严之心，对于国家绝没有扰紊治安之举的同时；还指出“现政府”做为被改造的对象，也就不可能主动地进行改革，因此必须以唤起国民的政治热情、提高国民的政治知识、培养国民的政治能力为己任。政闻社刊印了机关刊物《政论》，指陈内政外交的弊益得失，向清政府发表建议和“警告”，为立宪大造舆论。1908年2月，政闻社本部转建上海，在总务长马相伯组织下，创办法政学堂，联络各立宪团体，结实王公大臣，逐步组建沿江沿海及南北各省的分支机构，开始进行公开的或秘密的活动。

清政府的“官制改革”受到立宪派的反对。“满族内阁”成立后，湖南留日学生熊范与便在《中国新报》上刊登《新官制评议》，评论到从官制改革看来，“政府主倡立宪的结果，其实还是巩固其专制势力耳”。《申报》发表的《敬告丁未年新年诸君》文中同样有“改革官制，视为具文，集权中央，迹近专制”的论述。从1907年秋开始，立宪派逐渐把请愿速开国会作为预备立宪的最早目标。10月，熊范和、沈钧儒等共同上书，请在一二年内组建国会；御吏江春霖、给事中忠廉等上书召开国会。12月，湖南举人萧鹤祥奏请开国会。

1908年6月，康有为组织华侨中的立宪分子，以海外200余埠华侨的名义奏请开国会。7月，政闻社在《为国会期限致宪政馆电》中正式发表三年内举行国会的主张，并联合王善荃上书“颁发明诏，定期三年，召集国会”。预备立宪公会于是转移到湖南宪政公会、湖北宪政筹备会、广东自治会还有河南、安徽、直隶、山东、山西、四川、贵州等省立宪派代表，相约各派代表齐集北京，向都察院请求国会请愿书，要求代上书。8月，各省请愿代表全都入京，他们的国会请愿书都汇集了许多签名。例如，八旗请愿书签名的超过1000人，山东请愿书签名的大概2000多人，吉林签名的达4000多人，广东的11000多人，浙江达18000多人，使运动具有了一定的群众性。

国会请愿运动使清朝统治者非常震惊。他们觉得这是“民气喧嚣”、“横议干政”的表现。曾前去国外考察宪政的大臣于式枚几次上书缓行立宪。他驳斥《今年国民为国会请愿文》中“宪政之所以能够实行，必由国民有一运动极烈之年月，盖不经此，不足够摧毁专制之统治”等几句话，评论为“逆党煽惑”，主张“随时劝导，遇事弹压”，“正人心，息邪说，拒诐行”，防止“别滋事端”。政闻社社员、法部主事陈景仁等致电奏请定三年内开国会，革于式枚以谢天下。清政府立把陈景仁革职，甚至宣称“政闻社内诸人良莠不齐，并且还有很多曾犯重案之人（指梁启超等），陈景仁担任职官，竟敢附和比暱，倡率生事，殊属谬妄”。然后又以政闻社“内多悖逆要犯，私自敛财，纠结党类，托名研究时务，阴谋煽惑，危害朝廷”的罪名，通令全国，严行查禁。这是“杀鸡儆猴”，请愿运动也被压制。

咨议局的成立使立宪派获得了表达“民意”的合法资格，他们于是将诸议局作为基地，又一次开展国会请愿运动。1909 年 10 月江苏咨议局设立后，议长张謇即刊登《请速开国会建设责任内阁以图补救书》，并主张：列强侵略日益加紧，形势严峻，召开国会才得以合全国人力以“拱卫国家”，就像“拯溺救焚”，怎能迁延观望；政府所允诺的筹备事宜，大部分都不是在国会召开之前准备完备的，而且有的还须待国会成立之后才能进行；各省士绅一致希望迅速召开国会，如果请愿多次而毫无结果，则“一二激烈之士，将认为国家负我，决然生掉头不顾之心，和平之士，将认为义务既尽，泊然入袖手旁观之派”，那时国家前途就更不用设想了。因此，必须减少预备立宪的年限，于宣统三年（1911）召集国会，立即成立责任内阁。为了使清廷接受这个提议，张謇既策动江苏巡抚瑞澂联络各省督抚合词上书，然后通电各省咨议局并派孟昭常、杨廷栋、方还等奔赴各省游说，组织联合奏请。12 月，在江苏、浙江、安徽、江西、湖南、湖北、河南、广东、广西、福建、山东、直隶、山西、奉天、吉林、黑龙江 16 省咨议局代表联合 50 多人汇集上海，借预备立宪公会连日讨论，最终决定组成 30 多人的请愿代表团诣阙奏请。张謇专门写下《送十六省议员诣阙上书序》为代表们送行，着重指出一个“诚”字，恳请代表们“秩然秉礼，输诚而请。若一次不得请而至于三，至于四，至于无尽。若不够诚心，则请亦不已”。

1910 年 1 月，各省咨议局代表先后到达北京，向都察院上交联名请愿书，恳请代奏。请愿书的议题是以维护清朝万世一系立言的，提出速开国会是“巩固皇祚”的必要途径。但清廷以“国民知识不齐”为借口，坚持国会的召开一定等 9 年预备期满、国民教育普及以后。请愿意味着失败。请愿失败后，代表们坚持“设不得请，至于三，至于四，至于无尽”的精神，首先通电发表《国会请愿代表同人奉上谕后通知书》，说明清政府早已拒绝速开国会和成立责任内阁的要求，号召各省绅商、团体，继续组织力量，预计再次请愿。然后，又在北京组织国会请愿同志会，刊登《国会请愿同志会意见书》，呼吁各地士绅参加到国会请愿同志会中来，以增强请愿的声势，并为组织政党奠定基础。国会请愿同志会主编机关刊物《国民公报》，还提出由江苏、广东、直隶三省委派人到内地各省和南洋各埠进行立宪的宣传号召以及请愿的组织工作。同时，梁启超又创办《国风报》，发表《论请愿国会当与请愿（责任）政府并行》等文，并指导请愿运动的进一步开展，还通过各种关系和国内的请愿活动增强联系，密切配合。

经过几个月的筹划，立宪派选出了号称代表20多万人的十个请愿团体再一次进京请愿。1910年6月，由各省咨议局代表、商会及商界代表、教育会还有学界代表、官绅代表、各宪政公会及政界代表、海外华侨代表等共同前往都察院呈递请愿书。清廷经过两次御前会议，以“财政困难，灾情遍地”为借口，再次拒绝了请愿团的上书。请愿的再次失败并没有使立宪派退缩。张謇以江苏咨议局议长名义发表公启，邀请各省议长齐到北京，组成“议长之请愿团”，向即将开会的资政院陈请提议，“以期必达”，“别开第三次请愿的新面目”。于8日，诸省咨议局联合会在北京召开第一次会议，选举汤化龙为主席、蒲殿俊为副主席，通过了向资政院奏请的请开国会等议案。各省立宪分子更向上力争督抚，向下联合工农商学兵群众签名，准备在资政院开会时进行规模空前的第三次请愿。

于1910年10月，资政院正式开会。国会请愿代表团孙洪伊（顺直咨议局议员）等联合向资政院呈递请愿书，指陈国外则列强日逼，国内则民变蜂起，请资政院尽快提议于宣统三年内召集国会，以救危亡。同时，各省立宪分子又联合向当地督抚请愿，提议奏请开国会。天津亦有千数百人齐赴督辕，“反复哀恳”。太原、开封、福州等省城均有“聚集数千人”向督抚“吁恳”的集会。奉天则各府县全都写信给咨议局，聚集“纠合万数千人”到省城“吁求”。云贵总督李经羲感到如果不答应成立责任内阁和尽快召开国会，则“大局难支，人心愈涣”，电商各省督抚共同上书“立即组织内阁，特颁明诏，定以明年开设国会”。他的主张得到程德全、孙宝琦、锡良、袁树勋等18个督抚的赞成，并先后两次联名向清廷发出了要求组织内阁和国会的电报。资政院内部，也在请愿运动的影响下深受感动，全部通过了《陈请速开立宪期限》，将在宣统五年（1913）召开国会，国会召开以前，先厘定官制，设立内阁。但立宪派内部出现了分歧。张謇、汤寿潜等认为请愿已经产生一定成效，遵“即日散归”的诏令，暂停请愿活动。汤化龙、谭延闿、蒲殿俊等赞同宣统三年召开国会的观点，准备在北京组织第四次请愿。东三省士绅则在请总督锡良代奏同时，还派代表赴京，依旧请求速开国会。顺直咨议局也仍旧向直隶总督陈夔龙提出请尽快召开国会的请求。此刻，清廷开始表现强硬态度，请愿者被诬陷“无识之徒，聚集多人，挟制官长”，“一再渎扰，实属不成事体”，责其立即将东三省代表驱赶回籍，甚至“深恐奸人暗中鼓动”、“希图扰害治安”为理由，禁止请愿活动，公开宣布，各省如果再有“聚众滋闹情事”，该省督抚应理应“查拿严办”。谕旨传到天津，遭到天津学生以罢课的形式抗议，并通电全国，号召各学堂同时罢课请愿，“期宪政即日成立”。陈夔龙派出军警数百名弹压，将为首的温世霖发戍新疆。第四次请愿于是失败。国会请愿运动带有民主运动的色彩。立宪派希望通过和平请愿的方式，迫使清政府开放政权，尽快转入民主政治的轨道，尽管他们确实没有触犯皇室尊严的用心。但是，“顽冥不灵”的清朝统治者却不接受他们的“良苦用心”，致使立宪派极为痛心。梁启超在《国风报》上忍不住破口大骂：“麻木不仁之政府”，“误国殃民之政府”，“妖孽之政府”。

“皇族内阁”的出台是对立宪派的当头棒喝。张謇批驳清廷“举措乖张”，联合汤寿潜、沈曾植、赵凤昌等上书给载沣进行苦谏，劝载沣“勿以国事为孤注”。各省咨议局议长、副议长前往北京召开第二次联合会，选举谭延闿为主席，上书力争，说：“由皇族组织内阁，不合君主立宪国公例，请另寻大员组织内阁。”清廷直接拒绝了他们的请求，并斥责“黜陟百司，系君上大权”，禁止议员们“率行干请”。各省咨议局联合会号召《宣告全国书》，痛哭流涕地呼吁：“新内阁如此，我们的人民哪里还有希望。议员等多次呼号请命而不得，救亡之策失败了。”

人们普遍意识到，革命的风暴很快将到来。资政院的议员们纷纷组织了“宪友会”、“辛亥俱乐部”、“宪政实进会”等政团，准备发动革命。地方的立宪分子有的也逐渐向革命派靠拢。民族资产阶级政治上的左、右两翼终于开始协商了。

“皇族内阁”叛国、集权的种种反对行径，再一次激化了各种社会矛盾，促使各阶级、各阶层人民加入反清革命阵营。早在1911年1月，盛宣怀担任邮传部尚书时，就向清政府上书把各省“商办”铁路“收归国有”、“借款兴办”的具体策略，并开始和帝国主义国家磋商大批借款。4月，清政府以“改革币制”和“振兴东三省实业”为借口，和英、美、法、德四国银行团签订了1000万镑借款协定。“皇族内阁”组建后，便将“上谕”形式宣布“干线均归国有当作政策”，然后和四国银行团订立了粤汉、川汉铁路借款合同，以“国有”为理由把铁路利权出卖给帝国主义。它一面委派端方为督办粤汉、川汉铁路大臣，派他南下强行收回湖北、湖南、广东、四川四省的商办铁路公司；一面和四国银行团正式订立借款筑路的协约，从而掀起了四省的保路风潮。清政府“铁路干线国有”政策的目的，是以“国有”为借口把铁路利权出卖给帝国主义。当时一般舆论都表示“外国人掌握着我们的铁路矿山，就如同掌握着我们的生命一样”。这种出卖民族利益的行为，激起全国人民的坚决反对。此外，清政府“劫收”商办铁路公司，同样与各省人民尤其是地方绅商、立宪派的经济利益发生了尖锐的冲突。在湖广铁路准归商办之初，各省除了募集“商股”之外，还在税收项下抽租入股、米捐股、盐捐股、房捐股等。例如，四川集资1400余万两，其中包括租股950余万两，官民购股260余万两，土药盐茶商120余万两。正是由于资金来自社会各个阶层，都期待着“一旦铁路建成，有十倍利息”的收入。享有公司实权的地方士绅、立宪党人更把修路作为“利薮”，号称“生命财产与本路息息相关”。清政府提出，在推行国有政策后，湖北和湖南的路股还本不还息；广东路股只归还六成，其余四成以无利股票形式替代；四川路股所用款向以国家保利股票返回，余款或附股或兴办实业，又制定规定，不得由股东收回，其由经手人亏倒之金额，政府全都不承认。这种“劫夺”商股的办法，肯定要激起强烈的抗议。

湖南绅商纷纷发表评论抨击清政府的反动行径，长沙学生举行罢课，召开演说，各属“纷传某日火烧某署，某日攻某城”，“风声鹤唳，一日数惊”，形势类似起义。湖北商民纷纷响应，汉口罢市。革命党人詹大悲主编的《大江报》上刊登文章，指出“中国时势，事事皆现死机”，和平改革早已“为理所必无，故大乱即救中国之灵丹”，呼吁人民抛弃一切幻想，准备和清政府奋战到底。广东召开了粤汉铁路股东会议，共同要求维持原案，力争商办。留日学生提出“路存与存，路亡与亡”。旅美华侨更愤激呼吁：“粤路国有，誓死不从，泰山可移，商办之局无法动摇”，“有劫夺路权者，格杀勿论”。

四川的反抗风潮最为激烈。1911年6月，川汉铁路股东在成都建立了保路同志会，各府州县全部响应，成立保路分会，联合人数达数十万。保路会每次集会，到会者少说成千上万，情绪十分激昂。8 月，成都罢市，数十州县遥相呼应，卷入了罢市斗争。9 月，斗争逐步形成全省抗粮抗捐，金堂、新繁、彭县、灌县等地发生群众暴动。各省立宪派担当保路风潮的领导地位，本来预计把斗争限制在“文明争路”的范围。当反抗发展为群众运动之后，他们却连忙“抚慰居民，戒勿暴动”，并对清政府表示妥协。湖南立宪派提出：“国有民有已成第二问题”，只为了商股“不使有丝毫亏损”。湖北汤化龙主张，只要清政府承诺商股仍充路股，并同意商民立查账会，获得稽核铁路度支之权，也就是商股获得不致被吞蚀的承诺后，运动便可停止。四川立宪派的代表甚至在广东保路会的成立大会上严厉告诫：“万勿暴动，致为政府借口。”在成都，他们印刷光绪皇帝牌位和谕旨中“庶政公诸和论”、“川路准归商办”两句话，令各家各户张贴，设案焚香，用悼念仙逝皇帝的方式来体现对当今掌权者的抗议。署四川总督赵尔丰遵循清政府旨意，抓获咨议局正、副议长蒲殿俊、罗纶以及保路同志会和川路股东会的负责人。消息传出，数万群众到督署抗议，呼吁释放蒲、罗等人。赵尔丰下令军警向聚集的群众开枪，当场打死 30 多人，这就是骇人听闻的“成都血案”。广大人民暴怒异常，迅速发动全川的武装暴动。同盟会员龙鸣剑等组织会党组成保路同志军出兵成都。同盟会员吴永珊（即吴玉章）和王天杰等在荣县发动起义，组建革命政府。清廷命令端方自湖北带兵前去镇压。只不过部分鄂军西调不久，湖北方面便打响了武昌起义的枪声。

## 第三节 中华民国的成立

同盟会中部总会于 1911 年 7 月 13 日在上海组建，由宋教仁任领袖。前十次失败的革命尝试，全部发生在中国南部与西南部，这一地区与香港和河内相邻，有利于策划与组织活动。但是这段时期，同盟会的强势人物策划，跨越这些边缘地区而进攻王朝的致命之地——或是北京或是长江沿岸的华中要地。他们这样考虑：如果能夺取武汉三镇，革命党就占据优势位置，既有利于响应南方，又有利于向北进军京师。所以，华中的湖北、湖南两省成为革命的根据地。虽然在湖北，原本就有两个组织存在，它们虽与同盟会有联系，却不属于同盟会的一部分。一个是 1907 年 8 月成立的共进会，成员大多半是从日本归国的学生同会党分子。另一个是于 1911 年 1 月 30 日举办的文学会，前身则是振武学社，这个组织的名称与性质不太一致，是由于主要成员是已参与革命事业的湖北新军。二者中，共进会声望较高，文学会则在对新军的渗透方面实力较强。1911 年 6 月 1 日，双方同意协商合作，在武汉爆发一场联合行动，并邀请在沪的黄兴和宋教仁（孙中山此时在海外）前来支援革命。新军的叛乱是相当快捷及相当成功的，所以一场迫在眉睫的起义已不可避免，这场起义的导火索，是因为铁路纠纷而造成的骚乱。

为压制四川省骚乱，清廷只得调部分湖北新军前往，这场调动造成武昌要枢防守空虚，而这一时机也很快被革命党人所利用。依旧在上海的黄兴本来打算在 10 月底发动起义，但 10 月 9 日，由于一枚炸弹在坐落于汉口俄租界的革命分部意外发生爆炸，致使巡捕突击搜查，32 名革命分子被捕，搜出一些武器、弹药及一些隐秘文件，甚至包括已投向革命的新军人员名单。为了保护自己，新军工程营同炮兵营决定于第二天起事。

1911 年 10 月 10 日，革命党人发起武昌起义。因此这一天，后来成为中华民国的国庆日。武汉被称作“九省通衢”，是当时国内位居上海之后的第二大城市。作为帝国主义侵略的重要目标和清朝反动统治的一个重心，它还是资产阶级革命力量发展迅速的城市和各省革命党人联络的枢纽。革命与反革命的斗争，在这个地区尤为激烈。自 1904 年武汉建立首个革命团体科学补习所开创以来，湖北革命党人便把新军作为发动革命活动的主要对象。科学补习所设有专门联络新军工作的干事，不断吸纳青年学生、会党群众输送到队伍，努力发展新军中的革命力量。虽然革命团体遭受几次破坏，团体名称多次变更，但自日知会、湖北军队同盟会、群治学社、振武学社，发展到文学社以及共进会等革命组织，都有许多革命知识青年当兵躲避追捕，长期隐藏在军队里发动艰苦的宣传工作和组织工作，一直坚持不懈。根据多年积累的革命工作的经验，革命党人深入湖北新军的标（团）、营、队（连）各级都发展了他们的代表，组织网延伸到湖北新军各基层单位，参加革命团体的士兵群众达五六千人，达到湖北新军总数的三分之一左右，为武昌起义的发展奠定了坚实的基础。

10 月 10 日晚，新军工程第八营的革命党人打响了武装革命的第一枪。他们杀死镇压起义的反革命军官，数十人进攻楚望台军械库攻取弹药库。军械库守军中的革命士兵们举械响应，一举夺取了楚望台。接着，步、炮、辎重各营以及军事学堂学生约五营兵力，联合起义，齐集楚望台，临时推举原日知会员、队官吴兆麟进行指挥，共同向总督衙门进行攻击。革命士兵们奋不顾身，浴血奋战，攻下了总督衙门、藩库等重要机关，湖广总督瑞澂急忙逃到停泊长江的兵舰上。起义军一夜之间夺取了武昌城，获得了起义的胜利。于11 日晚和12 日晨，驻扎汉阳、汉口的新军相继起义，武汉三镇完全被革命党人所控制。这时，革命必须完成的首要任务，是建立革命军政府，维护革命的成果，把革命继续向前推进。湖北革命党人是以孙中山为领袖的，文学社和共进会都与同盟会有紧密的联系，只是孙中山远在海外，到12 日上午才得知武昌起义的消息，短时间不可能赶回国内。黄兴与同盟会其他重要负责人也分别在香港、上海等地。直接领导这次起义的文学社、共进会的负责人，在起义前，或是负伤，或是牺牲，或是被迫逃出武汉。11 日，历经一夜奋战的起义士兵群众，聚集在湖北咨议局，准备推选都督，成立革命军政府，他们没有考虑到应当把军政府的权力掌握在自己手里，简单地以为需要社会上有名望地位的人亲自以资号召，于是邀请咨议局议员与地方绅商召开会议，推选清朝高级军官、二十一混成协（旅）的协统黎元洪担任军政府的都督。

黎元洪（1864—1928），字宋卿，出生于湖北黄陂。青年时毕业于北洋水师学堂，之后加入北洋海军。甲午战争后他投靠湖广总督张之洞，颇受信任，三次被选去日本学习，由管带升至协统的职位。10 月 10 日晚，武昌起义爆发后，黎元洪仍负隅顽抗，甚至亲手杀死了响应起义的士兵 2 人。工程营率先占领了武昌的官方军火库，炮兵营也联合工程营合向总督衙门发动总攻，总督与提督一起潜逃而去。新军起义基本上没有遇到抵抗，到中午时分，他们便完全占据了该城。由于没有真正的革命领导人在场（孙此时在海外，黄仍在上海），他们只好推举并不乐意就任的清军协统黎元洪就职军政府大都督。由于他平时在汉族军官中以“开明”著称，起义前革命党人就考虑推他为都督的拟议。黎元洪并不愿意参加革命，又不敢直接反对，他是被革命党人用手枪逼迫当上都督席位的。湖北军政府组建军令、参谋两部，军政其本上都由参谋部主持。在政务、交涉等事务方面，革命党人感到自己的能力缺乏，主动让湖北谘议局议长汤化龙就任民政部长，主持相关工作。汤化龙早先立宪派首领，在立宪运动失败后对清廷绝望。

同时，长久以来对革命表示赞同的湖北前任咨议局局长汤化龙，被推选为军政府的民政部长，负责组建前期的行政机构。汤一边电告各省，催促他们宣布脱离清廷，一边成功地让在汉口的外国领事体会到，他们在混乱情形下应保持中立。因而当逃亡的清朝总督恳请外国领事调来炮舰进攻革命军时，法俄领事仅是简单地说，现在的形势与义和团事件是完全不同的。而其他领事们则保持中立。于10月12日，汉口与汉阳也落入革命军控制下。黎元洪在11日推选湖北军政府都督的会议上发表："革命事业，鄙人素表赞成"，"关于军事，请诸位筹划，兄弟将竭尽全力帮忙"。过了几天，他便公布了一个伪造同盟会东京本部编订的《中华民国军政府条例》，由都督兼任总司令，将民政部改为政事部，下设外交、内政、财政、司法、交通等七局，包揽全部政务。政事部则由汤化龙任部长，而下面七个局的正副局长"基本上成了清一色的旧派人物"。虽然这个条例很快就被革命党人否定，各局全部改为部，只给汤化龙空出一个编制部长的闲职，其他各部都由革命党人管理，汤化龙因而弃职而去。起义的湖北军政府，由新军高级军官、立宪派首领出面组织，仍然具有"示范"的作用，被后来响应革命的许多省份所借鉴。

孙中山后来回忆，如此迅速的胜利的确是相当侥幸的。假设满族总督没有被吓跑，假设提督依旧坚守职位，便可能打退那仅二千余人的薄弱的革命力量。当然，列强的中立也有利于革命事业，而最令人欣慰的则是其他省份及其重要城市迅速纷纷宣告独立。

10月22日，湖南革命党人焦达峰、陈作新等带领会党和新军出兵长沙，巡抚余诚格逃跑，起义军推选焦、陈为正、副都督，成立湖南军政府。湖南起义后，既可以巩固湖北的后方，还可以派遣军队支援武汉打击清军的战斗。当天，陕西同盟会会员景梅九、井勿幕等组织会党和新军起义，巡抚钱能训逃走，陕西军政府选址在西安建立，选举原日知会会员、新军队官张凤翙为都督。井勿幕带领起义军渡河占领山西，从侧面包抄南下的清军，并切断了清政府与西北地区的联系。

10月23日，驻扎江西九江的新军也响应武昌起义，拥立标统马毓宝宣布起义，并成立九江军政分府。正是由于九江的独立，降低了长江下游清军对武汉的威胁。31日，同盟会员蔡公时组织南昌各界在咨议局召开会议，想要拥护清朝巡抚冯汝骙宣布独立，冯断然拒绝。于是蔡公时发动新军起义，成立了江西军政府。后来，选举同盟会员李烈钧任都督。

10 月 29 日，山西新军中的革命党人爆发起义，刺杀巡抚陆钟琦，组建山西军政府，由新军协统阎锡山就任都督。10 月 30 日，由云南同盟会员李根源、罗佩金组织新军协统蔡锷以及管带唐继尧等联合发动起义，建立云南军政府，推举蔡锷为都督。

11 月 3 日，由上海的同盟会员张承槱等联合工人、防营和会党联合起义，第二天攻克江南制造总局，夺取了上海，同盟会员陈其美被推选为上海军政府都督。上海起义直接加速了浙江、江苏的独立。

11 月 4 日，浙江革命党人在上海的援助下，联合新军和防营攻占了杭州，立宪派首领汤寿逃离任浙江军政府都督。上海起义的消息震撼苏州，江苏立宪派联合绅商、官僚抢先一步，支持巡抚程德全宣布独立。5 月，江苏军政府成立，程德全身份转变，由巡抚成了都督。11 月 4 日，贵州革命党人联合新军和陆军学堂学生起义，占领贵阳，组建贵州军政府，推举新军教练官杨荩诚为都督。11 月 5 日，安徽同盟会员联合团练爆发起义，占领寿州，继而攻克颍上、亳州等地。8 日，立宪派鼓动巡抚朱家宝宣布独立，并推举朱为都督。后来，起义军内部爆发武装冲突，朱家宝感到形势危急，逃离安徽，由同盟会员孙毓筠、柏文蔚先后继任安徽军政府都督。11 月 6 日，广西咨议局议决同清政府脱离关系，推举巡抚沈秉堃为都督。紧接其后，前清军提督陆荣廷发动兵变，就任都督一职。11 月 9 日，由福州同盟会员许崇智率军起义，推选第十镇统制孙道仁为福建军政府都督。当天，广东宣布独立，两广总督张鸣岐躲避到租界，同盟会员胡汉民任都督。

从武昌起义到 11 月 9 日，仅仅一个月时间，全国就已经有湖北、湖南、陕西、江西、山西、云南、浙江、江苏、贵州、安徽、广西、福建、广东等 13 个省份和最大城市上海以及其他省许多州县相继起义，清朝的一部分海军也参加到革命方面来。在 11 月的下旬，四川重庆革命党人爆发起义，川东南 50 多州县相继起义。在四川资州，一部分新军举事，杀害了前来镇压保路运动的端方。河南信阳地区京汉铁路工人与农民组成的民军，拆毁铁路，袭击军用列车，又大大支援了武汉革命军。甚至在清王朝统治中心省直隶，革命党人同样策动驻滦州的新军第二十镇以及驻保定的新军第六镇起义。在一个半月内，15 个省或者说三分之二的中国都已经摆脱清廷统治。

许多少数民族地区也爆发了响应武昌起义、拥护共和制度的革命起义。内蒙地区一部分蒙古族同汉族的同盟会员，坚持在学校、军队、会党以及反清士绅中进行劝说。武昌起义之后，归化（今呼和浩特）、陶林（今察哈尔右翼中旗）、包头、丰镇等地的革命党人遥相呼应，组成起义军，12 月间直接攻克丰镇。第二年初，又联合山西革命军占领包头，组建革命军政府。1911 年 12 月下旬，在新疆乌鲁木齐爆发了由哥老会同当地少数民族发动的武装起义。起义的枪声迅速传到革命党人活动的主要地区伊犁。1912 年 1 月，起义军攻取伊犁，成立了“汉、满、蒙、回、藏五族共和会”，施行“五族共和”，并组建了临时政府。

为了平息公众的情绪，清廷最终在 10 月 26 日罢免了盛宣怀，并释放被关押的四川士绅。同时，清政府的北洋军在 11 月 2 日占领汉口，11 月 27 日收复汉阳。只不过，上海却在 1911 年 11 月初和南京在 1911 年 12 月 4 日全部落入革命党人手中，这也使清军在汉口汉阳的短暂胜利变得得不偿失。在南京一个临时革命政府组织起来了，黄兴被选为总司令，黎元洪被选为副总司令，但二人全部拒绝就职，而等待孙中山从海外归来。

武昌起义后，各省全都响应席卷全国的群众自发抗争，形成为资产阶级民主革命的巨大洪流。在这场革命洪流中，腐朽的清王朝土崩瓦解了。资产阶级革命派在促进这次革命迅速达到高潮中起到非常积极的作用。还有分散在各地的同盟会员以及与同盟会曾经就有联系的各地革命组织，在武昌起义后积极呼应革命，加速了革命形势在全国的蓬勃发展。但是，针对如此广泛和迅猛的革命高潮，资产阶级革命派始终没有一个统一的坚强的领导核心。同盟会组织非常不健全，需要一个彻底反帝反封建的斗争纲领以及推动革命前进的统一的革命步骤。他们非常害怕帝国主义强加干涉，又异常恐惧农民群众把反封建斗争深入开展下去，希望尽快推翻清朝，建立共和制度，以达到缩短革命历程的目的，取得廉价的胜利。

资产阶级立宪派在革命形势高涨的情势下，被迫转向革命方面，利用自己在各省咨议局中所占的地位，策动清朝官员“反正”，完成“和平光复”，对清王朝的崩溃产生积极作用，但他们企图恢复旧秩序，防止革命的深入开展，以达到窃夺权位的野心。湖南起义后，曾广泛设立筹饷局，一度按房地产和田产的多少比例捐款，以保证革命物资充足。湖南绅商和立宪派强烈反对，认为这个革命措施是“暗无天日”、“鸡犬不宁”。他们发动旧军官在湖南起义仅十天发起兵变，杀死都督焦达峰等人，推立宪派首领谭延闿担任都督。就这样，立宪派与旧官僚利用“和平”的甚至流血政变的手段，逐步窃取了湖北、湖南、江苏、浙江、广西、贵州等各省军政府的权力。另一些省区，像上海、广东、安徽、江西等地，虽然表面上权力控制在资产阶级革命派手中，实际上，这些革命党人掌权以后，由于身份地位的转变，很快地向右转了，甚至有些人已蜕化为新官僚政客。已经宣布起义的各省，不管是革命派掌权，还是立宪派、旧官僚掌权，千篇一律压制工农群众的革命运动，解除群众武装，根本就没触动府县基层政权。四川的几十万保路同志军遭到遣散，广东的十几万民军全部被裁撤，湖北军政府命令全省各州县官绅加紧团练，防止农民暴动，甚至增加军队镇压会党武装。资产阶级革命党人只是取得局部的政权，就将人民群众对立起来，他们做不到把民主革命引向真正的胜利。

革命的根本问题就是政权的归属。组建一个统一的共和政府，不仅是本革命的目标，还是爆发起义各省共同对清王朝进行斗争的迫切需要。中央政权如何组建，由何人掌握，这是资产阶级革命派和隐藏革命营垒中的立宪派、旧官僚政客等各种政治力量尤其关注的问题。此外，由于不同派别政治力量重新组合而造成的湖北、江浙等地方集团，也都哄抢对中央政权的控制权，这就导致组织临时中央政府的斗争异常尖锐复杂。11 月 9 日和 11 日，湖北和上海两地全都发出建议组建临时中央政府的通电。上海方面主张由各省咨议局和都督府各派代表一人到上海“集议”的策略。15 日，第一次各省代表会议在上海举行，命名为“各省都督府代表联合会”。由于湖北方面抗议，24 日，各省代表联合会决定迁往武昌召开，各省留一人在上海便于联络。当时，湖北革命军正与清军进行紧张对峙。重新被清政府启用的袁世凯派他所控制的北洋军相继占领了汉口和汉阳，武昌已处在清军炮火的威胁之下。11 月 30 日，各省代表联合会只好由武昌改在汉口英租界召开。各省代表联合会的成员相当复杂，革命派与立宪派占有差不多相等的席位，另有少数旧官僚与封建士绅，甚至有清政府的卧底在内。12 月 2 日，代表联合会起草两项重要决议：一是通过《临时政府组织大纲》；一是决定“空置临时总统之席以待袁君反正来归”。

自初始，组织民国临时政府就同期待袁世凯“反正”密切结合在一起，这正是反映了革命阵营对封建买办势力的妥协性，以及对袁世凯反动集团抱有深切期望。当天，江浙联军占领南京，江浙集团声望大振，决定在南京组建临时中央政府，电催汉口代表立即东下。12 月 14 日，汉口、上海两地的各省代表纷纷前往南京开会。代表名额由原来的 23 人上升到 45 人。同盟会员在代表中所占比例有所提高，大约超过二分之一，其余为立宪党人、旧官僚士绅和独立运动的光复会员。代表们获悉袁世凯的谈判代表唐绍仪前往武汉以及袁世凯表示支持“共和”的消息，决定稍后选举临时总统，虚位待袁，只是推举大元帅、副元帅“专征北伐”。但终因人选问题争执不休，临时政府的组建陷于困境。

孙中山是在卡罗拉多州（Colorado）的丹佛（Denver）游历时，偶然看到一篇地方报纸的报道获悉武昌起义成功的消息。他当时的想法，便是要立刻回国，以实现亲自指挥革命的夙愿，但理智提醒他去处理外交问题而不是立刻回国，他知道英国的支援对于革命事业的发展关系重大，于是便前往纽约，从那里搭船前往伦敦。他成功地使英国政府承诺，停止与清政府的全部贷款谈判、防止日本支援北京政府，并消除对他进入英国领土以及殖民地的限制，从而能自由回国。同时他还得到四国银行团主席的承诺：只要列强支持革命政府，银行团就会与之进行贷款谈判。获得这些外交上的成就后，孙又来到法国。在这里，他得到法国总理克里蒙梭（Clemenceau）及法国人民的热烈欢迎。于 12 月 25 日，孙中山从海外回国，前往上海。各省革命党人大都赞同推举众望所归的孙中山就任临时大总统。立宪派和旧官僚政客也主张在“争取”袁世凯反正以前，这个“过渡”总统“必须是孙”。29 日，孙中山就任临时大总统，临时政府终于于难产中诞生。于 1912 年 1 月 1 日，孙中山在南京就任该职，表明中华民国临时政府成立，定 1912 年为民国元年，改用公历。经过 27 年的艰苦抗争，孙中山毕生的梦想终于得以实现。此时，南京政府面临的困境是如何推翻清室，实现国家的统一。

在最后的垂死挣扎中，清廷任命陆军部长荫昌与海军军官萨镇冰前往武昌对革命军发动进攻，并委派袁世凯为湖广总督。但袁记恨在 1908 年曾被罢官，同样也不满足这一权力有限的职务，凭借“足疾未愈”（这正是清室迫使他辞职的借口）为由抵制复出。荫昌军队中的军官多是袁的旧部，军队不愿作战故节节败退。海军军官萨镇冰在黎元洪的劝说下，也于11月11日对抗清朝。在这种情景下，清廷别无选择，只得求助于袁。袁借机提出六项要求：（1）一年内举办国会；（2）组建责任内阁；（3）大赦革命党人；（4）废除党禁；（5）袁获得指挥陆海军的全部权；（6）保证军费充足。前四项要求目的是安抚民众与革命党人，而后二项则是为使袁本人成为国内最强势的人物。对于其中最重要的第二条，袁并没有期望一个真正的“责任”内阁，这只是他扫除先前逼他“归隐”的摄政王醇亲王的势力，并清除皇室内阁的一个阴谋。

在军事失败与各省迅速独立的重压之下，摄政王只得接受袁的要求。1911年10月27日，委任袁为钦差大臣，全权掌控海、陆军。他的两名主要副官冯国璋同段祺瑞，也被任命为第一军与第二军的指挥官。可是袁仍不满足，他继续讨价还价，并拒绝赴任。但是，为了表示他有控制形势的本事与权势，他命令冯对革命军发起一次猛烈的进攻，11月2日，北洋军占领汉口。也就在此时，华北出现了一场戏剧性的事件。10月29日，清军委派滦州（在沈阳与北京中间）第二十镇的两位长官要挟清廷一年内实行君主立宪，他们原本认为清廷会拒绝，进而借机进军北京以实现“中央革命”借口，但他们惊奇地发现，清廷被此时山西的独立弄得晕头转向，直接同意了他们的要求。醇亲王自称不能胜任摄政王，庆亲王也辞去总理之职务。11月1日，任命袁为总理大臣。直至此刻，他才同意复出，并南下指挥攻打革命军。两天后，清廷慌忙公布了“宪法十九条”，试图平息局势。

袁就任总理大臣职务，组建独立内阁，并派其手下全面掌控京师地区与禁卫军。12月4日，摄政王被迫退位，每年获五万两补贴，清廷只余下一个幼帝和一个孀居的太后，袁将他们当作傀儡，并开始为自己的未来对革命党人用尽心机。11月10日之前，袁三次主动联络黎元洪，主张和谈；与此同时，他的儿子袁克定与汉阳革命总司令黄兴会谈，主张双方合作及统一行动。但是，由于革命党明了袁惯于玩弄“持其两端而抑其中”的权术，袁的两个企图都没有得逞。失败后，袁便命令其部队进攻汉阳。11月27日，汉阳失守。在展示军事力量之后，袁暂停了进一步的进攻，以彰显自己的宽容，并劝说英国公使朱尔典（John Jordan）委派英驻汉口领事居间调解停战，这次谈判安排于12月1日。袁世凯的和谈代表唐绍仪又赴沪与革命军代表伍廷芳谈判，黄兴随即电告袁，若是他支持共和并迫使清帝退位，以后共和国的总统将由他担任。袁世凯看中这一职位，于是当孙中山在12月29日接任临时大总统时，袁世凯异常愤怒，拒绝和谈。

令人不可思议的是，这时绝大多数革命党人都以为袁世凯是一位不可多得的人物：只有他才能使国家避免内战及迫使清帝退位。孙中山并不赞同妥协，但他是一名理想主义者，他主张只要能推翻清室，不违背共和原则，他不在意是由他亦或是由袁世凯出任总统。此外，孙中山还为其部属发愁，这些人既不服从其三段式的革命程序；也不遵循其民权主义与民生主义，而仅赞同排满的民族主义。在这样的心理下，加上认识到袁世凯远为强大的军事力量，他主动急流勇退。他幽默地对袁世凯解释道，他之所以就任临时大总统的职位，其实是为了将正式大总统的职位留给袁世凯。但袁世凯仍不罢休，命令手下四十多名军官主张君主立宪，反对共和。同时，他还以募集军费为由与革命军交战，从孤寡的清太后那里榨取了8万盎司的黄金。孙中山不得不再次向袁世凯承诺，如果能避免内战，他一定能得到公正的回报。当一批海外的清朝外交官于1912年1月3日迫使清帝退位时，袁世凯知道清朝已是明日黄花了。他通知南京政府，如果他能出任大总统一职，他将保证清帝退位。孙中山为防止袁世凯事后反复，便通过新闻报道具体规定了政权转交的程序：

（1）将清帝退位的消息告知外国大使、领事；

（2）袁世凯公开发表拥护共和；

（3）孙中山在从外交官与领事官那里据悉清帝逊位后，便主动辞职；

（4）国会任命袁世凯为临时大总统；

（5）袁世凯承诺遵守国会即将通过的宪法，在此之后他才能享有军事权。

袁世凯便动员其亲信庆亲王向清室施加压力，他主张，与其一无所剩，不如答应革命党人主动提出的要求，体面退位。在1月17—19日间，为协商这一问题曾举办了三次御前会议，大多数满族与蒙古族亲王拒绝退位。袁世凯于是联合约五十名军官宣布赞成共和。段祺瑞更过分，他威胁清室说，如果满州贵族仍拒绝共和，他将亲自赴京与他们辩论。冯国璋也公开地向手下宣布支持共和。与上述言论相配合，袁的密使还多次走访清室，迫使清帝早日退位，他们转而劝说皇太后，既然光绪帝主张宪政运动，但他无法亲身实行，那么她就应该推行光绪帝的遗愿，接受共和主义。据说皇太后回复说："我晓得国家属于公众，并非满人所有。但满人毕竟传承了二百余年。我只希望能保存并修复光绪帝冢，不要贬贱皇室的身份。"1 月 30 日，醇亲王同前摄政王即总理大臣庆亲王劝解道："既然官军已丧斗志，趁时退位为佳。"1912 年 2 月 1 日，太后宣袁世凯入宫，痛哭着宣布："我将诸事交给你处理，只求保全皇上的尊荣。"南京政府主张可将清废帝享有同外国君主同等礼遇，每年补助 400 万两，允诺他住在颐和园，并可拥有以往的卫士与侍从。2 月 12 日，孙中山最后警告：如果清帝二日内仍不退位，便取消这些优厚的待遇。同一天，袁世凯向公众发表了早已拟就的、由他这位总理大臣与全部阁员制定的一份清室通告，宣布清帝正式退位。这意味着，作为中国二十五个王朝中最后一个的清王朝，统治了二百六十八年之后，消失在历史潮流中。

清室诏书授权袁世凯建立临时共和政府，并同革命党就国家的统一问题进行协商。这一声明是起草诏书文本中没有提到的，它是由闻名世界的学者张謇为南京政府拟订的，是征得袁世凯的认可的。但是后来，袁世凯却强硬地将它加入清室诏书中，以表明他是从退位的清帝手中而非从南京政权那里夺取临时大总统一职。对此，孙异常震怒，但事已至此，他也无可奈何。当天，袁世凯宣誓拥护共和，实现他出任总统一职的前提条件："共和才是最良国体，世界之公认，大清皇帝既以明诏退位，业经世凯署名，则宣告之日，为帝政之终结，即民国之始基，从此努力进行，务令达圆满境地，永不使君主政体再出现在中国。"

2 月 13 日，孙中山辞去临时大总统之职，并推荐由袁世凯继任，其先决是他接受三项要求：（1）都城仍留在南京；（2）袁世凯赴南京担任临时总统；（3）袁世凯遵守马上将由临时参议院拟定的临时约法。翌日，临时参议会正式选举袁世凯担任临时大总统，黎元洪担任临时副总统。2 月 18 日，一支由知名代表们组成的使团赴京迎接袁世凯前往南京。而袁世凯却不愿离开他势力强大的北方，转赴革命党势力强大的南方。他命令手下士兵发动骚乱，以表明他必须继续留在北京。革命党领袖别无他法，只好同意他于 3 月 10 日在北京就职。一天后，由孙颁布了中国首部宪法《临时约法》，全文共 56 条。1912 年 4 月 1 日，孙按照约定辞去临时总统职务。4 月 5 日，参议院投票决定将北京作为首都，美国首个承认了新成立的中华民国，此后被巴西、秘鲁、奥地利、葡萄牙等其他一些国家所接受。

民国的诞生是中国历史上一个具有引领时代潮流意义的事件，因为它结束了长达两千余年的封建时代。中国不必被任何“天子”、或任何王朝所奴役，只是归属于全体民众。革命的成功不仅实现了两千多年以来民族主义革命传统的梦想，而且还跨越了狭隘的种族界限，将政权从满族手中解放出来，把它归还到所有中国人：汉人、满人、蒙古人、回人及西藏人。从 1911 年 10 月 10 日武昌起义的枪声至 1912 年 1 月 1 日共国和成立，其间仅有 83 天。这样迅速地取得成功在世界上其他任何伟大的革命中都是罕见的。只是，革命并不彻底，而且产生了许多意想不到的后果，令孙感到遗憾。他的多数追随者仅满足于推翻满人，建立共和国，而很少有人注重民主重建与解决民生这些更重要的目标。他们十分渴望和平，因此不顾孙的抗议，情愿同袁这种毫无原则的人进行合作，而孙不仅得不到多数人的支持，反而被认为是一个理想主义的追求者。只是帝国被推翻、民国建立，就已经让他们认为自己的主要目标已经实现。至于三民主义，他们完全脱离了民权主义和民生主义，而只注重民族主义的部分内容，即推翻满州异族统治的民族主义。他们从未意识到在民国建立后，必须继续坚持反对帝国主义的抗争。他们还抛弃孙中山三阶段的革命方略，而只是选择同遗老遗少合作，并优待废帝，这些只是替以后军阀割据及复辟帝制的企图的实现（1915 年袁复辟与 1917 年张勋复辟）创造了有利条件。孙对其政党的不满，正是他辞去临时大总统之职的一个重要原因，他曾这样驳斥道：“若无革命重建，革命总统又有何益?”

其中，陆军总长黄兴、外交总长王宠惠、教育总长蔡元培全部是同盟会员，实业总长张謇、交通总长汤寿潜属于江浙立宪派首领，内务总长程德全、司法总长伍廷芳则是旧官僚；海军总长黄钟英作为起义的舰长，财政总长陈锦涛被称作那个时代所谓“理财专家”都曾在清政府任职。根据同盟会制定的“部长取名，次长取实”的方针，也就是说由孙中山直接任命的各部次长、局长和总统府秘书长等，除了海军次长外，全部为同盟会的重要骨干。程德全、汤寿潜、张謇等人全都没到南京就职，各部基本上都由次长代理，当时有“次长内阁”之称。所以，实权始终掌握在革命派手中的。1 月 28 日，临时参议院在南京成立。在立法机关内，所有 40 余名临时参议员中，就有同盟会30人，而立宪派还不到10人。由汉口各省代表联合会、南京各省代表联合会发展到临时参议院的成立，仅用了一个月，就出现了非常可观的变化。立宪派代表急剧减少（主要是北方未起义各省谘议局的代表），革命派代表人数迅速增长，反映了革命运动的迅速发展和同盟会在组建政权的角逐中获得了暂时的胜利。

孙中山领导的南京临时政府，是由资产阶级代表的民主革命的产物。临时政府中有代表少数的立宪派和旧官僚参加，也有资产阶级革命派居于领导地位。“临时之政府，革命时代之政府也”，这是南京临时政府公布的第一个文告《临时大总统宣言书》中庄严发表的。在这个宣言书内提到，对临时政府的制定方针作了如下的规定：对内要完成民族、领土、军政、内治、财政的统一，对外要改变清政府“辱国之举措与排外之行为，务一洗而去之，持和平主义，循序以进”。对内维护统一，摆脱各省起义以后各自为政的局面，以利于推翻清朝腐朽政府，建立一个统一的资产阶级共和国，这显然是具有重大意义的。对外要洗刷清朝反动政府的“辱国举措”，也是相当必要的。但是，宣言书尚未提出明确的革命目标和实现革命任务的策划，显得有些不太务实。

南京临时政府的根基是脆弱的。它表面上是一个全国性的中央政府，但是，它的权力并不能应用于被立宪派和旧官僚控制的省区。就算在革命派掌权的地方，也大都各自为政，并没有完全服从中央的号令。作为资产阶级领导的同盟会，早已处于相当涣散的状态，内部“意见不相统属，议论歧为万途”，无法服从革命政党的统一领导。直到1912年2月，同盟会才在南京召开重组会议，议决由秘密转为公开，并制定了章程。这时，清帝退位已是必然，新总章明确确立“巩固中华民国，实行民生主义”为宗旨，具体政纲包括：完成行政统一，促进地方自治，推行“种族同化”，采用国家社会政策，广泛推行义务教育，提倡男女平等，厉行征兵制度，整理财政，厘定税制，争取国际平等，注重移民垦殖事业等九条。

新政纲虽然保持着民主精神，但缺乏应对当时复杂政局的革命方针，无法实现统一革命党人思想和行动的结合。在组织上，根据宋教仁扩大会员的建议，将黎元洪拉入同盟会，并推举他担任协理，大批官僚、政客、豪绅全都混入党内。同盟会员发生本质上的变化，与立宪派、旧官僚打得火热，为谋取个人权位而组成了各式各样的政治团体。孙中山等少数坚持革命纲领的革命党人，被批判为为“理想派”，在同盟会中处于尴尬的地位。孙中山无力挽救“过渡”政府与“过渡”总统的局面，在他就任临时大总统的当日，就只能致电袁世凯，说明“暂时承乏”，“虚位以待”。

帝国主义一直没有承认临时政府，导致临时政府的领导者们备受压力。南京临时政府从成立之刻起，便面临着相当严重的财政危机。清政府所收缴的许多苛捐杂税同时宣布废除；海关及部分常关、盐厘的税收被帝国主义者控制，拒绝交给临时政府；各地的田赋还有其他税收都被各省军政府截留，不上缴中央。军需短缺而款项没有着落，各处要钱的电报接踵而来，南京周围的民军“嗷嗷待哺，日有哗溃之虞”，每日来到陆军部索饷者不下数十起，导致陆军总长黄兴“寝食俱废，直到吐血”。临时政府多次准备命令各地商会认捐款项，以救燃眉之急。但是，各地商会全部操纵在资产阶级上层及其权利代表立宪派手中，他们不原意从经济上供给临时政府，公开阻拦募捐计划的实现。在这种情况下，南京临时政府却从不发动群众、争取人民支持来寻求出路，而是向帝国主义国家继续贷款，作为解决财政问题的主要途径。孙中山将回国前后，甚至亲自进行过多次贷款活动，基本上天天盼望外国银行的复电，可是，始终杳无音信。南京临时政府还曾想要以国内大企业（如轮船招商局、汉冶萍公司等）作抵押，向外国争取几笔贷款，又遭到立宪派的坚决抗议，临时参议院内外一片抗议鼓噪声。南京临时政府陷入困境，始终没能摆脱财政困难。

南京临时政府组建后，仅短短的三个月时间里，颁布了很多有利于民族资本主义经济、资产阶级民主政治和文化教育的政策。按照资产阶级“自由平等”、“天赋人权”的主张，它主张人民享有选举、参政等“公权”以及居住、言论、出版、集会、信教等“私权”；禁止各级官厅焚毁刑具，禁止刑讯：下令保护华侨，严禁止贩卖华工；禁止买卖人口，禁止蓄奴，解放“疍户”、“惰民”等被称为“贱民”，允许他们同样享有“公权”和“私权”；革除历代官厅“大人”、“老爷”等称谓，甚至禁止蓄辫、缠足、赌博，严禁种植以及吸食鸦片，等等。在振兴民族工业方面，它制定了适合工商业发展的规章，废除清代的部分苛捐杂税，奖励华侨在国内投资。在文化教育方面，它主张以“自由平等博爱为纲”的“公民道德”；废除清政府学部编著的教科书，新编教科书必须符合“共和民国宗旨”，废止“有碍民国精神及不符合各学校应授之科目”，《皇朝掌故》、《大清会典》、《大清律例》等一律废除，小学禁读经科，等等。以上这些法令，全都体现了民族资产阶级的原则和利益。

南京临时政府颁布的各项法令，对资产阶级利益体现了热忱关切的态度，只是对地主阶级利益，没有触及根本，对广大农民的要求没有多少积极的反映。同时，他们把获得帝国主义国家的承认，作为临时政府的首要宗旨。临时政府在《宣告友邦书》中，郑重承诺承认清政府和帝国主义国家缔结的所有不平等条约，负担过去的外债和赔款，维护帝国主义在华的各种特权和利益。软弱的资产阶级革命派可笑地认为，主动认可清朝卖国政府的罪恶“遗产”，就可以唤起帝国主义对临时政府的同情和认同。临时政府外交总长依照《临时大总统宣言书》中所规定的对外施政方针，只是怯懦地声明：对于租界的行政警察权“等到大局已定，再行设法收回”；危害我国司法主权的上海会审权力，“当向各领事交涉，使必争回”。临时政府为争取列强承认，进行多次交涉，都没有结果。不过，孙中山领导的南京临时政府，尽管存在着各种各样的弱点，但它坚持了民主共和的道路，在进行覆灭清朝和成立民国的革命大业上，有着其不可磨灭的历史功绩。

## 第四节　革命果实被窃取

### 孙中山等革命党人认为辛亥革命具备民族民主革命的属性

民国前期，孙中山等革命党人对这场革命多有评价和解读。1912 年 9 月 3 日，孙中山在北京五族共和会同西北协进会上进行演说时指出，“中国去年的革命，是种族革命，也是政治革命”，肯定了辛亥革命的民族民主革命性质。革命的发展过程，就像他在《八年今日》一文中的描述：“今日何日，乃革命党员熊秉坤主动发难，清朝协统黎元洪被迫抗争革命军于武昌之日也。之后冯国璋焚烧汉口，由于袁世凯病起彰德，无如党人遍布国中，响应四起，所以导致清朝江山不可收拾，于是导致南北和议开，于是才掀起非袁莫属之论，时予方在伦敦进行外交问题之解决，理应着手举世同情，乃屡促共和国体之速定，组建正式政府，欲乘时恳请友邦之承认，乃推迟两月，头绪全无，加以远闻国人，亦有主张清帝之君宪者，予深恐革命大功亏于一篑，所以只能放弃外交之良机，转奔驰回国，于是拟定政府于南京，而共和国体乃定焉。”

辛亥革命被看做是“中国历史上一次全新的资产阶级民主革命”，推翻了满清政府在中国推行两千余年腐朽的封建制度，建立了亚洲首个民主共和国——中华民国。在此之前的中国历史上多次起义都是以一个朝代与另一个朝代的更替而结束，但辛亥革命却从根本上推翻帝制，并尝试建立新的政治体制——共和制。尽管后来民主共和的条例受到北洋军阀很大程度的破坏，甚至出现过短暂帝制的复辟，但他们都没有从根本上颠覆众望所归的共和国体。在辛亥革命以后相当长的时期内，两千余年的帝制、专制思想都不能在中国完全消除，而且还曾经具有相当的社会基础。甚至中国共产党声称在1949年建立的人民民主专政的中华人民共和国成功的做到了“真正的人民当家做主”，也被一些人反驳，在具体运作上，所谓“真正的民主共和”还从来没有真正在中国全面实行——无论是北洋政府、国民党的南京国民政府、亦或中华人民共和国政府。当时胜利的中国革命党人并没有一个明确的治国方案，只是按照美国宪法，美国政治体制，实行总统共和制。尽管由于现实社会条件的限制和统治者们对约法的无视，例如孙文为约制袁世凯而制定的《民国约法》可以随意变更，袁世凯后来又因称帝而废除了约法，民国初年民主共和体制并没有真正贯彻实施，但这毕竟是中国第一次试图实行民主共和政体，促进了民主共和观念在中国的深入人心，使民主共和的价值观得到了实行，具有划时代的历史意义。

从思想史的角度来说，辛亥革命同样是一场影响巨大的思想启蒙运动。它促使民主共和观念深入人心。自汉代董仲舒之后的中国思想中，君臣关系即“三纲五常”中三纲之首，皇帝既是政治上的权威，亦是文化中具有代表价值观念的重要依据和合法性的来源。辛亥革命推翻了帝制，就意味着打破王权政治的价值观和政治思想的同时，也同样是对中国传统以儒家为首的诸多价值观的权威性造成冲击，致使在其后的新文化运动中多次出现打倒孔孟、“全盘西化”等空想虚无主义思想。文化权威的湮灭，也造成这一代知识分子爆发出前所未有的焦虑感，就像无政府主义、自由主义、三民主义、社会主义（特别是具有明确进程的共产主义）等具有完整详尽的新价值体系，形成了大批中国知识分子的新信仰。

此外，从辛亥革命各省独立运动开始，中国步入长期的分裂混乱之中，除了袁世凯曾在二次革命之后出现短暂大致统一全国之外，其他中华民国的统治力量都没有能直接统治整个中国（如号称统一的国民政府也只是收到五个省的税收），一直持续到20世纪50年代，才由中国共产党实现中国大陆的再度统一。长期的分裂还有战乱，对于中国的经济进步及现代化建设造成长期的阻碍。

辛亥革命对中国当时的影响并没有想象中来得大。辛亥革命在很多方面，如18世纪后的人口剧增，清末的土地问题以及西方列强对中国的扩展与经济侵略等问题，没有从根本上解决。辛亥革命没有达到像西方资产阶级革命那样，重新建构社会组成。进行辛亥革命的更多的是军人、旧式官僚、各地士绅。这些阶层代表在辛亥革命后依旧掌握权力。虽然其主要领袖孙中山是平民知识分子，但中国贫穷的平民阶层没有实际加入到辛亥革命中，因此辛亥革命后，生存条件不会发生根本性的改变。辛亥革命即使常被称作“中国的资产阶级革命”，但当时中国其实需要一个更强大的资产阶级，参加革命者也不一定以资产阶级为主，而革命的成功也没能直接促成资产阶级的迅速发展。正如在传统社会的改变上，辛亥革命仅仅打倒了社会顶层的满人政权，但中国传统地方社会居掌控权势的各省士绅及汉人旧官僚，也只是在辛亥革命中变相的利用革命而获得地位，这也只是为了更加巩固他们的地位。辛亥革命之后的军阀割据，也只有大量战乱及军人政治才能加速拥有知识和功名的士绅官僚力量渐衰，将其取代的反而是拥有军事背景的人物以及地方土匪恶霸。但是辛亥革命却在生活文化方面开创了“新礼服兴，翎顶补服灭；兴剪辫，学西礼；爱国帽兴，瓜皮帽灭；天足兴，纤足灭；阳历兴，阴历灭；鞠躬礼兴，跪拜礼灭”的新局面。

孙中山于1911年12月29日在南京就任临时总统后，吸纳了大量在马来半岛和新加坡的中立派及保皇派分子。武昌起义后，一方面马来亚同新加坡各地华人剪掉辫子以示革命；另一方面，在同盟会和孙中山的呼吁下，当地华人也积募捐款支持革命运动。马来半岛和新加坡华人支援中国的革命活动是空前绝后的，虽然革命活动主要目的是挽救中国，但这次运动已对当地华人产生了极其深远的影响。对于马来半岛和新加坡的影响基本上可以分为：

马新华人爆发民族主义思潮，马新华人力量更加的团结，以及新思想的涌现和政党政治的影响。当孙中山在马来半岛和新加坡宣传革命之前，当地华人没有那么团结，常有帮派和籍贯的斗争。这种分裂行径阻碍了革命思想的传播，帮派斗争阻碍华人社会的经济发展并阻止了不同方言集团的合作。

1906 年，孙中山在吉隆坡召开同盟会支会成立宣誓时发出警告说：当地华人的分裂最终将造成整个华人社会的崩溃。故而同盟会展开各种宣传活动，如阅书报社、夜校、戏剧表演，将不同方言的集团为孙中山的革命团结在一起工作，这使得不同籍贯的华人更加团结学习、相互了解、相互合作以应对共同的难题。通过经常的联系，华人的团结精神和国民意识慢慢被加强和发展起来。1909 年，在打巴组成的集群社就是灌输团结思想的团体。另一项最主要的进步便是在马来半岛和新加坡的学校宣传标准华语，主要目的在于打破使用从前的方言教学，这使得不同籍贯的华人之间有了共同的语言。孙中山的革命思潮同样为马来半岛和新加坡带来了新的思想，打破了华人传统的旧社会和旧传统。利他主义，舍己为群，平等和自由之思想因此不断传开。鼓励建设女子学校，女人被支持加入社会活动和参加孙中山革命。

辛亥革命推翻了“洋人的朝廷”，也同样沉重打击了帝国主义的侵略势力。辛亥革命以后，帝国主义只得重新寻找他们的在华代理人，但再也没有能够控制全局的统治工具，再也没有能力在中国建立相对稳定的统治秩序。第三，辛亥革命为民族资本主义的发展提供了有利的条件。民国建立以后，国内实业集团逐渐成立，开工厂、设银行成为风气。民族资本主义的经济实力在短短的几年内就有了显著的增长，无产阶级队伍也迅速发展起来。第四，辛亥革命对近代亚洲各国被统治民族的解放运动，产生了比较深远的影响，特别是对越南、印度尼西亚等国的抗击殖民主义的斗争起了促进作用，在亚洲的历史上同样是一次伟大的转折。列宁把辛亥革命看做“亚洲的觉醒”。辛亥革命是亚洲打响的民主的第一枪。

孙中山宣布辞去临时大总统职务之时，就担心袁世凯专制独裁，为了实现中国发展资产阶级民主政治的道路，提出奠都南京、新总统到南京就职和遵守《中华民国临时约法》等三项条件，并派蔡元培等为代表北上，迎接袁世凯南下。袁世凯表面表示愿意南下就职，暗中却密令他的亲信部队在北京、天津、保定等地制造暴乱，寻找他不能南下的借口。孙中山等获悉北京等地兵变的消息，于是出兵平乱，并委任黄兴等发出率兵北上的通电。这时，帝国主义又一次主动配合袁世凯，纷纷从各地出兵增援北京，增强紧张局势。立宪派和旧官僚都不赞成孙中山提出的奠都南京的主张，许多革命党人做了他们的内应。孙中山只得被迫退让。3 月 6 日，临时参议院议决同意袁世凯在北京宣誓就职。

南京临时政府制定的《临时约法》，是一个相当重要的文件。它不仅规定了资产阶级共和国的国家、政府组织机构以及人民理应具有各项民主权利。它同时具有资产阶级共和国宪法的性质。孙中山等试图凭借这部临时约法来限制袁世凯的权力，防止他的专制独裁。奸黠狡诈的袁世凯一边声称他是《临时约法》的拥护者；一边又表示要对它进行“修改”。4 月 1 日，孙中山彻底解除临时大总统的职务。第二日，临时参议院决定将临时政府迁往北京。因此孙中山的解职和临时政府的北迁，都说明了革命遭遇了严重的挫败。资产阶级革命派交出政权后，企图凭借一纸约法以实现其资产阶级议会政治，引领中国走上民主的道路。历史证明，这是一个多么现实的幻想。

可以说南、北统一是袁世凯北洋军阀集团、资产阶级革命派和改良派等各种政治力量相互妥协的产物。袁世凯为了担任临时大总统，只得在表面上信誓旦旦，呼吁“永远不使君主政体再统治中国”，“深愿竭其能力，发扬共和之精神，废除专制之瑕秽”。虽然革命派让出了大总统，却企图控制着南方数省和临时参议院，试图以临时参议院、《临时约法》、“责任内阁制”限制袁世凯实施专制独裁。1912 年 3 月，袁世凯委派唐绍仪为国务总理，前往南京组建第一届内阁。唐绍仪在清末是袁世凯的嫡系官僚，这时参加同盟会，以“调和南北”作幌子。唐内阁的重要部门受袁世凯控制，就像陆军总长一职，袁世凯始终不肯交给黄兴，而由他的亲信段祺瑞担任；但宋教仁等四个同盟会员就接手农林、工商、司法、教育等四个部门，这样连同唐绍仪在内的十个阁员中，同盟会员就已经占半数，因此被称为“同盟会中心内阁”或“唐宋内阁”。4 月上旬，南京临时参议院议决改迁临时政府至北京。唐绍仪事事干预，履行大总统发布命令须经国务员副署的“责任”，致使袁世凯感到不能随意指挥、独断专行，在 6 月间利用唐内阁委派非袁嫡系的王芝祥为直隶都督事，指使北洋将领通电抗议，并不经内阁商议而发布了改王芝祥为南方军宣慰使的任命。以“责任内阁制”遭到破坏为由，迫使唐绍仪及同盟会的四个阁员集体离职，改良派的两个阁员也以不安于位为由被辞退。

唐内阁倒台后，宋教仁提议积极推进民主政治的实施，通过全国民主选举组建国会，制订宪法，由国会中的多数党组织内阁，继续实行“责任内阁制”，以促进宪法的贯彻执行。孙中山对政治产生悲观情绪，希望袁世凯创建一个稳定局面，自己则发展交通、实业建设，为民国谋取更多的利益。黄兴在1912年6月间无奈撤销“南京留守府”，遣散南京临时政府的军队，对政治同样抱着消极态度。李烈钧、胡汉民等“地方实力派”采取地方自治，倾力于巩固自己的地盘，不大关心全国的形势与斗争。“激烈分子”包括戴天仇（季陶）、何海鸣等抗议袁世凯，不断揭露、责骂，甚至呼吁用武力推翻袁世凯的统治，但本身既无组织，又无核心，不能左右政局。鉴于议会斗争的需要，1912年8月，在取得孙中山、黄兴的支持后，宋教仁以同盟会为根据地，联合统一共和党等几个小党派，组建国民党，选举孙中山为理事长而实际还是自己代理。国民党的革命精神比同盟会大为缩水，废除了同盟会秘密时期的“平均地权”纲领，抛弃了同盟会公开时期的“男女平等”主张，并将最初的“力谋国际平等”改为“维持国际和平”，但由于邀请了各方面代表势力加入，声势浩大，故而在临时参议院中占多数，荣登第一大党。和国民党并存的还有以两湖、江浙的原立宪派为首的共和党，以章炳麟为核心的统一党和以梁启超为首的民主党。这些党派明白自己还没有组阁的希望，便提议“超然内阁”，向袁世凯靠拢，但也主张分享政权。

为了控制政局，袁世凯邀请孙中山、黄兴北上共事，将二人尊称为“革命元勋”，“百般地曲意相从”，准许孙中山“筹划铁路全权”。孙、黄都落入陷阱，对袁世凯表示信任。黄兴主动疏通，委派参议院通过赵秉钧为国务总理，并吸纳赵秉钧及其他六个阁员拉入国民党。赵内阁号称“国民党内阁”，根本上完全被袁世凯所控制。从1912年12月到1913年2月，首届国会选举在全国范围内进行。宋教仁等尽心投入竞选，最终国民党在参、众两院获得了压倒性的多数席位。为了推行把中国建成一个独立、富强、民主的资产阶级共和国的主张，宋教仁亲自前往长江流域各省宣传号召，宣扬政见，试图组建真正的国民党内阁。他还策划了一系列内政和外交方面的方针，打算在他当政时施行。

袁世凯决议采用铁血政策扑灭民主势力。1913年3月，宋教仁打算北上组阁，在上海车站遭暴徒暗杀，伤重逝世。袁世凯得知宋教仁被刺的消息，假装“愕然”，命令江苏地方官吏“迅缉凶犯，穷究主名，务得确情，按法严办”。实际上，“穷究”的结果，行刺的主谋却是袁世凯本人，而直接策划暗杀的则是国务总理赵秉钧。“宋案”真相传出，全国哗然。孙中山从迷途中惊醒，主张“非去袁不可”，提议立即兴师讨袁。但许多革命党人对武装讨袁丧失信心，大部分国民党议员则贪图名位，提议在北京联合其他党派，以国会的力量进行“法律倒袁”。

在国民党人争论徘徊的时候，袁世凯已打算主动进行武力镇压。为了准备反革命战争经费，4 月 26 日，他任命赵秉钧等同英、法、德、日、俄五国银行团借款，把交涉多年没定的 2500 万英镑的被称作善后大借款的条约签订下来。只不过扣除折扣、到期的借款和赔款，袁世凯实际能拿到手的也仅仅 760 万英镑，而约定 47 年还清的本利为 6785 万英镑。尽管条件如此荒谬，袁世凯为了发动反革命内战的军费，不进国会审议，私自签订了大借款合同。“善后大借款”遭到国会中国民党议员的抗议。他们表示没经国会同意，此项借款显然不合法，不能予以承认。袁世凯立即组织民主党、共和党、统一党合并，建成以梁启超为实际主持人的进步党，以抗议国民党；同时命令北方各省都督通电驳斥国会反对借款为“不顾大体，无理取闹”，甚至在国会内外向国民党议员强硬施加压力，最终把“法律倒袁”的微弱呼声压了下去。

袁世凯赢得国内外反动组织的支持后，原形毕露。他驳斥孙中山、黄兴“左又是捣乱，右又是捣乱”，无耻地宣扬自己是“受到四万万人民的重要付托，不能以四万万人之财产生命听人捣乱”，恐吓“彼等若敢另组政府，我将会出兵征伐之”。6 月间，他以江西都督李烈钧、广东都督胡汉民、安徽都督柏文蔚曾通电抗议善后大借款为借口，斥责其不服从中央，下令免职。并出兵南下，进攻江西，发动反革命内战。国民党人只得被迫应战。由于他们当初没能够统一行动，导致一直处于被动挨打的局面。

7 月 12 日，李烈钧由江西湖口出兵，组织讨袁军，发表讨袁宣言。黄兴受形势所迫，也在南京逼使都督程德全发表讨袁宣言。之后上海、安徽、湖南、广东、福建、重庆等省区相继宣布独立。这就是孙中山所主张的“二次革命”。袁世凯以江西、南京为进攻的主要目的地。江西方面，湖口的讨袁军遭遇了北洋军的水陆夹攻，于7月25日战败。8月18日，北洋军占领南昌，占领江西。南京方面，由于某些讨袁军被袁世凯用金钱收买，爆发内变，被迫退守临淮关。黄兴于7月29日逃离南京，程德全便宣布放弃讨袁。9月1日，袁军张勋部攻入南京。上海的陈其美等在8月13日逃离吴淞炮台而去。安徽的柏文蔚也被袁军赶跑。仅仅两个月，南方各省的国民党军队全被袁世凯击败，“二次革命”最终失败。孙中山、黄兴等被以“乱党”名目通缉。他们只得被迫再次逃亡海外。

二次革命很容易被镇压下去，这使袁得意忘形，私欲澎湃高涨。他不再满足于临时大总统的头衔，而期盼担任终身正式总统，并且为最终称帝的目标做准备。曾在1912年，他在就职时曾宣誓维护共和，反对任何君主制复辟，而到今天，他在追求至高权力的梦幻中已将这一切置诸脑后。

袁策划的第一步是，促使国会在宪法还没制定之前于1913年10月5日通过《总统选举法》。一天后，国会两院在伪装的公民团（实为袁手下伪装的士兵警察及便衣特务）的叫喊声中，进行总统选举。这些人包围了国会，恐吓“今日必须将公民所属望的总统选出，不许选举人出会场一步。”但就算在这种恐吓之下，袁在前两次投票中依旧没能获得足够当选的票数，而只是在第三轮投票中才得到多数选票。1913年10月10日，袁正式就职大总统，临时政府也转变为正式的政府。仅仅三周之时间，国会就在10月31日颁布了《天坛宪法草案》，它没有采用总统制，而是采用内阁制来制约袁的权力。袁异常愤怒，他要求手下军官抗议此法与国情不符，实为国民党试图掌控国会的工具。当国会坚持己见时，袁直接于11月4日解散国民党，并以进行二次革命的罪名，取消了358名（后来又有80名）国会议员的资格。1914年初，国会因法定人数不足而不能开会。袁在废弃宪法及解散国会与反对党之后，他已取得了事实上的独裁地位。

出于对表面合法之重要性的考虑，袁于1914年3月18日召开了国民大会，以更改1912年的《临时约法》。22省各选2人参会，首都和全国总商会分别选4人参会，甚至还有8人来自蒙古、青海和西藏，共计60人。会议决议改内阁制为总统制，并授权总统与国会预先制定一部新宪法。1914年5月1日荒唐的《中华民国约法》通过，此法将总统任期延长到10年，甚至可无限期地竞选连任。此外，规定总统还有权提名继承人，这样维持了袁世凯的终身任期以及将总统之位传给子孙的权力。他将作为一位无冕之君，其目的达到，但他仍不满足。他不仅想做事实上的君主，还想成为一位合乎法统的皇帝。长子袁克定为了成为未来的统治者，也用尽全力煽动其父的野心和政治欲望。终于到了 1915 年，袁已完全准备好背叛共和，就像拿破仑三世在法国所做的那样。

为了防止列强的阻拦，袁同意接受日本主张的臭名昭著的《二十一条》，并与英俄签订合约，承认他们在西藏和内蒙的特殊利益与地位。日本首相大隈重信做出引人入胜却暧昧不明的样子，进一步鼓舞了他。大隈重信甚至提出，若是中国转变为帝制，其政治体系将与日本一样，既然袁已完全掌控了中国的政权，那中国转变为帝制，将使局势与国情相一致。袁认为这些话是日本对其恢复帝制梦想的赞同。

袁的美籍宪法顾问，霍布金斯大学校长古德诺（FrankJ. Goodnow）博士发表了一篇文章，声称美国人一直没有支持中国采用共和政体，同样如果没有人反对的话，独裁的传统已使君主立宪制更为适宜。袁的日本顾问同样强调：君主立宪制，就像在英国与日本所示的那样，是民族力量的源泉。在这些专家的支持下，帝制复辟运动从隐蔽走向公开。运动的主要组织者杨度公开宣称，要通过君主立宪制来挽救民族的危亡。1915 年 8 月 12 日，他策划了筹安会，支持袁称帝。众所周知的翻译家严复曾怀疑中国是否适合实行民主，在不是他本人意愿下，也被列为六委员之一。尽管袁本人仍继续否认有任何复辟之心，并一度对帝制运动表现出明显的冷漠态度，但帝制运动却如火如荼地进行起来。

无论如何，帝制运动愈演愈烈，请愿书如雪花般飞进总统府，赞同改变国体。1915 年 11 月 20 日，为研究此问题而召集的国民代表大会，以绝对多数票支持君主制。12 月 11 日，各省代表凭借民意之名，请求袁接受就任中华帝国皇帝。在假装无德无能对之婉拒之后，袁“极勉强”地接受了代表们 2 月 12 日的第二次请求。一天后，他下令，第二年即 1916 年，是他新朝政的实行元年，此年讽刺地称为“洪宪”元年。像以往时代的许多独裁者一样，袁狂妄自大，以至于不懂得适可而止。看起来，他没有发现，尽管在共和国初年存在无数不确定因素，但有些是确定的，即帝制不可复辟。他对共和的背叛及对帝位的无耻行径，超过了国人可以容忍的程度。这对反对他的人来说，是如此；对他的追随者来说，同样如此。

这段时间，孙中山在二次革命失败后流亡日本，他认识到党内不统一是他失败的主要原因，于是在1914年7月8日将国民党重组为一个更严密的组织，取名中华革命党。党员不仅对孙效忠，还要在自己的书面誓词上按下手印。孙严格掌控了组织总部及各支部，并且掌握各级组织的人事任免权——这正是后来被称为“民主集中制”的原型。此时，孙中山就任中华革命军总司令，着手对袁非法破坏国会、破坏《临时约法》，以及对共和的可耻背叛进行讨伐。

在云南，以前任都督蔡锷为首的一群革命者组织了一支护国军，声讨复辟运动。蔡锷与原来的老师梁启超宣誓讨袁，一个用枪，一个用笔来捍卫共和，维护中国四亿黎民的荣誉和骨气。云南革命党人坚决率领护国军“清除国贼，保卫共和，捍卫民主，坚持自治精神”。12月23日，他们向袁发出最后通牒，给他两天时间取消帝制运动。针对袁的拒绝，云南定于12月25日宣布独立。由一万余人组成的护国军分三路发起进攻。12月27日，贵州同样宣布独立。袁迫于时局的威胁，推迟了定于1916年1月1日登基的计划，袁的两大主将段祺瑞和冯国璋都以有病为托辞，推脱就任征讨护国军的远征军统帅。3月15日，广西宣布独立；另外，一支独立的反复辟军队在山东崛起。日本政府同时声明：由于此时北京无力保持国内安宁及无法获得列强支持，它无权代表中国，今后，日本将把南北双方看作平等的交战团体。

面对国内外形势，袁没有选择，只能于1916年3月22日放弃了“洪宪帝制”的企图，然而，他依旧希望借恢复内阁制来平息革命党人，以便待在总统职位上。但是，事情的发展根本不是他所能控制的，4月6日，广东宣布独立；之后4月12日，浙江宣布独立。至5月5日，各支革命军组建成军事委员会，拒绝认可袁的总统地位，19个省的杰出人士也和委员会一样，就连康有为也两次敦促他退位及往海外游历。至此，袁的帝梦已烟消云散，其追随者也逐渐背弃他。当他命令冯国璋动员将军与都督支持他留任总统时，冯却劝他退位。5月9日，陕西宣布独立，其后四川于5月22日、湖南于5月27日，亦宣布独立。旧部下的抛弃，使他甚是羞愧难当、焦虑过度、悲痛欲绝，终在1916年6月6日，因尿毒症暴毙，时年56岁。复辟帝制的闹剧至此戛然而止了。

在评价袁的平生时，梁启超认为袁没能区分人与动物的不同，认为金钱可以购买一切，武力可以恐吓一切。袁对宪法的欺骗，对议会非法的操纵，采取的贿赂、威胁、谋杀，以及监禁等手段，无可挽回地痛伤了公众的人格与道德，也为此后十年的法律失调与社会无序，制造了隐患。

# 第三章　走向历史死角的清王朝

对清代历史的研究必然是研究这一时期的意义、成就及过失。事实上，客观地调研中国二十五个连续朝代中的最后一个王朝清朝，便会觉察它在中国历史上独特而关键的地位。比之于元代八十九年的统治，清代历时二百六十八年，是少数民族统治的最为长久的一个朝代。清朝历经了中国历史上第二大帝国的兴起，仅次于元代，并为这个国家维持了长久的和平和繁荣。这种太平盛世促进了人口史无前例的增长，从 1650 年的 1.5 亿增加到 1850 年的 4.3 亿；故而疆域与人口这两份清代的遗产，奠定了现代中国国力的基石。清代还目睹了从传统中国走向现代中国的划时代变迁。自 19 世纪中叶以后，儒家国家与社会，以及延续于清代中、前期的传统，在西方冲击下发生了根本转变。只有了解清代历史，才能清楚新秩序诞生之艰辛，从而有助于深思中国向现代社会调整时的艰难脚步。

## 第一节　历史透视下的清王朝

清代不仅给中国创造了辉煌的成就，也带来了屈辱的经历，但比起明代君主，清代统治者总的来说表现较好。对清朝历史的剖析，可以得出一条鲜血般的教训，就是生存的关键，也就是对时代的挑战所作的建设性和创造性相适应的能力。满人在 17 世纪的胜利，主要是因为他们具有了这种适应能力；然而在两个半世纪后，因丧失相应的调整能力而导致失败。

满人夺取政权是由像努尔哈赤与皇太极这样的杰出领导来规划完成的，他们出现在明朝政权逐渐政治腐化、宦官专权、税收繁重以及致命的民众叛乱的危亡时刻。满人领袖灵活地战胜了满族的部落心态与组织，获得与汉人的合作并接收了明朝既存的体制。1644 年清王朝正式建立后，某些有远见而又能干的君主相继登位，康熙、雍正与乾隆施行了英明且强有力的政策。长期的和平、繁荣与军事成功随之而来。由于儒家被尊为是异族统治成功的根本原因，所以儒家秩序得以维持。此外，政府二元制的政体也建立起来，即在行政职责的任命上同时任命满人和汉人，以吸纳汉人精英，降低种族敌视，同时还建立了一种互相监督与制衡的体制。事实上，新兴清帝国所仰仗的基础是继承自明朝的行政体制，再补充以满族人的革新，例如加设理藩院和军机处。理学能够发扬，“忠”及“维持现状”等观念得到大力渲染，这主要是为了稳定当前社会。

满人也力求在广阔的汉族群体社会里保存本族的特色，并专门设置了诸如宗人府等机构，以对满人贵族实施严密的监视。他们还禁止汉人移居满人故地，禁止满汉或汉蒙通婚。权力以空前绝后的程度集中于君主手中。同时禁止满族贵胄建立封建制的运动，阻挠满贵和旗人密切联系，以预先控制分离之趋势。不可提升太监，限制外戚的影响，阻止官员间结党拉派。此外，清廷一方面利用文字狱在不甘心奴役的汉人学者间制造恐怖；另一方面又通过科举考试与有诱惑力的官职任命，尽可能笼络他们为清朝廷效力。这些措施成功地巩固了满人在中国的地位，但物极必反，就像中国古谚所说：“日高而陨，月盈而亏。”早在乾隆统治下的繁荣盛世就播下了衰败的种子。正是由于中国过度沉溺在奢靡的生活，从而忽略了本质问题。人口增长幅度超过了土地增长，导致人均土地占有量的降低；军务的废弛以及腐败与陋规在帝国官僚中普遍蔓延，这些问题导致所谓“王朝循环”这一历史规律的再现。到1775年，清王朝的国运便逐渐走下坡路了。

清朝之历史与明治时期日本的历史相比，形成尖锐的和鲜明的对照，让人们能够进行足够的讨论，并以相互对立的观点进行多样的诠释。阻碍中国进步的那些主要原因，也就是那些阻碍新观念传播的因素，其中包括幅员辽阔、故步自封、自给自足、缺乏借鉴国外的传统，以及知识界的保守态势；在其他导致清朝衰败的因素中，下面某些原因是值得深思的。

**软弱的领导和不完善的体制**

清朝的专制统治将皇权集中于一人，这样皇帝根本是否具有完全的能力以及精力充沛就至关重要了，就如康熙、雍正、乾隆这些能干的君主，便为中国带来了无数辉煌与成就，开创了一个光辉的时代。可是，平庸的帝王只能亦步亦趋，小心谨慎，竭尽全部之力来保持而非重现昔日盛世的荣耀。对于中国和清朝来说，不幸的是在其最渴望强大而又有创造力的领导者时，却没有出现应运而生的人。在乾隆最后一位大帝之后的嘉庆与道光，两人全都平平常常，才智平庸。而咸丰仅在位十一年的时间，在遭到太平军革命和与英法的亚罗号战争之羞耻之后被毁坏。

同治与光绪都是孩童皇帝，他们在位期间，政权实际掌控在慈禧太后手中，她掌控最高领导权，持续执政近半个世纪。虽然慈禧不是天生愚钝、优柔寡断之人，基本上确是浅陋、保守、唯利是图，甚至自私自利，总是把个人利益放在首位而非国家与王朝利益至上。虽然她支持自强运动，但其目的却不是把中国转变为一个现代化国家，而是为了保护旧秩序及她个人的地位。她企图利用自强运动镇压国内反叛和抵制入侵的帝国主义；她只进行枝节的修补而非全面的革新，某些原因在于她害怕那些倡导现代化的汉人会谋反。因此，就这些看来，慈禧就不能够提供建设性的领导而承担责任。

假设中央官僚体制中存在与时代同步且富有远见的治国能人，王室领导能力不强或者还可以得到弥补。在儒家国家里，即使大臣应该效命于帝王，而不是领导帝王，但他们能够出谋划策，甚至影响官方政策。可是到了晚清，大多数士人和官员只不过是“受益最大之流”，他们太醉心于既得的特权和既得利益，而不是改变现存秩序。身处封建的官场之中，建议和拥护洋务的人不过是凤毛麟角。这些进步力量却不能够更强大的联合起来成为“富有创造力的少数”（引汤因比（Toynbee）语），仅仅是单枪匹马行事，寻求使用西方器具以响应时代之挑战。他们不是像日本明治维新时期官员一样，变成一个紧密团结的集体发挥作用，他们全都单独行事，没有统一协调的整体策略作指引。在最初自强运动的领袖中，仅仅有恭亲王奕䜣与文祥身处中央政府，而曾国藩、左宗棠、李鸿章全部是地方人物。1876 年，奕䜣再次被慈禧打败，文祥也溘然长逝，此后，中央若有若无的指导也消失了。1870 年，李鸿章担任直隶总督兼北洋通商大臣，此后，在某种程度上，他担当近代化事业的协调者，承载起中央政府的部分职能。但是，他却遭受司法裁决权上的限制，无权控制自己辖区之外的省份。而随后的现代化人物张之洞、刘坤一也同样，只不过是在其所辖省份内推行细枝末节的变革专案。总之，与明治维新日本的中央政府决策对比，这些只不过是一些地域性而非全国性的计划。

此外，由于地域性的努力主要是自上而下推动的，民众参加不充分，以至于阻碍了现代工业与观念的广泛传播。

在不存在有效的皇帝领导，也不存在少数富有创造力的人士的情况下，要带领全国力量为实现复兴民族的集体目标而奋斗，就算也许可能，也变得日益困难。

**满人对汉人的猜疑**

即使在朝廷的公开政策中，呼吁满汉不分畛域，在官府机构中聘任时兼用满汉，只不过，事实上，满人以征服者自居，而把汉人始终当成“外来人”。在太平天国革命前夕，军政要职全部由满人担任，即使某些分配给汉人的职位同样可由满人充任，反之汉人则没有相同的权力。虽然太平天国革命结束，导致这些惯例松弛，只不过满人对汉人的猜疑一直存在导致隔阂的产生，李鸿章的一生便展现了一个极好的范例。

作为自强运动的代表人物，李承受来自各方的反对与阻遏，保守分子时常讽刺他将国家利益出卖给洋人。对此，慈禧太后明白此刻她需要李为其效力，但同时又惧怕李权势日升会导致王室势力下降，因而，她只是虚应敷衍地支持李的现代化计划，甚至默认反对势力攻击李的行为却不加惩处。她还采取分而治之的策略，容许、甚至赞同保守派的“清议”来牵制进步人士。于1874年，李恳请奕䜣向两宫皇太后阐述铁路的必要性，但奕䜣却敷衍说，由于清议的强烈反对，即使两位太后也无法对此做出决定。1885年海军衙门成立，如李鸿章、曾纪泽等干练的汉人却不为所用，而指派一个什么都不懂的满人醇亲王掌管。满人害怕汉人的颠覆，汉人又担心满人的妒忌，这妨碍了双方的有效合作，而长远的改革计划也就无法实现了。1898年，康有为建议的体制改革计划，也被满人诬陷为损满肥汉的阴谋。清朝统治的最后十年中，满人遏制汉人发展的手段不断强化，比方军机大臣刚毅便声言：“汉强则满灭，汉衰则满盛。”满人害怕改革与宪政会掠夺他们的权力，因而满汉间的种族矛盾便阻碍了真正的现代化无法推行下去。无疑，满汉间的分歧遏止了复兴民族的有效合作事业的出现。

**内忧外患和资本不足**

现代化与经济发展离不开长期的稳定的环境和充足的资金，然而晚清，两者都不会出现。国家一直被内乱外患、教案甚至天灾所困扰，导致法律和秩序全面崩溃，相反，政府的花费却急剧上升。1830年后，中国逐步经历了鸦片战争、亚罗战争、太平天国革命、捻军叛乱、回民叛乱、天津教案、台湾危机、马嘉理案件、伊犁危机、中法战争、中日战争，还有义和团事件，那种和平稳定已不复存在。

除了阻碍经济发展的长期不断的动乱之外，战争开支和赔款也导致资本不断向外输出，财政开支也变得依赖于外国的借款以及从各省榨取的资金。1842—1895年，中国对外赔款以及赔款利息共3亿两。庚子赔款总数为4.5亿两。1902——1910年间，中国政府偿还了一部分约2.25亿两，这一总额中的1.64亿两（占72%）来自地方收入，其中0.33亿两（占16%）来自海关，另外的0.27亿两（占12%）来自国库。资金流失必然阻挡了经济发展，当中央财政愈加紧张混乱的局面出现，现代化胜利的前景变得日益黯淡，这个问题在上一章中已有探讨。

**外国的作用**

外来影响在晚清仍然是最强大的推动力量，因此需要进行概括性的分析。就算外国政府及他们的代表愿意看到中国向着现代化稳步前进，即使他们不断地使清帝国机构意识到吸收西方制度与物产的紧迫性，但是他们想当然认为中国应永久依赖西方。一个逐渐进步、繁荣而软弱的中国，更加依赖外国的建议、友好、贸易与援助，将比一个自由独立、果断的中国更能满足西方的利益。因此他们认为不能让中国现代化程度太高而掌握能驱除西方的力量。

比方，英驻华公使威妥玛先生曾对赫德先生控制下的中国海关的作用，做过一番政策演讲，这席话赞成了上述的立场：我们英国人非常关心它（海关的外国监理）能运作良好，这不仅是由于它能规范贸易，而且因为它是把进步带到中国的一个通道。事实上，中国对此并不知道，甚至也没引起它的猜疑。最后，假设我不是大错特错地话，就必须千方百计、未雨绸缪地阻挡中国建成一支舰队或组建一支军队。如果上述反映了英国的对华政策，我们不就会惊诧于清廷国力的常年衰弱。这也令马克思主义论点变得可信，它认为清政府因为依赖同外国的合作而非奋力反抗，所以它无法获得真正的力量。

国内外这些因素均导致现代化无法取得成功，汉领导人都理应由于不能克服障碍而受责难，而失败的结果就是王朝的覆灭。马戛尔尼勋爵于觐见乾隆后，在1794年说过一段预言，至今显得更加意味深长，他预言：中华帝国是一艘陈旧却不失古怪的一流战舰，在曾经的一百五十年中，代代相传的能干而警觉的官员设法使它航行着，并凭借其庞大的外观而令四邻畏惧。但当一位才能平庸的人掌舵领航时，它便没有了纪律与安全。它可能不会当时就沉没，它可能会如同残舸一样飘流旬日，然后在礁岩上粉身碎骨，但却不能在其破旧的基础上重建起来。事实上，中国已不能在其古老的基础上重建，只有一场革命才能在未来使之获得再生。

**对西方挑战本质的无知**

西方扩张的特点有多方面，就像舰船、火炮、贸易、传教、帝国主义，以及民族主义，而且由一种在诸多方面都优越于中华文明的生机勃勃的近代文明所替代。它为中国带来了罕为人知的特殊境况，这种前所未有的挑战到来时，中国竟然毫无准备，应对无措。于是在 1898 年改革之前，多半的士人与官员依据中国历史的经验，认为夷人的入侵全都是昙花一现，故而，19 世纪西方的扩张也被划归此类，仅被当作转眼即逝的偶然的不幸。就连中国屡败于西人的事实也被解释为偶然事件。西方入侵的真实本质、程度及范围就这样被误解了，甚至某些进步的自强运动措施的提倡者亦是如此。例如李鸿章，他即使认识到当时“诚三千年未有之大变局”，但对西方潜力的认识也是坐井观天。他的现代化方案大多集中于改进军事与外交；反观清王室，也仅仅是采用防御姿态从事自强运动。当外部压力降低时，行动便迟缓不前，论述内政外务政策的全面纲领也就没法产生。清廷的变化是随遇而安的，就像用新布补旧衣、旧瓶装新酒一般。他们采取的零零碎碎的努力，无法实现经济发展中的关键性突破。显而易见，在腐朽的儒家基础之上，无法成功地效仿近代资本主义和政治革新。

当我们考虑到 1898 年改革前官员与知识分子的总体心态时，便不难理解清廷对当时世事竟然如此无知。那些官员及士人大多生活在历史之中，沉溺于中国“文化主义”的虚幻世界之中。他们从历史寻求出路而非面向未来获取启示。传统的旧制获得宣扬，而当代的事例却受到唾弃，机器. 轮船、枪炮、电报通信与铁路交通全都被视为不登大雅之堂的奇技淫巧。他们满怀中国大国主义的傲慢，却几乎没有民族主义的情怀；他们引述历史评析以为自己以华制夷的态度寻找合法性证据，可是却对师法夷人之制恼羞成怒。对于他们来说，以西方的形象来改造天朝中国是不可能实现的。正是为抗击这种狭隘的、倒退的观念，严复宣传接受新的生活价值，建议学习西方思想来寻求现实的不同景观。类似的，梁启超在世纪之交也呼吁“革新”中华，他们的努力为后来知识界的转变播下了种子。

经验证实内部衰败将引起国内叛乱和外部入侵；在中国历史上，这些紧随帝国权力的衰落之后。清朝威势的降低既经历了白莲教起义（1796—1804），也出现了日益强烈的要求开放中国，受到进行贸易和外交的西方冲击。在整个19世纪，清王朝一直深受内忧外患的双重威胁。清朝尽管能够镇压国内的叛乱，只不过是一个已知数，却完全没有能力遏制西方的扩展，这是一个未知数。故在太平天国运动（1850—1864）后，王朝的解体加速了，政权逐步从中央向地方、从满人主导转向汉人主导。虽然同治中兴（1860—1874年）暂时缓解了王朝衰败的趋势，但清朝的灭亡早就成为定局。

清朝统治的必然失败，在于它未能通过实行影响深远的变革，把中国迅速地发展为一个现代国家，以充分对付西方的扩张。虽说17世纪的满族领袖们在实施汉族体制和儒家秩序上表现出灵活性；只是他们的子孙在19世纪末与20世纪初却软弱腐败，无法超越传统。他们没能成功地开出一条革命以外的路，创造性地回应历史的挑战。究其事实，行政混乱、国内叛乱甚至外来羞辱，已造成清朝元气大伤，以造成到了19世纪晚期，清朝迅速灭亡已是不言而喻了。这就像在17世纪初，明朝的灭亡已是历史的必然的一样。于268年后，满族王朝早已不是“真命天子”，它已经到了“气数已尽”的地步。

## 第二节　辛亥革命的文化

以辛亥革命的历史背景为例，它爆发在具有两千多年封建统治的中国。故而封建正统的儒家思想必然会对其有一定的影响。就儒家思想的基本功能来说它是为了维护封建统治的。但其中也不乏赞同人民革命的。《孟子》乃儒家代表作之一，就有孟子与梁惠王的一段议论中说：“贼仁者谓之贼，贼义者谓之一夫，闻诛一夫纣，未闻弑君也。”从这段评判中我们可以看出孟子认为君若无仁无义即能够称直为独夫，对待一独夫则人民必会群起而攻之。这鲜明的呈现的儒家的革命思想。也就是正统文化对革命的支持。这就从文化潜意识上赞同了辛亥革命推翻缺仁乏义的清朝政府的统治。我认为这一儒家的思想或多或少的给那些受儒家正统思想教育的人支持革命提供了可能，从某种程度上减少了革命的阻力。为革命成功创造了文化依据。

就辛亥革命的指导宗旨来说，孙中山先生所主张的“三民主义”是革命的重要纲领。三民主义中的民族主义的思想起初则来源于中国正统观念中的“夷夏之辨”，孙中山把抗击满统与推翻腐朽的政府和争取民族独立统一起来，喊出了“驱除鞑虏，恢复中华”的口号。从历史史实得出自满清入关以来到其灭亡之前，民间的反清复明的活动就一直没有间断过。这一口号的提出正好充分利用了民间长时间积压的民族情绪，从而获得广大民众的支持。这可以算作辛亥革命胜利的一大保证。

民生主义实际上就是为了关注民生防止贫富分化。其中最被人熟知的大概就是平均地权。这一口号的提出也是为了适应人民的需求获得人民的支持。这一思想的提出也是与文化作用密不可分的。中国传统文化自始至终都存在平均思想，《论语》中亦有“不患寡而患不均，不患贫而患不安”的论断。宋代农民起义军就提出了“均贫富”的口号。太平天国运动的领导同样是颁布了《天朝田亩制度》以法令的形式确保均分得以推行下去。不止幼读儒书就连推崇太平天国运动的孙中山所受影响颇深。不仅如此就是当时欧美各国也盛行不同的均分思想。其中有代表最盛行的就有亨利乔治的单税社会主义学说，他提出“土地是一种资源如果想贫富悬殊就必须推行土地收归国有。就如同俾斯麦奉行的国家社会主义政策的国家掌控生产资料和空想社会主义科学社会主义中的所倡导的思想理论。孙中山在欧美游历时接触到这些思想的影响后再结合的本国国情思考后提出了这一思想。虽然今天评判其有不完善甚至不合理的地方，但在当时绝对是步入先进思想之列的。

民权主义则倡导自由平等相统一，其主要主张是赋予公民权利。孙中山依照自己的经历提出了“每个公民都有不可让与的自由，平等的权利以及自由参政的权利”的论断这一思想的推出主要因为深是欧洲思想启蒙运动的影响。尤其是思想启蒙运动中，法国著名理论家卢梭的“自由，平等，反对私有制及其压迫”的思想和“天赋人权”等主张在欧洲广为传播。而后欧洲持续爆发的资产阶级革命和相继提出的资产阶级政府也使这些观点影响加剧。在欧美游历多年的孙中山也明显的体会到这一点。但在本国依旧是皇权至上，普通人民大众没有一点自由平等可言。因此他开始毫无保留的反抗清政府的统治和一切尝试维护这一统治的论调，明确自己的思想并逐步提出了“民权主义”的主张。由此可见辛亥革命的爆发是在中国优秀传统文化和外来先进文化的作用下进行的。没有先进思想的引领，革命的结果是不可想象的。

辛亥革命的胜利，不仅仅是推翻了两千多年的封建帝制，而且在中国建立起了第一个资产阶级民主共和国。把人民从封建思想的压迫中脱离出来，将民主共和的观念深入人心。其建立了一套以天赋人权，自由，平等，博爱为核心的民主价值体系，大大的推动了社会文化建设的发展。在此以后，南京临时政府制定了一系列保护言论出版自由的条例和政策，使全国呈现了历史上从未有过的创办报刊杂志的高潮。据了解武昌起义后的半年内全国报纸由十年前的100多种陡增至上500多种，尤其总销量达标4200万份。这些报纸大多是以呼吁建设民国防，止复辟，宣传科学知识，促进民智培养民德，提倡民力，教育国民为目的的。正是由于这些共同努力使“民主”，“共和”的观念越来越深入人心，可以说这些都对其在日后覆灭袁世凯复辟活动起到极大推动作用，也为日后的新文化运动和五四运动创造了广阔的阵地和科学武器。

更应注意的是，辛亥革命之后所爆发的传统主义思潮，虽然对清朝支持者康有为之流的抗争给人们的印象最深，但实在看来，这种一味地强调中国固有的思想传统不一定全然不合乎现代社会需要，而作为主要目标的传统主义并不像传统的研究者所阐述的那样，仅仅是康有为、陈焕章以及“帝国主义分子”李佳白、盖沙令、李提摩太、犬养毅等人的特权。事实上，就算从坚信民主共和可能在中国成功的革命派方面来说，他们在很大程度上也同样支持中国传统思想文化并非全是糟粕，特别是中国自古流传已久的伦理观念和价值体系，不仅没有同民主共和的原则相冲突，甚至二者之间可能还存在着和谐共存、相互依赖的深层关系。故黄兴在1912年5月22日致袁世凯、唐绍仪、蔡元培等人的电报中提到：“民国初建，百断待理。要想立政必先正名，治国首重饬纪。我中华民族开化最早，孝弟忠信礼义廉耻自古以来就是立国之要素，就是法治之精神。以忠言之，尽职可算是忠，非奴事一人之谓忠。古人所称上思则利其民，以死报国是也。就孝而论，立身之谓孝，非独亲其亲之谓孝。故而政治革命、社会革命诸家学说，本是改良政教起见，在建立之初并非有悖于忠孝之大原。惟比来学子诸多误会共和，议论驰于极端，真理亦是隐晦。谈古论今，将见背父离母认为自由，逾法蔑纪视为平等，政令不通，伦理荡尽。家且不存，国亦何有？应请召告全国各学校教师申明此义，不要使得邪说横行，致令神明胄裔误入歧趋，导致纲纪荡然，毫无秩序，破坏公理，妄起私心，人惟权利之争，国有涣散之形。”黄兴立论的基本前提看起来与康有为、陈焕章以及那些“帝国主义分子”的言论并无本质性的区别。

但是关键在于，如果新传统主义者只是停留在学理性的探讨阶段，或者说他们也许会像黄兴、章太炎、孙中山等人那样凭着对民主共和的爱护以及信仰而全身心地致力于发掘传统文化的智慧资源，那么他们不但不会有错，反而正可弥补辛亥革命这一政治运动之缺点。只是这种假设确实不能替代或改变历史事实。辛亥革命后首代传统主义者，除了少数人拥有一定的民主共和信仰外，他们中的多半人都不相信民主共和的原则也许会与中国国有文化相调和。康有为谈到：“今中国近岁以来，举国狉狉，抢攘发狂，举国之政治教化风俗，无论是非得失，皆革而去之，凡欧美之政治风化祀俗，不究其是非得失，皆服而从之。彼猖狂而任行者，睹欧美之富强，而不解其所由也；袭其皮毛，武其步趋，认为吾亦欧美矣，岂知其根本不类，精神皆非，亦欧美之长，皆我必不得焉。然预吾国数千年之政治传统风俗之美，竭吾圣哲无量之心肝谋划，而皆丧弃之，所谓学步于邯郸者，未得其国者，先失其故步也。呜呼！然其今之人，乃发狂妄行至于如斯?”显而易见，康有为的思想倾向是正确的，中国人在政治上、制度上模仿欧美的同时，不能够忘记更不应该完全丢弃中国固有的思想传统和伦理观念。然而，如果将这一原本正确的理论推向极端，认为中国问题的全部症结只在于冲击和破坏了中国人传统的道德观念，认定中国问题的解决就必须恢复中国固有的道德观念、价值标准，那可以说是大错而特错了。

更值得提出的是，鉴于辛亥后特殊的政治背景和力量薄弱的民主政治基础，传统主义者假设不能保持冷静的学术立场和适度的锋芒，那么他们若是没有必然地被政治利用，就是被动地卷入政治旋涡。历史表明，辛亥后首代传统主义者并没有明显的政治企图，但是由于他们的思想更倾向于借思想文化去解决现实中的政治问题，故而过分推崇思想传统的力量，强调秩序的恢复和重建唯一能够凭借的智慧资源，在于那些被革命运动已打破了的东西。

康有为主张："今之谬仿欧美者，亦悉欧美今所以盛强，不徒在其政治，而有物质为之以。欧美之所以为人心风俗之本，则更有教化为之以。政治教化之与物质，同鼎之足峙而并立，教化之与政治，似车之双轮而并驰，缺一不可也。或者以为法革命而废教也，岂知法废旧教而已，然尊天与基督无异也。万国自古蛮夷，莫不有教。嗟呼！天下岂有无教而可称国哉？教宜何从，究其历史风俗之宜、人心之安者，其道至顺，则顺从之，非其历史风俗之宜、人心之安者，即可以致乱，如是则置之。"

假设仅仅站在学理的立场上来观察，康有为的这种观点并非全无道理。但是，鉴于辛亥革命之后政治背景的复杂性，这种原本正确的理论一旦骤然运用到政治生活，其结果就有可能转到其主观愿望的反面，令其学理陷入尴尬和进退维谷的境地。我们发现，袁世凯在通往帝制复辟的道路上，除了伪造民意等拙劣的方法之外，在某种程度上是按照国内外一些学者的指点而行事，如同他的尊孔祭天，他的帝制自为等重大活动，都有一定的学理基础，与传统主义者的策略并无太多的歧异。他在 1912 年 9 月 20 日颁布的一份命令中提到："本大总统深惟中华立国，以孝弟忠信礼义廉耻乃人道之大经。政体虽变，民彝无改。盖共和国体，惟不使国家为一姓之私产，而公布全体国民。至于人伦道德之本，初无岐歧异。此乃申明告诫，须悉家庭伦常、国家伦理、社会伦理，凡属文明之国，无不殊途同归。仅愿全体人民，恪循礼法，共济时艰。亦或倡作皮（加言字旁）词，引人入阱，国有常刑，岂能宽纵？本大总统惜时局之阽危，怵纲纪之废驰，每思今日大患，若不在国势而在人心，假人心有向善之机，则国本有底安之理。"不难了解袁氏的伦理主张和价值趋向与传统主义者并没有太大歧异，大体上是按照传统主义者的设计而行事。但是因为袁世凯将学理的探讨、设计推向极端，并令其探讨运用于实际政治的时候，他为中国带来的并非学理探讨的必然之果，而是步入了反面。故而袁氏的帝制复辟除了遭到他素来的反对者的激烈反对之外，也同样遭到了传统主义者的批驳。康有为评论："自筹安会起，举国骚然，吾窃谓今之继承者，皆似锁国闭关之所为，皆未闻立国之根本，又未待对外之情势者也。皆以今日中国之岌岌也，倘有能救国而富强之，则乃共和总统可也，用帝制亦可也。吾自以为共和、立宪、帝制皆药方也。药方无善恶，以可愈病为良方；治体无美恶，以可强国为善治。若公可富强自立，然虽反共和而称帝，若拿破仑然，国人方望之不暇。倘不能自立，则国且危殆，总统亦未可保，复何纷纷焉。”于是他提议袁世凯好自为之，自动退位以谢天下。

就事实而言，袁世凯的帝制可以说除却其他的复杂背景以及政治原因外，在相当程度上是当时传统主义者学理探讨的政治实践，它的失败导致传统主义者蒙受了极大的耻辱，本应当呼吁这些传统主义者的高度警醒，但本质上却进一步刺激了传统主义者沿着借思想文化以解决政治问题的途径解决。于1916年9月11日，也就是在袁暴死以后仅3个月，孔教会的大首领陈焕章第二次上书参众两院，重提孔教定做国教的事。于11月12日，尊孔议员百余人在京组建国教维持会，并爆发声势浩大的国教请愿运动。基本上在此之前所发生的一切不仅与他们毫无干系，反而恰恰是没有按照他们的设计而行事的结果。康有为记述道，听说议员有废祭天尊孔者，不胜惊骇。倘敬上帝尊教主，然中国数千年之大典，四万万人之敬礼，亦各文明国之公理，而不是创自袁世凯也。今传统败坏，人心不古，有识惊忧，外人讥讽。今乃将敬天尊孔为淆乱国民之视听，以为必须废弃上帝，扫绝孔教而后可。此种言论真不知纳国民视听于何地？故而，他致书国会议员道：“今大乱甫定，国势抢攘，民生憔悴，国权丧失，外人致诮为世界之空土，自由行动，倘不闻见，不敢问也。问诸公早作夜思，如何安国强国？如何富民教民？尽全力之谋议，仍恐不及。亦于国利民富，未见一事，亦首议废祭天祀孔，可为谬制，何其颠倒，一至于是。”就他看来，中国当务之急，并非要废除祭天尊孔的典礼，然而相反，而是要立孔教为国教，以孔教作为国家的指导思想。“此孔子之道故而不能废，若废孔教则为无教之国，国且将不国矣。”

康有为把尊孔与袁世凯的帝制分别开来，自有其原因，然而在当时中国特殊的政治背景下，将恢复中国旧有的伦常观念为主要方向的尊孔运动在本质上并不能独立地进行。因此我们看到，在此后不长时间以复辟清王朝的统治为终生大业的张勋，便多次地联合地方军阀通电全国，强行抗议国会速定孔教为国教。甚至呼吁如再不通过国教案，他们就要用武力解散国会，再三提出“安见宗教之战，不于我国见之。”显而易见，他们是以尊孔为幌子，进行政治复辟的舆论准备。因此等到张勋复辟失败后，传统主义者便逐渐陷入极为尴尬的困境之中。

辛亥革命不仅推翻了封建帝制，更是加大了民主共和的宣传，培养了拥护民主共和的新生力量。这一系列宣传逐渐建立了中国公民的自主意识，让中国人了解了自己可以是国家的主人，革命胜利后临时政府也非常重视文化教育，大力发展新式教育，制定了新的教育方针，建立了新的学制系统，改革旧的教育课程。通过教育改革激励了教育事业的发展，使学校和学生人数都有了大幅度的增长，派出的留学生人数也逐步增长，使得更多的人接受了现代科学技术和知识的教育。正是这些学校培养而成的新式学生成为了以后新文化运动和五四运动的主力军，为日后文化的繁荣和发展奠定了基础，也为日后马克思主义思想的宣传提供了可能性。经新文化运动以及五四运动的洗礼，这种意识尤为强烈。也可以说这也是为以后的抗日战争的成功奠定了一定的基础。假设，若是国民没有主人翁意识，仍是封建时期的那种麻木的思想。那他们就可能屈服于日本侵略者的统治，这样将来如何建成抗日民族统一战线，何来的全民抗日，更不会取得抗战的成功。因此辛亥革命唤醒人们的主人翁意识是相当重要的。由此可见，辛亥革命激励了中国文化的发展，也初步决定了中国的以后的方针。

在面对西方文化时，也并没有由于当时西方各国侵略中国而单一的抵制，更未由于其先进性而全盘的接收。孙中山积极吸纳西文的适合中国国情的先进文化，向其“民权主义”中的自由平等，“民生主义”中的国家控制生产资料以及均分土地，等等。但他也反对欧洲诸国发明的优胜劣汰，弱肉强食之生存学说，也就是社会达尔文主义。他主张这是一种野蛮的学说，是霸道而非王道。他在吸收孟德斯鸠“三权分立”的思想时又充分考虑了中国的实际情况从而创造性的提出了“五权分立”的思想。我们暂先不问这一主张是否正确，是否可行，仅仅这种对待外来文化的态度就值得我们学习。

辛亥革命过程中面对中国传统文化和外来文化的态度还有对我们今天进行文化建设的意义。由上文的主张可知，辛亥革命的过程中不仅有中国传统的身影，也不乏外来文化的身影。我们在此认真探讨革命过程中对待这两种文化的态度。首先就革命的领导者孙中山来说，他本身就支持中国传统文化教育和西式教育，所以这两者，对其自身以及对革命都有相当的影响。他虽然生于封建传统的中国，深切体会其对中国人民的残害，但他尚未武断的否定所有的中国传统文化。他清楚的了解中国传统文化的精华所在。他极力倡导传统的价值体系和伦理道德，但又予以新的观点，如“忠、孝、仁、义、礼、智、信”而对忠的解释并非在于忠君，而是忠于国家和人民。他也深刻的批判了传统文化中的糟粕，如三纲五常，及对妇女的非公正待遇。这些同样在他日后的活动中有具体体现。比方“三民主义”中对“华夷之辨”“均田”等思想的运用以及他本人所提倡的“天下大同”的理想之国及革命胜利后革除旧习、解放妇女等等。可见其面对传统文化的态度是积极继承和发扬其中优秀的部分，果断的批判和刨除其中糟粕的部分。

辛亥革命时期文学艺术的最突出特色是强调它的社会教育功能，从而促进了小说的繁荣和戏剧的革新。然而小说，在中国的文人学士眼里，从来是“街谈巷语”、“君子弗为”的。《四库全书总目提要》将小说分为叙述杂事、记录异闻和缀辑琐语三派，称其为“甄录其近雅驯者”，如宋代的平话，元明的演义，包括《三国志演义》、《水浒传》等等，虽然繁荣于民间，但被贬斥为“猥鄙荒诞，徒乱耳目”，均“黜不载”。直到维新运动，维新派从启蒙的角度重新认识到小说的重要性并提倡其价值。于1902年，梁启超创刊《新小说》，刊登《论小说与群治之关系》，提出小说“有不可思议之力”，足以支配人的思想，改变社会风气，从而把小说上升到“文学之最上乘”的崇高地位，主张“欲改良群治，必自小说界革命始，欲新民必自新小说始”的倡议。梁启超的观点得到许多人的支持，不少有志者为驳斥清政府，提倡维新、提倡革命而大力创作小说，蓬勃兴起的报纸、期刊也紧着刊登小说以吸引读者，还出版了一批专刊小说的杂志，在《新小说》以后，如《绣像小说》、《新新小说》、《月月小说》、《小说林》、《小说月报》、《小说时报》、《小说世界》等，盛极当时。据统计，当时创作的成册的小说，也超过了1000种以上。

这时期涌现的小说，在数量方面众多，题材方面也很广泛，对社会的方方面面，各党人，基本上都有所反映。许多作者有意识地用小说作武器，抨击了清政府和一切社会丑恶现象，鲁迅将其称之为“谴责小说”：“目的在于匡世”，“揭发伏藏，显其弊恶，而于时政，严加纠弹，或更扩充，并及风俗”。体裁上最经常采用的是一段一段没有总结构的类似《儒林外史》的形式，分开来每段各自成篇，各段合起来可以长至无穷，其目的是为适应报纸杂志连续发表的需要和吸收繁杂多样的题材所决定的。写作上则大都使用直接暴露、批判的手法，艺术性不高，“不重含蓄”，重口号化、论文化。“辞气浮露，笔无藏锋，尤且过甚其辞，以迎合时人嗜好”。所以，传世之作较少。最有名气的作家有李宝嘉（伯元）、吴沃尧（研人）等。其作品分别有李宝嘉的《官场现形记》、《文明小史》，吴沃尧的《二十年目睹之怪现状》以及曾朴的《孽海花》、刘鹗的《老残游记》等，最受人喜爱。清末小说的繁荣，还离不开翻译小说的日兴月盛。由于社会对小说的需求旺盛，而翻译确实比创作省时、省力，翻译小说在数量上占据更多的优势。首屈一指的大家应是林纾（琴南），他终生翻译的小说达 171 部，其中大约 50 部是在民国以前出版的。以《巴黎茶花女遗事》（小仲马）、《黑奴吁天录》（斯托夫人）等最受欢迎。只是，林纾本人不懂外文，他是通过别人口译，再由他笔述的，在原本选择和忠实于原著等方面都有着很大的缺陷。除林纾外，吴俦、陈冷血、包天笑等都是闻名的翻译家。他们翻译了大批世界名著，拓宽了中国人的视野，成为清末的小说园地上一抹绚丽的异国风采。

从小说的社会教育功能拓展，联想到戏剧的社会教育功能。只是传统的剧目及其表演程式，距离现实生活相当远，于是出现戏剧的革新。于 1904 年柳亚子、陈去病出版的《二十世纪大舞台》，是我国最早的专业戏剧杂志。观柳亚子的《发刊词》和陈去病的《论戏剧之有益》等文章里，都表露出戏剧具有广泛的群众基础，都是广大人民所喜闻乐见的，甚至对观众有很强烈的感染力，因此提议重视戏剧的社会作用，提升戏剧及艺人的社会地位，并着眼于戏剧革新。首先是剧本上的问题。要编演充分体现反清革命的历史剧和时事剧，意图唤醒国民，激励士气。其次在语言和表演艺术方面也要有所改革，令观众能够接受。受这种理论指导，剧作家们费了很大精力，获得了可观的成绩。直到 1911 年，编创各类戏曲剧本达 160 多种，其中传奇 54 种，杂剧 40 种，地方戏 51 种，话剧 16 种。还包括，“引古鉴今，明夷辨夏，激动种族之观念”以及推崇“推翻这专制政府，扫灭那无道昏君”的中外历史剧占了很大的分量，也有一些呈现现实生活和歌颂革命党人英勇事迹的作品。在京剧舞台上，排练时事新剧和历史新剧逐渐流行。代表倡导者是被称为“剧班第一革命巨子”的汪笑侬，夏月珊、夏月润弟兄和潘月樵等京剧艺人对新剧的编排也起了推动作用。他们在春仙、丹桂、新舞台等戏院，推出了《波兰亡国惨》、《缕金箱》等直接讽刺和抨击清政府的新戏，受到群众称赞。在编演时事新剧的时候，出现了新内容和旧形式的矛盾。若是穿西装唱皮黄，观众总觉得不自然，不易被接受。有些人提出改为纯用话白演出。故而，一个新的剧种——话剧从此出现。

话剧也被称为“新剧”或“文明戏”，编创于1907年。当年，以留日学生曾孝谷、李息霜（叔同）、欧阳予倩为代表的春柳社，在东京表演了以同名小说改编的话剧《黑奴吁天录》，因其强烈的反抗民族压迫的思想，使观众备受感动，取得了成功。之后，王钟声在上海组织春阳社，也表演了该剧。不久，王钟声还演出了《秋瑾》、《徐锡麟》、《官场现形记》等新剧，之后1908年到北京、天津演出，和刘艺舟等将新剧推广到北方。随后，1910年，任天知在上海成立的职业新剧团表演团，对初期话剧运动也有相当大的贡献。这个剧团不仅在上海演出，还辗转南京、芜湖、汉口、宁波等地演出。所演剧目大多是反映当时的政治问题，宣传革命和爱国思想。

在当时，具有相当影响的文学团体是“南社”。南社于1909年年底组办于苏州，是由柳亚子、陈去病、高旭等建立的。第二年，出版《南社》杂志，汇集专刊诗文的集刊。最初入社的仅仅17人，多为同盟会员，不久发展到1000余人。南社通过文学宣传，提倡民族气节，宣传革命理想。鲁迅提出，南社“是宣传革命的文学团体，他们抗议汉族的被压制，愤满人的凶横，期盼着光复旧物”。在诗歌形势上，南社不同拟古主义和形式主义的宋诗派、同光体等诗派，转变了诗坛风气。

维新运动后期，办杂志曾广泛成为时髦，因戊戌政变而被压制。于20世纪初年，办杂志之风再度刮起，并超过了曾经的势头。革命派、改良派全都通过杂志宣传自己的政治主张。日本东京和上海是两个刊行杂志流行的地方。据相关著录统计：上海有杂志46种，包括鼓吹革命的为14种；东京有杂志34种，其中鼓吹革命的为24种。报纸、杂志的繁荣和印刷技术的进步有密切关系。石印、铅印代替了雕版印刷，大大促进了出版事业的发展。在商务印书馆（1897）以后，文明书局（1902）、集成图书公司（由集成图书局、点石斋石印书局、申昌书局和开明书店在1906年组合而成）、中国图书公司（1908）相继成立。商务印书馆的发展尤其突出，它在1900年逐步采用纸型，于1901年出版《外交报》，1904年创刊《东方杂志》，1905年逐步采用雕刻铜版，于1909年刊行《小说月报》，创制正楷铅字，可说是盛极一时，书业的营业额大概占全国的三分之一。1912年中华书局创办后，商务印书馆才产生一个强劲的竞争对手。

直到20世纪初年，新闻出版也呈现出繁荣的景象。观中国的报纸，假设从《邸报》算起，可以上推到汉唐，但历时千余年没有多少发展。就算清代的《京报》，也依旧是每日内阁所发抄的内容：宫门抄、上谕、奏摺等。至1851年，有人奏请刊刻《邸报》颁布各省，奉谕严行申斥。于1886年，强学书局改为官办，刊行《官书局报》，形式和内容都和《京报》相同，只是增加了如同“新事、新艺”的介绍。于1901年，直隶总督袁世凯第一次创办了《北洋官报》，内容除谕、摺、公牍以外，还包括本省时政、外省新闻和各国新闻等，成为引领地方政府办报的先导。于1903年后，各省大都仿效，《南洋官报》、《安徽官报》、《湖北官报》、《江西日日官报》、《豫省中外官报》等相继问世。1907年，清政府创办《政治官报》（后改为《内阁官报》）。在此以前，农工商部还出版了《商务官报》，学部刊行了《学务官报》。官办报纸盛行一时。

民办报纸不只是在时间上早于官办报纸，就是在数量同影响上更大大超过官办报纸。大约在19世纪70年代，在来华外国人创建的中外文报纸的“刺激”下，武汉、香港、上海就有民办报纸出版，80年代，广州同样出现了民办报纸，但由于销路不畅，或受地方官员禁阻，先后停办。步入20世纪，民办报纸蓬勃繁荣。沿海、沿江的十几个省的省城还有他十几个大中城市都出版了报纸，总数在150种以上。上海、广州的民办报纸都比30种还多，而且约三分之一是由革命党人创立的。《苏报》、《时报》、《民立报》等都得到社会的欢迎。

20世纪早期的中国，正是所谓“学问饥荒”年代。拯救灾难深重的祖国成为人们的心愿，皆以无比的热情向西方寻找救国救民的真理。故而“日本每一新书出，译者动数家。新思潮之趋势，如火如荼，假若皆‘启超式’的输入，无组织，无选择，本末不具，派别不明，皆以多为贵，而社会亦欢迎之。”新的思想、理论，和各种社会政治势力相结合，于是涌现出无数思潮，诸如民族解放思潮、民主共和思潮、君主立宪思潮、地方自治思潮、社会主义思潮、无政府主义思潮、国粹主义思潮、教育救国思潮、实业救国思潮，等等。孙中山也在民族主义、民主主义、社会主义思潮中吸取营养，把这些思想汇集起来，从而制订出简单明确的革命纲领，“三民主义”于是成为革命党人的指导思想。君主立宪、地方自治、教育救国、实业救国等思想多是改良派人士所倡导，并以此作为他们政治实践和社会实践的思想动力。国粹主义和无政府主义就是革命阵营所派生的两个别具特色的支流。

1905 年 2 月，《国粹学报》月刊在上海出版，标志着国粹主义思想的涌现。如章炳麟、刘师培、邓实、黄节、陈去病、黄侃、马叙伦等皆是《国粹学报》的主要撰稿人。他们基本上是“国学”根底较深的革命党人。《国粹学报》在《发刊辞》中声明：“本报以宣扬国学、保存国粹为宗旨，尚无门户之见，不涉党派之私。”从创刊到武昌起义结束停刊，七年共刊印 82 期，是革命报刊中最具生命力的一种，在与封建文化联系较深的爱国知识分子中颇具影响，并得到某些改良派人士如郑孝胥、张謇等的称赞，对于一些守旧而又存在反满情绪的文士也有相当的吸引力。除《国粹学报》外，他们还在上海建立了“国学保存会”和藏书楼，刊发“国粹丛编”、“国粹丛书”。1906 年，章炳麟到日本东京创办《民报》，又把大量国粹主义的文章加进《民报》，还在《民报》社内成立“国学振起社”的事务所，主讲“国学”，发行讲义，号称“国学泰斗”，盛行一时。

何为“国粹”？国粹派指出，“国粹”就是“我们汉种的历史”，也就是“语言文学”、“典章制度”、“人物事迹”。为何要提倡“国粹”？主要目的有两点：一是“用国粹刺激种性，增进爱国的热情”，倡导“排满光复”。他们以“夷夏之辨”的封建传统思想为出发点，认为中国就应由汉族统治，从而把历代少数民族统治者入主中原同样称之为“亡国”，借此刺激人们的“排满”情绪，献身于“光复故国”的大业。二是从曾经的“良法美意”中发现某些可以克服或避免资本主义弊端的策略，抗议“醉心欧化”。他们对资产阶级共和国方案提出怀疑，对资本主义的社会制度丧失信心，企图从中国古代的典章制度中寻找救世的良药。

国粹派继承了明末清初地主阶级反满主义，但添加了新的内容。除强调“排满”是反对“满洲政府”并非一般满族平民外，还将“排满”与政体改革、社会进步联系起来，导致其获得了新的阶级和时代的特色。只是，他们对古代历史、民族起源和民族关系作了许多错误的描述，并彰显着浓厚的大汉族主义的气息，极具消极作用。随着国粹主义思潮的涌现，反映了在中西古今文化冲突升级的过程中，如何排除传统文化的精华与糟粕，把保存和传承传统文化与吸取和融合西方文化结合起来，发扬有中国特色的近代民族文化，早就成为需要解决的历史课题。国粹派未能够解决这个课题。

20 世纪早期，资产阶级改良派和革命派为了政治斗争的发展，都提出发扬新史学的主张。梁启超在《中国史叙论》同《新史学》两篇文章里，赞扬了史学的社会作用，提出“史学者学问之最博大而最切要者也，国民之明镜也，爱国心之基地也”。他以进化论的观点，对中国过去的历史书进行批驳，指出二十四史仅仅是二十四姓帝王的家谱，未能说明社会进化的趋势和历史事件的因果关系。他主张建立资产阶级“新史学”，提出历史学应该“叙述人群进化之现象，而求得其公理公例”。章炳麟在这阶段也提出类似的见解。用这种观点来创作中国历史的第一部著作，即夏曾佑在 1904 年出版的《中学中国历史教科书》，后更名《中国古代史》；不久，刘师培也刊发了《中国历史教科书》。资产阶级革命党人还对外国历史提出不少翻译介绍，主要是简析英、法等国的资产阶级革命史，美国、意大利等国的独立史，用来宣传资产阶级民主革命思想。

无政府主义的消息传入中国，理应上溯到 19 世纪 80 年代。20 世纪早期，包括《苏报》、《政艺通报》、《浙江潮》、《江苏》、《民报》在内的不少报刊，都刊发过介绍和赞扬无政府主义的文章，甚至出版了一些译著。于 1907 年夏，张继、刘师培、何震（刘师培妻）等在日本东京创办“社会主义讲习会”和“女子复权会”，刊发《天义报》半月刊，李石曾、吴敬恒（稚晖）等在法国巴黎刊发《新世纪》周刊。他们皆以所据刊物为阵地，宣扬无政府主义，呼吁“倾覆一切强权”，因此在资产阶级革命队伍中出现了一个无政府主义派别，在留日、留法学生中产生了相当的影响。

《天义报》则是“女子复权会”的机关刊物，主编是何震，主要撰稿人则是刘师培、汪公权等，以宣扬废弃人治、废兵、废财、废除政府，“人类均力”，妇女解放、破除家庭为主题。“人类均力”是其理论重点。刘师培在《人类均力说》中提出，平等是人类的最高理想，要实现人与人平等，就得消除分工，使“人人为工，人人为农，人人为士，权力相等，义务相均”。因而，他创建了一个“均力主义”方案；以乡为社会的基本自治单位，建老幼栖息所用来抚老育幼，20 岁之前学习语言文字、科学及器械制造，21—36 岁进行重体力劳动，如农耕、筑路、开矿、建房等，而 37—50 岁进行轻体力劳动，如烹饪、运输货物等，或从事技师、医师等工作，除农忙外，每人每日劳动只是二小时，所余时间，“均可各择其性之所近”，“从事于学”。很显然，这是一个以小生产为单位、农业与手工业相结合、自给自足的自然经济王国。在他们强烈抗议一切强权的掩盖下，掩盖的却是小生产者对大工业发展的恐惧，这就呈现出《天义报》为代表的无政府主义具有民粹主义的特色。《天义报》刊行时间很短，但无政府主义——民粹主义对某些同盟会员如章炳麟、陶成章等有较深的影响，直到1910年重建光复会，仍可发现这种影响是导致同盟会分裂的因素之一。

《新世纪》与同盟会保持着良好的关系。它的主编是李石曾、褚民谊、吴敬恒，却是张静江出资创办。他们就算把无政府主义作为终极目标，抗议强权、特权，反对军备，反对法律，反对赋税，反对财产，却仍是承认资产阶级民主革命呈社会进化的“过渡物”，同样认为资产阶级共和国是“过渡”到无政府主义的必经阶段，这就造成以《新世纪》为代表的无政府主义者同以孙中山为代表的革命民主派有了共同的语言的局面，即使主义“稍有异同”，却并不妨碍“同为革命党”，并不妨碍“协力以图”反清的联合。与此同时，他们在宣扬无政府主义的同时，也极尽全力揭露帝国主义的侵略和清朝的腐朽统治，提出“三纲革命”、“祖宗革命”、“破除迷信”、“革孔丘的命”，驳斥儒学和封建的伦理道德，确实是革命民主主义的一支友军。然而，他们出于宣传无政府主义的需要，驳斥民族主义是“不凭公道真理”的复仇主义，污蔑民权主义实际上是“富权”，是自利主义，指责革命民主派都是“为功名利禄”，“不脱乎自私自利”等，以偏概全，混淆视听，也造成了恶劣的消极影响。某些无政府主义者实际上是把无政府主义作为时髦的外衣，从而标新立异，哗众取宠，“挟甚高之主义，以抵制他人之实行”，同时也曾遭到革命民主派的严正批判。

科举制的废除和新式学堂的发展，使教育脱离了从属于科举的附庸地位，加速教育的独立和教育的社会化、普及化。传统的私塾、书院以授徒的方式，强记《三字经》、《千字文》、儒家经典，其意在于猎取功名，登上仕途。新式学堂采用课堂讲授和分专业分课程教学，除保留某些“读经”课程外，增设较系统的自然科学知识与西方社会政治学说以及图画、音乐、体育、手工等课程，促进了学生的全面发展和智力开发。据调查，在清末的普通学堂

（含初小、高小、中学和师范）里，大概“读经”课程只占 38.2%，图画、音乐、体育、手工等课程占 34.7%，从而有利的改变了私塾、书院生徒知识结构单调而狭窄的状况。

在高等学堂里，吸纳西方新知识的课程更多。于 1903 年《奏定学堂章程》就划分 21 种理、工、农、医专业中，创办西方自然科学课程 465 种。而文、法专业中，新设课程囊括政治、法律、经济、财政、文学、历史、教育、商业、银行、哲学，等等。比之于八股诗赋、四书五经来说，真可说是琳琅满目，简直是一个新世界。

可以说，新式教育的推广，最大的困难在于师资欠缺。因此，各省都创办不少师范学堂和师范传习所，许多人还到日本入师范速成学校就读，学习几个月后就回国任教。合格师资的缺乏显然影响课程的质量，甚至有些地方，尤其是比较偏僻的各府州县的小学堂，根本找不到合格的教师，常常只能仍由私塾先生督诵童蒙读本，也只是挂了个新式学堂的招牌而已。其次的困难是欠缺教材。高等学堂多翻译外国教材讲授，导致译书蔚为风气，像山西大学堂就专门在上海设立译书局，以便于翻译西方书籍。普通学堂就多仿照外国体例自编各科课本。文明书局就是为编订《蒙学读本》而创办的。1903 年，商务印书馆聘张元济等创立，以日本教科书为模板，编印小学教科书，随后又刊印《女子小学教科书》、《最新中学教科书》，相当受社会欢迎。学部建成后，也曾编印教科书，但内容和体例基本上仿商务本，“太深、太多、欠联络、欠衔接”，更甚于商务本。从教学内容看，新式教育的推广简直是一场全国规模的西方知识的广泛普及运动。

19 世纪中叶以后，外国传教士、洋务派官员以及维新人士，都创立一些新式学堂，不过为数不多，新式教育还未能形成完整的体系，也没有统一的制度和规格。步入 20 世纪以后，为了救亡，为了发展工商业，故而广兴学堂大力培育人才，成为举国上下普遍、强烈的呼声，清政府也实施了从“变通科举”到“废除科举”和倡办学堂、奖励留学的众多措施，新式教育从而得到了迅速的推广。以上海为例。据调查，除创办年份不清楚的除外，1900 年以前，上海各类学堂共 18 所，包括小学堂 3 所，中等以上学堂 7 所，女学堂 1 所，教会学堂 7 所；从 1901 至 1905 年，新办学堂 53 所，包括小学堂 34 所，中等以上学堂 13 所，女学堂 3 所，教会学堂 3 所；从 1906 至 1911 年，新办学堂猛增为153所，包括小学堂120所，中等以上学堂16所，女学堂14所，教会学堂3所。再加上年份不详者，直到1911年，上海已有各类学堂242所（不包括幼儿园）。假1907年直隶为例。据调查，其中包括初等小学堂、两等小学堂、高等小学堂、中学堂，之外还办有工业、农业、商务等职业学堂，师范学堂及师范传习所，以及法政、工业、农业等专门高等学堂和北洋大学堂，甚至还有图算、测绘、军医、警务、电报等各类培训班。可以说从小学堂、中学堂到高等学堂和大学堂，旁及师范学堂、职业学堂等，体系和门类已经相当齐备。据估计1910年，全国学堂总数为42696所，包括各省42444所，京师252所；其中全国学生总数为1300739人，包括各省1284965人，京师15774人。

学习西方文化的最直接方式自然是到国外去留学。鉴于日本在东方的崛起，激发了许多中国人负笈东渡以探求究竟的意愿。前往日本留学还有许多优越性，像张之洞所说的："路近少费，可多遣；去华近，易考察；东文仿于中文，易通晓；西书甚繁，凡西书不符要者，东人已删节而酌改之；中东情势风俗相仿，易仿行，事半功倍。"再就是清政府的提倡，日本朝野的招徕，致使20世纪初年，刮起了一个留学日本的热潮。自1901年起，每年到日本留学的人数以一倍或一倍以上的速度剧增。据调查，1901年为280名，1902年9月为614名，1903年11月为1242名，1904年11月为2557名，而1905年11月猛增至8000名，1906年初为8000名，全年总共为一万二三千人，达到最高峰。

1905年出现"反对取缔规则事件"，很多留日学生辍学归国。清政府惧怕留日学生中革命思想的高涨，对留学日本实施了限制政策。致使1907年留日学生人数比上年减少了一半，随后逐年递减，到1911年在学人数依旧达3000多名。这些留日学生，其中有中央政府选派的，也有地方政府选派的，有的是社会团体等公派的，也有自费留学的。据梁启超1902年的统计，自费生大概占了一半。留日学生队伍相当庞杂，从十二三岁的少年到年逾花甲的宿儒，从青年学生到举人、进士，乃至有品第、有官阶的候补官员以及王公贵胄，可以说是应有尽有，却以青年学生为主体。他们学习的科目十分广泛，囊括理科、工科、外语、师范、政法、军事、史地、医药、音乐、体育等，学文科的比较多。据1903年的一份统计记载，该年留日学生1300多人，其中学文科的达1100人。为迎合国内“预备立宪”和广兴学堂的需要，许多人就读于政法速成科和师范速成科，据记载：“习速成者居60%。”在留日学生中，出现了一大批中国民主革命运动的领导人和立宪运动的骨干分子。但1907年以后，留学欧、美的人数慢慢增加，特别是1909年清政府正式决定使用美国所退部分庚子赔款作为留美学生经费后，刮起了留学美国的热潮。到1910年，留美学生已达500多人，到辛亥革命前，增加到650人。欧美留学生把学习自然科学作为主要目的，甚至有些人如竺可桢等后来成为闻名中外的科学家。

当时，中国的科学技术还很不成熟，基本上处于“引进”阶段。但属于“引进”阶段的中国科技人士依旧有不少值得称道的成就，其中有倍受中外瞩目的铁路工程师詹天佑。詹天佑（1861—1919），出生于广东南海县。1872年作为官费生被派往美国留学。1881年就读于耶鲁大学，获得土木工科学士学位，当年回国。于1890年，他担任关内段铁路工程师，在中国铁路建筑史上第一次采用压气沉箱法维修滦河大桥，取得成功。于1902年，他被委派主持修建京汉铁路新（城）易（县）支线，初次承担一段路工的全责。当时，英、俄两国为夺取华北铁路修筑权相持不下。1904年，清政府决定承办从北京到张家口的铁路，公开表示该路由国家筹款修筑，派詹天佑为总工程师，担任主持该线的筑路工程师。京张路全长大概360里，“中隔高山峻岭，石工最多”，“路险工艰，是他处所没有”。外国人基本上众口一词，断定此路绝难完成，甚至讥讽说：“中国有能力开凿关沟的工程师尚未诞生。”詹天佑凭借其强烈的爱国主义精神主持京张铁路工程，精心勘测设计，在国内筑路工程上第一次使用炸药开凿石方。由于八达岭隧道长达1000多米，而且山腹石质坚硬，山势欹斜，每日只能进二尺许。为避免延误全路工期，詹天佑规划在隧道线上山坡开凿两个竖井，下达轨线，就可以分从六处同时施工。当隧道连通时，“预见南北直线及水平高低”，“未差秒黍”。1909年全线建成，不仅比原计划提前半个月，而且节余工款银35万余两。对于京张铁路的建成，在华外国工程技术工程师都深表钦佩，詹天佑为我国工程界争得了荣誉，并在很大程度上振奋了民族的自信心。

The Modern History of China

# 第七编

## 军阀割据时期及新文化运动

北洋军阀，作为民国军阀势力之一，被袁世凯掌权后的“北洋新军”主要将领统领，于 1916 年袁死后没人具有足够能力统领整个北洋军队及政权，各领导人以省割据造成分裂，以军队为首要力量在各省建立势力范围。在名义上依旧接受北京政府的支配。只是北京政权实际上被不同时期的军阀所控制，因此在北洋军阀时期北京政府又有北洋军阀政府（简称北洋政府）的称号。实际上，北洋军阀依旧有北洋政府颁发的正常官衔，像都督、巡阅使、经略使、镇守使或军政长官等。而新文化运动是指20 世纪早年反对封建文化的思想启蒙运动。新文化运动成为学术界的一场革新运动。“五四运动”前夕，陈独秀在其创办的《新青年》刊载文章，主张民主与科学，驳斥中国文化，并宣传马克思主义思想；同时，以胡适为代表的温和派，就反对马克思主义，赞成白话文运动，提议以实用主义代替儒家学说，即为新文化运动滥觞。在这一阶段，陈独秀、胡适、鲁迅等人成为新文化运动的代表人物，这一运动成为五四运动的导火索。

# 第一章 北洋军阀的黑暗统治

1912年2月15日，袁世凯担任中华民国临时大总统一职，3月10日于北京就职，又迫使南京临时政府迁往北京，这标志着民国史上北洋政府统治的建立。北洋政府对外凭借帝国主义支持，对内主要依靠国内封建势力，以北洋军队为统治力量，镇压人民，排斥异己，在全国组建起军事化的统治。北洋政府与北洋军阀所有派系的兴衰关系很密切，按照时间划分，基本可分为袁世凯统治时期、皖系军阀统治时期、直系军阀统治时期、奉系军阀统治时期四个时期。

## 第一节 袁世凯的统治与反袁斗争

在清末明初中国政坛上，袁世凯可以说是一个强有力的人物。当此帝制与共和两个时代交替的关键时刻，他确曾起过关键的桥梁作用，不仅使中国成功地避免了欧洲资产阶级革命时时常所爆发的大规模的流血斗争，又相对平和地使资产阶级民主共和国的原则很快在中国得以确认和确立。他本能够成为中国历史上极少的杰出政治家，本能够成为他曾经期望成为的中国的华盛顿。但是，由于一念之差，由于传统文化意识的深刻影响，因为错综复杂的现实环境，其晚年幻想恢复帝制而自导的一幕丑剧，使他有可能辉煌灿烂的一生黯然失色，使他本该获得名垂青史的美誉转念之间变成遗臭万年。当记载的历史不得不再次提到他的时候，差不多予以全盘否定。在人们的心目中，袁世凯简直就是一个利欲熏心、狡诈阴险的小人，他给人们的形象想当然只能是反面的。其实，公平探讨袁世凯在清末民初中国政治舞台上的作为，我们不难发现袁世凯虽然带有中国传统社会旧官僚的一些特点，但也不能否认有其值得称赞与肯定的地方，否则就不足以说明他如何能成为当时强有力的人物，更不能解释他何以能成为中华民国首任正式大总统。假设只靠传统的评论过于强调其阴险狡诈、两面三刀等手段，就太过于看重了个人的作用，而看轻了人民群众、国内外舆论，特别是革命党人的认识水平。故而，实事求是地描述袁世凯的实际形象，不仅有利于重建历史真相，而且有利于表述个人在历史中的实际作用。

实际上，在辛亥革命之后，清王朝的遗老遗少们一直抱有复辟的企图，迫使废帝溥仪一直在皇宫中称孤道寡，沿用清廷体制，甚至在社会层面一直保存着极强大的复辟势力，不仅有康有为等文人为之鼓吹，还有“辫帅”张勋之流待机而动。但是“二次革命”的失败，导致辛亥革命的失败。当袁世凯与孙中山等人合作的这个时期，复辟势力也有部分收敛，但当“二次革命”结束后，孙、袁也彻底闹翻，袁世凯实际上就面临来自革命党和复辟势力的双重夹攻。他一方面利用加强个人的权力来抵制革命党人的威胁；另一方面又只得和复辟势力相周旋，以防止清王朝复辟阴谋得逞。直到 1914 年下半年，清室复辟的声势越来越盛的时候，袁世凯在命令内务部“查照办理，杀一儆百”的同时，公开发表声明，抗议复辟邪说。他主张：“此等狂瞽之谈，度倡言者也只是谬托清流，好为议论，基于世界大事如何，国民心理奚若，本未计及，遑顾其它。岂知现当国基未稳、人心未靖之时，似兹谣言流传，乱党将益肆浮言，匪徒亦因以煽惑，假设蹈暇抵隙，变生意外，势必动摇国家者，倾覆清室。不特为民国之公敌，亦为清室之罪人。惟本大总统与人以善，不忍遽为诛心之论，除既往不究外，用特通电中外，咸与闻知。须知民主共和规在《约法》，邪说惑众厥有常刑。嗣后若有造作谣言，或著书立说及开会集议以混淆国宪者，即照内乱罪从严惩办。”很明显，袁世凯至少此时并未支持帝制复辟，而依然提议在中华民国的基本框架内去解决已发生的所有问题。

在帝国主义支持下，袁世凯反动的武力统一政策暂时取得了胜利，除桂、黔、川、滇四省由地方军阀控制外，其他各省都在北洋军阀及其追随者的统治下。“宋案”真相公布后，在全国舆论的压力下，国务总理赵秉钧只得“请假”。1913 年 7 月，袁世凯在对南方攻击节节胜利时，便整编政府机构。意图拉拢和利用进步党，故而他任命该党的熊希龄为内阁总理。到了 9 月，内阁组建成，只有司法、教育、农商等部门总长职位由进步党人梁启超、汪大燮、张春等分别就任，而陆军、内务、外交等重要部门仍然牢牢掌握在袁世凯的嫡系军阀、官僚手中。因为梁启超等人都是社会名流，所以这个内阁被人称为“第一流人才内阁”。

1915年初，袁克定联合杨度约请梁启超谈话，“历数共和之缺点，隐现变更国体求我（梁启超）支持之意”。这是帝制复辟思潮的最初萌生。随后，这一思潮则散布于京城内外。袁世凯对此并没有像曾经所表示的那样抵制古德诺、杨度以及筹安会诸公的心态来讲，他们的帝制主张确实有为中国未来政治设计规划的企图，但是由于身份的局限性，他们的理论本身毕竟带有浓厚的学理性质，只是这种学理只要与政治人物尤其是政治主导者的思想相吻合，便非常容易地进入政治运作阶段。而政治运作与学理自然是两码事，学理研究所取得的真知并不容易被政治运作全面吸收，政治运作时常受制于现实诸因素，只能采取学理的某一部分或某一方面，因此政治发展的实际结果时常可能与其所依据的学理相差甚远，有时也可能走向反面。这对中国知识分子来讲，悲剧体现的只是未免过于看重“经世致用”的传统和政治参与意识，可笑地以为中国问题的真正解决实际上取决于学理的探讨，往往顺理成章地以“王者师”自居，期望统治者尽快采用自己的理论，而不肯将学理与现实政治之间保留出适当的距离；这对中国的部分统治者来说，政治智慧与哲学智慧实现完美结合的毕竟太少，他们经常困惑于现实问题迟迟不能根本解决，反而呈现一种急不可耐的智慧饥渴。因此，只要他们发现某种学理可能解决现实问题时，就很难保持一种冷静的、谨慎的拣择心态，不仅不能顾及这种学理可能带来的负面效应，更不要说全面地考虑这种学理的精神实质了。由此推理辛亥后帝制复辟思潮与帝制复辟实践，我们就很快发现学理的研究与政治运作之间并没有真正联通。简单地说，帝制复辟政治实践的思想根据是古德诺、杨度等人的代表观点，但袁世凯的帝制并不仅仅是古、杨的理论模式。

如果只就理论而言，不能说古氏的分析过于偏离中国的国情，问题出在，袁世凯在对这种学理加以发挥时，并没有完全考虑古氏所提出的警告，忽略古氏理论的前提，却只是截取了其结论。至于杨度于筹安会的提议和袁世凯帝制复辟的关系也存在相同情况，由于杨度等人所强调的，他们仅仅从学理的角度探讨共和同君主两种制度孰于中国为宜，“至于实际进行之方法，均不在讨论范围之内，本会亦所绝不议及者也”。最起码在主观目的上，是期望统治者采取审慎地选择而后定。当然，他们多次地请愿及呼吁，也未能对政治运作构成直接的影响。如此错综复杂的形势肯定是对最高统治者的智慧之最严峻的考验。遗憾的是，袁世凯由于强烈的帝王意识，尚未真正把握中国国情和政治时机，更是受到一些无耻之徒的蒙骗，使他没有受得起这次考验，贸然支持将帝制复辟由学理转化为政治实践，以至于将中国导入一个更加危险的境地。

诚如传统的评论所主张的那样，古德诺在袁世凯帝制复辟的过程中起过恶劣的作用，恰恰是他所发表的一系列鼓吹、颂扬帝制的文章，助推帝制复辟思潮达到了空前的状态，为日后的帝制复辟实践创造了理论上的重要根据。只不过，传统的评论毕竟忽略了一个重要的事实，也就是古德诺在论证何种制度最符合中国国情时，出于中国理应尽快建立“稳固强硬之政府”的目的，确曾认为中国“由专制——转换为共和，此诚太骤之举动，恐怕无有良好之结果”，“中国如用君主制，相对共和制为宜，此理论无可疑者也。盖中国欲实现独立，就只能用立宪政治，效仿其国之历史习惯、社会经济之状况、与夫列强之关系看之，然中国之立宪，以君主制行之为易，以共和制行之为较难者也。”但是，他在论述中国是否能够由共和政体改为君主政体时，并未草率地主张中国应当马上将共和政体改为君主政体，而是十分谨慎地提出中国如欲将共和政体转变为君主政体，必须实现诸种条件。他提出：“虽然，由共和改为君主，期盼获得良好之结果的，则下列的条件，缺一不可：一是“此种改革，不能引起国民及列强之抗议”；二是“君主继承之法律，一定有明确的规定”，还要“君主之继承，不可任由君主之自择”；三是“若政府不预为计画，以求立宪政治之发达，即使由共和变为君主，亦不能有永久之利益。若中国如欲于列强之间处其相当之地位，则其人民爱国之心日渐发达，而后政府逐渐强固，有的抗外侮而有余。然若无中国人民得与闻政事，则爱国心亦未曾发达；政府无人民热诚之支援，亦没有强固之力量。而人民中那些能赞助政府者，必先是自觉于政治中的一部分，而后才能尽其能力。之所以政府者，必令人民知政府为造福人民之机关，令人民知其获监督政府之动作，而后方可大有为也。”古氏指出，上述条件全都是中国改用君主制必不可缺的，他仅仅从学理上提供了这些方案，至于中国能不能具备这些条件，则超出他的思考范围，而由周悉中国情形、并以中国之进步为己任的中国统治者“自决耳”。

袁世凯简单地选择帝制复辟成为解决中国权力危机的手段，一念之差就成为了中国历史上的千古罪人。他不仅将中国引领到一个更加危险的境地，而且恰恰扼杀了中国走向民主政治的机会，从而给20世纪的中国一再拒绝民主政治、政党政治、议会政治创造了一个强有力的口实和“例证”。然而当我们回过头来重新反思这段历史的时候，也很容易发现袁世凯的政治选择既有其不得已的苦衷，所有责任也不全在袁氏一人。

袁世凯虽然在南方出兵镇压“二次革命”，但在北京却仍然保留着国民党议员占多数的国会。他虚伪地宣布要尊重议员的权利，意图就是要国会选举他当正式大总统。这些留在北京的国民党议员同进步党议员协商，建立宪法起草委员会，一起制订宪法草案。然而，袁世凯为了尽快坐上正式大总统的职位，提议国会应先选举总统，后制订宪法。他鼓动黎元洪领衔，联合十四省都督电汇国会，主张速选总统。在内外压力下，进步党和国民党先后支持先选总统的意见。9月，国会顺利进行了选举总统案。同时，袁世凯又指使梁士诒贿赂一批议员，组合成公民党，在国会内大肆宣传，并通电各省都督，要他们支持袁世凯为正式大总统。10月4日，国会讨论通过宪法起草委员会编拟的总统选举法。

10月6日，国会举办总统选举会。当天，袁世凯依旧放心不下，指派京师警察厅和拱卫军联合派出军警“保卫”国会。随后，又派便衣军警千余人，以“公民团”自称，在会场外严密控制，所有入场的议员，不准自行离去。议员们忍饿终日，自早8时至晚10时，连续选举三次，直至宣布的选举结果达成其意愿之后，“公民团”最后在一片“袁大总统万岁”的呼啸声中撤退。第二日，选举黎元洪为副总统。10月10日，袁世凯专门在太和殿举行就职仪式，显然以皇帝自居。

袁世凯在帝国主义的支援下，由临时大总统到正式总统，最后成为终身总统，但他的野心依旧没有满足，竟然利欲熏心，违背历史潮流，意图恢复帝制。帝国主义则企图袁世凯能够加强对国内的控制，以便通过他来加强它们在华的侵略势力。于1914年前后，德、英、美等国先后鼓吹袁世凯称帝。日本也以赞同袁世凯称帝为交换条件，借以谋取大量权益。

1914年8月，首次世界大战爆发。欧洲的大部分帝国主义国家都卷了进去，无暇东顾。日本意图乘机扩张其在中国的侵略势力，它以对德宣战为由，出兵在中国的山东半岛登陆，对德国侵占下的青岛和胶济铁路沿线出兵，侵占德国在山东的侵略权益。袁世凯政府竟宣称“局外中立”，并划出战区，为日本提供作战场地，无视其武装占领了青岛及胶济铁路全线。日军所到之处，“骚扰甚重”，“民不堪累”。于1915年1月18日，日本驻华大使日置益奉命向袁世凯递交了灭亡中国的“二十一条”合约。他一面威吓袁世凯说：中国革命党人同日本“政府外许多有钱有势的日本人保有相当密切的联系”，“除非中国政府展出友谊的明确证明，否则日本政府也就不可能阻止这些人在中国煽动骚乱”；一面又引诱袁世凯道：“假设总统现在接受这些要求，日本人民将深信总统的态度是友好的，那么日本政府日后可能对袁总统提供帮助。”日置益还对外交部次长曹汝霖明确地表示：“中国如想要改国体为复辟，则敝国必支持。”显然是以支持袁世凯复辟帝制当作交涉的引诱条件之一。

“二十一条”共分五号，其大致内容是：第一号四条，中国政府承认日本获得德国在山东的一切权利，并加以扩大；第二号七条，主张将旅大租借时间及南满、安奉两铁路期限延长为99年，并承认日本在南满及内蒙东部的约定权利；第三号两条，中日合资建汉冶萍公司，未得到公司同意，不允许他人开采附近矿山；第四号仅一条，中国沿海港湾及岛屿，不允许租借或割让给其他国家；第五号七条，要求中国中央政府任用日本人为政治、财政、军事等顾问，中国警政以及兵工厂由中日合建，将武昌到九江、南昌到杭州、潮州之间铁路建筑权给与日本，承诺日本在福建省有投资修筑铁路及开采矿产的优先权。日本政府清楚这种把中国变成日本殖民地的要求，将会引起中国人民的强烈反对，所派遣日置益当面向袁世凯说：“愿大总统赐以承诺，迅速商议解决，并守秘密。”袁世凯知道西方列强正忙于欧战，在华势力相对减弱，而日本势力急速扩张，只有得到日本的支持，才能够复辟称帝。于是，他任命外交总长陆徵祥、次长曹汝霖与日本代表私下谈判。在谈判期间，日本以“换防”为借口，增兵大连、青岛、塘沽等地，实行武力威胁。经过几个月的秘密协商，日本以最后通牒的方式，迫使袁世凯于5月9日接受它的条件，其中只是把原来的第五号内容改为日后另行协商。

日本帝国主义加强对中国的侵略，是在其他帝国主义的默许下进行的。日本和英、俄先取得以下谅解：一、英、俄在华权益，日本按约尽力维护；

二、与英、俄利权无相关利益之中国各地，任日本自由行动，不进行干涉。美国则规劝中、日双方“相忍相让”，劝告中国不要抗拒日本的侵略要求。袁世凯接受日本的侵略条件之后，美国又声明，凡日本取得的特权，根据“最惠国待遇”，“美国政府同样将享有其利益”。

“二十一条”的谈判与签订，致使在全国爆发了强烈的愤慨和反抗。上海、北京、天津、杭州等地商民、学生及海外华侨纷纷云集，团结抗议日本的侵略行径，要政府拒绝日本的无理要求。反日爱国团体不断涌现，上海出现了“国民对日同志会”、“外交后援会”、“救国急进会”，杭州出现了“爱国会”，山东成立“救亡团”，江西有“妇女救国会”，广东有“中华商务救亡会”，四川成立了“国事研究会”等。3 月间，上海绅、商、学各界联合组织召开国民大会，到会者大约 4 万人，大会决议提倡国货，拒抗日货。各地遥相呼应，迅速发展为遍及全国的抵制日货运动。1915 年上半年，日本输华商品价值相比上年下降了 1790 万美元。而汉口，汹涌的人群涌上街头，游行抗议示威，捣毁日本商店，迫使日本侵略者无法召开原来打算举行的“庆祝会”。北京爆发集会示威，均有众多的群众参加。烟台人民“互相全街不卖货物给日本人”。各地青年学生纷纷组织集会，进行爱国救亡抗争。因此全国教育联合会决定，各学校每年定 5 月 9 日为“国耻纪念日”。海外华侨同时发动了爱国运动，他们宣传、捐款，并抵制日货。由于全国的抗日爱国斗争，使得“二十一条”无法付诸实施。袁世凯将各阶层群众的爱国行动，全部诬蔑为“排外之观念，乃野蛮无知之举动”，颁布《大总统申令》，“严加取缔”，“严拿惩办”。

袁世凯担任正式大总统后，便决定把政党和国会一脚踢开。他斥责“国会专制”，并于 10 月 25 日通电各省“军政长官”，要求一致抗议宪法草案。于 11 月 4 日，袁世凯以国民党议员和李烈钧有联系为理由，下令解散国民党，撤销国民党议员的职位。这样就造成国会不足法定人数，无法开会。他只能以政府不能无咨询机关为借口，于 11 月 26 日下令召开政治会议，成为他的个人工具。于 1914 年 1 月 10 日，袁世凯公然决定取消国会。各地方的自治会和省议会接着通令取消。熊希龄内阁在签发了所有解散国民党、解散国会、设立政治会议等命令之后，就被袁世凯废弃。1914 年 2 月，袁世凯命令党羽捏造大量舆论对熊内阁发动攻击，逼迫它辞职。3 月，由政治会议建议组建的约法会议召开。依照袁世凯提出的“修改约法大纲七条”，约法会议就迅速炮制出所谓《中华民国约法》。5 月 1 日，袁世凯正式公布，与此同时废除《临时约法》。这个袁氏“约法”把总统的权力延伸到跟专制皇帝相似的程度：变更责任内阁为总统制；撤消国务院，甚至在总统府内设政事堂作为办事机构，政事堂设“国务卿”为首脑。首任国务卿是袁世凯的爪牙、清末“相国”徐世昌。依照袁记“约法”，又设立了代行立法机关职权的参政院，由袁世凯设定参政 70 多人。他们几乎全部是清朝遗老和袁的亲信官僚、政客，进步党的梁启超等人也被招募进去。参政院为袁世凯重新修订了《总统选举法》，更改规定：一、将总统任期改为十年，连选连任也无限制；二、总统任期届满时，假设认为“政治上有必要”，不必改选，亦可连任；三、总统继任人也由现任总统推荐，被推荐者并没有限制。6 月，袁世凯又命各省都督改称为将军。至此，辛亥革命所建立的资产阶级民主制度，其中《临时约法》、国会等，均被袁世凯全部破坏，专制独裁统治则以法律的形式记录下来。这样袁世凯不仅成为终身总统，甚至可以传之子孙。此时的中国，只剩下了“民国”的一块空壳。

袁世凯选举上正式总统，便同守旧派、复辟派掀起了一股尊孔复古的逆流。1912 年 9 月，袁世凯提出尊崇伦常，要“全国人民恪守礼法”。1913 年 6 月，他接着颁发了“尊崇孔圣”的通令。袁世凯就职正式大总统时，孔子七十六代孙“衍圣公”孔令贻奔赴到北京向他祝贺。袁世凯宣称“衍圣公暨配把贤哲后裔”，依旧享受前代荣典祀典。第二年 1 月，政治会议提议恢复祀孔，还命令地方将所有文庙一律恢复尊崇。至 9 月，袁世凯在正式公布的祭孔告令中提到：“孔子之道，亘古常新，与天无极。”“国纪民彝，赖以不坠。”他驳斥辛亥革命之后“纲常沦弃，人欲横流，基本上成为土匪禽兽之国”。之后他亲率百官到孔庙祭孔。12 月，袁世凯又决议正式恢复前清的祭天制度，甚至亲自到天坛祭天。这些祀孔祭天的活动，使人们觉察到恢复帝制已为期不远。同时期的《北京日报》刊登的一篇文章说：祀孔祭天是“帝制复活”之“先声”。

正是袁世凯的反动统治，激发了广大人民的愤怒和反抗。在 1913 年 5—6 月间，汉阳兵工厂工人为抗议袁世凯政府以贬值纸币发放工资爆发了罢工。1914 年 1 月，袁世凯颁发《验契条例》和《契税条例》，决议旧契一律呈验，每张交纳验费一元，注册费一角，以此增加税收。当年还实行“清丈地亩”，设“清丈局”，对农民实施搜刮压榨，激起了全国农民群众的抗议斗争。同年2月以后，包括山东、山西、四川、安徽、奉天、直隶、浙江、广东、江西、河南、贵州、江苏等省均有一县至数县发生“民变”或武装起义。至9月间，奉天本溪县爆发劳动群众和革命党人的武装起义，自称“讨袁军”，占领县城，囚禁县知事。于1915年1月，奉天新民县农民数百人，持枪械占领该乡清丈局。至5月，河南洛宁县爆发反验税契的斗争。于8月，甘肃宁县也发生反验税契的反抗斗争。当月，陇东地区爆发相当大规模的抗捐抗税运动；还有环县群众起义，杀死县知事，攻占县城，转攻庆阳，焚烧教堂两座。于11月，江西万载县人民爆发起义捣毁衙署。于12月，在吉林省的榆树、五常、舒兰等地农民，四处捣毁清丈局及税局；以及奉天的海龙、西安（今辽源）、盖平（今盖县）、岫岩、绥中、东丰等地，遥相呼应。于1916年春，山东肥城县农民聚众烧毁县署及四乡清丈局，邻近各县农民群起抗争。同时，冀中有“山北社”组织的大规模的反清斗争。

在袁世凯上台的整个期间，广大人民群众的激烈斗争，有增无减。在这段时期内，规模最大、坚持最久的是白朗起义。白朗（1873—1914），抢占政权后，“民生凋敝，日益加甚”，河南人民“十（之）八九不能自活”。故而，参加起义的群众日益增加。到1913年夏，白朗接连占领唐县（今唐河）、禹县等城，甚至以“抚汉讨袁司令大部督”之名发布告示，声震豫西。袁世凯任命河南都督张镇芳限期肃清，与此同时增兵河南，出兵豫西的总兵力达3万人。白朗采取避实击虚的战略，攻击敌军防守薄弱的区域，自豫西东进，至1914年1月入安徽，攻克六安，2月又攻克霍山。白朗的出兵，引起袁世凯的震怒，责令将张镇芳撤职，任命陆军总长段祺瑞兼河南部督。段祺瑞奔赴信阳“督剿”，指挥北洋主力，意图聚歼白朗军于霍山、六安、霍邱之间。白朗军避开主力，突围入鄂。于3月一举占领鄂西重镇老河口，歼灭驻军部队，缴获大批枪炮弹药，甚至打劫当地豪富和外商英美烟草公司、美孚洋行、亚细亚煤油公司的分公司等，造成中外反动派惊慌失措。各国驻华公使纷纷集会，并照会袁政府外交部道：“外人之财产损失相当巨大，即各国之商务间均受其影响亦非浅显。若再不能即日剿平，拟电邀本国政府分派兵若干帮同剿办，以盼早日肃清。”袁世凯在与段祺瑞电中提到：“白匪久未平，各国报纸谓政府软弱不足以保治安，乱党又从中作梗，殊损威信。导致近日中国债票跌至百分之十二三，续借款愈难办，关系全局相当重。”

攻克老河口后，白朗举行军事会议，讨论日后大计。这时部队已近万人，加以整编，被称作“公民讨贼军”，又称“扶汉军”，白朗自诩“中原扶汉军大都督”，决定出兵西北。白朗军占领荆紫关及进入陕西后，都曾张贴安民布告示，指出：“我国自改革以来，偏好主政，民气不扬。虽以共和为名，本厉行专制。本都督辍耕而太息者久之！本意乃纠合豪杰，为民请命”；肯定辛亥革命的成功，“君权推倒，民权伸张”。很明显，白朗斗争是受到资产阶级革命影响的。有部分资产阶级革命党人也逐渐到白朗军中工作，并为其而牺牲。白朗起义军虽然没有进攻西安，但是用兵渭南一带，不久破凤翔、固关，攻入甘肃境内。于 1914 年 5 月，先后占领伏羌（今甘谷）、秦州（今天水）、岷县、洮州等城。占领洮州后，敌军云集包围，并且长期苦战，不能休息，白朗于是决定突围回河南。至 6 月，白朗军回到河南鲁山、宝丰地区。白朗军沿途多次经激烈战斗，又经常遭截击，损失惨重，虽依旧有数千人，但战斗力大大削弱，无力与敌军抗衡，只得分为多支活动。8 月，白朗率领数百人在鲁山一带与敌军激战，负伤牺牲。其他各股也逐步失败。白朗起义前后两年多，攻克五省，占领县城 40 多座，是辛亥革命失败后革命沦陷时期规模最大的一次武装起义。它抗击了袁世凯的反动统治，增强了以孙中山为首的革命力量的斗争信心。

袁世凯压制了“二次革命”，压制了白朗起义，极力镇压爱国运动，并不惜损害国家民族利益换取帝国主义的支持，以为帝制复辟的时机到了。“二十一条”的协商刚刚结束，“共和不适于中国国情”的谣言就流传甚广，很快流传到海内外。1915 年 8 月，袁世凯的宪法顾问美国人古德诺在上海《亚细亚报》上刊登题为《共和与君主论》的文章，鼓吹中国“大多数之人民智识都不是高”，“没研究政治之能力”；污蔑辛亥革命“由专制一变而为共和，此举动太过于，难望有良好的结果”，之后得出结论：“中国若是采用君主制，较共和制为宜。”袁世凯的日本法律顾问日本人有贺长雄紧更是配合，刊登《共和宪法持久策》，更露骨地鼓吹中国应由袁世凯作皇帝，总揽大权。8 月间，杨度、孙毓筠、严复、刘师培、李燮和、胡瑛等六人，在袁世凯的指派下，组织了“筹安会”。他们以筹安会“六君子”自称。

筹安会打的口号是“学理讨论”，实际上是政治投机，他们鼓吹古德诺的谬论，大肆宣传“君主实较民主为优，而中国同样不能采取君主国体”，公开鼓吹复辟帝制。在筹安会成立后，马上通电全国，命各地文武官吏和商会团体即刻派代表进京，协商国体问题。袁世凯在各地心腹函电响应，纷纷派代表进京进行讨论。几天后，筹安会发表通电全国说：各省机关及各团体代表选举决定，“一致主张君主立宪”。之后，在京各省文武官吏又派出手下组成“公民请愿团”。袁世凯的亲信梁士诒也趁此时机，收买各方，组织多个请愿团，比方京师商会请愿团、教育会请愿团、妇女请愿团、乞丐代表请愿团、人力车夫代表情愿团、孔社请愿团等。以上这些团体和筹安会的各省请愿团联合起来，同时向参政院递交请愿书，出现了请愿实行君主制的风潮。

于9月1日，参政院共同“讨论”这些请愿书。6日，袁世凯指出商讨国体问题应“征求多数国民之共同意愿’。梁士诒、杨度等人顺从其意，收买各请愿团，组建“全国请愿联合会”。于16日，“全国请愿联合会”向参政院递交第二次请愿书，主张召开国民会议，解决国体问题。第二日，参政院开会议决并恳请政府于年内举行国民会议。袁世凯及其党徒又觉得国民会议开会商讨速度太慢，于是梁士诒、杨度等人再一次伪造请愿，推翻了最初召开国民会议的成案，提请参政院“另设机关，顺应民意”。参政院于10月6日同意，决定暂停召开国民会议，由“国民代表大会”选举“决定国体”。10月8日，袁世凯颁布了《国民代表大会选举法》。在各省军政长官控制下，迅速选举国民代表，紧接着在当地进行所谓国体投票和选举袁世凯为皇帝。12月7日，北京及各省投票选举全部完毕，先后呈交参政院，并任命参政院为国民代表大会总代表。于11日，参政院开会，选举所谓解决国体总投票。各省代表1993人所有的选票，全部拥护君主制，甚至“完全一致”“恭戴今大总统袁世凯为中华帝国皇帝”。参政院随即在当天以“国民代表大会总代表”的名义递交“劝进”书。袁世凯在当天假惺惺地将劝进书退回，并假意说：“今若帝制自为，乃是背弃誓词，此于信义无可自解者也。”当天，参政院再次开会主张“再劝进”，在15分钟内“草成”长达2000多字的第二次推戴书，当晚进呈。第二天一早，袁世凯发布命令，宣布恢复帝制。13日，尊享百官朝贺，大加封赏，同时严令查禁反对帝制的活动。于31日，袁世凯下令第二年改为“中华帝国洪宪元年”，预计在元旦正式登上皇帝宝座。这出复辟帝制的闹剧，从而达到高潮。

袁世凯的反动统治以及卖国活动，显然激起全国人民的坚决反抗。由于他公然复辟帝制，使本来那些对他抱有希望的人，也看到其破坏共和、复辟帝制的野心。自称一直以来“不惜竭吾才力，甚至牺牲一切，以谋辅翼袁氏”的梁启超，也认识到袁世凯已成“众矢之鹄”，“大乱即发于旦夕”，而感到“不寒而栗”。反帝制复辟的火焰在全国熊熊燃烧起来。中华革命党仍然进行反袁活动。1915 年间，孙中山派遣胡汉民、邓铿、许崇智等先后往南洋筹款，同时在国内发动武装起义。11 月 10 日，中华革命党派人杀害袁世凯心腹、上海镇守使郑汝成。12 月初，组织停泊上海的肇和舰起义，但因镇压失败。孙中山除组织会党、军队起义外，还组织原国民党的地方实力派，发动武装反袁。在袁世凯称帝之后，中华革命党是资产阶级各团体中反袁斗争最坚决的力量。欧事研究会在袁世凯称帝制时，纠正了“停止革命”的错误政策和“缓进”决策，坚持武装讨袁的道路，组织中华革命党、进步党和西南地方军阀，进行反袁运动。1915 年 12 月，李烈钧等人纷纷到达昆明，联络策动唐继尧等云南军界人士出兵讨袁。欧事研究会同样是讨袁斗争中一支不可缺少的力量。

以梁启超为代表的进步党，先是袁世凯的心腹，后来被袁遗弃。他们不赞成袁世凯复辟帝制，同时意识到全国人民猛烈抵抗复辟帝制，袁世凯的垮台是大势所趋，看到革命党人在西南发动武装反袁，唯恐在袁世凯倒台以后的中国政局出现“我为牛后，何以自存”局面，他们便转而步入反袁的道路。梁启超的转变为反袁，对他的弟子蔡锷有很大影响。蔡锷是具有强烈的爱国主义思想的爱国将领，自从云南入京以来，一直在袁世凯的控制下。他谨慎沉着，狡猾地施放烟幕，强忍对袁世凯倒行逆施的怒火。筹安会发表宣言的第二天，蔡与梁启超秘密商定反袁，主张“为四万万人争人格起见，非拼命去干这一次不可”。决定文武两个步骤，梁发文章，夺舆论先声！蔡趁势潜回云南，起兵讨袁。

1915 年 9 月，梁启超拒绝了袁世凯 20 万元的收买，不顾枪林弹雨，毅然于北京英文《京报》中文版上刊登了洋洋万言的《异哉所谓国体问题者》，紧接着北京、上海、天津、昆明的一些报刊纷纷全文转载。文章虽主张劝说，对袁世凯的驳斥留有余地，可是坚持共和制度、反对恢复帝制的意愿是鲜明的。文章刊登后，在各阶层、各派政治力量间产生了强烈震动。大概 11 月上中旬间，梁启超帮助以养病为借口来到天津的蔡锷登上日轮山东丸号，暗中赴日转滇。云南的某些军官和士兵，在李烈钧等人的劝说下，早就打算武装讨袁。

但是云南将军唐继尧却模棱两可，不能快速行动。蔡锷到后，聚集了各派力量，1915 年 12 月 25 日宣布云南独立，组建讨袁的“护国军”。1916 年 1 月 1 日，袁世凯在新华宫等待百官朝贺的时候，云南军政府宣布成立，颁发讨袁檄文，列举其十九大罪状。护国军选举唐继尧为都督，蔡锷任首军总司令，进军四川；李烈钧就职第二军总司令，出兵两广；唐继尧兼第三军总司令，负责留守。1916 年 1 月 27 日，贵州也宣布独立。武装反袁斗争赢得人民群众的大力支持。昆明人民四处张贴“拥护共和万岁”的标语，踊跃参军，“缴纳捐款的争先恐后，每天一开门，就拥挤来报，至晚不止”。海外华侨也主动支援，南洋侨胞早已汇款 70 余万，得知云南独立后，“又电汇一百余万，捐助仍络绎不绝”。“美洲华侨、澳洲华侨来捐款，闻数在二百万左右”。群众的热烈支援，决定了反袁战争的胜利。

双方军事力量的差距，是相当悬殊的。袁世凯集团所有兵力 13 个师、17 个混成旅，总计 38 万人；以曹锟、张敬尧等统率 4 个师 3 万余人，三路攻打云南。而护国军总兵力两师整编成一个旅，一共才 2 万多人；由蔡锷所带领入川部队仅六七千人。1916 年 1 月，蔡锷分兵三路，进攻泸州、叙府等蜀南各地，全川震动。至 2、3 月间，袁世凯派援川大军共计 10 万人，与蔡部护国军在川南激战。护国战争加速了反袁斗争形势的发展，继贵州之后，广西、陕西、浙江等省随后宣布独立。广东在中华革命党迫使下也被迫独立。中华革命党任命居正为总司令，在山东攻克十余县城，其他像湖北、四川、安徽、湖南、江苏等地，都爆发了中华革命党人的活动。

因此帝国主义对待袁世凯的态度，也因形势的不同而有了转变。袁世凯在匆忙酝酿帝制时，日、英、俄、法等国就不断提出警告，表明变更国体或将“惹起意外之扰乱”，直接或间接关系到各国在华商务利益。云南起义爆发，日本料定袁世凯早晚必败，转而转向倒袁政策。1916 年 1 月 15 日，日本突然宣布拒绝接待原来准备以亲王殊礼接待的袁世凯派向日皇赠勋的特使周自齐，甚至在通知中斥责袁世凯“断行帝制，无视友邦劝告”，“日政府当然不能承认”。

日本对帝制态度的转变，对袁世凯是一个极其不利的因素。袁世凯的亲信也深悟复辟帝制已到绝望境地，不愿追随着他同归于尽，故而各谋出路。段祺瑞和冯国璋是袁世凯麾下的心腹大将，他们都期望继袁之后担任大总统，故而对建立袁家复辟帝制一开始就表示消极。在袁世凯积极谋划帝制期间，段祺瑞辞去他长期担任的陆军总长职位，托病退隐西山；冯国璋就任江苏将军坐镇南京，拥兵观望。国务卿同徐世昌是袁的老朋友，也辞职远去。大多军政长官也都慢慢和袁世凯貌合神离，按兵不动。袁世凯集团此时早已分崩离析。冯国璋和江西、浙江、山东、湖南等省将军共同逼迫袁世凯取消帝制，并秘密联系其他各省将军征求意见。袁世凯在众叛亲离的无奈之下，最终于3月22日取消帝制，第二日废除“洪宪”年号。当年4月，决议恢复内阁制，由段祺瑞重组责任内阁，他本人则依旧赖在总统的位置上。5月8日，各独立省份的军人在广东肇庆组建军务院，承担“指挥全国军事，筹办善后庶政”。唐继尧担任抚军长，岑春煌就任抚军副长，梁启超担任政务委员长。由于袁世凯不愿放手到手的权力，全国舆论更为愤慨，呼吁“袁逆不死，大祸不止，养痈蓄疽，确为乱基。愿国人坚定决心迅速达成，再接再励，扑杀此獠，以绝乱种”。海外华侨也不断发出声讨通电，主张将袁世凯“执行国法”。5月9日，孙中山颁发《讨袁宣言》，号召“除恶务尽”，提议“保持民国，不徒以去袁为毕事”，“坚决不能让此等谋危民国者之人再次发生于国内”。他提出不仅要打倒一个袁世凯，并且要同所有同袁世凯一样的反动派奋战下去。但是袁世凯并不死心，5月29日颁发“宣布帝制案始末”的申令，把帝制罪责全转给了别人，同时还谋划由川、湘向西南出兵，作最后的抵抗。但形势依旧向着同袁世凯所期望的相反的方向发展。四川将军陈宧同湖南将军汤芗铭，全部是袁世凯一向倚重的心腹，迫于形势，也在5月22日和29日相继宣布独立，这使得他最后策划的困死挣扎也已绝望。6月6日，最终袁世凯这个独裁者、卖国贼在全国人民的抗议声中病死。

袁世凯复辟帝制的最终失败与垮台，归功于全国人民反抗斗争的结果。他的倒行逆施痛失人心，逆历史潮流而为，必然被人民所唾弃。辛亥革命促进民主思想的高涨，在反袁斗争中依旧有其积极影响。护国运动中，所有反袁势力，包括握有主要领导权的进步党人在内，不管他们有什么企图，都必须以维护民国、恢复共和制相号召。护国战争的胜利，推翻了“洪宪”帝制，埋葬了袁世凯，甚至最终迫使段祺瑞宣布恢复《临时约法》和国会。因此，护国战争是一次成功的革命战争。只是，护国战争的胜利果实最终又被北洋军阀段祺瑞篡夺，国家政权实际上没有发生革命性的转移，人民依旧毫无所得，中国的半殖民地半封建社会地位同样没有改变。袁世凯的帝制复辟最终失败，由此连带辛亥之后历代传统主义推崇者也因中国政局的变动而无奈告终，但他们呈现的那些问题并没有因其失败而结束。不得不深思，当中国必须面对世界而走向现代的时候，传统到底有多大的作用，传统与现代是否就是对立的两极，传统难道就没有什么积极的意义吗？平心而论，不管传统主义者的论证多么荒谬，多么漏洞百出，但他们所思索的这些问题本身肯定是对辛亥革命这一急剧性的政治革命所带来的负面影响的弥补和修正，所以其积极意义也不应低估。

只不过，由于传统主义者过分吹嘘传统的积极意义，特别是他们总是无意识的将学理的探讨不实际地转为政治实践，因此伴随着袁世凯、张勋两次帝制复辟运动遭遇失败，传统主义也随之陷入一种严重的危机之中。只是他们并没有这种自觉，不仅不愿肩负两次帝制复辟的责任，反而自以为是的理解中国自辛亥以来所发生的所有问题是由于没有听从他们的劝告所造成的。换句话说，在他们的自我意识中，他们并不承认自己是旧派的文化保守主义者，甚至相反，他们认为仅是他们才真正发现了传统与现代、新与旧之间的转折点。这种情形正如《青年杂志》1 卷 1 号《新旧问题》一文所解悉的那样，中国自出现新旧问题以来，迄今无人对新旧二字设定确切的定义。在晚清，国中分为维新、守旧二党，彼此排诋，各不相下，是称作新旧交哄之时代。辛亥后，守旧党之称谓，早已随前清帝号以俱去，人之视新，基本神圣不可侵犯。亦或倡言复古之人，也时常假托新义，引以为重。推悉其实，则其一举一动无不与新义相矛盾。鉴于此故，一切现象，似新非新，似旧非旧，可称之新旧混杂之时代。处此时期，不仅是非不明，且没有辨别是非之机会。“如此循环下去，势必导致举国之人不复有精神上之作用，吾不知国果何所与立也。”这段分析尽管不尽准确，但基本体现了辛亥后包括传统主义者在内的以及其后他们的追随者在思想理论上的困惑与贫乏。

辛亥后首代知识分子所存在的这些问题，实际上代表着着他们久占历史舞台的可能不存在，他们的历史使命即将完成，必将让位于更新的一代知识分子。而当此时，新一代知识分子在积极发动了辛亥革命之后，并没有实现预想的目标，中华民国除了一副空壳外，民主共和与中国人实际上仍然无缘。也就是在这种背景下，新旧知识分子的矛盾已不可避免，新一代知识分子自动远离老一代知识分子的传统思想，而发展新的救国道路。对于这一点，最有象征意义的是陈独秀创办的《青年杂志》，也就是后来命名为《新青年》的那份刊物。不论它叫“青年”还是“新青年”，实际上都体现着新一代知识分子的意识觉醒，意味着他们必将在远离老一代知识分子所开辟的道路而继续前行。中国的未来也许应该走上一条崭新的道路，而这条道路的开辟似乎又只能凭借这批“新青年”。

## 第二节　军阀混战与护法运动

一个强权人物的灭亡产生的影响力，使得国家陷入杂乱无序的状态。军阀之间为权力和自我扩张而互相残杀，毫无理智、逻辑与理性可言，致使民国历史上出现最黑暗的一段时期。

1916 年 6 月 7 日，副总统黎元洪就任总统。此举到底是依据 1912 年的《临时约法》继任总统，还是依照 1914 年袁的《中华民国约法》取代已故总统之位，这顿时引起了法统问题。换句话说，就是争论两部宪法的合法性。南方的革命党支持 1912 年的《临时约法》是合法的，提出整个反对君主制的运动和国内战争的宗旨就是为了维护它的合法性；可是，北京的段祺瑞总理却维护已实施两年的 1914 年宪法的合法性。当驻沪海军军官在 6 月 25 日宣布脱离北京维护南方时，这一矛盾才得以解决。曾在上海拥有势力基础的冯国璋害怕失去此地，对北京施加压力，导致其接受 1912 年约法。8 月 1 日，黎元洪支持所请，重新组建了曾于 1914 年 1 月 10 日被袁非法解散的旧国会，并以 1912 年约法为依据，任命段为总理。为了维护统一的国家利益，革命党人也支持解散军事委员会。

清帝复辟

1917 年中国是否应帮助对德作战现在成为重要问题，总理段祺瑞没通过国会与总统的许可，便在美国的赞成下于 1917 年 5 月 14 日对德宣战。为了抵制国会议员的反对，他重演袁的丑剧，发动来自商、政、军界的大概三千“公民”包围了国会，主张国会通过对德战争宣言。段的将领与督军强烈地要求总统黎元洪解散国会，而国会报复性地督促黎免去段的总理职务。5月23日，黎草率地解除了段的职务，却得知段在陕西、山西、浙江、山东、直隶、福建诸省的同党随即宣布独立，他们还在天津组织了督军团，意图向北京进军。黎总统在绝望之时，只能求助于安徽督军张勋。1917年6月7日，张率五千士兵占领北京，但他提议将解散国会作为调解黎、段争执的先决因素，黎没别的选择，只得在6月12日答应，虽然黎熟知根据1912年《临时约法》，这是非法的。

在北京站稳脚根之后，张勋在康有为的鼓动及北洋头目冯与段的私下同意下，于7月1日重新拥戴末代清帝溥仪复帝辟。清代机构同样恢复了，并分封了官职，张勋担当内阁总理并接替曹锟兼任直隶总督，但段祺瑞却没被封官。段与曹认为被张勋愚弄，便集和北洋军队对抗张的两万辫子军，并在7月12日将之赶出北京，从而迅速终结了此次复辟运动。

**军阀混战**

在梁启超带领的研究系的支持下，段第二次出任总理，梁此时也就任了财政部长。研究系提出：既然复辟运动已经令共和国寿终正寝，那就必须在段的领导下重建一个新共和国。达到此意图的第一步，是要举行一个临时国会，在11月10日，段举行了临时国会，而不是重开曾被黎元洪在6月12日解散的旧国会。此时，南方的革命党人驳斥他违反了1912年《临时约法》。孙中山在广州再一次建立了一个军政府来开展护法运动。

为粉碎国内的敌对势力，段以参战为借口和外国签订贷款协议，他重演袁的丑态，操纵临时国会修定1912年约法中的选举同组织法，并亲自组织安福俱乐部，以汇聚其全部的军事与民众的支持力量。于1918年8月12日再次选举的国会中，安福系操纵了330多个席位，研究系也掌控了约20席。这个安福系国会简单地便如段所欲，在8月14日通过对德出兵的决议，这使段能以支持中国战争实力为借口，签订了总值达1.45亿日元的被称作“西原借款”借款协议。

在足够的筹备后，段逐步着手打击南方军政府，进驻军队至湖南，从而对广州的革命党人施加压力。同时，出兵四川，以阻止云南的任何叛乱。这样段便引发了又一场国内战争。但是，黎的追随者，总统冯国璋却提议和平解决国内分歧。段与冯原是袁属下的同僚，二人此时的矛盾使北洋集团一分为二：安徽段祺瑞集团称做皖系，直隶冯国璋集团称做直系。冯的手下截断段对护法军的进攻，这导致段的军事计划失败，随后在 11 月 22 日辞去总理一职。然而随之而来的是两派之间的凶猛内斗时期，最后，直系因获得来自满洲并原本是土匪的张作霖所领导的奉天军队的支持而取胜。1922 年 4 月，奉直之间同样爆发了战争。直系再次取胜，只是张仍能保持对满洲的掌控，并不受中央的统治。

获胜的直系推黎元洪就任总统，希望与广州政府通过和平方式完成国内统一。只是受到了直系内一个强势派别的反对。到 1922 年中，直系终于产生分裂：（1）吴佩孚带领下的洛阳系主张武力统一全国，并力挺总统黎元洪；（2）反对吴的天津、保定系则力挺曹锟出任总统，最后，总统黎元洪在相当委屈的方式下被驱逐下台。1923 年 10 月，曹锟凭借贿选令自己成为总统，大概 500 名国会议员每人声称得到 5000 银圆的赃款。公众信心降到极点，民众厌倦北方政治，仅剩的希望便落在广州的革命党人身上。

只是孙中山在南方也是麻烦缠身，护法运动发展缓慢，自 1917 年 8 月 25 日广州军政府建立后，他虽就任总司令，却受困于无权直接控制军队，真正的指挥权依旧掌握在西南省军阀（如广东、广西的陆荣廷）等人的手中。陆荣廷野心不小，并在 1918 年 5 月迫使孙中山离开军政府。在相当的失望与沮丧下，孙奔赴上海，过着躲避的生活，依旧从事《建国方略》的写作，并规划重建政党。于 1919 年 10 月 10 日，他将中华革命党更加严密化，并改名为中国国民党。不久，他挥军南下以惩治广州的叛军，而且不同北方的段祺瑞交战。经过一系列巧计，他收复广州，并重建军事政权。1921 年 4 月 2 日，共和政府正式建立，由孙中山任总统，同北京的军阀政权相对峙。

1922 年 2 月 3 日，孙着手筹划北伐，继续进行护法运动。但由于孙以前的支持者陈炯明于广州突然叛变而受挫，总统官邸受到严重炮击，孙很庆幸得以逃至一艘支持他的军舰上，后来又在英俄的帮助下辗转上海，所以，护法运动仅仅是有名无实。

1923 年 10 月曹锟贿选之后，奉军便从满洲向北京进发，导致了第二次直奉之战。意料之外的是，当统领 17 万军队的直军总司令开赴阵地之时，其第三军军长冯玉祥却在 1924 年 10 月 23 日发起了军事政变，并攻占了北京，致使直军全线崩溃。冯在其国民军的帮助下，重组了内阁，并迫使曹锟在 1924 年 11 月 2 日辞职。

这时，“国民军”、奉系、皖系为了完成国家的统一，共同邀请段祺瑞出任临时执政，并邀孙中山进京协商和平统一事宜。虽然孙的身体状况每况愈下，他依旧坚持前行，并在 1924 年 12 月 31 日到达北京。虽然段祺瑞的确欠诚意，令他愤怒，但他因首都十万人对他的热烈欢迎而备感欣慰。1 月 20 日后，孙的健康状况不是很乐观，并于 1925 年 3 月 12 日辞世。在弥留之时，他依旧在念着“和平，奋斗，拯救中国”。在他一天前留下的遗嘱中，他敦促其同志去实现他未竟之事业。中国革命之父的一生就这样停止了，他将生命中的四十余年，奉献给了发展国民境况的事业。孙中山遗憾而逝，革命与民国并没有带来预期的和平和秩序：民国时期相对以前经历更多的痛苦与失序，它再现了传统上紧随王朝衰亡而来的失序与混乱。但孙为发展奠定了基础，其追随者能够在此基础之上继其遗业。1926 年，年青将领蒋介石重新进行了还未完成的反对军阀的北伐战争，并在较大程度上取得了胜利。1928 年，国民政府于南京建立，终于实现了长期未竟的统一目标，尽管这统一只不过是表面上的。

## 第三节　列强加紧瓜分中国

辛亥革命时期，俄、英帝国主义趁势加紧在中国进行其分裂活动，支持中国边疆地区的武装叛乱，进而公然出兵进行武装干涉。在 1909 年 6 月，清政府命令川军 2000 人进驻西藏，英印当局公然提出“反对”，唆使西藏三大领主爆发叛乱。达赖回藏后，一边继续派人去江孜和锡金、印度勾结英帝国主义；一边下令叛军在昌都向东阻击川军。1910 年 2 月，川军在江达击败了叛军的最后挣扎，抵达拉萨。达赖带领少数亲随躲避到印度大吉岭。清政府再度革去达赖的称号，严查通缉随同叛逃的几个西藏地方政府的高级官员。沙俄和英国驻华公使联合向清政府表示“抗议”，威胁清政府取消对达赖的惩罚。6 月，英军驻兵印藏边境的郎塘，英使胁迫清政府说，只要达赖回藏，英军“则必须入藏以当保护之任”。

1910年，清政府在外蒙古实施“新政”，沙俄趁势煽动一部分封建领主和活佛发动叛乱。1911年7月，杭达多尔济亲王联合四盟王公，前往库伦私下里鼓动外蒙“独立”。沙俄筹划外蒙古“独立”时，就下令外蒙军先偷袭攻下乌里雅苏台和科布多，以方便攻取阿尔泰。1912年9月，新疆援军抵达距科布多五站的大营盘。10月，当东三省地方部队出兵外蒙古平叛，科布多多半的外蒙军被撤离时，新疆省军联合大约20营的兵力，计划乘机收复失地。沙俄在谋划外蒙“独立”的同时，还占领了我国外蒙古西北部的唐努乌梁海区域。早在沙俄签订1864年的《勘分西北界约纪》之前，就已经占据了包括原属定边左副将军掌控的唐努乌梁海的十个佐领、原属科布多参赞大臣麾下的阿尔泰淖尔乌梁海的两个旗，以及科布多以西的众多我国领土。在1907年，沙俄于乌梁海中部一带区域建立殖民据点。会议的召开以及通过的决议，都被会议的首创者告知了沙皇俄国的外交代表。会后，他们选送“代表团”赴俄，不仅“承认俄国保护”，还特别给俄国以种种福利，换取沙俄用武力支持外蒙的“独立”。沙俄出兵千余人进入外蒙，要挟清政府在外蒙不得实施新政。于10月，沙俄又企图迫使清政府：承认外蒙“独立”；并且在外蒙驻军和建立行政机构；不经俄国准许不可在外蒙进行任何改革。清政府严词拒绝。

1913年6月，外蒙军分三路出兵，察罕通古驻军挑衅。在俄军的支援下，外蒙军于7月间连续两次大规模出击，驻军迎头痛击，取得大胜。袁世凯命令不得进军，杨增新也提议妥协，中国军队因而没有乘胜追击。随后，沙俄一面以中国士兵刺伤俄领事的事件为借口，派兵1500余人于9月侵驻承化寺（今阿勒泰县等地）；一面贿赂阿尔泰地区旧土尔扈特亲王帕勒塔，宣布阿尔泰“独立”。帕勒塔假借“阿尔泰办事长官”的名义，在10月和12月先后与沙俄驻阿尔泰领事签署《临时停战条约草案》、《中蒙军队停战协定》，听任俄军攻占阿尔泰。北京政府下令免去帕勒塔职务，宣布由他非法签订的一切条约一概无效。

辛亥革命爆发，沙俄感觉到它“吞并中国领土而能完成其夙愿的大好时机”到来。于是以保护领事馆为由，增派俄军侵驻库伦，并私下给外蒙杭达多尔济集团大批军械弹药。武昌起义结束，沙俄委派“边疆特使”窜入该地区，下达命令，阻挠我国政府派官员抵达该地区行使主权。在沙俄的策划下，他们在10月18日宣布“独立”，同俄军一同出兵库伦办事大臣衙门，将办事大臣三多驱逐出境。在12月1日，他们刊发“独立宣言”，宣布建立“大蒙古国”，以活佛哲布尊丹巴为皇帝（额真汗）。沙俄马上从军事、财政和外交等方面，大力支援傀儡政权。同时，科布多的封建领主同乌里雅苏台扎萨克图汗也在沙俄鼓动下，攻下科布多和乌里雅苏台，俄军赶跑了科布多参赞大臣傅润和乌里雅苏台将军奎芳。

新疆的革命党人组织哥老会众，以1911年年末到1912年5月，逐步在乌鲁木齐、伊犁、喀什噶尔等地起义响应。沙俄乘乱攻打伊犁、喀什噶尔、阿尔泰，我国西北边疆再次出现分裂危机。沙俄借着护侨、“增设领署卫队”为借口，在1912年5月调派200多名哥萨克马队占领伊犁。6月，俄兵800多名占领喀什噶尔。旋又以“策勒村事件”为由，不断增兵。策勒村（今策勒县）是属于田县的一个大镇。沙俄暗中指派的“商约”间谍分子色依提（赛义德·阿吉）久在策勒村地区大范围卖出“通商票”，诱骗中国居民更改为俄籍。1912年6月中旬，他公然张贴“通告”，蛊惑群众“从速投俄”，甚至“擅将殷实户民拘去，强迫其买票投俄，将不从者关锁累日”。大量群众向政府控告。6月24日，色依提负隅顽抗，开枪攻击前来捉捕他的士兵2人和群众1人，打伤1人。怒火中烧的群众焚烧了他们盘踞的房院，击毙、烧死歹徒29人，沙俄借机增兵500余人侵驻喀什噶尔城外。8月，俄军摧毁北门，冲入城内挑衅。随后，又增兵千余，积极备战。喀什噶尔提督即外交特派员、革命党人杨缵绪扩充部队，秣马厉兵，在谈判中严守立场，断然拒绝俄方的所有无理要求。后却被袁世凯政府压迫杨缵绪与俄方妥协，在1913年10月1日，双方签署协议。此后，俄军先后撤出伊犁、喀什噶尔。

武昌起义结束，达赖十三世同英印总督密商，之后派心腹潜回西藏，策划武装叛乱。西藏部分大农奴立刻假借达赖名义发布了“驱汉”命令，调拨“民军”，围攻拉萨、日喀则、江孜的川军，并进入西康藏区。英军也屯集边境，等待声援。叛军的围攻没能得逞。英军即以“调解”为借口，首先威逼江孜、日喀则两地川军在“和平协议”下投降，随后武装护送达赖回藏，达赖等在1913年1月回到拉萨，宣称“独立”；英军以“护商”为借口，侵入拉萨。广大西藏人民誓死维护祖国的统一，西藏地方政府内部也有一些人不愿意同意“独立”，认为西藏“独立”就会“有外力侵入之虞”。西藏僧俗人士坚决抗议英国提出的把西藏变为其保护国的六项条件。当时，英国驻锡金行政官、英国侵藏阴谋的主要推行者柏尔承认，广大西藏人民不愿意从祖国分离出去。

北京政府曾派四川都督尹昌衡及云南都督蔡锷出兵西康。西康藏区的叛军被打败后，又出兵入藏平叛，英国公然亲自干涉，以不承认民国政府相威逼，并挑衅“且当以实力助藏独立”。袁世凯政府受迫于英国的威胁，阻止川军进藏。在 1913 年 4 月，北京政府委派新的驻藏办事长官；在 10 月，又恢复了达赖十三世的称号。英国奋力阻挠中国的中央政府与西藏地方之间的所有联系，不许驻藏办事长官借道印度入藏，不许北京政府同西藏当局直接谈判，主张举行中英藏会议，以北京政府若是不参加会议，英国将与西藏叛乱分子直接缔约来胁迫，使袁世凯政府同意了这一无理要求。

1913 年 10 月到 1914 年 7 月，在英国掌控下英藏会议在印度北部的西姆拉举行。会上，英国唆使西藏“代表”要求西藏“自治”的五项要求。英国代表麦克马洪也主张：“中国必须承认西藏独立”，从昆仑南定塔以南至新疆、青海全部、甘肃西部、四川康定以及云南阿墩子以西为西藏境界，英国与西藏单独商定了以上这六条提案。这些无耻要求被中国代表所拒绝。之后，麦克马洪又不知羞耻地提出一个新的“折中方案”，把西藏、青海、西康还有甘肃、四川、云南的藏区统称作西藏，其中金沙江以西地区称作“外藏”，以东地区称作“内藏”；“外藏”全部“独立”，“内藏”则“中藏共管”。1914 年 4 月 27 日，英国制订一个条约草案，大概内容有：“承认外藏自治”，并将“内政暂由印度政府监督”；“西藏中央政府”仅在“内藏”“保留其已有之权”，中国无权驻兵藏境；“中国政府与西藏有冲突时，由印度政府进行判决”。中国政府拒绝签订这个条约草案。7 月 3 日，英国勾结西藏地方“代表”暗中签订了非法的“西姆拉条约”，中国政府代表抗议在这个条约上签字，并严重声明，凡英国同西藏地方当局本日或他日签订的条约以及所有类似的文件，中国政府全都不会承认。会议最终破裂。

在西姆拉会议期间，从未涉及过中国和印度的边界问题。麦克马洪隐瞒中国中央政府而私下同西藏地方代表在会外暗中交换的文件中，竟然荒唐地制定了所谓划定中印东段边界的“麦克马洪线”，把 9 万平方公里的中国领土划入英属印度。当时的中国政府从未认可过这个非法的“西姆拉条约”和

“麦克马洪线”，之后的历届中国政府也从未承认过。在西姆拉会议时期，沙俄利用外蒙古哲布尊丹巴的“自治政府”拉拢达赖，又任命德尔智在西藏僧俗上层大肆宣传。在1913年，德尔智又利用达赖“代表”身份赴库伦谈判，签署了以“西藏达赖喇嘛支持蒙古之自治权，蒙古政府承认西藏采取自治与宗教领袖达赖喇嘛的独立”为重要内容的“蒙藏条约”。这一条约清晰地揭示了沙俄妄图向西藏渗透的阴谋，甚至达赖集团也没承认。

1914年，俄军私下联络外蒙军向西侵袭，一股从斋桑泊向东入侵，攻下阿尔泰地区西北部，并非法迁入俄国农民300余户，掠夺哈巴河、布尔津河一带土地，“强占水渠，伐树盖房，捕鱼设渡”。遭到中国军民的誓死抵抗，沙俄只得撤走部分侵略军，但仍驻扎骑兵两连。俄国十月革命爆发，当地各族人民奋起抵抗沙俄侵略军，解除其武装，将他们赶出中国边境。1919年，中国政府将阿尔泰地区改为阿山道，重归新疆省。于1912年6月，沙俄再一次要求：只要中国承认外蒙“自治”，停止外蒙设治、驻军和移民，它愿出面“友谊调停”。中国政府断然拒绝了沙俄干涉中国内政的卑鄙要求。7月，第三次《日俄密约》签署，其中规定把我国内蒙划分成东西两部分，俄国“承认”日本在东部内蒙的“特权”，日本不干涉沙俄对西部内蒙和外蒙的侵略。9月间，俄、英对英国侵略西藏和俄国侵略外蒙古协商“谅解”。中国政府在8月13日对英、俄、日三国刊发了关于《满蒙藏之主权五事》的声明，指出满蒙各地全部为中国领土，所有涉及到满蒙各地的条约，不经中国政府批准，不得私订；满蒙各地的矿产，所有人不得私自抵押；中国政府在满蒙各地享有自由行动之主权，外国人无权进行干预；各国不得以护侨为借口向中国增派军队；现蒙藏地方少数王公贵族分裂中国政府的行动是非法的，外人不得随意挑拨。

沙俄无视中国政府的郑重声明，在11月3日与外蒙当局非法签署了《俄蒙协约》及《商务章程》，宣称“蒙古同中国的过去关系已经结束”，俄国政府“支持蒙古的自治”，将为其编练军队，不允许中国军队“进入蒙境”，不允许汉人“移居蒙地”；俄人在蒙古获得特权，其他外国人无权获得超于俄人之权利；不经俄国政府许可，蒙古不得同“中国或别国立约”。以后，又通过了有关铁路、矿山、电讯等条约，沙俄在外蒙古享有了广泛的特权。中国政府在《俄蒙协约》未签订前就向沙俄提出抗议，声明对俄蒙所订“条约”一律不承认。

1914 年 6 月，大批俄军出动，沙皇尼古拉二世宣布唐努乌梁海地区归俄罗斯占有，强行占领了我国唐努乌梁海地区 17 万平方公里的领土。就此，不仅当时中国的北京政府未予承认，随后历届中国政府也从没声明对中国对这一地区的主权的让步。“协约”签订后，中国政府在 11 月 7 日发表演说，坚决提出“概不承认”俄国与外蒙所订所有条约，驳斥沙俄“侵犯中国主权”。中国各族人民强烈抗议“俄蒙协约”。北京市民召开“反对俄国奸计大会”，各大报刊相继刊登沙俄侵略罪行，每天都有大批知情市民持票往俄国银行兑换现金，而商人纷纷抵制俄货。孙中山呼吁参议院，要求“否认俄蒙协约，坚持到底”。在日本的中国留学生与爱国华侨 3000 余人在东京集会，强烈谴责沙俄。蒙古爱国王公表明“蒙古拥护各族联合统一的中华共和国，断无独立之理”，强烈主张哲布尊丹巴取消“独立”，并凭借“蒙古王公联合会”的名义，向世界各国通电，坚决抗议沙俄伪造的《俄蒙协约》。

沙俄凭借“承认中华民国”为诱饵，对袁世凯政府进行诱惑。中俄在 1912 年 11 月开始在北京进行谈判。在 1913 年 11 月，袁世凯政府同沙俄签订《中俄声明》，承认了《俄蒙协约》及其附件，“承认外蒙古的自治权”。并在表面上声明“俄国承认中国在外蒙古的宗主权”，外蒙是“中国领土的一部分”，却不允许中国政府在外蒙设治、驻军、移民。在中俄签订的条约中，还注明以后“凡是外蒙古的政治、土地交涉事谊，中国应同俄国政府协商，外蒙古亦得参与其事”，实际上默许了沙俄对外蒙古的控制。根据《中俄声明》，自 1914 年 9 月起又召开中俄蒙恰克图会议，并在 1915 年 6 月签订了《中俄蒙协约》。沙俄认可中国对外蒙的“宗主权”，哲布尊丹巴撤销“大皇帝”称号及“共戴”年号，由中华民国大总统册封，采用中华民国年历，同时用蒙古干支纪年。北京政府认可外蒙的“自治”和沙俄在外蒙获得的特权。但是，会后沙俄挑拨外蒙当局找借口“谢绝”接受册封专使，并多方制止外蒙派员来北京，以致册封仪式推延到 1916 年 7 月才举行。

我国内蒙古呼伦贝尔盟同俄国的边界，曾经在中俄《尼布楚条约》和《布连斯奇条约》中便做了清晰的规定。但沙俄不顾条约随意篡改破坏界标，派遣间谍分子进行颠覆活动。在 1900 年沙俄进攻东北时，竟然将我国边境城市满洲里当做营房，驻扎军队。清政府不得不提议中俄双方根据条约重新勘界立标的要求。1911 年 12 月，在齐齐哈尔签署了中俄《满洲里界约》，两国疆界虽大体上按照旧约，但即使沿着这条边界线，沙俄仍然占领了我国 1400 平方公里的领土。在沙俄和外蒙叛乱集团的鼓吹下，呼伦贝尔盟陈巴尔虎旗总管胜福，最后在 1911 年 9 月向清政府提出撤走政府官员和军队、不准移民、移交政权财权等无耻条件，可是这一切全部被清政府拒绝。他们唆使沙俄和外蒙军，在 1912 年 1 月攻下海拉尔，宣布“独立”，随后进犯满洲里，被打败。俄军连同外蒙军出兵增援，攻占了满洲里。胜福等在满洲里建立“自治政府”。中国政府派兵围剿，沙俄以“调停者”身份进行干涉。1915 年 11 月，北京政府被迫与沙俄达成了《中俄会订呼伦贝尔协约》，设定呼伦贝尔为“特别区域”；规定若是没有俄国准许，中国军队不能进入此区域；将来中国“敷设铁路，首选与俄国借款”；承认沙俄同伪组织所签订的各项“合同”。1920 年 1 月，呼伦贝尔盟再次回归祖国。

内蒙古哲里木盟科右前旗扎萨克图郡王乌泰同科左后旗镇国公拉喜敏珠尔等，与俄国密谋后，在 1912 年 8 月发起叛乱，分三路进攻桃南府，刊登所谓“东蒙古独立宣言”。北京政府及时调兵平叛，叛军只得逃往外蒙。10 月底，沙俄出兵数千人，分三路向南攻击内蒙古锡林郭勒盟浩济特旗及苏尼特旗，察哈尔都统出兵拦截失败。昭盟郭尔罗斯左旗台吉多尔济公、扎鲁特左旗协理台吉官布札普在 11 月借机攻陷开鲁。热河驻军出兵平叛，官布札普败逃外蒙。外蒙军从 1912 年 10 月到 1913 年 9 月，在内蒙的西二盟还有锡盟的全盟、昭盟的克什腾旗、巴林左旗、巴林右旗等地区，烧杀抢掠。十月革命爆发后，沙皇政府下台，外蒙傀儡政权失去了靠山。北京政府派军讨伐，1916 年收复了内蒙古全境。1918 年，北洋政府派军队进军库伦，重掌对外蒙古的主权。

## 第四节　民国前期的社会

自 19 世纪 70 年代中国近代民族工业的产生到 1911 年辛亥革命结束，创立总资本在万元以上的厂矿约 700 个，资本总额只有 1. 3 亿多元。在帝国主义和封建主义的双重压迫下，民族工业的发展进程相当缓慢。辛亥革命给封建制度以强烈冲击，在某种程度上提高了民族资产阶级的政治地位和社会地位。除资产阶级代表人物控制了南京临时政府的领导权外，还有不少商界人士加入各地的军政机构，肩负要职。袁世凯窃取政权后，为了讨好资产阶级，以得到更多的支持，也聘请他们的代表人物像陈其美、周学熙、张春等，担任工商总长、财政总长的职务。

帝国主义在中国的商品倾销，给中国民族工业发展带来严重的障碍和压力。这种障碍以及压力，到了第一次世界大战爆发时期，鉴于欧美帝国主义国家忙于战争，出现短暂的缓和。依照海关统计，中国于1913年的进口总数为5.7亿余两，1915年减少到4.5亿余两，降低了1/5左右。以后每年递减，至1918年，法国货的进口额比战前降低了1/3，英国货减少了1/2，德国货则全部停止进口。在此时，由于交战国迫切需求从中国进口大量的面粉和日用百货，中国的出口贸易额呈现了年年增长的趋势，1913年是4.03亿两，除1914年略有降低外，随后四年都比1913年增长了14.8%到20.5%。因为商品进口减少，出口增加，中国常年来入超逐年严重的情况也有所缓和，由2亿多海关两降低至3000多万海关两。进口下降，导致出口增加，而国内市场的需求并没减少。国内市场还有出口的需要，鼓励了民族资产阶级投资办厂、追求利润的欲望。辛亥革命的爆发和第一次世界大战的开始，令中国民族资本主义工业从1912至1919年，新建的厂矿企业增至470多家，投资近1亿元，加上原有企业的发展，新增资本达到1.3亿元以上，差不多是于辛亥革命前50年的投资总额。中国工厂耗费的蒸汽动力，1913年为43448马力，1918年为82750马力，大概增长了一倍。

资产阶级利用手中控制的权力，出台了不少有利于振兴实业的政策法令。工商部在1912年12月5日制定了《暂行工艺品奖励章程》，规定工艺品的发明者有权申请专利；1914年1月制定了《公司条例》和《公司保息条例》；1915年制定了《农商部奖章规则》等。这些条例虽然没能完善，有些规定由于时局变幻莫测也未能付诸实行，但它们仍然废除了清政府原来对呈请开办企业的若干限制，也慢慢打破了一些封建性的专利垄断。无论是南京临时政府进行的关于“振兴实业”的舆论宣传，还是以此为契机进行的大力提倡国货运动，都刺激了工商业者投资开办工厂，爱国华侨也逐渐归国投资办厂和努力推销国货产品。1915年日本提出企图灭亡中国的“二十一条”后，全国人民更掀起了大规模的抵制日货运动，一时间民众以用国货为荣，从而推动了民族工业的发展。

在辛亥革命后创立的企业中，以纺织和面粉工业发展最迅猛，针织、印刷等轻工业也有相当进展。

面粉业在辛亥革命以前实力薄弱，1896—1912 年的 17 年间，民族资本创建的厂才 47 家，占国内面粉厂的 52.2%，生产能力大概 39.8%。而 1913 ~1921 年的 9 年间，全国就创建了 123 家面粉厂，包括民族资本经营的有 105 家，占全部新设厂的 85.4%；生产能力达到新设厂生产能力总数的 82.2%。被誉为“面粉大王”的荣宗敬、荣德生兄弟所设立的茂新、福新面粉公司，在这一时期已从辛亥革命前的 2 个厂、4 个粉磨增至 11 个厂、300 多个粉磨。从面粉进出口来讲，1912—1914 年每年入超都在 200 万担以上，在 1915 年起开始出超 19000 多担，到 1920 年，出超总数有 300 多万担。

纺织工业，1913 年前全国仅有 231 家工厂，资本 3254.7 万元，到 1920 年已扩展 475 家工厂，资本 8275 万元。纺纱业 1913 年出产纱锭 65 万枚，至 1919 年增为 118 万枚。纱厂的利润也很丰厚，16 支纱在 1914 年每包利润为 19.58 元，1917 年共 36.93 元，1919 年更高达 70.56 元。与此同时，布机由 2016 台增为 2650 台，厂数和纱锭、布机数在短短几年内就超过从前 20 多年所有积累的两倍多，这样的发展速度是从未有过的。

针织业是这个阶段的新兴行业。第一次世界大战爆发后，一直畅销中国的德国杉袜，来源告竭，货价昂贵，各地针织工厂发展迅速，1913 年 21 家，1914 年 67 家，1915 年 85 家。许多设备先进的工厂集中在上海。到 1922 年，上海安装电机的针织厂有 8 家，其中在 1917 年设立的中华第一针织厂规模最大，有 210 台织袜机，52 台罗纹车，246 台织袜头机，26 台摇纱机。这种状态在上海以外的工厂很难见到，外地工厂普遍采用手摇机织制。其他像火柴业，1911 年全国 30 家左右，到 1919 年扩展到了 43 家，1920 年又扩展到 23 家，成为民族火柴业发展最迅速的一年。

印刷工业在辛亥革命促使下，也随着学校、报馆、杂志社和书店的日渐发展而逐渐兴旺。中华书局印刷所就是在辛亥革命之后出现的，并以最先出版中华民国小学语文课本打开市场，从而出现“开业之后，各省函电纷驰，门前顾客坐索，供不应求，竭力应付，基础于是乎立”。还有，像罐头、蛋粉、皮革、制纸、卷烟、玻璃、陶瓷、榨油、肥皂等轻工业同样有相当发展。

伴着轻工业的发展，重工业在这一时期也有迅猛发展。钢铁冶炼业，1914 年开始设立大冶铁厂等 6 个钢铁厂，1916 年创办宣化的龙关（后改为龙烟）铁矿公司，1917 年上海成立和兴钢铁公司，1918 年北京石景山钢铁厂开始创办。采煤业，兴起全国华商机器采煤量，由 1912 年 80 万吨到 1919 年增加到 330 万吨。采用动力机械的工厂，1913 年仅仅有 400～600 家，到 1921 年增加到 2000 多家。电力、运输和金融业也得到了发展。1913 年，全国兴办电力工业 30 家，到 1918 年增加到 81 家，五年增加了 51 家，占全国电厂总数的 62%。

在运输行业，以轮船为例，1913 年有 133230 吨，1919 年增加到 287592 吨，六年增加了 115%。金融业行业，以新式银行为例，1913 年全国共有银行 15 家，资本 1.1488 亿元；到 1919 年六年间新增银行 42 家，拓展资本 1.0276 亿元。伴着资本主义的迅速发展，资本的积聚和集中同样加快了，拥有巨额资本的大企业逐渐增多。在 1912 年，资本百万元以上的大企业大概 25 个，1919 年，增加到 43 个。占有资本 1200 万元以上的茂新、福新、申新总公司还有南洋兄弟烟草公司，都是这个时期创建的。除新建厂矿外，原有厂矿大部分积极拓展。不只是轻工业普遍增加投资，一批手工业作坊也逐渐向近代化机器工业转化。像上海丝织业，“辛亥以前，厂户多用木机、铁机，以制造绸货。到民国四年，物华厂装置电力织机，出品精良，营业大振，故而继之者如雨后春笋”。

中国民族资本主义经济出现了短暂的发展，促进中国民族资产阶级的力量迅猛增长。1914 年 3 月 15 日，中华全国商会联合会建成。实力逐步增强的民族资产阶级，同帝国主义和中国封建势力的冲突越来越深了，他们抗议帝国主义和封建军阀的呼声也日渐强烈。中国民族工业虽然也有一定的发展，但它在整个国民经济中所占的比重依旧很小，半殖民地半封建的特征也依旧很是明显。民族资产阶级的软弱性依旧存在。首先，中国民族工业是借欧美帝国主义在第一次世界大战期间无暇东顾的时候逐渐发展起来的，因此，这种发展只是暂时的。等到第一次世界大战停止后，各列强又都重新瓜分，中国的民族工业马上开始萎缩，慢慢萧条。出口量猛增的面粉战后迅速下跌，立刻转为入超。“铁厂积货如山，无人过问，至于闭炉停机。纱厂结账，利润很低，就是其他工业也同样处于消沉状态。”“一战”期间民族工业的繁荣发达的景象，仅仅是昙花一现而已。

其次，中国民族工业在大战期间经济的增长主要集中在轻工业，发展迅速的部门首先为帝国主义战争供应战略物质的面粉业、纺织业等；再者帝国主义禁止出口的机械五金业，中国的机械五金工厂到了 1920 年已由战前的 101 家增至 252 家；其次帝国主义无暇顾及的针织等行业。故而，中国民族工业在这一阶段的发展，主要还是紧随帝国主义市场的需求而转变，发展是畸形的、零乱的，根本没有形成属于自己的独立完整的工业体系。中国民族工业在大战期间尽管出现了一些上百万元的大公司，但发展迅速的还是中小企业和工场手工业。据记载，1903—1908 年，注册公司数是 127 家，资本总额为 5122 万元。大概每年设立公司 21 家，每个公司的平均资本为 40.5 万元。由 1913 年到 1915 年，新注册的公司数大约 124 家，资本总额 2442 万元，平均每年成立公司 41 家，每个公司的平均资本为 19.6 万元。辛亥革命结束每年平均新注册的公司虽相对前期增加了一倍，但各厂的平均资本却降低了一倍多，显然是小资本超过大资本，中小厂家增多的原因。

虽然中国民族工业发展较快的阶段是在第一次世界大战期间，但还是没有能摆脱帝国主义的掌控。就纺织和采煤来看，一直到 1919 年，中国 75.6% 的机械采煤工业、46.7% 的纺锭和 59.2% 的织布机，还是控制在帝国主义手里。特别是日本帝国主义，更趁欧战迅速在华扩充势力。它出兵占领青岛，不仅把德国在该地的所有工厂都占为己有，而且很快地在山东各地开矿建厂，很快就建成了 130 多家厂矿企业。日本这阶段在对华贸易方面，已取代英国而跃居第一位，在金融行业，在华新设了五家银行，接近同阶段外国在华新设银行的三分之二；在抢夺利权方面，独占了这一阶段的铁路投资，实力迅速膨胀。美帝国主义在这期间也加大了对中国的经济侵略，到 1919 年，在对华贸易和航运方面都只是次于日、英而跃居第三位。民族工业发展中的这些特点，决定了民族资产阶级的力量依旧是微弱的。辛亥革命后几次反帝反封建军阀斗争都由于资产阶级的软弱无能而失败。

辛亥革命推翻了封建帝制，却未能使封建土地所有制发生改变，也没有对中国农村造成太大的变动。但是，中国的农村经济在辛亥革命后依旧出现了许多引人注目的变化：封建土地关系出现许多变化。在土地占有形式上，出现官田、公产私有化的现象，在辛亥革命以后越来越普遍。官田主要指前清的旗地和屯田，这些通过“丈放”的借口转归私人，数量大，地段大多集中在辽宁、吉林、黑龙江、热河、察哈尔、绥远等省。公产多是寺、观、会馆和宗祠的占地，主要由大小军阀和外国教堂直接转卖或强占，地权转属私人。正是北洋政府和清朝废帝暗中谋划，再加上外国教堂在义和团运动后继续以利用索取赔偿损失为借口夺占土地，中国各种官、公田产在这一阶段很快大量转为私田。

其实土地买卖也带来一些益处，辛亥革命还打破了一些宗法关系的束缚，冲破了中国长期以来农村卖地，族人优先购买的传统束缚。依照南京临时政府的法令，国民是平等的，国民手中的所有私产，包括土地在内，都受到法律的保护。对于土地卖于何人，自然也归田主自由选择。即使农村的宗族势力根深蒂固，受到法律保护的土地买卖，还是打破了一些家族势力的限制，开始自由贸易。这就出现了两个明显的影响：一是土地买卖因此越来越频繁，土地兼并日益增多，土地集中的现象越来越严重；二是在土地转手较快的区域，逐渐打破了永佃制的束缚，先将永租佃转变为长期租佃，继而向短期租佃发展。

在地租剥削形势上，辛亥革命以后实物地租依旧占绝对优势，但货币地租伴随农村商品经济的发展，显现出增长的趋势。在经济发达的江、浙等很多省份，货币地租大概占地租总额25%左右。此外，有押租的田在租田中的比重也迅速提高。像江苏昆山的押租田，1905年占全部租田的25.1%，1914年扩展到40%；而南通的押租田，1905年已高达72.9%，1914年还扩展到76.7%。押租在退押时就算要退还佃农，但地主却由此已多得了一笔息金。押租加深了农民的负担，是地主通过农民破产求佃者日多的机会，对佃农加强制约和剥削的一种新方法。

在地主阶级的形成上，辛亥革命后出现了有政治背景的大地主。一是北洋军阀以及其他军阀。他们依仗权势，在自己的地盘上侵占公田，圈占荒地，强买民田，短期内便控制了大量土地。袁世凯在河南占据地400顷，张敬尧在霍邱、倪嗣冲在阜阳各占据土地七八万亩以上，李厚基在苏北徐海一带控制土地200多顷。在这个阶段有名的大地主中，很少有几个不是军阀的。二是商人和高利贷者。他们手中积累了很多的资金，又怕投资新式企业会遭遇太大风险，宁肯投资土地坐享地租，然后再把地租收入变为高利贷资本和商业资本，实现地主、商人、高利贷者三位一体。三是外国教堂传教士和外商。他们通过不平等条约的保护，越来越多的土地被强占或通过买办到农村收买土地，招民垦种，有的直接经营农场。

伴着农村手工业商品化的发展，手工业者展现了两极分化，其中手纺业主的分化尤其明显。众多的农民织户破产，日益转变为向商人领纱织布、只通过微薄工资过活的织户。像河北高阳的这种织户在1912年达到全部织户的34.5%，到1917年达到69.2%。而少数实力雄厚的织户，雇佣织工，扩大生产。这种基础雄厚的织户，大多是农村的地主和富农。辛亥革命后，在南京临时政府加快发展“振兴实业”、“垦植荒地”的鼓励下，进行专门化生产的农垦公司明显增加，十余年间统共300多个，建立在江苏、浙江、安徽、山东、河南、山西、吉林、内蒙、察哈尔等省，特别以苏北盐垦区、内蒙和东北三省较多。据资料统计，江苏历年成立的这类公司，1912年有27家，1915年有28家，1917年有34家，1919年达到41家。这些农垦公司大概上可分为以下三类。

一是生产蔬菜、养蜂、牛奶、果园、粮食等农副产品等明显具有资本主义性质的农场，这类公司建立在资本主义经济比较发达的大城市郊区，属于中等规模。像上海资本家穆湘瑶、葛敬中在郊区杨思乡建成的蔬菜种植场，重庆商人赵楚梅等在广元坝建立的树言公司等。也有一些规模较大的，像广东华侨陈国圻在黑龙江汤源县建立的兴东公司，持有资金十五六万元，固定资产完善，自备拖拉机和面粉机，招工垦荒种植小麦，使用机器磨面，兼营畜牧等业务。自产粮食、面粉，除供给本地外，还经梧桐河运入松花江，上销三姓、伯力，下运哈尔滨等地，利润丰厚。这些农场都使用雇工劳动，并引进了某些农业机械和新品种，产品供应市场，已经带有资本主义性质。

二是进行自垦和租佃双重形式的公司。它们基本上都会自己划出一部分土地自主经营植棉、畜牧等事业，雇工劳动；剩下大部分土地招佃种植，只等着收地租。这类公司在江苏省出现最早，数量也最多，单单苏北一地就有50多个。

三是通过特权低价获得领垦土地，然后再次出租的农垦公司。它们大多分布在东三省和内蒙的官地放垦区，一般规模较大，基本上由官方办理垦务的机构和地方军阀、豪绅巨贾全部勾结组成的。这类公司表面上为垦务，私下为土地投机组织，并非一种生产性的经济实体，与一般生产性的农垦公司有实质上的区别。

总之，农垦公司大规模创办，表明在这一阶段中国农业经济有了相当程度的发展。但从整个中国农村经济的角度来说，它们所占的比重比较小。在半殖民地半封建的社会条件下，这些农垦公司想要进一步发展相当艰难，或者夭折，或者负债累累，或者向封建地主经济逆转，到20世纪20年代末就已经处于长期衰滞状态。

农产品和手工业品的商品化以及主要农产品的商品量，在辛亥革命后逐步增长。粮食的商品量，1910年是212.1亿公斤，1919年增加到263.4亿公斤。经济作物中，大豆的商品量增长迅速，1910年有3237万担，1919年增加到5738.5万担。只是次于大豆商品量的是棉花，1910年为490万担，1919年增加到790万担。商品量增加缓慢的是烟叶，到1919年，也从辛亥革命前夕的172.4万担增加到226.8万担。随着这些农产品的商品量持续增长，它们的商品率也在持续提高。就粮食、棉花来说，它们在辛亥革命前的商品率分别为16%和33%，到1919年分别增长到22%和42%。商品量增长速度慢的是烟叶，至1919年，也从辛亥革命之前的172.4万担增为226.8万担。根据调查统计资料表明，1904—1909年1914—1919年这两个阶段内，大多数经济作物所占耕地的所占比例都有一定程度的增长。例如大豆由8%增长到9%，油菜籽由15%增至21%，花生由4%增长到10%，芝麻由4%增至8%，棉花则由11%增长到14%。经济作物耕种面积的变化，势必影响粮食的种植面积。在同一阶段内，粮食作物除小麦、玉米种植面积稍有增加外，其他品种的耕地面积除了持平就是下降。特别是在几种主要经济作物的产区，这种情况特别严重。到五四运动以前，大豆60%～70%产于东北，其播种面积占到东北耕地面积的50.7%；花生80%产在山东，其播种面积达全省耕地面积的45%；烟草45%产地河南，也占全省耕地面积的29%，这不但形成了一些新的专门化农业区，在这些产区产生了专门种植某种经济作物的专业户，进一步加大这些地区农产品与工业品以及各种农产品之间的交换。显然，经济作物排斥粮食作物的情况，在辛亥革命后的发展下是相当不平衡的。在某些非经济作物种植区和商品经济落后的省份，并没有发生太多的变化。

伴着农村经济作物的快速发展，形成了一批生产农产品加工的手工业区，农村手工业产品也逐渐商品化。在全国领先的手纺织区，河北高阳县，1917—1919 年最盛时年产量有 500 余万匹；河北定县，1915 年产量最高时输出土布 400 余万匹。在著名的卷烟区山东、河南、安徽三省的烤烟产量，1916 年有 2400 万磅，1920 年增加到 7200 万磅。在全国著名的榨油区，只是东北哈尔滨附近的油坊就达 2000 余家。

在通常情况下，农业经济的逐渐商品化，必然造成农业资本主义的增长。辛亥革命结束后，中国农产品商品化主要是因为帝国主义掠夺原料而导致的。因此，它的发展变化主要取决于世界市场的变化。中国早期发展的经济作物像，茶叶、甘蔗，因受国际市场的冲击而衰落；其他一些经济作物像棉花、大豆、烟草等，由于世界市场的需要而迅猛发展。这就进一步造成了中国农产品对国际市场的依赖，并为帝国主义的一些垄断组织直接发展中国农村、干预农民的生产创造了机会。就像 1913 年英美烟草公司在山东坊子一带，以供给农民种子、指导种植技术和日后收购产品为条件，诱惑当地农民种植烟草，几年后坊子周围的麦田大部改成了烟田。相同的情况在其他地区也存在，从而使得更多的经济作物专业户受到外国垄断组织的控制、奴役和压榨。

辛亥革命后，人祸之外，天灾基本上也连年不断。据北京商部大概的统计，1913 年全国水、旱、风、虫等许多灾害的地区，不下 6.5 亿亩，1918 年受灾区域依旧有 6100 多万亩。1914—1918 年 4 年内，农户降低 1564 万多户，耕地面积降低了 2.6 亿多亩，荒地增加了 4 亿多亩。这使农业生产受到极大的危害，甚至导致了饥民成群、盗匪四起，还有数不清的人被夺去了生命财产。再加上连年征战不断、兵匪抢劫、拉夫派差，更使生产出现了短暂停顿，四处交通阻塞，社会秩序相当混乱。

祸国殃民的北洋军阀，已把广大农民逼迫到山穷水尽的境地。中国的农村经济，在辛亥革命后即使出现了不少新的变化，但在北洋军阀的残酷统治下，生产连遭破坏，农民倍受剥削掠夺。再加上，北洋政府为镇压二次革命、护国运动和护法运动，军费不断飙升，1916 年 1 亿余元，到 1918 年就增至 2.03 亿元，其他开支还没有计算在内。而常年的财政收入仅仅有 1.1 亿元，赤字相当严重。北洋政府为解决数额巨大的开支，于是残酷地向人民进行搜刮掠夺。一是大数额发行公债，1912—1919 年，实发额达 3.06 亿元，实际上是清政府发额的 5 倍以上。二是滥铸硬币以及滥发纸币。由于所铸铜元表面价值大于实际价值，单铜子每百枚可赢得纯利银洋一角余，双铜子每百枚至起码可获银洋二角六分。至于纸币发行更是种类复杂，混乱不堪。各地军阀经常擅自发行军用票、金库券、加印官票和军需兑换券等，票额巨大，却越来越贬值。像张作霖1917年发行的大洋票，到20年代低到仅仅有原价的四分之一。三是加大田赋、盐税和其他杂捐杂税。据资料统计，各地田赋正税在辛亥革命后逐渐增长，有的地区增长50.6%，可是田赋附加税则增长了2~3倍。盐税在1913年袁世凯善后借贷大额贷款之后，收支权都控制在外人手里，各地军阀为了筹措经费便擅自扩大盐的附加税捐。据统计，全国盐的正附税在辛亥革命后大概增加了2倍以上，引起盐价迅增，民不聊生。至于各种杂捐杂税，更是举不胜举。北洋政府无论采用什么名目增加收入，归根到底主要都担负在广大农民的身上，因此加速了广大农民的破产。实在生存不下去的穷苦农民不得不起来反抗，纷纷加入到农民起义的队伍中来。

随着资本主义在中国的发展，外国在华投资逐渐增多，中国无产阶级队伍渐渐壮大。辛亥革命前，中国近代产业工人不多于60万人，在1919年五四运动前，就已经有200万人左右。他们虽然成长较慢，人数较少，但相当集中，大多数在上海、武汉、广州、天津、青岛、济南、哈尔滨、无锡等工业城市还有矿区；统一在铁路、矿山、航运、造船、纺织、面粉等企业中，帝国主义在华厂矿，因为在那些规模大投资多的厂矿，工人都比较集中，就是本国开设的厂矿，也时常因为生产力水平低而采用工人多，工人也相当集中。这种集中性，促进工人阶级组织程度和斗争力量的提高。

中国近代工人在政治上最初没有任何民主权利。中国无产阶级身处外国帝国主义、本国封建主义和资本主义的三重压迫剥削。尤其是包工制、把头制、监工制、学徒制等封建勒索和压榨广泛存在。克扣工资、打骂工人是寻常的。中国工人是世界上工资最低，工时最长，是世界少有的。1919年左右，一般产业工人，只是勉强达到个人温饱：满铁企业中的华工工资只是相当于日本人的四分之一，最低的女工工资仅仅五分，工时却是十二小时，甚至多达十五六个小时。星期日基本无休息。根本就无劳动保障和安全措施。像日本投资的抚顺煤矿，1913年一年间就出现事故2000余起，死伤工人3000多人。1917年1月11日，发生爆炸事件，就有900多名工人遇难。反动的北洋军阀政府，先后制定了《中华民国暂行新刑律》、《治安警察条例》、

《治安警察法》，将工人罢工列为“妨害秩序罪”和“骚乱罪”。像1914年的《治安警察法》第一章明文规定：“最高当局为维护社会秩序和社会稳定，决定使用警察力量，防止任何工人结合与行动。”中国无产阶级所遭到的剥削与压迫，“是世界各民族中罕见的；因此在接下来的革命斗争中，比任其他的阶级来得更加坚决和彻底”。

辛亥革命后，中国工人罢工的次数日益增多，罢工规模和斗争水平都有相当提高，1912—1919年5月的7年间，罢工达到130多次，比辛亥革命前的七年拓展了一倍还多。1916年以后，罢工次数激增，这年为17次，1917年为23次，1918年增至30次，1919年只是头5个月间就达19次，显示出工人运动日益走向高涨。罢工的规模也基本超过辛亥革命前的斗争。像1915年日商上海第五纱厂工人罢工、1917年上海英美烟厂工人罢工、1918年三新纱厂工人罢工，每次的规模都达到数千工人。工人罢工中大家还做到互相支援和举行同盟罢工，从以前的分散发展到现在的联合斗争。像1914年上海招商局、太古、怡和三个轮船公司的中国海员为支援工人要求增加工资进行总同盟罢工，于1915年苏州丝业工人举行全行业的联合罢工，1916年北京等地响应天津法租界工人同盟举行罢工，于1917年上海中华书局印刷厂等呼应商务印书馆印刷工人罢工而进行运动。这些罢工展现出工人阶级无私团结的高贵品质。

在初始阶段工人阶级罢工因为帝国主义、封建势力和资产阶级压迫和剥削而爆发的。但罢工也逐渐明显地开始由经济斗争变为反帝反封建的政治斗争。在1915年反对日本“二十一条”以及1916年抗击法国强占天津老西爆发的斗争，是这一阶段两次大规模的反帝反军阀卖国的政治斗争。工人成为这两次运动的主力，并通过同盟罢工把斗争推向高潮。

1915年在反对袁世凯卖国政府同日本签订“二十一条”的爱国抗击中，上海日本企业的中国工人基本全部参加罢工斗争。长沙等许多地方工人发动罢工和示威游行，抵制日货，抗击日本帝国主义，反对袁世凯卖国。1916年天津抗击法国强占老西开的斗争，更证明了无产阶级的斗争力量。老西开在天津法租界附近，法国帝国主义者早在清朝光绪年间就想要把老西开并入租界。于是1915年当日本提出“二十一条”时，法国公使趁势向北洋军阀政府提出这个无理要求，并在次年10月17日强行占领了老西开。北洋军阀政府却提出“未尝不可”，承认了法国的要求。天津人民马上掀起反抗运动，举行数千人公民游行，声讨法帝国主义的恶行。在法租界和法国企业中的工人决议举行同盟大罢工。11 月 14 日，最早在法国经营的工厂。电灯公司、电信局举行同盟罢工，其他工种的中国工人也呼吁罢工，甚至巡捕、男女佣工“亦全体罢工”。罢工工人以统一行动，打击了法帝国主义的增薪收卖、分化破坏行动。在天津工人大罢工的影响渲染下，学生罢课，商人罢市。北京等地工人也积极罢工支援。天津罢工斗争持续五、六个月之久，最后获得了一定的成功。

中国无产阶级的斗争，要求组建近代的工会组织以适应新的斗争环境。在 1912 年，上海建立了以徐企文为领导的“中华民国工党”，它是改良性质的工会团体，既有工人、技术人员参加，也有资本家加入，后被反动政府解散。除上海外，武汉、长沙、天津、广州等地都存在早期的工会组织，曾经为联络罢工和在争取工人福利方面做了些工作。这些工会也都逐渐被破坏。

中国无产阶级的发展壮大和工人运动的迅猛成长，证明中国无产阶级已经在不知不觉中由自在的阶段向自为的阶段转变。就像毛泽东所指出的：“中国工人阶级，在第一次世界大战开始以后，就形成以自觉的姿态，为中国的独立、解放而斗争。”无产阶级的成长伴随着政治觉悟的提高，为马克思列宁主义在中国流传并逐渐同中国工人运动相结合，为中国共产党的成立、旧民主主义步入新民主主义革命，创造了阶级条件。

# 第二章　新文化运动

新文化运动是五四运动开始阶段由陈独秀、李大钊、鲁迅、胡适等接受过西方教育（当时称为新式教育）的人组织的“反传统、反儒教、反文言”的思想文化革新、文学革命运动。在五四运动前夕，《新青年》的主编陈独秀刊发文章，提倡民主与科学（“德先生”与“赛先生”），在批判传统正宗的中国文化的同时，并传播马克思主义哲学；而以胡适领导的温和派，则反对在中国推行马克思主义，主张推崇白话文运动，主张使用实用主义代替儒家学说，也就是新文化运动的滥觞。中国共产党提出五四运动以前的新文化运动是资产阶级领导的新文化运动，五四运动以后的新文化运动是由无产阶级领导的新民主主义文化，可以说是以马列主义为指导的新文化运动。

## 第一节　新文化运动的原因

民国并没有像想象中那样带来和平、秩序和统一；反而，民国早期表现出道德沦落、君主复辟运动、军阀割据，以及外国帝国主义势力猖狂，显而易见地表明，采取共和体制而取得的变革，并不足以革新国家，还需要由新式的、更基本的运动来唤醒国家及人民。

受过西方教育及影响的新知识分子，鼓吹国民生活在哲学基础方面，进行一场特殊变革。他们呼吁采用现代西方的标准，重新看待中国的文化遗产，致使中国出现衰弱的某种因素决裂，并且乐意接受西方的科学、民主和文化并作为新秩序的基础。同时，他们引发了一场以白话文取代古文的新文学运动。这场知识风暴对儒家的传统伦理、风俗、人际关系和社会习俗，给予粉碎性的一击；同时，还向中国引入了一种全面否定的新态度。就深度和广度而说，这场思想变革超越 1895—1911 年期间的变革。实际上，大部分学者认为自春秋战国时期（公元前 722—前 221）以来，中国历史上尚未发生过如此剧烈及根本的社会和思想变革。这场爆发在 1917—1923 年的思想革命被称作新文化运动，有时也被夸大地赞誉为“中国的文艺复兴”。这个动荡不安的时代里的一个高潮，是 1919 年 5 月 4 日北京浩荡的学生游行，这场游行很快引起全国的呼应，也就是历史上著名的五四运动。

知识酝酿的动荡年代不会出现在没有国内外某些重大发展时刻。从国外来看，第一次世界大战期间，民族主义和民主情绪特别强烈，威尔逊（Wilson）的民族自决和取消秘密缔约的思想，吸引了中国的知识分子。导致一系列具有时代意义的运动在世界各地相继发生：如 1917 年俄国的布尔什维克革命；芬兰、德国、奥地利和匈牙利的社会主义者的抗击运动；1918 年日本的米骚乱（rice riots）。相对看来，中国却饱受混乱和军阀割据之患，中国的知识分子深感有责任来复兴动荡不安和内战蹂躏的祖国。

这些知识分子拥有强烈的民族主义和爱国主义的热情，肩负这项任务，同样是被 1915 年日本提出的令人屈辱的“二十一条”所激励。这些条款激怒了中国民众，可是，在 1915 年 5 月 7 日，日本向中国政府提出最后通牒的情况下，袁世凯同意了前四项，对第五项则予以保留。接着，在没有立法机关的应允下，袁世凯在5月25日与日本缔结了这项条约。为表愤怒，在日中国留学生成批回国，而中国商人也组织了一场庞大的抵制日货运动。“二十一条”带来意想不到的作用，加速了逼近的恐惧感和相伴而来的民族主义的爆发。促进新的民族主义兴起的，是政治上觉醒的工商阶层以及1919年组织的二三百万之多的劳动大军的迅速崛起。可以说，第一次世界大战期间，因为国内外的有利条件，中国工商业遭遇了前所未有的扩张，尤其是在纺织、面粉、丝绸、火柴、水泥、烟草和近代银行与股份公司这些领域。

国内，1912年新建立的民国推翻了帝制，这是一个新时代的开始，政府不会将企业家和商人当作怀疑对象；也未像清朝那样禁止私人“团体”和协会的形成。由知识分子变为实业家的张謇担任工商总长，颁布了许多鼓励和保护工商业发展的规定。国外，第一次世界大战期间是在华的帝国主义侵略迅速衰退的时期，这场战争也给欧洲的工业和它与亚洲的贸易带来不好的影响，却为中国本国工业创造了一个发展时机。1913—1918年期间外国进口中国的总额变化，分别是：英国进口量由9600万两减少到4900万两，法国进口量由520万两减少到150万；德国进口量由2800万两减少到零。以相反比例计算，中国的外贸赤字从1913年的1.66亿两关税减少到1919年的1600万两，同时丝绸出口从1914年的87517担上升到1919年的131506担。与此同时，中国本国的工商业飞速增长：纺织公司从1911年的22家上升到1919年的54家，到1921年已达109家；面粉厂从1916年的67家上升到1918年的86家；近代银行从1911年的7家上升到1923年的131家；蒸汽船的数量从1913年的893艘（总吨位连141024吨）上升到1918年的2027艘（总吨位达236622吨）；煤产量的产量从1913年的1280万吨上升到1919年的2010万吨；钢产量从1914年的100万吨上升到1919年的180万吨。

这些新兴工业和企业，促进了新的商人阶层和劳动阶层的产生，这些人与先前不关心政治的商贾和农民完全不同，他们对中国在帝国主义掌控下的困境很敏感，并且决心维护国家利益。这些人习惯于生活在城市，同样努力致力于城市的中心和其经济得以扩展。北京、上海、武汉、南京、天津和广州都发展成大都市，那里出现了新的知识分子阶层。1907—1917年，这些阶层中至少有一千万人自小就接受某类近代教育，被灌输以一种强烈的爱国的民族主义者的思想，深切渴望从外国帝国主义和国内混乱的双重压迫中“救国”。

那些原来在国外学习的归国留学生，特别热衷于进行改革，从1903—1919年，这些学生中包括41.51%在日本学习、33.85%在美国、24.64%在欧洲。近代西方文明发源地的法国，在第一次世界大战期间涌入大量勤工俭学的中国学生，还有一支劳动大军，到1918—1919年期间，这支劳动大军大概有20万人，他们分散在道路、码头、工厂和军火临时堆集处工作，其中大约28000人接受了教育。从1872年起美国就开始有培养中国幼童的传统，到1915年引入了约1200名中国留学生。但是，因为日本的地理位置优势和所需费用较低，所以吸引的中国留学生人数最多，到1906年有13000人。其中包括许多优秀的归国留学生代表有：从法国归国的陈独秀以及蔡元培；从日本回归的郭沫若和鲁迅（周树人）；从美国回归的胡适和蒋梦麟。陈、蔡、胡很迅速成为这场思想革命的精神领袖。

陈独秀（1879—1942），出生在安徽，年轻时曾受到全面的国学教育，于1896年考中秀才。1902年和1906年，两次前往日本，只不过待得时间并不是很长。1907年前往法国，在这里受到了法国政治和浓烈的文学氛围的熏陶。虽然不是同盟会成员，但于1910年回国参加了民国革命。随后因为受二次革命牵涉，东逃日本。在1915年，返回祖国进行抗议“二十一条”的活动。

蔡元培（1876—1940），出生在浙江，1889年和1892年三年时间内相继考取举人和进士，并考取了翰林院编修。之后，1907年到德国，在来比锡（Leipzig）大学进修。四年后，回到祖国并及时赶上参加了民国革命，被孙中山任命为政府教育总长。在袁世凯担当总统后，他主动辞职。于1912年夏，重返德国，一年后前往法国。随后三年，在那里度过，为中国留学生和劳工管理着勤工俭学工作。1916年，断然拒绝浙江省长之职后，回国就任国立北京大学校长。

胡适（1891—1962），清朝前期作为学者胡渭（1633—1714年）的后人，年轻时同样接受的国学教育。1909年在中国公学毕业后，在政府资助下前往美国学习，共取得康乃尔（Comell）大学哲学硕士和哥伦比亚（Columbia）大学哲学博士。在杜威和赫胥黎的熏陶下，强烈推崇实用主义，习惯于使用科学的思维方法，还有进化的社会改进观。在美国七年，熟知美国文学和社会运动，在这个以推崇新事物为标志的解放时代，出现了：新人文主义、新民族主义、新历史、新艺术、新诗学和新女性。胡适在门罗（Harriet Monroe）《诗刊》（Poetry：A Magazine of Verse）主张使用平易语言进行诗歌创作的影响下，他的主张是在文学创作中以白话文代替文言文，这主张在他的思想中很重要。当他还是康乃尔大学的学生时，就与赵元任大胆地发动一场运动，倡导白话文的写作方式。

这些新知识分子全受到转型时期的影响，他们都深深牢记中国古典文化，但是同时也深谙西方文明。自由主义、社会主义、实用主义、科学和民主带给他们一生不可磨灭的影响。陈独秀在 1915 年，蔡元培在 1916 年，胡适在 1917 年分别归国，他们作为中国文学和知识分子人格转换的加速剂。他们对于“国粹”进行批判性重估与学习西方思想和意识形态的呼吁，发起了一场思想革命；这场革命不仅粉碎了传统主义，同时又开创了新文化运动时期。

## 第二节　新文化运动的开展

辛亥革命时期，资产阶级文化与封建文化进行了无数次的斗争，但是它未能够触动封建文化的根基。革命的失败，导致反动政治势力的反扑更加猖狂，在思想文化方面演化出了一股尊孔复古逆流。袁世凯政府公开下令继续尊孔读经，目的却是想利用“保存国粹”的幌子，加强对人民的思想控制。自 1912 年起，各地不断成立各式各样的尊孔复古组织，像孔教会、孔道会、孔社、宗圣会、尊崇孔道会、尊孔文社、经学会、读经会，等等。其中影响最深远的是康有为的孔教会。康有为更是以当代孔圣人自居，本来就对辛亥革命后废除尊孔读经一直不满，提出“从古至今尊孔读经一直未曾改变，俎豆废祀，弦诵绝声，大惊深忧”；“灭国不足计”，而灭孔教“是与灭种同其结果”。康有为及孔教会还鼓动人民发起请愿活动，提出中国当“以孔教为国教”，“编入宪法”。在康有为创办的《不忍》杂志（1913 年 2 月创办）上，连篇累牍地攻击共和制，提倡非孔教、非复辟不能救中国。

袁世凯反动政府严重摧残了刚刚兴起的资产阶级新文化思想。像新闻事业，民国建立时，全国大概有 500 家左右的报纸，“二次革命”后宣传新思想的报刊全部封闭，主笔、记者被逮捕或枪杀，报纸数目大大降低。还可以继续出版的报纸，报导的内容基本上充满反动落后的东西。但是，历经一场全国性革命运动所出现的民主思潮，毕竟是无法扼止的。同时，由于辛亥革命的影响，民族资本主义经济逐渐发展，令民族资产阶级的力量有一定增长，知识分子和工人阶级的队伍也逐步扩大。孙中山为首的资产阶级革命派就算屡遭挫折，但仍继续奋斗。所以，在北洋军阀集团强压统治下，积极的资产阶级小资产阶级知识分子在文化思想领域里发动了一场新的斗争，致使新的文化运动开始兴起。

**蔡元培和北大**

新文化运动赢得北京大学校长蔡元培的支持。他管理北京大学时，就提出“思想自由”原则，取“兼容并包主义”，支持各种学派自由发展。当蔡元培在1916年12月担任北京大学（简称北大）校长时，新文化运动获得了相当大的推动力。这所国立高校保存着保守的传统，教授多半来自官场，学生没有心思学习，仅仅把学习当作出仕的敲门砖，大学的怠慢气氛和师生的散漫士气是声名狼藉的。担任校长重任之后，蔡元培就警告他们，大学是学习的地方，并非升官发财的快捷途径。他依照三项原则管理：（1）大学必须是研究机构，不独致力于介绍西方文明，还必须创造新的中国文化；不但要维护国粹，还要用科学的方法对之评价；（2）大学教育并非旧时科举考试的替代品；（3）容许绝对的学术自由，支持不同理论与观点的自由表达，主张言之成理，持之有故。

在蔡元培的领导下，北大成为风气活跃的高等教育机构，教师中有代表各种政治思想的教授——自由主义的、激进的、社会主义的、无政府主义的、保守主义的和反动的。北大以数量惊人的著作与自由的思想生活而闻名，国内很多重要和前程远大的学者不断加入教师队伍中。1917年，陈独秀就任为文学院院长，胡适从美国回国后担任文学教授。第二年，李大钊被任命为图书馆馆长，他聘请了年轻的毛泽东担任助理。

新文化运动的爆发，引起了封建势力的疯狂仇视和恐惧，反动军阀造谣新文化运动是“异端邪说”、“洪水猛兽”，妄想用强力办法来压制它。许多守旧派和封建文人也对新文化运动进行打压。刘师培等在1919年1月组织《国故》月刊社，大肆宣传以“昌明中国固有之学术为宗旨”，反对新文化运动。3 月里，林纾（琴南）在《新申报》刊发影射小说《荆生》、《妖梦》，针对陈独秀、钱玄同、胡适等人，鼓动军阀以强力压制新文化运动。同时又在《公言报》刊登《致蔡鹤卿太史书》，污蔑新文化运动是“颠覆孔孟，违背伦常”，“尽废古书，行用土语为文字”，乃“叛亲蔑伦”，“人头畜鸣”。蔡元培公开刊登《致〈公言报〉函并附答林琴南君函》，其中提道“要遵循思想自由原则，吸取兼容并包主义”，有力地为新文化运动辩护。

**陈独秀与《新青年》**

1914—1915 年间，中华革命党创办的东京《民国杂志》、上海《民国日报》，“专对袁攻击”，打击袁世凯集团的反动统治，反对专制，主张建立真正的民国。1914 年 5 月在东京办的《甲寅》杂志，章士钊任主编，成为欧事研究会最锋利的笔杆子。李大钊、陈独秀在《甲寅》杂志上刊发文章，呼吁抗击帝国主义侵略，推翻军阀官僚的黑暗统治，揭露知识分子中的悲观思想，造成积极的影响。同时，上海出版了专门介绍自然科学知识的刊物《科学》月刊和具有相当大影响的《青年杂志》。于 1915 年 9 月 5 日由陈独秀主创办的《青年杂志》，是新文化运动兴起的标志。

1915 年，陈独秀从日本回到祖国后，在上海主办《青年杂志》月刊，然后将其更名为《新青年》，企图唤醒国内的青年来摧毁阴暗腐朽的旧传统，引领一种新文化。陈独秀在第一期呼吁年轻一代来冲破老的、腐朽的社会因素，尽快改革他们的思想行为，以完成民族的觉醒。青年深受感召，要从世界上许多文明中选择有活力、新鲜的元素，以便为中国引领一种新文化。在这个创新的任务中，陈独秀给出了六项指导性的原则：

（1）自主的并不是奴隶的；

（2）进步的并不是守的；

（3）进取的而不是隐退的；

（4）世界的而不是锁国的；

（5）实利的而不是虚文的；

（6）科学的而不是想象的。

陈独秀猛烈抨击保守主义和传统主义是中国落后的根源，在他的作品中，儒家更变作恶之渊薮。他提出，儒家是农业以及封建社会秩序的产物，远远地落后于工业资本主义社会中的现代生活，一定彻底根除，由于儒家：（1）

主张“繁缚的礼仪和宣扬柔顺的美德”，这导致中国人软弱、消极，无法适应现代世界的斗争和竞争；（2）主张家庭并不是以个人为社会的基本单位；（3）赞同个人地位的不平等；（4）强调使人完全依赖的孝忠；（5）宣扬正统思想，从未考虑思想和表达的自由。陈独秀厉声疾呼消除保守主义，从而为新文化的建立营造空间。

“对此而言，却并不管何项制度文物，同样适用于当下的生存之道。吾宁忍过去“国粹”之消亡，而不忍现在乃至将来之民族不适世界之生存而最终全部归结于消亡也。世界进化，未有已焉。若不能善变而与之俱进者，则见其不适环境之争存，而退归天然淘汰耳，保守云乎哉!”陈独秀对传统主义的猛烈攻击，在陈腐的思想界展现了新的景观，同时也让他很快在受教育的青年中赢得了大量的狂热追随者。

**胡适及其贡献**

胡适是科学思维、实用主义和白话文写作的大力倡导者，由于受赫胥黎和杜威的影响，胡适创作的重要来源是不可知论和实用主义，成为他抨击传统伦理和理念的重要工具。在实用主义者看来，真理是依从实用的程度变化的，而实用则建立在实验之上，这种态度显然是工业资本主义社会的产物，与儒家中真理是永恒不变的观念完全不同。故而，在胡适眼中，儒家与近代世界中的现实没有太大关系。他创造了“孔家店”这个重要的词汇，而他的追随者则疾呼“打倒孔家店”。

假设说胡适反对儒家，那么他所主张的是自由主义、个人主义、科学和民主。从实用主义评判，他提倡利用对社会问题的研究、实验和解决，不断地改造社会。在他的提议下，“德先生”和“赛先生”成为那个时代的口号，因为两个“先生”都来自西方，故而他提倡完全西化，“到西方去”是他的主张。胡适自己的言论是对其哲学的最好解释。他提到：新思潮的精神是一种评判的态度。新思潮的方法是研究问题和输入学理。新思潮针对旧文化的态度，在消极角度是反对盲从，是反对调和，从积极角度看是利用科学的方法来做整理。新思潮的唯一目的是什么？是再造文明。

抗议保守派的人并非少数。传统思想的追随者出版了《国故》杂志，以维持古体写作方式，但是杂志影响力很小，只发行四期后就停刊了。只不过，那个时代的两位著名翻译家严复和林纾，坚持反对这场文学革命。林纾在至蔡元培校长的一封信中，讽刺白话文写作是“引车卖浆者流”的水平，而严复则批判用“粗俗”的白话文取代优雅的文言文是倒退，这种新文体没法在进化与竞争的法则下生存。蔡元培的回答相当简洁：白话文和文言文的区别仅仅在形式方面，而非内容的不同——就像赫胥黎、孟德斯鸠和亚当·斯密的文章，以及严复和林纾翻译的狄更斯、大小仲马和哈代的小说，都是通过平易的语言写就的。公平评判，难道他们能说文言的翻译就比原文更出色吗？而1920年政府在学校中推广白话时，白话文就得到了官方的认可。

胡适所做出的一个相当重要的贡献，就是推广用白话文写作。他批判传统写作重视的是形式而不是内容，始终认为文言文死气沉沉，这种死的语言不能够产生有活力的文学。他主张用白话文来写作，并且成功地创造了相当清晰、有活力的文体，这种文体马上被自由而有前瞻性的人所接受。他主张学生避免用典、陈句和骈体，避免模仿古人，要用真意义、真内容、真感情来写文章。

从历史的观点看，白话文运动的胜利，至少某些来源于这样的事实，于1902年废除“八股文”后，中国学生没有可仿效的明确样板，在追求新鲜与众不同的事物的过程中，他们最早被梁启超半文半白的新闻文体吸引了有一段时间。只不过，随着白话文的出现，他们很快便加入新的潮流。1918年，北大学生创办了一份名为《新潮》的杂志，以三项标准为准则：批评的精神、科学的思维以及改造的修辞。《新青年》与《新潮》以及包括《每周评论》在内的许多不同杂志，对传统主义的维护的“旧文学、旧道德、旧式人际关系和儒家”展开了全面攻击。

这些杂志抨击旧的思维方式、旧习惯、官员对王世的忠诚、孝亲、迷信、男女贞洁的双重标准、大家庭体系，而受到批判最多的就是君主制度和军阀主义。他们抨击对国粹全盘的接受，并主张对所有经学和古典文献采取批判性的重估，创造新文化。他们呼吁科学、民主、科技、不可知论、实用主义、自由主义、议会制度和个人主义。这些文章都是思想的精粹。在中国，有关国家和社会的重要话题，首次得到公开的探讨和争论，中国的青年急切地阅读每期新杂志。1919年，杜威造访中国时就评论道：“世上基本上没有一个国家的学生像中国的学生这样，一致而热切地渴望现代的和新的思想，尤其是关于社会和经济方面的。甚至，也基本没见到一个国家像中国一样，有些辩论本来就是可以拿来维护已建立的秩序和现状的，却从未被重视，事实上，闭口不谈。”这种社会和思想的累积，引发了一场大规模的全国性运动。

李大钊（1889—1927），字守常，生于河北乐亭。早年留学日本。于1916年回国，曾担任北京《晨钟报》编辑，积极倡导新文化运动。他还在《新青年》上刊登《青春》、《今》等文章，鼓励青年们不断奋进，追求进步，不怕困难，顽强战斗，打破历史上的一切网罗，促进青春之中国的来临。当时提出的民主，就是资产阶级民主政治，以法国为模板，打击君主专制和军阀独裁，批判为专制独裁政治服务的封建旧伦理道德。在1916年2月，陈独秀通过《吾人最后之觉悟》一文主张，中国欲求生存，必须摒弃数千年的“官僚的专制的个人政治”，提倡“自由的自治的国民政治”。他主张要真正实现民主政治，只能依靠全国大多数人民有政治觉悟，而非寄希望于“善良政府，贤人政治”。

1916年5月，李大钊发表《民彝与政治》一文，大声呼吁：“民与君不两立，自由与专制不并存，因此君主生则国民死，专制活则自由亡。”其中提倡的科学，就是指自然科学和研究科学的态度和方法，反对迷信、盲从与武断，倡导积极、进取的科学的思想。陈独秀提出，“科学之兴，其功不在人权说下，若舟车之有两轮”，主张提倡人权、民主，就得同时提倡科学。他呼吁人们用科学态度来评判传统思想和一切社会问题，破除迷信，坚持真理，摒弃“宗教上、政治上、道德上自古宣扬的虚荣、欺人、不合理的信仰”，拥有“真实的合理的”信仰。鲁迅也大力宣传科学思想，主张“科学能教道理明白，能教人思路清楚”，提出用“科学”来改变思想上迷信、愚昧、不改现状、不思变革的固态。

新文化运动的推行者们在倡导民主、科学，反对专制、迷信的斗争中，猛烈抨击孔子和儒家学说所推崇的维护封建专制制度的旧礼教、旧道德，扛起了“打倒孔家店”的大旗。这两点，是同当时的现实紧密相联的，都是袁世凯和北洋军阀的尊孔复辟，再就是康有为等人意图将孔教编入宪法，以封建纲常礼教为“立国精神”而造成的，陈独秀、李大钊、吴虞、易白沙等人都撰文给予严厉地抨击。他们通过进化论的观点来阐明孔子之道不符合于现代生活，以民权、平等的理念来揭示专制制度的孔教的南辕北辙，反对把孔教定为国教、编入宪法。

李大钊提出：“孔子之道，对于今日之社会环境表现为不适于生存”，“孔子为谁乎，灵魂几千年之残骸枯骨也。宪法者，当世之民之行为准则也。以几千年前之棺冢朽骨，融合于当世之民之道德行为准则的结晶之宪法，如斯宪法实为陈腐古人之宪法，并非我辈生人之宪法也，孔子之人，封建帝王专制之思想保护伞也。宪法者，当世之民自由平等之根本也。专制主义不能放任自由的存在，则孔子思想不能共存于宪法。”陈独秀也主张，民主共和国重在自由平等之精神领域，孔教则侧重在尊卑有别阶级，“假设一方面承认共和国国体，一方面又要施行孔教，理论上实在是说不通，事实上也是难以做到的”。他同时还说道，尊孔思想是为了复辟君主专政，“盖支持尊孔，势必立君，主张立君，实则复辟”。排除孔教之外他们还经常批判纲常礼教，认为孔教的灵魂是礼教，是有别于尊卑贵贱的等级制度，是对人的行动的束缚和思想的压抑，“儒者以三纲五常立教，为人妻女儿子者，一方面丢失了个人之独立人格，同时也没有了个人独立的财产”。鲁迅的作品《狂人日记》、《我之节烈观》，吴虞写的《家族制度为专制主义根据论》、《儒家主张阶级制度之害》、《吃人与礼教》等，它们都是深刻批判封建礼教的罪恶，尖锐地抨击忠、孝、节伦理道德对人性自由的危害性。在对封建礼教、道德伦理的批判中，《新青年》还对新时期妇女同胞解放问题、家庭和谐问题、婚姻恋爱自由问题进行了激烈的讨论，宣传推广了男女平等、个性解放等独立的思想。

新文化运动还有一个比较重要的内容就是“文学革命”，即推广实行白话文、反对文言文，发展新文学、反对旧文学。1917 年 1 月，胡适也在《新青年》上发表了文章《文学改良刍议》，主张白话文为“中国文学之正宗”文体，以及对使用白话文的一些文学形式上和内容上的改革，例如“不用典”、“不用陈套语”、“不作无病之呻吟”、“不摹仿古人”等。同年二月，陈独秀同志也在《新青年》上发表名为《文学革命论》的文章，明确地指出了“文学革命”的口号，他的文章重在把文学与政治的革新联系在一起，认为“要想改善政治环境，大势所趋不得不革新我国长期运用此政治统治者精神界之文学”。他明确主张“推翻装饰的阿谀奉承的富贵文学，建设平易近人的抒情的国民自由文学”，“废除陈腐的铺张拖沓的古典文学，建立新鲜的立诚的写实派文学”，“推翻迂腐晦涩的山林文学，建设明了的通俗易懂的社会文学”，成为当时文学革命的纲领。

关于文学的表现形式问题，当时主要体现的是白话文和文言文之争。其实用白话文书写作品的历史由来已久，清朝末期曾经出版过一批白话文报纸。但是，促使白话文成为一种运动潮流的，则是由《新青年》首先发动的。《新青年》从第5卷第1号（1918年1月）起改用白话文书写，文章采用新式标点符号，并逐渐刊登一些新诗，这些做法对革命思想的广泛传播，文学创作的永续健康发展，以及国民教育的顺利推广有着积极的作用。鲁迅在这场文学革命中的作用主要是通过他的文学创作实践表达，他在自己的作品中，完美地将反封建的革命思潮与白话文的形式结合起来。

鲁迅（1881—1936），本名周树人，字豫才，原籍浙江绍兴。清末曾在日本留学，回国后在绍兴、杭州等地当教书先生。辛亥革命后，他曾在南京临时政府和北京政府教育部任职。1918年4月起，鲁迅陆续在《新青年》上发表了如《狂人日记》等代表性鲜明的白话小说，对文学革命的发展做出了极其重要的贡献。

“五四运动”以前的新文化运动，就其表现形式来看，仍然属于资产阶级范畴的旧民主主义性质，有着阶级层面和时代的局限性。旧运动的倡导者忽视人民群众的作用，没有把新文化运动同广大人民群众相结合，使旧文化运动仅仅局限在知识分子的圈子里，新文化新思想未能普及到具有广大能量的工农群众阶层中去。新文化运动的个别领导人物不能坚持用历史唯物主义的观点看待中西方文化，他们认为中国文化万般皆下品，西方文化一切都好。比如，钱玄同为了反对孔教而盲目主张“只有将中国书籍一概束之高阁”，才能避免“中毒”，更甚者要“废灭汉文”，采用世界语体。这种绝对化、简单化的低劣粗暴态度，从哲学思想方法上说是主观主义和形而上学的，从实践主义上说，则是严重脱离实际，不但未能解决批判继承和吸收的问题，反而对后来社会发展产生了恶劣影响。

新文化运动对中国封建守旧文化的勇敢挑战和它本身的蓬勃发展，引发了一场关于中西文化优劣的争论。从1916年起，《东方杂志》的主编杜亚泉，以伧父作为笔名，连续发表多篇文章对抗新文化运动，与陈独秀等人进行文学论战。他认为中国古老文明是“静态的文明”，西方资产阶级文明是“动态的文明”，而“动态的文明”要“以静态为基础”。“西洋文明与我国华夏文明，性质有别，而非程度差别，而我国古老的华夏文明，正好可以拯救西洋文明之弊，接济西洋文明之穷。”他指责新思想、新文化直接援引西方，“与猩红热、梅毒等直接感染无异”，破坏了以孔教儒家思想衡量全国事物是非的统一标准，造成“人心惑乱”、“国事丧失”、“精神分裂”。要结束这种“破败的局面”，只有以孔教儒家思想来加以“整治”，使西洋文明“融合于吾华夏文明之中”，“融合外国思想以统治世界大文明。容易看出，杜亚泉对中西文化的态度是保守的，实质上还是“中体西用”论在新的历史条件下的再度重现。

杜亚泉对新文化运动的竭力打击，在知识界产生严重的影响，致使陈独秀、李大钊等人不得不高度重视，并给予精准的反驳。1918 年，李大钊发表了《东西文明根本之异点》一文。他和杜亚泉的模式一样，也将中西文化的特性分解为“静态的文明”和“动态的文明”，其实这是不科学的。但是，李大钊毕竟有别于杜亚泉，他不断指出西方文明比东方文明“占据优越之位”，批评如杜亚泉等这类人那种只会窥视“西方物质文明之疲穷，不承认华夏文明之颓废”的虚骄心理，主张应当下决心“完全吸收西洋文明之特长，济我静态文明之穷”。陈独秀更加严厉地批驳了杜亚泉所谓吸收西方文明引起“精神破裂”、“人心惑乱”的论调，他指出：文艺复兴以后的欧洲文明史实，明显已胜过中国当下文明，不借鉴欧洲文化，固有的落后文明能保持民族竞争生存于 20 世纪吗？在共和政体之下，提倡保存“国是”，该作何解？“谓之违乱，谓之反叛共和民国，不亦宜乎”。陈独秀还果断主张：“若是决心革新，所有的事情都应该采取西洋的新法子，不要拿什么国粹、什么国情的鬼话来混淆视听。”这虽然体现了反对旧封建文化的革命精神，但却过于偏激、绝对，不乏“全盘西化”论。

“五四”运动后，中西文化优劣问题的争论更加广泛地开展。1919 年 9 月，章士钊鼓吹“新旧调和”论。1920 年，梁启超从欧洲旅游回国，发表了《欧游心影录》一书，他认识到经过第一次世界大战，以民主、科学为噱头的西方文明已然“破产”，中国不应该盲目效仿“病态”的西方物质精神文明，而应该发扬光大中国特有的精神文明，以承担起重建世界文明的使命，从而提出了中西文化“融合”说。同年，梁漱溟在济南作“东西文化及其哲学”的演讲，并将讲演词付梓刊行。《东西文化及其哲学》理论上的态度反对新文化运动，积极维护儒家文化。他坚持认为中国文化不仅在精神上优先于西洋文化，而且就中西文化终极发展而言，也无悖于现代社会的要求，全世界都将逐渐走“中国的路，儒家的路”，未来文化发展趋势就是“中国文化之复兴”。梁漱溟是第一位系统的、理论的维护儒家文化的学者，他的护儒主张在五四运动发生后引起了广泛而深远的影响。

在这场中西文化之争的论战中，新文化运动倡导者积极主张宣传新思想、新文化，批判旧思想、旧文化，主流毋庸置疑是正确的，体现了当时中国社会历史发展的方向；而以杜亚泉为首的保守派站在对立面妄加反对，维护儒家的文化传统，从源头上说是错误的，是逆潮流而无功的。但是，综上所述，新文化运动的某些倡导者也存在着过于绝对化、简单机械化的缺点和错误。他们过于强调文明的时代性和不同社会政体发展程度的差异性，而漠视甚至完全否认文化的传承性和民族性。杜亚泉等人虽然看到了文化的传承性和民族性，但漠视甚至否认文化的时代性和不同社会政体发展程度的差异性。这都是缺乏科学的主观思维分析态度，因此，激烈争论的结果并没有真正地解决实质问题。

## 第三节　思想文化发展的改变

第一次世界大战的发生使许多中国人翻然醒悟，梁启超谴责西方帝国主义的虚伪和盲目崇拜西方文明是冲突的根源，并且认为中国注重精神文明的思想可以矫正这种不平衡现象。《东西文化及其哲学》一书的作者梁漱溟也为努力保卫旧中华文明的完整性而坚持反对科学与民主，他宣称人类的生活依赖最基本的精神，所以牺牲中国自己的精神文明而吸收外国的道德准则和机制体制，这是自断其臂的行为。然而，我们不仅仅从自己的立场出发，发展本身的长处。二梁斥责西方的物质文明，也相应地颂扬中国的精神文明；两人的态度观点都督促国人：“到东方去!”

相反的，胡适先生和其他一些西方文明提倡者喊道：“到西方去!”吴稚晖甚至大骂梁漱溟为“十七世纪的无用之物”。胡适说道，中国不但在科学技术方面落后于西方，而且在其他每一方面：政治、文学、音乐、艺术、精神面貌，甚至是人的体形方面。尽管如此夸张，提倡西化的人仍然对科学地和批判地看待中国的文化遗产表示兴致勃勃。胡适用西方文明的研究途径和方法，完成了符合我国当时现状的《中国哲学史大纲》。在本书中，他提出了一个大胆的、史无前例的理论：中国古代百家中的每一个学派都有它自己的逻辑思维方法。梁启超也展现出相似的近代学术风范，重新研究了古代哲学家墨子的经典著作，也编撰出了不少新的著作，其中包括《先秦政治思想史》和《清代学术概论》。闻名一时的还有北大的"疑古派"，他们彻底研究所有的古代典籍和历史，质疑它们的真实性，并推翻传统观点认为孔子是这些作品的真正作者。不用赘述，针对民族遗产的重估构成了新文化运动的另一大功绩，也广泛地扩展了它的领域。

新文化运动在批判旧的文学时，对新文学的诸多领域，小说、诗歌、散文创作进行了探索并取得了一定成就，使中国文学史上诞生了新文学。1918年5月，鲁迅在《新青年》上发表了《狂人日记》，作为新文学运动中第一篇白话小说，其主要意图是"在暴露家族制度和礼教的弊害"。小说中形象的描绘了肩负着因袭的重担恍然间觉醒、勇敢地否定封建宗法礼教制度的"狂人"形象，鲜明彻底地暴露了所谓的"仁义道德"封建旧礼教"吃人"本质的真相，组织号召新时代的人们奋起反抗，打倒"吃人"的封建旧礼教。它是新文学的开山之作，寓意深刻，题材富有新意，标志着新文学的诞生。随后一段时间，1919年的4—5月间，鲁迅先生又连续在《新青年》上发表了《孔乙己》和《药》两篇著名小说。在《孔乙己》一文中，鲁迅通过对深受其害的知识分子孔乙己的刻画，揭露、讽刺了腐朽的封建八股和封建教条，又利用孔乙己的悲惨命运披露出封建王朝统治下的世态炎凉。在《药》一文中，鲁迅以1907年民主革命女英雄秋瑾就义的事件为背景，颂扬了革命者为群众自由奋斗牺牲而得不到群众理解的悲剧，批判了被统治阶级愚弄得精神麻痹了的"国民愚性"。到1921年，鲁迅总共发表9篇小说，它们是小说集《呐喊》的重要组成部分。鲁迅在新时代开端前的"呐喊"，不仅"慰藉了那在寂寞里奔驰向前获取光明的猛士"，而且同时也唤醒了"铁屋"里"熟睡"的人们。在新文学革命蓬勃发展的浪潮中，诗歌也随之发生变化。中国旧体诗专讲格律，不论是五言、七言律诗还是绝句，每句都纠结于平仄押韵，束缚着人们的思想变通和语言的表达多变。为了打破这种尴尬局面，《新青年》特别开辟了白话新诗生长的园地，从1917年2月的第2卷第6号到1919年5月的第5卷第5号，共刊登新诗83首之多，此外同时翻译了外国名诗30多篇。倡导并首先开始创作白话新诗的作者是胡适，以他为首的八首白话诗即发表于《新青年》第2卷第6号。随后，鲁迅、刘半农、沈尹默、陈独秀、李大钊等都相继发表新诗。继《新青年》发表新诗之后，《新潮》、《每周评论》等刊物也相继发表。

真正具有代表性的新诗是郭沫若先生的《女神》。郭沫若（1892—1978），原名郭开贞，号鼎堂，故籍四川乐山人。也曾留学日本。《女神》成书于1921年，刊入诗人的57篇作品，其中大多数诗篇写作完成于1919~1921年之间。这是郭沫若先生“诗的创作爆发期”。他在这一期间所写的诗的价值观体现出追求自由、平等，反对禁锢个性的封建伦理道德的精神。闻一多曾有评论说：“若品评新诗，郭沫若君的诗才称得上新呢，不但艺术结构布局上他的作品与旧诗词相去甚远，最紧要的是他的诗歌精神完全站在新时代的前沿。有人讲文艺作品是时代的产儿，《女神》真不愧为时代末期的一个肖子。”

戏剧方面，新文化运动的倡导者主要做了掀起戏剧改革的讨论、批判传统戏曲两方面工作。他们鼓吹戏剧表现的更新，倡导面向社会人生，以辅助改造社会和教育固化人民为目的，是有一定积极意义的。但他们过于鄙视传统戏曲，予以全盘否定，缺乏科学辩证的态度。另一面是翻译借鉴西方的戏剧理论和作品，使其得到广泛传播。《新青年》还出刊“易卜生专号”，掀起了一股“易卜生热”。易卜生作品的积极表现意义为对旧社会制度虚伪、腐败的痛恨仇视，提出种种社会现实问题，对中国的反封建斗争有积极推进意义。

新的散文与桐城派古文是针锋相对的。新的散文中占有重要地位的是比照现实的议论文、杂文。作为最早问世的文学样式——议论性散文主要在新文化运动中打击旧思想、消灭旧文学，有理有据，文笔流畅。《新青年》从第4卷第4号起，开辟了新的“随感录”栏目。当时在“随感录”中发表文章的人，主要有陈独秀、鲁迅、李大钊、钱玄同等人。这些杂感在内容上大多相似，起着开启民智、扫除愚昧、揭露顽疾的作用，而且短小精悍，锋芒毕露，在新文化运动中充当了冲锋陷阵、澄清玉宇的尖兵。

在新文化运动的发展和影响下，各地涌现出了一些进步社团，宣传教育形式也日渐增多。1917 年 10 月，恽代英组织的“互助社”，注重个人品格的修养，倡导服务社会。1918 年 4 月，毛泽东、蔡和森、何叔衡等在长沙组建了“新民学会”。它是五四运动时期影响较大的社团之一，曾引领留法勤工俭学运动。同年 7 月，李大钊、王光祈、曾琦等在北京组织组建“少年中国学会”。它是五四时期人数汇集最多、分布尤为广范、存活时间最长的一个社团，会员背景成份复杂，思想倾向各不相同。1918 年 10 月，北京大学学生邓中夏、黄日葵、许德珩作为骨干成立“国民社”，并于次年 1 月出版了《国民》杂志。1918 年 11 月，北京大学学生傅斯年、罗家伦等组织建立了新潮社，也于次年 1 月创办了《新潮》杂志，提倡写白话文，抨击旧礼教，对新文化运动的发展起了积极推动作用。1918 年 12 月，陈独秀、李大钊、胡适创办了《每周评论》杂志。1919 年 3 月，北京大学邓中夏、廖书仓等组织建立平民教育讲演团，时常走到街头等处讲演，宣扬反日爱国、民主自由，反对旧封建制度，扫除迷信等。

中国天文学会、中华医学会、中国药学会、中华农学会，这类学会中影响力最大的是中国科学社。1914 年 6 月份，就读美国康乃尔大学的几位中国留学生任鸿隽、胡适、赵元任、杨铨、秉志等人创办了中国科学社。第二年中国科学社正式成立，并创办《科学》杂志。1918 年期间，中国科学社将地址搬回上海。它的成员发展速度非常快，1914 年才 35 名，到 1919 年五年时间已达 435 名。这个组织开展了许多科学活动，在它积极地影响下后续成立了其它不同的科学技术的分科学会，对加快中国科学事业的进步起了很大的作用。科学社所创办的《科学》月刊，在宣传科普自然科学技术知识方面，起了举足轻重的作用。

那个时代推广科普是为了传播自然科学知识，在一定程度上具有鲜明的针对性和战斗性。其方法是用科普知识来批判封建迷信，打击鬼神支撑论。辛亥革命后，反动派一面吹捧尊孔读经，同时大力散布鬼神迷信。甚至在一部分知识分子中，也奉行“祀天，驱鬼，修仙，扶乩”等宗教迷信活动，上海更有甚者还设立“灵学会”，编排印刷《灵学》杂志。新文化运动的倡导者、传播者针对这种封建重塑现象，通过撰发文章、发表演说来大肆批判。蔡元培在北京某学会的演讲中宣讲科学，否定世界是由上帝创造的鬼神论。他讲道：“人的智力逐渐增长，科学在逐步发达，以星空云层说明天地始于自然，以达尔文的进化论明人类的历史来由，以万有引力说原子论明自然界之存在规则，而上帝创造世界之说实为统治者便于统治王朝的一种思想工具；以演绎、逻辑归纳法组织伦理学、社会学等。所以说旧宗教主义不值得人们信仰。”陈独秀更是明确主张“以科学取代宗教”，他认为所有宗教所尊崇的神佛仙鬼都是虚假的偶像，都必须破坏。在《有鬼论质疑》一文中，陈独秀指出“灵学”完全是奸民作祟，目的是骗人钱财，提倡“灵学”的人群是一群彻底的妖孽，号召青年“赶紧鼓足勇气，奋发精神，剿灭这种最恶毒的邪教和这群兴风作浪胡说八道的妖魔”。鲁迅先生也指出：“现在有一群喜欢鬼话的人，最痛恨科学，原因是科学能讲道理，能使人思路清晰，拒绝鬼神论，自然而然的成了讲鬼话团伙的对头。”

除了批判封建迷信，《新青年》等进步报刊还批驳偶像崇拜，主张推行真理。陈独秀在《偶像破坏论》中指出：“不仅神灵偶像要反对，而且君权偶像更要反对，君主偶像本身没有什么神圣迷人的，全靠人们迷信、尊崇它，才能够统领国家，一旦覆国，像眼前的清末皇帝溥仪，俄罗斯皇帝尼古拉斯二世，比平常老百姓还要可怜。这类一国之君，恰似一座泥塑的偶像，把他丢在粪缸里，看他会有什么与众不同呢!”于是，他呼吁：“毁坏！破坏封建虚假的偶像说！我们应该信仰的，应该是真实的科学的为标准。”李大钊先生在《晨钟报》上发表的《培根之偶像说》，17 世纪英国哲学家培根曾提出：“想要获得真理之奥秘”，必须彻底破坏岩窟、剧场、市场和种性之偶像四类。李大钊是借此指出人们偶像崇拜的错误。

五四运动作为中国新文化革命的催化剂，在继续推崇西方文化的时候，中国知识分子内部却出现了政见分裂。凡尔赛和会带给人们失望之际，在俄国红色布尔什维克革命的影响下，部分知识分子开始转向信奉马克思主义的无产阶级社会主义；除此之外，迷恋封建的知识分子则论断是西方的物质主义引发第一次世界大战，因而主张使用中国的唯心论作为矫正方法。不同的思想脉络，对比东西方文化、对比科学和形而上学孰优孰劣的论断，以及用现代化的准则重估中华民族遗产的价值，把新文化运动推向一个新的巅峰。

胡适是中国实用派的先锋，他坚定不移地研究和处理具体的问题，“一点一滴”实践性的改善社会环境。李大钊与陈独秀，则认同苏俄的革命形式，直接彻底的政治社会转型。胡适在《多研究些问题，少谈点主义》的文章中，警醒国人远离那些高谈阔论和包治百病的“主义”，那些“主义”一无是处，是“自欺欺人的梦呓，这是中国文明破产的铁证，是中国社会改造的警钟!”他观点执着：文明不是先进主义造成的，是一点一滴实践形成的。进化不是朝夕完成的，是一点一滴积累的。当今社会的人喜欢谈解放与改造，要知道解放与改造是不是笼统的。解放是各不相同制度的解放，好的坏的思想的解放，她的他的解放，是一点一滴不断积累的解放；改造是各不相同制度的改造，好的坏的思想的改造，她的他的改造，是一点一滴不断完善的改造。他不支持没有规划的行动主义和无思想的革命，而建议发自内心的和逐步的改变，以逐渐抹消抵制社会前进的五大敌人——贫穷、疾病、文盲、腐败和混乱。

李大钊是完全尊崇马克思主义的，他说道，“主义”能为解决社会矛盾提供一个“总纲领”。他用同样犀利的语言争辩：“必须有一个彻底解决，才有把繁杂的问题都解决的希望。就俄国而言，罗曼诺夫家族（Romanoffs）没有被覆灭、经济组织没有被社会主义改造以前，一切问题什么都难以解决，现在的主义则全部解决。”

胡适反驳道，没有什么万能钥匙可以彻底解决中国所有的难题；任何问题都必须分解而破解，而“主义”无非是解决社会矛盾的一种浪漫假设。李大钊是赞同最后这一点的，但同时也支持政治行动：“经济矛盾的解决是彻底的解决，经济问题只要解决了，其它的诸如政治问题、法律问题、家庭问题、女子与工人解放问题都可以解决。”1919 年中期，陈独秀还不是很尊崇马克思主义，但认同“与其稀里糊涂地谈无政府主义和社会主义，不如发展教育和工人解放运动的实际问题”。到了 1920 年年底，他也成为一名坚定的布尔什维克主义者，相信政治行动的能力；他争辩说，“主义”在社会主义改造中作用非凡，起着与航海定向一样的决定功能。同时他坚信，革命运动与社会环境改造不可能在一夜之间达到。

乍一看，争辩是胡适占上风的。然而，这胜利空洞无味，因为年轻一辈当中讨论“主义”已成为时尚，就连胡适自己也时不时提到自由、实用、实验主义等。某位批评家这样总结胡适和实验主义代表类：“你们必须放弃所有‘主义’来接受我们的‘主义’，由于根据我们的‘主义’，没有‘主义’就会被看作是金科玉律。”恰恰相反的是，在 20 世纪 20 年代里，社会和政治问题急需迫切和直接的解决，不过胡适及其追随者在鼓吹“多研究些问题”后，竟转向研究起文学批评、古代史和考据这些不大实际的方面来。另一角度，许多“主义”和主张从根本解决问题的人走到工农中，直接研究其问题。这是因为，胡适尚未看到实用主义是美国发展的社会产物，虽然那里容许自由检验问题和实行改造，而军阀混战阶段的中国，完全缺乏实验和逐步改造所理应具有的社会政治条件。

1919 年 5 月 1 日到 1921 年 7 月 11 日，杜威携同妻子到访中国，由胡适作翻译。杜威召开多场公开讲演，基本包括：他的实用主义的社会、政治哲学；他本人关于教育、思想方法和道德的理念；他对当时三位大哲学家的理论，即博格森（Bergson）、罗素、詹姆斯（James）。他演讲的地方总是人头攒动，甚至还有高中和大学的学生。杜威呼吁众人：“若是没有出现一理论作基础的社会转型，中国不会出现改变。中国政治革命是某种失败，由于它是外部的，形式上的，仅仅触动了社会运作机制，却未影响实际控制社会的生活观念。”杜威所说的哲学和社会理念，对于美国学生来说肯定枯燥无趣，中国青年学子反而热切恭听，给杜威留下了良好的印象。他热情地讲解道：“这里求知若渴，我确信，在世界上任何其他国家的青年中这是独一无二的。”

1920 年 10 月至 1921 年 7 月，罗素在中国游历了大半年，由赵元任作翻译。他也召开了一系列公开讲演，只是内容要旨却与杜威的不一样。罗素是作为热心的和平主义者，他没有主张中国人必须来适应现代世界，相反，他高度评价了中国人对生活静谧、人道、忍耐和和平的追求。他更注重道家“生而不有，为而不恃，长而不宰”的理念，这与他的理念相仿：“推进创造冲动，消除占有欲望。”他歉意地说道：“对待我们和中国人之间有着不同的道德情操，不同于我们在坏的一面，由于我们精力更充沛，故而每天犯下的罪恶更多。”他说，即使儒家中亲孝的观念缺点不少，只不过“比起西方倡导的爱国主义，则危害较少”。后者更容易造成帝国主义和黩武主义。罗素提倡的本质，是西方理应学习中国“正当的生活观念”，而中国却要“获得西方的知识，但要抛弃机械主义的观念”就得把人当作原材料，用科学的理念来塑造。

罗素的提倡在中国知识分子中没有造成太大的反响，鉴于他们急于成为现代人，渴望成为爱国的、民族的、积极的知识分子，却并非和平的、孝顺的和消极的。他们更忙着摧毁儒家来推进西化，却并非教导西方如何获得中国人有关生活的人道观念。只不过这种观念恰是不利于中国人努力推崇前进的、有活力的西方的牢笼，为了进步，就得抛弃它。在向西方转变速度和节奏中，从未给儒家昔日的静谧留有余地。其他访客还有：1921 年，美国教育家孟禄（Paul Monroe）；1923 年，德国哲学家德里施（Hans Driesch）；1924 年，印度诺贝尔奖获得者泰戈尔（R. Tagore）。邀请博格森和欧肯（Euck-en）的计划没能成功。

不只是外国访客的贡献，西方的思想和意识形态依旧是中国的知识分子所热切追求的，他们的兴趣呈现在由英美来源向德俄来源的转变。陈独秀和李大钊宣传了马克思和恩格斯，李达宣传有关辩证法和列宁、布哈林（Bukharin），普列汉诺夫（Plekhanov）的思想。由张嘉森翻译了法国哲学家博格森的著作，由王国维翻译了德国哲学家叔本华和尼采的著作。李石曾推崇俄国无政府主义者克鲁泡特金（Kropotkin），并主张克氏才是进步的基本力量的“互助”和“合作”的理念，这恰恰与达尔文“竞争”思想的相反。许多中国知识分子和学者政治家接受了无政府主义的观点。五四运动后，马克思主义和布尔什维克主义日益受到激进分子的欢迎。很快爆发了一场对渐进式社会变革和迅速根本变革孰优孰劣的大辩论。

## 第四节　“五四”运动及影响

西方思想在晚清特别是在甲午战争之后直接影响了中国的年轻一代，特别是到了民国初年，这种影响随着《新青年》等刊物的发展以及白话文运动的爆发，自由、反抗传统权威等理念，传播到学生以及一般市民间。新文化运动大力提倡民主、科学、人权、自由等先进理论，从思想、文化方面激发和影响了中国人特别是中国青年的爱国救国热情，从根本上为五四运动的出现创造了思想基础和智力支持。社团组织在民国的形成，扩展到少年中国学会、工学会、新民学会、新潮社、平民教育讲演团、工读互助团，为五四运动在全国的实现奠定了组织基础。

古老的科举制度在推行清末“新政”的过程中，为了学习西方及日本学制而被摒弃，在 1905 年被废除。到了民国初年，高等教育实现进一步的发展。特别是北京大学，在校长蔡元培的指挥下，转变了开放的学风，主张建立“思想自由，兼容并包”的办学理念，邀请李大钊、陈独秀、章士钊、胡适、辜鸿铭（英国文学）、刘师培、鲁迅（周树人，教中国小说史）、钱玄同（教音韵学）、吴梅（教戏曲史）、刘半农（教新文学）等到北大任教。北大则更加注重培养学生独立自主、开放进步的思想和精神，这也为使其成为五四运动的重要动力创造了便利条件。

清末以来，中国的工商业尽管存在发展，只不过在西方产品的输入情形下，中国本土工商业的发展依旧有限，第一次世界大战的爆发使欧洲各国无力抢夺在华利益，中国的工商业借机得到很大的发展，参与工商业的人口日益增加，民族工业，特别是轻工业得以巨大发展，城市中的工商阶层在中国社会中的地位也日益重要，在五四运动中，他们成为支持爱国学生的重要力量。

五四运动爆发于 1919 年的 5 月 4 日，是一场由青年学生领导，涵盖了广大群众、市民、工商人士等中下阶层联合发起的一次示威游行、请愿、罢课、罢工、暴力抗击政府等多形式的爱国运动。这是由于第一次世界大战完结后召开的巴黎和会中，列强无视中国主权，由日本获得德国在山东的权益，也就是山东问题。然而，当时中国的北洋政府却没能捍卫国家利益，在列强面前一味奉承，使国人相当不满，从而上街游行以示不满。当时反应最强烈的口号之一是“外争国权（对抗列强侵权），内惩国贼（铲除媚日官员）”。广义的五四运动包括从 1915 年中日签订“二十一条”到 1926 年北伐战争之间，中国知识界和青年学生，主张追随“德先生”（民主）与“赛先生”（科学），追寻强国之路的新文化运动的继续和发展。在 1924 年 4 月 19 日，中国共产党中央局委员长陈独秀、秘书毛泽东联合通告，首次提出各地党和团的组织大力推广“五一”、“五四”、“五五”、“五七”纪念和宣传运动，推动恢复国权运动、新文化运动，纪念五五（马克思诞辰），意图在于传播马克思主义。于 1939 年八路军总政治部、中央青委联合公布《关于部队纪念“五四”青年节工作的指示》，明确提出中央青委决定每年 5 月 4 日为中国青年节。

1919 年 1 月，第一次世界大战战胜国在法国巴黎举行名义上的“和平会议”，中国以第一次世界大战协约国身份，参加了会议，中国代表在和会上要求废除外国在中国的势力范围、撤退外国在中国的军队和取消“二十一条”等正义条件，但巴黎和会无视中国也是战胜国之一，拒绝了中国代表的提议，私自决定将德国在中国山东的权益转让给日本。此消息被中国得知后，北京学生愤慨至极，学生、工商业者、教育界以及众多爱国团体纷纷通电，指控日本的无礼行径，并且提议中国政府坚持国家主权。

在这种时刻，和会代表提出了关于山东问题的要求，主张归还中国在山东的德租界和胶济铁路主权，以及提出废除“二十一条”等非法条件。最终，北洋政府在帝国主义的迫使下，竟然打算在《协约国和参战各国对德和约》上签字。更甚，英、美、法、日、意等国无视中国民众呼声，于4月30日签订了《凡尔赛和约》，依旧将德国在山东的权利转送日本。在巴黎和会上，中国政府的抗议失败，直接引发了中国民众的强烈不满，从而爆发了五四运动，在这种压力下，中国代表最终未出席巴黎和会的签字仪式。

1919年5月1日，北京大学的一些学生得知和会拒绝中国提议的消息。当日，学生代表就在北大西斋饭厅举行紧急会议，准备1919年5月3日在北大法科大礼堂召开全体学生临时大会。在5月3日晚，北京大学学生召开大会，高师、法政专门、高等工业等学校同样有代表参加。学生代表集体抗议，情绪激昂，呼吁大家奋起救国。最后商议四条办法，其中一条就是翌日齐集天安门示威的办法。这四条办法是：（一）联合各界共同力争；（二）通电巴黎代表，坚持不在和约上签字；（三）通电各省于1919年5月7日国耻纪念发动游行示威运动；（四）定于1919年5月4日（星期日）汇集天安门举行学界之大示威。在1919年5月4日，北京三所高校的3000多名学生代表不顾军警阻挠，齐聚天安门，他们喊出包括“誓死抗争，还我青岛”“收回山东权利”“拒绝在巴黎和约上签字”“废除二十一条”“抵制日货”“宁肯玉碎，不为瓦全”以及“外争国权，内惩国贼”等口号，同时提出惩办交通总长曹汝霖、币制局总裁陆宗舆、驻日公使章宗祥，学生游行队伍围攻曹宅，围殴章宗祥，北京高等师范学校（今北京师范大学前身）数理部的匡互生带头冲进曹宅，并火烧曹宅，造成“火烧赵家楼”事件。随后，受到军警镇压，有学生代表32人被捕。

烧掉赵家楼的学生游行活动受到广泛支持，各界人士表示关注和支援，要求释放学生，北京军阀政府下令禁止抗议公告，大总统徐世昌派兵镇压。只不过，学生团体和社会团体大量支持。于 1919 年 5 月 11 日，上海组建学生联合会。仅 3 日后，天津学生联合会成立。广州，南京，杭州，武汉，济南的学生和工人也提供支持。1919 年 5 月 19 日，北京各校学生集体宣告罢课，以此同时对各省的省议会、教育会、工会、商会、农会、学校、报馆高举罢课宣言。随之天津、上海、南京、杭州、重庆、南昌、武汉、长沙、厦门、济南、开封、太原等地学生，与北京各校学生罢课呼应，宣告罢课，支持北京学生的运动。1919 年 6 月，学生运动影响日益增大，《五七日刊》和学生团体宣传，学生抗议时常遭到镇压。1919 年 6 月 3 日，北京上千学生涌向街头，发动大规模的宣传活动，被捕 170 多人。学校周围驻扎了大批军警，戒备森严。1919 年 6 月 4 日，逮捕学生 800 多人，因此掀起了新一轮的大规模抗议狂潮。

1919 年 6 月 5 日，上海工人爆发大规模罢工，以响应学生。上海日商的内外棉第三、第四、第五纱厂、日华纱厂、上海纱厂和商务印书馆的工人集体抗议，参加罢工的达到两万人以上。于 1919 年 6 月 6 日、7 日、9 日，上海的电车工人、船坞工人、清洁工人、轮船水手，也响应罢工，规模前后约有六七万人。上海工人罢工影响各地，京汉铁路长辛店工人，京奉铁路工人及九江工人都爆发罢工和示威游行，从此，运动的高潮也由北京转向了上海。

于 1919 年 6 月 6 日，上海各界联合会成立，抗议开课、开市，并且联合其他地区，提出上海罢工主张。爆发上海的三罢运动，全国 22 个省 150 多个城市都受到不同程度的影响。1919 年 6 月 11 日，陈独秀等人到北京前门外闹市区张贴《北京市民宣言》，呼吁若政府不接受市民提议，“我等学生商人劳工军人等，只得直接行动以图根本之改造”。随着陈独秀的被捕，各地学生团体和社会知名人士相继通电，要求政府将其释放。在强烈社会舆论压力下，曹、陆、章相继遭到免职，总统徐世昌提出辞职。自 1919 年 6 月 12 日起，工人纷纷复工，学生停止罢课。1919 年 6 月 28 日，中国代表未能在和约上签字。

1919 年 6 月 23 日，由阮真创办的《南京学生联合会日刊》创刊，发行所选择在门帘桥省教育分会事务所内。张闻天，沈泽民（茅盾之弟）担任编辑科科员，作为该报的主要撰稿人之一。该刊及时传递南京、江苏及全国学生爆发爱国运动的情况；针对如何“改良社会”这一中心问题，批判日本帝国主义和北洋军阀政府，抨击旧制度、旧道德、旧思想、旧习惯，宣传革命民主主义理论，并传播各种新思潮（该刊连续出版了70号，至9月11日停刊）。阮真在该刊即将结束时在《编辑科经过报告》中写到：“……真（阮真）于发稿，重思想不重文字，只为改良社会及改良教育为救国起始方针，此本刊之意图也。”

自1921年11月12日到1922年2月6日，美国牵头的华盛顿会议举行。1922年2月4日，中国同日本在华盛顿签订《中日解决山东问题悬案条约》及附约。条约规定，日本将德国旧租界地交还中国，中国把这块土地全部建设为商埠；原驻青岛、胶济铁路及其支线的日本军队必须立刻撤退；青岛海关还权于中国；胶济铁路及其支线回归中国管辖等。附约中则添加了许多对倭寇和其他外国侨民的特殊权利，唯一好处是中国通过该条约重新取得山东半岛主权和胶济铁路权益。

“五四运动”发生后，点燃五四之火的大总统徐世昌与教育掌管者傅增湘等人在总统府商议，最终得出的结果是对学生运动不应及早处置，而要采取怀柔、文略政策。五四运动中即使有敢杀人的官僚——山东镇守使马良，不过他杀的也不是知识分子。马良是回族人，在学生运动面前，他也无计可施，不过随后他发现有回族参与活动，所以便抓了几个，并杀掉其中的三位带头的。杀完人的马良宣布，我抓自己族人，杀他们总没人管得了吧。

不过马良之外，再没别人有这般胆子了，在轰轰烈烈的学生运动下，连大总统徐世昌最后也败下阵来，面对被抓捕的学生，徐世昌不得不派官员前去和解，不过学生代表并不买账。次日，步兵统领衙门和警察局又前来道歉，学生才肯出来和解。之后，道歉这种做法已经不能满足学生们的胃口了，甚至准备好车辆放鞭炮也不能把这帮学生们请走，于是总务处长只好向学生代表作揖恳求说：“各位先生有名利在身，赶快上车走吧！”在这般高待遇下，学生代表们才选择高昂地回到学校，享受英雄回归的荣耀。

据记载，五四当天，步兵统领李长泰奉劝聚集在天安门的学生不要集会，有学生骂他是“卖国贼”，他回答：“你们有一颗爱国心，难道我们当官的就不爱自己的国家吗，就要把领土送给别人吗？”并宣布愿意为学生上传意见，但建议学生不要用野蛮原始的方式，当学生很文明的回答自己后，这位长官便坐车离去。事实上，当学生闯入赵家楼，纵火烧时，全副武装的军警都不敢轻举妄动。当时，章宗祥遭学生暴打，全身受伤50多处，而在场的几十个带枪军警竟然不为所动，他的随从向警察喊叫，巡警回答说："我们未奉上命，不敢打。"当时李长泰抓住了几个分散的学生应付差事，当需要出面指认时，这些当时在场军警无人敢出来指正。即使那些被学生打伤的军警，也不愿意指正，他们说当时学生多达数千人，"当场无法看清，事后亦不能证明"。被人打了都不敢举证，这得怕到多么严重的程度？

其实在"五四"运动当时，军警为制止学生不要游行，甚至有下跪哀求者。据张鸣《北洋裂变》一书阐述，当时北洋政府面临着极为窘迫的局面，他们一面得承认学生的爱国热情，称他们"本性善良"；另一方面又想掌控学生，把运动压制下去，这肯定导致所谓的镇压效果微弱。1919 年 5 月 25 日，大总统徐世昌颁令，要求对游行的学生"依法查办，以遏乱萌"，但学生不以为然，继续游行抵制日货。学生代表匡互生回忆，军警不再抓捕学生，而是苦口婆心劝学生不要进行演讲，"甚至有下跪哀求者"。当时的军警也很难做，既要维持稳定又不敢动粗，结果只能干着急，被动地等待学生的进攻。

当新文化运动爆发的时候，1917 年，俄国十月革命开始。这场革命和由它导致的世界革命高潮，对中国造成了前所未有的影响。十月革命开始的第三天，即 1917 年 11 月 10 日，上海《民国日报》上就用《突如其来之俄国大政变》为题，刊登了这一消息。随后，在报刊上连刊报道俄国革命的消息。由于消息基本上来自帝国主义国家的通讯社，故而，中国报纸报道的情况是相当混乱的。随后俄国革命局势得到胜利发展，中国形势渐明朗起来。1918 年 2 月，《申报》上刊登了列宁领导的苏维埃政府颁发废除不平等条约的消息，中国人民热情欢迎更加关注十月革命的胜利发展。以孙中山为代表的中国资产阶级革命派，真诚欢迎十月革命的到来。在他领导下的上海《民国日报》，在 1918 年元旦刊登了"吾人对于此近邻之大改革，不胜其希望也"的社论。当年，孙中山致电苏维埃政府提议："中国革命党对于贵国革命党员之艰苦卓绝的抗争，展现极大的敬意，甚至更希望中俄两国革命党团结一致，共同奋斗。"这份电报体现了孙中山对俄国人民的友好和祝贺的心情，也体现了他的进步。

十月革命对中国最深远的影响是传入了马克思列宁主义，教会中国的先进分子学会用无产阶级宇宙观来观察国家命运，重新研究中国的问题。十月革命以前，中国人效仿的榜样是西方国家，进行的是旧式的资产阶级革命，最后失败了。那时，也有人知道马克思和他的一些思想。1899 年 4 月刊发的《万国公报》（基督教广学会办），发表李提摩太节译《大同学》一文，即提到马克思的理论，译为“马克偲”。1902 年以后，梁启超、马君武都曾在其文章中介绍过马克思及其理论。只不过对马克思、恩格斯以及他们的理论介绍较详细的是朱执信。他在《民报》上发表了部分文章，其中像《德意志革命家小传》一文，描述了马克思、恩格斯的生平，并介绍了《共产党宣言》和《资本论》。倡导无政府主义的《天义报》，刊登过恩格斯 1888 年为《共产党宣言》英文版的序言译文，还翻译过《共产党宣言》第一章《资产者与无产者》。孙中山在 1912 年也同样称赞马克思主张，提出“麦氏（马克思）之资本公有，其理论得社会主义之真髓”。

只不过，他们尚未把马克思主义作为解决中国问题的思想武器。如何寻求中国的真正出路？他们始终没能解决这个问题。十月革命促进了中国人民的觉醒，促使中国的先进分子在十月革命胜利的鼓舞下，从十月革命的胜利寻找到中国的新出路，于是由向西方学习发展到研究和宣传俄国十月革命以及马克思列宁主义，开始通过无产阶级的宇宙观来观察中国的问题。

这样，自 1915 年开始发展起来的新文化运动出现根本的变化，从一个资产阶级文化革命运动转变为一个大力宣传马克思列宁主义的运动，《新青年》也慢慢转变为宣传马克思主义的刊物。李大钊和陈独秀等开始宣传马克思列宁主义。1918 年 12 月创办的《每周评论》，专门宣传马克思主义。李大钊 1918 年 7 月在《言治季刊》上刊登了《法俄革命的比较观》，推崇十月革命的社会主义性质，引领中国人民迎接新的革命潮流。11 月，北京人民在天安门召开庆祝欧战胜利大会，李大钊在会上推出了题为《庶民的胜利》的演说，颂十月革命的胜利。当年发表的《新青年》第 5 卷第 5 号上，刊登了这篇演说词和他的论文《布尔什维主义的胜利》，呐喊“试看将来的环球，必是赤旗的世界”。这两篇文献是中国最早的马克思列宁主义理论。

李大钊在他创刊的《新青年》第 6 卷第 5 号（1919 年 5 月）上制作了“马克思主义研究专号”，并刊登了他新著的长篇论文《我的马克思主义观》，主张历史唯物论、政治经济学和科学社会主义革命理论三者是一体的，而阶级斗争学说恰是把三大原理统一起来的“一条金线”。他还提出：“马克思主义是世界改造原动力的学说”，以及“现在世界改造的机运已经从俄、德诸国带来了一道曙光”。虽然他对马克思主义的介绍并非完整的，甚至存在错误，但就像鲁迅在《守常文集序》一文中所提到的：“他的遗文却与世永存，因为这代表着先驱者的遗产，革命史上的丰碑。”李大钊还建立了“马客士主义研究会”，联合一些进步青年学习、研究马克思主义和俄国革命。1919年4月刊登的《每周评论》第16号，选译了《共产党宣言》中的一段。文前的按语提到：“这个宣言是马克思和恩格斯在早期最为突出也最重要的意见，其目的在主张阶级战争，要求各地劳工联合。”

1919年5月，在李大钊倡导下，《晨报副刊》建立了马克思研究专栏，连续刊载马克思的《雇佣劳动与资本》和摘自马克思主义的译文。在《晨报副刊》“名人小史”栏中，也曾发表了《近世社会主义鼻祖——马克思奋斗生涯》等文章，讲述了马克思的生平事迹。于1919年7月在长沙发表的、由毛泽东主编的《湘江评论》，对宣传马克思列宁主义也起了重要作用。从此，马克思列宁主义逐渐被引进到中国传播开来。“中国人发现了马克思列宁主义这个放之四海而皆准的普遍真理，从而中国的未来发生了变化。”马克思列宁主义流传到中国，同时出现的还有其他种种主义，像民主主义、实用主义、改良主义、无政府主义，等等。特别是无政府主义在当时具有相当大的影响力，无政府主义和马克思主义时常混在一起。马克思列宁主义仅仅是其中的一种思潮，人们对科学社会主义的认识并不多。瞿秋白的话展现出实际情况：“社会主义的讨论，确实引起我们无限的兴味，然而究竟像俄国十九世纪四十年代的青年思想似的，模糊迷离，隔着窗纱看晓雾，社会主义流派，社会主义思想，都是纷乱，并不清晰的。”马克思列宁主义在中国传播，并非一帆风顺的，而是经历了残酷的斗争和艰辛的历程，才获得在中国革命中的指导地位。

1917—1923年的思想运动，呈现了中国对西方冲击的第三阶段回应。第一阶段“从1861年到1895年的自强运动”是在外交与军事现代化方面进行初步尝试；第二阶段“从1898年至1912年的变法与革命时代”是效仿西方政治体制的时期。1917—1923年的思想觉醒，代表了从传统的中国基础向完全西化的再次转变。到1920年，中国已逐渐成为现代世界的一部分了。

对新文化运动的评价，因立场不同出现分歧，自由主义者认为这是一场解放旧思想、旧道德、旧价值观，更是对人权加以肯定的运动。新文学文体的出现和白话文正式的采用，很多人认为五四运动就是中国的文艺复兴。但是，保守主义者却攻击这场运动对青年产生不良影响及对传统思想不尊重，尽管他们同样承认这场运动激发了民族主义的爆发。激进者支持这场运动，李大钊颂扬它不仅是一场爱国运动，并且是“人类解放的一部分”；毛泽东评价这场文化运动是由知识分子领导，工人、学生和民族资产阶级组成的统一战线共同发动的“中国反帝反封建的资产阶级的民主革命”。与此同时，中国共产党及其历史学家将1919年5月4日看作分水岭，将八十年的“旧民主”时期同“新民主”时期分开，在后一历史时期，无产阶级成为一种新的、独立的政治力量，甚至共产主义逐步发展壮大成为中国政治革命、社会革命和文化革命中最为强大的意识形态工具。

不看这些不同的观点，五四运动本质上就是一场“社会、政治、思想”革命，目的是要取得民族独立、个人解放，以及缔造一种新文化，批判地和科学地评价民族遗产及有选择地吸纳外国文化。这场运动的领导者提出，“思想基础”的彻底变化，是现代化和民族振兴胜利的先决条件。旧道德、旧习俗、旧文学、旧的社会关系，还有旧的经济和政治体制，都受到了贬抑性的攻击，全都为新兴的体制开辟道路。然而，新文化却没有跟上时代的步伐，五四运动在摧毁昔日方面比在创造未来方面效果更为明显。

然而，有三项功绩却是不可磨灭的。首先，文学革命推动1920年白话文的正式确立和以方言写作的新文学的发展，这种文体建立在人文主义、浪漫主义、现实主义和民族主义的基础上。现在，文学所承担的是对公众灌输社会意识的训导角色。

第二，各种的外来思想和意识形态的影响下，在社会重建和民族振兴方面呈现出了两种截然不同的观点：由胡适阐释、随后国民党逐渐接受其中的实用主义并逐步进化这种方法；与中国共产党推行的马克思主义的革命方法。1921年以前的中国现代史，就是这两个党派及其两种途径斗争的历史。

第三，民族主义的加强激发了少年中国（Young China）的活力，令它对自己在现代世界中危在旦夕的状况异常敏感，对操纵自己的命运十分珍惜。这种态度所爆发的心理重建和民族自信，有效的弥补了几十年积累起来的屡弱感和卑贱感。从而产生对外国帝国主义的猛烈反抗及对废除不平等条约的强烈意愿。

然而，从历史的观点看，尽管对思想革命的特点存在某些夸大，但它的成功，取决于引进了西方的思想和推毁了中国的传统，而并非创造了新的思想体系和新的哲学学派。批判性地评价中国与西方的文明来创造一种新文化，这种公然对抗的做法，更是激起了一系列争论和论战，而没有创造出新文化。但是，却为创造性地引用外国的观念和体制，以掌控中国的局势，奠定了基础。无论是继续推行进化的抑或革命的路线，最终目标是一样的：缔造一个完全现代但具有中国特色的新中国来拯救民族。

1919 年的五四运动是中国革命的重大转折点。它标志着资产阶级领导的旧民主主义革命的结束和无产阶级领导的新民主主义革命的开始。深受俄国十月革命的影响，加快了马克思列宁主义的传播速度，中国出现了一批代表共产主义思想的知识分子，而且为中国共产党的成立准备了条件。马克思列宁主义的普遍真理指导中国革命的具体实践与中国实际国情相结合，引领中国革命在中国共产党的领导下走上成功的道路。